Ergänzung zur
Vorschriftensammlung für den Werkschutz und private Sicherheitsdienste – Textausgabe
8., überarbeitete Auflage, 2003

Zu Seite 91 bis 109:

Ergänzungen zu Seiten 151 ff. auf Seite 12 in diesem Ergänzungsblatt.

Die Neufassung BGV A 1 ersetzt mit den §§ 24 ff. die bisherige BGV A 5 Erste Hilfe.

Berufsgenossenschaftliche Vorschrift: BGV A 1 Grundsätze der Prävention
vom 1. Januar 2004

Inhalt

Erstes Kapitel
Allgemeine Vorschriften

§ 1 Geltungsbereich von Unfallverhütungsvorschriften

Unfallverhütungsvorschriften gelten für Unternehmer und Versicherte; sie gelten auch

- für Unternehmer und Beschäftigte von ausländischen Unternehmen, die eine Tätigkeit im Inland ausüben, ohne einem Unfallversicherungsträger anzugehören;
- soweit in dem oder für das Unternehmen Versicherte tätig werden, für die ein anderer Unfallversicherungsträger zuständig ist.

Zweites Kapitel
Pflichten des Unternehmers

§ 2 Grundpflichten des Unternehmers

(1) Der Unternehmer hat die erforderlichen Maßnahmen zur Verhütung von Arbeitsunfällen, Berufskrankheiten und arbeitsbedingten Gesundheitsgefahren sowie für eine wirksame Erste Hilfe zu treffen. Die zu treffenden Maßnahmen sind insbesondere in staatlichen Arbeitsschutzvorschriften (Anlage 1), dieser Unfallverhütungsvorschrift und in weiteren Unfallverhütungsvorschriften näher bestimmt.

(2) Der Unternehmer hat bei den Maßnahmen nach Absatz 1 von den allgemeinen Grundsätzen nach § 4 Arbeitsschutzgesetz auszugehen und dabei insbesondere das staatliche und berufsgenossenschaftliche Regelwerk heranzuziehen.

(3) Der Unternehmer hat die Maßnahmen nach Absatz 1 entsprechend den Bestimmungen des § 3 Abs. 1 Sätze 2 und 3 und Absatz 2 Arbeitsschutzgesetz zu planen, zu organisieren, durchzuführen und erforderlichenfalls an veränderte Gegebenheiten anzupassen.

(4) Der Unternehmer darf keine sicherheitswidrigen Weisungen erteilen.

(5) Kosten für Maßnahmen nach dieser Unfallverhütungsvorschrift und den für ihn sonst geltenden Unfallverhütungsvorschriften darf der Unternehmer nicht den Versicherten auferlegen.

§ 3 Beurteilung der Arbeitsbedingungen, Dokumentation, Auskunftspflichten

(1) Der Unternehmer hat durch eine Beurteilung der für die Versicherten mit ihrer Arbeit verbundenen Gefährdungen entsprechend § 5 Abs. 2 und 3 Arbeitsschutzgesetz zu ermitteln, welche Maßnahmen nach § 2 Abs. 1 erforderlich sind.

(2) Der Unternehmer hat Gefährdungsbeurteilungen insbesondere dann zu überprüfen, wenn sich die betrieblichen Gegebenheiten hinsichtlich Sicherheit und Gesundheitsschutz verändert haben.

(3) Der Unternehmer hat entsprechend § 6 Abs. 1 Arbeitsschutzgesetz das Ergebnis der Gefährdungsbeurteilung nach Absatz 1, die von ihm festgelegten Maßnahmen und das Ergebnis ihrer Überprüfung zu dokumentieren.

(4) Der Unternehmer hat der Berufsgenossenschaft alle Informationen über die im Betrieb getroffenen Maßnahmen des Arbeitsschutzes auf Wunsch zur Kenntnis zu geben.

§ 4 Unterweisung der Versicherten

(1) Der Unternehmer hat die Versicherten über Sicherheit und Gesundheitsschutz bei der Arbeit, insbesondere über die mit ihrer Arbeit verbundenen Gefährdungen und die Maßnahmen zu ihrer Verhütung, entsprechend § 12 Abs. 1 Arbeitsschutzgesetz sowie bei einer Arbeitnehmerüberlassung entsprechend § 12 Abs. 2 Arbeitsschutzgesetz zu unterweisen; die Unterweisung muss erforderlichenfalls wiederholt werden, mindestens aber einmal jährlich erfolgen; sie muss dokumentiert werden.

(2) Der Unternehmer hat den Versicherten die für ihren Arbeitsbereich oder für ihre Tätigkeit

relevanten Inhalte der geltenden Unfallverhütungsvorschriften und BG-Regeln sowie des einschlägigen staatlichen Vorschriften- und Regelwerks in verständlicher Weise zu vermitteln.

§ 5 Vergabe von Aufträgen

(1) Erteilt der Unternehmer den Auftrag,

1. Einrichtungen zu planen, herzustellen, zu ändern oder in Stand zu setzen,
2. Arbeitsverfahren zu planen oder zu gestalten, so hat er dem Auftragnehmer schriftlich aufzugeben, die in § 2 Abs. 1 und 2 genannten für die Durchführung des Auftrags maßgeblichen Vorgaben zu beachten.

(2) Erteilt der Unternehmer den Auftrag, Arbeitsmittel, Ausrüstungen oder Arbeitsstoffe zu liefern, so hat er dem Auftragnehmer schriftlich aufzugeben, im Rahmen seines Auftrags die für Sicherheit und Gesundheitsschutz einschlägigen Anforderungen einzuhalten.

(3) Bei der Erteilung von Aufträgen an ein Fremdunternehmen hat der den Auftrag erteilende Unternehmer den Fremdunternehmer bei der Gefährdungsbeurteilung bezüglich der betriebsspezifischen Gefahren zu unterstützen. Der Unternehmer hat ferner sicherzustellen, dass Tätigkeiten mit besonderen Gefahren durch Aufsichtführende überwacht werden, die die Durchführung der festgelegten Schutzmaßnahmen sicherstellen. Der Unternehmer hat ferner mit dem Fremdunternehmen Einvernehmen herzustellen, wer den Aufsichtsführenden zu stellen hat.

§ 6 Zusammenarbeit mehrerer Unternehmer

(1) Werden Beschäftigte mehrerer Unternehmer oder selbstständige Einzelunternehmer an einem Arbeitsplatz tätig, haben die Unternehmer hinsichtlich der Sicherheit und des Gesundheitsschutzes der Beschäftigten, insbesondere hinsichtlich der Maßnahmen nach § 2 Abs. 1, entsprechend § 8 Abs. 1 Arbeitsschutzgesetz zusammenzuarbeiten. Insbesondere haben sie, soweit es zur Vermeidung einer möglichen gegenseitigen Gefährdung erforderlich ist, eine Person zu bestimmen, die die Arbeiten aufeinander abstimmt; zur Abwehr besonderer Gefahren ist sie mit entsprechender Weisungsbefugnis auszustatten.

(2) Der Unternehmer hat sich je nach Art der Tätigkeit zu vergewissern, dass Personen, die in seinem Betrieb tätig werden, hinsichtlich der Gefahren für ihre Sicherheit und Gesundheit während ihrer Tätigkeit in seinem Betrieb angemessene Anweisungen erhalten haben.

§ 7 Befähigung für Tätigkeiten

(1) Bei der Übertragung von Aufgaben auf Versicherte hat der Unternehmer je nach Art der Tätigkeiten zu berücksichtigen, ob die Versicherten befähigt sind, die für die Sicherheit und den Gesundheitsschutz bei der Aufgabenerfüllung zu beachtenden Bestimmungen und Maßnahmen einzuhalten.

(2) Der Unternehmer darf Versicherte, die erkennbar nicht in der Lage sind, eine Arbeit ohne Gefahr für sich oder andere auszuführen, mit dieser Arbeit nicht beschäftigen.

§ 8 Gefährliche Arbeiten

(1) Wenn eine gefährliche Arbeit von mehreren Personen gemeinschaftlich ausgeführt wird und sie zur Vermeidung von Gefahren eine gegenseitige Verständigung erfordert, hat der Unternehmer dafür zu sorgen, dass eine zuverlässige, mit der Arbeit vertraute Person die Aufsicht führt.

(2) Wird eine gefährliche Arbeit von einer Person allein ausgeführt, so hat der Unternehmer über die allgemeinen Schutzmaßnahmen hinaus für geeignete technische oder organisatorische Personenschutzmaßnahmen zu sorgen.

§ 9 Zutritts- und Aufenthaltsverbote

Der Unternehmer hat dafür zu sorgen, dass Unbefugte Betriebsteile nicht betreten, wenn dadurch eine Gefahr für Sicherheit und Gesundheit entsteht.

§ 10 Besichtigung des Unternehmens, Erlass einer Anordnung, Auskunftspflicht

(1) Der Unternehmer hat der Aufsichtsperson der Berufsgenossenschaft die Besichtigung seines Unternehmens zu ermöglichen und sie auf ihr Verlangen zu begleiten oder durch einen geeigneten Vertreter begleiten zu lassen.

(2) Erlässt die Berufsgenossenschaft eine Anordnung und setzt sie hierbei eine Frist, innerhalb der die verlangten Maßnahmen zu treffen sind, so hat der Unternehmer nach Ablauf der Frist unverzüglich mitzuteilen, ob er die verlangten Maßnahmen getroffen hat.

(3) Der Unternehmer hat den Aufsichtspersonen der Berufsgenossenschaft auf Verlangen die zur Durchführung ihrer Überwachungsaufgabe erforderlichen Auskünfte zu erteilen. Er hat die Aufsichtspersonen zu unterstützen, soweit dies zur Erfüllung ihrer Aufgaben erforderlich ist.

§ 11 Maßnahmen bei Mängeln

Tritt bei einem Arbeitsmittel, einer Einrichtung, einem Arbeitsverfahren bzw. Arbeitsablauf ein Mangel auf, durch den für die Versicherten sonst nicht abzuwendende Gefahren entstehen, hat der Unternehmer das Arbeitsmittel oder die Einrichtung der weiteren Benutzung zu entziehen oder stillzulegen bzw. das Arbeitsverfahren oder den Arbeitsablauf abzubrechen, bis der Mangel behoben ist.

§ 12 Zurverfügungstellung von Vorschriften und Regeln

(1) Der Unternehmer hat den Versicherten die für sein Unternehmen geltenden Unfallverhütungsvorschriften an geeigneter Stelle zugänglich zu machen.

(2) Der Unternehmer hat den mit der Durchführung von Maßnahmen nach § 2 Abs. 1 betrauten Personen die für ihren Zuständigkeitsbereich geltenden Vorschriften und Regeln zur Verfügung zu stellen.

§ 13 Pflichtenübertragung

Der Unternehmer kann zuverlässige und fachkundige Personen schriftlich damit beauftragen, ihm nach Unfallverhütungsvorschriften obliegende Aufgaben in eigener Verantwortung wahrzunehmen. Die Beauftragung muss den Verantwortungsbereich und Befugnisse festlegen und ist vom Beauftragten zu unterzeichnen. Eine Ausfertigung der Beauftragung ist ihm auszuhändigen.

§ 14 Ausnahmen

(1) Der Unternehmer kann bei der Berufsgenossenschaft im Einzelfall Ausnahmen von Unfallverhütungsvorschriften schriftlich beantragen.

(2) Die Berufsgenossenschaft kann dem Antrag nach Absatz 1 entsprechen, wenn

1. der Unternehmer eine andere, ebenso wirksame Maßnahme trifft
   oder
2. die Durchführung der Vorschriften im Einzelfall zu einer unverhältnismäßigen Härte führen würde und die Abweichung mit dem Schutz der Versicherten vereinbar ist. Dem Antrag ist eine Stellungnahme der betrieblichen Arbeitnehmervertretung beizufügen.

(3) Betrifft der Antrag nach Absatz 1 Regelungen in Unfallverhütungsvorschriften, die zugleich Gegenstand staatlicher Arbeitsschutzvorschriften sind, hat die Berufsgenossenschaft eine Stellungnahme der für die Durchführung der staatlichen Arbeitsschutzvorschriften zuständigen staatlichen Arbeitsschutzbehörde einzuholen und zu berücksichtigen.

(4) In staatlichen Arbeitsschutzvorschriften enthaltene Verfahrensvorschriften, insbesondere über Genehmigungen, Erlaubnisse, Ausnahmen, Anzeigen und Vorlagepflichten, bleiben von dieser Unfallverhütungsvorschrift unberührt; die nach diesen Bestimmungen zu treffenden behördlichen Maßnahmen obliegen den zuständigen Arbeitsschutzbehörden.

Drittes Kapitel
Pflichten der Versicherten

§ 15 Allgemeine Unterstützungspflichten und Verhalten

(1) Die Versicherten sind verpflichtet, nach ihren Möglichkeiten sowie gemäß der Unterweisung und Weisung des Unternehmers für ihre Sicherheit und Gesundheit bei der Arbeit sowie für Sicherheit und Gesundheitsschutz derjenigen zu sorgen, die von ihren Handlungen oder Unterlassungen betroffen sind. Die Versicherten haben die Maßnahmen zur Verhütung von Arbeitsunfällen, Berufskrankheiten und arbeitsbedingten Gesundheitsgefahren sowie für eine wirksame Erste Hilfe zu unterstützen. Versicherte haben die entsprechenden Anweisungen des Unternehmers zu befolgen. Die Versicherten dürfen erkennbar gegen Sicherheit und Gesundheit gerichtete Weisungen nicht befolgen.

(2) Versicherte dürfen sich durch den Konsum von Alkohol, Drogen oder anderen berauschenden Mitteln nicht in einen Zustand versetzen, durch den sie sich selbst oder andere gefährden können.

(3) Absatz 2 gilt auch für die Einnahme von Medikamenten.

§ 16 Besondere Unterstützungspflichten

(1) Die Versicherten haben dem Unternehmer oder dem zuständigen Vorgesetzten jede von ihnen festgestellte unmittelbare erhebliche Gefahr für die Sicherheit und Gesundheit sowie jeden an den Schutzvorrichtungen und Schutzsystemen festgestellten Defekt unverzüglich zu melden. Unbeschadet dieser Pflicht sollen die Versicherten von ihnen festgestellte Gefahren für Sicherheit und Gesundheit und Mängel an den Schutzvorrichtungen und Schutzsystemen auch der Fachkraft für Arbeitssicherheit, dem Betriebsarzt oder dem Sicherheitsbeauftragten mitteilen.

(2) Stellt ein Versicherter fest, dass im Hinblick auf die Verhütung von Arbeitsunfällen, Berufskrankheiten und arbeitsbedingten Gesundheitsgefahren

- ein Arbeitsmittel oder eine sonstige Einrichtung einen Mangel aufweist,
- Arbeitsstoffe nicht einwandfrei verpackt, gekennzeichnet oder beschaffen sind oder
- ein Arbeitsverfahren oder Arbeitsabläufe Mängel aufweisen

hat er, soweit dies zu seiner Arbeitsaufgabe gehört und er über die notwendige Befähigung verfügt, den festgestellten Mangel unverzüglich zu beseitigen. Andernfalls hat er den Mangel dem Vorgesetzten unverzüglich zu melden.

§ 17 Benutzung von Einrichtungen, Arbeitsmitteln und Arbeitsstoffen

Versicherte haben Einrichtungen, Arbeitsmittel und Arbeitsstoffe sowie Schutzvorrichtungen bestimmungsgemäß und im Rahmen der ihnen übertragenen Arbeitsaufgaben zu benutzen.

§ 18 Zutritts- und Aufenthaltsverbote

Versicherte dürfen sich an gefährlichen Stellen nur im Rahmen der ihnen übertragenen Aufgaben aufhalten.

Viertes Kapitel
Organisation des betrieblichen Arbeitsschutzes

Erster Abschnitt
Sicherheitstechnische und betriebsärztliche Betreuung, Sicherheitsbeauftragte

§ 19 Bestellung von Fachkräften für Arbeitssicherheit und Betriebsärzten

(1) Der Unternehmer hat nach Maßgabe des Gesetzes über Betriebsärzte, Sicherheitsingenieure und andere Fachkräfte für Arbeitssicherheit (Arbeitssicherheitsgesetz) und der hierzu erlassenen Unfallverhütungsvorschriften Fachkräfte für Arbeitssicherheit und Betriebsärzte zu bestellen.

(2) Der Unternehmer hat die Zusammenarbeit der Fachkräfte für Arbeitssicherheit und der Betriebsärzte zu fördern.

§ 20 Sicherheitsbeauftragte

(1) Der Unternehmer hat Sicherheitsbeauftragte mindestens in der Anzahl nach Anlage 2 zu dieser Unfallverhütungsvorschrift zu bestellen.

(2) Die Sicherheitsbeauftragten haben den Unternehmer bei der Durchführung der Maßnahmen zur Verhütung von Arbeitsunfällen, Berufskrankheiten und arbeitsbedingten Gesundheitsgefahren zu unterstützen, insbesondere sich von dem Vorhandensein und der ordnungsgemäßen Benutzung der vorgeschriebenen Schutzeinrichtungen und persönlichen Schutzausrüstungen zu überzeugen und auf Unfall- und Gesundheitsgefahren für die Versicherten aufmerksam zu machen.

(3) Der Unternehmer hat den Sicherheitsbeauftragten Gelegenheit zu geben, ihre Aufgaben zu erfüllen, insbesondere in ihrem Bereich an den Betriebsbesichtigungen sowie den Untersuchungen von Unfällen und Berufskrankheiten durch die Aufsichtspersonen der Berufsgenossenschaften teilzunehmen; den Sicherheitsbeauftragten sind die hierbei erzielten Ergebnisse zur Kenntnis zu geben.

(4) Der Unternehmer hat sicherzustellen, dass die Fachkräfte für Arbeitssicherheit und Betriebsärzte mit den Sicherheitsbeauftragten eng zusammenwirken.

(5) Die Sicherheitsbeauftragten dürfen wegen der Erfüllung der ihnen übertragenen Aufgaben nicht benachteiligt werden.

(6) Der Unternehmer hat den Sicherheitsbeauftragten Gelegenheit zu geben, an Aus- und Fortbildungsmaßnahmen der Berufsgenossenschaft teilzunehmen, soweit dies im Hinblick auf die Betriebsart und die damit für die Versicherten verbundenen Unfall- und Gesundheitsgefahren sowie unter Berücksichtigung betrieblicher Belange erforderlich ist.

Zweiter Abschnitt
Maßnahmen bei besonderen Gefahren

§ 21 Allgemeine Pflichten des Unternehmers

(1) Der Unternehmer hat Vorkehrungen zu treffen, dass alle Versicherten, die einer unmittelbaren erheblichen Gefahr ausgesetzt sind oder sein können, möglichst frühzeitig über diese Gefahr und die getroffenen oder zu treffenden Schutzmaßnahmen unterrichtet sind. Bei unmittelbarer erheblicher Gefahr für die eigene Sicherheit oder die Sicherheit anderer Personen müssen die Versicherten die geeigneten Maßnahmen zur Gefahrenabwehr und Schadensbegrenzung selbst treffen können, wenn der zuständige Vorgesetzte nicht erreichbar ist; dabei sind die Kenntnisse der Versicherten und die vorhandenen technischen Mittel zu berücksichtigen.

(2) Der Unternehmer hat Maßnahmen zu treffen, die es den Versicherten bei unmittelbarer erheblicher Gefahr ermöglichen, sich durch sofortiges Verlassen der Arbeitsplätze in Sicherheit zu bringen.

§ 22 Notfallmaßnahmen

(1) Der Unternehmer hat entsprechend § 10 Arbeitsschutzgesetz die Maßnahmen zu planen, zu treffen und zu überwachen, die insbesondere für den Fall des Entstehens von Bränden, von Explosionen, des unkontrollierten Austretens von Stoffen und von sonstigen gefährlichen Störungen des Betriebsablaufs geboten sind.

(2) Der Unternehmer hat eine ausreichende Anzahl von Versicherten durch Unterweisung und Übung im Umgang mit Feuerlöscheinrichtungen zur Bekämpfung von Entstehungsbränden vertraut zu machen.

§ 23 Maßnahmen gegen Einflüsse des Wettergeschehens

Beschäftigt der Unternehmer Versicherte im Freien und bestehen infolge des Wettergeschehens Unfall- und Gesundheitsgefahren, so hat er geeignete Maßnahmen am Arbeits-platz vorzusehen, geeignete organisatorische Schutzmaßnahmen zu treffen oder erforder-lichenfalls persönliche Schutzausrüstungen zur Verfügung zu stellen.

Dritter Abschnitt
Erste Hilfe

§ 24 Allgemeine Pflichten des Unternehmers

(1) Der Unternehmer hat dafür zu sorgen, dass zur Ersten Hilfe und zur Rettung aus Gefahr die erforderlichen Einrichtungen und Sachmittel sowie das erforderliche Personal zur Verfügung stehen.

(2) Der Unternehmer hat dafür zu sorgen, dass nach einem Unfall unverzüglich Erste Hilfe geleistet und eine erforderliche ärztliche Versorgung veranlasst wird.

(3) Der Unternehmer hat dafür zu sorgen, dass Verletzte sachkundig transportiert werden.

(4) Der Unternehmer hat im Rahmen seiner Möglichkeiten darauf hinzuwirken, dass Versicherte

- einem Durchgangsarzt vorgestellt werden, es sei denn, dass der erstbehandelnde Arzt festgestellt hat, dass die Verletzung nicht über den Unfalltag hinaus zur Arbeitsunfähigkeit führt oder die Behandlungsbedürftigkeit voraussichtlich nicht mehr als eine Woche beträgt,
- bei einer schweren Verletzung einem der von den Berufsgenossenschaften bezeichneten Krankenhäuser zugeführt werden,
- bei Vorliegen einer Augen- oder Hals-, Nasen-, Ohrenverletzung dem nächsterreichbaren Arzt des entsprechenden Fachgebiets zugeführt werden, es sei denn, dass sich die Vorstellung durch eine ärztliche Erstversorgung erübrigt hat.

(5) Der Unternehmer hat dafür zu sorgen, dass den Versicherten durch berufsgenossenschaftliche Aushänge oder in anderer geeigneter schriftlicher Form Hinweise über die Erste Hilfe und Angaben über Notruf, Erste-Hilfe- und Rettungs-Einrichtungen, über das Erste-Hilfe-Personal sowie über herbeizuziehende Ärzte und anzufahrende Krankenhäuser gemacht werden. Die Hinweise und die Angaben sind aktuell zu halten.

(6) Der Unternehmer hat dafür zu sorgen, dass jede Erste-Hilfe-Leistung dokumentiert und diese Dokumentation fünf Jahre lang verfügbar gehalten wird. Die Dokumente sind vertraulich zu behandeln.

§ 25 Erforderliche Einrichtungen und Sachmittel

(1) Der Unternehmer hat unter Berücksichtigung der betrieblichen Verhältnisse durch Meldeeinrichtungen und organisatorische Maßnahmen dafür zu sorgen, dass unverzüglich die notwendige Hilfe herbeigerufen und an den Einsatzort geleitet werden kann.

(2) Der Unternehmer hat dafür zu sorgen, dass das Erste-Hilfe-Material jederzeit schnell erreichbar und leicht zugänglich in geeigneten Behältnissen, gegen schädigende Einflüsse geschützt, in ausreichender Menge bereitgehalten sowie rechtzeitig ergänzt und erneuert wird.

(3) Der Unternehmer hat dafür zu sorgen, dass unter Berücksichtigung der betrieblichen Verhältnisse Rettungsgeräte und Rettungstransportmittel bereit gehalten werden.

(4) Der Unternehmer hat dafür zu sorgen, dass mindestens ein mit Rettungstransportmitteln leicht erreichbarer Sanitätsraum oder eine vergleichbare Einrichtung

1. in einer Betriebsstätte mit mehr als 1000 dort beschäftigten Versicherten,
2. in einer Betriebsstätte mit 1000 oder weniger, aber mehr als 100 dort beschäftigten Versicherten, wenn seine Art und das Unfallgeschehen nach Art, Schwere und Zahl der Unfälle einen gesonderten Raum für die Erste Hilfe erfordern,
3. auf einer Baustelle mit mehr als 50 dort beschäftigten Versicherten

vorhanden ist. Nummer 3 gilt auch, wenn der Unternehmer zur Erbringung einer Bauleistung aus einem von ihm übernommenen Auftrag Arbeiten an andere Unternehmer vergeben hat und insgesamt mehr als 50 Versicherte gleichzeitig tätig werden.

§ 26 Zahl und Ausbildung der Ersthelfer

(1) Der Unternehmer hat dafür zu sorgen, dass für die Erste-Hilfe-Leistung Ersthelfer mindestens in folgender Zahl zur Verfügung stehen:

1. Bei 2 bis zu 20 anwesenden Versicherten ein Ersthelfer,
2. bei mehr als 20 anwesenden Versicherten
   a) in Verwaltungs- und Handelsbetrieben 5 %,
   b) in sonstigen Betrieben 10 %.

Von der Zahl der Ersthelfer nach Nummer 2 kann im Einvernehmen mit der Berufsgenossenschaft unter Berücksichtigung der Organisation des betrieblichen Rettungswesens und der Gefährdung abgewichen werden.

(2) Der Unternehmer darf als Ersthelfer nur Personen einsetzen, die bei einer von der Berufsgenossenschaft für die Ausbildung zur Ersten Hilfe ermächtigten Stelle ausgebildet worden sind. Die Voraussetzungen für die Ermächtigung sind in der Anlage 3 zu dieser Unfallverhütungsvorschrift geregelt.

(3) Der Unternehmer hat dafür zu sorgen, dass die Ersthelfer in der Regel in Zeitabständen von zwei Jahren fortgebildet werden. Für die Fortbildung gilt Absatz 2 entsprechend.

(4) Ist nach Art des Betriebes, insbesondere auf Grund des Umganges mit Gefahrstoffen, damit zu rechnen, dass bei Unfällen Maßnahmen erforderlich werden, die nicht Gegenstand der allgemeinen Ausbildung zum Ersthelfer gemäß Absatz 2 sind, hat der Unternehmer für die erforderliche zusätzliche Aus- und Fortbildung zu sorgen.

§ 27 Zahl und Ausbildung der Betriebssanitäter

(1) Der Unternehmer hat dafür zu sorgen, dass mindestens ein Betriebssanitäter zur Verfügung steht, wenn

1. in einer Betriebsstätte mehr als 1500 Versicherte anwesend sind,
2. in einer Betriebsstätte 1500 oder weniger, aber mehr als 250 Versicherte anwesend sind und Art, Schwere und Zahl der Unfälle den Einsatz von Sanitätspersonal erfordern,
3. auf einer Baustelle mehr als 100 Versicherte anwesend sind.

Nummer 3 gilt auch, wenn der Unternehmer zur Erbringung einer Bauleistung aus einem von ihm übernommenen Auftrag Arbeiten an andere Unternehmer vergibt und insgesamt mehr als 100 Versicherte gleichzeitig tätig werden.

(2) In Betrieben nach Absatz 1 Satz 1 Nr. 1 kann im Einvernehmen mit der Berufsgenossenschaft von Betriebssanitätern abgesehen werden, sofern nicht nach Art, Schwere und Zahl der Unfälle ihr Einsatz erforderlich ist. Auf Baustellen nach Absatz 1 Satz 1 Nr. 3 kann im Einvernehmen mit der Berufsgenossenschaft unter Berücksichtigung der Erreichbarkeit des Unfallortes und der Anbindung an den öffentlichen Rettungsdienst von Betriebssanitätern abgesehen werden.

(3) Der Unternehmer darf als Betriebssanitäter nur Personen einsetzen, die von Stellen ausgebildet worden sind, welche von der Berufsgenossenschaft in personeller, sachlicher und organisatorischer Hinsicht als geeignet beurteilt werden.

(4) Der Unternehmer darf als Betriebssanitäter nur Personen einsetzen, die

1. an einer Grundausbildung
   und
2. an dem Aufbaulehrgang

   für den betrieblichen Sanitätsdienst teilgenommen haben.

   Als Grundausbildung gilt auch eine mindestens gleichwertige Ausbildung oder eine die Sanitätsaufgaben einschließende Berufsausbildung.

(5) Für die Teilnahme an dem Aufbaulehrgang nach Absatz 4 Satz 1 Nr. 2 darf die Teilnahme an der Ausbildung nach Absatz 4 Satz 1 Nr. 1 nicht mehr als 2 Jahre zurückliegen; soweit auf Grund der Ausbildung eine entsprechende berufliche Tätigkeit ausgeübt wurde, ist die Beendigung derselben maßgebend.

(6) Der Unternehmer hat dafür zu sorgen, dass die Betriebssanitäter regelmäßig innerhalb von drei Jahren fortgebildet werden. Für die Fortbildung gilt Absatz 3 entsprechend.

§ 28 Unterstützungspflichten der Versicherten

(1) Im Rahmen ihrer Unterstützungspflichten nach § 15 Abs. 1 haben sich Versicherte zum Ersthelfer ausbilden und in der Regel in Zeitabständen von zwei Jahren fortbilden zu lassen. Sie haben sich nach der Ausbildung für Erste-Hilfe-Leistungen zur Verfügung zu stellen. Die Versicherten brauchen den Verpflichtungen nach den Sätzen 1 und 2 nicht nachzukommen, soweit persönliche Gründe entgegenstehen.

(2) Versicherte haben unverzüglich jeden Unfall der zuständigen betrieblichen Stelle zu melden; sind sie hierzu nicht im Stande, liegt die Meldepflicht bei dem Betriebsangehörigen, der von dem Unfall zuerst erfährt.

Vierter Abschnitt
Persönliche Schutzausrüstungen

§ 29 Bereitstellung

(1) Der Unternehmer hat gemäß § 2 der PSA-Benutzungsverordnung den Versicherten geeignete persönliche Schutzausrüstungen bereitzustellen; vor der Bereitstellung hat er die Versicherten anzuhören.

(2) Der Unternehmer hat dafür zu sorgen, dass die persönlichen Schutzausrüstungen den Versicherten in ausreichender Anzahl zur persönlichen Verwendung für die Tätigkeit am Arbeitsplatz zur Verfügung gestellt werden. Für die bereitgestellten persönlichen Schutzausrüstungen müssen EG-Konformitätserklärungen vorliegen. Satz 2 gilt nicht für Hautschutzmittel und nicht für persönliche Schutzausrüstungen, die vor dem 1. Juli 1995 erworben wurden, sofern sie den vor dem 1. Juli 1992 geltenden Vorschriften entsprechen.

§ 30 Benutzung

(1) Der Unternehmer hat dafür zu sorgen, dass persönliche Schutzausrüstungen entsprechend bestehender Tragezeitbegrenzungen und Gebrauchsdauern bestimmungsgemäß benutzt werden.

(2) Die Versicherten haben die persönlichen Schutzausrüstungen bestimmungsgemäß zu benutzen, regelmäßig auf ihren ordnungsgemäßen Zustand zu prüfen und festgestellte Mängel dem Unternehmer unverzüglich zu melden.

§ 31 Besondere Unterweisungen

Für persönliche Schutzausrüstungen, die gegen tödliche Gefahren oder bleibende Gesundheitsschäden schützen sollen, hat der Unternehmer die nach § 3 Abs. 2 der PSA-Benutzungsverordnung bereitzuhaltende Benutzungsinformation den Versicherten im Rahmen von Unterweisungen mit Übungen zu vermitteln.

Fünftes Kapitel
Ordnungswidrigkeiten

§ 32 Ordnungswidrigkeiten

Ordnungswidrig im Sinne des § 209 Abs. 1 Nr. 1 Siebtes Sozialgesetzbuch (SGB VII) handelt, wer vorsätzlich oder fahrlässig den Bestimmungen der

§ 2 Abs. 5,
§ 12 Abs. 2,
§ 15 Abs. 2,

§ 20 Abs. 1,
§ 24 Abs. 6,
§ 25 Abs. 1, 4 Nr. 1 oder 3,
§ 26 Abs. 1 Satz 1 oder Absatz 2 Satz 1,
§ 27 Abs. 1 Satz 1 Nr. 1 oder 3, Absatz 3,
§ 29 Abs. 2 Satz 2
oder
§ 30
zuwiderhandelt.

Sechstes Kapitel
Übergangs- und Ausführungsbestimmungen

§ 33 Übergangs- und Ausführungsbestimmungen

(1) Soweit nichts anderes bestimmt ist, wird dem Unternehmer zur Durchführung von Vorschriften, die über die bisher gültigen hinausgehen und Änderungen an Einrichtungen erfordern, eine Frist von drei Jahren gewährt, gerechnet vom Tage des Inkrafttretens der Unfallverhütungsvorschrift.

(2) Die in § 7 Abs. 1 der Unfallverhütungsvorschrift „Erste Hilfe“ in der Fassung vom 1. Januar 1997 genannten Hilfsorganisationen gelten bis 31. Dezember 2008 als ermächtigte Stellen.

(3) Die Anerkennung nach § 8 der Unfallverhütungsvorschrift „Erste Hilfe“ in der Fassung vom 1. Januar 1997 gilt für die anerkannten Stellen noch bis zum Ablauf der jeweiligen zeitlichen Befristung weiter.

(4) Für Institutionen, welche den Aufbaulehrgang nach § 10 Abs. 1 Nr. 2 und die Fortbildung nach § 10 Abs. 4 der Unfallverhütungsvorschrift „Erste Hilfe“ in der Fassung vom 1. Januar 1997 durchführen, gilt eine Übergangsfrist bis 31. Dezember 2005.

Siebtes Kapitel
Aufhebung von Unfallverhütungsvorschriften

§ 34 Aufhebung von Unfallverhütungsvorschriften

Folgende Unfallverhütungsvorschriften werden aufgehoben:

1. „Allgemeine Vorschriften“ (VBG 1) vom 1. April 1977, in der Fassung vom 1. März 2000,
2. „Erste Hilfe“ (VBG 109) vom 1. Oktober 1994, in der Fassung vom 1. Oktober 2003,
3. „Umgang mit Gefahrstoffen“ (VBG 91) vom 1. April 1999,
4. „Biologische Arbeitsstoffe“ (BGV B12) vom 1. Januar 2001,
5. Die in Anlage 4 aufgelisteten Unfallverhütungsvorschriften, soweit sie von der jeweiligen Berufsgenossenschaft erlassen worden sind.

Achtes Kapitel
Inkrafttreten

§ 35 Inkrafttreten

Diese Unfallverhütungsvorschrift tritt am 1. Januar 2004 in Kraft.

Zu Seite 151 ff.:

Mit der Neufassung der Bewachungsverordnung wurden nachfolgende Absätze geändert.

Verordnung über das Bewachungsgewerbe (Bewachungsverordnung - BewachV)

vom 7. Dezember 1995 (BGBl. I S. 1602), zuletzt geändert durch Bekanntmachung der Neufassung vom 10. Juli 2003 (BGBl. I S. 1378)

§ 6 Haftpflichtversicherung

...

(2) Die Mindestmenge der Versicherungssumme beträgt je Schadensereignis

...

2. für Sachschäden 250 000 Euro

§ 13 Behandlung der Waffen und Anzeigepflicht nach Waffengebrauch

(1) Der Gewerbetreibende ist für die sichere Aufbewahrung der Schusswaffen und der Munition verantwortlich. Er hat die ordnungsgemäße Rückgabe der Waffen und der Munition nach Beendigung des Wachdienstes sicherzustellen.

§ 14 Buchführung und Aufbewahrung

(1) Der Gewerbetreibende hat nach Maßgabe der folgenden Vorschriften Aufzeichnungen zu machen sowie Unterlagen und Belege übersichtlich zu sammeln. Die Aufzeichnungen sind unverzüglich in deutscher Sprache vorzunehmen. § 239 Abs. 2 bis 4 des Handelsgesetzbuches gilt sinngemäß.

(2) Der Gewerbetreibende hat über jeden Bewachungsvertrag Namen und Anschrift des Auftraggebers, Inhalt und Art des Auftrages sowie Tag des Vertragsabschlusses aufzuzeichnen. Darüber hinaus hat er folgende Aufzeichnungen anzufertigen:

...

4. über die Überlassung von Schusswaffen und Munition gemäß § 28 Abs. 3 Satz 2 des Waffengesetzes und über die Rückgabe gemäß § 13 Abs. 1 Satz 2.

(3) Der Gewerbetreibende hat folgende Unterlagen und Belege zu sammeln:

...

6. die Benennung nach § 28 Abs. 3 Satz 1 und die behördliche Zustimmung nach § 28 Abs. 3 Satz 2 des Waffengesetzes, ...

§ 16 Ordnungswidrigkeiten

(1) ...

(2) Ordnungswidrig im Sinne des § 145 Abs. 2 Nr. 8 der Gewerbeordnung handelt, wer vorsätzlich oder fahrlässig eine in Absatz 1 bezeichnete Handlung in Ausübung eines Reisegewerbes begeht.

(3) Ordnungswidrig im Sinne des § 146 Abs. 2 Nr. 11 der Gewerbeordnung handelt, wer vorsätzlich oder fahrlässig eine in Absatz 1 bezeichnete Handlung in Ausübung eines Messe-, Ausstellungs- oder Marktgewerbes begeht.

§ 17 Übergangsvorschrift (*an den Abs. 2 wird als letzter Satz angefügt:*)

Der Gewerbetreibende bescheinigt Personen im Sinne des § 1 Abs. 2 Nr. 2 bis 4, dass sie die Voraussetzungen des Satzes 1 erfüllen.

Lehrbuch für den Werkschutz
und private Sicherheitsdienste

Lehrbuch für den Werkschutz und private Sicherheitsdienste

von

Wilhelm Beisel
vormals Referent für technische Sonderaufgaben,
Corporate Security, BASF AG, Ludwigshafen

Dr. Dr. Frank Ebert
Ministerialrat, Vertreter des öffentlichen Interesses beim
Thüringer Innenministerium

Dipl.-Psych. Wolfgang Foerster
vormals Leiter eines wissenschaftlichen Dienstes
an einer Polizeischule

Frank Otto
Betriebswirt (VWA)
vormals Leiter Sicherungswesen, Köln

Werner Pfeiffer
vormals Sicherheitsbevollmächtigter, Tenovis GmbH & Co KG, Frankfurt/M.

Hermann Wieand
Leiter Werkschutz, IABG, Ottobrunn

6., überarbeitete Auflage, 2004

RICHARD BOORBERG VERLAG
Stuttgart · München · Hannover · Berlin · Weimar · Dresden

Bibliografische Information Der Deutschen Bibliothek

Die Deutsche Bibliothek verzeichnet diese Publikation in der Deutschen Nationalbibliografie; detaillierte bibliografische Daten sind im Internet über **http://dnb.ddb.de** abrufbar.

6. Auflage, 2004
ISBN 3-415-03394-5

www.boorberg.de

Satz u. Druck: C. Maurer, Geislingen (Steige)
Verarbeitung: Verlagsbuchbinderei Karl Dieringer GmbH, Gerlingen
Papier: säurefrei, aus chlorfrei gebleichtem Zellstoff hergestellt; alterungsbeständig im Sinne von DIN-ISO 9706

Vorwort

Die Aus- und Fortbildung von Werkschutzkräften und Angehörigen privater Sicherheitsdienste hat sich einen festen Standort erobert. Die Zahl qualifizierter ausgebildeter Fachkräfte in diesen Bereichen steigt weiter. Mit der Fachkraft Schutz und Sicherheit ist jüngst ein neues Berufsbild hinzugekommen. Gründliche Kenntnisse des Rechts, der Dienstkunde, der Sicherheitstechnik und des richtigen Umgangs mit Menschen sind unerlässliche Voraussetzungen für eine erfolgreiche Tätigkeit im privaten Sicherheitssektor.

Bis zum Erscheinen dieses Werkes 1992 wurde das Fehlen eines gleichermaßen umfassenden wie übersichtlichen und aktuellen Lehrbuches für private Sicherheitskräfte als bedauernswerter Mangel empfunden. Dieses Werk, das nunmehr in der 6. Auflage vorgelegt wird, bietet in Anlehnung an alle maßgeblichen Ausbildungspläne die notwendigen Grundlagen für die Aus- und Fortbildung sowie für die Praxis. Sein didaktischer Aufbau, der durch eine Vielzahl praxisorientierter Beispiele angereichert ist, vermittelt das erforderliche Grundwissen.

Das Lehrbuch wendet sich unmittelbar und praxisnah in allen einschlägigen Fachgebieten an Werkschutzfachkräfte, an Fachkräfte Schutz und Sicherheit, an das Wach- und Sicherheitsgewerbe, an Privatdetekteien sowie an einzelne Arbeitgeber. Seine systematischen Strukturen eignen sich für Berufsanfänger, Auszubildende, Prüflinge, Ausbilder, Prüfer und andere Praktiker.

Die ständig aktualisierten Vorauflagen dieses Lehrbuchs sind in der Sicherheitsbranche auf sehr großes Interesse und uneingeschränkte Zustimmung gestoßen. Bei der überwiegenden Mehrheit der Ausbildungseinrichtungen für die Werkschutzausbildung ist es zu dem empfohlenen und eingeführten Ausbildungswerk geworden.

Die große Nachfrage einerseits und zahlreiche Veränderungen und Fortentwicklungen andererseits haben nunmehr eine sechste Auflage notwendig gemacht. Sie berücksichtigt redaktionelle und inhaltliche Änderungen in allen Teilen und entspricht dem aktuellen Stand, insbesondere auch von Gesetzgebung und Rechtsprechung. Die Verfasser haben wiederum Anregungen und Hinweise aus der Praxis aufgegriffen und bei der Neuauflage gebührend berücksichtigt.

Damit steht den Sicherheitsfachkräften in Ausbildung und Praxis wieder ein aktuelles Lehrbuch und Nachschlagewerk zur Verfügung, das alle erforderlichen Grundlagen enthält und nicht zuletzt wegen seiner übersichtlichen Darstellung so gerne angenommen wird.

Auch in Zukunft sind die Verfasser für Verbesserungsvorschläge und konstruktive Kritik dankbar.

Im Herbst 2004 — Verfasser und Verlag

Wilhelm Beisel, geb. 1944, staatlich anerkannter Elektrotechniker, vormals Referent für technische Sonderaufgaben, Corporate Security, vorm. Werkschutz und Sicherheit – Technik – der BASF AG Ludwigshafen/Rhein; Dozent für Gefahrenabwehr und Schutztechnik sowie Technische Einrichtungen bei der IHK Pfalz. Mitglied im Prüfungsausschuss für „Werkschutzmeister“ der IHK Pfalz; Referent für Technische Einrichtungen beim VSW Mainz.

Frank Ebert, Dr. iur., Dr. rer. publ., geb. 1954, Vertreter des öffentlichen Interesses beim Thüringer Innenministerium; vormals Leiter der Polizeiabteilung im Thüringer Innenministerium, Lehrbeauftragter für Kriminologie an der Fachhochschule des Bundes für öffentliche Verwaltung, Fachbereichsleiter Recht der Arbeitsgemeinschaft für Sicherheit in der Wirtschaft und in dieser Eigenschaft Dozent und Prüfer für Führungskräfte des privaten Sicherheitsbereichs; Gründungspräsident der Thüringer Gesellschaft für Kriminologie; Autor zahlreicher Fachpublikationen.

Wolfgang Foerster, Dipl.-Psych., geb. 1947, vorm. Leiter eines Wissenschaftl. Dienstes an einer Polizeischule und Lehrbeauftragter an einer Verwaltungsfachhochschule, Fachbereich Polizei, Mitglied des Prüfungsausschusses ‚Geprüfte Werkschutzfachkraft IHK‘ und ‚Werkschutzmeister/-in‘ bei der IHK Frankfurt am Main, Seminare zum Thema Sicherheit in der Wirtschaft mit Schwerpunkt Personal- und Organisationsentwicklung, Autor von Fachbüchern.

Frank Otto, geb. 1939, Betriebswirt (VWA), Hauptmann a. D., vormals Leiter Sicherungswesen, Köln; seit 1984 Prüfer für Werkschutzfachkräfte und Werkschutzmeister bei der IHK Köln; Dozent am Bildungszentrum für Service und Dienstleistungen GmbH, Essen; zahlreiche Fachpublikationen.

Werner Pfeiffer, geb. 1947, Rundfunk- und Fernsehtechniker, Hauptmann d. R., vormals Leiter Werkssicherheit Tenovis GmbH & Co. KG, Frankfurt; Sicherheitsbevollmächtigter; Mitautor Effizienzsteigerung Unternehmenssicherheit, Leitfaden für die Fremdvergabe von Werk- und Objektschutzaufgaben, Stuttgart 1993.

Hermann Wieand, geb. 1950, Leiter Werkschutz bei der Industrieanlagen-Betriebsgesellschaft (IABG)mbH Ottobrunn, Soldat auf Zeit bei der Feldjägertruppe; 1978 Geprüfte Werkschutzfachkraft: Tätigkeiten in den Kernkraftwerken Biblis und Philippsburg sowie im Kernforschungszentrum Karlsruhe; Dozent bei Verbänden für Sicherheit in der Wirtschaft und beim Bildungszentrum für Sicherheit in der Wirtschaft.

Inhalt

4. Teil Angewandte Psychologie

Abkürzungen

a.a.O.	am angegebenen Ort
Abs.	Absatz
AG	Amtsgericht; Aktiengesellschaft
AktG	Aktiengesetz
AO	Abgabenordnung
ArbGG	Arbeitsgerichtsgesetz
ArbSchG	Arbeitsschutzgesetz
Art.	Artikel
AtG	Atomgesetz
AÜG	Arbeitnehmerüberlassungsgesetz
AWaffG	Allgemeine Verordnung zum Waffengesetz
AWAG	Automatisches Wähl- und Ansagegerät
AWUG	Automatisches Wähl- und Übertragungsgerät
BAG	Bundesarbeitsgericht
BAPT	Bundesamt für Post und Telekommunikation
BayObLG	Bayerisches Oberstes Landesgericht
BayVBl.	Bayerische Verwaltungsblätter
BayVGH	Bayerischer Verwaltungsgerichtshof
BB	Betriebsberater
BBiG	Bundesbildungsgesetz
BDSG	Bundesdatenschutzgesetz
Bek.	Bekanntmachung
Beschl.	Beschluss
BetrSichV	Betriebssicherheitsverordnung
BetrVG	Betriebsverfassungsgesetz
BewachV	Bewachungsverordnung
BGB	Bürgerliches Gesetzbuch
BGBl.	Bundesgesetzblatt
BGH	Bundesgerichtshof
BGHSt	Entscheidung des Bundesgerichtshofs in Strafsachen, Amtliche Sammlung, zitiert nach Band und Seite
BGHZ	Entscheidung des Bundesgerichtshofs in Zivilsachen, Amtliche Sammlung, zitiert nach Band und Seite
BGR	Berufsgenossenschaftliche Regeln
BGS	Bundesgrenzschutz
BGV	Berufsgenossenschaftliche Vorschriften (mit fortlaufender Nummerierung)
BImSchG	Bundesimmissionsschutzgesetz
BinSchAG	Binnenschifffahrtsaufgabengesetz
BKA	Bundeskriminalamt

BKAG	Gesetz über die Errichtung eines Bundeskriminalpolizeiamtes
BKO	Betriebliche Katastrophenschutzorganisation
BMI	Bundesministerium des Innern
BMPT	Bundesministerium für Post und Telekommunikation
BtMG	Betäubungsmittelgesetz
BVerfG	Bundesverfassungsgericht
BVerfGE	Entscheidungen des Bundesverfassungsgerichts, Amtliche Sammlung, zitiert nach Band und Seite
BVerfSchG	Bundesverfassungsschutzgesetz
BVerwG	Bundesverwaltungsgericht
BZRG	Bundeszentralregistergesetz
BZT	Bundesamt für Zulassungen in der Telekommunikation (seit 10. 3. 1992 zuständig)
bzw.	beziehungsweise
ChemG	Gesetz zum Schutz vor gefährlichen Stoffen (Chemikaliengesetz)
Datex P	paketvermitteltes, digitales Übertragungsverfahren
DB	Der Betrieb
DeTeMobil	Deutsche Telekom Mobilfunk GmbH
d. h.	das heißt
DIN	Deutsche Industrienorm
DÖV	Die Öffentliche Verwaltung
DPolBl	Deutsches Polizeiblatt
Drs.	Drucksache
DSL	Digital Subscriber Line (vgl. ATM)
DVBl.	Deutsches Verwaltungsblatt
EU	Europäische Union
EzAÜG	Entscheidungssammlung zum AÜG
FA	Fernmeldeamt (regionale Koordinations- und Planungsstelle für Telekommunikation)
f.	folgende
FeV	Fahrerlaubnisverordnung
ff.	fortfolgende
FlHG	Fleischhygienegesetz
Fn.	Fußnote
FPersG	Fahrpersonalgesetz
FTEG	Gesetz über Funkanlagen und Telekommunikationseinrichtungen
FTZ	Fernmeldetechnisches Zentralamt (war bis 30. 6. 1982 für Zulassungen zuständig)
GastG	Gaststättengesetz
GbV	Gefahrgutbeauftragtenverordnung

GefStoffV	Gefahrstoffverordnung
geä.	geändert
GewArch	Gewerbearchiv (Zeitschrift für Verwaltungs-, Gewerbe- und Handwerksrecht)
GewO	Gewerbeordnung
GG	Grundgesetz für die Bundesrepublik Deutschland
GGBefG	Gefahrgutbeförderungsgesetz
GGKontrollV	Gefahrgutkontrollverordnung
GGVSE	Gefahrgutverordnung Straße und Eisenbahn
GGVSee	Gefahrgutverordnung See
GmbHG	GmbH-Gesetz
GMBl.	Gemeinsames Ministerialblatt
GPSG	Geräte und Produktsicherheitsgesetz
GPSGV	Verordnung zum GPSG
GüKG	Güterkraftverkehrsgesetz
GVG	Gerichtsverfassungsgesetz
HAG	Heimarbeitsgesetz
HansOLG	Hanseatisches Oberlandesgericht Hamburg
HandwO	Handwerksordnung
HessVGH	Hessischer Verwaltungsgerichtshof
HessVGRspr	Rechtsprechung der Hessischen Verwaltungsgerichte
HGB	Handelsgesetzbuch
i. e. S.	im engeren Sinne
IfSG	Infektionsschutzgesetz
JArbSchG	Jugendarbeitsschutzgesetz
JGG	Jugendgerichtsgesetz
JR	Juristische Rundschau
JuS	Juristische Schulung
JZ	Juristenzeitung
KG	Kammergericht
KriegswaffenG	Kriegswaffenkontrollgesetz
KrW-/AbfG	Kreislaufwirtschafts- und Abfallgesetz
KSchG	Kündigungsschutzgesetz
LAG	Landesarbeitsgericht
LG	Landgericht
LMBG	Lebensmittel- und Bedarfsgegenständegesetz
LSN	Lokales Sicherheitsnetzwerk
MDR	Monatsschrift für Deutsches Recht
Mk	Magnetkontakt
MRK	Menschenrechtskonvention
MuSchG	Mutterschutzgesetz
NJW	Neue Juristische Wochenschrift
NJW-CoR	NJW-Computerrecht

NJW-RR	NJW-Rechtsprechungsreport
NLT	Netzlinientechnik
NPA	Neues Polizei Archiv
Nr.	Nummer
NStZ	Neue Zeitschrift für Strafrecht
NStZRR	NStZ-Rechtsprechungsreport
NVwZ	Neue Zeitschrift für Verwaltungsrecht
NVwZ-RR	NVwZ-Rechtsprechungsreport
OLG	Oberlandesgericht
OPD	Oberpostdirektion (regionale Verwaltungseinheit des BAPT)
OVG	Oberverwaltungsgericht
OWiG	Ordnungswidrigkeitengesetz
PBefG	Personenbeförderungsgesetz
PflSchG	Pflanzenschutzgesetz
RAL	Deutsches Institut für Gütersicherung und Kennzeichnung e. V., Frankfurt
RGSt	Entscheidungen des Reichsgerichts in Strafsachen
Rk	Riegelkontakt
Rn.	Randnummer
Rspr.	Rechtsprechung
S.	Seite
s.	siehe
SGB-IV	Sozialgesetzbuch, IV. Buch – Sozialversicherung
SGB-VII	Sozialgesetzbuch, VII. Buch – Gesetzliche Unfallversicherung
SGB-X	Sozialgesetzbuch, X. Buch – Verwaltungsverfahren
SprengG	Sprengstoffgesetz
StGB	Strafgesetzbuch
StPO	Strafprozessordnung
StrVG	Strahlenschutzvorsorgegesetz
StVG	Straßenverkehrsgesetz
StVO	Straßenverkehrsordnung
StVZO	Straßenverkehrszulassungsordnung
SÜG	Sicherheitsüberprüfungsgesetz
TAE	Telekommunikations-Anschluss-Einheit
ThürVBl.	Thüringer Verwaltungsblätter
TierSG	Tierseuchengesetz
TKG	Telekommunikationsgesetz
TKÜV	Telekommunikations-Überwachungsverordnung
TRG	Technische Regeln Druckgase aufgestellt vom Deutschen Druckbehälterausschuss (DRA)
TVG	Tarifvertragsgesetz
u. a.	und andere; unter anderem
u. ä.	und ähnliche(s)

ÜG	Übertragungsgeräte
UmweltHG	Umwelthaftungsgesetz
UrhG	Urhebergesetz
Urt.	Urteil
USBV	Unkonventionelle Spreng- und Brandvorrichtungen
VDE	Verband Deutscher Elektrotechniker e.V., Frankfurt
VdS	Verband der Schadenversicherer
VersammlG	Versammlungsgesetz
VG	Verwaltungsgericht
VGH	Verwaltungsgerichtshof
vgl.	vergleiche
WaffG	Waffengesetz
WHG	Wasserhaushaltsgesetz
WIK	Zeitschrift für die Sicherheit der Wirtschaft
WSA	Werkschutzangehöriger
W & S	Wirtschaftsschutz & Sicherheitstechnik
z. B.	zum Beispiel
zit.	zitiert
ZNS	Zentralnervensystem
ZPO	Zivilprozessordnung
zul.	zuletzt
ZZF	Zentralamt für Zulassungen im Fernmeldewesen (vom 1. 7. 1982 bis 9. 3. 1992 zuständig)

1. Teil

RECHT

von Dr. Dr. Frank Ebert,
Ministerialrat
Vertreter des öffentlichen Interesses beim
Thüringer Innenministerium

1. Kapitel: Einführung

1 In der Bundesrepublik Deutschland sind in erster Linie die staatlichen Sicherheitsorgane für die Aufrechterhaltung des Sicherheitsgefüges verantwortlich. In den letzten Jahrzehnten haben aber auch private Sicherheitseinrichtungen zunehmend an Bedeutung gewonnen. Betrieblicher Werkschutz, Wach- und Sicherheitsgewerbe, Privatdetekteien und private Auskunftsstellen leisten heute wesentliche Beiträge zur Aufrechterhaltung von Sicherheit in Bereichen, in denen der Staat entweder nicht tätig werden kann oder im Interesse privater Eigenverantwortlichkeit zurücktritt.

Wirtschaftsunternehmen, ihre Belegschaften und Repräsentanten waren in der Vergangenheit hauptsächlich durch Betriebskriminalität, Betriebsunfälle, Katastrophen, politisch motivierte Extremisten und Terroristen sowie durch geheimdienstliche Aktivitäten vielfältig bedroht und gefährdet. Der gesellschaftliche, wirtschaftliche und soziale Wandel hat in jüngster Zeit neue Schutzbedürfnisse entstehen lassen. Dies gilt vor allem für den Umbau des „Standortes Deutschland“, der die bisherigen Produktionsverhältnisse zugunsten des Erhaltes der Wettbewerbsfähigkeit der deutschen Wirtschaft auf den internationalen Märkten zunehmend hinter Dienstleistungserfordernissen zurücktreten lässt. In der Folge dieser rasanten Entwicklung gewinnt der Firmenschutz in Gestalt von interner Kontrolle, vor allem aber der Schutz von „Know-how“ zunehmend an Bedeutung. Gefahren und Schäden können immens sein, wenn etwa Patente und Gebrauchsmuster Industriespionen, Raubkopierern und Datenhackern ausgesetzt sind. Korruptionsbekämpfung, Verbesserung der Schutzmechanismen in der Informationstechnik, der Schutz vor neuartigen Krankheitserregern, der Umweltschutz, die Sicherung der Ernährungsgrundlagen, die Gentechnik und neue Energieformen heißen die globalen Herausforderungen zu Beginn des dritten Jahrtausends. Weltweit schicken sich sog. Globalisierungsgegner an, internationale Entwicklungen in möglichst vielen Bereichen zu sabotieren. Islamistische Terroristen verunsichern duch schwere Anschläge Regierungen und Bevölkerungen weltweit. Unterdessen wird der Informationsaustausch – vor allem auch durch das Internet – immer schneller und umfangreicher. Mit all diesen Entwicklungen wachsen auch Schwachstellen. Die Politik ist bemüht, die „Sicherheitsarchitektur“ zu optimieren.

Sicherheit aber ist unteilbar. Nur wenn staatliche Sicherheitsorgane und private Sicherheitseinrichtungen ihre Aufgaben umfassend erfüllen, wird ein Sicherheitsstandard erzielt, der Wohlstand in Freiheit auf Dauer garantiert.

Private Sicherheitseinrichtungen üben keine hoheitlichen Funktionen aus. Ihnen stehen keine besonderen Eingriffsbefugnisse zu. Sie sind deshalb im wesentlichen auf die Ausübung von Rechten beschränkt, die ihrem Auftraggeber obliegen bzw. auf Rechte, von denen jeder Bürger Gebrauch machen darf.

Zur **inneren Sicherheit** zählt alles, was den Schutz 2
- von Staats- und Gesellschaftsordnung

und
- des einzelnen vor Gefahren für Rechtsgüter, vor Straftaten, vor Unfällen und vor anderen, vielfach existenzbedrohenden Schicksalsschlägen ausmacht, kurz gesagt: der Schutz der verfassungsmäßigen, rechtlichen und sozialen Ordnung. Sicherheit ist somit die Garantie des gesamten Freiheits- und Lebensraumes.

Ein Zusammenleben von Menschen unter Wahrung ihrer Rechte und Freiheiten ist nur in einer staatlichen Ordnung möglich. Ohne diese Ordnung würde sich immer der Stärkere durchsetzen, Chancengleichheit wäre nicht gegeben, Chaos und Anarchie würden sich ausbreiten.

Die Gewährleistung der inneren Sicherheit ist in erster Linie eine **staatliche Aufgabe,** die aus mehreren Verfassungsnormen abgeleitet wird, wie z. B. aus 3
- Art. 2 Abs. 2 Satz 1 GG („Jeder hat das Recht auf Leben und körperliche Unversehrtheit"; vgl. Rn. 55); daraus wird die Pflicht des Staates entnommen, sich schützend und fördernd vor diese Rechtsgüter zu stellen und sie insbesondere vor rechtswidrigen Eingriffen von Seiten Dritter zu bewahren[1].
- dem staatlichen Monopol für die Kriminalitätsbekämpfung[2],
- der Schutzpflicht des Staates vor seinen Gegnern im Innern und von außen[3],
- dem Verbot der Selbstjustiz und dem staatlichen Bestrafungsmonopol (Art. 103 Abs. 2, 104 GG),
- dem Rechts- und Sozialstaatsprinzip (Art. 20 Abs. 1, 3, Art. 28 Abs. 1 Satz 1 GG),
- dem staatlichen Gewaltmonopol (s. Rn. 11).

Als (hoheitliche) Mittel, mit denen der Staat innere Sicherheit gewährleistet, sind zu nennen: 4
- Rechtsvorschriften (Gesetze, Rechtsverordnungen usw.),
- Einzelmaßnahmen der vollziehenden Gewalt (z. B. Verwaltungsakte),
- Entscheidungen der Rechtsprechung (Urteile und Beschlüsse).

Mit der Ausweitung der EU ist das Sicherheitsbedürfnis gesamteuropäisch gewachsen[4].

---

1 BVerfGE 88, 203, 251; BVerfG, Beschl. v. 9. Februar 1998 – 1 BvR 2234/97
2 Vgl. BVerfGE 6, 433; BayObLG, NJW 1979, 2625
3 Vgl. BVerfGE 40, 293; 49, 56
4 Vgl. Pitschas, Innere Sicherheit in der EU und europarechtliche Grundlagen des Sicherheitsgewerbes, NVwZ 2002, 519 ff.

2. Kapitel: Grundlagen für rechtsbewusstes Handeln

5 Ein geordnetes Zusammenleben von Menschen ist nur nach bestimmten Regeln denkbar, die das übergeordnete Gemeinwesen „Staat" aufgestellt hat. Die Gesamtheit dieser Regeln heißt **Recht.**

Es gibt heute praktisch kaum Lebensbereiche, die nicht rechtlich geregelt sind oder die nicht zumindest einen Bezug zum Recht aufweisen. Da das Recht sehr komplex ist, kann nahezu jeder Sachverhalt unter mehreren rechtlichen Gesichtspunkten betrachtet werden.

Beispiel:
Die Begleiter eines Werttransportes schießen einen Räuber an, der versucht hat, den Transport zu überfallen.
Hier können folgende Rechtsfragen auftreten:
- Strafrechtliche Verantwortlichkeit des Täters bzw. der Schützen
- Befugnis zum Waffentragen und zum Schusswaffengebrauch
- Aufsichtspflichtverletzung des Transportunternehmers
- Zivilrechtliche Ansprüche des Täters
- Zivilrechtliche Ansprüche der Begleiter bzw. des Transportunternehmers gegen den Täter
- Arbeitsrechtliche Ansprüche zwischen Transportunternehmer und Mitarbeitern
- Versicherungsrechtliche Fragen.

6 Dieses Beispiel berührt mehrere Rechtsgebiete, die sich teilweise überschneiden. Anerkannt ist die grundsätzliche **Einteilung des Rechts** in

- **öffentliches Recht** und
- **privates Recht** (oder: Zivilrecht).

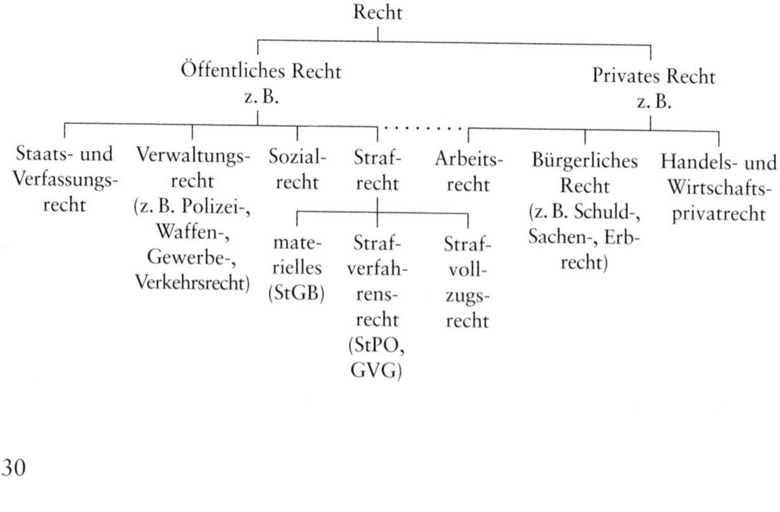

Der wesentliche Unterschied zwischen öffentlichem und privatem Recht besteht darin, dass das öffentliche Recht vom Prinzip der **Über- und Unterordnung** („Befehl und Gehorsam“) beherrscht ist,

Beispiele:
- Polizeiliche Straßenverkehrsregelung
- Pfändung von Gegenständen durch den Gerichtsvollzieher
- Schulpflicht
- Wehrpflicht
- Einkommensteuerbescheid
- Behördliche Freiheitsentziehung.

während im privaten Recht das Prinzip der **Gleichordnung** vorherrscht.

Beispiele:
- Kauf von Waren
- Anmietung einer Lagerhalle
- Abschluss und Durchführung eines Bewachungsvertrages
- Übertragung von Eigentum.

Das Recht kann nach weiteren Kriterien eingeteilt werden, z. B. nach **7**

- dem **Geltungsbereich** (Internationales Recht, insbesondere Völkerrecht und Europarecht; innerstaatliches Recht, z. B. Bundes- und Landesrecht),

  oder

- der Art der **Rechtsquelle;** hierbei gilt folgende abgestufte **Rangfolge:**
  - Bundesverfassungsrecht
  - Bundesgesetze
  - Rechtsverordnungen des Bundes
  - Landesverfassungsrecht
  - Landesgesetze
  - Rechtsverordnungen der Länder.

Das jeweils höherrangige Recht „bricht“ das im Rang niedrigere Recht (vgl. auch Art. 31 GG). Beispielsweise darf eine Rechtsverordnung des Bundes nicht gegen die im Rang höheren Bundesgesetze verstoßen. Die Bundesgesetze müssen sich wiederum im Rahmen des Bundesverfassungsrechts halten.

3. Kapitel: Die Staatsgewalten

Nach dem verfassungsrechtlichen **Demokratieprinzip** ist Träger der Staatsgewalt **8** das Volk. Die Staatsgewalt wird vom Volke in Wahlen und Abstimmungen und durch **besondere Organe** ausgeübt (Art. 20 Abs. 2 GG):

- die **Gesetzgebung** (Legislative)
- die **vollziehende Gewalt** (Exekutive)
- die **Rechtsprechung** (Judikative).

Das staatliche Handeln richtet sich auch nach ungeschriebenen allgemeinen **Verfassungsprinzipien** und **Wertentscheidungen,** die der Verfassung innewohnen wie z. B.

9 – dem **Sozialstaatsprinzip** (s. Rn. 3). Das Sozialstaatsprinzip ermächtigt und verpflichtet den Staat, planend, lenkend, leistend und verteilend u. a.
  - für eine gerechte Sozialordnung zu sorgen und
  - den Bürgern soziale Sicherheit zu gewährleisten.

10 – dem **Rechtsstaatsprinzip.** Das Rechtsstaatsprinzip garantiert z. B.
  - die Bindung der staatlichen Organe an die Verfassung (Art. 20 Abs. 3 GG)
  - die Gewaltentrennung (Art. 20 Abs. 2 GG)
  - die Gesetzmäßigkeit der Verwaltung
  - die Unschuldsvermutung (s. Rn. 114)
  - die richterliche Kontrolle.

11 – dem aus dem Rechtsstaatsprinzip abgeleiteten **staatlichen Gewaltmonopol.** Gewalt ist als äußerstes Mittel der Machtausübung grundsätzlich nur den staatlichen Organen vorbehalten; im Interesse der inneren Sicherheit ist Gewalt Dritter zu verhüten bzw. gegen ausgeübte private Gewalt vorzugehen.

Das staatliche Gewaltmonopol soll eine friedensstiftende bzw. friedenssichernde Funktion erfüllen. Das friedliche Zusammenleben der Bürger kann nur gewährleistet werden, wenn der Staat sein Gewaltmonopol auch tatsächlich durchsetzen kann.

Nur im Rechtsstaat kann das Gewaltmonopol des Staates mit den Freiheitsinteressen der Bürger zum Ausgleich gebracht werden, weil im Rechtsstaat jedes staatliche Handeln rechtmäßig sein muss; die Vorgaben gibt die Verfassung.[1]

Gewalt und Zwang gegen einzelne dürfen als Eingriffe in Freiheit und Eigentum nur durch Gesetz oder aufgrund eines Gesetzes ausgeübt werden. Die staatliche Gewalt ist also rechtlich gebunden.

Private Gewaltanwendung ist nur ausnahmsweise in Form der Gewaltübertragung oder Gewaltermächtigung zulässig und regelmäßig auf Notsituationen beschränkt, in denen obrigkeitliche Hilfe nicht oder nicht rechtzeitig zu erlangen ist.

1 Schwind/Baumann u. a. (Hrsg.), Ursachen, Prävention und Kontrolle von Gewalt, Analysen und Vorschläge der Gewaltkommission, Bd. I, S. 241

Die auch aus diesen verfassungsrechtlichen Grundsätzen entspringende staatliche Verpflichtung, innere Sicherheit zu gewährleisten (s. Rn. 3), bezweckt den Schutz der individuellen Freiheiten. Unsere Rechtsordnung legt gerade wegen dieser Freiheiten dem einzelnen auch ein gewisses Maß an **Eigenverantwortlichkeit** auf. Der staatliche Schutzauftrag setzt deshalb grundsätzlich erst dann ein, wenn der einzelne nicht (mehr) in der Lage ist, bestimmte Gefährdungen abzuwehren und deshalb ein allgemeines Interesse am Schutz des einzelnen einsetzt. 12

Die Grenzen zwischen individueller Eigenverantwortlichkeit und staatlicher Schutzverpflichtung sind fließend und zum Teil umstritten.

Beispiele:
- Sicherheit für gefährdete Personen und Betriebe (Personen- und Objektschutz)
- Sicherheit für Geld-, Kunst- und andere Werttransporte
- Sicherheit bei Großveranstaltungen.

Die Problematik läuft auf die Kernfrage nach dem **für die Gewährleistung der Sicherheit Verantwortlichen** hinaus. 13

Würde sich der Staat jeder Art von Gefahr selbst annehmen, so würde sich beispielsweise die polizeiliche Arbeitsbelastung enorm erhöhen und eine weitere Strapazierung der Staatshaushalte eintreten, wenngleich einzelne Unternehmer von sicherheitsfördernden Investitionen entlastet würden und das staatliche Gewaltmonopol völlig unangetastet bliebe. Die Nachteile einer solchen pauschalen Betrachtungsweise sind unübersehbar: Tendenz zum Polizeistaat, pausenlose staatliche Reglementierung usw.

Trotz mancher Befürchtungen ist das andere Extrem, der totale Rückzug staatlicher Sicherheitsorgane aus ihrer Verantwortung sowie eine Aushöhlung des staatlichen Gewaltmonopols durch das Entstehen von **„Privatarmeen“** nicht eingetreten.

Es scheint sinnvoll, Aufgaben der inneren Sicherheit **differenziert** zu bewältigen, 14
wobei staatliche und individuelle Verantwortung sorgfältig gegeneinander abgewogen werden müssen. Polizeikräfte brauchen nur dort eingesetzt zu werden, wo polizeiliche, d. h. staatliche Aufgaben zu bewältigen sind. Auf diese Weise kann sich die Polizei diesen Aufgaben, die ohnehin ständig umfangreicher und schwieriger werden, intensiver widmen; außerdem kann sie für Sofortlagen die erforderlichen Personalkapazitäten aufbieten. Kostenlose Beratung und Aufklärung durch die Polizei in Sicherheitsfragen können weiterhin erfolgen. Die Polizei braucht sich nicht dem Vorwurf auszusetzen, einzelne Bürger mit erhöhtem Sicherheitsrisiko („Reiche“) könnten Polizeischutz „kaufen“, wenn es diesen zuzumuten ist, durch Eigensicherungsmaßnahmen selbst entsprechende Vorsorge zu treffen. Polizeischutz muss an der Gefährdungslage der inneren Sicherheit gemessen werden, nicht an der Vermögenssituation einzelner.

15 Im Ergebnis sind für die **Aufgabenabgrenzung von Staat und Privaten** im Bereich der inneren Sicherheit folgende **Grundsätze** festzuhalten:

- Die Gewährleistung der inneren Sicherheit, insbesondere die Abwehr von Gefahren, ist in erster Linie eine staatliche Angelegenheit.
- Soweit es dem einzelnen möglich und zumutbar ist, ist er im Rahmen seiner Freiheitsrechte einerseits, aber auch seiner Eigenverantwortlichkeit andererseits gehalten, drohenden Gefährdungen selbst zu begegnen.
- Der einzelne muss zur Durchsetzung seiner Rechte staatliche Hilfe in Anspruch nehmen. Falls obrigkeitliche Hilfe nicht oder nicht rechtzeitig zu erlangen ist, darf eine Privatperson ausnahmsweise in Rechte anderer Bürger eingreifen und dabei möglicherweise auch Gewalt ausüben. Der einzelne muss sich hierbei an die ihm vom Staat für solche Fälle eingeräumten gesetzlichen Ermächtigungen halten (s. näher Rn. 25).

16 In Teilbereichen hat der Staat Sicherheitsaufgaben privaten Einrichtungen überlassen bzw. die Möglichkeit geschaffen, Private zur Wahrnehmung solcher Aufgaben sogar zu verpflichten.

Beispiele:
- Privatrechtliche juristische Personen nehmen Luftsicherheitsaufgaben wahr (Deutsche Flugsicherung GmbH).
- Der Technische Überwachungsverein wirkt bei der betrieblichen Unfallverhütung mit (s. Rn. 151).
- Privatpersonen führen militärische Wachaufgaben aus.
- Einer atomrechtlichen Genehmigung zum Betrieb eines Kernkraftwerks kann die Auflage beigefügt werden, einen bewaffneten Objektsicherungsdienst einzurichten (BVerwG, DVBl. 1989, 517).
- Im Waffenrecht kann behördlich angeordnet werden, dass Gewerbetreibende ein Bewachungsinstitut mit der Sicherung gegen das Abhandenkommen von Schusswaffen und Munition beauftragen.

4. Kapitel: Staatliche Sicherheitsorgane

17 Die staatliche Verantwortung für die innere Sicherheit obliegt allen drei Staatsgewalten gemeinsam.

4.1 Die **Gesetzgebung** schafft durch den Erlass von Bundes- bzw. Landesgesetzen die rechtlichen Voraussetzungen für staatliches Handeln.

Beispiel: Der Bundesgesetzgeber hat mit dem Zweiten Gesetz zur Bekämpfung der Wirtschaftskriminalität Straftatbestände über Computerdelikte in das StGB eingefügt. Die Strafverfolgungsbehörden sind seither zur Verfolgung solcher Delikte verpflichtet und haben aufgrund der StPO (Bundes-

BUNDESVERFASSUNGSGERICHT						
ORDENTLICHE GERICHTSBARKEIT		ARBEITS-GERICHTS-BARKEIT	VERWAL-TUNGS-GERICHTS-BARKEIT	SOZIAL-GERICHTS-BARKEIT	FINANZ-GERICHTS-BARKEIT	
ZIVILGERICHTSBARKEIT	STRAFGERICHTSBARKEIT					
BUNDESGERICHTSHOF ZIVILSENAT 5 Richter	STRAFSENAT 5 Richter	**BUNDES-ARBEITS-GERICHT**	**BUNDES-VERWAL-TUNGS-GERICHT**	**BUNDES-SOZIAL-GERICHT**	**BUNDES-FINANZHOF**	
OBERLANDESGERICHTE ZIVILSENAT 3 Richter	STRAFSENAT[1] 5 Richter STRAFSENAT 3 Richter	**LANDES-ARBEITS-GERICHTE**	**OBER-VERWAL-TUNGS-GERICHTE**	**LANDES-SOZIAL-GERICHTE**		VERFASSUNGSGERICHTE DER LÄNDER
LANDGERICHTE ZIVIL-KAMMER 3 Richter KAMMER F. HANDELS-SACHEN 1 Richter 2 ehrenamtl. Richter	GROSSE STRAF-KAMMER 3 Richter 2 Schöffen KLEINE STRAF-KAMMER 1 Richter 2 Schöffen JUGEND-KAMMER 3 Richter 2 Schöffen	**ARBEITS-GERICHTE**	**VERWAL-TUNGS-GERICHTE**	**SOZIAL-GERICHTE**	**FINANZ-GERICHTE**	
AMTSGERICHTE ZIVILSACHEN[2] EINZEL-RICHTER/ RECHTSPFLEGER	STRAFSACHEN ERWEITERTES SCHÖFFEN-GERICHT 2 Richter 2 Schöffen SCHÖFFEN-GERICHT 1 Richter 2 Schöffen EINZELRICHTER JUGENDSTRAFSACHEN JUGENDSCHÖFFEN-GERICHT 1 Richter 2 Schöffen JUGENDRICHTER					

[1] Gericht erster Instanz in Staatsschutzsachen
[2] Zivilprozesse, Mahnverfahren, Zwangsvollstreckungsverfahren, Grundbuchamt, Vormundschafts- und Nachlasssachen usw.

gesetz) die Möglichkeit zu Zwangsmaßnahmen wie Durchsuchungen, Beschlagnahmen usw. Nach Abschluss des Ermittlungsverfahrens können Täter innerhalb des vom StGB vorgegebenen Strafrahmens zu einer Geld- oder Freiheitsstrafe verurteilt werden.

Gesetzgebungsorgane sind die Parlamente des Bundes und der Länder (Bundestag, Landtage) und der Bundesrat (Art. 50 GG).

18 4.2 Wesentliche Bestandteile einer rechtsstaatlichen Ordnung sind das Gebot der Gerechtigkeit und das Prinzip der Rechtssicherheit. Jedermann kann Rechtsschutz durch ein **staatliches Gericht** in Anspruch nehmen, wenn

- ihn staatliche Instanzen in seinen Rechten verletzen (Art. 19 Abs. 4 GG) – Gebiet des öffentlichen Rechts;
- er Ansprüche[1] gegen einen anderen Bürger erhebt – Gebiet des privaten Rechts.

Wirksamen Rechtsschutz können nur Gerichte gewährleisten, die außer ihrer verfassungsrechtlichen Bindung an Recht und Gesetz (Art. 20 Abs. 3, Art. 97 Abs. 1 GG) unabhängig sind. Eingriffe der anderen Staatsgewalten in die Rechtsprechung sind unzulässig.

Die Gerichtsbarkeit ist zwischen dem Bund und den Ländern aufgeteilt. Die rechtsprechende Gewalt wird von den Verfassungsgerichten und fünf selbstständigen fachlichen Gerichtszweigen ausgeübt.

19 4.3 Zur **vollziehenden Gewalt** zählen **Regierung** und **Verwaltung.** Die Verfassung schreibt ihre Bindung an Recht und Gesetz vor (Art. 20 Abs. 3 GG).

Im Bereich der inneren Sicherheit bestehen für folgende Exekutivorgane Kompetenzen:

20 a) die **Strafverfolgungsbehörden.** Staatliche Untersuchungs- und Anklagebehörde in Strafsachen ist die **Staatsanwaltschaft.** Das Amt der Staatsanwaltschaft wird ausgeübt (§§ 142, 142 a GVG)

- beim Bundesgerichtshof durch den **Generalbundesanwalt** und die Bundesanwälte, die vor allem für die Verfolgung bestimmter Staatsschutzdelikte zuständig sind und hierzu gegenüber dem Bundeskriminalamt Weisungs- und Informationsrechte haben,
- bei den Oberlandesgerichten und Landgerichten durch **Staatsanwälte,**
- bei den Amtsgerichten durch **Staats- und Amtsanwälte.**

Im Unterschied zu den unabhängigen Richtern sind die Beamten der Staatsanwaltschaft dienstlich weisungsgebunden (§§ 146, 148 GVG).

1 Ein Anspruch ist das Recht, von einem anderen ein Tun oder ein Unterlassen zu verlangen (§ 194 Abs. 1 BGB), z. B. einen Kaufpreis zu bezahlen, eine Sache herauszugeben, Schadensersatz zu leisten, Störungen zu unterlassen usw.

Um eine Verbrechensverfolgung von Amts wegen sicherzustellen, verpflichtet das **Legalitätsprinzip** die Staatsanwaltschaft, ohne Ansehen der Person „wegen aller verfolgbaren Straftaten einzuschreiten, sofern zureichende tatsächliche Anhaltspunkte vorliegen" (§ 152 Abs. 2 StPO).

b) die **Behörden der Sicherheits- und Ordnungsverwaltung.** Zahlreiche besondere Verwaltungsbehörden sind für Gefahrenabwehraufgaben in sondergesetzlich geregelten Bereichen zuständig. **21**

Beispiele:
- Straßenverkehrsbehörden
- Gewerbeaufsichtsämter
- Bauordnungsbehörden
- Umweltschutzbehörden
- Ausländerbehörden
- Ordnungsämter, z. B. für das Meldewesen, Passangelegenheiten, das Waffenwesen usw.

Aufgaben und Organisation dieser Behörden sind in den einzelnen Ländern, die für diese Aufgaben in der Regel zuständig sind, zum Teil sehr unterschiedlich geregelt.

c) die **Polizei.** Polizei im hier gebrauchten Sinne ist nur die Vollzugspolizei; in einigen Ländern werden auch die Sicherheitsbehörden als Baupolizei, Gewerbepolizei usw. bezeichnet. Die **Polizeihoheit** liegt grundsätzlich bei den Ländern (Art. 30, 70 GG). Für einige spezielle polizeiliche Aufgabengebiete ist der Bund zuständig (z. B. für den Grenzschutz, die Zusammenarbeit des Bundes und der Länder in der Kriminalpolizei und für die Bahnpolizei). **22**
Die einzelnen Polizeien unterscheiden sich nach ihren Funktionen sowie nach ihrer Aufbau- und Ablauforganisation. Oberste Dienstbehörden, Führungsstellen und zugleich politisch verantwortliche Organe sind die Innenminister und -senatoren der Länder bzw. des Bundes.

Die **Landespolizeien** sind grundlegend gegliedert in
- (uniformierte) Schutzpolizei,
- Kriminalpolizei,
- Bereitschaftspolizei.

In der Regel bestehen folgende **Organisationseinheiten:**
- Allgemeiner polizeilicher Vollzugsdienst einschließlich Verkehrs- und Wasserschutzpolizei (Polizeipräsidien, Polizeidirektionen, Polizei-, Kriminalpolizei-, Verkehrspolizei- und Wasserschutzpolizeiinspektionen, Polizeistationen bzw. Polizeireviere; die Dienststellenbezeichnungen können von Land zu Land unterschiedlich sein),
- Bereitschaftspolizei (Abteilungen, Hundertschaften),
- Landeskriminalamt.

Trotz ihrer fachlichen Trennung und einer bisweilen recht hohen Spezialisierung bildet die gesamte Polizei eines Landes eine Einheit.

Die **Aufgaben der Polizei** sind in den Polizeigesetzen des Bundes und der Länder sowie in zahlreichen besonderen gesetzlichen Bestimmungen geregelt. Der polizeiliche Auftrag, innere Sicherheit zu gewährleisten, zerfällt in mehrere einzelne Aufgabenfelder.

Auf dem Gebiet der **Strafverfolgung** sind Polizeibeamte und andere Beamte, die durch Rechtsverordnung der jeweils zuständigen Landesregierung zu **Ermittlungspersonen** bestellt wurden (§ 152 GVG), in dieser Eigenschaft verpflichtet, den Anordnungen der Staatsanwaltschaft Folge zu leisten. Darüber hinaus haben sie bestimmte Anordnungs- und Zwangsbefugnisse.

Beispiele:
- Anordnung der Entnahme einer Blutprobe (§ 81 a Abs. 2 StPO)
- Durchsuchung (§ 105 Abs. 1 StPO)
- Beschlagnahme (§ 98 Abs. 1 StPO).

Dem Legalitätsprinzip unterliegen alle Behörden und Beamten des Polizeidienstes, auch soweit sie nicht zu Hilfsbeamten der Staatsanwaltschaft bestellt sind. Die Polizei hat danach „Straftaten zu erforschen und alle keinen Aufschub gestattenden Anordnungen zu treffen, um die Verdunkelung der Sache zu verhüten" (§ 163 Abs. 1 StPO).

Außerhalb der Strafverfolgung, insbesondere bei der Abwehr von Gefahren für die öffentliche Sicherheit und Ordnung, trifft die Polizei ihre Maßnahmen nach pflichtgemäßem Ermessen **(Opportunitätsprinzip).** Dieses Ermessen erstreckt sich darauf,

- **ob** die Polizei eine zulässige Maßnahme trifft (Entschließungsermessen),
- **welche** von mehreren zulässigen Maßnahmen die Polizei auswählt (Auswahlermessen).

In jedem Fall muss die Polizei den Grundsatz der **Verhältnismäßigkeit** beachten.

Dieser Grundsatz **verbietet** übermäßig belastende Rechtseingriffe. Er **gebietet,** „nicht mit Kanonen auf Spatzen zu schießen", d. h.

- von mehreren möglichen und geeigneten Maßnahmen diejenige zu treffen, die den einzelnen und die Allgemeinheit am wenigsten beeinträchtigt (geringstmögliche Beeinträchtigung)
- dass eine Maßnahme nicht zu einem Nachteil führen darf, der zu dem erstrebten Erfolg erkennbar außer Verhältnis steht
- eine Maßnahme zu beenden, wenn ihr Zweck erreicht ist oder wenn sich zeigt, dass er nicht erreicht werden kann (Maßnahmedauer).

Der Grundsatz der Verhältnismäßigkeit ist nur an wenigen Stellen gesetzlich geregelt, z. B. in § 230 BGB (s. hierzu Rn. 128). Er gilt aber als Rechtsgrundsatz mit Verfassungsrang, der aus dem Rechtsstaatsprinzip abgeleitet ist.

Aufgaben der Polizei

Abwehr von Gefahren für die öffentliche Sicherheit u. Ordnung	Verfolgung von Straftaten und Ordnungswidrigkeiten	Schutz privater Rechte	Vollzugs- und Amtshilfe für andere Behörden	Spezialgesetzliche Aufgaben	Hilfeleistung
– Aufklärung (Überwachung, Kontrollen) – Untersuchungen – Schutzmaßnahmen	– Festnahme – Steckbrief (Fahndung) – Bearbeiten von Strafanzeigen/ -anträgen – Ermittlungen (Vernehmungen, Durchsuchungen, erkennungsdienstliche Maßnahmen usw.)	z. B. Austausch von Personalien nach Bagatellunfall (s. Rn. 25)	– Abschiebung von Ausländern – Vorführung von Wehr- u. Zivildienstpflichtigen – Festnahme entwichener Gefangener – Unterstützung bei Gerichtsverhandlung (Justizhilfe) – Unterstützung von Gerichtsvollziehern – Ermittlungshilfe für andere Behörden	– Überwachung, Lenkung, Regelung, Sicherung d. Straßenverkehrs – Entgegennahme von Fundanzeigen und Fundsachen – Mitwirkung im Gewerberecht und beim Arbeitsschutz (z. B. Lebensmittelüberwachung, Sperrstundenkontrolle) – Ordnungswesen (z. B. Luftsicherheit, Forst-, Natur-, Jagdschutz) – Aufgaben im Schifffahrtwesen und beim Gewässerschutz – Zivilschutz im Spannungs- und Verteidigungsfall	bei – Unfällen – Katastrophen – Vorfällen mit ionisierenden Strahlen (z. B. Erste Hilfe, Verständigung von Angehörigen Getöteter und Verletzter)

Polizeiliche Maßnahmen werden gegen **polizeipflichtige Personen** (Störer, Nichtstörer, Aufsichtspflichtige, Eigentümer und sonst Berechtigte störender Sachen usw.) gerichtet.

Polizeieinrichtungen des Bundes sind

- das Bundeskriminalamt
- der Bundesgrenzschutz (einschließlich Bahnpolizei und Schutz vor Angriffen auf die Sicherheit des Luftverkehrs)
- das Zollkriminalamt (mit nachgeordneten Zollfahndungsämtern) bzw. die künftige Bundesfinanzpolizei
- der Polizei- und Sicherungsdienst der Verwaltung des Deutschen Bundestages
- der Inspekteur der Bereitschaftspolizeien der Länder.

Aufgaben, Befugnisse und Organisation dieser Bundespolizeibehörden sind sehr unterschiedlich. Aufgrund Landesrechts wurden einige Gruppen von Bundespolizeibeamten zu Hilfsbeamten der Staatsanwaltschaft bestellt.

23 d) die **Geheimdienste:**
- **Verfassungsschutz** (Bundesamt und Landesämter für Verfassungsschutz)
- **Militärischer Abschirmdienst** (MAD)
- **Bundesnachrichtendienst** (BND).

In der Bundesrepublik Deutschland gibt es weder eine **„Geheimpolizei“** noch eine **„politische Polizei“.** Staatsschutzdelikte und politisch motivierte Delikte bearbeiten besondere Arbeitseinheiten der Kriminalpolizei („Kommissariat 14“).

Den Geheimdiensten, die organisatorisch von der Polizei getrennt sind, stehen polizeiliche Befugnisse wie z. B. Identitätsfeststellung, Beschlagnahme, Durchsuchung, Festnahme, Verhaftung und Anwendung unmittelbaren Zwanges nicht zu. Allerdings dürfen sie nachrichtendienstliche Mittel wie geheime Mitarbeiter, vertrauliche Befragung, Observation, heimliches Fotografieren, Belauschen, Verwendung von Tarnpapieren usw. einsetzen.

Die wesentlichen **Aufgaben** der Geheimdienste bestehen im **Sammeln und Auswerten von Informationen**

- zum Schutze der freiheitlichen demokratischen Grundordnung, des Bestandes und der Sicherheit des Bundes oder eines Landes (Verfassungsschutz, Art. 73 Nr. 10 b GG),
  um die Bundeswehr gegen Spionage, Sabotage und Zersetzung abzuschirmen und für die Bundeswehr auf den Gebieten der Absicherung, der Sicherheitslage und des Schutzes der Verteidigungswirtschaft tätig zu werden (MAD),
- für Zwecke der nachrichtendienstlichen Auslandsaufklärung, der Gegenspionage sowie der Spionageabwehr innerhalb des BND.

Verfassungsschutz und MAD wirken außerdem beim vorbeugenden Geheim- und Sabotageschutz – auch im Interesse von Wirtschaftsbetrieben – in folgenden Fällen mit (§ 3 Abs. 2 BVerfSchG):

- personeller Geheimschutz durch Sicherheitsüberprüfung,[2]
- personeller Sabotageschutz,
- materieller Geheimschutz (s. Rn. 271 ff.).

4.4 Eine intensive **Zusammenarbeit**[3] der einzelnen Sicherheitsorgane ist unerlässlich. Sie beruht zum Teil auf gesetzlichen Vorschriften (z. B. §§ 161, 163 Abs. 2 StPO, §§ 1 ff. BKAG, §§ 5 ff. BGSG, § 1 BVerfSchG), zum Teil auf der Verpflichtung zur Amtshilfe (Art. 35 Abs. 1 GG) und zum Teil auf gegenseitigen Vereinbarungen der betroffenen Hoheitsträger (z. B. kriminalpolizeilicher Meldedienst). 24

Im polizeilichen Bereich arbeiten Bund und Länder – von der Zusammenarbeit durch Gesetz und Amtshilfe abgesehen – überwiegend in folgenden Gremien zusammen:
- Ständige Konferenz der Innenminister/-senatoren der Länder – **IMK** – (Gesamtkonzeption, Gesetzesvorschläge, Ländervereinbarungen, Grundsatzfragen)
- Arbeitskreis II (Innere Sicherheit) der IMK – **AK II** – (Gesamtpolizeiliche Richtlinien, Polizeidienstvorschriften/Leitfäden für die Polizei, Vorlagen an die IMK zu Gesetzesvorschlägen und Grundsatzfragen)
- Arbeitsgemeinschaft der Leiter der Landeskriminalämter mit dem Bundeskriminalamt – **AG Kripo** – (Kriminalpolizeiliche Richtlinien, Vorlagen an den AK II zu gesamtpolizeilichen Fragen, Gesetzesvorschlägen usw.).

Die gesetzlich vorgeschriebene Zusammenarbeit der Verfassungsschutzbehörden des Bundes und der Länder erfolgt z. B. über die **IMK,** den **AK IV** – Verfassungsschutz- und durch gemeinsame Arbeitsbesprechungen.

5. Kapitel: Private Sicherheitseinrichtungen

5.1 Der **Grundsatz der Eigenverantwortlichkeit** (s. Rn. 12) verlangt vom einzelnen, seine Ansprüche gegen andere Privatpersonen selbst geltend zu machen. Ein staatliches Eingreifen kommt nur insoweit in Betracht, als der inneren Sicherheit Gefahren drohen, Straftaten zu verfolgen sind (Legalitätsprinzip) oder es um eine Inanspruchnahme staatlicher Hilfe zur Durchsetzung privatrechtlicher Ansprüche (s. Rn. 18 Fn. 1) geht. 25

> **Beispiel:**
> Bei einem Verkehrsunfall ist eine Person verletzt worden; außerdem ist Sachschaden entstanden. Polizei bzw. Staatsanwaltschaft prüfen nur, ob öffentlich-rechtliche Gründe eine Wahrnehmung des staatlichen Bestrafungsan-

2 Vgl. das Gesetz über die Voraussetzungen und das Verfahren von Sicherheitsüberprüfungen des Bundes – SÜG – vom 20. April 1994, BGBl. I S. 867; ergänzend Riegel, Licht und Schatten des SÜG, BayVBl. 1996, 358 ff.

3 Zusammenarbeit ist das Bemühen mehrerer Behörden, mit vereinten Anstrengungen einen gemeinsamen Auftrag zu erfüllen, ohne einer gemeinsamen Führung unterstellt zu sein.

spruches erfordern (§§ 223, 229, 230 StGB), ob die Allgemeinheit von einer alkohol- oder drogenauffällig gewordenen Person geschützt werden muss (§§ 69 StGB, 111 a StPO) usw. Die Schadensabwicklung bleibt ausschließlich Angelegenheit der Unfallbeteiligten bzw. ihren Versicherungen.

Der Schutz privater Rechte obliegt der Polizei grundsätzlich nur dann,

- wenn gerichtlicher Schutz nicht rechtzeitig zu erlangen ist **und**
- wenn ohne polizeiliche Hilfe die Verwirklichung des Rechts vereitelt oder wesentlich erschwert werden würde.

Beispiel:
Ist nach einem Verkehrsunfall kein Grund für die Einleitung eines strafrechtlichen Ermittlungsverfahrens oder eines Bußgeldverfahrens festzustellen (z. B. weil ein geringfügiger Verstoß an Ort und Stelle mit einer Verwarnung gem. § 57 OWiG geahndet werden kann oder weil sich der Unfall auf einer nichtöffentlichen Verkehrsfläche ereignet hat), wird die Polizei lediglich die Personalien der Beteiligten ermitteln und diesen zugänglich machen, damit sie ihre zivilrechtlichen Ansprüche bei den Versicherungen anmelden oder vor Gericht geltend machen können.

Weigert sich eine Privatperson, einen zivilrechtlichen Anspruch zu erfüllen, so muss der Anspruchsinhaber gegen den Anspruchsgegner vor dem zuständigen Zivilgericht einen vollstreckbaren Titel (Urteil, Beschluss) erwirken, den er mit Hilfe eines staatlichen Gerichtsvollziehers zwangsweise vollstrecken kann.

In den Fällen, in denen ein solcher Anspruch nicht zu verwirklichen ist, weil die notwendigen Voraussetzungen für die Inanspruchnahme gerichtlichen Rechtsschutzes fehlen, wenn diese nicht unverzüglich festgestellt werden, ist **ausnahmsweise** und **in engen Grenzen** eine **vorläufige** private Sicherung der Rechtsverfolgung zulässig. Die erlaubte Selbsthilfe nach § 229 BGB ist hierfür ein typischer Fall (s. dazu näher Rn. 126). Dadurch wird gewährleistet, dass die eigenmächtige Rechtsverfolgung nicht zum „Faustrecht" ausufert und das staatliche Gewaltmonopol nicht untergraben wird.

Vielfach ist davon die Rede, dass private Sicherheitseinrichtungen im „Gefahrenvorfeld" tätig werden, d. h. in einem Bereich, in dem staatliche Sicherheitsorgane aufgrund mangelnder Rechtsgrundlagen noch nicht tätig werden, weil noch keine Gefahr oder Störung im polizeilichen Sinne vorliegt. Die damit gekennzeichnete Problematik ist nicht z. B. nur auf den Schutz und die Sicherung kerntechnischer Einrichtungen beschränkt. Private Sicherungskräfte spielen bei den verschiedensten Anlagen, Einrichtungen oder Behörden eine bedeutsame Rolle. Die Entwicklung neuer, komplizierter Techniken hat häufig ein hohes Maß an Gefährdung und damit auch ein Anwachsen von Wach- und Objektschutzbedürfnissen hervorgebracht. Neue Informationstechnologien stellen inzwischen völlig veränderte Anforderungen an Sicherheitsstandards.

Als Folge dieser unterschiedlichen Tätigkeitsbereiche sind mehrere verschiedene **Organisationsformen** privater Sicherheitseinrichtungen entstanden.

Nach Organisation und Rechtsgrundlagen kann zwischen **Werkschutz, Wach- und Sicherheitsgewerbe** und **sonstigen** privaten Sicherheitseinrichtungen unterschieden werden.

5.2 Der **betriebliche Werkschutz** ist eine private Sicherheitseinrichtung einzel- **26**
ner Unternehmen, die den Schutz des Unternehmens und seiner Angehörigen bezweckt.

Die wesentlichen **Tätigkeitsfelder** des betrieblichen Werkschutzes sind (s. im Einzelnen Rn. 192)

- **Schutzdienst:**
  Wahrnehmung des Schutzes und der Sicherung im Rahmen allgemeiner und besonderer Schadensabwehr für Betrieb und Beschäftigte;
- **Ordnungsdienst:**
  Durchführen von Ordnungsaufgaben beim Tor-, Wach-, Streifen- und Verkehrsdienst;
- **Ermittlungsdienst:**
  Mitwirken bei der Aufklärung von Ordnungsverstößen und Straftaten zum Nachteil für Betrieb und Beschäftigte, unbeschadet der Befugnisse von Staatsanwaltschaft, Ordnungsbehörden und Polizei;
- **Mitwirkungsaufgaben:**
  Mithilfe bei Brand- und Katastrophenschutz sowie im Bereich der Arbeitssicherheit und des Umweltschutzes.

Funktional kann der Werkschutz sowohl durch werkseigene Kräfte als auch durch vertraglich verpflichtete private Sicherheitsunternehmen wahrgenommen werden.

5.3 Zum **Wach- und Sicherheitsgewerbe** gehören Unternehmen und Einrich- **27**
tungen, die gewerbsmäßig die Bewachung von Leben und Eigentum fremder Personen übernehmen.

Der betriebliche Werkschutz wird dagegen nicht im fremden, sondern im betriebseigenen Interesse tätig.

Ein **Gewerbe** ist jede auf Dauer angelegte, gesetzlich erlaubte, selbstständige, gewinnorientierte Tätigkeit mit Ausnahme der Urproduktion (z. B. Land- und Forstwirtschaft) und der freien Berufe (z. B. Rechtsanwalt, Arzt). Das Gewerbe ist **Handelsgewerbe,** wenn es entweder ein Grundhandelsgewerbe darstellt (§ 1 Abs. 2 HGB) oder nach Art und Umfang einen in kaufmännischer Weise eingerichteten Geschäftsbetrieb erfordert und in das Handelsregister eingetragen ist (§§ 2, 3 HGB). Das Dienstleistungsgewerbe, zu dem das Bewachungsgewerbe zu rechnen ist, ist der Hauptanwendungsfall des § 2 HGB. Gewerbetreibende können natürliche oder juristische Personen sein (s. Rn. 49).

Das Wach- und Sicherheitsgewerbe bietet eine Vielzahl einzelner **Dienstleistungen** an:

- **Pforten- und Empfangsdienst,**
- **Veranstaltungsdienst** (Kassen-, Absperr-, Ordnungs- und Kontrolldienst),
- **Sicherheitstransporte** (Geld- und Werttransporte; sog. „Valorentransporte"),
- **Personenschutz,**
- **Gepäckaufbewahrung,**
- **Objektschutz** (bewegliche und unbewegliche Objekte; Schutz von Privatobjekten oder Objekten der öffentlichen Hand; Fahrzeugbewachung; Homesitting),
- **Aufzugsnotdienst,**
- **Sicherheitsberatung,** z. B. für Raumschutz mit elektronischen oder sonstigen Sicherheitsgeräten, Erstellung von Sicherheitsanalysen,
- Mitwirkung in Einrichtungen des **Strafvollzugs,**
- **Fluggastkontrolle** im Luftverkehr,
- Geschwindigkeitsmessungen[4].

Dienstleistungen des Wach- und Sicherheitsgewerbes nehmen Kunden aller Art in Anspruch (z. B. Bahn- und Postunternehmen, Bundeswehr und Stationierungsstreitkräfte, Behörden und kommunale Einrichtungen, Kernkraftwerke, Banken, Versicherungen, Kaufhäuser, Supermärkte, Einzelhandelsgeschäfte, Messe- und Sportveranstalter, Einzelpersonen).

Auftraggeber und Bewachungsunternehmer schließen einen privatrechtlichen **Dienstleistungsvertrag** (§ 611 BGB). Da der Bewachungsunternehmer in der Regel keinen bestimmten Erfolg schuldet, scheidet ein Werkvertrag (§ 631 BGB) aus[5].

Der Bewachungsunternehmer, der Dienstleistungen nicht in eigener Person, sondern mit Hilfe von ihm angestellter Mitarbeiter erbringt, ist für den ordnungsgemäßen Einsatz seines Personals verantwortlich.

> **Beispiele:**
> - Bedienstete dürfen nicht unausgeschlafen zum Dienst erscheinen (Vorsorgerisiko des Unternehmers).
> - Ein Unternehmer, der seinen Betrieb nicht durch Dienstpläne, Personalauswahl und Überwachung plant und unter Kontrolle hält, trägt das Organisationsrisiko.

Der Unternehmer hat für ein Verschulden seiner Mitarbeiter ebenso einzustehen wie für eigenes Verschulden.

Seine Mitarbeiter sind **Erfüllungsgehilfen** (§ 278 BGB) bzw. bei deliktischem Verhalten **Verrichtungsgehilfen** (§ 831 BGB). Der Unternehmer muss sich beispielsweise auch alle Kündigungsgründe entgegenhalten lassen, die der Auftraggeber wegen Fehlverhaltens des Wachpersonals geltend machen kann.

---

4 BayObLG, NJW 1999, 2200

5 Vgl. grundlegend Schünemann, Vertragstypen im Sicherheitsgewerbe, NJW 2003, 1689 ff.

Die Rechtsprechung knüpft mittlerweile an die Auswahl und Überwachung des Bewachungspersonals strenge Anforderungen:[6] Bei der Einstellung eines Wachmannes zur eigenverantwortlichen Überwachung auch größerer Ladengeschäfte darf sich der Geschäftsführer nicht mit der Vorlage eines polizeilichen Führungszeugnisses begnügen. Er hat sich Unterlagen vorlegen zu lassen, die den bisherigen beruflichen Werdegang lückenlos und möglichst aussagekräftig belegen. In jedem Fall hat er ein eingehendes Einstellungsgespräch zu führen, bei dem die persönlichen und insbesondere die wirtschaftlichen Verhältnisse des Bewerbers abzufragen sind. Im Rahmen der Überwachung genügt es zumindest anfangs nicht, wenn der Geschäftsführer nur sporadische Kontrollen durchführt. Kontrollen müssen vielmehr planmäßig, überraschend und zielgerecht erfolgen, jedenfalls dann, wenn der Wachmann seinen Dienst alleine versieht.

Allerdings ist bewaffnetes ziviles Wachpersonal regelmäßig nicht verpflichtet, routinemäßigen Blutuntersuchungen zuzustimmen, die der Klärung einer Alkohol- oder Drogenabhängigkeit dienen.[7] Bereits ein geringer Zweifel an der persönlichen Zuverlässigkeit schließt jedoch eine Tätigkeit in betont sicherheitsrelevanten Bereichen eines Verkehrsflughafens im Regelfall aus[8].

Der zulässige Inhalt von Bewachungsverträgen wird durch das Berufsrecht, das in öffentlich-rechtlichen Regelungen des Gewerberechts niedergelegt ist, mitbestimmt. Die Tätigkeit als Bewachungsgewerbetreibender ist erlaubnispflichtig.

§ 34 a GewO[9]

Bewachungsgewerbe

(1) Wer gewerbsmäßig Leben oder Eigentum fremder Personen bewachen will (Bewachungsgewerbe), bedarf der Erlaubnis der zuständigen Behörde. Die Erlaubnis kann mit Auflagen verbunden werden, soweit dies zum Schutze der Allgemeinheit oder der Auftraggeber erforderlich ist; unter denselben Voraussetzungen ist auch die nachträgliche Aufnahme, Änderung und Ergänzung von Auflagen zulässig. Die Erlaubnis ist zu versagen, wenn

1. Tatsachen die Annahme rechtfertigen, dass der Antragsteller die für den Gewerbebetrieb erforderliche Zuverlässigkeit nicht besitzt,
2. er die für den Gewerbebetrieb erforderlichen Mittel oder entsprechende Sicherheiten nicht nachweist oder
3. der Antragsteller nicht durch eine Bescheinigung einer Industrie- und Handelskammer nachweist, dass er über die für die Ausübung des Gewerbes notwendigen rechtlichen Vorschriften unterrichtet worden ist und mit ihnen vertraut ist.

Der Gewerbetreibende darf mit der Durchführung von Bewachungsaufgaben nur Personen beschäftigen, die die Voraussetzungen nach Satz 3 Nr. 1 und 3 erfüllen. Für die

6 OLG Köln, Urt. v. 21. 6. 1996 – 19 U 2/96 – NPA 1029 BGB § 839 Bl. 107.
7 BAG, NJW 2000, 604. Zur Kündigung wegen Alkoholismus vgl. BAG, NJW 2000, 828 und Rn. 223.
8 BayVGH, ThürVBl. 1994, 63
9 Die Vorschrift wurde zuletzt durch Verordnung vom 29. Oktober 2001 (BGBl. I S. 2785), Gesetz vom 23. Juli 2002 (BGBl. I S. 2724) und Gesetz vom 11. Oktober 2002 (BGBl. I S. 3970) geändert.

Durchführung folgender Tätigkeiten ist der Nachweis einer vor der Industrie- und Handelskammer erfolgreich abgelegten Sachkundeprüfung erforderlich:

1. Kontrollgänge im öffentlichen Verkehrsraum oder in Hausrechtsbereichen mit tatsächlich öffentlichem Verkehr,
2. Schutz vor Ladendieben,
3. Bewachung im Einslassbereich von gastgewerblichen Diskotheken.

(2) Das Bundesministerium für Wirtschaft und Technologie kann mit Zustimmung des Bundesrates durch Rechtsverordnung

1. die Anforderungen und das Verfahren für den Unterrichtungsnachweis nach Absatz 1 Satz 3 Nr. 3 sowie Ausnahmen von der Erforderlichkeit des Unterrichtungsnachweises festlegen,
2. die Anforderungen und das Verfahren für eine Sachkundeprüfung nach Absatz 1 Satz 5 sowie Ausnahmen von der Erforderlichkeit der Sachkundeprüfung festlegen und
3. zum Schutze der Allgemeinheit und der Auftraggeber Vorschriften erlassen über den Umfang der Befugnisse und Verpflichtungen bei der Ausübung des Bewachungsgewerbes, insbesondere über
   a) den Geltungsbereich der Erlaubnis,
   b) die Pflichten des Gewerbetreibenden bei der Einstellung und Entlassung der im Bewachungsgewerbe beschäftigten Personen, über die Aufzeichnung von Daten dieser Personen durch den Gewerbetreibenden und ihre Übermittlung an die Gewerbebehörden, über die Anforderungen, denen diese Personen genügen müssen, sowie über die Durchführung des Wachdienstes,
   c) die Verpflichtung zum Abschluss einer Haftpflichtversicherung, zur Buchführung einschließlich der Aufzeichnung von Daten über einzelne Geschäftsvorgänge sowie über die Auftraggeber,
   d) die Unterrichtung der zuständigen Behörde durch Gerichte und Staatsanwaltschaften über rechtliche Maßnahmen gegen Gewerbetreibende und ihr Personal, das mit Bewachungsaufgaben betraut ist.

(3) Sofern zur Überprüfung der Zuverlässigkeit des Bewachungspersonals nach Absatz 1 Satz 4 von der zuständigen Behörde Auskünfte aus dem Bundeszentralregister nach § 30 Abs. 5, § 31 oder unbeschränkte Auskünfte nach § 41 Abs. 1 Nr. 9 Bundeszentralregistergesetz eingeholt werden, kann das Ergebnis der Überprüfung einschließlich der für die Beurteilung der Zuverlässigkeit erforderlichen Daten an den Gewerbetreibenden übermittelt werden.

(4) Die Beschäftigung einer Person, die in einem Bewachungsunternehmen mit Bewachungsaufgaben beschäftigt ist, kann dem Gewerbetreibenden untersagt werden, wenn Tatsachen die Annahme rechtfertigen, dass die Person die für ihre Tätigkeit erforderliche Zuverlässigkeit nicht besitzt.

(5) Der Gewerbetreibende und seine Beschäftigten dürfen bei der Durchführung von Bewachungsaufgaben gegenüber Dritten nur die Rechte, die Jedermann im Falle einer Notwehr, eines Notstandes oder einer Selbsthilfe zustehen, die ihnen vom jeweiligen Auftraggeber vertraglich übertragenen Selbsthilferechte sowie die ihnen gegebenenfalls in Fällen gesetzlicher Übertragung zustehenden Befugnisse eigenverantwortlich ausüben. In den Fällen der Inanspruchnahme dieser Rechte und Befugnisse ist der Grundsatz der Erforderlichkeit zu beachten.

Der Begriff der Bewachung erfordert eine **Obhutstätigkeit** für Leben oder Eigentum fremder Personen.

Diese Tätigkeit kann mit einer Raumüberlassung einhergehen.

Beispiele:
- Fahrzeugbewachung auf Parkplätzen
- Bewahrung einer Person vor Gefahren.

Von der Tätigkeit der Privatdetektive und Auskunfteien unterscheidet sich die Bewachung dadurch, dass sie den aktiven Schutz fremder Personen oder Sachen durch Personen oder technische Hilfsmittel erfordert. Eine bloße Überwachung (Beobachtung) reicht für eine Bewachung nicht aus. Die Bewachung muss nach dem Inhalt des Dienstvertrages Hauptleistungspflicht sein.

Beispiel: Ein Kaufhaus stellt seinen Kunden einen bewachten Parkplatz zur Verfügung.

Davon sind Fälle zu unterscheiden, in denen eine Obhutspflicht als Nebenpflicht anderer Vertragsleistungen einsetzt.

Beispiele:
- Verwahrung von Garderobe in einem Hotel
- Kaufhausdetektive, die nicht zum Personal gehören (s. Rn. 28).

Das Bundesministerium für Wirtschaft und Technologie hat von seiner Ermächtigung zum Erlass einer Rechtsverordnung nach § 34 a Abs. 2 GewO mit der **Bewachungsverordnung** (BewachV)[10] Gebrauch gemacht. Danach hat der Gewerbetreibende u. a. die Pflicht,

- eine **Haftpflichtversicherung** abzuschließen (§ 6 BewachV),
- seine Beschäftigten schriftlich zur **Wahrung der Geschäfts- und Betriebsgeheimnisse** Dritter und des Datenschutzes zu verpflichten (§ 8 BewachV),
- mit der Bewachung nur **zuverlässige Personen,** die das 18. Lebensjahr vollendet haben, zu beschäftigen, diese der Erlaubnisbehörde vor Beginn zu melden (§ 9 BewV) und einen Unterrichtungsnachweis sowie weitere Unterlagen vorzulegen,
- den Wachdienst durch eine **Dienstanweisung** zu regeln, die außer Bestimmungen über das Führen von Schusswaffen den Hinweis enthalten muss, dass das Wachpersonal nicht die Eigenschaft und die Befugnisse von Polizeibeamten, Hilfspolizeibeamten oder sonstigen Bediensteten von Behörden besitzt (§ 10 BewV),

10 Die BewachV vom 7. Dezember 1995 (BGBl. I S. 1602) trat am 1. April 1996 in Kraft. Sie löste die bis dahin geltende BewV vom 1. Juni 1976 (BGBl. I S. 1341) ab und wurde durch Art. 3 des Gesetzes vom 16. Juni 1998 (BGBl. I S. 1291), durch Art. 11 des Gesetzes vom 10. November 2001 (BGBl. I S. 2992), durch Art. 2 des Gesetzes zur Änderung des Bewachungsgewerberechts vom 23. Juli 2002 (BGBl. I S. 2724) sowie durch Art. 2 der Verordnung vom 24. April 2003 (BGBl. I S. 547) geändert. Die Neufassung wurde am 10. Juli 2003 bekannt gemacht (BGBl. I S. 1378).

- das Wachpersonal mit **Ausweisen** auszustatten (§ 11 BewV),
- dafür zu sorgen, dass die **Dienstkleidung** des Wachpersonals nicht mit staatlichen Uniformen verwechselt werden kann (§ 12 BewV),
- für die sichere **Aufbewahrung** und den ordnungsgemäßen **Umgang** mit **Waffen und Munition** zu sorgen (§ 13 BewV),
- über die Erfüllung dieser Pflichten und über jeden Bewachungsvertrag **Buch zu führen** (§ 14 BewV).

Beim Einsatz von Wachpersonal im Interesse Dritter (Personen, Sacheigentümer) können sog. **Leiharbeitsverhältnisse** entstehen. Zwischen einem Bewachungsgewerbetreibenden und seinen Beschäftigten bestehen Arbeitsverträge. Der Abschluss eines Bewachungsvertrages ist erlaubnisfrei, die gewerbsmäßige Leiharbeit ist hingegen erlaubnispflichtig.

§ 1 AÜG

Erlaubnispflicht

(1) Arbeitgeber, die als Verleiher Dritten (Entleihern) Arbeitnehmer (Leiharbeitnehmer) gewerbsmäßig zur Arbeitsleistung überlassen wollen, bedürfen der Erlaubnis. Die Abordnung von Arbeitnehmern zu einer zur Herstellung eines Werkes gebildeten Arbeitsgemeinschaft ist keine Arbeitnehmerüberlassung, wenn der Arbeitgeber Mitglied der Arbeitsgemeischaft ist, für alle Mitglieder der Arbeitsgemeinschaft Tarifverträge desselben Wirtschaftszweiges gelten und alle Mitglieder auf Grund des Arbeitsgemeinschaftsvertrages zur selbstständigen Erbringung von Vertragsleistungen verpflichtet sind. Für einen Arbeitgeber mit Geschäftssitz in einem anderen Mitgliedstaat des Europäischen Wirtschaftsraumes ist die Abordnung von Arbeitnehmern zu einer zur Herstellung eines Werkes gebildeten Arbeitsgemeinschaft auch dann keine Arbeitnehmerüberlassung, wenn für ihn deutsche Tarifverträge desselben Wirtschaftszweiges wir für die anderen Mitglieder der Arbeitsgemeinschaft nicht gelten, er aber die übrigen Voraussetzungen des Satzes 2 erfüllt.

(2) …

(3) …

Nach den von der Arbeitsrechtsprechung entwickelten Abgrenzungsmerkmalen kommt es zunächst auf den zwischen Auftraggeber und Bewachungsunternehmer geschlossenen Vertrag an, der ggf. ausgelegt werden muss. Entscheidend für die Annahme eines Dienstvertrages ist z. B., ob der Bewachungsunternehmer eine Bewachungstätigkeit zugesagt hat, die er selbstständig und eigenverantwortlich für den Auftraggeber unter Umständen sogar nach eigenem Plan durchführt. Weisungsbefugnisse stehen in erster Linie dem Bewachungsunternehmer zu.

Bei einem Arbeitnehmerüberlassungsvertrag steht weniger die Bewachungstätigkeit, sondern mehr die „Verleihung“ von Fachkräften als solche im Vordergrund. Diese Kräfte sind dann in den Betrieb des Auftraggebers (Entleihers) eingegliedert, d. h. seinem Direktionsrecht (s. Rn. 34) unterworfen. Der Entleiher setzt die ihm zur Verfügung gestellten Arbeitskräfte nach seinen Vorstellungen und Zielen in seinem Betrieb wie seine eigenen Arbeitnehmer ein[11]. Arbeitnehmer eines Bewachungsunternehmens werden nicht im Sinne von § 99 Abs. 1 BetrVG „eingestellt“, wenn die Bewachung des Betriebsgeländes zu anderen Zeiten von Arbeitnehmern des Betriebes durchgeführt wird[12].

Überlässt der Auftraggeber den vom Bewachungsunternehmer zur Verfügung gestellten Fachkräften bestimmte Gegenstände (z. B. Wachraum, Wachbuch, Schlüssel, Besucherscheine), so kann daraus allein noch nicht auf eine Eingliederung geschlossen werden, sofern solche Gegenstände nur die Erfüllung der vereinbarten Dienste gewährleisten sollen[13].

Die zur Ausübung des Bewachungsgewerbes erteilte Erlaubnis nach § 34 a GewO kann die nach § 1 Abs. 1 AÜG für eine gewerbsmäßige Arbeitnehmerüberlassung erforderliche Erlaubnis nicht ersetzen[14].

Weitere Genehmigungsvoraussetzungen können sich für das Objektsicherungspersonal in kerntechnischen Einrichtungen aus dem Atomgesetz (§§ 6 Abs. 2 Nr. 4, 7 Abs. 2 Nr. 5, 9 Abs. 2 Nr. 5 AtG) ergeben[15].

5.4 **Privatdetektive** sind Personen, die im Auftrag von Privatpersonen, Unternehmen oder Institutionen gewerbsmäßig Informationen beschaffen und Auskünfte erteilen. Sie sind weder Inhaber eines öffentlichen Amtes noch Organe der Strafrechtspflege. **28**

Wesentliche **Tätigkeitsfelder** sind insbesondere

- Beweishilfe bei Straf- und Zivilprozessen
- Schutz gegen Konkurrenzübergriffe und unlautere Wettbewerbspraktiken (z. B. Abwehr von Betriebsspionage)
- Aufklärung von Fällen der Betriebskriminalität
- Finanz- und Kreditüberprüfungen
- Personalkontrolle und -überwachung (z. B. Bewerberüberprüfungen)
- Werk- und Betriebsschutz (z. B. Überprüfung von Sicherheitssystemen, Fragen der Betriebssicherheit)
- Gebrauchsmuster-, Urheber- und Patentverletzungen (z. B. Markenpiraterie, Raubkopien)[16]
- Versicherungsmissbrauch.

---

11 BAG, Beschl. v. 18. Januar 1989 – 7 ABR 62/87 und 7 ABR 21/88; LAG Frankfurt a. M., Beschl. v. 4. Dezember 1979 EzAÜG Bd. 2 Nr. 80; LAG Frankfurt a. M., Beschl. v. 25. August 1980 EzAÜG Bd. 2 Nr. 82; vgl. auch WS Nr. 11/87 S. 554.

12 BAG, Beschl. v. 28. November 1989 – 1 ABR 90/88.

13 BAG, Urt. v. 8. September 1982, EzAÜG Bd. 2 Nr. 117.

14 BAG, GewArch 1979, 244.

15 Bek. des BMI vom 8. April 1986, GMBl. S. 242.

16 Es ist wettbewerbswidrig und deshalb verboten, in fremden Läden Beweisfotos anzufertigen, um damit wirkliche oder angebliche Wettbewerbsverstöße zu dokumentieren. Das gilt auch für Verbände zur Förderung gewerblicher Interessen, BGH v. 23. 5. 1996, I ZR 122/94.

Diese Aufgaben nehmen Detektive aufgrund eines **Dienstvertrages** (§ 611 BGB)[17] oder – soweit der Vertrag auf Beschaffung bestimmter Informationen gerichtet ist – aufgrund eines **Werkvertrages** (§ 631 BGB) üblicherweise mit folgenden **Mitteln** wahr:

- Beobachtung von Personen
- Durchführung von Ermittlungen, z. B. von Familienverhältnissen
- Sammeln von Beweismitteln und Informationen
- Ausfindigmachen von Personen
- Erteilen von Auskünften
- Aktenführung und -bearbeitung.

Für die **Ausübung des Detekteigewerbes** gelten die allgemeinen Bestimmungen des **Gewerberechts.** Auch **Kaufhausdetektive**, die nicht zum Personal gehören und sich nicht auf bloße Beobachtung beschränken, sondern das Eigentum ihres Auftraggebers vor Diebstahl sichern sollen, üben ein Bewachungsgewerbe i. S. von § 34 a GewO aus (s. Rn. 27)[18].

Beginn, Verlegung und Aufgabe des Betriebes müssen der für den betreffenden Ort zuständigen Behörde angezeigt werden (§ 14 GewO). Die zuständigen Behörden holen ein Führungszeugnis und eine Auskunft aus dem Gewerbezentralregister ein. Sofern dort Eintragungen vorhanden sind, die auf eine Unzuverlässigkeit des Gewerbetreibenden schließen lassen (z. B. Unterlassen erforderlicher Sicherheitsvorkehrungen, Bestrafung wegen eines Vermögensdelikts) sind ebenso wie bei Bewachungsgewerbetreibenden Maßnahmen für die Gewerbeuntersagung (§ 35 GewO) zu ergreifen.

Nach § 38 Abs. 1 Nr. 2 GewO unterliegen Detekteien bei der Ausübung ihres Gewerbes weiteren Reglementierungen nach Maßgabe entsprechender Rechtsverordnungen der jeweiligen Landesregierung. Danach können zur **Überwachung von Detekteien** folgende Verpflichtungen festgelegt werden (§ 38 Abs. 3 GewO):

- Buchführung
- Aufzeichnung von Daten über einzelne Geschäftsvorgänge, Geschäftspartner, Kunden und betroffene Dritte.

Verstöße können als Ordnungswidrigkeit mit Geldbuße bis zu 2 500 € geahndet werden. Bei schwerwiegenden Verfehlungen kommt auch eine Gewerbeuntersagung nach § 35 GewO in Betracht.

---

17 BGH, NJW 1990, 2549; OLG München, Urt. v. 16. September 1998 – 7 U 2212/98.

18 BayObLG, NVwZ 1982, 462; OLG Zweibrücken, NVwZ 1987, 448; OLG Köln, GewArch 1994, 22; BVerwG, NVwZ-RR 2000, 424. Ladendiebe können verpflichtet sein, dem Geschäftsinhaber „Fangprämien" zu ersetzen, die aufgrund vorheriger arbeitsvertraglicher Vereinbarungen dem Personal für die Entdeckung von Diebstählen gewährt werden, vgl. AG München, NJW 1973, 1044, vgl. auch BGHZ 66, 122. Zur Erstattung von Privatdetektivkosten vgl. auch BVerfG, NJW 1994, 1645 und BAG, NJW 1999, 308. Zur Erteilung eines Hausverbotes und zur Taschenkontrolle bei Kunden eines Einzelhandelsmarktes s. die in Rn. 118 zitierte Entscheidung des BGH.

Privatdetektive haben in Ausübung ihrer Tätigkeit **keine hoheitlichen Befugnisse,** insbesondere keine Zwangsbefugnisse[19]. Wie Werkschutz und Bewachungsgewerbe können sie von den auch für andere Privatpersonen geltenden Rechten (s. Rn. 64) Gebrauch machen. Es ist zulässig, dass Auftraggeber solche Rechte einem Privatdetektiv übertragen (z. B. die Ausübung des Hausrechts).

5.5 **Auskunfteien** verfügen vornehmlich über Daten zur Kreditwürdigkeit und **29**
-fähigkeit von Unternehmen und Einzelpersonen. Die geschäftsmäßige Übermittlung personenbezogener Daten durch natürliche und juristische Personen (s. Rn. 49), Gesellschaften und andere Personenvereinigungen des privaten Rechts ist keine staatliche Aufgabe. Die Betätigung von Auskunfteien, Adresshändlern und ähnlichen Institutionen wurzelt im privatrechtlichen Bereich[20]. Auskunfteien werden für ihre Auftraggeber (z. B. Banken) tätig im Rahmen von

- **Werkverträgen** (§ 631 BGB), wenn sie bestimmte Informationen beschaffen,
- **Dienstverträgen** (§ 611 BGB), wenn ihre Tätigkeit auf eine anhaltende Beratung gerichtet ist.

Die **Tätigkeit** von Auskunfteien besteht z. B. in der Erteilung von Auskünften im Zusammenhang mit

- Girokonten
- Scheckverkehr
- Krediten
- Zwangsvollstreckungen.

Die Verarbeitung (insbesondere Speicherung und Übermittlung) personenbezogener Daten durch Auskunfteien ist nach § 27 ff. BDSG zulässig, soweit kein Grund zur Annahme besteht, dass dadurch schutzwürdige Belange des Betroffenen beeinträchtigt sind (s. Rn. 174).

Auskunfteien unterliegen als Gewerbetreibende, die über Vermögensverhältnisse und persönliche Angelegenheiten anderer Personen Auskünfte erteilen, den Vorschriften des § 38 Abs. 1 Nr. 2 GewO (s. Rn. 28).

5.6 Staatliche Sicherheitsorgane, insbesondere die Polizei, und private Sicher- **30**
heitseinrichtungen können aufgrund folgender charakteristischer Merkmale voneinander unterschieden werden:

19 Zur Störung staatsanwaltschaftlicher Ermittlungen durch einen Privatdetektiv vgl. BGH, NStZ 1989, 279; zur Erstattungsfähigkeit von Detektivkosten, die einer Person im Zusammenhang mit der Zahlung einer Belohnung an einen Zeugen erwachsen sind, vgl. HansOLG, MDR 1991, 904; das unberechtigte Festhalten einer verdächtigen Person, das strafrechtlich als Freiheitsberaubung zu werten ist (s. Rn. 93), kann Schadensersatz- und Schmerzensgeldansprüche auslösen, vgl. AG Osnabrück, NJW-RR 1989, 476.

20 OVG Münster, NJW 1981, 1285.

Unterscheidungsmerkmal	Polizei	Private Sicherheitseinrichtung
Rechtsstatus	Beamte	Arbeitnehmer
Verantwortlichkeit	gegenüber vorgesetzten und weisungsbefugten Stellen (z. B. Staatsanwaltschaft, Innenministerium)	gegenüber Arbeitgeber
Organisation	staatlich (Länder bzw. Bund)	innerbetrieblich bzw. vertraglich
Tätigwerden	hoheitlich	privatrechtlich
Rechtsgrundlagen für Maßnahmen	öffentliches Recht (Polizeirecht, Strafverfahrensrecht)	Arbeitsrecht/Hausrecht, „Jedermannrechte"
Verpflichtung zur Abwehr von Gefahren	für die öffentl. Sicherheit und Ordnung (Interessen der Allgemeinheit)	für das Unternehmen und seine Angehörigen (Interessen Einzelner)
Verpflichtung zur Verfolgung von Straftaten	uneingeschränkt aufgrund Gesetz (Legalitätsprinzip)	nach Maßgabe vertraglicher Regelung
Bezeichnung der Rechtseingriffe z. B. als	– Durchsuchung – Sicherstellung, Beschlagnahme – Vernehmung	– Nachschau – Aufbewahrung – Befragung
Zwangsanwendung	nach Maßgabe gesetzlicher Vorschriften zulässig	grundsätzlich unzulässig
Ausrüstung, Bewaffnung usw.	nach Polizeigesetzen/ Polizeidienstvorschriften	nach Maßgabe BewachV, WaffG usw.

Diese Unterschiede sind für Angehörige privater Sicherheitseinrichtungen von herausragender Bedeutung. Sie sind auch im Zusammenhang mit der Strafvorschrift des § 132 StGB (Amtsanmaßung) zu sehen (s. Rn. 87).

31 5.7 Wegen der in den letzten Jahren zunehmend anspruchsvoller und umfangreicher gewordenen Aufgabenstellungen ist die Polizei in verschiedenen Bereichen an einer wirksamen **Zusammenarbeit** mit privaten Sicherheitseinrichtungen interessiert. Insbesondere gilt dies für die gewerbliche Bewachung sensibler Objekte, bei denen durch kriminelle Handlungen beispielsweise gefährliche Stoffe freigesetzt oder entwendet werden können. Mit derartigen Handlungen können erhebliche Gefahren für die innere Sicherheit verbunden sein[21].

Die Zusammenarbeit von staatlichen und privaten Sicherheitsinstitutionen sollte von **Gegenseitigkeit** geprägt sein. Private Sicherheitseinrichtungen können z. B. die Beratungsstellen der Kriminalpolizei oder in Angelegenheiten des personellen

21 Vgl. näher Pitschas, Innere Sicherheit in der EU und europarechtliche Grundlagen des Sicherheitsgewerbes, NVwZ 2002, 519 ff., 522.

bzw. materiellen Geheimschutzes die Verfassungsschutzbehörden kostenlos um Beratung bitten. Im Bereich der Sicherheit in der Informationstechnik gibt es weitere behördliche Unterstützungsmöglichkeiten (s. Rn. 169). Die Polizei verfügt vielerorts über einen Kontaktbereichsdienst, der als ständiger Ansprechpartner zur Verfügung steht.

Umgekehrt können private Sicherheitseinrichtungen die Arbeit der Sicherheitsbehörden auf vielfältige Weise unterstützen[22].

Beispiele:
- Der Werkschutz sorgt aus Anlass polizeilicher Vernehmungen für ein zeitgerechtes Erscheinen zu vernehmender Personen, für geeignete Räumlichkeiten, weist die Beamten in die örtlichen Verhältnisse ein usw.
- Ein beim Objektschutz eingesetztes Bewachungsunternehmen meldet der zuständigen Polizeidienststelle verdächtige Vorgänge in einem benachbarten Objekt.
- Alarmverfolgung zunächst durch private Einrichtung, Verständigung der Polizei erst im konkreten Verdachtsfall.

Die Zusammenarbeit wird sich seitens der Polizei intensivieren, wenn ein entsprechender polizeilicher Anlass besteht.

Beispiele:
- Schutzmaßnahmen bei der Begleitung von Wert- und Gefahrguttransporten (s. Rn. 239 ff., 247 ff.)
- Personenschutzmaßnahmen (s. Rn. 257)
- Bombendrohung gegen einen Betrieb (s. Rn. 281)
- Bedrohung von Betriebsangehörigen
- Aufnahme von Betriebsunfällen
- Arbeitskämpfe (s. Rn. 179 ff.).

In letzter Zeit sind **Ordnungs-** oder **Sicherheitspartnerschaften** zwischen privaten und staatlichen Sicherheitseinrichtungen enstanden[23].

5.8 Der Schutzbereich von Gewerbebetrieben erstreckt sich auf das Eigentum in Gestalt **eingerichteter und ausgeübter Gewerbebetriebe** (Art. 14 GG) in jeder Erscheinungsform. Eingerichtete und ausgeübte Gewerbebetriebe sind „sonstige Rechte" im Sinne von § 823 Abs. 1 BGB. Schadensersatzansprüche wegen unerlaubter Handlung (s. Rn. 40) können z. B. entstehen bei **32**

- Behinderung der gewerblichen Tätigkeit durch rechtswidrigen Streik, Betriebsbesetzung oder -blockade (s. Rn. 184)

22 Bei Handlungen des Arbeitgebers, die dieser zur Einleitung oder Unterstützung polizeilicher Ermittlungen im Betrieb vornimmt, besteht grundsätzlich kein Mitbestimmungsrecht des Betriebsrates nach § 87 Abs. 1 Nr. 1 BetrVG, vgl. LAG Hamm, BB 1980, 1582.

23 Vgl. z. B. die Vereinbarung zwischen dem Bundesministerium des Innern und der Deutschen Bahn AG über eine Ordnungspartnerschaft zur Intensivierung ihrer Zusammenarbeit im Interesse der Inneren Sicherheit und der Sicherheitsvorsorge der DB AG vom 27. November 2000.

- unzulässiger Weitergabe von Betriebsgeheimnissen
- geschäftsschädigenden Äußerungen.

In den Schutzbereich des § 823 Abs. 1 BGB fällt als sonstiges Recht auch das **allgemeine Persönlichkeitsrecht** (Art. 2 Abs. 1 i. V. m. Art. 1 Abs. 1 GG, s. Rn. 55), d. h. der Schutz

- der persönlichen Ehre
- der Privat-, Familien- und Intimsphäre, des Ansehens, der Selbstbestimmung über Persönlichkeitsdetails und der Selbstentfaltung
- der informationellen Selbstbestimmung (s. Rn. 55, 173)
- des Rechts am eigenen Bild (s. Rn. 66)
- des Rechts am gesprochenen Wort (s. Rn. 70).

Ob gegen Dritte, die diese Rechte verletzen, Ansprüche auf

- **Schadensersatz** (§ 823 BGB)
- **Schmerzensgeld** (§ 253 BGB)
- **Unterlassung** (§ 1004 Abs. 1 Satz 2 BGB)

bestehen, kann nur aufgrund einer umfassenden **Güterabwägung** zwischen den beeinträchtigten Interessen und den geschützten Interessen derjenigen, die in diese Rechte eingreifen, beurteilt werden. Die infolge rechtmäßiger Betätigung anderer auftretenden Beeinträchtigungen muss ein Gewerbetreibender hinnehmen.

Beispiele:
- Ironisch-kritische Veröffentlichungen über ein privates Bewachungsunternehmen sind durch die Meinungsfreiheit (Art. 5 Abs. 1 Satz 1 GG) geschützt (BVerfG, NJW 1985, 787).
- Ein rechtmäßiger Streik ist durch die Koalitionsfreiheit (Art. 9 Abs. 3 GG, s. Rn. 178) geschützt.
- Äußerungen des Inhalts, Mitarbeiter eines Sicherheitsdienstes bildeten eine „private Schlägertruppe“, es handele sich um „primitive Schlägernaturen“, die in einem Einkaufszentrum „ihr Unwesen treiben“, weisen ehrverletzenden Charakter auf (BVerfG, Beschl. v. 4. April 2002 – 1 BvR 724/98). Vgl. auch Rn. 58.

32 a 5.9 § 226 BGB enthält das sogenannte **Schikaneverbot.** Die Vorschrift lautet:

§ 226 BGB

Schikaneverbot

Die Ausübung eines Rechts ist unzulässig, wenn sie nur den Zweck haben kann, einem anderen Schaden zuzufügen.

Eine Rechtsausübung unter den Voraussetzungen des § 226 BGB ist rechtswidrig, berechtigt also ihrerseits zur Ausübung von Notwehr (s. Rn. 130). Sie kann außerdem zum Schadensersatz und zur Unterlassung verpflichten.

6. Kapitel: Die rechtliche Stellung des Werkschutzes im Betrieb

6.1 Die Angehörigen des betrieblichen Werkschutzes stehen in Arbeitsverhältnissen; die rechtliche Stellung des Werkschutzes im Betrieb wurzelt deshalb zunächst im **Arbeitsrecht.** Ein **Arbeitsverhältnis** ist ein zwischen Arbeitgeber und Arbeitnehmer auf Dauer angelegtes Schuldverhältnis, das auf den wirtschaftlichen Austausch von Arbeitsleistung und Entgelt abzielt; es wird durch einen **Arbeitsvertrag** begründet. 33

6.2 Ein einheitliches Arbeitsgesetzbuch fehlt. Den Inhalt eines Arbeitsverhältnisses bestimmt vielmehr ein Netz von Normen, die teilweise dem **öffentlichen Recht** (z. B. GewO, JArbSchG, SGB VII, ArbGG), teilweise dem **privaten Recht** (z. B. §§ 611 ff. BGB, KSchG, HGB, BetrVG) zuzuordnen sind. Die einzelnen Normen lassen sich wegen vielfältiger Verflechtungen häufig nicht eindeutig einem der beiden Rechtszweige zuordnen (s. Rn. 6). 34

Für das Verhältnis dieser Normen zueinander gilt, dass eine im Rang höhere Norm alle rangniederen verdrängt (s. Rn. 7), soweit nicht die rangniederen Normen Abweichungen zugunsten des Arbeitnehmers beinhalten (**Günstigkeitsgrundsatz**).

Beispiel:
Ein Tarifvertrag sieht einen bestimmten Stundenarbeitslohn vor. Im Arbeitsvertrag ist ein höherer Lohn vereinbart. Es gelten die Abreden des Arbeitsvertrages.

Im Arbeitsrecht gilt folgende abgestufte Rangfolge der **Rechtsquellen:**

1. Regeln des Völkerrechts
2. Verfassungsrecht
3. Gesetze
4. Rechtsverordnungen
5. Unfallverhütungsvorschriften
6. Tarifvertragliche Normen
7. Betriebsvereinbarungen
8. Vereinbarungen im Einzelarbeitsvertrag
9. Weisungen des Arbeitgebers (Direktionsrecht).

Wesentliche Teilbereiche des Arbeitsrechts sind gesetzlich bisher nicht oder nur ansatzweise geregelt (z. B. das Arbeitskampfrecht). Die dadurch aufgetretenen Rechtsfragen muss die **Rechtsprechung** lösen. Wenngleich eine gerichtliche Entscheidung nur für und gegen die am Rechtsstreit Beteiligten wirkt, enthalten arbeitsgerichtliche Entscheidungen häufig grundsätzliche Ausführungen, die bei Musterprozessen das gesamte Arbeitsrecht fortbilden und deshalb gerade für diese Rechtsbereiche richtungweisend sind.

35 6.3 Ein **Arbeitsvertrag** ist ein Dienstvertrag zwischen Arbeitgeber und Arbeitnehmer. Sein Abschluss begründet ein Dauerschuldverhältnis, das sog. **Arbeitsverhältnis.** Obwohl eine bestimmte Form nicht vorgeschrieben ist, erfolgt der Vertragsabschluss (zu Beweiszwecken) in der Regel schriftlich.

§ 611 BGB

Vertragstypische Pflichten beim Dienstvertrag

(1) Durch den Dienstvertrag wird derjenige, welcher Dienste zusagt, zur Leistung der versprochenen Dienste, der andere Teil zur Gewährung der vereinbarten Vergütung verpflichtet.

(2) Gegenstand des Dienstvertrages können Dienste jeder Art sein.

36 **Parteien** des Arbeitsvertrages sind Arbeitgeber und Arbeitnehmer.

Arbeitgeber ist jede natürliche oder juristische Person, die mindestens einen Arbeitnehmer beschäftigt.

Arbeitnehmer ist, wer

- unselbstständige
- nach Art, Ort und Zeit fremdbestimmte
- Arbeit leistet.

Arbeitnehmer kann nur eine natürliche Person sein. Die Arbeit ist höchstpersönlich zu erbringen (§ 613 BGB). In der Regel ist abhängige Arbeit stark weisungsgebunden: Der Arbeitgeber

- organisiert den Arbeitsablauf und legt die betriebliche Ordnung fest
- teilt die Arbeit ein
- weist den Arbeitnehmern einzelne Aufgaben zu.

37 Jedes Schuldverhältnis, insbesondere gegenseitige Verträge und somit auch das Arbeitsverhältnis, begründet bestimmte Rechte und Pflichten (§ 241 BGB).

> **Beispiel:**
> R nimmt in der Betriebskantine eine der zum Kauf ausliegenden Zeitungen und legt der Kassiererin schweigend 1,20 € auf die Kasse. Zwischen R und dem Kantinenpächter, der durch die Kassiererin vertreten wird, ist ein Kaufvertrag zustande gekommen (§ 433 BGB), der den Kantinenpächter verpflichtet, R das Eigentum an der Zeitung zu verschaffen. R ist verpflichtet, dem Kantinenpächter den Kaufpreis zu bezahlen.

Das Besondere Schuldrecht des BGB legt dabei regelmäßig nur die hauptsächlichen Rechte und Pflichten fest. Die einem Schuldverhältnis entspringenden, oftmals vielfältigen **Nebenpflichten** sind gesetzlich nur selten geregelt. Die im Allgemeinen Schuldrecht des BGB angesiedelte Vorschrift des § 242 BGB steckt jedoch einen gewissen Rahmen ab.

242 BGB

Leistung nach Treu und Glauben.

Der Schuldner ist verpflichtet, die Leistung so zu bewirken, wie Treu und Glauben mit Rücksicht auf die Verkehrssitte es erfordern.

Umfang und Inhalt der Pflichten des Arbeitsverhältnisses können wie folgt dargestellt werden:

	Arbeitgeber	Arbeitsvertrag / § 611 BGB	Arbeitnehmer
Hauptpflichten:	Vergütungspflicht		Arbeitspflicht
Nebenpflichten:	Fürsorgepflicht		Treuepflicht

Die **Treuepflicht** gebietet dem Arbeitnehmer, zu den vom Arbeitgeber verfolgten Zielen beizutragen. Aus dieser Pflicht folgen bestimmte

- Unterlassungspflichten

  Beispiele:
  - Wahrung der Geschäfts- und Betriebsgeheimnisse
  - Verbot Schmiergelder anzunehmen.

- Handlungspflichten

  Beispiele:
  - Meldung von Unregelmäßigkeiten im Betriebsablauf
  - Anzeige drohender Schäden.

Bewachungsgewerbetreibende dürfen u. a. nur **zuverlässige Personen** beschäftigen (vgl. Rn. 189). Beispielsweise muss sich ein Bewachungsunternehmer bei Einstellung von Wachleuten, die mit gefahrenträchtigen Tätigkeiten beauftragt werden sollen (z. B. Waffentragen) einen lückenlosen Lebenslauf vorlegen lassen und sorgfältig überprüfen[1].

§ 15 ArbSchG

Pflichten der Beschäftigten

(1) Die Beschäftigten sind verpflichtet, nach ihren Möglichkeiten sowie gemäß der Unterweisung und Weisung des Arbeitgebers für ihre Sicherheit und Gesundheit bei der Arbeit Sorge zu tragen. Entsprechend Satz 1 haben die Beschäftigten auch für die Sicherheit und Gesundheit der Personen zu sorgen, die von ihren Handlungen oder Unterlassungen bei der Arbeit betroffen sind.

(2) Im Rahmen des Absatzes 1 haben die Beschäftigten insbesondere Maschinen, Geräte, Werkzeuge, Arbeitsstoffe, Transportmittel und sonstige Arbeitsmittel sowie Schutzvorrichtungen und die ihnen zur Verfügung gestellte persönliche Schutzausrüstung bestimmungsgemäß zu verwenden.

1 BGH, Urt. v. 20. März 2001 – VI ZR 373/99.

§ 16 ArbSchG

Besondere Unterstützungspflichten

(1) Die Beschäftigten haben dem Arbeitgeber oder dem zuständigen Vorgesetzten jede von ihnen festgestellte unmittelbare erhebliche Gefahr für die Sicherheit und Gesundheit sowie jeden an den Schutzsystemen festgestellten Defekt unverzüglich zu melden.

(2) Die Beschäftigten haben gemeinsam mit dem Betriebsarzt und der Fachkraft für Arbeitssicherheit den Arbeitgeber darin zu unterstützen, die Sicherheit und den Gesundheitsschutz der Beschäftigten bei der Arbeit zu gewährleisten und seine Pflichten entsprechend den behördlichen Auflagen zu erfüllen. Unbeschadet ihrer Pflicht nach Absatz 1 sollen die Beschäftigten von ihnen festgestellte Gefahren für Sicherheit und Gesundheit und Mängel an den Schutzsystemen auch der Fachkraft für Arbeitssicherheit, dem Betriebsarzt oder dem Sicherheitsbeauftragten nach § 22 des Siebten Buches Sozialgesetzbuch mitteilen.

Die **Fürsorgepflicht** des Arbeitgebers kommt in § 618 BGB zum Ausdruck, der insoweit die allgemeine Vorschrift des § 242 BGB ergänzt:

§ 618 BGB

Pflicht zu Schutzmaßnahmen.

(1) Der Dienstberechtigte hat Räume, Vorrichtungen oder Gerätschaften, die er zur Verrichtung der Dienste zu beschaffen hat, so einzurichten und zu unterhalten und Dienstleistungen, die unter seiner Anordnung oder seiner Leitung vorzunehmen sind, so zu regeln, dass der Verpflichtete gegen Gefahr für Leben und Gesundheit soweit geschützt ist, als die Natur der Dienstleistung es gestattet.

(2) ...

(3) ...

Über den Wortlaut des Gesetzes hinaus ist der Arbeitgeber verpflichtet, die Rechtsgüter zu schützen, die der Arbeitnehmer in den Betrieb einbringen muss (Kleidung, Beförderungsmittel usw.).

Nach den Umständen des Einzelfalles kann der Arbeitgeber zu bestimmten Maßnahmen verpflichtet sein.

Beispiele:
- Schutz der Betriebsangehörigen vor schwer wiegenden Infektionskrankheiten
- Bereitstellen abschließbarer Spinde
- Schaffen von Parkplätzen und Unterstellmöglichkeiten für Kraftfahrzeuge der Arbeitnehmer.

Zahlreiche gesetzliche Bestimmungen und vor allem die Unfallverhütungsvorschriften der Berufsgenossenschaften enthalten weitere Ausprägungen der Fürsorgeverpflichtungen (s. Rn. 148).

§ 12 ArbSchG

Unterweisung

(1) Der Arbeitgeber hat die Beschäftigten über Sicherheit und Gesundheitsschutz bei der Arbeit während ihrer Arbeitszeit ausreichend und angemessen zu unterweisen. Die Unterweisung umfasst Anweisungen und Erläuterungen, die eigens auf den Arbeitsplatz oder den Aufgabenbereich der Beschäftigten ausgerichtet sind. Die Unterweisung muss bei der Einstellung, bei Veränderungen im Aufgabenbereich, der Einführung neuer Arbeitsmittel oder einer neuen Technologie vor Aufnahme der Tätigkeit der Beschäftigten erfolgen. Die Unterweisung muss an die Gefährdungsentwicklung angepasst sein und erforderlichenfalls regelmäßig wiederholt werden.

(2) Bei einer Arbeitnehmerüberlassung trifft die Pflicht zur Unterweisung nach Absatz 1 den Entleiher. Er hat die Unterweisung unter Berücksichtigung der Qualifikation und der Erfahrung der Personen, die ihm zur Arbeitsleistung überlassen werden, vorzunehmen. Die sonstigen Arbeitsschutzpflichten des Verleihers bleiben unberührt.

§ 13 ArbSchG

Verantwortliche Personen

(1) Verantwortlich für die Erfüllung der sich aus diesem Abschnitt ergebenden Pflichten sind neben dem Arbeitgeber

1. sein gesetzlicher Vertreter,
2. das vertretungsberechtigte Organ einer juristischen Person,
3. der vertretungsberechtigte Gesellschafter einer Personenhandelsgesellschaft,
4. Personen, die mit der Leitung eines Unternehmens oder eines Betriebes beauftragt sind, im Rahmen der ihnen übertragenen Aufgaben und Befugnisse,
5. sonstige nach Absatz 2 oder nach einer auf Grund dieses Gesetzes erlassenen Rechtsverordnung oder nach einer Unfallverhütungsvorschrift beauftragte Personen im Rahmen ihrer Aufgaben und Befugnisse.

(2) Der Arbeitgeber kann zuverlässige und fachkundige Personen schriftlich damit beauftragen, ihm obliegende Aufgaben nach diesem Gesetz in eigener Verantwortung wahrzunehmen.

Weitere Unterfälle der Fürsorgepflicht sind

- **Sorgfaltspflichten**

  Beispiele:
  - richtige Berechnung der Lohnsteuer
  - Abführen von Sozialversicherungsbeiträgen

- **Auskunftspflichten**

  Beispiele:
  - Auskunft über die Lohnberechnung
  - Einsichtsgewährung in Personalakten
  - Zeugniserteilung, § 630 BGB

- Gleichbehandlungspflicht (Art. 3 GG, § 75 BetrVG, vgl. Rn. 54)
- Verkehrssicherungspflicht (s. Rn. 155).

Da der Arbeitgeber in der Regel nicht in der Lage ist, alle diese Pflichten persönlich zu erfüllen, beauftragt er hiermit (vgl. vorstehend § 13 Abs. 2 ArbSchG) einzelne Arbeitnehmer oder sogar – bei größeren Betrieben – eigenständige Organisationseinheiten (z. B. Personalabteilung, Lohnbuchhaltung). Zum Teil ist – wie im Umweltrecht – die Bestellung betrieblicher Beauftragter für besondere Aufgaben gesetzlich vorgeschrieben (s. Rn. 162, 175).

38 Eine solche Organisationseinheit stellt auch der betriebliche **Werkschutz** dar, dessen Aufgabe hauptsächlich in der Aufrechterhaltung der betrieblichen Ordnung besteht.

Die Hauptarbeitspflicht von Angehörigen des Werkschutzes besteht darin, den Unternehmer bei der Wahrnehmung der diesem obliegenden Pflichten bei der Betriebsführung zu unterstützen. Durch den Abschluss eines Arbeitsvertrages und die Beauftragung mit Tätigkeiten im Werkschutz wird der einzelne Werkschutzangehörige zu einer Art „verlängertem Arm" des Unternehmers. Er ist damit befugt und verpflichtet, den Weisungen der Unternehmensleitung entsprechend bestimmte einzelne Rechte und Pflichten auszuüben, die ihm von seinem Arbeitgeber übertragen worden sind.

Als innerbetriebliche Organisationseinheit hat der Werkschutz keine eigenständige betriebsverfassungsrechtliche Bedeutung. Der Betriebsrat ist bei der Einstellung (§ 99 BetrVG), Versetzung (§ 95 Abs. 3 BetrVG) und Kündigung (§ 102 BetrVG) von Mitarbeitern des Werkschutzes zu beteiligen.

39 6.4 Dem Werkschutz obliegen insbesondere bestimmte **Melde- und Anzeigepflichten.** Außer den im Arbeitsvertrag im Einzelnen festgelegten betriebsinternen Meldepflichten treffen Werkschutz bzw. Arbeitgeber/Bewachungsunternehmer Anzeigepflichten in folgenden Fällen:

- bei **geplanten schwerwiegenden Straftaten** (s. Rn. 88)
- bei **Betriebsunfällen** (s. Rn. 144, 152, 237 f.).

§ 193 SGB-VII

Pflicht zur Anzeige eines Versicherungsfalls durch die Unternehmer

(1) Die Unternehmer haben Unfälle von Versicherten in ihren Unternehmen dem Unfallversicherungsträger anzuzeigen, wenn Versicherte getötet oder so verletzt sind, dass sie mehr als drei Tage arbeitsunfähig werden. Satz 1 gilt entsprechend für Unfälle von Versicherten, deren Versicherung weder eine Beschäftigung noch eine selbstständige Tätigkeit voraussetzt.

(2) Haben Unternehmer im Einzelfall Anhaltspunkte, dass bei Versicherten ihrer Unternehmen eine Berufskrankheit vorliegen könnte, haben sie diese dem Unfallversicherungsträger anzuzeigen.

(3) ...

(4) Die Anzeige ist binnen drei Tagen zu erstatten, nachdem die Unternehmer von dem Unfall oder von den Anhaltspunkten für eine Berufskrankheit Kenntnis erlangt haben. Der Versicherte kann vom Unternehmer verlangen, dass ihm eine Kopie der Anzeige überlassen wird.

(5) Die Anzeige ist vom Betriebs- oder Personalrat mit zu unterzeichnen. Der Unternehmer hat die Sicherheitsfachkraft und den Betriebsarzt über jede Unfall- oder Berufskrankheitenanzeige in Kenntnis zu setzen. Verlangt der Unfallversicherungsträger zur Feststellung, ob eine Berufskrankheit vorliegt, Auskünfte über gefährdende Tätigkeiten von Versicherten, haben die Unternehmer den Betriebs- oder Personalrat über dieses Auskunftsersuchen unverzüglich zu unterrichten.

(6) Ist der Bund Unfallversicherungsträger, ist die Anzeige an die Ausführungsbehörde zu richten.

(7) Bei Unfällen in Unternehmen, die der allgemeinen Arbeitsschutzaufsicht unterstehen, hat der Unternehmer eine Durchschrift der Anzeige der für den Arbeitsschutz zuständigen Landesbehörde zu übersenden. Bei Unfällen in Unternehmen, die der bergbehördlichen Aufsicht unterstehen, ist die Durchschrift an die zuständige untere Bergbehörde zu übersenden. Wird eine Berufskrankheit angezeigt, übersendet der Unfallversicherungsträger eine Durchschrift der Anzeige unverzüglich der für den medizinischen Arbeitsschutz zuständigen Landesbehörde. Wird der für den medizinischen Arbeitsschutz zuständigen Landesbehörde eine Berufskrankheit angezeigt, übersendet sie dem Unfallversicherungsträger unverzüglich eine Durchschrift der Anzeige.

(8) Das Bundesministerium für Arbeit und Sozialordnung bestimmt durch Rechtsverordnung mit Zustimmung des Bundesrates den für Aufgaben der Prävention und der Einleitung eines Feststellungsverfahrens erforderlichen Inhalt der Anzeige, ihre Form sowie die Empfänger, die Anzahl und den Inhalt der Durchschriften.

(9) Unfälle nach Absatz 1, die während der Fahrt auf einem Seeschiff eingetreten sind, sind ferner in das Schiffstagebuch einzutragen und dort oder in einem Anhang kurz darzustellen. Ist ein Schiffstagebuch nicht zu führen, haben die Schiffsführer Unfälle nach Satz 1 in einer besonderen Niederschrift nachzuweisen.

- beim **Fund** von Sachen (s. Rn. 163 ff.)
- Bewachungsgewerbetreibende vor der **Beschäftigung von Wachpersonal** (§ 9 Abs. 3 Satz 1 BewachV)
- nach dem **Gebrauch** einer **Schuss-, Hieb- oder Stoßwaffe oder eines Reizstoffsprühgeräts** (Wachpersonal gegenüber Polizei und Bewachungsgewerbetreibendem gem. § 10 Abs. 1 Satz 3 BewachV; Gewerbetreibender gegenüber der zuständigen Behörde bzw. gegenüber der Polizei, § 13 Abs. 2 BewachV)
- u. a. bei **Erwerb oder Verlust** erlaubnispflichtiger **Schusswaffen** oder **Munition** (§§ 28, 37 Abs. 2 WaffG).

Den Arbeitgeber treffen darüber hinaus zahlreiche arbeits- und gewerberechtliche Meldepflichten, mit deren Erfüllung er in der Regel jedoch nicht den Werkschutz beauftragen wird.

40 6.5 **Verstöße** gegen arbeitsvertragliche Pflichten haben unterschiedliche **Konsequenzen.**

Verletzt der Arbeitgeber seine Hauptpflicht zur Lohnzahlung, kann der Arbeitnehmer den ihm zustehenden Lohn vor dem Arbeitsgericht einklagen und das Urteil ggf. im Wege der Zwangsvollstreckung durchsetzen.

Die Verletzung von Nebenpflichten durch den Arbeitgeber kann z. B. zur Folge haben

- Schadensersatz (z. B. wenn Sozialversicherungsbeiträge nicht abgeführt wurden)
- strafrechtliches Ermittlungsverfahren bzw. Bußgeldverfahren
- Verlust des Versicherungsschutzes
- Recht des Arbeitnehmers zur außerordentlichen Kündigung (z. B. bei ernstlicher Bedrohung von Leben und Gesundheit).

Eine Verletzung der Hauptarbeitspflicht durch den Arbeitnehmer hat zunächst den Verlust des Vergütungsanspruchs zur Folge. Es gilt der Grundsatz „Ohne Arbeit kein Lohn" (§ 614 BGB). Ausnahmen gelten z. B. im Urlaubs- und Krankheitsfall. Verweigert der Arbeitnehmer grundlos die Arbeitsleistung, so kann der Arbeitgeber das Arbeitsverhältnis durch **Kündigung** beenden. Eine (ordentliche oder außerordentliche) Kündigung kann auch im Falle einer Verletzung von Nebenpflichten – zumindest bei wiederholten Verstößen – ausgesprochen werden (s. auch Rn. 219).

Wichtige Gründe im Sinne von § 626 BGB, die eine fristlose außerordentliche Kündigung rechtfertigen können, sind z. B.

- der dringende Verdacht strafbarer Handlungen zum Nachteil des Arbeitgebers (z. B. Spesenbetrug oder Diebstahl geringwertiger Sachen)[2]
- Tätlichkeiten oder grobe Beleidigungen gegen den Arbeitgeber oder gegen Arbeitskollegen
- sexuelle Belästigung am Arbeitsplatz[3]
- diskriminierende Äußerungen in der Öffentlichkeit gegen den Berufstand des Arbeitgebers
- vorsätzliche Sachbeschädigung zum Nachteil des Arbeitgebers oder von Arbeitskollegen.

Eine Verletzung der Pflichten aus dem Arbeitsvertrag kann außerdem Schadensersatzansprüche und strafrechtliche Folgen nach sich ziehen.

Schadensersatzansprüche können entstehen aus

- einer schuldhaften Verletzung arbeitsvertraglicher Nebenpflichten (sog. positive Vertragsverletzung; **Vertragshaftung**)
- unerlaubten Handlungen (**Deliktshaftung**).

2 LAG Köln, Urt. v. 2. März 1999 – 13 Sa 687/98; BAG, Urt. v. 11. Dezember 2003 – 2 AZR 36/03.
3 BAG, Urt. v. 25. März 2004 – 2 AZR 341/03.

§ 823 BGB

Schadensersatzpflicht

(1) Wer vorsätzlich oder fahrlässig das Leben, den Körper, die Gesundheit, die Freiheit, das Eigentum oder ein sonstiges Recht eines anderen widerrechtlich verletzt, ist dem anderen zum Ersatz des daraus entstehenden Schadens verpflichtet.

(2) Die gleiche Verpflichtung trifft denjenigen, welcher gegen ein den Schutz eines anderen bezweckendes Gesetz verstößt. Ist nach dem Inhalt des Gesetzes ein Verstoß gegen dieses auch ohne Verschulden möglich, so tritt die Ersatzpflicht nur im Falle des Verschuldens ein.

Die **Voraussetzungen** eines Schadensersatzanspruches nach § 823 BGB sind

- **Tatbestand.** Ein in der Vorschrift genanntes Rechtsgut (Körper, Gesundheit, Freiheit, Eigentum, sonstiges Recht) muss verletzt sein.
- **Rechtswidrigkeit;** sie liegt aufgrund einer Rechtsgutverletzung automatisch vor und entfällt beim Vorliegen eines Rechtfertigungsgrundes.
- **Verschulden** (Vorsatz oder Fahrlässigkeit). Ein Mitverschulden des Verletzten wird berücksichtigt (§ 254 BGB) und kann zur Anspruchsminderung oder zum Anspruchsausschluss führen.

> **Beispiel:**
> Ein Arbeitnehmer beschädigt infolge Unachtsamkeit Produktionsmittel. Dadurch entsteht dem Arbeitgeber ein Schaden.

Eine Schadensersatzpflicht setzt regelmäßig ein **Verschulden** des Arbeitnehmers vo- 41
raus. Der Arbeitnehmer haftet für Vorsatz und jede, auch leichte Fahrlässigkeit. Dieser Grundsatz der Verschuldenshaftung gilt jedoch im Arbeitsrecht nur eingeschränkt. Nach den von der Arbeitsrechtsprechung entwickelten Grundsätzen wäre es unbillig, den Arbeitnehmer auch in solchen Fällen voll zur Verantwortung zu ziehen, in denen wegen der Eigenart der zu leistenden Arbeit auch bei Anwendung der erforderlichen Sorgfalt gelegentlich einmal ein Versehen unterläuft[4].

> **Beispiel:**
> Ein Werksfahrer, der bisher unfallfrei gefahren ist, übersieht ein Vorfahrtszeichen und verursacht deshalb einen Verkehrsunfall.

Hinzu kommt, dass es sich hierbei oftmals um Fälle handelt, in denen der durch ein solches Verhalten entstandene Schaden meist so hoch ist, dass er in einem im mens hohen Verhältnis zum Arbeitseinkommen steht.

4 Die Grundsätze über die Beschränkung der Arbeitnehmerhaftung gelten für alle Arbeiten, die durch den Betrieb veranlasst sind und aufgrund eines Arbeitsverhältnisses geleistet werden, auch wenn diese Arbeiten nicht gefahrgeneigt sind. So die höchstrichterliche Rspr., BAG, NJW 1995, 210 und BGH, Beschluss vom 21. September 1993 – GmS – OGB 1/93.

Für die **Haftungsbeschränkung** ist zu unterscheiden, ob der Schaden seine Ursache überwiegend in der Sphäre des Arbeitnehmers oder in der Sphäre des Arbeitgebers hatte:

- **vorsätzlich** oder **grob fahrlässig** verursachte Schäden muss der Arbeitnehmer vollständig ersetzen.

> **Beispiel:**
> Riskantes Überholmanöver in unübersichtlicher Kurve.

- mit **gewöhnlicher Fahrlässigkeit** verursachte Schäden tragen Arbeitgeber und Arbeitnehmer je zur Hälfte.
- **leicht fahrlässig** verursachte Schäden muss der Arbeitgeber selbst tragen (Betriebsrisiko),

> **Beispiel:**
> Verkehrsunfall auf vereister Straße trotz langsamer Fahrt.

Hat der Arbeitnehmer eine betriebsfremde Person geschädigt, so gelten die genannten Grundsätze mit der Maßgabe, dass der Arbeitnehmer vom Arbeitgeber vollständige oder teilweise Freistellung von den gegen ihn erhobenen Ansprüchen verlangen kann.

42 6.6 **Betriebsfremde,** die den Betrieb, den Unternehmer, Betriebsangehörige oder Dritte schädigen, sind ebenfalls für die von ihnen verursachten Schäden verantwortlich. Soweit sie sich strafbar gemacht haben, kommt daneben auch die Erstattung einer Strafanzeige in Betracht (s. auch Rn. 219).

7. Kapitel: Das Recht auf Eigentum und Besitz

43 7.1 Das Recht auf Eigentum ist nach der Verfassung als **Grundrecht** ausgestaltet.

Art. 14 GG

Eigentum, Erbrecht und Enteignung

(1) Das Eigentum und das Erbrecht werden gewährleistet. Inhalt und Schranken werden durch die Gesetze bestimmt.

(2) Eigentum verpflichtet. Sein Gebrauch soll zugleich dem Wohle der Allgemeinheit dienen.

(3) ... [Enteignung]

§ 903 BGB

Befugnisse des Eigentümers

Der Eigentümer einer Sache kann, soweit nicht das Gesetz oder Rechte Dritter entgegenstehen, mit der Sache nach Belieben verfahren und andere von jeder Einwirkung ausschließen. Der Eigentümer eines Tieres hat bei der Ausübung seiner Befugnisse die besonderen Vorschriften zum Schutz der Tiere zu beachten.

7.2 Das Privateigentum ist ein **individuelles Herrschaftsrecht,** dessen Gebrauch **44**
durch Gesetz oder Rechte Dritter **beschränkt** ist.

Beispiele:
- Nach § 904 BGB darf der Eigentümer einer Sache Einwirkungen anderer Personen auf seine Sache unter bestimmten Voraussetzungen nicht verbieten (s. Rn. 135).
- Der Eigentümer muss die Ausübung behördlicher Sonderzugangsrechte dulden (s. Rn. 73).
- Die Dispositionsfreiheit des Eigentümers wird aufgrund der betrieblichen Mitbestimmung eingeschränkt (s. Rn. 52).

Das **Eigentum** zeigt die **rechtliche Herrschaft** einer Person über eine Sache an; es besagt, **wem eine Sache gehört.** Bei Rechten, wie z. B. Forderungen, wird nicht von Eigentum, sondern von der Inhaberschaft gesprochen, obwohl auch Forderungen, Ansprüche und Mitgliedschaftsrechte in den Schutzbereich des Eigentums nach Art. 14 fallen (vermögenswerte Rechte).

Sachen im Sinne des BGB sind „körperliche Gegenstände". Es sind zu unterscheiden **45**

- **bewegliche** Sachen
- **unbewegliche** Sachen (Grundstücke, Immobilien).

Das Eigentum einer Person bezieht sich immer nur auf bestimmte einzelne Sachen, nicht auf eine Sachgesamtheit.

Beispiel:
Eine einzelne Person kann an einem Warenvorrat kein Eigentum haben. Das Eigentumsrecht erstreckt sich vielmehr auf jede einzelne zu dem Vorrat gehörende Sache. Die einzelnen Sachen können verschiedene rechtliche Schicksale haben, z. B. kann das Eigentum an bestimmten Sachen der einen Person zustehen, während andere Sachen sicherungsübereignet wurden oder dem Eigentumsvorbehalt anderer Personen unterliegen.

Das Eigentumsrecht begründet eine Reihe von **Ansprüchen** gegenüber dritten Personen, wie z. B. Ansprüche auf

- **Herausgabe** einer Sache gegen einen unrechtmäßigen Besitzer (§ 985 BGB),
- **Beseitigung** bzw. künftige **Unterlassung** von Störungen (§ 1004 BGB),
- **Schadensersatz** (§ 823 Abs. 1 BGB).

Tiere sind keine Sachen. Sie werden als Mitgeschöpfe durch besondere Gesetze geschützt. Auf Tiere sind grundsätzlich die für Sachen geltenden Vorschriften entsprechend anzuwenden (§ 90 a BGB).

46 7.3 Vom Eigentum ist der **Besitz** als **tatsächliche Herrschaft** einer Person über eine Sache zu unterscheiden. Der Besitz besagt, **wer eine Sache tatsächlich innehat** (§ 854 BGB).

Eigentümer und Besitzer können identisch sein, zwingend ist dies aber nicht.

Beispiele:
- Vermieter (Eigentümer) und Mieter (Besitzer) eines Geschäftsraumes
- Verleiher (Eigentümer) und Entleiher (Besitzer) einer Baumaschine
- Kreditgeber (Eigentümer), dem vom Kreditnehmer (Besitzer) ein auf Raten gekauftes Auto zur Sicherung übereignet wurde.

Tatsächliche Sachherrschaft ist gegeben bei

- Sachen, die man bei oder an sich trägt (z. B. Kleidung, Uhr),
- Sachen, die verschlossen abgestellt sind (z. B. geparkter Pkw)

oder die in verschlossenen Räumen oder Behältnissen aufbewahrt werden,
- umfriedeten Grundstücken und abschließbaren Gebäuden.

47 7.4 Ein Unterfall des Besitzes ist die **Besitzdienerschaft.**

§ 855 BGB

Besitzdiener

Übt jemand die tatsächliche Gewalt über eine Sache für einen anderen in dessen Haushalt oder Erwerbsgeschäft oder in einem ähnlichen Verhältnis aus, vermöge dessen er den sich auf die Sache beziehenden Weisungen des anderen Folge zu leisten hat, so ist nur der andere Besitzer.

In vielen Fällen übt eine Person die tatsächliche Herrschaft über eine Sache aus, ohne dass sie Besitzer ist. Die **Merkmale** des Besitzdieners sind:

- tatsächliche Herrschaft über eine Sache
- für einen anderen
- in dessen Haushalt oder Erwerbsgeschäft. Die reine Wahrnehmung von Interessen des anderen genügt nicht. Es muss ein soziales Abhängigkeits- und Unterordnungsverhältnis bestehen
- der andere ist hinsichtlich der Sache weisungsbefugt.

Beispiele:
- Chauffeure hinsichtlich des Firmenfahrzeugs

- Lagerverwalter hinsichtlich des Lagerbestandes
- Kassenverwalter hinsichtlich des Kassenbestandes
- Kantinenpersonal hinsichtlich der Servicegegenstände
- Werkschutzangehörige hinsichtlich ihnen überlassener Ausrüstungsgegenstände (z. B. Funkgerät).

Die Besitzdienerschaft spielt bei der Ausübung von Schutzrechten im Interesse des Besitzers sowie im Fundrecht (s. Rn. 163 ff.) eine bedeutsame Rolle.

7.5 Das Recht auf Eigentum enthält auch das Recht zur Wahl einer bestimmten Unternehmensform oder Betriebsart. Nach herkömmlicher Definition ist ein **Betrieb** „die organisatorische Einheit, mit der ein Unternehmer mit sächlichen und immateriellen Mitteln unter Einsatz menschlicher Arbeitskraft einen arbeitstechnischen Zweck unmittelbar fortgesetzt verfolgt". Außer gewerblichen Betrieben sind auch z. B. Anwaltskanzleien, Arztpraxen, Schiffe und Verwaltungen aller Art Betriebe. Der Betrieb ist Anknüpfungspunkt vieler arbeitsrechtlicher Regelungen, z. B. des Betriebsverfassungs- und des Tarifvertragsrechts. **48**

Der Begriff **Unternehmen** ist gegenüber dem Betrieb in einem weiteren Sinne zu verstehen. Betrieb und Unternehmen können deckungsgleich sein, ein Unternehmen kann aber auch aus mehreren Betrieben bestehen. Das Unternehmen wird definiert als „die organisatorische Einheit, mit der ein Unternehmer entferntere wirtschaftliche oder ideelle Zwecke verfolgt".

Im Sprachgebrauch wird oftmals auch fälschlicherweise der handelsrechtliche Begriff **Firma** gebraucht. Nach § 17 HGB ist die Firma der Name, unter dem ein Kaufmann im Handel seine Geschäfte betreibt und die Unterschrift abgibt. Gleichwohl sagt die Firma oftmals etwas über die Unternehmensform aus (§§ 18 ff. HGB), z. B. A GmbH & Co. KG. In § 15 a GewO ist die Pflicht festgelegt, die Firmenbezeichnung an den Geschäftsräumen anzubringen.

Neben den Sachen sind die **Personen** ein weiterer zentraler Begriff des Privatrechts, der für die Unternehmensform ausschlaggebend ist. **49**

Das Privatrecht kennt

- **natürliche** Personen (Menschen, §§ 1 ff. BGB)
- **juristische** Personen (Vereinigungen von natürlichen Personen oder bestimmte Vermögensmassen, §§ 21 ff. BGB). Juristische Personen werden im Rechtsverkehr ähnlich wie natürliche Personen behandelt.

Beispiele:
- Sie können Verträge abschließen
- Sie können Eigentümer und Besitzer von Sachen sein
- Sie können klagen und verklagt werden.

Als eigenständige Rechtspersonen „gehören" juristische Personen – wie natürliche Personen – niemandem. Um im Rechtsverkehr auftreten zu können, müssen sich juristische Personen besonderer Organe bedienen.

Beispiele:
- Vorstand einer Aktiengesellschaft
- Geschäftsführer einer GmbH.

Es gibt zwei Kategorien juristischer Personen:

- juristische Personen des **öffentlichen Rechts**

Beispiele:
- Bund
- Länder
- Gemeinden und Gemeindeverbände
- Berufsgenossenschaften
- Krankenkassen
- Kirchen.

- juristische Personen des **privaten Rechts** (Stiftungen und Vereine).

Die **Vereine** werden wiederum in zwei Gruppen unterteilt:

- **ideelle** Vereine, sofern sie rechtsfähig sind („e. V.", §§ 21, 55 ff. BGB).

Beispiele:
- Sportverein e. V.
- Kegelclub e. V.

- **wirtschaftliche** Vereine (§ 22 BGB). Bedeutung und rechtliche Behandlung wirtschaftlicher Vereine sind unterschiedlich.

Beispiele:
- Aktiengesellschaft (AG)
- Gesellschaft mit beschränkter Haftung (GmbH)
- Genossenschaft
- Kommanditgesellschaft auf Aktien (KG a. A.)
- Versicherung auf Gegenseitigkeit (a. G.).

Ihre Rechtsverhältnisse sind in besonderen Gesetzen geregelt (z. B. im AktG, GmbHG, Genossenschaftsgesetz).

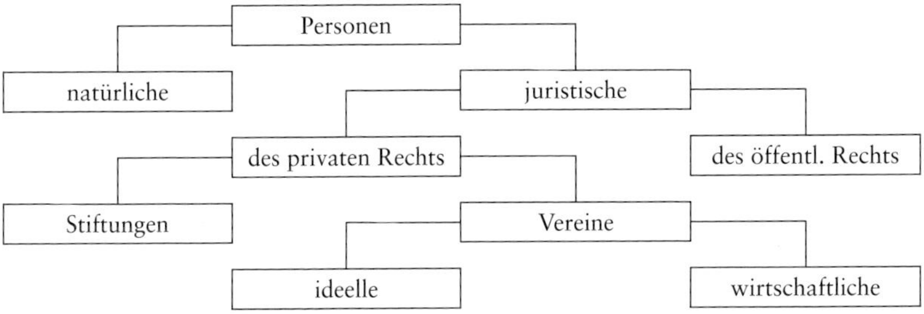

Im Rechtsleben schließen sich aus unterschiedlichen Gründen manchmal mehre- **50**
re natürliche oder juristische Personen zu **Personengemeinschaften** zusammen.

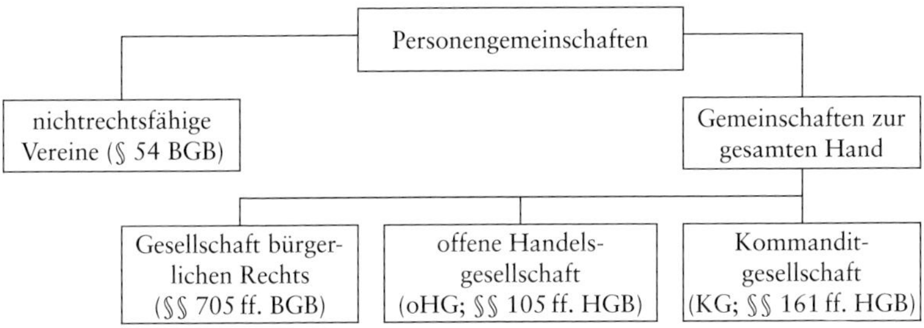

7.6 Die **Haftung** juristischer Personen des privaten Rechts richtet sich nach fol- **51**
genden Regeln:

- Für Pflichtverletzungen seiner Organe, die diese in ihrer Organfunktion begangen haben, haftet der Verein (§ 31 BGB).
- Wurde die Aufgabe eines Organs auf andere Personen, die keine Organfunktionen ausüben, **delegiert,** haftet der Verein für Pflichtverletzungen dieser Personen nach § 31 BGB aufgrund körperschaftlichen oder betrieblichen **Organisationsrisikos.**

Beispiele:
- Beauftragung einer Person, der die erforderlichen Fähigkeiten fehlen.
- Delegation einer Aufgabe von besonderer Wichtigkeit nicht an ein anderes geeignetes Organ, sondern an eine Person ohne Organeigenschaft.
- Versäumnis der erforderlichen betrieblichen Anleitung und Aufsicht.

- Für unerlaubte Handlungen von **Hilfspersonen** richtet sich die Haftung nach § 831 BGB.

8. Kapitel: Das Recht der Betriebsverfassung

52 8.1 Eine bedeutsame Schranke für die Ausübung von Eigentumsrechten des Unternehmers stellt die betriebliche **Mitbestimmung** dar. Die Vorschriften des **Betriebsverfassungsgesetzes** (BetrVG) sichern den Arbeitnehmern durch ihren gewählten Repräsentanten, den **Betriebsrat,** Einfluss auf das Betriebsgeschehen. Die Beteiligung der Betriebsvertretung beschränkt den Arbeitgeber in seinen Möglichkeiten, den Betrieb und den Arbeitsablauf frei zu organisieren und kraft seines Direktionsrechts einseitig auf die Arbeitsverhältnisse einzuwirken.

53 8.2 Betriebsräte werden in Betrieben mit in der Regel mindestens fünf ständigen wahlberechtigten Arbeitnehmern, von denen drei wählbar sind, **gewählt** (§ 1 BetrVG). Arbeitnehmer sind Arbeiter und Angestellte einschließlich der Auszubildenden, §§ 5, 6 BetrVG. Auf leitende Angestellte findet das BetrVG keine Anwendung (§ 5 Abs. 3 BetrVG).

Wahlberechtigt sind alle Arbeitnehmer, die das 18. Lebensjahr vollendet haben (§ 7 BetrVG). Wählbar sind alle Wahlberechtigten, die dem Betrieb sechs Monate angehören (§ 8 BetrVG). Die Zahl der Betriebsratsmitglieder hängt von der Zahl der Arbeitnehmer ab (§ 9 BetrVG).

54 8.3 **Arbeitgeber und Betriebsrat arbeiten** zum Wohl der Arbeitnehmer und des Betriebs **vertrauensvoll zusammen** (§ 2 Abs. 1 BetrVG). Dabei sind die geltenden Tarifverträge – und selbstverständlich auch alle ranghöheren Rechtsquellen – (s. Rn. 34) – zu beachten. Bei der Zusammenarbeit wirken die im Betrieb vertretenen **Gewerkschaften** und **Arbeitgebervereinigungen** mit. Die Beauftragten der im Betrieb vertretenen Gewerkschaften haben nach Unterrichtung des Arbeitgebers oder seines Vertreters ein Sonderzugangsrecht (§ 2 Abs. 2 BetrVG, s. Rn. 73), um ihre Aufgaben und Befugnisse nach dem BetrVG wahrnehmen zu können. Dieses Recht ist jedoch durch überwiegende betriebliche Interessen eingeschränkt:

- unumgängliche Notwendigkeiten des Betriebsablaufs
- zwingende Sicherheitsvorschriften
- Schutz von Betriebsgeheimnissen.

> **Beispiel:** Ein bestimmter Teil des Betriebs darf nur mit Schutzkleidung betreten werden. Weigert sich ein Gewerkschaftsvertreter, Schutzkleidung anzulegen, kann ihm der Zugang zu dem Betriebsteil untersagt werden.

In § 74 BetrVG sind Grundsätze für die Zusammenarbeit von Arbeitgeber und Betriebsrat festgelegt:

§ 74 BetrVG

Grundsätze für die Zusammenarbeit

(1) Arbeitgeber und Betriebsrat sollen mindestens einmal im Monat zu einer Besprechung zusammentreten. Sie haben über strittige Fragen mit dem ernsten Willen zur

Einigung zu verhandeln und Vorschläge für die Beilegung von Meinungsverschiedenheiten zu machen.

(2) Maßnahmen des Arbeitskampfes zwischen Arbeitgeber und Betriebsrat sind unzulässig; Arbeitskämpfe tariffähiger Parteien werden hierdurch nicht berührt. Arbeitgeber und Betriebsrat haben Betätigungen zu unterlassen, durch die der Arbeitsablauf oder der Frieden des Betriebs beeinträchtigt werden. Sie haben jede parteipolitische Betätigung im Betrieb zu unterlassen; die Behandlung von Angelegenheiten tarifpolitischer, sozialpolitischer, umweltpolitischer und wirtschaftlicher Art, die den Betrieb oder seine Arbeitnehmer unmittelbar betreffen, wird hierdurch nicht berührt.

(3) Arbeitnehmer, die im Rahmen dieses Gesetzes Aufgaben übernehmen, werden hierdurch in der Betätigung für ihre Gewerkschaft auch im Betrieb nicht beschränkt.

8.4 Grundsätze für die **Behandlung der Betriebsangehörigen** enthält § 75 **55**
BetrVG:

§ 75 BetrVG

Grundsätze für die Behandlung der Betriebsangehörigen

(1) Arbeitgeber und Betriebsrat haben darüber zu wachen, dass alle im Betrieb tätigen Personen nach den Grundsätzen von Recht und Billigkeit behandelt werden, insbesondere, dass jede unterschiedliche Behandlung von Personen wegen ihrer Abstammung, Religion, Nationalität, Herkunft, politischen oder gewerkschaftlichen Betätigung oder Einstellung oder wegen ihres Geschlechts oder ihrer sexuellen Identität unterbleibt. Sie haben darauf zu achten, dass Arbeitnehmer nicht wegen Überschreitung bestimmter Altersstufen benachteiligt werden.

(2) Arbeitgeber und Betriebsrat haben die freie Entfaltung der Persönlichkeit der im Betrieb beschäftigten Arbeitnehmer zu schützen und zu fördern. Sie haben die Selbstständigkeit und Eigeninitiative der Arbeitnehmer und Arbeitsgruppen zu fördern.

Die Vorschrift verpflichtet Arbeitgeber und Betriebsrat zur Wahrung der Grundrechte der Person auch im Betrieb. Es handelt sich um eine spezialgesetzliche Ausgestaltung der Fürsorgepflicht des Arbeitgebers (s. Rn. 37). § 75 Abs. 1 BetrVG wiederholt den in Art. 3 GG enthaltenen **Gleichheitsgrundsatz.**

Art. 3 GG

Gleichheit vor dem Gesetz

(1) Alle Menschen sind vor dem Gesetz gleich.

(2) Männer und Frauen sind gleichberechtigt.

(3) Niemand darf wegen seines Geschlechtes, seiner Abstammung, seiner Rasse, seiner Sprache, seiner Heimat und Herkunft, seines Glaubens, seiner religiösen oder politischen Anschauungen benachteiligt oder bevorzugt werden. Niemand darf wegen seiner Behinderung benachteiligt werden.

Diese Vorschriften besagen nicht, dass alle Betriebsangehörigen gleich sind! Sie verbieten jedoch eine **willkürliche Behandlung** von Betriebsangehörigen.

> **Beispiel:** Der Werkschutz darf nicht grundlos bestimmte Arbeitnehmer häufiger kontrollieren als andere.

Für eine **unterschiedliche Behandlung** müssen stets **sachliche Gründe** vorliegen.

> **Beispiel:** Personen, die in einem sicherheitsempfindlichen Betriebsteil beschäftigt sind, dürfen häufiger und intensiver kontrolliert werden als Arbeitnehmer, die in anderen Betriebsteilen tätig sind. Die Personen, bei denen häufigere Kontrollen zulässig sind, müssen untereinander wiederum gleich behandelt werden. Eine unterschiedliche Behandlung dieser Personen darf nur erfolgen, wenn es dafür sachliche Gründe gibt.

In § 75 Abs. 2 BetrVG ist die freie Entfaltung der Persönlichkeit angesprochen. Insbesondere die Verfassungsrechtsprechung entnimmt dem Art. 1 Abs. 1 und 2 GG ein **Allgemeines Persönlichkeitsrecht** mit Grundrechtsrang.

Art. 1 GG

Menschenwürde, Grundrechtsbindung der staatlichen Gewalt

(1) Die Würde des Menschen ist unantastbar. Sie zu achten und zu schützen ist Verpflichtung aller staatlichen Gewalt.

(2) Das Deutsche Volk bekennt sich darum zu unverletzlichen und unveräußerlichen Menschenrechten als Grundlage jeder menschlichen Gemeinschaft, des Friedens und der Gerechtigkeit in der Welt.

(3) Die nachfolgenden Grundrechte binden Gesetzgebung, vollziehende Gewalt und Rechtsprechung als unmittelbar geltendes Recht.

Art. 2 GG

Handlungsfreiheit, Freiheit der Person

(1) Jeder hat das Recht auf die freie Entfaltung seiner Persönlichkeit, soweit er nicht die Rechte anderer verletzt und nicht gegen die verfassungsmäßige Ordnung oder das Sittengesetz verstößt.

(2) Jeder hat das Recht auf Leben und körperliche Unversehrtheit. Die Freiheit der Person ist unverletzlich. In diese Rechte darf nur auf Grund eines Gesetzes eingegriffen werden.

Das Persönlichkeitsrecht hat verschiedene Gestaltungsformen (s. Rn. 32). Ihre Bedeutung im Arbeitsverhältnis und die Möglichkeiten ihres Schutzes durch Zusammenarbeit von Arbeitgeber und Betriebsrat konkretisieren die in § 75 Abs. 2 BetrVG enthaltene Regelung.

RECHT

Allgemeines Persönlichkeitsrecht in Form des	Beispiel	Schutz	
		BetrVG	andere Rechtsvorschriften
Rechts am eigenen Bild	Überwachung mit Videokamera[1]	Mitbestimmung des Betriebsrats (§ 87 Abs. 1 Nr. 1, 6)	Kunsturhebergesetz
Rechts am gesprochenen Wort	Aufzeichnung von Telefongesprächen	Mitbestimmung des Betriebsrats (§ 87 Abs. 1 Nr. 1, 6)	Vertraulichkeit des Wortes (§ 201 StGB)
Rechts am Charakterbild	Durchführung psychologischer Tests	Zustimmung des Betriebsrats zu Personalfragebogen (§ 94)	Arbeitsrecht
Rechts der persönlichen Ehre	Störung des Betriebsfriedens	Verlangen nach Entfernung des Arbeitnehmers (§ 104)	Beleidigung (§§ 185 ff. StGB)
Rechts auf informationelle Selbstbestimmung	Verarbeitung personenbezogener Daten	Sorge für Durchführung von Gesetzen (§ 80 Abs. 1 Nr. 1)	Datenschutzrechtliche Vorschriften
Rechts auf Schutz der Privat- und Intimsphäre	Personalaktenführung	Einsichtsrecht des Arbeitnehmers (§ 83)	Arbeitsrecht

8.5 Nach dem BetrVG hat der Betriebsrat folgende **Aufgaben** 56

- **allgemeine Aufgaben** (§ 80 Abs. 1 BetrVG), z. B.
  - Überwachung der Durchführung der geltenden Gesetze, Verordnungen, Unfallverhütungsvorschriften, Tarifverträge und Betriebsvereinbarungen zugunsten der Arbeitnehmer
  - Beantragung von Maßnahmen, die dem Betrieb und der Belegschaft dienen.
- **Mitbestimmung in sozialen Angelegenheiten** (§§ 87 ff. BetrVG)

1 Eine heimliche Überwachung ist unzulässig. Ein Arbeitgeber darf nicht ausspionieren, welche Web-Seiten genau ein Mitarbeiter aufruft oder welche E-Mails er verschickt. Mit Zustimmung des Betriebsrats können aber z. B. Personalcomputer überwacht und Mail-Adressen auf ihren betrieblichen Bezug hin überprüft werden (LG Braunschweig – 12 S 23/97). Durch heimliches Mithören erlangte Beweismittel dürfen nicht verwertet werden, vgl. BAG, NJW 1998, 1331.

§ 87 Abs. 1 BetrVG

Mitbestimmungsrechte

(1) Der Betriebsrat hat, soweit eine gesetzliche oder tarifliche Regelung nicht besteht, in folgenden Angelegenheiten mitzubestimmen:

1. Fragen der Ordnung des Betriebs und des Verhaltens der Arbeitnehmer im Betrieb;

2.–5. ...

6. Einführung und Anwendung von technischen Einrichtungen, die dazu bestimmt sind, das Verhalten oder die Leistung der Arbeitnehmer zu überwachen;

7. Regelungen über die Verhütung von Arbeitsunfällen und Berufskrankheiten sowie über den Gesundheitsschutz im Rahmen der gesetzlichen Vorschriften oder der Unfallverhütungsvorschriften;

8.–13. ...

Nr. 1 betrifft allgemeine, zur sozialen Ordnung des Betriebes gehörende Verhaltensregeln für die Arbeitnehmer.

Beispiele:
- Torkontrolle (s. Rn. 218)
- Einführung von Werksausweisen (s. Rn. 220)
- betriebliche Straßenverkehrsregeln.

Alle Entscheidungen, die den Arbeitsvorgang betreffen, bleiben Entscheidungen des Arbeitgebers und sind nicht mitbestimmungspflichtig.

Beispiel:
Anordnung des Arbeitgebers, das Kantinenpersonal habe eine Kopfbedeckung oder eine bestimmte Dienstkleidung[2] zu tragen.

Technische Einrichtungen im Sinne der **Nr. 6** sind Anlagen oder Geräte, die unter Verwendung nichtmenschlicher Energie mit Mitteln der Technik, insbesondere der Elektronik eine selbstständige Leistung erbringen.

Beispiele:
- Betriebsfernsehanlage (Videoanlage) zur verdeckten Beobachtung von Beschäftigten am Arbeitsplatz
- Biometrische Zugangskontrolle (Fingerabdruckerfassung) für Beschäftigte[3].

Bauliche und sonstige Vorrichtungen, die der Beobachtung oder Überwachung von Personen und Vorgängen dienen, ohne selbst eine technische Leistung zu erbringen, fallen nicht unter Nr. 6[4].

---

2 Das Arbeitsgericht Frankfurt am Main hat die Frage in seinem Urt. v. 3. 11. 1999 – 9 Ca 7218/98 – bezogen auf die Gastronomie offen gelassen.

3 BAG, Beschl. v. 27. 1. 2004 – 1 ABR 7/03.

4 Zur elektronischen Gesprächsdatenerfassung vgl. VGH Baden-Württemberg, Der Personalrat 1994, 561. Arbeitszeitmessung durch manuelle Betätigung einer Stoppuhr ist nicht mitbestimmungspflichtig, BAG, Beschl. vom 8. November 1994 – 1 ABR 20/94. Die Einführung eines Personalcomputers ist zur Überwachung des Benutzers nicht bestimmt, wenn es diesem freigestellt ist, ob er überhaupt Daten bearbeitet und keine Rückschlüsse auf die Leistung und das Verhalten des Beschäftigten gezogen werden können, vgl. BVerwG, DÖV 1994, 42.

Beispiele:
- Türspione
- Spiegel
- einseitig durchsichtige Scheiben
- Stechuhren
- Geräte zur Erfassung von Telefongesprächen.

Eine heimliche Videoüberwachung, die entgegen § 87 Abs. 1 Nr. 6 BetrVG ohne vorherige Zustimmung des Betriebsrates durchgeführt wurde, führt nicht zu einem eigenständigen Beweisverwertungsverbot, wenn der Betriebsrat der Verwendung des Beweismittels und der darauf gestützten Kündigung zustimmt und die Beweisverwertung nach den allgemeinen Grundsätzen gerechtfertigt ist[5].

Zu **Nr.** 7 s. Rn. 150.

Die dem Betriebsrat nach § 89 Abs. 1 Satz 2 BetrVG obliegende Pflicht, die für den Arbeitsschutz zuständigen Behörden zu unterstützen, berechtigt ihn nicht stets und einschränkungslos, den Aufsichtsbehörden die vom Arbeitgeber elektronisch erfassten tatsächlich geleisteten Arbeitszeiten der Arbeitnehmer namensbezogen mitzuteilen[6].

- **Beteiligung in personellen Angelegenheiten** (§§ 92 bis 105 BetrVG)

Beispiele:
- Zustimmung zu Personalfragebogen (§ 94 BetrVG)
- Mitbestimmung bei personellen Einzelmaßnahmen (§ 99 BetrVG)

- **Beteiligung in wirtschaftlichen Angelegenheiten** (§§ 106 bis 113 BetrVG).

8.6 Zur Durchführung seiner Aufgaben ist der Betriebsrat rechtzeitig und umfassend vom Arbeitgeber zu **unterrichten.** Ihm sind auf Verlangen jederzeit die zur Durchführung seiner Aufgaben erforderlichen **Unterlagen** zur Verfügung zu stellen (§ 80 Abs. 2 BetrVG). **57**

Verschiedene beteiligungspflichtige Einzelmaßnahmen des Arbeitgebers wiederholen sich ständig; dies gilt insbesondere für Maßnahmen auf dem Gebiet der betrieblichen Ordnung. Müsste hier in jedem Einzelfall eine vorherige formelle Beteiligung des Betriebsrates in Form der Mitbestimmung erfolgen, könnten irreparable Schäden eintreten. Abgesehen davon würde die Vielzahl mitbestimmungspflichtiger Einzelmaßnahmen einen unverhaltnismaßig hohen Verwaltungsaufwand erfordern und den Betriebsablauf stark behindern.

Das BetrVG sieht in § 77 Abs. 2 den Abschluss von Betriebsvereinbarungen vor, um eine unbestimmte Vielzahl von gleichgelagerten Fällen zu regeln.

---

5 BAG, NJW 2003, 3436; LG Zweibrücken, NJW, 2004, 85.
6 BAG, Beschl. v. 3. Juni 2003 – 1 ABR 19/02.

§ 77 BetrVG

Durchführung gemeinsamer Beschlüsse, Betriebsvereinbarungen

(1) Vereinbarungen zwischen Betriebsrat und Arbeitgeber, auch soweit sie auf einem Spruch der Einigungsstelle beruhen, führt der Arbeitgeber durch, es sei denn, dass im Einzelfall etwas anderes vereinbart ist. Der Betriebsrat darf nicht durch einseitige Handlungen in die Leitung des Betriebs eingreifen.

(2) Betriebsvereinbarungen sind von Betriebsrat und Arbeitgeber gemeinsam zu beschließen und schriftlich niederzulegen. Sie sind von beiden Seiten zu unterzeichnen; dies gilt nicht, soweit Betriebsvereinbarungen auf einem Spruch der Einigungsstelle beruhen. Der Arbeitgeber hat die Betriebsvereinbarungen an geeigneter Stelle im Betrieb auszulegen.

(3) Arbeitsentgelte und sonstige Arbeitsbedingungen, die durch Tarifvertrag geregelt sind oder üblicherweise geregelt werden, können nicht Gegenstand einer Betriebsvereinbarung sein. Dies gilt nicht, wenn ein Tarifvertrag den Abschluss ergänzender Betriebsvereinbarungen ausdrücklich zulässt.

(4) Betriebsvereinbarungen gelten unmittelbar und zwingend. Werden Arbeitnehmern durch die Betriebsvereinbarungen Rechte eingeräumt, so ist ein Verzicht auf sie nur mit Zustimmung des Betriebsrats zulässig. Die Verwirkung dieser Rechte ist ausgeschlossen. Ausschlussfristen für ihre Geltendmachung sind nur insoweit zulässig, als sie in einem Tarifvertrag oder einer Betriebsvereinbarung vereinbart werden; dasselbe gilt für die Abkürzung der Verjährungsfristen.

(5) Betriebsvereinbarungen können, soweit nichts anderes vereinbart ist, mit einer Frist von drei Monaten gekündigt werden.

(6) Nach Ablauf einer Betriebsvereinbarung gelten ihre Regelungen in Angelegenheiten, in denen ein Spruch der Einigungsstelle die Einigung zwischen Arbeitgeber und Betriebsrat ersetzen kann, weiter, bis sie durch eine andere Abmachung ersetzt werden.

Voraussetzungen einer wirksamen Betriebsvereinbarung sind:

- zulässiger **Inhalt,** z. B.
  - Sprechstunden des Betriebsrats (§ 39 Abs. 1 BetrVG)
  - soziale Mitbestimmungsangelegenheiten (§ 87 Abs. 1 BetrVG)
  - Maßnahmen zur Verhütung von Arbeitsunfällen und Gesundheitsschädigungen (§ 88 Nr. 1 BetrVG)[7]
- gemeinsamer **Beschluss** von Arbeitgeber und Betriebsrat
- **Schriftform.**

Auf die Wirksamkeit der Betriebsvereinbarung hat ein etwaiger Verstoß des Arbeitgebers gegen die Ordnungsvorschrift, die Vereinbarung an geeigneter Stelle im Betrieb auszulegen, keinen Einfluss.

Regelmäßig werden Betriebsvereinbarungen zum Bestandteil neu abzuschließender Arbeitsverträge gemacht. Betriebsvereinbarungen gelten aber auch ohne eine

7 Die Bestellung von Sicherheitsbeauftragten unterliegt grundsätzlich der Mitbestimmung, BVerwG, Beschluss vom 18. März 1994 – 6 P 27.92.

solche Einbeziehung für und gegen **alle Arbeitnehmer,** die im Zeitpunkt des In-Kraft-Tretens dem Betrieb angehören. Ob diese Arbeitnehmer den Betriebsrat mitgewählt haben oder nicht, ist ohne Bedeutung. Jedem in den Betrieb neu eintretenden Werksangehörigen wird oftmals ein Exemplar der sog. **Arbeitsordnung** ausgehändigt, einer besonderen Betriebsvereinbarung, die z. B. Regelungen über Grundlagen des Arbeitsverhältnisses, der Arbeitszeit und des Arbeitsentgelts, über allgemeine Rechte und Pflichten, Ordnung und Verhalten, Gesundheitsschutz und Arbeitssicherheit sowie Regelungen bei Verstößen beinhaltet.

Beispiele:
- Betreten und Verlassen des Betriebes
- Behandlung von Privateigentum der Betriebsangehörigen
- Mitnahme von Gegenständen aus dem Betrieb
- Aufenthalt im Betrieb
- Nutzung von Werkseigentum und Arbeitszeit
- Beschädigung und Verlust von Werkseigentum.

8.7 Eine bedeutsame Rolle spielt die Zulässigkeit **politischer Betätigung im Betrieb.** Meinungs- und Versammlungsfreiheit genießen verfassungsrechtlichen Schutz. **58**

Art. 5 GG

Meinungsfreiheit

(1) Jeder hat das Recht, seine Meinung in Wort, Schrift und Bild frei zu äußern und zu verbreiten und sich aus allgemein zugänglichen Quellen ungehindert zu unterrichten. Die Pressefreiheit und die Freiheit der Berichterstattung durch Rundfunk und Film werden gewährleistet. Eine Zensur findet nicht statt.

(2) Diese Rechte finden ihre Schranken in den Vorschriften der allgemeinen Gesetze, den gesetzlichen Bestimmungen zum Schutze der Jugend und in dem Recht der persönlichen Ehre.

(3) Kunst und Wissenschaft, Forschung und Lehre sind frei. Die Freiheit der Lehre entbindet nicht von der Treue zur Verfassung.

Art. 8 GG

Versammlungsfreiheit

(1) Alle Deutschen haben das Recht, sich ohne Anmeldung oder Erlaubnis friedlich und ohne Waffen zu versammeln.

(2) Für Versammlungen unter freiem Himmel kann dieses Recht durch Gesetz oder auf Grund eines Gesetzes beschränkt werden.

Vom Schutz der Grundrechte sind Betätigungen nicht umfasst, die von vornherein verboten sind, z. B. Spionage und Sabotage. **Außerhalb des Betriebes** ist politische Betätigung nach Maßgabe der Art. 5, 8 GG zulässig.

Art. 5 Abs. 2 erwähnt als **Schranken der Meinungsfreiheit:**

- die **Vorschriften der allgemeinen Gesetze.** Insbesondere können strafbare Handlungen nicht mit dem Hinweis auf die Meinungsfreiheit gerechtfertigt werden.

  Beispiel: Ein Betriebsangehöriger sprüht an das Wohnhaus seines Arbeitgebers eine Parole, mit der er zum Ausdruck bringt, dass er mit der Unternehmenspolitik nicht einverstanden ist (strafbare Sachbeschädigung, § 303 StGB).

- die **gesetzlichen Bestimmungen zum Schutze der Jugend.** Hier ist in erster Linie das Jugendschutzgesetz zu nennen.
- das **Recht der persönlichen Ehre.** Damit wird eine Pflicht zur Rücksichtnahme auf die Persönlichkeit anderer begründet. Die persönliche Ehre ist als Teil des allgemeinen Persönlichkeitsrechts ein „sonstiges Recht" im Sinne von § 823 Abs. 1 BGB (s. Rn. 32, 40).

59 **Strafrechtlichen Ehrenschutz** gewährleisten die §§ 185 ff. StGB (s. Rn. 90). Vgl. dazu auch oben Rn. 32.

60 (Ungeschriebene) **Schranken** des Grundrechts der **Versammlungsfreiheit** sind

- die Grundrechte anderer
- die allgemeinen Rechtsvorschriften.

Was allgemein verboten ist, wird nicht dadurch erlaubt, dass es in einer Versammlung geschieht. Art. 8 rechtfertigt vor allem keinerlei Anwendung von Gewalt.

61 **Innerhalb des Betriebes** kommen die betriebsverfassungsrechtlichen Grundsätze für die Zusammenarbeit zwischen Arbeitgeber und Betriebsrat zur Anwendung (s. Rn. 54). § 74 Abs. 2 Satz 3 BetrVG verbietet Arbeitgeber und Betriebsrat jede **parteipolitische Betätigung** im Betrieb. Zum Zweck der Erhaltung des Betriebsfriedens ist die unmittelbare Betätigung zugunsten einer parteipolitischen Vereinigung verboten.

Beispiele:
- Verbreiten parteipolitischer Zeitungen, Druckschriften, Flugblätter, Anschläge innerhalb der Betriebsräume oder des Betriebsgeländes
- politische Abstimmungen oder Umfragen.

Parteipolitischen Inhalt haben nicht nur Aussagen von Parteien, sondern z. B. auch kommunalpolitische Fragen.

Ausgenommen von diesem Verbot sind

- tarifpolitische
- sozialpolitische
- umweltpolitische
- wirtschaftliche

Angelegenheiten, die den Betrieb oder seine Arbeitgeber unmittelbar betreffen.

Beispiel:
Diskussion über den Sozialplan eines vom Konkurs bedrohten Unternehmens.

Verstöße gegen dieses Verbot können zur Folge haben

- Unterlassungsansprüche
- Schadensersatzansprüche
- Ausschluss einzelner Mitglieder aus dem Betriebsrat oder Auflösung des Betriebsrates (§ 23 BetrVG).

Die **Koalitionsfreiheit** (Art. 9 Abs. 3 GG, s. Rn. 178) schützt u. a. die gewerkschaftliche Betätigung. Hierzu gehört z. B. auch die Werbetätigkeit von Gewerkschaftsmitgliedern im Betrieb und während der Arbeitszeit vor Betriebsratswahlen. Der Grund hierfür ist in der Zielsetzung gewerkschaftlicher Arbeit, die Arbeitsbedingungen zu wahren und zu fördern, zu sehen. Allerdings sind hierbei Grenzen zu beachten[8]:

- die Ordnung im Betrieb darf nicht gestört werden
- die Erfüllung der Aufgaben des Betriebes darf nicht beeinträchtigt werden
- das Wohl der Beschäftigten darf nicht leiden.

9. Kapitel: Rechtsfragen des Tätigwerdens privater Sicherheitseinrichtungen

9.1 Die private Wahrnehmung von Sicherheitsaufgaben hat in den vergangenen **62**
Jahren angesichts einer zunehmenden Ausdehnung dieses Marktes zu einer anhaltenden **rechtspolitischen Diskussion** geführt. Eine Beeinträchtigung des staatlichen Gewaltmonopols durch „unkontrollierbare private Machtträger" konnte dabei nicht festgestellt werden[1].

Vereinzelt wurden gegen die Anwendbarkeit von Not- und Selbsthilferechten durch „professionelle" Angehörige von Wach- und Sicherheitsunternehmen Bedenken geäußert. Sie stützten sich auf das Argument, die „Jedermannrechte" seien auf den Einzelnen zugeschnitten, der sich unerwartet in einer extremen Situation befinde. Dies sei bei berufsmäßigen Bewachern, die für derartige Situationen besonders trainiert seien, nicht der Fall.

Während einige Gewerkschaften eine Einschränkung der „Jedermannrechte" für Personen forderten, die berufs- oder gewerbsmäßig Rechtsgüterschutz betreiben,

8 BVerfGE 19, 303 (312, 321 f.)

1 Nr. 3.1.4 des Berichts des BMI zur privaten Wahrnehmung von Wach- und Sicherheitsaufgaben, 1982, und Nr. 3.1 der Fortschreibung dieses Berichts, 1986; Deutscher Bundestag, Drs. 12/5246, 12/5517 und 12/5562.

hielten die Wirtschaftsverbände und die Mehrzahl der Länder eine Inanspruchnahme dieser Rechte durch Angehörige von Wach- und Sicherheitsunternehmen für berechtigt.

Der Fortgang dieser Diskussion hat bisher keine Anhaltspunkte für das Bedürfnis erbracht, die Rechte privater Sicherheitseinrichtungen oder die staatliche Aufsicht neu zu gestalten. Eine Änderung des geltenden Rechts mit dem Ziel einer Sonderregelung für die „professionelle Nothilfe“ erfolgte deshalb nicht. Insbesondere hat sich die seit dem Jahre 1977 bei kerntechnischen Einrichtungen eingeführte Aufgabentrennung der Wirkungsbereiche polizeilicher und privater Sicherheitsvorsorge bewährt[2]. Gleichwohl behaupten sich weiterhin Stimmen, die eine gesetzliche Grundlage fordern, ähnlich dem Vorbild der „Gesetze über Wach- und Sicherheitsunternehmen“ in den skandinavischen Staaten[3]. § 34 a Abs. 5 GewO enthält Ansatzpunkte in dieser Richtung (s. Rn. 27).

Ausgangspunkt des Tätigwerdens privater Sicherheitseinrichtungen ist die derzeit in der Bundesrepublik Deutschland geltende Rechtsordnung.

63 9.2 Die **Grundrechte** der Verfassung (Art. 1 bis 19 GG) sichern als **Abwehrrechte** gegen den Staat in erster Linie die Freiheitssphäre des Einzelnen vor staatlichen Eingriffen.

Im Rechtsverkehr zwischen Privaten gelten die Grundrechte deshalb nicht unmittelbar. Sie entfalten aber eine sog. **Drittwirkung,** d. h. die ihnen innewohnenden Wertentscheidungen sind im Rechtsverkehr anwendbar und zu berücksichtigen.

- über Generalklauseln des privaten Rechts (z. B. § 242 BGB, s. Rn. 37)

  Beispiel: Begriffe wie „Treu und Glauben“ können im Einzelfall mit Hilfe der Grundrechte näher umschrieben werden.

- im Arbeitsrecht. Die Arbeitsrechtsprechung orientiert den Inhalt von Arbeitsverhältnissen stark an den Grundrechten.

  Beispiel: Soweit die Fürsorgepflicht des Arbeitgebers gesetzlich nicht näher geregelt ist (s. Rn. 37), kann zur Beurteilung der Rechtmäßigkeit von Einzelmaßnahmen des Arbeitgebers z. B. auf das Allgemeine Persönlichkeitsrecht (s. Rn. 32) zurückgegriffen werden.

- bei Güter- und Interessenabwägungen.

  Beispiele:
  - In den Fällen des rechtfertigenden Notstandes (§ 34 StGB) sind verschiedene Rechtsgüter gegeneinander abzuwägen (s. Rn. 132). Die Grundrechte können hierfür herangezogen werden.
  - Fotografieren von Privatpersonen (s. Rn. 66).

---

2 Nr. 3.1.2 der Fortschreibung des Berichts des BMI, 1986.
3 Vgl. Heijboer, Privates Sicherheitsgewerbe und Polizei im Ausland, DPolBl. 1995, 23 ff.

In Teilbereichen, wie z. B. im Betriebsverfassungsrecht, haben einzelne Grundrechte ihren Niederschlag in gesetzlichen Regelungen gefunden (s. Rn. 55).

Für das Tätigwerden privater Sicherheitseinrichtungen haben die Grundrechte bei Eingriffen in die Rechte anderer Personen mittelbare Bedeutung. Stützt sich etwa der betriebliche **Werkschutz** auf gesetzlich geregelte Eingriffsrechte, hat er dabei auch die Wertentscheidungen der Grundrechte mit zu berücksichtigen (s. Rn. 55).

Beispiele:
- Werden aufgrund von § 127 Abs. 1 StPO wegen desselben Tatverdachts zwei Betriebsangehörige – ein Deutscher, ein Ausländer – vorläufig festgenommen, darf eine unterschiedliche Behandlung allein wegen ihrer unterschiedlichen Nationalitäten nicht erfolgen.
- Im Rahmen einer an sich zulässigen Torkontrolle dürfen bestimmte Arbeitnehmer nicht allein deswegen häufiger kontrolliert werden, weil sie bekanntermaßen eine kritische Einstellung zu einer im Betrieb angewandten Produktionsmethode haben.

Im Hinblick auf den Persönlichkeitsschutz wird z. B. auch eine Überwachung von Arbeitnehmern, die sich des öfteren krank melden, durch **Privatdetektive** nur ausnahmsweise und in engen Grenzen für zulässig gehalten[4].

Beispielsweise wird auch die Einholung von Auskünften über Vermögensverhältnisse von Arbeitnehmern bei **Auskunfteien** für unzulässig erachtet, soweit nicht aufgrund besonderer Umstände ein überwiegendes Interesse des Arbeitgebers besteht[5]. Die Grundrechte des Arbeitgebers (Unternehmensfreiheit, Art. 2 Abs. 1 GG; Eigentum, Art. 14 GG) sind in diesen Fällen gegen das Persönlichkeitsrecht des Arbeitnehmers (Art. 2 Abs. 1 GG i. V. m. Art. 1 Abs. 1 GG) abzuwägen.

9.3 Private Sicherheitseinrichtungen können ihr Handeln auf eine Reihe von **gesetzlichen Bestimmungen** stützen, die ihnen unter den jeweiligen Voraussetzungen Eingriffe in die Rechte anderer Personen gestatten. Der Schutz von Rechtsgütern und Interessen des Arbeitgebers oder anderer Betriebsangehöriger (durch den Werkschutz) bzw. von Rechtsgütern des Auftraggebers (durch Bewachungsunternehmer oder Privatdetektive) geht in der Regel entweder auf einen Arbeitsvertrag (beim Werkschutz, s. Rn. 33 ff.) oder auf einen Dienstvertrag (bei außerbetrieblichen Sicherheitseinrichtungen, s. Rn. 27 ff.) zurück; private Sicherheitseinrichtungen handeln insoweit aus vertraglich abgeleiteten oder übertragenen Rechten. **64**

Bei der Ausübung fremder Rechte muss der Rechtsinhaber eine Wahrnehmung seiner Rechte subjektiv wollen (**„Verteidigungswille"**). Personen, denen die Ausübung von Rechten übertragen wurde, sind an der tatsächlichen Rechtsausübung im fremden Namen gehindert, wenn der Rechtsinhaber eine solche Rechtswahrnehmung nicht will (vgl. auch § 34 a Abs. 5 GewO; Rn. 27).

4 LAG Berlin, DB 1978, 1748; LAG Düsseldorf, BB 1979, 1294.
5 BAG, DB 1987, 689.

Beispiel: Der Betriebsinhaber untersagt dem Werkschutz, Kinder am Einwerfen von Scheiben einer leerstehenden, abbruchreifen Fabrikhalle zu hindern. Der Werkschutz darf keine Maßnahmen gegen die Kinder ergreifen.

Bei den genannten Rechten handelt es sich im **Überblick** um

- Maßnahmen bei der Durchsetzung des Hausrechts (s. Rn. 118)
- Selbsthilferechte des Besitzers/Besitzdieners (s. Rn. 124 f.)
- Allgemeine Selbsthilfe (s. Rn. 126 ff.)
- Notrechte (s. Rn. 129 ff.)
  - Notwehr/Nothilfe
  - Notstand
- Vorläufige Festnahme (s. Rn. 137 ff.).

65 9.4 Außer diesen vom Gesetz vorgesehenen **Eingriffsmöglichkeiten** können private Sicherheitseinrichtungen zu weiteren Maßnahmen befugt sein. Solche Maßnahmen ergeben sich vor allem aus

- Überwachungs- und Kontrollrechten aufgrund **Betriebsvereinbarung** (s. Rn. 57, im Einzelnen s. Rn. 212 ff.)
- übertragenen Befugnissen des **Hausrechtsinhabers** (s. Rn. 118)
- einer Übertragung von Teilen des dem Arbeitgeber zustehenden **Direktionsrechts**

Beispiele:
- Der Arbeitgeber beauftragt den Werkschutz, durch geeignete verkehrslenkende Maßnahmen einen reibungslosen Werksverkehr sicherzustellen. Betriebsangehörige haben sich den diesbezüglichen Anordnungen des Werkschutzes zu fügen. Gegenüber Betriebsfremden gelten derartige Anordnungen im Rahmen der Ausübung des Hausrechts.
- Der Arbeitgeber ist für die Einhaltung der Unfallverhütungsvorschriften verantwortlich (s. Rn. 149). Er kann diese Pflicht auf den Werkschutz delegieren. Trifft der Werkschutz einen arbeitsunfähigen, insbesondere verbotenerweise unter Alkoholeinfluss stehenden Betriebsangehörigen an, kann der Werkschutz diesen in Ausübung der dem Arbeitgeber obliegenden Fürsorgepflicht z. B. aus dem Betrieb weisen[6]. Die Erzwingung eines Alkoholtests ist unzulässig.

- einer **Einwilligung** des Betroffenen. Gesetzlich ist die Einwilligung nur in Fällen der Körperverletzung geregelt (§ 228 StGB).

§ 228 StGB

Einwilligung

Wer eine Körperverletzung mit Einwilligung der verletzten Person vornimmt, handelt nur dann rechtswidrig, wenn die Tat trotz der Einwilligung gegen die guten Sitten verstößt.

6 Vgl. Bobrowski/Gaul, Das Arbeitsrecht im Betrieb, Bd. I, 1979, 7. Auflage, S. 617.

Anerkanntermaßen sind Eingriffe in die Rechte anderer Personen (Individualrechtsgüter) zulässig, wenn sich diese Personen solchen Eingriffen durch eine wirksame Einwilligung freiwillig unterworfen haben.

Beispiele:
- Nachschau in einer Wohnung (s. Rn. 122)
- Alkoholtest bei einem Werksfahrer
- Taschenkontrolle von Besuchern.

Voraussetzungen einer wirksamen Einwilligung sind

- **Ausdrückliche Erklärung** des Einwilligenden. Die bloße Duldung eines Rechtseingriffs ist keine Einwilligung. Falls eine Einwilligung nicht eingeholt werden kann, der Rechtseingriff aber im überwiegenden Interesse des Betroffenen liegt und nach dessen wahrscheinlichem Willen erfolgt, ist von einer rechtlich hinreichenden mutmaßlichen Einwilligung auszugehen.

Beispiel: Nach einem Betriebsunfall nimmt ein Arzt an einem bewusstlosen Verunglückten einen Luftröhrenschnitt vor.

- **Fähigkeit** des Einwilligenden, die Tragweite der Einwilligung zu erkennen. Im Einzelfall kann dies bei Kindern, Betrunkenen und sonstigen geschäftsunfähigen Personen zweifelhaft sein. Gegebenenfalls muss der Sorgeberechtigte einwilligen.
- Die Einwilligung muss **vor Beginn des Rechtseingriffs** erteilt werden. Eine nachträgliche Zustimmung ist unbeachtlich.

Beispiel: Aus Mitleid verzichtet der Geschäftsführer eines Supermarktes auf eine Diebstahlsanzeige gegen einen Ladendieb, der die gestohlene Ware sofort zurückgegeben hat. Der Straftatbestand des Diebstahls kann nachträglich nicht ungeschehen gemacht werden. Die Polizei wäre aufgrund des Legalitätsprinzips verpflichtet, die Anzeige weiterzuverfolgen, weil der Geschäftsführer einer Warenentnahme ohne Bezahlung mit strafbefreiender Wirkung nachträglich nicht mehr zustimmen kann.

- Die Einwilligung kann bis zur Beendigung des Rechtseingriffs **zurückgenommen** werden.
- Der Einwilligende muss über das Rechtsgut, in das eingegriffen werden soll, **verfügungsberechtigt** sein.
- Eine Einwilligung, die die **Menschenwürde** verletzt, gegen **Gesetze** oder gegen die **guten Sitten** verstößt, ist nicht rechtsverbindlich.

Die Einwilligung hat in einigen Fällen tatbestandsausschließende, im Übrigen rechtfertigende Wirkung.

Beispiele:
- Beim Hausfriedensbruch (§ 123 StGB) schließt die Einwilligung den Tatbestand aus („widerrechtlich“, „ohne Befugnis“).
- Bei den Körperverletzungsdelikten schließt die Einwilligung die Rechtswidrigkeit aus (§ 228 StGB).

Kontrollrechte des Werkschutzes

	Personen		Sachen/Tiere
Grundsatz	Betriebsangehörige	Betriebsfremde	– Betriebs-vereinbarung – Hausrecht – Einwilligung des Inhabers
	– Betriebs-vereinbarung – Einwilligung	– Hausrecht – Einwilligung	
Verdacht einer Straftat	§ 127 Abs. 1 StPO	§ 127 Abs. 1 StPO	–
Sicherung zivilrechtlicher Ansprüche	§ 229 BGB	§ 229 BGB	§ 229 BGB
Besitzschutz	–	–	§§ 859, 860 BGB
Unfallverhütung	UVV	Hausrecht	UVV

66 9.5 Insbesondere für den **Ermittlungsdienst** (s. Rn. 265), aber auch im vorbeugenden **Personen- und Objektschutz** (s. Rn. 254, 260) sind Informationen zur Sachverhaltsaufklärung unerlässlich. Die rechtliche Zulässigkeit der **Informationsbeschaffung** hängt von der Rechtsnatur der unterschiedlichen **Informationsquellen** ab:

- **Unbeschränkt zugängliche öffentliche Quellen** sind für die Allgemeinheit bestimmt. Die Informationsgewinnung unterliegt keinen besonderen Schranken (s. jedoch Rn. 58 f.).

  Beispiele:
  - Medienprodukte (Zeitschriften, Rundfunk, Fernsehen, Internet usw.)
  - öffentliche Archive und Bibliotheken
  - Telefon- und Adressbücher
  - öffentliche Gerichtsverhandlungen
  - öffentliche Register (z. B. Fernsprechauskunft, Handelsregister, Schuldnerverzeichnis)

- Aus **beschränkt zugänglichen öffentlichen Quellen** werden Informationen nur unter bestimmten Voraussetzungen erteilt; in der Regel muss ein besonderes Interesse dargelegt werden.

Beispiele:
- Gewerbezentralregister
- Grundbuch
- Handwerksrolle
- Kraftfahrzeug-Zulassungsstellen (§§ 39, 40 StVG)[7]
- Personenstandsbücher

- Bei **nichtöffentlichen Quellen** bestimmt der Quelleninhaber Art und Umfang der Informationserteilung. Zahlreiche private Stellen erteilen Auskünfte mit unterschiedlicher Zielsetzung.

Beispiele:
- Zentralruf der Autoversicherer (Auskünfte über Versicherungsverhältnisse im Zusammenhang mit Verkehrsunfällen)
- Zentrale zur Bekämpfung unlauteren Wettbewerbs (Bad Homburg)
- Deutscher Industrie- und Handelskammertag (Berlin)
- Deutscher Schutzverband gegen Wirtschaftskriminalität (Bad Homburg)
- Verein für Treu und Glauben im Geschäftsleben (Hamburg)
- Verein zum Schutz der Verbraucher gegen unlauteren Wettbewerb (Berlin)
- Auskunftsstelle über den Versicherungsaußendienst (Hamburg)
- Arbeitsgemeinschaft für Sicherheit in der Wirtschaft (Berlin).

Informationen können auch aus dem **Verhalten von Privatpersonen** erlangt werden. In der Öffentlichkeit müssen Privatpersonen damit rechnen, dass andere ihr Verhalten wahrnehmen. Wenn eine Person in der Öffentlichkeit **beobachtet** wird, liegt ein Eindringen in ihre Privatsphäre nicht vor, weil die Person Persönliches für Dritte wahrnehmbar macht.

Beispiel: Zu Zwecken des vorbeugenden Personen- oder Objektschutzes können Personen zur Abklärung ihrer Verhaltensweisen im Umfeld gefährdeter Personen/Objekte auch heimlich beobachtet werden, solange sie sich in der Öffentlichkeit aufhalten und die Art der Beobachtung selbst nicht etwa einen entwürdigenden oder beleidigenden Charakter hat.

Das **Anfertigen von Fotografien,** Videobandaufnahmen usw. **zu Beweiszwecken** ist grundsätzlich zulässig[8].

Nach §§ 22 ff. Kunsturhebergesetz (KUG) ist lediglich das Verbreiten und die öffentliche Zurschaustellung von Bildnissen von der Einwilligung des Betroffenen abhängig. Ohne Einwilligung dürfen u. a. verbreitet und ausgestellt werden

- Bildnisse aus dem Bereich der Zeitgeschichte (Politiker, Prominente usw.)
- Bilder, auf denen die Personen nur als Beiwerk neben einer Landschaft oder sonstigen Örtlichkeit erscheinen

7 VG Gießen, NJW 1999, 2458.
8 KG, NJW 1980, 894; OLG Frankfurt, MDR 1981, 136; OLG Hamm, JZ 1988, 308.

- Bilder von Versammlungen u. ä. Vorgängen, an denen die dargestellten Personen teilgenommen haben
- Bilder für Zwecke der Rechtspflege und der öffentlichen Sicherheit, z. B. Fahndungsfotos (Befugnisnorm für Behörden).

Das **Herstellen von Bildern** wird von diesen Vorschriften nicht erfasst. Rechtsgrundlage hierfür ist das Allgemeine Persönlichkeitsrecht in Form des **Rechts am eigenen Bild** (s. Rn. 32). Es handelt sich um einen Fall der Drittwirkung von Grundrechten (s. Rn. 63). Das Fotografieren von Hausfassaden und Straßen, um daraus eine elektronische Computerdatenbank zu erstellen, ist keine Verletzung des Hausrechts oder des Persönlichkeitsrechts einzelner[9].

Mit dem 36. Str.ÄndG vom 30. Juli 2004 wurde in das Strafgesetzbuch ergänzt:

§ 201 a StGB

Verletzung des höchstpersönlichen Lebensbereichs durch Bildaufnahmen

(1) Wer von einer anderen Person, die sich in einer Wohnung oder einem gegen Einblick besonders geschützten Raum befindet, unbefugt Bildaufnahmen herstellt oder überträgt und dadurch dessen höchstpersönlichen Lebensbereich verletzt, wird mit Freiheitsstrafe bis zu einem Jahr oder mit Geldstrafe bestraft.

(2) Ebenso wird bestraft, wer eine durch eine Tat nach Abs. 1 hergestellte Bildaufnahme gebraucht oder einem Dritten zugänglich macht.

(3) Wer eine befugt hergestellte Bildaufnahme von einer anderen Person, die sich in einer Wohnung oder einem gegen Einblick besonders geschützten Raum befindet, wissentlich unbefugt einem Dritten zugänglich macht und dadurch deren höchstpersönlichen Lebensbereich verletzt, wird mit Freiheitsstrafe bis zu einem Jahr oder mit Geldstrafe bestraft.

(4) Die Bildträger sowie Bildaufnahmegeräte oder andere technische Mittel, die der Täter oder Teilnehmer verwendet hat, können eingezogen werden. § 74 a ist anzuwenden.

Das **heimliche Fotografieren** ist ein Eingriff in das Allgemeine Persönlichkeitsrecht. Rechtmäßig ist das Fotografieren anderer Personen zu Beweiszwecken, wenn die Rechtsgüter, die im Einzelfall das Beweisinteresse begründen, die Interessen des Abgebildeten am Schutz seiner Persönlichkeit überwiegen[10]. Diese Güterabwägung ähnelt den Voraussetzungen des rechtfertigenden Notstandes (§ 34 StGB, s. Rn. 132).

---

9 VG Karlsruhe, Beschl. v. 1. Dezember 1999 – 2 K 2911/99.

10 OLG Schleswig, NJW 1980, 352; LG Köln, Urt. v. 21. Juli 1992 – 5 O 160/92 – NPA 1067 KUG Blatt 2; für Videoaufnahmen von Privatpersonen bzw. Vorgängen auf privaten Grundstücken BGH, Urt. v. 25. April 1995 – VI ZR 272/94 – NPA 1067 KUG Blatt 3. Zur Veröffentlichung der Luftbildaufnahmen von Feriendomizilen Prominenter ohne deren Zustimmung vgl. BGH NJW 2004, 762, 766. Zur Unverwertbarkeit von Beweismitteln durch verdeckte Videoüberwachung vgl. OLG Karlsruhe, NJW 2002, 2799.

Beispiel: In einem Kaufhaus verschwinden Warenvorräte. Der Einsatz verdeckter Kameras zur Täterermittlung ist zulässig, wenn er das einzige Mittel hierfür ist. In der Regel kann die Ermittlung aber auch mit allgemein sichtbaren Kameras erfolgen[11].

Je weniger sich eine fotografierte Person in der öffentlichen Sphäre befindet und je mehr sie sich in der Privatsphäre aufhält, desto höhere Anforderungen sind an das Beweisinteresse zu stellen. Grundsätzlich sind heimliche Bildaufnahmen von anderen Personen rechtswidrig, wenn dadurch die Intimsphäre berührt wird. Rechtswidrig hergestellte Fotoaufnahmen können zur Folge haben

- Schadensersatzansprüche (§ 823 Abs. 1 BGB) bzw. Schmerzensgeldansprüche (§ 253 BGB)
- Unterlassungsansprüche (§ 1004 Abs. 1 Satz 2 BGB analog i. V. m. dem Allgemeinen Persönlichkeitsrecht)
- Strafbarkeit gemäß §§ 185 ff. StGB oder § 33 KUG.

Private Sicherheitseinrichtungen nehmen keine Vernehmungen im prozesstechni- **67**
schen Sinne vor (s. Rn. 30). Informationen können jedoch mit Hilfe von **Befragungen** eingeholt werden. Bei der Ermittlung von **Informationen über Arbeitnehmer** stehen als Quellen zur Verfügung

- der Arbeitnehmer selbst
- außenstehende Dritte (z. B. frühere Arbeitgeber, Auskunfteien, ehemalige Arbeitskollegen)
- betriebsinterne Stellen (z. B. Personalverwaltung).

Für Arbeitnehmer kann eine Verpflichtung zur Beantwortung von Fragen des Werkschutzes im Rahmen der arbeitsvertraglichen Treuepflicht (s. Rn. 37) bestehen[12]. Dieser grundsätzliche Auskunftsanspruch des Arbeitgebers bzw. der von ihm beauftragten Werkschutzmitarbeiter kann mit rechtlich geschützten Interessen des befragten Arbeitnehmers zusammentreffen. Für den Umfang der Auskunftsverpflichtung wird nach der Eigenschaft, die dem Befragten bei der Aufklärung eines Sachverhaltes zukommt, zu differenzieren sein:

- Soll der Befragte rein sachbezogene Auskünfte erteilen (z. B. über den Verbleib betriebsinterner Unterlagen), spricht nichts gegen eine uneingeschränkte Auskunftspflicht.
- Kommt der Befragte als Zeuge eines Geschehens (s. Rn. 114 ff.) in Betracht, dürfte er ebenfalls grundsätzlich zur Auskunft verpflichtet sein. Eine Auskunftsverpflichtung wird dem in § 242 BGB (Treu und Glauben) enthaltenen Rechtsgedanken zufolge abzulehnen sein, soweit dem Befragten auch gegenüber staatlichen Stellen ein Aussageverweigerungsrecht (§§ 52 ff. StPO, s. Rn. 115) zusteht.

11 BAG, JZ 1988, 108; BayObLG, NJW 2002, 2893.
12 LAG Hamm, BB 1969, 798; zur psychologischen Seite s. Rn. 343 ff.

- Eine Person, der als Beschuldigter z. B. strafrechtliche Verfehlungen vorgeworfen werden, hat nicht nur im Strafverfahren, sondern auch bei betriebsinternen Befragungen das Recht zu schweigen. Die Unschuldsvermutung (s. Rn. 114) gilt auch hier. Einem Beschuldigten ist eine arbeitsvertragliche Verpflichtung zur Beantwortung solcher Fragen nicht zuzumuten, zumal seine Aussagen durch eine spätere polizeiliche, staatsanwaltschaftliche oder richterliche Vernehmung der Person, die den Beschuldigten befragt hat, auch zu seinen Lasten verwendet werden könnten. Die Vorschriften der StPO über die Vernehmung von Beschuldigten (§§ 136, 136 a, 163 a) gelten für Befragungen durch Private nicht. Dennoch scheint die Beachtung der dort genannten Regeln, insbesondere über Belehrung und verbotene Verhörmethoden, auch bei privaten Befragungen zweckmäßig, um spätere Rechtsnachteile wie z. B. Beweisverbote oder eine Bestrafung wegen Nötigung zu vermeiden.

Ein Arbeitnehmer darf nach **Vorstrafen** nur insoweit befragt werden, als diese einen unmittelbaren Bezug zu seinem Arbeitsverhältnis haben. Vorstrafen, die nicht mehr in ein polizeiliches Führungszeugnis aufgenommen werden, darf der Arbeitnehmer verschweigen (§ 51 BZRG).

68 Gegen **Informationserhebungen** über Betriebsangehörige **bei außenstehenden Dritten** ist grundsätzlich nichts einzuwenden, sofern diese Informationen in einem Zusammenhang mit dem Arbeitsverhältnis stehen. Das Gleiche gilt, wenn vom Arbeitnehmer verlangt wird, dass er der Erhebung von Informationen über sich selbst durch Dritte zustimmt.

Beispiele:
- Ein Bewerber muss sich ärztlich untersuchen lassen, wenn und soweit sein Gesundheitszustand für seinen Arbeitsplatz von Bedeutung ist. Die ärztliche Schweigepflicht ist *insoweit* eingeschränkt[13].
- Arbeitnehmer, die in sicherheitsempfindlichen Bereichen beschäftigt werden, müssen ggf. einen Fragebogen für die Sicherheitsüberprüfung durch den Verfassungsschutz ausfüllen.

Kann der (derzeitige) Arbeitgeber ein berechtigtes Interesse darlegen, so dürfen Informationen über einen Arbeitnehmer bei dessen früheren Arbeitgebern eingeholt werden (z. B. vor einer Einstellung). Es darf um Informationen gebeten werden, die der Arbeitnehmer/Bewerber selbst offenbaren müsste. Eine Verpflichtung zur Auskunftserteilung besteht aber nicht. Erteilte Auskünfte müssen der Wahrheit entsprechen.

69 Informationserhebungen bei **betriebsinternen Stellen** sind am Schutz des Persönlichkeitsrechts des Arbeitnehmers zu messen. Der Arbeitgeber hat im Rahmen seiner Fürsorgepflicht „auf das Wohl und die berechtigten Interessen des Arbeitnehmers Bedacht zu nehmen“[14].

13 Vgl. Ebert/Streubel, Offenbarungsbefugnisse des Arztes gegenüber der Polizei, Die Polizei 2004, 199 ff.
14 BAG, DB 1986, 489.

Für einen Beschäftigten nachteilige Folgerungen dürfen aus einem Sachverhalt nur gezogen werden, „wenn dieser zuvor Gelegenheit hatte, zu dem Sachverhalt Stellung zu nehmen und Erklärungen darüber abzugeben, wie er zu seiner Handlungsweise gekommen ist"[15].

9.6 Das **Mithören und Aufzeichnen von Gesprächen** ist eine Sonderform der Informationsgewinnung, die eine Fülle von Rechtsfragen aufwirft. Vorrangig ist das Allgemeine Persönlichkeitsrecht in Form des Rechts am gesprochenen Wort (s. Rn. 32) betroffen. Werden Fernmeldeeinrichtungen benutzt, wird zusätzlich das **Post- und Fernmeldegeheimnis** berührt. **70**

Art. 10 GG

Brief-, Post- und Fernmeldegeheimnis

(1) Das Briefgeheimnis sowie das Post- und Fernmeldegeheimnis sind unverletzlich.

(2) Beschränkungen dürfen nur auf Grund eines Gesetzes angeordnet werden. Dient die Beschränkung dem Schutze der freiheitlichen demokratischen Grundordnung oder des Bestandes oder der Sicherung des Bundes oder eines Landes, so kann das Gesetz bestimmen, dass sie dem Betroffenen nicht mitgeteilt wird und dass an die Stelle des Rechtsweges die Nachprüfung durch von der Volksvertretung bestellte Organe und Hilfsorgane tritt.

Obgleich das Grundrecht des Art. 10 GG als Abwehrrecht gegen Eingriffe staatlicher Organe ausgestaltet ist, entfaltet es auch im Privatrechtsverkehr eine gewisse Drittwirkung (s. Rn. 63). Jedoch haben die an einem Telefongespräch beteiligten Personen gegenseitig keinen Anspruch auf Wahrung des Fernmeldegeheimnisses[16].

Unproblematisch ist das Mithören von Gesprächen

- wenn die Gesprächspartner **einwilligen**

> **Beispiel:** Ein Telefonanrufer wird gefragt, ob er etwas dagegen hat, dass eine beim Angerufenen anwesende dritte Person das Gespräch mithört. Der Anrufer ist einverstanden.

- die in der **Öffentlichkeit** geführt werden, sofern die Umstände des Mithörens selbst keinen herabwürdigenden oder beleidigenden Charakter annehmen. Den Schutz der Privatsphäre kann nicht in Anspruch nehmen, wer selbst die Vertraulichkeit aufhebt. Die Gelegenheit für Dritte, seine Äußerungen wahrzunehmen, ist ihm zuzurechnen und wird nicht durch einen Eingriff von außen geschaffen[17].

Nichtöffentlich geführte Gespräche, insbesondere Telefongespräche, können mitgehört werden, soweit nicht die Strafvorschrift des § 201 StGB eingreift (s. Rn. 91).

---

15 BGHZ 22, 258.

16 BayObLG, JZ 1974, 393.

17 BVerfG, Beschl. v. 24. 6. 1996 – 2 BvR 2137/95.

Die **Erfassung von Telefondaten** bei Benutzung von Diensttelefonen ist zulässig, wenn sie durch Betriebsvereinbarung erlaubt wird. Dabei ist auf den Persönlichkeitsschutz des Arbeitnehmers im Arbeitsverhältnis Rücksicht zu nehmen[18].

Jedoch reicht allein das Interesse, sich durch das Mithören eines Telefonats ein Beweismittel für zivilrechtliche Ansprüche zu sichern, nicht aus[19].

71 9.7 Die **Anwendung von Zwang** durch Private ist nach Maßgabe gesetzlicher Bestimmungen und des Grundsatzes der **Erforderlichkeit** (§ 34 a Abs. 4 GewO, vgl. Rn. 27) zulässig. Zwangsmittel sind insbesondere

- die **Anwendung körperlicher Gewalt** gegen Personen oder Sachen
- der **Gebrauch von Hilfsmitteln** der körperlichen Gewalt, z. B. Fesseln, Hunde (s. Rn. 204), Fahrzeuge
- der **Einsatz von Waffen** (s. Rn. 199).

Die einzelnen Waffenbegriffe sind im Waffenrecht erläutert. **Schusswaffen** sind Gegenstände, die zum Angriff oder zur Verteidigung, zur Signalgebung, zur Jagd, zur Distanzinjektion, zur Markierung, zum Sport oder zum Spiel bestimmt sind und bei denen Geschosse durch einen Lauf getrieben werden (§ 1 Abs. 4 WaffG i. V. m. Unterabschn. 2 Nr, 1.1 der Anlage 1 hierzu).

Handfeuerwaffen sind Schusswaffen, bei denen zum Antrieb der Geschosse heiße Gase verwendet werden (§ 1 Abs. 4 WaffG).

Beispiele:
- Pistolen
- Revolver
- Gewehre.

Hieb- und Stoßwaffen sind Gegenstände, die ihrem Wesen nach dazu bestimmt sind, unter unmittelbarer Ausnutzung der Muskelkraft durch Hieb, Stoß, Stich, Schlag oder Wurf Verletzungen beizubringen (§ 1 Abs. 4 WaffG i. V. m. Unterabschn. 2 Nr. 1.1 der Anlage hierzu).

Beispiele:
- Gummiknüppel
- Totschläger
- Stahlrute
- Messer, die als Waffen konstruiert sind.

Den Hieb- und Stoßwaffen stehen Gegenstände gleich, die ihrem Wesen nach dazu bestimmt sind, unter Ausnutzung einer anderen als mechanischen Energie durch körperliche Berührung Verletzungen beizubringen (§ 1 Abs. 4 WaffG i. V. m. Unterabschn. 2 Nr. 1.2 der Anlage 1 hierzu; z. B. Elektroimpulsgeräte oder Reizstoffsprühgeräte). **Erwerb und Überlassen von Waffen und Munition**

18 BAG, DB 1986, 2086.
19 BGH, NJW 2003, 1727.

sind in §§ 10 ff. WaffG geregelt. Nach § 10 WaffG bedarf derjenige, der Schusswaffen erwerben und die tatsächliche Gewalt über sie ausüben will, grundsätzlich der Erlaubnis der zuständigen Behörde. Für den Erwerb von Munition ist ebenfalls ein **Erlaubnisschein** erforderlich (§ 10 Abs. 3 WaffG).

Die für den Umgang mit Waffen und Munition erforderliche Erlaubnis darf nicht erteilt werden (§ 4 WaffG), wenn

- der Antragsteller das **18. Lebensjahr** noch nicht vollendet hat,
- dem Antragsteller die erforderliche **Zuverlässigkeit** und **persönliche Eignung** fehlen oder der Antragsteller nicht den vorgeschriebenen **Sachkundenachweis** in Form einer Prüfung erbracht hat,
- ein **Bedürfnis** nicht nachgewiesen ist und
- keine Haftpflichtversicherung besteht.

Ein Bedürfnis liegt u. a. vor, wenn der Antragsteller glaubhaft macht, wesentlich mehr als die Allgemeinheit durch Angriffe auf Leib oder Leben gefährdet zu sein und der Erwerb von Schusswaffen oder Munition geeignet ist, diese Gefährdung zu mindern (§§ 8, 19 WaffG). Eine solche Gefährdung kann vorliegen bei Personen,[20]

- die aufgrund ihrer exponierten Stellung im öffentlichen Leben oder ihrer beruflichen Stellung mit Angriffen auf Leib oder Leben rechnen müssen,
- für die im Zusammenhang mit ihrer Berufsausübung in erhöhtem Maße die Gefahr von Überfällen besteht.

Beispiele:
- Angestellte bei Geldinstituten und Geldtransportinstituten (s. Rn. 239)
- Lohngeldfahrer
- Angestellte von Bewachungsunternehmen bei besonders gefährdeten Objekten
- Personen, die besonders begehrenswerte Güter befördern (z. B. Schusswaffen, Munition, Rauschmittel) und die deshalb bevorzugtes Ziel geplanter verbrecherischer Überfälle sind.

Das **Führen von Schusswaffen** bedarf eines **Erlaubnisscheins** (§ 38 WaffG).

Waffenscheine beinhalten **höchstpersönliche Erlaubnisse.** Eine GmbH kann die Erteilung eines Waffenscheins auf den Namen ihres Geschäftsführers deshalb nicht beanspruchen[21].

Für Angehörige des Objektsicherungsdienstes in kerntechnischen Anlagen ist das Führen einer Schusswaffe bei Überwachungs-, Kontroll-, Begleit- und Alarmaufgaben vorgeschrieben[22].

20 Vgl. im Einzelnen z. B. BVerwG, NJW 1975, 2258 (Landarzt), BVerwG, NJW 1976, 638 (Taxifahrer) und OVG Brandenburg, NPA 893 WaffenG § 32 Bl. 35 (Privatdetektiv).

21 BVerwG, Urt. v. 26. Oktober 1999 – 1 C 17.98.

22 Nr. 5.2 der Bekanntmachung des BMI vom 8. April 1986, GMBl. S. 242.

72 9.8 Bei Ausübung ihrer Tätigkeit können private Sicherheitseinrichtungen auch **Duldungspflichten** unterliegen:

- In einem Betrieb beschäftigte Arbeitnehmer haben aufgrund der bestehenden Arbeitsverhältnisse ein **Recht auf Zugang zum Arbeitsplatz** und zu sonstigen in ihrem Interesse vorhandenen Betriebseinrichtungen (z. B. Kantine, Sanitäranlagen). Dieses prinzipielle Zugangsrecht kann dauernd oder vorübergehend aufgehoben sein (z. B. nach fristloser Kündigung oder bei Aussperrung, s. Rn. 181).
- Die **Inhaber bestimmter betrieblicher Funktionen** müssen im Rahmen ihres Aufgabenbereiches gewisse Handlungen vornehmen und dürfen u. a. am Betreten des Betriebes nicht gehindert werden.

Beispiele:
- Sicherheitsbeauftragte (§ 22 SGB-VII, s. Rn. 149)
- Betriebsärzte (§ 3 Arbeitssicherheitsgesetz, s. Rn. 149)
- Betriebsbeauftragte für Abfall (§§ 54 f. KrW-AbfG)
- Betriebsbeauftragte für Gewässerschutz (§ 21 a WHG)
- Immissionsschutzbeauftragte (§§ 53 ff. BImSchG, s. Rn. 162)
- Datenschutzbeauftragte (§§ 4 f, 4 g, 38 BDSG, s. Rn. 175)
- Betriebsratsmitglieder
- Gewerkschaftsvertreter (§ 2 Abs. 2 BetrVG)
- Mitglieder der Schwerbehindertenvertretung.

73 – Im Interesse der Allgemeinheit und der Betriebssicherheit überwachen die zuständigen Behörden die Einhaltung des geltenden Rechts. Zu diesem Zweck müssen die Beauftragten dieser Behörden in vielen Fällen in der Lage sein, das Betriebsgelände zu betreten und dort die erforderlichen Maßnahmen durchzuführen. Da in einem solchen Betreten und in den sich anschließenden Maßnahmen hoheitliche Rechtseingriffe in die Rechte des Unternehmens auf freie Unternehmensausübung (Art. 2 Abs. 1 GG), auf freie Berufsausübung (Art. 12 GG), auf Wohnung (Art. 13 GG, s. Rn. 120) und auf Eigentum (Art. 14 GG) liegen können, bedürfen **behördliche Sonderzugangsrechte** einer gesetzlichen Grundlage[23].

Die rechtmäßige Ausübung von Sonderzugangsrechten ist weder verbotene Eigenmacht (s. Rn. 124) noch ein rechtswidriger Angriff im Sinne der Notwehr (s. Rn. 130). Damit eventuell verbundene Besitzentziehungen oder -störungen sind gesetzlich gestattet. Auch das privatrechtliche Hausrecht tritt hinter diesen stärkeren öffentlich-rechtlichen Befugnissen zurück (s. Rn. 86).

23 BVerfGE 32, 54; zum Versuch einer dogmatischen Klärung s. Voßkuhle, Behördliche Betretungs- und Nachschaurechte, DVBl. 1994, 611.

Sonderzugangsrechte

I. Allgemeine Sonderzugangsrechte

Rechtsvorschrift	Berechtigte	Verpflichtete	Zweck	Inhalt des Rechts
§ 2 Abs. 2 BetrVG	Beauftragte der im Betrieb vertretenen Gewerkschaften	Arbeitgeber bzw. dessen Vertreter	Wahrnehmung der Aufgaben und Befugnisse nach dem BetrVG	Zugang zum Betrieb – nach Unterrichtung des Arbeitgebers oder eines Vertreters – soweit nicht unumgängliche Notwendigkeiten des Betriebsablaufs, zwingende Sicherheitsvorschriften oder der Schutz von Betriebsgeheimnissen entgegenstehen
Polizeigesetze des Bundes und der Länder	Polizeien des Bundes und der Länder	polizeipflichtige Personen (Störer, Nichtstörer)	Abwehr von Gefahren	Betreten und Durchsuchen von Wohnungen, Arbeits-, Betriebs-, Geschäftsräumen und befriedetem Besitztum
§§ 102 ff. StPO	– Richter – Staatsanwalt – Hilfsbeamte der Staatsanwaltschaft	– Verdächtige – Nichtverdächtige	Verfolgung von Straftaten	Durchsuchung von Wohnungen und anderen Räumen
§ 46 OWiG i. V. m. §§ 53 OWiG, §§ 102 ff. StPO	– Verwaltungsbehörden (§§ 35 ff. OWiG) – Polizeibeamte als Hilfsbeamte der Staatsanwaltschaft	– Verdächtige – Nichtverdächtige	Verfolgung von Ordnungswidrigkeiten	Durchsuchung von Wohnungen und anderen Räumen
§§ 399, 404 AO	– Finanzbehörde – Zollfahndung – Steuerfahndung	– Verdächtige – Nichtverdächtige	Verfolgung von Steuerstraftaten	entspricht den Befugnissen von Staatsanwaltschaft und Polizei

Rechtsvorschrift	Berechtigte	Verpflichtete	Zweck	Inhalt des Rechts
§ 71, 72 TKG	– Regulierungsbehörde	– Unternehmer, gesetzliche Vertreter	Überwachung nach dem TKG	– Betreten und Durchsuchen von Räumen und Grundstücken – Auskünfte – Prüfungen
§§ 758 ff. ZPO	Gerichtsvollzieher	Schuldner	Zwangsvollstreckung	– Durchsuchung der Wohnung und Behältnisse des Schuldners – Öffnen unverschlossener Türen und Behältnisse
Bauordnungsgesetze der Länder[23]	Bauaufsichtsbehörden	– Bauherren – Bauunternehmer	Bauüberwachung	Betreten von Grundstücken, baulichen Anlagen und Wohnungen
§ 12 VersammlG	Polizeibeamte	– Versammlungsleiter – Rauminhaber	Schutzaufgaben	Betreten von Versammlungsräumen
§ 1 Abs. 3 Schornsteinfegergesetz[24]	Bezirkskaminkehrer	Gebäudeinhaber	Brandschutz	– Betreten von Gebäuden – Untersuchungen

II. Arbeits- und sozialrechtliche Sonderzugangsrechte

Rechtsvorschrift	Berechtigte	Verpflichtete	Zweck	Inhalt des Rechts
§ 139 b GewO	– Gewerbeaufsichtsbehörden – Polizei	Gewerbetreibende Arbeitgeber	Prüfung der Beschäftigungsverhältnisse	– Besichtigungen – Prüfungen
§ 17 Abs. 2, HandwO	Beauftragte der Handwerkskammer	– Handwerksbetriebe – handwerksähnliche Gewerbe	Betriebsüberwachung	– Betreten von Grundstücken und Geschäftsräumen – Prüfungen und Besichtigungen
§ 45 Abs. 1 BBiG	i. d. R. zuständige Berufskammer	Auszubildende	Überwachung der Berufsausbildung	Besichtigung von Ausbildungsstätten

24 Vgl. Beschl. des Hess.VGH v. 26. Oktober 1990 – HessVGRspr 3/1991, S. 17.
25 Vgl. VG Meiningen, Urt. v. 12. September 2001, NPA 881 SchornsteinfegerG § 1 Bl. 1.

Rechtsvorschrift	Berechtigte	Verpflichtete	Zweck	Inhalt des Rechts
§§ 19 ff. SGB-VII i. V. m. BGV A 1	– Unfallversicherungsträger – Zuständige Landesbehörden	Mitgliedsunternehmer der Berufsgenossenschaft	Verhütung von Arbeitsunfällen, Berufskrankheiten, arbeitsbedingten Gesundheitsgefahren; wirksame Erste Hilfe	– Betreten von Grundstücken und Betriebsräumen – Besichtigungen, Prüfungen – Entnahme von Proben – Anordnungen zur Abwendung von arbeitsbedingten Gefahren
§§ 21 ff. ArbSchG	– zuständige Behörden – Träger der Unfallversicherung	Arbeitgeber	Überwachung des Arbeitsschutzes	Ermittlungen aller Art
§ 51 Abs. 2 JArbSchG	Aufsichtsbehörden	Arbeitgeber	Jugendarbeitsschutz	Betreten und Besichtigen von Arbeitsstätten bzw. Wohnungen
§ 20 Abs. 2 MuSchG	Aufsichtsbehörden	Arbeitgeber	Mutterschutz	Rechte gem. § 139 b GewO
§ 13 Abs. 2 Arbeitssicherheitsgesetz	mit der Durchführung des Gesetzes beauftragte Behörden	Arbeitgeber	Arbeitsschutz und Unfallverhütung	Betreten und Besichtigen von Arbeitsstätten
§ 7 Abs. 2, 3 AÜG	Erlaubnisbehörden	Verleiher von Arbeitnehmern	Einhaltung der Vorschriften des AÜG	– Betreten von Grundstücken und Geschäftsräumen – Prüfungen – Durchsuchungen
§ 16 a HAG	– Arbeitsbehörden – Gewerbeaufsichtsbehörden	– Heimarbeitskräfte – Hausgewerbetreibende – Aus- und Weitergeber von Heimarbeit	Arbeits- und Gefahrenschutz	Rechte gem. § 139 b GewO
§§ 28 p SGB–IV 98 Abs. 1 SGB–X	– Leistungsträger der Sozialversicherung – Einzugsstelle	Arbeitgeber	Erbringung von Sozialleistungen	Einsichtnahme der Beschäftigungsunterlagen in den Geschäftsräumen

III. Sonderzugangsrechte bei bestimmten Betriebsarten

Rechtsvorschrift	Berechtigte	Verpflichtete	Zweck	Inhalt des Rechts
§ 22 Abs. 2 GastG	Überwachungsbehörden	– Inhaber von Gaststättenbetrieben – Stellvertreter – mit der Leitung des Betriebes Beauftragte	Überwachung der Vorschriften des Gaststättenrechts	– Betreten von Grundstücken und Geschäftsräumen – Prüfungen – Besichtigungen – Einsichtnahme geschäftlicher Unterlagen – Erteilen von Auskünften
§ 41 Abs. 3, 3 a LMBG[26]	– Überwachungsbehörden – Polizei – Sachverständige der Mitgliedstaaten und der EU-Kommission	Gewerbemäßige Hersteller und Verarbeiter von Lebensmitteln, Tabakerzeugnissen, kosmetischen Mitteln und Bedarfsgegenständen	Überwachung der Vorschriften über den Verkehr mit Lebensmitteln, Tabakerzeugnissen, kosmetischen Mitteln und Bedarfsgegenständen	– Betreten von Grundstücken, Betriebs-, Geschäfts- und Wohnräumen – Einsichtnahme von Geschäftspapieren – Besichtigung von Einrichtungen und Geräten – Auskunftsrecht – Entnahme von Proben (§ 42 LMBG) – Mitwirkung (§ 43 LMBG)
§ 38 Abs. 4 BDSG	Aufsichtsbehörde	Personen und Personenvereinigungen des privaten Rechts, die geschützte personenbezogene Daten verarbeiten (§§ 22, 31 BDSG)	Schutz personenbezogener Daten	– Betreten von Grundstücken und Geschäftsräumen – Kontrollen – Besichtigungen – Einsichtnahme geschäftlicher Unterlagen, personenbezogener Daten und Datenverarbeitungsprogramme

26 Vgl. BVerwGE 78, 251.

Rechtsvorschrift	Berechtigte	Verpflichtete	Zweck	Inhalt des Rechts
§ 54 a Abs. 1 PBefG	Genehmigungsbehörde (§ 11 PBefG)	Personenbeförderungsunternehmer (§§ 2, 3 PBefG)	Überwachung personenbeförderungsrechtlicher Vorschriften	– Betreten von Geschäftsgrundstücken und -räumen – Bereitstellen von Hilfsmitteln – Leistung von Hilfsdiensten
§§ 11, 12, 17 GüKG	– Bundesamt für Güterverkehr	– Fahrpersonal – Eigentümer und Besitzer von Güterkraftfahrzeugen – Tankstellen – Vermittler – am Beförderungsvertrag Beteiligte	– Nachprüfung der Betriebssicherheit – Erfüllung der Pflichten nach dem GüKG	– Betreten von Grundstücken und Geschäftsräumen – Überwachungsmaßnahmen außerhalb von Geschäftsräumen – Bereitstellen von Hilfsmitteln – Leistung von Hilfsdiensten
§ 52 Abs. 2, 3, 6 BImSchG	mit der Durchführung des BImSchG beauftragte Behörden	– Eigentümer und Betreiber von Anlagen (§ 3 Abs. 5 BImSchG) – Eigentümer und Besitzer von Grundstücken, auf denen Anlagen betrieben werden – Eigentümer und Besitzer sonstiger Grundstücke	Schutz vor schädlichen Umwelteinwirkungen	– Betreten von Grundstücken und Wohnräumen – Vornahme von Prüfungen – Erteilen von Auskünften – Vorlage von Unterlagen – Bereitstellen von Arbeitskräften und Hilfsmitteln
§ 21 WHG	mit dem Gewässerschutz beauftragte Behörden	– Benutzer eines Gewässers – Personen und Betriebe gem. §§ 19 a, g, l WHG	Ordnung des Wasserhaushalts	– Betreten von Betriebsgrundstücken, Betriebs- und Wohnräumen, anderen Grundstücken, Anlagen und Einrichtungen – Erteilen von Auskünften – Bereitstellen von Arbeitskräften, Unterlagen und Werkzeugen – technische Ermittlungen und Prüfungen

Rechtsvorschrift	Berechtigte	Verpflichtete	Zweck	Inhalt des Rechts
§ 6 a BinSchAG	Wasser- und Schifffahrtsdirektionen	An Verträgen über Verkehrsleistungen Beteiligte	Überwachung von Frachten und Nebenbedingungen für den Wechselverkehr	– Erforderliche Ermittlungen – Einsicht in Bücher und Geschäftspapiere – Erteilen von Auskünften – Betreten von Grundstücken und Räumen – Prüfung von Ladung und Begleitpapieren
§§ 40 ff. KrW-/AbfG	mit der Ausführung des KrW-/AbfG beauftragte Behörden	Auskunftspflichtige Personen gem. § 40 Abs. 2 KrW-/AbfG	Umweltgerechte Abfallentsorgung	– Betreten von Grundstücken, Geschäfts-, Betriebs- und Wohnräumen – Einsicht in Unterlagen – Vornahme technischer Ermittlungen und Prüfungen – Zugänglichmachen von Anlagen – Bereitstellen von Arbeitskräften, Werkzeugen und Unterlagen – Prüfung von Zustand und Betrieb von Anlagen
§ 8 Abs. 7 GPSG	mit der Durchführung des Gerätesicherheitsgesetzes beauftragte Behörden	Hersteller, Lagerer und Aussteller technischer Arbeitsmittel	Funktionssicherheit technischer Arbeitsmittel	– Betreten von Räumen und Grundstücken – Besichtigung, Prüfung und Inbetriebnahme technischer Arbeitsmittel und Produkte

Rechtsvorschrift	Berechtigte	Verpflichtete	Zweck	Inhalt des Rechts
§§ 16 ff. IfSG[27]	– zuständige Behörden (§ 54 IfSG) – Gesundheitsämter	– Inhaber der tatsächlichen Gewalt – andere Personen (§ 16 IfSG)	Vorbeugung, Erkennung und Verhinderung der Weiterverbreitung übertragbarer Krankheiten	– Betreten von Grundstücken usw. – Einsichtnahme in Unterlagen – Untersuchungen – Entnahme von Proben – Erteilen von Auskünften – Zahlreiche besondere Maßnahmen (§§ 17 ff. IfSG)
§ 73 Abs. 3 bis 5 TierSG	– mit der Durchführung des TierSG beauftragte Behörden und Personen – Sachverständige der Mitgliedstaaten und der EU-Kommission	– natürliche Personen – juristische Personen – Personenvereinigungen	Bekämpfung von Tierseuchen	– Betreten von Grundstücken, Wirtschaftsgebäuden, Geschäfts-, Betriebs-, Lager- und Wohnräumen sowie Transportmitteln – Vornahme von Besichtigungen – Einsichtnahme und Prüfung geschäftlicher Unterlagen – Entnahme von Proben – Vorlage von Unterlagen

27 Vgl. BayVGH, NVwZ 1991, 688.

Rechtsvorschrift	Berechtigte	Verpflichtete	Zweck	Inhalt des Rechts
§§ 22 a ff. FlHG	– Überwachungsbehörden (amtl. Tierärzte, Fleischkontrolleure, Bundeswehrveterinäre) – Sachverständige der Mitgliedstaaten und der EU-Kommission	– Inhaber von Erzeugerbetrieben – Inhaber von Transportmitteln zur Beförderung lebender Schlachttiere – deren Vertreter	Durchführung von Rückstandsuntersuchungen (§ 2 Abs. 1 FlHG)	– Betreten und Besichtigen von Räumen, Einfriedungen, Geschäftsräumen und Transportmittel – Einsichtnahme geschäftlicher Unterlagen – Entnahme von Proben – Erteilen von Auskünften
§§ 34, 35 Abs. 2, 38 Abs. 2, 3 PflSchG	– mit der Durchführung des PflSchG beauftragte Behörden – Zollbehörden	– natürliche Personen – juristische Personen – Personenvereinigungen	Schutz vor Kulturpflanzen	– Mitwirkung – Betreten von Grundstücken, Geschäfts-, Betriebs- und Wohnräumen sowie Transportmitteln – Besichtigungen – Untersuchungen auf Schadorganismen – Prüfung von Pflanzenschutzgeräten – Entnahme von Proben – Einsichtnahme und Prüfung geschäftlicher Unterlagen – Durchführung von Überwachungs- und Bekämpfungsmaßnahmen – Leistung von Hilfsdiensten
§§ 21 Abs. 4, 21 a ChemG	– mit der Durchführung des ChemG beauftragte Landesbehörden – Bundesministerium der Finanzen – Zollstellen	Betriebe, die mit gefährlichen Stoffen und gefährlichen Zubereitungen umgehen	Schutz vor gefährlichen Stoffen	– Betreten und Besichtigen von Grundstücken, Geschäfts- und Betriebsräumen – Entnahme von Proben – Einsichtnahme in geschäftliche Unterlagen

Rechtsvorschrift	Berechtigte	Verpflichtete	Zweck	Inhalt des Rechts
				– Vorlage von Unterlagen – Prüfung von Arbeitseinrichtungen und Arbeitsschutzmitteln – Untersuchungen von Herstellungs- und Verwendungsverfahren – Messungen – Entnahme von Proben
§§ 22 bis 24 BtMG	mit der Überwachung des Betäubungsmittelverkehrs beauftragte Behörden	– Teilnehmer am Betäubungsmittelverkehr – Hersteller ausgenommener Zubereitungen	Ordnungsgemäßer Verkehr mit Betäubungsmitteln	– Öffnung umfriedeter Grundstücke, Gebäude, Räume, Behälter und Behältnisse – Erteilen von Auskünften – Einsichtnahme in Unterlagen – Entnahme von Proben
§§ 39, 46 Abs. 4 WaffG	Überwachungsbehörden	– Gewerbsmäßige Waffenhersteller und -händler – Betreiber von Schießstätten – Besitzer von Erlaubnisurkunden, Waffen und Munition	Überwachung waffenrechtlicher Vorschriften	– Betreten von Grundstücken, Geschäfts- und Wohnräumen – Prüfungen – Besichtigungen – Entnahme von Proben – Einsichtnahme geschäftlicher Unterlagen
§ 14 Abs. 3, 4 KriegswaffenG	– Bundesminister für Wirtschaft, für Verkehr, der Finanzen – Bundesamt für gewerbliche Wirtschaft – Zolldienststellen – Freihafenamt Hamburg	Personen gem. § 14 Abs. 1, 2 KriegswaffenG	Kontrolle von Kriegswaffen	– Betreten von Räumen und Grundstücken – Erteilen von Auskünften – Einsichtnahme und Prüfung von Betriebsaufzeichnungen und sonstigen Unterlagen

Rechtsvorschrift	Berechtigte	Verpflichtete	Zweck	Inhalt des Rechts
§ 19 Abs. 2 AtG	– mit der Durchführung des AtG beauftragte Behörden – zugezogene Sachverständige – Beauftragte anderer zugezogener Behörden	Für den Umgang mit radioaktiven Stoffen verantwortliche Personen	friedliche Verwendung der Kernenergie und Schutz gegen ihre Gefahren	– Betreten von Orten gem. § 19 Abs. 2 AtG – Prüfungen – Erteilen von Auskünften
§ 31 Abs. 2 SprengG	Überwachungsbehörden	Personen gem. § 31 Abs. 1, 4 SprengG	Überwachung sprengstoffrechtlicher Vorschriften	– Betreten von Grundstücken, Betriebsanlagen, Geschäfts- und Wohnräumen sowie Beförderungsmitteln – Prüfungen – Besichtigungen – Einsichtnahme geschäftlicher Unterlagen – Entnahme von Proben
§ 12 StrVG	mit der Durchführung des StrVG beauftragte Behörden	Inhaber der tatsächlichen Gewalt	vorsorgender Schutz der Bevölkerung gegen Strahlenbelastung	– Betreten von Grundstücken, Betriebs- und Geschäftsräumen – Ermittlung der Radioaktivität – Entnahme von Proben
§ 6 d Abs. 3 StVG	Überwachungsbehörden	Hersteller, Vertreiber und Ausgeber von Kennzeichen und Kennzeichenvorprodukten	Verhinderung des Mißbrauchs von Kraftfahrzeugkennzeichen	– Betreten von Grundstücken, Geschäfts- und Betriebsräumen sowie Transportmitteln – Prüfungen – Besichtigungen
§ 38 Abs. 1 Nr. 2, Abs. 3 GewO i. V. m. Rechtsverordnung des Landes	Gewerbeaufsichtsbehörde	Inhaber von Detekteien und Auskunfteien	Gewerbeüberwachung	behördliche Nachschau

Rechtsvorschrift	Berechtigte	Verpflichtete	Zweck	Inhalt des Rechts
§ 4 Abs. 5 FPersG	Aufsichtsbehörden	– Unternehmer – Fahrpersonal	Verkehrssicherheit, Arbeits- und Gesundheitsschutz	– Betreten von Grundstücken, Betriebsanlagen, Geschäftsräumen und Beförderungsmitteln – Prüfungen – Untersuchungen – Einsichtnahme geschäftlicher Unterlagen
§§ 64, 65 ArzneimittelG	Überwachungsbehörden	Hersteller usw. von Arzneimitteln	Überwachung des Verkehrs mit Arzneimitteln	– Betreten und Besichtigen von Grundstücken, Geschäfts-, Betriebs- und Wohnräumen und Beförderungsmitteln – Einsichtnahme in Unterlagen – Erteilen von Auskünften – Entnahme von Proben
§ 19 TierzuchtG	Aufsichtsbehörden	Tierzüchter usw.	Überwachung der Vorschriften des Tierzuchtrechts	– Betreten und Besichtigen von Grundstücken, Geschäfts-, Betriebs- und Wohnräumen und Beförderungsmitteln – Einsichtnahme in Unterlagen – Erteilen von Auskünften – Entnahme von Proben
§§ 29 Abs. 4, 29 c, 29 d LuftVG	Luftaufsicht	Luftfahrzeuge, Räume, Gebäude usw.	Gefahrenabwehr	– Betreten, Besichtigen – Untersuchen – Prüfen von Unterlagen – technische Kontrollen – Durchsuchungen

10. Kapitel: Die Grundlagen des Strafrechts

74 10.1 Das Strafrecht ist die Summe der Vorschriften des öffentlichen Rechts, die die Voraussetzungen und Folgen der Strafbarkeit sowie den Ablauf des Strafverfahrens regeln. Man unterscheidet

- **materielles Strafrecht**
- **formelles Strafrecht** (Strafverfahrensrecht, s. Rn. 107 ff.)
- **Strafvollzugsrecht.**

Das materielle Strafrecht ist zu einem großen Teil im StGB geregelt. Aber auch viele andere Gesetze, deren Regelungsinhalt mit Strafrecht nichts zu tun hat, enthalten einzelne Strafbestimmungen (sog. **Nebenstrafrecht**).

> **Beispiel:** Das Waffenrecht bedroht das unerlaubte Führen einer Schusswaffe mit Freiheitsstrafe (Vergehen gem. § 51 Abs. 1 WaffG). Regelungsgegenstand des Waffenrechts sind nicht strafrechtliche, sondern verwaltungsrechtliche Sachverhalte. Die Strafvorschriften sind aus Zweckmäßigkeitsgründen als Anhang der eigentlichen Gesetzesmaterie angefügt.

Das StGB ist gegliedert in

- einen **Allgemeinen Teil** (§§ 1 bis 79 b StGB). Der Allgemeine Teil enthält im Wesentlichen „vor die Klammer gezogene“ Grundsätze für die Anwendung der einzelnen Straftatbestände.

> **Beispiel:** Die Strafbarkeit des Versuchs wird zentral an einer Stelle geregelt (§§ 22 ff. StGB). Andernfalls wäre bei jedem einzelnen Straftatbestand, der den Versuch betrifft, eine eigenständige Regelung nötig. Durch solche Wiederholungen würde das Gesetz erheblich „aufgebläht“.

- einen **Besonderen Teil.** S. hierzu vor Rn. 86.

75 10.2 Den Kern des Strafrechts bilden **Straftaten** (strafbare Handlungen, Delikte), d. h. menschliche Verhaltensweisen (Handlungen und Unterlassungen), die mit Strafe bedroht sind. Eine Tat kann nur bestraft werden, wenn die Strafbarkeit gesetzlich bestimmt war, bevor die Tat begangen wurde (§ 1 StGB).

Von Straftaten sind **Ordnungswidrigkeiten** zu unterscheiden. Als Verstöße gegen Ordnungsvorschriften stellen sie kein kriminelles Unrecht dar und werden deshalb nicht mit Kriminalstrafen, sondern im Bußgeldverfahren regelmäßig mit Geldbußen geahndet. Den Bußgeldbescheid erlässt eine Verwaltungsbehörde, Strafen werden hingegen von einem Gericht verhängt.

Unterscheidungsmerkmal	Straftat	Ordnungswidrigkeit
Rechtsnatur	kriminelles Unrecht	Ordnungsrecht
Verfolgung	zwingend (Legalitätsprinzip)	nach pflichtgemäßem Ermessen (Opportunitätsprinzip)
Rechtsfolge	Geldstrafe Freiheitsstrafe	Verwarnung Geldbuße
Zuständigkeit für den Rechtsfolgeausspruch	Gericht	Verwaltungsbehörde/Polizei

Nach der Schwere des begangenen Unrechts werden Straftaten eingeteilt (§ 12 StGB) in

- **Verbrechen** (Mindestfreiheitsstrafe: 1 Jahr, keine Geldstrafe möglich)

  Beispiele:
  - Raub (§ 249 StGB)
  - Brandstiftung (§ 306 StGB).

- **Vergehen** (Mindestfreiheitsstrafe: unter 1 Jahr oder Geldstrafe)

  Beispiele:
  - Körperverletzung (§ 223 StGB)
  - Diebstahl (§ 242 StGB).

Sieht das Gesetz für minder schwere Fälle eine geringere Freiheitsstrafe als ein Jahr vor, ändert dies am Deliktscharakter eines Verbrechens nichts.

Beispiel: Brandstiftung ist ein Verbrechen (§ 306 Abs. 1 StGB). In minder schweren Fällen kann Freiheitsstrafe von sechs Monaten bis zu fünf Jahren verhängt werden (§ 306 Abs. 2 StGB); die Tat bleibt auch in solchen Fällen Verbrechen (§ 12 Abs. 3 StGB).

Jede Straftat weist bestimmte **Verbrechensmerkmale** auf:

- Tatbestand
- Rechtswidrigkeit
- Schuld.

10.3 Der **Tatbestand** einer Straftat beschreibt menschliche Verhaltensweisen, **76**
die eine bestimmte Rechtsfolge (Strafe) nach sich ziehen. Da es unzählig viele Verhaltensweisen gibt, die einen Straftatbestand erfüllen können, müssen die einzelnen Tatbestandsmerkmale in einer abstrakten sprachlichen Form gehalten werden.

Straftatbestände können verwirklicht werden durch

- aktives Tun (**Tätigkeitsdelikte**)

  Beispiele:
  - Wegnahme beim Diebstahl (§ 242 StGB, s. Rn. 95)
  - Messerstich als gefährliche Körperverletzung (§§ 223, 224 StGB)
  - Vorspiegeln falscher Tatsachen beim Betrug (§ 263 StGB).

  Strafrechtlich bedeutsames Handeln ist **menschliche Willensbetätigung.** Handlungen in diesem Sinne sind nicht

  - Reflexbewegungen
  - Körperreaktionen im Schlaf oder in bewusstlosem Zustand
  - Reaktionen aufgrund unwiderstehlicher körperlicher Gewalt.

- Unterlassen (**Unterlassungsdelikte**)

  Beispiele:
  - Beschädigung eines Gebäudekellers durch Nichtabstellen eines laufenden Wasserhahns (§ 303 StGB)
  - Nichtanzeige geplanter Straftaten (§ 138 StGB)
  - Unterdrücken wahrer Tatsachen beim Betrug (§ 263 StGB).

Die **Unterlassungsdelikte** werden in zwei Gruppen eingeteilt:

- **Echte** Unterlassungsdelikte sind Straftaten, die in der bloßen Nichtbefolgung eines Gebotes bestehen. Der gesetzliche Tatbestand umschreibt die gebotene Handlung vollständig. Gegenstück zu den echten Unterlassungsdelikten sind die schlichten Tätigkeitsdelikte, bei denen die Übertretung eines gesetzlichen Verbots unter Strafe steht.

  Beispiele:
  - Nichtanzeige geplanter Straftaten (§ 138 StGB, s. Rn. 88)
  - Unterlassene Hilfeleistung (§ 323 c StGB, s. Rn. 105)
  - Hausfriedensbruch in der Begehungsform des Sich-nicht-Entfernens (§ 123 Abs. 1 StGB, s. Rn. 86).

  Täter eines echten Unterlassungsdelikts ist jeder, der dem gesetzlichen Gebot (z. B. Hilfe zu leisten) nicht nachkommt.

- **Unechte** Unterlassungsdelikte sind Straftaten, deren Erfolg eine bestimmte Person nicht verhindert, obwohl sie hierzu verpflichtet ist.

§ 13 StGB

Begehen durch Unterlassen

(1) Wer es unterlässt, einen Erfolg abzuwenden, der zum Tatbestand eines Strafgesetzes gehört, ist nach diesem Gesetz nur dann strafbar, wenn er rechtlich dafür einzustehen hat, dass der Erfolg nicht eintritt, und wenn das Unterlassen der Verwirklichung des gesetzlichen Tatbestandes durch ein Tun entspricht.

(2) ...

Beispiel: Ein Werkschutzangehöriger (W) entdeckt bei einem Kontrollgang, dass aus einem undichten Verschluss erhebliche Mengen Wasser in eine Lagerhalle laufen. W unternimmt dagegen nichts. Der Boden der Halle wird stark beschädigt. Eine Bestrafung wegen Sachbeschädigung durch aktives Tun scheidet aus, da W gerade nichts getan hat. In Betracht kommt Strafbarkeit wegen Sachbeschädigung durch Unterlassen (§§ 303, 13 StGB).

W ist nicht Eigentümer der Halle, sodass diese für ihn eine fremde Sache ist.

Der hier eingetretene rechtliche Erfolg (Beschädigung einer fremden Sache) gehört zum Tatbestand des § 303 StGB (s. Rn. 102). § 13 StGB begründet eine Strafbarkeit nicht für jede beliebige Person, sondern nur für solche Personen, die **rechtlich dafür einzustehen** haben, dass der Erfolg nicht eintritt. Ein Spaziergänger z. B., der den undichten Verschluss bemerkt hätte, wäre nicht verpflichtet gewesen, die Beschädigung der Halle zu unterbinden. Verpflichtet im Sinne von § 13 StGB ist nur derjenige, der eine **Garantie** dafür übernommen hat, dass ein bestimmter Erfolg gerade nicht eintritt. Dies ist bei W der Fall. W hat sich eines Vergehens der Sachbeschädigung, begangen durch Unterlassen (§§ 303, 13 StGB), strafbar gemacht. Es handelt sich hierbei um ein unechtes Unterlassungsdelikt.

Nach § 13 StGB kann Täter eines unechten Unterlassungsdelikts nur sein, wer eine **Garantenstellung** innehat. Garant ist, wer rechtlich dafür einzustehen hat, dass der Erfolg nicht eintritt.

Eine Garantenstellung kann begründet werden durch

- **Gesetz**

Beispiele:
- Wird ein Betriebsangehöriger bei einem Betriebsunfall verletzt, weil Arbeitssicherheitsvorschriften nicht eingehalten wurden, kann der Unternehmer wegen fahrlässiger Körperverletzung, begangen durch Unterlassen (§§ 229, 13 StGB), bestraft werden.
- Eltern sind gegenüber ihren Kindern gesetzlich zur Personensorge verpflichtet (§ 1626 BGB). Lassen die Eltern bewusst Diebstähle ihrer Kinder zu, können sie wegen Diebstahls durch Unterlassen (§§ 242, 13 StGB) bestraft werden.

– **tatsächliche Sachherrschaft**

Beispiele:
- Der bekanntermaßen bissige Diensthund eines Werkschutzangehörigen beißt, während er frei herumläuft, einen Besucher.
- Ein Werkschutzangehöriger entlädt seine Dienstwaffe unvorschriftsmäßig. Dabei löst sich ein Schuss, der einen Kollegen verletzt.

Die Werkschutzangehörigen haben sich in beiden Fällen wegen vorsätzlicher bzw. fahrlässiger Körperverletzung, begangen durch Unterlassen, strafbar gemacht (§§ 223, 13 bzw. 229, 13 StGB). Die Garantenstellung folgt aus der tatsächlichen Sachherrschaft über eine an sich gefährliche Sache.

– **Übernahme von Pflichten**

Beispiele:
- Mitarbeiter des Werkschutzes haben sich arbeitsvertraglich zur Abwehr von Gefahren verpflichtet.
- Ein Bewachungsunternehmer steht durch den Abschluss eines Bewachungsvertrages für die im Vertrag vereinbarten Pflichten ein.

– **Herbeiführung einer Gefahrenlage**

Beispiel: Der Werkschutzangehörige K schließt versehentlich den Lohnbuchhalter S ein. Aus dieser Handlung entsteht die Garantenpflicht, S wieder zu befreien. Unterlässt K dies bewusst und gewollt, macht er sich wegen Freiheitsberaubung, begangen durch Unterlassen (§§ 239, 13 StGB), strafbar.

– **Lebens- oder Gefahrengemeinschaften** bei gegenseitiger enger Bindung

Beispiel: Bei einem Großbrand erleidet der Angehörige der Betriebsfeuerwehr F eine Rauchvergiftung und wird bewusstlos. Sein Kollege K entfernt sich vom Brandort, um sich selbst zu retten. Nachdem K den bewusstlosen F zurückgelassen hat, stirbt dieser.
Der Tatbestand eines Tötungsdelikts (Mord oder Totschlag, §§ 211, 212 StGB), begangen durch Unterlassen, ist erfüllt. K's Garantenstellung ergibt sich aus der mit F bestehenden Gefahrengemeinschaft.
Das gleichzeitig vorliegende echte Unterlassungsdelikt (Unterlassene Hilfeleistung, § 323 c StGB) tritt hinter dem unechten Unterlassungsdelikt zurück!
Im Rahmen der Schuld wird zu prüfen sein, ob sich K möglicherweise auf entschuldigenden Notstand (§ 35 StGB) berufen kann (s. Rn. 81, 133).

77 10.4 Weiteres Verbrechensmerkmal ist die **Rechtswidrigkeit.** Sinn und Zweck des Strafrechts ist der Schutz von Rechtsgütern. **Rechtsgüter** sind Werte, die für ein geordnetes menschliches Zusammenleben unentbehrlich sind und die die Rechtsordnung für schutzwürdig erachtet.

Beispiele:
- Leben
- Gesundheit
- Freiheit
- Vermögen
- Eigentum
- Verkehrssicherheit
- allgemeines Persönlichkeitsrecht.

Die Bedrohung oder Verletzung von Rechtsgütern wird als sozialschädlich angesehen. Es ist Aufgabe des Gesetzgebers, zu entscheiden, ob und wie der Staat auf solche Verhaltensweisen reagieren soll. Andererseits ist nicht alles, was unanständig oder unmoralisch ist, strafbar.

Die Strafgesetze stellen ganz bestimmte Rechtsgüterverletzungen unter Strafe. Hat jemand einen Straftatbestand erfüllt, spricht eine grundsätzliche Vermutung dafür, dass er sich damit zugleich auch gegen die Rechtsordnung entschieden hat.

Im juristischen Sprachgebrauch ist davon die Rede, dass der Tatbestand die Rechtswidrigkeit indiziert[1].

Es gibt jedoch Verhaltensweisen, die zwar Straftatbestände erfüllen, aber dennoch nicht rechtswidrig sind, weil die Rechtsordnung die Verletzung von Rechtsgütern ausnahmsweise billigt.

Beispiele:
- Eine rechtmäßig erfolgte vorläufige Festnahme (§ 127 Abs. 1 StPO) verwirklicht den Tatbestand der Freiheitsberaubung (§ 239 StGB).
- Eine in Notwehr verübte Körperverletzung erfüllt den Tatbestand des § 223 StGB.
- s. Rn. 91 zu § 201 Abs. 2 StGB.

Der Gesetzgeber hat sog. **Rechtfertigungsgründe** geschaffen, die unter bestimmten Voraussetzungen einer an sich sozialschädlichen Verhaltensweise die Rechtswidrigkeit nehmen. Hat jemand unter Inanspruchnahme eines Rechtfertigungsgrundes einen Straftatbestand verwirklicht, so kann er nicht bestraft werden. Die wichtigsten Rechtfertigungsgründe sind

- Notwehr (§§ 32 StGB, 227 BGB, 15 OWiG)
- Rechtfertigender Notstand (§§ 34 StGB, 16 OWiG)
- Notstandsfälle der §§ 228, 904 BGB
- Vorläufige Festnahme (§ 127 Abs. 1 StPO)
- Wahrnehmung berechtigter Interessen (§ 193 StGB)
- Einwilligung des Betroffenen (s. Rn. 65).

1 Vgl. § 11 Nr. 5 StGB: Im Sinne des StGB ist eine rechtswidrige Tat nur eine solche, die den Tatbestand eines Strafgesetzes verwirklicht.

Vielfach greifen mehrere Rechtfertigungsgründe gleichzeitig ein. Zur Rechtfertigung eines tatbestandsmäßigen Handelns genügt es jedoch, dass die Rechtsordnung ein solches Handeln an einer einzigen Stelle als gerechtfertigt ansieht. Es hat also keine Bedeutung, dass die Notwehr aus rechtssystematischen Gründen in drei verschiedenen Gesetzen (StGB, BGB, OWiG) erwähnt ist. Eine durch Notwehr gebotene Handlung ist immer rechtmäßig. Beispielsweise ist auch eine tatbestandsmäßige Sachbeschädigung (§ 303 StGB) gerechtfertigt, wenn die im bürgerlichen Recht geregelten Voraussetzungen des Angriffsnotstandes (§ 904 BGB) gegeben sind.

78 10.5 Das dritte Verbrechensmerkmal ist die **Schuld.** Schuld ist Vorwerfbarkeit. Eine rechtswidrige Tat kann nur dann bestraft werden, wenn sie dem Täter rechtlich angelastet werden kann. Strafrechtliche Verantwortlichkeit tritt nur ein, wenn dem Täter der Vorwurf zu machen ist, dass er sich für das Unrecht entschieden hat, obwohl er sich rechtmäßig hätte verhalten können.

Zur Beurteilung der Schuld im strafrechtlichen Sinne gehören drei Elemente:

79 – **Schuldfähigkeit** des Täters zur Tatzeit.
Der Gesetzgeber hat verbindlich festgelegt, dass **Kinder** (natürliche Personen, die das 14. Lebensjahr noch nicht vollendet haben), immer schuldunfähig sind (§ 19 StGB). Ein Kind kann niemals strafrechtlich zur Verantwortung gezogen werden, auch nicht wegen noch so schwerwiegender strafbarer Handlungen. Es kommen aber beispielsweise vormundschaftsrichterliche Maßnahmen in Betracht. Da sich aber auch ein Kind rechtswidrig verhalten kann, darf solchen Verhaltensweisen mit den von der Rechtsordnung vorgesehenen Mitteln entgegengetreten werden.

Beispiel: Der 13-jährige C schießt mit einer Zwille Scheiben eines Werkstattgebäudes ein. Er erfüllt den Tatbestand der Sachbeschädigung (§ 303 StGB). Da C hierfür keinen Rechtfertigungsgrund hat, ist sein Handeln rechtswidrig. C ist aber schuldunfähig und kann deshalb nicht bestraft werden (§ 19 StGB).
Macht sich der Werkschutzmitarbeiter N strafbar, wenn er C die Zwille wegnimmt?
Die Wegnahme der Zwille könnte einen Straftatbestand erfüllen (zu denken ist an Diebstahl, § 242 StGB, an Raub, § 249 StGB, oder an Nötigung, § 240 StGB). N handelt automatisch rechtswidrig, wenn er einen solchen Strafbestand verwirklicht, es sei denn, er könnte die Wegnahme auf einen Rechtfertigungsgrund stützen.

- C verübt einen gegenwärtigen rechtswidrigen Angriff, gegen den Notwehr zulässig ist (§ 32 StGB, § 227 BGB). N handelt zum Schutz des Rechtsgutes Betriebseigentum in Nothilfe. Die Wegnahme der Zwille ist eine gebotene Verteidigungshandlung (s. Rn. 131).
- N könnte sich darüber hinaus auf rechtfertigenden Notstand (§ 34 StGB) berufen (s. Rn. 132).

- Als Besitzdiener darf N Besitzwehr üben (§§ 859 Abs. 1, 860 BGB, - s. Rn. 124 f.).
- Die Wegnahme wäre auch als allgemeine Selbsthilfe gerechtfertigt (§ 229 BGB, s. Rn. 126 ff.).

Erwachsene, die bei Begehung der Tat unfähig sind, das Unrecht der Tat einzusehen oder nach dieser Einsicht zu handeln, können schuldunfähig sein (§ 20 StGB), wenn sie

- krankhaft seelisch gestört sind

Beispiel: Rauschzustand eines Drogensüchtigen

- tiefgreifend in ihrem Bewusstsein gestört sind

Beispiele:
- Halluzinationen
- hochgradiger Affektzustand.

- schwachsinnig sind
- an einer schweren anderen seelischen Abartigkeit leiden.

War der Täter zurzeit der Tatbegehung schuldunfähig, ist er strafrechtlich nicht verantwortlich.

- Das Vorliegen einer bestimmten **Schuldform.** 80

Es gibt zwei Schuldformen:
- Vorsatz
- Fahrlässigkeit.

Bei der überwiegenden Zahl der Straftatbestände ist dem Gesetz keine Aussage über die Schuldform zu entnehmen. Solche Delikte sind nur vorsätzlich begehbar (Vorsatzdelikte).

Beispiel: In § 303 StGB (Sachbeschädigung) ist von Vorsatz oder Fahrlässigkeit keine Rede. Die Sachbeschädigung ist deshalb nur strafbar, wenn sie der Täter vorsätzlich begangen hat (davon ist strikt die Schadensersatzfrage zu unterscheiden; § 823 Abs. 1 BGB verpflichtet auch denjenigen, der eine fremde Sache fahrlässig beschädigt hat, zur Leistung von Schadensersatz, s. Rn. 40).

§ 15 StGB

Vorsätzliches und fahrlässiges Handeln

Strafbar ist nur vorsätzliches Handeln, wenn nicht das Gesetz fahrlässiges Handeln ausdrücklich mit Strafe bedroht.

Aus § 15 StGB folgt, dass die Strafbarkeit für fahrlässiges Handeln dem Gesetz ausdrücklich zu entnehmen sein muss (Fahrlässigkeitsdelikte).

Beispiele:
- Fahrlässige Körperverletzung (§ 229 StGB)
- Fahrlässige Tötung (§ 222 StGB)
- Fahrlässige Brandstiftung (§ 306 d StGB).

Vorsatz ist Wissen und Wollen der Verwirklichung aller Tatbestandsmerkmale. Es ist nicht notwendig, dass der Täter weiß, wie das Gesetz die einzelnen Tatbestandsmerkmale umschreibt. Es reicht aus, dass der Täter weiß, was diese Merkmale im allgemeinen bedeuten (sog. Laiensphäre).

Beispiel: G schlägt nachts eine Scheibe ein und klettert durch das Loch in das Haus des B.

In diesem Fall ist ohne weiteres klar, dass G weiß, dass er eine fremde Sache zerstört hat und in Wohnräume eines anderen widerrechtlich eingedrungen ist. Auch ist offensichtlich, dass G dies wollte. G hat die Straftatbestände der §§ 303 (Sachbeschädigung) und 123 StGB (Hausfriedensbruch) vorsätzlich erfüllt.

Fahrlässigkeit liegt vor, wenn

- der Täter eine Rechtsgutverletzung (Erfolg) nicht vorhersieht, sie aber bei Anwendung pflichtgemäßer Sorgfalt hätte vorhersehen können. Der Täter macht sich über sein Verhalten weiter keine Gedanken (**unbewusste** Fahrlässigkeit).

  Beispiel: Ein Werksfahrer übersieht infolge Unachtsamkeit ein Vorfahrtszeichen und verursacht dadurch einen Verkehrsunfall mit Personenschaden (Fahrlässige Körperverletzung, § 229 StGB).

- der Täter den Eintritt einer Rechtsgutverletzung zwar für möglich hält, aber darauf vertraut, dass sie nicht eintreten werde. Der Täter sagt sich: Es wird schon gutgehen (**bewusste** Fahrlässigkeit).

  Beispiel: Obwohl der Werksfahrer das Vorfahrtszeichen und den Verkehr auf der Vorfahrtstraße erkennt, hofft er, es werde keinen Zusammenstoß geben.

81 – **Schuldausschließungsgrund** (Entschuldigungsgrund) in der Person des Täters. Es gibt (seltene) Fälle, in denen eine Person auf rechtswidrige Weise – also ohne Rechtfertigungsgrund – einen Straftatbestand erfüllt, schuldfähig ist und sogar vorsätzlich handelt, aber dennoch ohne Schuld ist.

§ 33 StGB

Überschreitung der Notwehr

Überschreitet der Täter die Grenzen der Notwehr aus Verwirrung, Furcht oder Schrecken, so wird er nicht bestraft.

§ 35 StGB

Entschuldigender Notstand

(1) Wer in einer gegenwärtigen, nicht anders abwendbaren Gefahr für Leben, Leib oder Freiheit eine rechtswidrige Tat begeht, um die Gefahr von sich, einem Angehörigen oder einer anderen ihm nahestehenden Person abzuwenden, handelt ohne Schuld. Dies gilt nicht, soweit dem Täter nach den Umständen, namentlich weil er die Gefahr selbst verursacht hat oder weil er in einem besonderen Rechtsverhältnis stand, zugemutet werden konnte, die Gefahr hinzunehmen; jedoch kann die Strafe nach § 49 Abs. 1 gemildert werden, wenn der Täter nicht mit Rücksicht auf ein besonderes Rechtsverhältnis die Gefahr hinzunehmen hatte.

(2) Nimmt der Täter bei Begehung der Tat irrig Umstände an, welche ihn nach Absatz 1 entschuldigen würden, so wird er nur dann bestraft, wenn er den Irrtum vermeiden konnte. Die Strafe ist nach § 49 Abs. 1 zu mildern.

Vgl. hierzu Rn. 133.

Beispiel: Vgl. den Fall unter Rn. 76 (Großbrand).
Für K muss eine gegenwärtige Lebens- oder Leibesgefahr bestanden haben, die nur durch ein Zurücklassen des F abwendbar war. K musste die Absicht haben, diese Gefahr von sich abzuwenden. Ein Rechtfertigungsgrund stand K nicht zur Verfügung. Insbesondere § 34 StGB (rechtfertigender Notstand) hätte ein überwiegendes Rechtsgut des K (Leben des K) gegenüber den Rechtsgütern des F (Leben des F) vorausgesetzt. Dies war hier nicht der Fall, weil das Leben eines Menschen das Leben eines anderen Menschen nicht überwiegt.
Wenn es K unter diesen Umständen nicht zumutbar war, die Gefahr für sein Leben bzw. für seine Gesundheit auf sich zu nehmen, ist K nach § 35 StGB entschuldigt. Dabei ist zu berücksichtigen, dass Personen, die von Berufs wegen Gefahren abwehren und hierfür ausgebildet sind, eine erhöhte Pflicht zur Gefahrentragung trifft.

10.6 Die einzelnen Straftatbestände richten sich nach ihrem Wortlaut („wer“) **82**
stets nur an einzelne Personen: den Täter. Der Allgemeine Teil des StGB, aber auch einige Vorschriften des Besonderen Teils enthalten Aussagen über die **Beteiligung an einer Straftat.**

§ 25 StGB

Täterschaft

(1) Als Täter wird bestraft, wer die Straftat selbst oder durch einen anderen begeht.

(2) Begehen mehrere die Straftat gemeinschaftlich, so wird jeder als Täter bestraft (Mittäter).

§ 25 Abs. 1 StGB beschreibt zwei Formen der Täterschaft:

- **unmittelbare** Täterschaft. Wer alle Merkmale eines Straftatbestandes selbst erfüllt, ist Täter (**Alleintäter**).
- **mittelbare** Täterschaft. Täter ist auch, wer alle Merkmale eines Straftatbestandes durch einen anderen (als Werkzeug oder Tatmittler) erfüllen lässt.

Beispiele:
- Eine Person, die ohne Mitwirkung anderer eine Urkunde fälscht, ist Alleintäter.
- Der Werkschutzmitarbeiter R veranlasst den Polizeibeamten B durch vorgetäuschte Beweise, einen Unschuldigen festzunehmen. R ist mittelbarer Täter einer Freiheitsberaubung (§ 239 StGB). Da für B die Voraussetzungen einer vorläufigen Festnahme nach den geschilderten Umständen glaubhaft vorlagen, hat zwar auch B tatbestandsmäßig eine Freiheitsberaubung begangen; B ist aber gerechtfertigt.

Täter ist auch, wer mit mindestens einer anderen Person zusammen einen Straftatbestand verwirklicht (**Mittäter**). Das Kennzeichen der von § 25 Abs. 2 StGB geforderten Gemeinschaftlichkeit ist ein Zusammenwirken im Wege der „Arbeitsteilung“.

Mittäter ist, wer

- einen Beitrag zur gemeinschaftlichen Tat leistet
- das Bewusstsein des Zusammenwirkens hat
- sich den Tatbeitrag des anderen Mittäters zurechnen lassen will
- das Gesamtgeschehen mitbeherrscht.

Beispiel: S und T haben beschlossen, einen Supermarkt zu überfallen. S fährt das Tatfahrzeug. Während T den Kassierer mit einer Schusswaffe bedroht, packt S das Geld zusammen. Nach geglückter Flucht teilen beide die Beute.

83 Personen, die nicht selbst die Merkmale eines Täters aufweisen, können an einer Straftat als **Teilnehmer** mitwirken. Teilnehmer sind

- Anstifter
- Gehilfen.

§ 26 StGB

Anstiftung

Als Anstifter wird gleich einem Täter bestraft, wer vorsätzlich einen anderen zu dessen vorsätzlich begangener rechtswidriger Tat bestimmt hat.

Der Anstifter ruft im Angestifteten (Täter) den Entschluss zur Begehung einer Straftat hervor und will deren Durchführung. Mittel, um in einem anderen einen Entschluss zu einer Straftat hervorzurufen, können z. B. sein

- Versprechungen
- Überredung
- Bitten, Wünsche
- Tips
- Geschenke.

Eine Strafbarkeit wegen Anstiftung kommt nur in Betracht, wenn die Haupttat – zumindest versuchsweise – ausgeführt wird.

Beispiel: Ein Betriebsangehöriger überredet einen Kollegen, aus einem Firmenfahrzeug das Bordwerkzeug zu entwenden. Wird die Haupttat (Diebstahl, § 242 StGB) vollendet, ist der Betriebsangehörige wegen Anstiftung zum Diebstahl strafbar. Bleibt die Haupttat im Versuchsstadium stecken, kommt Bestrafung wegen Anstiftung zum versuchten Diebstahl in Betracht.

§ 27 StGB

Beihilfe

(1) Als Gehilfe wird bestraft, wer vorsätzlich einem anderen zu dessen vorsätzlich begangener rechtswidriger Tat Hilfe geleistet hat.

(2) Die Strafe für den Gehilfen richtet sich nach der Strafdrohung für den Täter. Sie ist nach § 49 Abs. 1 zu mildern.

Der Gehilfe leistet dem Täter Unterstützung bei dessen Tat. Hilfe leistet, wer durch Rat oder Tat die Haupttat unterstützt oder fördert. Wie bei der Anstiftung ist eine Bestrafung des Gehilfen nur denkbar, wenn die Haupttat tatsächlich ausgeführt oder wenigstens versucht wird. Beihilfe ist auch durch Unterlassen möglich.

Beispiele:
- Ein Mitarbeiter des Werkschutzes verspricht seinem Freund, der in den Betrieb einbrechen will, ein Fenster zum Lagerraum zu öffnen. Findet die Tat statt, ist der Freund wegen Hausfriedensbruchs und Diebstahls in einem besonders schweren Fall (§§ 123, 242, 243 Abs. 1 Nr. 1 StGB), der Mitarbeiter wegen Beihilfe (durch Tat) strafbar.
- A gibt B, der einen Einbruch plant, den Tip, den Einbruch in der Nacht zum Mittwoch auszuführen, weil in dieser Nacht die Alarmanlage abgeschaltet ist (Beihilfe durch Rat).
- Der bei einem Bewachungsunternehmen angestellte P verspricht dem S, nichts zu unternehmen, wenn S nachts Material aus einem von P bewachten Objekt stiehlt (Beihilfe des P durch Unterlassen [§ 13 StGB!] zum Diebstahl des S).

Schwierigkeiten kann die Abgrenzung von Mittäterschaft und Beihilfe bereiten. Als Faustregel gilt, dass der Gehilfe im Gegensatz zum Mittäter keine Herrschaft über den Tatablauf hat. Der Gehilfe leistet zwar einen Beitrag, der dem Täter die Tatbegehung ermöglicht oder erleichtert, will sich aber die Tatausführung selbst nicht zurechnen lassen. Er will die Tat nicht als eigene, sondern als fremde.

Beihilfe kann nur bis zur Beendigung der Haupttat geleistet werden. **Nach** Beendigung einer Straftat können andere Möglichkeiten der Beteiligung eingreifen, die wegen ihres kriminellen Gehalts zu eigenständigen Straftatbeständen ausgestaltet wurden (Stichwort: Der Hehler ist schlimmer als der Stehler).

§ 257 StGB

Begünstigung

(1) Wer einem anderen, der eine rechtswidrige Tat begangen hat, in der Absicht Hilfe leistet, ihm die Vorteile der Tat zu sichern, wird mit Freiheitsstrafe bis zu fünf Jahren oder mit Geldstrafe bestraft.

(2) Die Strafe darf nicht schwerer sein als die für die Vortat angedrohte Strafe.

(3) Wegen Begünstigung wird nicht bestraft, wer wegen Beteiligung an der Vortat strafbar ist. Dies gilt nicht für denjenigen, der einen an der Vortat Unbeteiligten zur Begünstigung anstiftet.

(4) ...

Voraussetzung der Begünstigung ist die versuchte oder vollendete **rechtswidrige Tat** (§ 11 Nr. 5 StGB) **eines anderen.** Es genügt jede beliebige Straftat.

Tathandlung ist das Hilfeleisten, d. h. irgendeine Unterstützungshandlung. Der Täter muss subjektiv in der Absicht handeln, dem anderen die Vorteile der Tat zu sichern.

Beispiele:
- Unterstützung eines Diebes bei Bergung der Beute
- Aufbewahren von Beutestücken für einen anderen
- bewusste Irreführung ermittelnder Kriminalbeamter.

§ 258 StGB

Strafvereitelung

(1) Wer absichtlich oder wissentlich ganz oder zum Teil vereitelt, dass ein anderer dem Strafgesetz gemäß wegen einer rechtswidrigen Tat bestraft oder einer Maßnahme (§ 11 Abs. 1 Nr. 8) unterworfen wird, wird mit Freiheitsstrafe bis zu fünf Jahren oder mit Geldstrafe bestraft.

(2) Ebenso wird bestraft, wer absichtlich oder wissentlich die Vollstreckung einer gegen einen anderen verhängten Strafe oder Maßnahme ganz oder zum Teil vereitelt.

(3) Die Strafe darf nicht schwerer sein als die für die Vortat angedrohte Strafe.

(4) Der Versuch ist strafbar.

(5) Wegen Strafvereitelung wird nicht bestraft, wer durch die Tat zugleich ganz oder zum Teil vereiteln will, dass er selbst bestraft oder einer Maßnahme unterworfen wird oder dass eine gegen ihn verhängte Strafe oder Maßnahme vollstreckt wird.

(6) Wer die Tat zugunsten eines Angehörigen begeht, ist straffrei.

Auch hier ist die rechtswidrige Tat eines anderen Voraussetzung. Die **Tathandlung** besteht in einer Besserstellung des Täters im Hinblick auf die staatliche Strafverfolgung. § 258 StGB enthält zwei Fälle von Strafvereitelung:

- die **Verfolgungsvereitelung** (Abs. 1)
- die **Vollstreckungsvereitelung** (Abs. 2).

Beispiele:
- Beseitigung von Tatspuren
- Fluchthilfe zugunsten des Täters
- Verstecken des Täters.

§ 259 StGB

Hehlerei

(1) Wer eine Sache, die ein anderer gestohlen oder sonst durch eine gegen fremdes Vermögen gerichtete rechtswidrige Tat erlangt hat, ankauft oder sonst sich oder einem Dritten verschafft, sie absetzt oder absetzen hilft, um sich oder einen Dritten zu bereichern, wird mit Freiheitsstrafe bis zu fünf Jahren oder mit Geldstrafe bestraft.

(2) Die §§ 247 und 248 a gelten sinngemäß.

(3) Der Versuch ist strafbar.

Vortat bei der Hehlerei ist entweder ein Diebstahl oder ein anderes Vermögensdelikt, d. h. eine gegen fremdes Vermögen gerichtete rechtswidrige Tat (§ 11 Nr. 5 StGB).

Die Vortat braucht jedoch kein Vermögensdelikt im engeren Sinne zu sein. Denkbar ist z. B. als Vortat auch eine Begünstigung (§ 257 StGB) oder eine Urkundenfälschung (§ 267 StGB).

Tathandlungen der Hehlerei sind, dass der Täter die durch die Vortat erlangte Sache

- **sich oder einem Dritten verschafft,** d. h. die tatsächliche Herrschaft über die Sache mit Einverständnis des Vortäters erhält. Das **Ankaufen** ist ein Unterfall des Sichverschaffens. Es genügt z. B. auch, dass der Hehler einen Gepäck- oder Pfandschein erwirbt, mit dessen Hilfe er an die Sache herankommt.
- **absetzt oder absetzen hilft.** Der Hehler verwertet im Einverständnis mit dem Vortäter die Sache entgeltlich durch rechtsgeschäftliche Weitergabe an einen Dritten bzw. unterstützt den Vortäter insoweit.

Der innere Tatbestand verlangt
- das Bewusstsein, dass die Sache durch eine rechtswidrige Tat erlangt ist. Ausreichend ist, dass der Hehler mit der Möglichkeit einer solchen Vortat rechnen muss, z. B. weil wertvolle Gegenstände zum Schleuderpreis angeboten werden.

- das Bewusstsein, die rechtswidrige Vermögenslage aufrechtzuerhalten
- die Absicht, sich oder einen Dritten zu bereichern (Vermögensvorteil).

84 10.7 Hat der Täter nicht alle Merkmale eines Straftatbestandes erfüllt, kann er nicht wegen vollendeter Tatbegehung bestraft werden. Soweit das Gesetz Bestimmungen über die Strafbarkeit des **Versuchs** enthält, muss zwischen versuchten Verbrechen und versuchten Vergehen unterschieden werden.

§ 23 StGB

Strafbarkeit des Versuchs

(1) Der Versuch eines Verbrechens ist stets strafbar, der Versuch eines Vergehens nur dann, wenn das Gesetz es ausdrücklich bestimmt.

(2) Der Versuch kann milder bestraft werden als die vollendete Tat (§ 49 Abs. 1).

(3) Hat der Täter aus grobem Unverstand verkannt, dass der Versuch nach der Art des Gegenstandes, an dem, oder des Mittels, mit dem die Tat begangen werden sollte, überhaupt nicht zur Vollendung führen konnte, so kann das Gericht von Strafe absehen oder die Strafe nach seinem Ermessen mildern (§ 49 Abs. 2).

Beispiele:
- Die versuchte Körperverletzung (Vergehen gem. § 223 StGB) ist strafbar, weil § 223 Abs. 2 StGB dies bestimmt.
- Die versuchte gefährliche Körperverletzung (Vergehen gem. § 224 StGB) ist strafbar (§ 224 Abs. 2 StGB)
- Die versuchte schwere Körperverletzung (Verbrechen gem. § 226 StGB) ist strafbar (vgl. § 23 Abs. 1 StGB).

§ 22 StGB

Versuch

Eine Straftat versucht, wer nach seiner Vorstellung von der Tat zur Verwirklichung des Tatbestandes unmittelbar ansetzt.

Versuch ist die begonnene, aber (noch) nicht vollendete Tat. Strafbarer Versuch ist nur bei **Vorsatztaten** möglich („... nach seiner Vorstellung ...“). Der Vollendung einer Vorsatztat gehen mehrere Phasen voraus:

- **Tatentschluss** (außer im Fall des § 30 Abs. 2 StGB straflos)
- **Vorbereitungshandlung** (nur in wenigen Fällen strafbar, z. B. § 310 StGB – Vorbereitung eines Explosions- oder Strahlungsverbrechens)
- **Versuch** (Strafbarkeit nach Maßgabe von § 23 StGB)
- **Tatvollendung** (alle Tatbestandsmerkmale sind verwirklicht).

Der Versuch ist die zwischen Vorbereitung und Vollendung liegende Tätigkeit. Zur Vorbereitung zählen alle Maßnahmen, die die Ausführung der Tat ermöglichen bzw. erleichtern sollen.

Beispiele:
- Kauf eines Vorschlaghammers zu Einbruchszwecken
- Einstecken eines Messers, um einen anderen niederzustechen.

Zur Verwirklichung des Tatbestandes setzt unmittelbar an, wer das geschützte Rechtsgut derart in Gefahr gebracht hat, dass sich die Rechtsgutverletzung unmittelbar anschließen kann. Es besteht eine räumliche und zeitliche Nähe zur Tatbestandserfüllung.

Beispiele:
- In ein Gebäude eindringen, um zu stehlen (vollendeter Hausfriedensbruch, strafbar gem. § 123 StGB; versuchter Diebstahl in einem besonders schweren Fall, strafbar gem. §§ 242, 243 Abs. 1 Nr. 1, 23 StGB).
- Beschmieren einer Scheibe mit Leim, um sie zu Diebstahlszwecken geräuschlos eindrücken zu können (versuchte Sachbeschädigung, strafbar gem. §§ 303 Abs. 1, 2, 23 StGB; versuchter Diebstahl in einem besonders schweren Fall, strafbar gem. §§ 242, 243 Abs. 1 Nr. 1, 23 StGB).
- Erfolgloses Warten des bewaffneten Räubers am Tatort auf den Kassenboten (Verbrechen des versuchten schweren Raubes, strafbar gem. §§ 249, 250 Abs. 1 Nr. 1 a), 23 StGB).

Ist die Tathandlung von vorneherein nicht geeignet, eine Rechtsgutverletzung herbeizuführen, spricht man vom untauglichen (ebenfalls strafbaren) Versuch (§ 23 Abs. 3 StGB).

Beispiel:
H versucht, mit einer Haarnadel einen Panzerschrank zu knacken (untauglicher Versuch mit untauglichem Mittel).

§ 24 StGB

Rücktritt

(1) Wegen Versuchs wird nicht bestraft, wer freiwillig die weitere Ausführung der Tat aufgibt oder deren Vollendung verhindert. Wird die Tat ohne Zutun des Zurücktretenden nicht vollendet, so wird er straflos, wenn er sich freiwillig und ernsthaft bemüht, die Vollendung zu verhindern.

(2) Sind an der Tat mehrere beteiligt, so wird wegen Versuchs nicht bestraft, wer freiwillig die Vollendung verhindert. Jedoch genügt zu seiner Straflosigkeit sein freiwilliges und ernsthaftes Bemühen, die Vollendung der Tat zu verhindern, wenn sie ohne sein Zutun nicht vollendet oder unabhängig von seinem früheren Tatbeitrag begangen wird.

Während des Versuchsstadiums einer Straftat kann der Täter mit strafbefreiender Wirkung zurücktreten (sog. **persönlicher Strafaufhebungsgrund**). **Voraussetzungen des Rücktritts** sind
- unvollendete Tat
- freiwillige Umkehr, obwohl der Täter sein Ziel noch erreichen könnte. Der Täter sagt sich: Ich könnte noch, will aber nicht mehr. Sagt sich der Täter: Ich kann nicht, selbst wenn ich noch wollte, so handelt er unfreiwillig und bleibt strafbar.

Beispiel:
Während T in Diebstahlsabsicht in ein Gebäude einsteigt, erscheint unvermutet eine Streife des Werkschutzes. T ergreift deshalb die Flucht.
Da T noch nichts gestohlen hat, wurde der Diebstahl nicht vollendet. T hat ein Vergehen des Hausfriedensbruchs (§ 123 StGB) vollendet und ein Vergehen des Diebstahls in einem besonders schweren Fall versucht (§§ 242, 243 Abs. 1 Nr. 1, 23 StGB). Denn durch das Einsteigen in das Gebäude hat T zur Tatbegehung unmittelbar angesetzt. T hat die Ausführung dieser Tat nicht freiwillig aufgegeben. Er ist somit von dem strafbaren Versuch nicht mit strafbefreiender Wirkung zurückgetreten.

85 10.8 Das Strafrecht sieht als Folge strafbaren Verhaltens die Bestrafung des Täters vor. **Sinn und Zweck der Strafe** ist in erster Linie die Verteidigung der Rechtsordnung, d. h. der Schutz der Rechtsgüter des einzelnen und der Allgemeinheit durch Abschreckung vor der Begehung von Straftaten (**Generalprävention**).

Der einzelne Täter erhält seine Strafe nach dem Maß seiner Schuld (**Schuldmaßprinzip,** § 46 Abs. 1 Satz 1 StGB).

Durch die verhängte Strafe soll der Täter daran gehindert werden, weitere Straftaten zu begehen (**Spezialprävention**). Ihm soll aber auch eine Chance gegeben werden, sich wieder in die Gesellschaft einzugliedern (**Resozialisierung,** § 46 Abs. 1 Satz 2 StGB). Außerdem soll der Täter durch die Verbüßung seiner Strafe seine Schuld sühnen (**Schuld-Sühne-Prinzip**).

Strafen dürfen nur vom zuständigen Gericht verhängt werden. Das Gericht wägt bei der Strafzumessung alle für und gegen den Täter sprechenden Umstände ab (§ 46 Abs. 2 StGB), vor allem

- Beweggründe und Ziele des Täters
- die Gesinnung, die aus der Tat spricht, und den bei der Tat aufgewendeten Willen
- das Maß der Pflichtwidrigkeit
- die Art und Ausführung und die Auswirkungen der Tat
- das Vorleben des Täters, seine persönlichen und wirtschaftlichen Verhältnisse
- das Verhalten nach der Tat, besonders das Bemühen, den Schaden wiedergutzumachen.

Das Strafrecht kennt zwei **Arten von Strafe:**

- **Freiheitsstrafe** (§ 38 StGB):
  - zeitig (mindestens ein Monat, höchstens 15 Jahre)
  - lebenslang.
- **Geldstrafe** (§ 40 StGB). Die Geldstrafe wird in Tagessätzen verhängt. Sie beträgt mindestens fünf, höchstens 360 volle Tagessätze (sofern das Gesetz im

Einzelfall nichts anderes bestimmt). Die Höhe eines Tagessatzes beträgt – je nach durchschnittlichem Nettoeinkommen – mindestens einen, höchstens 5 000 €.

An die Stelle einer uneinbringlichen Geldstrafe tritt (Ersatz-)Freiheitsstrafe. Einem Tagessatz entspricht ein Tag Freiheitsstrafe (§ 43 StGB).

Als **Nebenstrafe** kann ein Fahrverbot von ein bis drei Monaten angeordnet werden (§ 44 StGB).

Nebenfolgen sind z. B. der Verlust der Wählbarkeit (§ 45 StGB).

Unabhängig von der Schuld kann das Gericht **Maßregeln der Besserung und Sicherung** festsetzen, um einen gefährlichen Täter zu bessern oder andere vor ihm zu schützen. Solche Maßregeln sind (§§ 61 ff. StGB):

- Unterbringung in einem psychiatrischen Krankenhaus
- Unterbringung in einer Entziehungsanstalt
- Unterbringung in der Sicherungsverwahrung
- Führungsaufsicht
- Entziehung der Fahrerlaubnis
- Berufsverbot.

Die besonderen Vorschriften des Jugendgerichtsgesetzes gelten für
- **Jugendliche** (Personen, die zurzeit der Tat 14, aber noch nicht 18 Jahre alt sind)
- **Heranwachsende** (Personen, die zurzeit der Tat 18, aber noch nicht 21 Jahre alt sind).

Die Folgen von Jugenddelikten sind (§§ 5, 9 ff. JGG)
- Erziehungsmaßregeln (Weisungen, Hilfe zur Erziehung)
- Zuchtmittel (Verwarnung, Auflagen, Jugendarrest)
- Jugendstrafe (mindestens sechs Monate, höchstens zehn Jahre).

11. Kapitel: Einzelne Straftatbestände

86 Die §§ 80 bis 358 bilden den **besonderen Teil** des StGB. Sie enthalten in 30 Abschnitten einzelne Straftatengruppen und Straftatbestände. Die einzelnen Strafvorschriften treffen Aussagen zu Voraussetzungen der Strafbarkeit sowie zu Art und Höhe der angedrohten Straftaten. Das folgende Kapitel befasst sich mit den für das Recht der privaten Sicherheitseinrichtungen bedeutsamsten und häufigsten Straftaten.

11.1 Straftaten gegen die öffentliche Ordnung

Strafrechtlichen Schutz des Hausrechts (s. Rn. 117 ff.) bietet der Straftatbestand des Hausfriedensbruchs.

§ 123 StGB

Hausfriedensbruch

(1) Wer in die Wohnung, in die Geschäftsräume oder in das befriedete Besitztum eines anderen oder in abgeschlossene Räume, welche zum öffentlichen Dienst oder Verkehr bestimmt sind, widerrechtlich eindringt, oder wer, wenn er ohne Befugnis darin verweilt, auf die Aufforderung des Berechtigten sich nicht entfernt, wird mit Freiheitsstrafe bis zu einem Jahr oder mit Geldstrafe bestraft.

(2) Die Tat wird nur auf Antrag verfolgt.

Geschützte Örtlichkeiten sind

- **Wohnung:** Räumlichkeiten, die hauptsächlich Menschen zur ständigen Benutzung dienen (s. auch Rn. 120).

Beispiele:
- Wohnräume im herkömmlichen Sinne einschließlich der Nebenräume (Hausflur, Treppenhaus, Speicher, Keller, Waschküche, Tiefgaragenstellplatz, Wintergarten usw.)
- vermietete Hotelzimmer
- Obdachlosenbaracke
- Wohnanhänger, Campingwagen
- Schiffe.

Bloße Schlafstätten sind dagegen keine Wohnräume.

- **Geschäftsräume:** Räumlichkeiten, die für den Geschäftsbetrieb bestimmt sind, einschließlich der Nebenräume.

Beispiele:
- Schankraum einer Gaststätte
- Werkstätte

- Marktbuden
- Taxis
- Fahrschulfahrzeug.

- **Befriedetes Besitztum:** unbewegliche Sachen, die in irgendeiner Form „eingehegt“ sind und weder Wohn- noch Geschäftszwecken dienen. Eine völlige Abschließung ist nicht nötig. Die Einfriedung kann z. B. in einer Mauer, einem Wall, einem Zaun, oder auch einem Seil bestehen. Eine bloße Verbotstafel genügt nicht.

Beispiele:
- leerstehende Wohnungen
- Neubauten
- eingefriedete Äcker, Wiesen, Wälder, Weiden, Schonungen.

Bewegliche Sachen, wie z. B. Kraftfahrzeuge sind grundsätzlich nicht befriedetes Besitztum; sie können aber als Geschäftsräume dienen.

- **zum öffentlichen Dienst oder Verkehr bestimmte abgeschlossene Räume**

Beispiele:
- Straßenbahnwagen
- Bahnhofshalle
- öffentliches Telefonhäuschen.

Tathandlungen sind:

- **widerrechtliches Eindringen:** der Täter gelangt mit einem Teil des Körpers in die geschützte Örtlichkeit. Der Täter kann offen (erkennbar) eindringen oder sich einschleichen. Bedeutungslos ist, ob er gewaltsam oder gewaltfrei vorgeht. Bloße Störungen (z. B. Klingeln, Klopfen, Schlagen gegen eine Tür, anonyme Telefonanrufe, Werfen von Gegenständen auf eine geschützte Örtlichkeit) sind kein Eindringen[1].

  Widerrechtlich heißt, dass der Täter das fremde Hausrecht gegen den Willen des Hausrechtsinhabers verletzt, ohne dazu ein (stärkeres) Recht zu haben. Ein solches Recht kann sich ergeben aus
  - privatem Recht
  - öffentlichem Recht, insbesondere aus Sonderzugangsrechten (s. Rn. 73)
  - Rechtfertigungsgründen (z. B. Notstand, s. Rn. 132 ff.).

Beispiele:
- Eine betriebsfremde Person überklettert die Fabrikmauer: widerrechtliches Eindringen.

1 Gegen die gleichzeitig vorliegende Besitzstörung darf Besitzwehr geübt werden (s. Rn. 125).

- Mehrere Personen besetzten ein leerstehendes Fabrikgebäude: widerrechtliches Eindringen[2].
- Der Werkschutz verweigert einem Beamten der Gewerbeaufsichtsbehörde den Zutritt zum Betrieb. Der Beamte setzt sich über die Weigerung hinweg und betritt den Betrieb trotzdem: kein widerrechtliches Eindringen.

– **unbefugtes Verweilen.** Ist der Täter widerrechtlich in eine **geschützte Örtlichkeit** eingedrungen, so verweilt er darin zugleich ohne Befugnis, d. h. widerrechtlich.

Der Täter kann sich aber auch zunächst rechtmäßig in einer geschützten Örtlichkeit aufhalten. Das Tatbestandsmerkmal „unbefugtes Verweilen" ist in beiden Fällen erst dann erfüllt, wenn der Berechtigte (Hausrechtsinhaber bzw. Beauftragter) den Täter auffordert, sich zu entfernen. Hierzu genügt eine einmalige deutliche Aufforderung. Kommt der Täter der Aufforderung nicht nach, erfüllt er die 2. Begehungsform des § 123 Abs. 1 StGB. Es handelt sich insoweit um ein echtes Unterlassungsdelikt (s. Rn. 76).

Beispiel: Ein Kaufhaus schließt abends um 18 Uhr. Fünf Minuten vorher werden die Kunden über Lautsprecher gebeten, die Kaufräume zu verlassen. Trotz dieser Aufforderung lässt sich die Kundin M im Kaufhaus einschließen.
Das Kaufhaus ist als Geschäftsraum geschützte Örtlichkeit im Sinne von § 123 Abs. 1 StGB. M ist nicht widerrechtlich eingedrungen; von einer generellen Erlaubnis des Betretens kann bei Geschäftsräumen, die der Öffentlichkeit zugänglich sind – im Unterschied zu Privaträumen – ausgegangen werden. Jedoch verweilt M seit 18 Uhr unbefugt im Kaufhaus. Da sie zum Verlassen des Kaufhauses aufgefordert worden war, hat sie den Tatbestand des Hausfriedensbruchs erfüllt. Die Aufforderung kann bereits erfolgen, bevor der Täter unbefugt verweilt.

87 **§ 132 StGB**

Amtsanmaßung

Wer unbefugt sich mit der Ausübung eines öffentlichen Amtes befasst oder eine Handlung vornimmt, welche nur kraft eines öffentlichen Amtes vorgenommen werden darf, wird mit Freiheitsstrafe bis zu zwei Jahren oder mit Geldstrafe bestraft.

Die Bestimmung enthält zwei Fälle:

– **sich unbefugt mit der Ausübung eines öffentlichen Amtes befassen.**

In diesem Fall gibt sich der Täter selbst als Amtsinhaber aus, wobei er eine Amtshandlung vornimmt, z. B. tritt er als Polizeibeamter auf. Es kommt nicht darauf

2 Nach Strafantragstellung liegen für die Polizei die Voraussetzungen für eine Räumung vor. Es besteht jedoch kein Anspruch auf polizeiliche Räumung. Die Maßnahme steht im pflichtgemäßen Ermessen der Polizei.

an, dass der Täter die Handlung auch als Privatperson hätte vornehmen können (z. B. § 127 Abs. 1 StPO, s. Rn. 137 ff.).

– **unbefugt eine Handlung vornehmen, welche nur kraft eines öffentlichen Amtes vorgenommen werden darf.**

Hier braucht der Täter nicht als angeblicher Amtsträger aufzutreten. Die bloße Vornahme einer Amtshandlung genügt (z. B. Erteilung einer Verwarnung mit Verwarnungsgeld, vorläufige Festnahme nach § 127 Abs. 2 StPO).

Der Missbrauch von Titeln, Berufsbezeichnungen und Abzeichen usw. ist nach § 132 a StGB mit Strafe bedroht.

§ 138 StGB 88

Nichtanzeige geplanter Straftaten

(1) Wer von dem Vorhaben oder der Ausführung

1.–6. ...

7. einer Straftat gegen die persönliche Freiheit in den Fällen der §§ 234, 234 a, 239 a oder 239 b,
8. eines Raubes oder einer räuberischen Erpressung (§§ 249 bis 251 oder 255) oder
9. einer gemeingefährlichen Straftat in den Fällen der §§ 306 bis 306 c oder 307 Abs. 1 bis 3, des § 308 Abs. 1 bis 4, des § 309 Abs. 1 bis 5, der §§ 310, 313, 314 oder 315 Abs. 3, des § 315 b Abs. 3 oder der §§ 316 a oder 316 c

zu einer Zeit, zu der die Ausführung oder der Erfolg noch abgewendet werden kann, glaubhaft erfährt und es unterlässt, der Behörde oder dem Bedrohten rechtzeitig Anzeige zu machen, wird mit Freiheitsstrafe bis zu fünf Jahren oder mit Geldstrafe bestraft.

(2) Ebenso wird bestraft, wer von dem Vorhaben oder der Ausführung einer Straftat nach § 129 a, auch in Verbindung mit § 129 b Abs. 1 Satz 1 und 2, zu einer Zeit, zu der die Ausführung noch abgewendet werden kann, glaubhaft erfährt und es unterlässt, der Behörde unverzüglich Anzeige zu erstatten. § 129 b Abs. 1 Satz 3 bis 5 gilt entsprechend.

(3) Wer die Anzeige leichtfertig unterlässt, obwohl er von dem Vorhaben oder der Ausführung der rechtswidrigen Tat glaubhaft erfahren hat, wird mit Freiheitsstrafe bis zu einem Jahr oder mit Geldstrafe bestraft.

Das Unterlassen der rechtzeitigen Anzeige ist strafbar (**echtes Unterlassungsdelikt,** s. Rn. 76). Die Information über eine solche geplante Straftat ist der Behörde, regelmäßig der Polizei, oder dem Bedrohten rechtzeitig mitzuteilen.

Im Zusammenhang mit Notsituationen ist der Straftatbestand des Missbrauchs 89
von Notrufen von Bedeutung.

§ 145 StGB

Missbrauch von Notrufen und Beeinträchtigung von Unfallverhütungs- und Nothilfemitteln

(1) Wer absichtlich oder wissentlich

1. Notrufe oder Notzeichen missbraucht oder
2. vortäuscht, dass wegen eines Unglücksfalles oder wegen gemeiner Gefahr oder Not die Hilfe anderer erforderlich sei,

wird mit Freiheitsstrafe bis zu einem Jahr oder mit Geldstrafe bestraft.

(2) Wer absichtlich oder wissentlich

1. die zur Verhütung von Unglücksfällen oder gemeiner Gefahr dienenden Warn- oder Verbotszeichen beseitigt, unkenntlich macht oder in ihrem Sinn entstellt oder
2. die zur Verhütung von Unglücksfällen oder gemeiner Gefahr dienenden Schutzvorrichtungen oder die zur Hilfeleistung bei Unglücksfällen oder gemeiner Gefahr bestimmten Rettungsgeräte oder anderen Sachen beseitigt, verändert oder unbrauchbar macht,

wird mit Freiheitsstrafe bis zu zwei Jahren oder mit Geldstrafe bestraft, wenn die Tat nicht in § 303 oder § 304 mit Strafe bedroht ist.

Notrufe bzw. **Notzeichen** (Abs. 1 Nr. 1) sind der menschliche Ruf nach Hilfe ebenso wie alle akustischen, optischen oder sonstigen (z. B. Funk) Äußerungen über das Bestehen einer Notlage.

Missbrauch liegt vor, wenn

- die angebliche Notlage tatsächlich nicht besteht oder
- der Täter nicht berechtigt ist, das gegebene Signal zu verwenden.

Beispiel: Scherzhaftes Auslösen von Feueralarm.

Bei Abs. 1 Nr. 2 erweckt der Täter wahrheitswidrig den Anschein, es sei eine Situation des § 323 c StGB (s. Rn. 105) gegeben.

Beispiel: Ein anonymer Anrufer teilt der Polizei mit, im Betrieb X sei eine Bombe mit Zeitzünder versteckt.

Abs. 2 beschreibt Verhaltensweisen der Beeinträchtigung von Mitteln zur Unfallverhütung und Hilfe bei Unfällen

- **Warn- oder Verbotszeichen** (Nr. 1)

Beispiele:
- Hinweistafeln auf Glatteis
- Verbotstafeln an Maschinen, Giftlagerplätzen, Hochspannungsleitungen
- Gefahrensymbole (Piktogramme), z. B. Gefahrzettel an Gefahrguttransporten.

- **Schutzvorrichtungen** (Nr. 2)

Beispiele:
- Leitplanken
- Schutzgeländer.

– **Rettungsgeräte**

Beispiele:
- Rettungsringe
- Sandsäcke
- Wurfleinen
- ABC-Schutzmasken
- Feuermelder
- Asbestanzüge
- Leuchtpistolen.

11.2 Beleidigung 90

§ 185 StGB

Beleidigung

Die Beleidigung wird mit Freiheitsstrafe bis zu einem Jahr oder mit Geldstrafe und, wenn die Beleidigung mittels einer Tätlichkeit begangen wird, mit Freiheitsstrafe bis zu zwei Jahren oder mit Geldstrafe bestraft.

Beleidigung ist **Ehrverletzung** durch Kundgabe der Nichtachtung oder Missachtung eines anderen. Der Täter fällt – im Unterschied zur üblen Nachrede bzw. zur Verleumdung – über den Beleidigten ein **Werturteil.** Beleidigungsfähig sind (s. Rn. 49 ff.)

- natürliche Personen
- juristische Personen
- Personengemeinschaften.

Die **„Kollektivbeleidigung“**, durch die die Ehre einer sozialen Gruppe herabgesetzt wird, ist eine Beleidigung aller einzelnen Gruppenmitglieder.

Beispiel: „Der Werkschutz ist eine schikanöse Bande!“ Die Beleidigung kann durch Worte, schriftlich, bildlich oder symbolisch erfolgen. Die tätliche Beleidigung, die in § 185 StGB gesondert erwähnt ist (z. B. Anspucken), kann mit einer Körperverletzung zusammentreffen.
Ein besonderer Rechtfertigungsgrund bei Beleidigungsdelikten ist die **Wahrnehmung berechtigter Interessen** (§ 193 StGB).

§ 186 StGB

Üble Nachrede

Wer in Beziehung auf einen anderen eine Tatsache behauptet oder verbreitet, welche denselben verächtlich zu machen oder in der öffentlichen Meinung herabzuwürdigen geeignet ist, wird, wenn nicht diese Tatsache erweislich wahr ist, mit Freiheitsstrafe bis zu einem Jahr oder mit Geldstrafe und, wenn die Tat öffentlich oder durch Verbreiten von Schriften (§ 11 Abs. 3) begangen ist, mit Freiheitsstrafe bis zu zwei Jahren oder mit Geldstrafe bestraft.

Üble Nachrede besteht in der Behauptung ehrenrühriger **Tatsachen** gegenüber Dritten, wobei diese Tatsachen **nicht beweisbar** sind.

> **Beispiel:** A sagt zu B: „Der C schwört zehn Meineide." Kann für die behauptete Tatsache der Wahrheitsbeweis angetreten werden, entfällt Strafbarkeit wegen § 186 StGB.

§ 187 StGB

Verleumdung

Wer wider besseres Wissen in Beziehung auf einen anderen eine unwahre Tatsache behauptet oder verbreitet, welche denselben verächtlich zu machen oder in der öffentlichen Meinung herabzuwürdigen oder dessen Kredit zu gefährden geeignet ist, wird mit Freiheitsstrafe bis zu zwei Jahren oder mit Geldstrafe und, wenn die Tat öffentlich, in einer Versammlung oder durch Verbreiten von Schriften (§ 11 Abs. 3) begangen ist, mit Freiheitsstrafe bis zu fünf Jahren oder mit Geldstrafe bestraft.

Bei der Verleumdung behauptet oder verbreitet der Täter gegenüber einem Dritten **unwahre Tatsachen,** die ehrenrührig oder kreditgefährdend sind. Der Täter muss die Unwahrheit der Tatsachen kennen.

System der Beleidigungstatbestände[3]

<table>
<tr><td colspan="8">Beleidigung
(§ 185 StGB)</td></tr>
<tr><td>durch
Tätlichkeiten
§ 185 StGB</td><td colspan="6">durch
Äußerung ehrenrühriger Tatsachen gegenüber Dritten</td><td>andere
Fälle
§ 185 StGB</td></tr>
<tr><td></td><td colspan="3">Behauptung bewusst
unwahr: Verleumdung
(§§ 187, 188 StGB)</td><td colspan="3">andere Fälle:
üble Nachrede
(§§ 186, 188 StGB)</td><td></td></tr>
<tr><td rowspan="2"></td><td rowspan="2">nicht
öffentlich
§ 187
StGB</td><td rowspan="2">gegen
Personen
des polit.
Lebens
§ 188
Abs. 2
StGB</td><td rowspan="2">gegen
andere
Personen
§ 187
StGB</td><td rowspan="2">nicht
öffentlich
§ 186
StGB</td><td colspan="2">öffentlich</td><td rowspan="2"></td></tr>
<tr><td>gegen
Personen
des polit.
Lebens
§ 188
Abs. 1</td><td>gegen
andere
Personen
§ 186</td></tr>
</table>

3 Nach Tenckhoff, Grundfälle zum Beleidigungsrecht, JuS 1988, 792.

11.3 Verletzung des persönlichen Lebens- und Geheimbereichs 91

§ 201 StGB

Verletzung der Vertraulichkeit des Wortes

(1) Mit Freiheitsstrafe bis zu drei Jahren oder mit Geldstrafe wird bestraft, wer unbefugt

1. das nichtöffentlich gesprochene Wort eines anderen auf einen Tonträger aufnimmt oder
2. eine so hergestellte Aufnahme gebraucht oder einem Dritten zugänglich macht.

(2) Ebenso wird bestraft, wer unbefugt

1. das nicht zu seiner Kenntnis bestimmte nichtöffentlich gesprochene Wort eines anderen mit einem Abhörgerät abhört oder
2. das nach Absatz 1 Nr. 1 aufgenommene oder nach Absatz 2 Nr. 1 abgehörte nichtöffentlich gesprochene Wort eines anderen im Wortlaut oder seinem wesentlichen Inhalt nach öffentlich mitteilt.

Die Tat nach Satz 1 Nr. 2 ist nur strafbar, wenn die öffentliche Mitteilung geeignet ist, berechtigte Interessen eines anderen zu beeinträchtigen. Sie ist nicht rechtswidrig, wenn die öffentliche Mitteilung zur Wahrnehmung überragender öffentlicher Interessen gemacht wird.

(3) Mit Freiheitsstrafe bis zu fünf Jahren oder mit Geldstrafe wird bestraft, wer als Amtsträger oder als für den öffentlichen Dienst besonders Verpflichteter die Vertraulichkeit des Wortes verletzt (Absätze 1 und 2).

(4) Der Versuch ist strafbar.

(5) Die Tonträger und Abhörgeräte, die der Täter oder Teilnehmer verwendet hat, können eingezogen werden. § 74 a ist anzuwenden.

Tathandlungen sind

- das **Aufnehmen** des nichtöffentlich gesprochenen Wortes eines anderen auf einen **Tonträger** (z. B. Tonband, Schallplatte)
- das **Gebrauchen** einer solchen Aufnahme (z. B. Vorspielen vor sich selbst oder Dritten)
- das **Zugänglichmachen** einer solchen Aufnahme für Dritte (z. B. Überlassen des Tonträgers)
- das **Abhören** mit einem **Abhörgerät.** Als Abhörgeräte werden technische Einrichtungen bezeichnet, die das gesprochene Wort über dessen natürlichen Klangbereich hinaus hörbar machen.

Beispiele:
- Mikroabhörgerät
- versteckt angebrachtes Mikrophon
- Richtmikrophon

- an der Wand aufgesetztes Stethoskop
- „Wanzen“
- Anzapfvorrichtung für Telefonleitungen.

Nicht unter Abhörgeräte fällt die Benutzung/Ausnutzung

- von Zweithörern
- eines in das Telefon eingebauten Lautsprechers
- von Nebenstellenanlagen
- des Ohrs an der Wand
- des zufälligen Mithörens eines Telefongesprächs infolge technischen Defekts.
- das **öffentliche Mitteilen** des nach Abs. 1 Nr. 1 aufgenommen oder nach Abs. 2 Nr. 1 abgehörten nicht öffentlich gesprochenen Wortes eines anderen; unerheblich ist, ob der Wortlaut oder der sinngemäße Inhalt veröffentlicht wird. Allerdings müssen für eine Strafbarkeit berechtigte Interessen des anderen beeinträchtigt sein. Beim Überwiegen öffentlicher Interessen ist die Tat gerechtfertigt.

Das **Aufzeichnen** ist eine vom Mithören selbstständig zu bewertende Maßnahme. Tonaufzeichnungen sind unter den Voraussetzungen des § 201 Abs. 1 Nr. 1 StGB strafbar.

Beispiel: Im Verlaufe einer Befragung von Werksangehörigen läuft heimlich ein Tonband mit[4].

Straflos ist das Aufzeichnen von Gesprächen

- soweit es **im Geschäftsverkehr üblich** ist;[5]

  Beispiele:
  - Aufzeichnung telefonischer Bestellungen
  - Aufzeichnung von Börseninformationen

  gibt der Gesprächspartner zu erkennen, dass er das Gespräch vertraulich behandelt wissen möchte, ist eine Aufzeichnung unzulässig[6].
- durch **Behörden,** wenn die Persönlichkeit des Sprechenden hinter dem objektiven Gesprächsinhalt zurücktritt;

  Beispiele:
  - Anrufe über Notruf 110
  - Telefonische Mitteilung an die Polizei über einen Verkehrsunfall.

4 OLG Frankfurt, NJW 1977, 1547.
5 BVerfG, NJW 1973, 891.
6 BAG, NJW 1983, 1691; BGHZ 27, 284.

– zum **Beweis strafbarer Äußerungen** des Gesprächspartners.

Beispiele:
– Telefonische Bombendrohung
– Erpresserische Telefonanrufe.

In solchen Fällen ist auch an eine Inanspruchnahme der Deutschen Telekom AG zu denken, die Fangschaltungen oder Zählervergleichseinrichtungen installieren kann[7].

11.4 **Körperverletzung** 92

§ 223 StGB

Körperverletzung

(1) Wer eine andere Person körperlich misshandelt oder an der Gesundheit schädigt, wird mit Freiheitsstrafe bis zu fünf Jahren oder mit Geldstrafe bestraft.

(2) Der Versuch ist strafbar.

Geschützte Rechtsgüter sind die **Unversehrtheit von Körper und Gesundheit.**

Tathandlungen sind

– **körperliche Misshandlung:** ein übles unangemessenes Behandeln, das das körperliche Wohlbefinden oder die körperliche Unversehrtheit nicht nur unerheblich beeinträchtigt.

Beispiele:
– Schläge
– nächtliche Störanrufe
– ekelerregende Handlungen, die zum Erbrechen führen.

– **Beschädigung an der Gesundheit:** Hervorrufen oder Steigern eines krankhaften Zustandes.

Beispiele:
– Verrenkung des Handgelenks
– Prellungen
– Schürfwunden.

Die Grenzen zwischen beiden Tathandlungen sind oftmals fließend.

§ 224 StGB

Gefährliche Körperverletzung

(1) Wer die Körperverletzung

1. durch Beibringung von Gift oder anderen gesundheitsschädlichen Stoffen,
2. mittels einer Waffe oder eines anderen gefährlichen Werkzeugs,

7 OLG Köln, NJW 1970, 1856.

3. mittels eines hinterlistigen Überfalls,
4. mit einem anderen Beteiligten gemeinschaftlich oder
5. mittels einer das Leben gefährdenden Behandlung

begeht, wird mit Freiheitsstrafe von sechs Monaten bis zu zehn Jahren, in minder schweren Fällen mit Freiheitsstrafe von drei Monaten bis zu fünf Jahren bestraft.

(2) Der Versuch ist strafbar.

Die gefährliche Körperverletzung ist ein besonderer Fall des § 223 StGB, der durch eine spezielle Art der Tatausführung gekennzeichnet ist. **Tatmittel** können sein:

- das Beibringen von **Gift** oder anderen **gesundheitsschädlichen Stoffen** (Nr. 1)
- **Waffen** oder **andere gefährliche Werkzeuge.** Waffen in diesem Sinne sind Gegenstände, die nach ihrer Konstruktion dazu bestimmt sind, als Angriffs- oder Verteidigungsmittel gegen Menschen eingesetzt zu werden. „Waffe" ist ein Unterfall des Oberbegriffs „gefährliches Werkzeug". Jeder Gegenstand, der nach der konkreten Art seiner Anwendung geeignet ist, erhebliche Verletzungen zuzufügen, kann gefährliches Werkzeug sein.

  Beispiele:
  - Pfeffer wird in die Augen gestreut
  - Ein Hund wird auf einen Menschen gehetzt
  - Angriff mit einer abgebrochenen Glasflasche.

  In der Neufassung des StGB von 1998 sind **Messer** nicht mehr eigens erwähnt. Selbstverständlich sind sie aber gefährliche Werkzeuge.
- **hinterlistiger Überfall** (Nr. 3). Der Täter verdeckt seine wahre Absicht, um durch einen unvorhergesehenen Angriff dem Opfer die Abwehr zu erschweren.
- **gemeinschaftliches** Vorgehen mehrerer Täter (Nr. 4). Diese Begehungsform liegt vor, wenn an der Körperverletzung mindestens zwei Personen als Mittäter (s. Rn. 82) beteiligt sind.
- eine das **Leben gefährdende Behandlung** (Nr. 5). Nach den Umständen des Einzelfalles muss die Behandlungsweise eine konkrete Lebensgefahr für das Opfer mit sich bringen.

  Beispiel: A stößt B eine steile Treppe hinunter. B erleidet nur eine Platzwunde. Trotz der Ungefährlichkeit der Wunde war hier eine lebensgefährdende Behandlung gegeben.

§ 226 StGB

Schwere Körperverletzung

(1) Hat die Körperverletzung zur Folge, dass die verletzte Person

1. das Sehvermögen auf einem Auge oder beiden Augen, das Gehör, das Sprechvermögen oder die Fortpflanzungsfähigkeit verliert,

2. ein wichtiges Glied des Körpers verliert oder dauernd nicht mehr gebrauchen kann oder
3. in erheblicher Weise dauernd entstellt wird oder in Siechtum, Lähmung oder geistige Krankheit oder Behinderung verfällt,

so ist die Strafe Freiheitsstrafe von einem Jahr bis zu zehn Jahren.

(2) Verursacht der Täter eine der in Absatz 1 bezeichneten Folgen absichtlich oder wissentlich, so ist die Strafe Freiheitsstrafe nicht unter drei Jahren.

(3) In minder schweren Fällen des Absatzes 1 ist auf Freiheitsstrafe von sechs Monaten bis zu fünf Jahren, in minder schweren Fällen des Absatzes 2 auf Freiheitsstrafe von einem Jahr bis zu zehn Jahren zu erkennen.

Schwere Folgen sind

- der Verlust des Sehvermögens (auch auf einem Auge), des Gehörs (auf beiden Ohren), des Sprechvermögens oder der Fortpflanzungsfähigkeit (Nr. 1)
- der Verlust oder die dauernde Gebrauchsunfähigkeit eines wichtigen Gliedes des Körpers (Nr. 2)
- dauernde Entstellung in erheblicher Weise oder Verfallen in Siechtum, Lähmung oder geistige Krankheit oder Behinderung (Nr. 3).

Die Tat ist **Verbrechen** (s. Rn. 75).

§ 229 StGB

Fahrlässige Körperverletzung

Wer durch Fahrlässigkeit die Körperverletzung einer anderen Person verursacht, wird mit Freiheitsstrafe bis zu drei Jahren oder mit Geldstrafe bestraft.

Tathandlung des § 229 StGB ist eine Körperverletzung im Sinne des § 223 StGB. Als Schuldform muss Fahrlässigkeit vorliegen.

Einfache und fahrlässige Korperverletzung sind Antragsdelikte (§ 230 StGB; s. Rn. 108).

11.5 Straftaten gegen die persönliche Freiheit 93

§ 239 StGB

Freiheitsberaubung

(1) Wer einen Menschen einsperrt oder auf andere Weise der Freiheit beraubt, wird mit Freiheitsstrafe bis zu fünf Jahren oder mit Geldstrafe bestraft.

(2) Der Versuch ist strafbar.

(3) Auf Freiheitsstrafe von einem Jahr bis zu zehn Jahren ist zu erkennen, wenn der Täter

1. das Opfer länger als eine Woche der Freiheit beraubt oder
2. durch die Tat oder eine während der Tat begangene Handlung eine schwere Gesundheitsschädigung des Opfers verursacht.

(4) Verursacht der Täter durch die Tat oder eine während der Tat begangene Handlung den Tod des Opfers, so ist die Strafe Freiheitsstrafe nicht unter drei Jahren.

(5) In minder schweren Fällen des Absatzes 3 ist auf Freiheitsstrafe von sechs Monaten bis zu fünf Jahren, in minder schweren Fällen des Absatzes 4 auf Freiheitsstrafe von einem Jahr bis zu zehn Jahren zu erkennen.

Tathandlung ist

- das **Einsperren:** Festhalten in einem umschlossenen Raum durch äußere Vorrichtungen, sodass der Betroffene gehindert ist, sich von der Stelle zu bewegen. Ein Einsperren ist z. B. nicht gegeben, wenn der Schlüssel im Schloss steckt, so dass der Betroffene aufsperren könnte.

oder

- die **Entziehung der Fortbewegungsfreiheit auf andere Weise**

Beispiele:
- Drohung
- Festnehmenlassen durch Täuschung eines Polizeibeamten
- Hindern am Verlassen eines Pkw durch schnelles Fahren.

Die Tat kann auch durch **Unterlassen** begangen werden, wenn der Unterlassende eine Garantenstellung innehat (unechtes Unterlassungsdelikt, s. Rn. 76).

Unter den erschwerenden Voraussetzungen des Abs. 3 ist die Tat als **Verbrechen** eingestuft (s. Rn. 75). Dies ist der Fall, wenn

- die Freiheitsberaubung länger als eine Woche dauert (Nr. 1) oder
- durch die Freiheitsberaubung oder eine während ihrer Dauer begangene (andere) Handlung eine schwere Gesundheitsschädigung des Opfers verursacht wird (Nr. 2).

Die Rechtswidrigkeit entfällt bei Vorliegen eines Rechtfertigungsgrundes, wobei hauptsächlich die Möglichkeiten des § 127 Abs. 1 StPO und des § 229 BGB (s. Rn. 126) in Betracht kommen. Eine längere Zeit andauernde Freiheitsberaubung dürfte im Fall der **vorläufigen** Festnahme nicht mehr gerechtfertigt sein.

Eine wirksame **Einwilligung** des Betroffenen schließt hier bereits den Tatbestand aus (s. Rn. 65).

94 **§ 240 StGB**

Nötigung

(1) Wer einen Menschen rechtswidrig mit Gewalt oder durch Drohung mit einem empfindlichen Übel zu einer Handlung, Duldung oder Unterlassung nötigt, wird mit Freiheitsstrafe bis zu drei Jahren oder mit Geldstrafe bestraft.

(2) Rechtswidrig ist die Tat, wenn die Anwendung der Gewalt oder die Androhung des Übels zu dem angestrebten Zweck als verwerflich anzusehen ist.

(3) Der Versuch ist strafbar.

(4) In besonders schweren Fällen ist die Strafe Freiheitsstrafe von sechs Monaten bis zu fünf Jahren. Ein besonders schwerer Fall liegt in der Regel vor, wenn der Täter
1. eine andere Person zu einer sexuellen Handlung nötigt,
2. eine Schwangere zum Schwangerschaftsabbruch nötigt oder
3. seine Befugnisse oder seine Stellung als Amtsträger missbraucht.

§ 240 StGB schützt die **Freiheit der Willensentschließung und -betätigung.**

Nötigungsmittel sind

- **Gewalt;** darunter ist sowohl eine körperliche Kraftanwendung als auch eine psychische Einwirkung, die den Genötigten zum Widerstand unfähig machen soll (sog. **vergeistigter Gewaltbegriff**), zu verstehen. Auch Gewalt gegen Sachen, die sich mittelbar gegen den Genötigten auswirkt, ist ein Nötigungsmittel[8].

  Beispiel: Ein Täter wirft die Scheiben eines Gebäudes ein, um eine darin befindliche Person zum Verlassen des Gebäudes zu bewegen.

- **Drohung mit einem empfindlichen Übel;** der Drohende gibt vor, auf den Eintritt eines für den Genötigten spürbaren Nachteils Einfluss zu haben.

Das **Tatziel** besteht darin, den Genötigten zu einer

- Handlung
- Duldung oder
- Unterlassung

zu veranlassen. Die Tat ist vollendet, sobald der Genötigte als Folge des auf ihn ausgeübten Druckes mit einer solchen Handlung, Duldung oder Unterlassung beginnt. Im Übrigen bleibt es beim strafbaren Versuch (§ 240 Abs. 3 StGB).

Die Besonderheit bei der Nötigung besteht darin, dass die Tat nicht allein durch die Erfüllung der Tatbestandsmerkmale rechtswidrig ist (s. Rn. 77), sondern dass es für die **Rechtswidrigkeit** auf das **Verhältnis von Gewaltanwendung/Drohung** einerseits und den angestrebten **Zweck** andererseits ankommt. Rechtswidrigkeit ist nur dann gegeben, wenn die Beziehung zwischen Mittel und Zweck als **verwerflich** anzusehen ist (§ 240 Abs. 2 StGB).

Der durch eine Straftat (z. B. Diebstahl im Betrieb) Verletzte darf den Täter durch **Drohen mit einer Strafanzeige** zu Schadensersatzleistungen veranlassen. Er darf auch die Erfüllung anderer Ansprüche verlangen, die durch die Tat entstanden sind oder mit ihr zusammenhängen. Die Anzeigedrohung ist im Hinblick auf die Zweck-Mittel-Beziehung des § 240 Abs. 2 StGB unzulässig, wenn eine Straftat angezeigt werden soll, die mit dem verfolgten Zweck in keiner inneren Beziehung steht.

8 Das BVerfG, NJW 1995, 1141, hat sich gegen eine erweiternde Auslegung des Gewaltbegriffs im Zusammenhang mit Sitzdemonstrationen ausgesprochen.

Beispiel: Es ist unzulässig, einem beim Diebstahl ertappten Betriebsangehörigen mit einer Anzeige wegen eines in der Freizeit begangenen Ladendiebstahls zu drohen. Grundsätzlich zulässig ist dagegen die Drohung mit einer Anzeige wegen des im Betrieb begangenen Diebstahls, falls der Täter sich nicht bereit erklärt, den Schaden zu ersetzen oder eine (angemessene, aber nicht unverhältnismäßige!) Sühne für einen guten Zweck zu leisten.

Unzulässig ist es auch, anstelle einer Strafanzeige die **Bloßstellung** durch öffentliche Mitteilung einer Straftat anzudrohen.

Beispiel: Drohen mit Presseveröffentlichung oder Aushang am schwarzen Brett.

Nötigung liegt ferner vor, wenn jemand einen anderen durch **unerlaubte Zwangsmittel** zu einer wahrheitsgemäßen Aussage veranlasst[9].

Der durch die Neufassung des StGB 1998 angefügte Abs. 4 enthält Regelbeispiele besonders schwerer Nötigungsfälle.

95 11.6 Diebstahl und Unterschlagung

§ 242 StGB

Diebstahl

(1) Wer eine fremde bewegliche Sache einem anderen in der Absicht wegnimmt, die Sache sich oder einem Dritten rechtswidrig zuzueignen, wird mit Freiheitsstrafe bis zu fünf Jahren oder mit Geldstrafe bestraft.

(2) Der Versuch ist strafbar.

Tathandlung des Diebstahls ist die Wegnahme einer fremden beweglichen Sache. Die **Wegnahme** setzt sich aus zwei Teilakten zusammen:

- Bruch fremden Gewahrsams
- Begründung neuen Gewahrsams.

Gewahrsam ist die von einem Herrschaftswillen getragene tatsächliche Sachherrschaft. Auf die Eigentumsverhältnisse kommt es dabei nicht an.

Beispiele:
- Werkschutzmitarbeiter haben Gewahrsam an den Ausrüstungsstücken, die ihnen der Betrieb zur Dienstausübung leihweise zur Verfügung gestellt hat (der Gewahrsam im Strafrecht ist nicht mit dem Besitz im bürgerlichen Recht identisch, denn im Verhältnis zum Besitzer sind die Mitarbeiter Besitzdiener, s. Rn. 47).
- Der in einer abschließbaren Kassenbox allein tätige Kassierer hat Gewahrsam an den in der Box befindlichen Gegenständen (insbesondere am Kassenbestand!).

9 BGH, MDR 1955, 528.

Gewahrsam an einzelnen Sachen können auch mehrere Personen haben (**Mitgewahrsam**).

> **Beispiel:** Zwei in einer abschließbaren Kassenbox tätige Kassierer haben gleichberechtigten Mitgewahrsam.

Eine von mehreren Personen kann den Mitgewahrsam der anderen Person brechen.

Beispiele:
- Einer der beiden Kassierer nimmt ohne Billigung des anderen Geld aus der Kasse.
- Der Geschäftsinhaber hat an seinem Lagerbestand übergeordneten Mitgewahrsam, der Lagerverwalter hat untergeordneten Mitgewahrsam. Nimmt der Lagerverwalter unbefugt Teile des Lagerbestandes mit nach Hause, bricht er den Mitgewahrsam des Geschäftsinhabers und begründet ein neues Gewahrsamsverhältnis, weil nunmehr nur noch er alleine über die entwendeten Teile verfügt.

Die Wegnahmehandlung erfolgt beim Diebstahl in der **Absicht, sich die Sache rechtswidrig zuzueignen.** Der Dieb verfügt über die Sache wie ein Eigentümer, ohne hierzu berechtigt zu sein. Zueignung liegt vor, wenn sich der Dieb anmaßt, entweder mit der Sache selbst oder mit dem durch die Sache verkörperten wirtschaftlichen Wert wie der Eigentümer umzugehen.

Beispiele:
- Der Dieb verbraucht oder verkauft die Sache
- Der Dieb hebt von einem gestohlenen Sparbuch Geld ab
- Der Dieb lässt einen gestohlenen Pkw irgendwo stehen, nachdem der Sprit ausgegangen ist.

Mit dem Verlust einer Sache geht auch der Gewahrsam an dieser Sache verloren. An Sachen, die in einer fremden Herrschaftssphäre, wie z. B. auf einem Betriebsgelände verloren gegangen sind, erlangt der Inhaber dieser Sphäre ab dem Zeitpunkt des Verlustes Gewahrsam, sofern davon auszugehen ist, dass er verlorene Sachen generell für den Verlierer aufbewahren will. In Betrieben, in denen der Werkschutz mit der Aufbewahrung verlorener Sachen beauftragt ist, ist dies ohne weiteres der Fall. Aber auch im Übrigen ist wegen der arbeitsvertraglichen Fürsorgepflicht bzw. aus geschäftlichen Gründen zugunsten Betriebsangehöriger und Betriebsfremder ein solcher Aufbewahrungswille grundsätzlich zu unterstellen. Werkschutzangehörige, die unter diesen Umständen im Betriebsgelände verlorene Sachen an sich nehmen, erlangen an diesen Sachen zusammen mit dem Finder (Betriebsinhaber) Mitgewahrsam.

Beispiel:
Der Werkschutzmitarbeiter T hebt auf dem Betriebsgelände einen verlorenen 100-DM-Schein auf und steckt ihn ein, um seinem Sohn davon ein Geburtstagsgeschenk zu kaufen.
Der Geldschein ist eine für T fremde und bewegliche Sache. Im Zeitpunkt des Verlustes hatte der Betriebsinhaber Alleingewahrsam an dem Geldschein. T erlangte durch das Aufheben des Scheins Mitgewahrsam.
Indem T den Schein einsteckte, brach er den Mitgewahrsam des Betriebsinhabers und begründete alleinigen Gewahrsam (Wegnahme).
T wollte über den Geldschein wie der Eigentümer verfügen, obwohl er hierzu kein Recht hatte. Er handelte daher in rechtswidriger Zueignungsabsicht.
T hat den Tatbestand des Diebstahls (§ 242 Abs. 1 StGB) erfüllt.

Die Absicht der Zueignung ist auch in der Begehungsform des **fremdnützigen** Diebstahls möglich (vgl. „... oder einem Dritten...").

96

§ 246 StGB

Unterschlagung

(1) Wer eine fremde bewegliche Sache sich oder einem Dritten rechtswidrig zueignet, wird mit Freiheitsstrafe bis zu drei Jahren oder mit Geldstrafe bestraft, wenn die Tat nicht in anderen Vorschriften mit schwererer Strafe bedroht ist.

(2) Ist in den Fällen des Absatzes 1 die Sache dem Täter anvertraut, so ist die Strafe Freiheitsstrafe bis zu fünf Jahren oder Geldstrafe.

(2) Der Versuch ist strafbar.

Fremde bewegliche Sachen können auch Gegenstand der **Unterschlagung** sein. Im Unterschied zum Diebstahl steht die Sache bei der Unterschlagung nicht im Gewahrsam eines anderen. Eine Wegnahme erfolgt bei der Unterschlagung nicht. Die Unterschlagung ist Zueignung ohne Gewahrsamsbruch (vgl. Übersicht bei Rn. 106). Gewahrsamserlangung und Zueignung können zeitlich zusammenfallen.

Wie beim Diebstahl kann auch die Unterschlagung zugunsten eines Dritten (fremdnützig) erfolgen.

Beispiel:
Werkschutzmitarbeiter S hebt anlässlich eines privaten Spaziergangs einen verlorenen 100-€-Schein auf und steckt ihn ein. S bezahlt mit dem Geld im nächsten Gasthaus seine Zeche.
Der Geldschein ist eine für S fremde und bewegliche Sache. Durch das Aufheben des Scheins hat S Alleingewahrsam erlangt. In dem Entschluss, mit dem Geld wie der Eigentümer zu verfahren, liegt eine Zueignung, die S auch verwirklicht hat. Da S hierzu nicht berechtigt war, erfolgte die Zueignung rechtswidrig.
S hat den Tatbestand der Unterschlagung (§ 246 Abs. 1 StGB) erfüllt („Fundunterschlagung").

Diebstahl setzt keine Heimlichkeit voraus. Vollendeter Diebstahl kann auch vorliegen, wenn der **Täter beobachtet** wurde. Wird der Dieb vom Gewahrsamsinhaber oder einer Schutzperson (z. B. Werkschutz, Kaufhausdetektiv) beim Gewahrsamsbruch beobachtet und erst später gestellt, ist fraglich, ob vollendeter Diebstahl gegeben ist.

Bei **Diebesfallen** oder **Fangbriefen** (s. Rn. 270, 452 ff.) fehlt es am Gewahrsamsbruch, denn der Gewahrsamsinhaber will ja gerade, dass der Dieb die Sache, die ihn später überführen soll, an sich nimmt. Wegen des damit verbundenen Einverständnisses, das hier den Tatbestand ausschließt (s. Rn. 65), tritt in solchen Fällen Strafbarkeit nur wegen versuchten Diebstahls (§§ 242, 23 StGB) ein.

Ein nicht vom Gewahrsamsinhaber selbst, sondern von seinem Beauftragten beobachteter Dieb müsste an sich an der weiteren Ausführung des Diebstahls gehindert werden. Unterlässt die Schutzperson eigenmächtig ein solches Einschreiten, kann sie wegen Beihilfe zum Diebstahl durch Unterlassen (§§ 242, 27, 13 StGB) bestraft werden. Dies gilt auch, wenn die Schutzperson die Vollendung des Diebstahls nur will, um den Täter zu überführen (sog. **„agent provocateur"**).
Die Schutzperson bleibt aber straflos, wenn der Gewahrsamsinhaber (Unternehmer, Kaufhausbesitzer usw.) mit einer solchen Vorgehensweise (Sachentzug, um den Täter zu überführen) einverstanden ist; denn das Einverständnis des Gewahrsamsinhabers schließt den Tatbestand des Diebstahls aus.

Die Wegnahmehandlung ist in jedem Fall vollendet, wenn der Täter das Diebesgut aus der Sphäre des Gewahrsamsinhabers weggeschafft hat.

> **Beispiel:**
> D versteckt während der Arbeitszeit Fertigungsteile in seinem Pkw, um damit am Feierabend das Betriebsgelände zu verlassen.
> Spätestens mit Verlassen des Betriebsgeländes hat D den Gewahrsam seines Arbeitgebers endgültig gebrochen und neuen Gewahrsam begründet. Damit ist der Diebstahl vollendet.

Die Frage, ob ein Diebstahl bereits in dem Zeitpunkt vollendet sein könnte, in dem der Dieb fremde Sachen in der Sphäre des Gewahrsamsinhabers an sich bringt, hat die Rechtsprechung wie folgt gelöst:

Vollendeter Diebstahl liegt vor, wenn der Täter mit Zueignungsabsicht Sachen z. B. in seine Kleidung oder in eine mitgeführte Tasche gesteckt hat, wie dies etwa für den **Ladendiebstahl** charakteristisch ist. Das Diebesgut befindet sich mit dem Einstecken in der unmittelbaren körperlichen Gewahrsamssphäre des Täters. An der Vollendung des Diebstahls ändert sich auch nichts, wenn z. B. das Warenhauspersonal den Vorgang beobachtet hat und die weitere Verfügung ohne Schwierigkeiten verhindern könnte[10].

10 BGHSt 16, 271; 17, 208.

- **Versuchter Diebstahl** liegt vor, solange der Dieb nicht dadurch neuen Gewahrsam begründet, dass er die Beute in seine körperliche Sphäre bringt. Dies ist insbesondere bei Gegenständen der Fall, die der Täter nicht in seiner Kleidung oder in einer Tasche verbergen kann. Die Vollendung tritt hier erst mit der Begründung des neuen Gewahrsams ein.

  In vorgenanntem Beispiel hat D einen versuchten Diebstahl begangen, solange er sich noch auf dem Betriebsgelände aufhielt.

97 **§ 243 StGB**

Besonders schwerer Fall des Diebstahls

(1) In besonders schweren Fällen wird der Diebstahl mit Freiheitsstrafe von drei Monaten bis zu zehn Jahren bestraft. Ein besonders schwerer Fall liegt in der Regel vor, wenn der Täter

1. zur Ausführung der Tat in ein Gebäude, einen Dienst- oder Geschäftsraum oder in einen anderen umschlossenen Raum einbricht, einsteigt, mit einem falschen Schlüssel oder einem anderen nicht zur ordnungsmäßigen Öffnung bestimmten Werkzeug eindringt oder sich in dem Raum verborgen hält,
2. eine Sache stiehlt, die durch ein verschlossenes Behältnis oder eine andere Schutzvorrichtung gegen Wegnahme besonders gesichert ist,
3. gewerbsmäßig stiehlt,
4. aus einer Kirche oder einem anderen der Religionsausübung dienenden Gebäude oder Raum eine Sache stiehlt, die dem Gottesdienst gewidmet ist oder der religiösen Verehrung dient,
5. eine Sache von Bedeutung für Wissenschaft, Kunst oder Geschichte oder für die technische Entwicklung stiehlt, die sich in einer allgemein zugänglichen Sammlung befindet oder öffentlich ausgestellt ist,
6. stiehlt, indem er die Hilflosigkeit einer anderen Person, einen Unglücksfall oder eine gemeine Gefahr ausnutzt oder
7. eine Handfeuerwaffe, zu deren Erwerb er nach dem Waffengesetz der Erlaubnis bedarf, ein Maschinengewehr, eine Maschinenpistole, ein voll- oder halbautomatisches Gewehr oder eine Sprengstoff enthaltende Kriegswaffe im Sinne des Kriegswaffenkontrollgesetzes oder Sprengstoff stiehlt.

(2) In den Fällen des Absatzes 1 Satz 2 Nr. 1 bis 6 ist ein besonders schwerer Fall ausgeschlossen, wenn sich die Tat auf eine geringwertige Sache bezieht.

§ 243 StGB ist kein eigenständiger Straftatbestand. Die Vorschrift stellt lediglich für besonders schwere Fälle des Diebstahls einen **Sonderstrafrahmen** zur Verfügung, der eine härtere Bestrafung erlaubt. Abs. 1 enthält **Regelbeispiele** für besonders schwere Fälle:

- **Abs. 1 Nr. 1:**
  - **Umschlossener Raum** ist jedes durch Hindernisse, die mindestens teilweise künstlich sind, umschlossene Raumgebilde, das von Menschen betreten

werden kann und bei dem die Hindernisse den Zweck haben, Unbefugte abzuhalten. „Gebäude“, „Wohnung“, „Dienst- oder Geschäftsräume“ sind nur Unterfälle.

Beispiele:
- Bürowagen
- Schiffe
- Pkw
- umzäunter Fabrikhof oder Lagerplatz.

- **Gebäude** ist ein durch Wände und Dach begrenztes, mit dem Erdboden verbundenes Bauwerk, das den Eintritt von Menschen gestattet und Unbefugte abhalten soll.
- Zu **Dienst- und Geschäftsräumen** s. Rn. 86.
- **Einbrechen** ist das gewaltsame Öffnen der Umschließung eines umschlossenen Raumes. Ein Betreten des Raumes ist nicht erforderlich. Hineinfassen genügt.

Beispiel:
Wegdrücken eines Schrankes, der die Tür versperrt, um danach mit einer Hand Beutestücke aus dem Raum zu holen.

- **Einsteigen** ist das Eindringen in einen umschlossenen Raum auf einem Weg, der zum ordnungsgemäßen Eintritt nicht bestimmt ist, wobei Hindernisse überwunden werden. Der Täter muss mit seinem ganzen Körper oder wenigstens so weit eingedrungen sein, dass er sich innerhalb des befriedeten Bereichs einen Stützpunkt verschafft hat.

Beispiel:
Überklettern einer Fabrikmauer.

- **Falsche Schlüssel** sind Schlüssel, die im Tatzeitpunkt vom Berechtigten nicht oder nicht mehr zur Öffnung des Schlosses bestimmt sind. Ein verlorener oder gestohlener Schlüssel kann dadurch falscher Schlüssel werden, dass ihm der Berechtigte seine Bestimmung entzieht.

Beispiel: Der Berechtigte lässt einen neuen Schlüssel anfertigen, nachdem er die Suche nach dem alten, verlorenen Schlüssel aufgegeben hat. Benutzt der Dieb den alten Schlüssel zum Diebstahl, so verwendet er einen falschen Schlüssel.

Ein Zweitschlüssel ist ein richtiger Schlüssel.

- **andere Werkzeuge** sind Werkzeuge, die den Mechanismus des Schlosses ordnungswidrig in Bewegung setzen. Einbruchswerkzeuge zählen nicht dazu.

Beispiele:
- Dietriche
- Zange zum Umdrehen eines innen steckenden Schlüssels.

- **Sichverborgenhalten** bedeutet, dass der Täter besondere Vorkehrungen gegen seine Entdeckung trifft, sich z. B. versteckt. Es reicht aus, dass der Täter den Raum zu einer Zeit befugt betreten hat.

  Beispiel:
  Ein Dieb versteckt sich im Kaufhaus, um nach Ladenschluss zu stehlen.

- **Abs. 1 Nr. 2:** Der Täter stiehlt eine Sache, die durch Schutzvorrichtung besonders gesichert ist. Es kommt nicht darauf an, ob der Dieb die Schutzvorrichtung beseitigt.

  Beispiel:
  Diebstahl einer verschlossenen Geldkassette.

  - **Behältnis** ist ein Raumgebilde, das der Aufnahme von Sachen dient und nicht dazu bestimmt ist, von Menschen betreten zu werden.
  - **Schutzvorrichtungen** müssen speziell eine Verhinderung der Wegnahme bezwecken.

  Beispiel:
  Diebstahl eines versperrten Fahrrades.

- **Abs. 1 Nr. 3:**
  Gewerbsmäßig bedeutet, dass sich der Täter aus wiederholter Tatbegehung eine fortlaufende Einnahmequelle von gewisser Dauer verschaffen möchte.

- **Abs. 1 Nr. 5:**
  - **Allgemein zugänglich** heißt, dass der Kreis der Benutzer nicht von vornherein auf bestimmte Personen begrenzt ist. Es ist unmaßgeblich, ob der Zutritt nur gegen Entgelt oder aufgrund einer Erlaubnis, z. B. einer Eintrittskarte, gewährt wird.
  - **Öffentlich ausgestellt** sind Sachen, die sich in allgemein zugänglichen Ausstellungen (z. B. Galerie) oder an öffentlich zugänglichen Orten (z. B. in einem Park) befinden.

- **Abs. 1 Nr. 6:**
  - **Hilflosigkeit** liegt vor, wenn sich jemand aus eigener Kraft nicht gegen konkret drohende Gefahren schützen kann.
  - Zu den Begriffen **Unglücksfall** und **gemeine Gefahr** s. Rn. 105.
  - **Ausnutzen** heißt, dass sich der Täter den in solchen Situationen verminderten Schutz zur Begehung des Diebstahls bewusst zunutze macht.

- **Abs. 1 Nr. 7:**

  Zur Erlaubnispflicht für **Handfeuerwaffen** s. Rn. 71.

Nach § 243 Abs. 2 StGB ist in den Fällen des Abs. 1 Nr. 1 bis 6 ein besonders schwerer Fall ausgeschlossen, wenn sich die Tat auf eine geringwertige Sache bezieht (s. Fußnote bei Rn. 108).

§ 244 StGB 98

Diebstahl mit Waffen; Bandendiebstahl; Wohnungseinbruchdiebstahl

(1) Mit Freiheitsstrafe von sechs Monaten bis zu zehn Jahren wird bestraft, wer

1. einen Diebstahl begeht, bei dem er oder ein anderer Beteiligter
   a) eine Waffe oder ein anderes gefährliches Werkzeug bei sich führt,
   b) sonst ein Werkzeug oder Mittel bei sich führt, um den Widerstand einer anderen Person durch Gewalt oder Drohung mit Gewalt zu verhindern oder zu überwinden,
2. als Mitglied einer Bande, die sich zur fortgesetzten Begehung von Raub oder Diebstahl verbunden hat, unter Mitwirkung eines anderen Bandenmitglieds stiehlt oder
3. einen Diebstahl begeht, bei dem er zur Ausführung der Tat in eine Wohnung einbricht, einsteigt, mit einem falschen Schlüssel oder einem anderen nicht zur ordnungsgemäßen Öffnung bestimmten Werkzeug eindringt oder sich in der Wohnung verborgen hält.

(2) Der Versuch ist strafbar.

(3) In den Fällen des Absatzes 1 Nr. 2 sind die §§ 43 a, 73 d anzuwenden.

§ 244 StGB stellt den **Diebstahl mit Waffen** sowie den **Bandendiebstahl** und den **Wohnungseinbruchsdiebstahl** unter Strafe.

Für § 244 Abs. 1 Nr. 1 StGB genügt das bloße Beisichhaben einer (einsatzbereiten) Waffe. Es muss sich nicht um eine Schusswaffe handeln. Auch Hieb-, Stoß- oder Stichwaffen genügen (vgl. dazu Rn. 71), ebenso Handgranaten, Molotow-Cocktails und Waffen im nichttechnischen Sinn (z. B. ein Auto). Eine Schusswaffe muss noch nicht geladen sein. Es reicht aus, dass die Waffe jederzeit einsatzbereit gemacht werden kann.

> **Beispiel:**
> Ein Polizeibeamter, der in Ausübung seines Dienstes eine Schusswaffe bei sich führt und einen Diebstahl begeht, macht sich nach § 244 StGB strafbar[11].

Zum Begriff **Wohnung** s. Rn. 86.

11.7 Betrug 99

§ 263 StGB

Betrug

(1) Wer in der Absicht, sich oder einem Dritten einen rechtswidrigen Vermögensvorteil zu verschaffen, das Vermögen eines anderen dadurch beschädigt, dass er durch Vorspiegelung falscher oder durch Entstellung oder Unterdrückung wahrer Tatsachen einen Irrtum erregt oder unterhält, wird mit Freiheitsstrafe bis zu fünf Jahren oder mit Geldstrafe bestraft.

11 BGH, JR 1982, S. 424.

(2) Der Versuch ist strafbar.

(3) In besonders schweren Fällen ist die Strafe Freiheitsstrafe von sechs Monaten bis zu zehn Jahren. Ein besonders schwerer Fall liegt in der Regel vor, wenn der Täter

1. gewerbsmäßig oder als Mitglied einer Bande handelt, die sich zur fortgesetzten Begehung von Urkundenfälschung oder Betrug verbunden hat,
2. einen Vermögensverlust großen Ausmaßes herbeiführt oder in der Absicht handelt, durch die fortgesetzte Begehung von Betrug eine große Zahl von Menschen in die Gefahr des Verlustes von Vermögenswerten zu bringen,
3. eine andere Person in wirtschaftliche Not bringt,
4. seine Befugnisse oder seine Stellung als Amtsträger missbraucht oder
5. einen Versicherungsfall vortäuscht, nachdem er oder ein anderer zu diesem Zweck eine Sache von bedeutendem Wert in Brand gesetzt oder durch eine Brandlegung ganz oder teilweise zerstört oder ein Schiff zum Sinken oder Stranden gebracht hat.

(4) § 243 Abs. 2 sowie die §§ 247 und 248 a gelten entsprechend.

(5) Mit Freiheitsstrafe von einem Jahr bis zu zehn Jahren, in minder schweren Fällen mit Freiheitsstrafe von sechs Monaten bis zu fünf Jahren wird bestraft, wer den Betrug als Mitglied einer Bande, die sich zur fortgesetzten Begehung von Straftaten nach den §§ 263 bis 264 oder 267 bis 269 verbunden hat, gewerbsmäßig begeht.

(6) Das Gericht kann Führungsaufsicht anordnen (§ 68 Abs. 1).

(7) Die §§ 43 a und 73 d sind anzuwenden, wenn der Täter als Mitglied einer Bande handelt, die sich zur fortgesetzten Begehung von Straftaten nach den §§ 263 bis 264 oder 267 bis 269 verbunden hat. § 73 d ist auch dann anzuwenden, wenn der Täter gewerbsmäßig handelt.

- **Objektive** Tatbestandsmerkmale sind
  - **Täuschungshandlung** durch
    - Vorspiegelung falscher Tatsachen bzw.
      Entstellung oder Unterdrückung wahrer Tatsachen
  - Irrtumserregung
  - Vermögensverfügung
  - Vermögensschaden.
- **Subjektive** Tatbestandsmerkmale kennzeichnen die innere Einstellung des Täters bei der Tatbegehung. § 263 StGB verlangt die „Absicht, sich oder einem Dritten einen rechtswidrigen Vermögensvorteil zu verschaffen“.

  Betrug ist einer der schillerndsten Straftatbestände. Seine Begehungsweisen sind praktisch unerschöpflich.

Beispiele:
- Trickbetrug
- Spendenbetrug
- Bettelbetrug
- Zechprellerei
- Einmietbetrug

- Kreditbetrug
- Anstellungsbetrug
- Vermittlungsbetrug
- Leistungserschleichung
- Versicherungsbetrug
- Wirtschaftsbetrug.

§ 263 Abs. 3 enthält in der seit 1998 geltenden Fassung nunmehr Regelbeispiele für besonders schwere Fälle.

11.8 Urkundenfälschung 100

§ 267 StGB

Urkundenfälschung

(1) Wer zur Täuschung im Rechtsverkehr eine unechte Urkunde herstellt, eine echte Urkunde verfälscht oder eine unechte oder verfälschte Urkunde gebraucht, wird mit Freiheitsstrafe bis zu fünf Jahren oder mit Geldstrafe bestraft.

(2) Der Versuch ist strafbar.

(3) In besonders schweren Fällen ist die Strafe Freiheitsstrafe von sechs Monaten bis zu zehn Jahren. Ein besonders schwerer Fall liegt in der Regel vor, wenn der Täter

1. gewerbsmäßig oder als Mitglied einer Bande handelt, die sich zur fortgesetzten Begehung von Betrug oder Urkundenfälschung verbunden hat,
2. einen Vermögensverlust großen Ausmaßes herbeiführt,
3. durch eine große Zahl von unechten oder verfälschten Urkunden die Sicherheit des Rechtsverkehrs erheblich gefährdet oder
4. seine Befugnisse oder seine Stellung als Amtsträger missbraucht.

(4) Mit Freiheitsstrafe von einem Jahr bis zu zehn Jahren, in minder schweren Fällen mit Freiheitsstrafe von sechs Monaten bis zu fünf Jahren wird bestraft, wer die Urkundenfälschung als Mitglied einer Bande, die sich zur fortgesetzten Begehung von Straftaten nach den §§ 263 bis 264 oder 267 bis 269 verbunden hat, gewerbsmäßig begeht.

Die Urkundenfälschung ist im Zusammenhang mit Wirtschaftsstraftaten von erheblicher Bedeutung.

Die **Merkmale einer Urkunde** sind

- **verkörperte Gedankenerklärung**

  Beispiele:
  - Künstlerzeichen auf einem Kunstwerk
  - Nummernschild an einem Kfz
  - TÜV-Plakette auf dem Kennzeichen.

- **Eignung und Bestimmung, im Rechtsverkehr eine Tatsache zu beweisen.** Hierzu zählen auch die sog. Beweiszeichen, d. h. an einem Gegenstand angebrachte Zeichen, die für bestimmte rechtliche Beziehungen Beweis erbringen können.

Beispiele:
- Fahrgestellnummer eines Kfz
- Merkstriche auf einem Bierdeckel.

- **Erkennbarkeit eines bestimmten Ausstellers.** Der Aussteller kann aus der Unterschrift, aber auch nur aus einem Briefkopf oder einem sonstigen Zeichen, das auf ihn hinweist, erkennbar sein.

Entwürfe, Abschriften oder Fotokopien sind keine Urkunden. Urkunden sind hingegen Durchschriften, beglaubigte Abschriften oder beglaubigte Kopien, weil der Beglaubigungsvermerk auf dem Papier selbst die Urkundsmerkmale aufweist.

Tathandlungen sind

- das **Herstellen einer unechten Urkunde:** Die Bezeichnung des Ausstellers in der Urkunde stimmt nicht mit der Person überein, von der die Urkunde tatsächlich ausgestellt ist. Es wird allein über die Identität des Ausstellers getäuscht. Unmaßgeblich ist, ob der Inhalt der Urkunde der Wahrheit entspricht. Die **„schriftliche Lüge"** des richtigen Ausstellers fällt nicht unter § 267 StGB.

  Beispiel:
  X unterzeichnet einen Scheck mit dem Namen des Y.

- das **Verfälschen einer echten Urkunde.** Der Text der verkörperten Gedankenerklärung wird nachträglich so verändert, dass die Urkunde eine andere Beweisrichtung erhält.

  Beispiel:
  Ein Betriebsangehöriger tauscht das Lichtbild in seinem Werksausweis gegen das seines Freundes aus, um diesem dem Zugang zu einem bestimmten Betriebsteil zu ermöglichen.

- das **Gebrauchen einer unechten oder verfälschten Urkunde.** Die Urkunde wird einem anderen so zugänglich gemacht, dass dieser von ihr Kenntnis nehmen kann. Eine tatsächliche Kenntnisnahme braucht nicht zu erfolgen. Das Gebrauchen folgt in der Regel dem Herstellen einer unechten Urkunde oder dem Verfälschen einer echten Urkunde nach.

  Beispiel:
  Benutzen eines Kfz mit gefälschtem Kennzeichen.

Sämtliche Begehungsformen müssen **zur Täuschung im Rechtsverkehr** erfolgen. Der Täter will einerseits den Eindruck der Echtheit der Urkunde hervorrufen, andererseits den Getäuschten zu einem rechtserheblichen Verhalten veranlassen. Für die von § 267 StGB geforderte Absicht ist erforderlich, dass es dem Täter gerade auf die Täuschung im Rechtsverkehr ankommt.

§ 268 StGB 101

Fälschung technischer Aufzeichnungen

(1) Wer zur Täuschung im Rechtsverkehr

1. eine unechte technische Aufzeichnung herstellt oder eine echte technische Aufzeichnung verfälscht oder
2. eine unechte oder verfälschte technische Aufzeichnung gebraucht,

wird mit Freiheitsstrafe bis zu fünf Jahren oder mit Geldstrafe bestraft.

(2) Technische Aufzeichnung ist eine Darstellung von Daten, Mess- oder Rechenwerten, Zuständen oder Geschehensabläufen, die durch ein technisches Gerät ganz oder zum Teil selbsttätig bewirkt wird, den Gegenstand der Aufzeichnung allgemein oder für Eingeweihte erkennen lässt und zum Beweis einer rechtlich erheblichen Tatsache bestimmt ist, gleichviel ob ihr die Bestimmung schon bei der Herstellung oder erst später gegeben wird.

(3) Der Herstellung einer unechten technischen Aufzeichnung steht es gleich, wenn der Täter durch störende Einwirkung auf den Aufzeichnungsvorgang das Ergebnis der Aufzeichnung beeinflusst.

(4) Der Versuch ist strafbar.

(5) § 267 Abs. 3 und 4 gilt entsprechend.

§ 268 StGB behandelt die **Fälschung technischer Aufzeichnungen.** Die Vorschrift erfasst Fälle, in denen auf technischem Wege hergestellte Beweismittel, die keine Urkunden im Sinne von § 267 StGB sind, zur Täuschung im Rechtsverkehr unecht hergestellt, verfälscht oder als solche gebraucht werden. § 268 Abs. 2 StGB enthält eine gesetzliche Definition des Begriffs „technische Aufzeichnungen".

Beispiele:
- Aufzeichnung von Zuständen (z. B. Röntgenaufnahmen)
- mechanische Erfassung von Telefongesprächen
- Schaublatt eines Fahrtenschreibers
- Darstellung von Messwerten.

§§ 269, 270 StGB (Fälschung beweiserheblicher Daten, Täuschung im Rechtsverkehr bei Datenverarbeitung) enthalten Spezialvorschriften, die denen der Urkundenfälschung bzw. der Fälschung technischer Aufzeichnungen verwandt sind.

11.9 Sachbeschädigung 102

§ 303 StGB

Sachbeschädigung

(1) Wer rechtswidrig eine fremde Sache beschädigt oder zerstört, wird mit Freiheitsstrafe bis zu zwei Jahren oder mit Geldstrafe bestraft.

(2) Der Versuch ist strafbar.

Ebenso wird bestraft, wer unbefugt das Erscheinungsbild einer fremden Sache nicht nur unerheblich und nicht nur vorübergehend verändert.

Die **Tathandlung** besteht im **Beschädigen** oder **Zerstören** einer **fremden Sache.**

Als Schuldform verlangt das Gesetz **Vorsatz** (§ 15 StGB). Die fahrlässige Sachbeschädigung verpflichtet (ebenso wie die vorsätzliche) zum Schadensersatz nach § 823 Abs. 1 BGB. Strafbar ist jedoch die fahrlässige begangene Sachbeschädigung nicht.

Die Tat wird außerdem grundsätzlich nur auf Antrag verfolgt (Antragsdelikt, vgl. Rn. 108). Die Strafverfolgungsbehörde (Staatsanwaltschaft) kann jedoch wegen des besonderen öffentlichen Interesses an der Strafverfolgung auch ein Einschreiten von Amts wegen für geboten halten (§ 303 c StGB).

103 11.10 Gemeingefährliche Straftaten

§ 306 StGB

Brandstiftung

(1) Wer fremde

1. Gebäude oder Hütten,
2. Betriebsstätten oder technische Einrichtungen, namentlich Maschinen,
3. Warenlager oder -vorräte,
4. Kraftfahrzeuge, Schienen-, Luft- oder Wasserfahrzeuge,
5. Wälder, Heiden oder Moore oder
6. land-, ernährungs- oder forstwirtschaftliche Anlagen oder Erzeugnisse

in Brand setzt oder durch eine Brandlegung ganz oder teilweise zerstört, wird mit Freiheitsstrafe von einem Jahr bis zu zehn Jahren bestraft.

(2) In minder schweren Fällen ist die Strafe Freiheitsstrafe von sechs Monaten bis zu fünf Jahren.

Geschützte Objekte sind

- Gebäude und Hütten (Nr. 1), auch wenn sie nicht der Wohnung von Menschen dienen
- Betriebsstätten oder technische Einrichtungen, insbesondere Maschinen (Nr. 2)
- Warenlager oder -vorräte (Nr. 3)
- Kraftfahrzeuge, Schienen-, Luft- oder Wasserfahrzeuge (Nr. 4)
- Wälder, Heiden, Moore (Nr. 5)
- land-, ernährungs- oder forstwirtschaftliche Anlagen oder Erzeugnisse (Nr. 6).

Tathandlung ist

- das **Inbrandsetzen** oder
- das Zerstören durch eine Brandlegung.

Eine Sache ist in Brand gesetzt, wenn sie derart vom Feuer ergriffen ist, dass dieses auch nach Entfernung oder Erlöschen des Zündstoffes selbstständig weiterbrennen kann. Ein Inbrandsetzen anderer als der in § 306 StGB genannten Objekte kann als Sachbeschädigung oder Versicherungsbetrug bzw. Versicherungsmissbrauch (§§ 263 Abs. 3 Nr. 5, 265 StGB) strafbar sein.

§ 306 a

Schwere Brandstiftung

(1) Mit Freiheitsstrafe nicht unter einem Jahr wird bestraft, wer

1. ein Gebäude, ein Schiff, eine Hütte oder eine andere Räumlichkeit, die der Wohnung von Menschen dient,
2. eine Kirche oder ein anderes der Religionsausübung dienendes Gebäude oder
3. eine Räumlichkeit, die zeitweise dem Aufenthalt von Menschen dient, zu einer Zeit, in der Menschen sich dort aufzuhalten pflegen,

in Brand setzt oder durch eine Brandlegung ganz oder teilweise zerstört.

(2) Ebenso wird bestraft, wer eine in § 306 Abs. 1 Nr. 1 bis 6 bezeichnete Sache in Brand setzt oder durch eine Brandlegung ganz oder teilweise zerstört und dadurch einen anderen Menschen in die Gefahr einer Gesundheitsschädigung bringt.

(3) In minder schweren Fällen der Absätze 1 und 2 ist die Strafe Freiheitsstrafe von sechs Monaten bis zu fünf Jahren.

§ 306 b

Besonders schwere Brandstiftung

(1) Wer durch eine Brandstiftung nach § 306 oder § 306 a eine schwere Gesundheitsschädigung eines anderen Menschen oder eine Gesundheitsschädigung einer großen Zahl von Menschen verursacht, wird mit Freiheitsstrafe nicht unter zwei Jahren bestraft.

(2) Auf Freiheitsstrafe nicht unter fünf Jahren ist zu erkennen, wenn der Täter in den Fällen des § 306 a

1. einen anderen Menschen durch die Tat in die Gefahr des Todes bringt,
2. in der Absicht handelt, eine andere Straftat zu ermöglichen oder zu verdecken oder
3. das Löschen des Brandes verhindert oder erschwert.

§ 306 c

Brandstiftung mit Todesfolge

Verursacht der Täter durch eine Brandstiftung nach den §§ 306 bis 306 b wenigstens leichtfertig den Tod eines anderen Menschen, so ist die Strafe lebenslange Freiheitsstrafe oder Freiheitsstrafe nicht unter zehn Jahren.

§ 306 d

Fahrlässige Brandstiftung

(1) Wer in den Fällen des § 306 Abs. 1 oder des § 306 a Abs. 1 fahrlässig handelt oder in den Fällen des § 306 a Abs. 2 die Gefahr fahrlässig verursacht, wird mit Freiheitsstrafe bis zu fünf Jahren oder mit Geldstrafe bestraft.

(2) Wer in den Fällen des § 306 a Abs. 2 fahrlässig handelt und die Gefahr fahrlässig verursacht, wird mit Freiheitsstrafe bis zu drei Jahren oder mit Geldstrafe bestraft.

104 **§ 306 f StGB**

Herbeiführen einer Brandgefahr

(1) Wer fremde

1. feuergefährdete Betriebe oder Anlagen,
2. Anlagen oder Betriebe der Land- oder Ernährungswirtschaft, in denen sich deren Erzeugnisse befinden,
3. Wälder, Heiden oder Moore oder
4. bestellte Felder oder leicht entzündliche Erzeugnisse der Landwirtschaft, die auf Feldern lagern,

durch Rauchen, durch offenes Feuer oder Licht, durch Wegwerfen brennender oder glimmender Gegenstände oder in sonstiger Weise in Brandgefahr bringt, wird mit Freiheitsstrafe bis zu drei Jahren oder mit Geldstrafe bestraft.

(2) Ebenso wird bestraft, wer eine in Absatz 1 Nr. 1 bis 4 bezeichnete Sache in Brandgefahr bringt und dadurch Leib oder Leben eines anderen Menschen oder fremde Sachen von bedeutendem Wert gefährdet.

(3) Wer in den Fällen des Absatzes 1 fahrlässig handelt oder in den Fällen des Absatzes 2 die Gefahr fahrlässig verursacht, wird mit Freiheitsstrafe bis zu einem Jahr oder mit Geldstrafe bestraft.

Schutzobjekte sind

- feuergefährdete Betriebe und Anlagen (Nr. 1)
- bestimmte Anlagen und Betriebe der Land- und Ernährungswirtschaft (Nr. 2)
- Wälder, Heiden, Moore (Nr. 3)
- bestellte Felder (z. B. mit Getreide, Heu oder Stroh) oder leichtentzündliche Erzeugnisse der Landwirtschaft, die auf Feldern lagern (Nr. 4).

Tathandlung ist das vorsätzliche (Abs. 1) oder fahrlässige (Abs. 3) Verursachen einer konkreten Brandgefahr für ein Schutzobjekt durch Rauchen, offenes Feuer oder Licht, Wegwerfen brennender oder glimmender Gegenstände oder in sonstiger Weise.

105 **§ 323 c StGB**

Unterlassene Hilfeleistung

Wer bei Unglücksfällen oder gemeiner Gefahr oder Not nicht Hilfe leistet, obwohl dies erforderlich und ihm den Umständen nach zuzumuten, insbesondere ohne erhebliche eigene Gefahr und ohne Verletzung anderer wichtiger Pflichten möglich ist, wird mit Freiheitsstrafe bis zu einem Jahr oder mit Geldstrafe bestraft.

Die Tat ist **echtes Unterlassungsdelikt** (s. Rn. 76).

Unglücksfall ist ein plötzliches Ereignis, das erhebliche Gefahr für Menschen oder Sachen mit sich bringt (z. B. Verkehrs- oder Betriebsunfall).

Gemeine Gefahr ist eine konkrete Gefahr für eine unbestimmte Zahl von Menschen oder zahlreiche Sachen von insgesamt hohem Wert.

Beispiele:
- Giftgaswolke
- radioaktive Verseuchung
- Gebäudebrand mit der Gefahr des Umsichgreifens.

Tathandlung ist das Unterlassen von Hilfeleistung, obwohl nach den Umständen

- **Hilfe objektiv erforderlich** ist; andernfalls würde dem Opfer keine oder keine ausreichende Hilfe zuteil. Die Pflicht entfällt, wenn sichere Gewähr für sofortige anderweitige Hilfe besteht (z. B. Notarzt, Feuerwehr usw. sind verständigt).
- die **Hilfeleistung** dem Täter **subjektiv zumutbar** ist. Dies ist der Fall, wenn ihm Hilfe möglich ist
  - ohne erhebliche eigene Gefahr und
  - ohne Verletzung anderer wichtiger Pflichten.

Was dem zur Hilfeleistung Verpflichteten im Einzelfall zugemutet werden kann, richtet sich vor allem nach der **Schwere der Gefahr** und den **persönlichen Fähigkeiten** des Hilfspflichtigen. Je größer eine Gefahr ist, umso mehr kann an Einsatz verlangt werden. Von ausgebildeten Mitarbeitern des Rettungsdienstes, der Betriebsfeuerwehr oder des Werkschutzes ist mehr zu fordern als von anderen Beschäftigten (Pflicht zu erhöhter Gefahrtragung).

Die BGV A 1 – Grundsätze der Prävention – enthält weitere Bestimmungen für die Erste Hilfe und das Verhalten bei Arbeitsunfällen (s. Rn. 237).

11.11 **Vermögensdelikten** hat das StGB keinen eigenen Abschnitt gewidmet. Es **106**
handelt sich bei ihnen jedoch um rechtswidrige Taten, die gegen fremdes Vermögen gerichtet sind (§ 11 Nr. 5 StGB). Als Hauptbeispiele sind Diebstahl, Unterschlagung, Raub, Betrug und Erpressung anzuführen. Die Tatbestände unterscheiden sich danach, ob dem Opfer etwas (unfreiwillig) weggenommen wird oder ob es freiwillig Vermögenswerte weggibt. Beide Formen kommen mit und ohne Einsatz von Gewalt seitens des Täters vor.

System der Vermögensdelikte

	Wegnahme einer Sache (unfreiwillig)		Weggabe von Vermögenswerten (freiwillig)
gewaltlos	Diebstahl (§ 242 StGB)	Unterschlagung (§ 246 StGB)	Betrug (§ 263 StGB)
gewaltsam	Raub (§ 249 StGB) (aus Diebstahl und Nötigung zusammengesetztes Delikt)		Erpressung (§ 253 StGB) (aus Betrug und Nötigung zusammengesetztes Delikt)

12. Kapitel: Das Recht des Strafverfahrens

107 12.1 Herr des strafprozessualen **Ermittlungsverfahrens** ist die Staatsanwaltschaft (s. Rn. 20, 22). Sobald die Staatsanwaltschaft von dem Verdacht einer Straftat Kenntnis erhält, hat sie den Sachverhalt zu erforschen und hierbei objektiv alle zur Belastung sowie zur Entlastung dienenden Umstände zu ermitteln (§ 160 StPO). Die Staatsanwaltschaft kann Ermittlungen jeder Art selbst vornehmen oder durch die **Polizei** vornehmen lassen (§ 161 StPO).

Staatsanwaltschaft bzw. Polizei erhalten in den meisten Fällen aufgrund einer **Strafanzeige** Kenntnis von einer Straftat. Eine Strafanzeige ist die Information der zuständigen Stelle, dass eine Straftat begangen worden ist. Die Anzeige kann mündlich, fernmündlich oder schriftlich (auch anonym) erstattet werden. Zur **Entgegennahme** sind verpflichtet (§ 158 Abs. 1 StPO)

- die Staatsanwaltschaft
- die Behörden und Beamten des Polizeidienstes
- die Amtsgerichte.

Für die weitere Bearbeitung einer Strafanzeige kommt es auf die Art der angezeigten Straftat an.

108 Ein **Offizialdelikt** ist eine Straftat, deren Verfolgbarkeit nicht von einem Strafantrag oder einer anderen Verfolgungsvoraussetzung (z. B. Ermächtigung oder Strafverlangen gem. § 77 e StGB) abhängt.

Die Strafverfolgungsbehörden sind zur Verfolgung von Offizialdelikten von Amts wegen verpflichtet.

Beispiel:
Aus einer Lagerhalle werden durch einen Einbruch Zubehörteile für Baumaschinen entwendet. Es liegt ein Fall des Diebstahls in einem besonders schweren Fall vor (§§ 242, 243 Abs. 1 Nr. 1 StGB). Da es sich bei dem Diebesgut nicht um geringwertige Sachen handelt, bedarf es für die Strafverfolgung keines Strafantrages (vgl. §§ 243 Abs. 2, 248 a StGB). Es liegt ein Offizialdelikt vor.

Im Unterschied zum Offizialdelikt tritt die Strafverfolgung eines **Antragsdeliktes** grundsätzlich nur auf Antrag ein. In welchen Fällen ein Strafantrag erforderlich ist, ist den jeweiligen Strafvorschriften zu entnehmen.

Beispiele:
- Hausfriedensbruch (§ 123 Abs. 2 StGB)
- Beleidigung, üble Nachrede, Verleumdung (§§ 185 bis 187, 194 Abs. 1 StGB)
- Verletzung der Vertraulichkeit des Wortes (§§ 201 Abs. 1, 2, 205 StGB)

- Körperverletzung und fahrlässige Körperverletzung (§§ 223, 229, 230 StGB)
- Diebstahl und Unterschlagung geringwertiger Sachen[1] (§§ 242, 246, 248 a StGB)
- Betrug und Untreue mit geringwertigem Vermögensschaden (§ 263 Abs. 1, 4, § 266 Abs. 2 StGB)
- Sachbeschädigung (§§ 303, 303 c StGB).

Bei den Antragsdelikten handelt es sich um Straftaten, an deren Verfolgung der Staat in der Regel kein gesteigertes Interesse hat, weil sie überwiegend das Verhältnis einzelner Bürger untereinander betreffen (wie z. B. Beleidigung unter Nachbarn oder Arbeitskollegen) oder trotz Schädigung der Rechtsgüter eines Einzelnen für die Öffentlichkeit kein nennenswerter Schaden eingetreten ist. Eine Bestrafung von Amts wegen „um jeden Preis" würde vielfach dazu beitragen, dass der Rechtsfriede unter den Beteiligten nicht oder jedenfalls nur schwer wiederhergestellt werden könnte. Der Staat macht deshalb in solchen Fällen die Durchführung eines Strafverfahrens von der Stellung eines **Strafantrages** als besondere Prozessvoraussetzung abhängig. In § 374 Abs. 1 StPO sind Antragsdelikte aufgeführt, die der Verletzte im Wege der sog. **Privatklage** sogar ohne Einschaltung der Staatsanwaltschaft gerichtlich verfolgen kann.

Bei einigen der genannten Antragsdelikte besteht jedoch ein **Vorbehalt.** Der Verletzte braucht keinen Strafantrag zu stellen, wenn die Strafverfolgungsbehörde wegen des **besonderen Interesses an der Strafverfolgung** ein Einschreiten von Amts wegen für geboten hält (z. B. §§ 248 a, 230 Abs. 1, 303 c StGB).

Beispiel:
X wird zum wiederholten Male eines Ladendiebstahls überführt. Auch wenn X jedes Mal nur geringwertige Sachen entwendet hat und der Ladeninhaber an sich nach § 248 a StGB Strafantrag stellen müsste, wird die Staatsanwaltschaft hier ein besonderes öffentliches Interesse an der Strafverfolgung bejahen, weil die Allgemeinheit vor notorischen Ladendieben geschützt werden muss. In diesem Fall wird ein Ermittlungsverfahren auch ohne Strafantrag durchgeführt.

Das Gesetz knüpft an die Wirksamkeit eines Strafantrages besondere Voraussetzungen (§§ 77 ff. StGB). Im Sprachgebrauch werden Strafanzeige und Strafantrag oftmals verwechselt, obwohl sie grundlegende einzelne Unterschiede aufweisen:

1 Die Rechtsprechung nimmt Geringwertigkeit bei einem Sachwert von ca. 50,– € an, vgl. OLG Hamm, NJW 2003, 3145.

Unterscheidungs-merkmal	Strafanzeige	Strafantrag
Rechtsnatur	Information von begangener Straftat	Willenserklärung zur Strafverfolgung (Prozessvoraussetzung)
Kundgabe	wird erstattet	wird gestellt
Berechtigter	jedermann	Verletzter (§ 77 Abs. 1 StGB)
Form	mündlich oder schriftlich (§ 158 Abs. 1 StPO)	schriftlich (§ 158 Abs. 2 StPO)
Frist	keine	3 Monate ab Kenntnis des Berechtigten von Tat und Täter (§ 77 b StGB)
zuständige Stelle	– Staatsanwaltschaft – Polizei – Amtsgericht (§ 158 Abs. 1 StPO)	– Staatsanwaltschaft – andere Behörde – Gericht (§ 158 Abs. 2 StPO)
Rücknahme	nicht möglich	bis zum rechtskräftigen Abschluss des Strafverfahrens zulässig. Nochmalige Antragstellung unzulässig (§ 77 d StGB)

109 Nach dem Abschluss der Ermittlungen stehen der Staatsanwaltschaft folgende weitere Verfahrensmöglichkeiten zur Verfügung:

- **Einstellung** des Verfahrens
  - nach § 170 Abs. 2 StPO (z. B. wegen erwiesener Unschuld des Verdächtigen, Eintritts der Verfolgungsverjährung, bei Antragsdelikten wegen fehlenden oder verspätet gestellten Strafantrags)
  - aus Opportunitätsgründen z. B. wegen Geringfügigkeit (§ 153 StPO) oder bei Erfüllung von Auflagen und Weisungen (§ 153 a StPO; z. B. nach Zahlung eines bestimmten Geldbetrages zugunsten einer gemeinnützigen Einrichtung)
- Erhebung der **öffentlichen Klage,** insbesondere durch
  - Einreichung einer **Anklageschrift** bei dem zuständigen Gericht (§§ 170 Abs. 1, 199 Abs. 2, 200, 201 StPO)
  - **Strafbefehlsantrag** (§§ 407 ff. StPO).

110 12.2 Das zuständige Gericht entscheidet nach Erhebung der öffentlichen Klage im sog. **Zwischenverfahren** darüber, ob das Hauptverfahren zu eröffnen oder das Verfahren vorläufig einzustellen ist (§§ 199 Abs. 1, 205 StPO). Erscheint der Angeschuldigte[2] nach den Ergebnissen des Ermittlungsverfahrens einer Straftat hinreichend verdächtig[3], beschließt das Gericht die Eröffnung des Hauptverfahrens (§§ 203, 207 StPO) und bereitet dieses Verfahren vor (§§ 213 ff. StPO). Im Strafbefehlsverfahren findet eine Hauptverhandlung nur nach rechtzeitigem Einspruch des Beschuldigten statt (§ 411 StPO).

12.3 Der Ablauf der **Hauptverhandlung** ist in §§ 243 ff. StPO geregelt. Danach **111**
sind folgende Phasen zu unterscheiden:

- Aufruf der Sache (§ 243 Abs. 1 Satz 1 StPO)
- Feststellung der anwesenden und erschienenen Prozessbeteiligten (§ 243 Abs. 1 Satz 2 StPO)
- Vernehmung des Angeklagten zur Person (§ 243 Abs. 2 Satz 2 StPO)
- Verlesung des Anklagesatzes durch den Staatsanwalt (§ 243 Abs. 3 StPO)
- Belehrung des Angeklagten über sein Aussageverweigerungsrecht und ggf. Vernehmung zur Sache (§ 243 Abs. 4 StPO)
- Beweisaufnahme (§§ 244 bis 257 StPO)
- Schlussvorträge des Staatsanwalts und des Angeklagten bzw. Verteidigers; „letztes Wort" des Angeklagten (§ 258 StPO)
- Beratung und Verkündung des Urteils „im Namen des Volkes" (§§ 260 ff., 268 StPO). Das **Urteil** kann lauten auf (s. Rn. 85)
  - Verurteilung zu einer Geld- oder Freiheitsstrafe
  - Freispruch
  - Einstellung des Verfahrens.

12.4 Sowohl die Staatsanwaltschaft wie auch der Beschuldigte und sein Vertei- **112**
diger haben die Möglichkeit, gegen richterliche Entscheidungen **Rechtsmittel** einzulegen (§§ 296 ff. StPO). Im Strafverfahren sind folgende Rechtsmittel zulässig:

- die **Beschwerde** zum entscheidenden oder zum Beschwerdegericht gegen richterliche Beschlüsse (§§ 304 ff. StPO)
- die **Berufung** zum Landgericht gegen Urteile des Strafrichters oder des Schöffengerichts (§§ 312 ff. StPO)
- die **Revision**
  - zum Oberlandesgericht gegen Berufungsurteile der Strafkammern (§ 333 StPO)
  - zum Bundesgerichtshof gegen erstinstanzliche Urteile der Oberlandesgerichte sowie gegen erstinstanzliche Urteile der Landgerichte (§ 135 GVG)
  - als sog. Sprungrevision zum Oberlandesgericht gegen Urteile des Strafrichters und des Schöffengerichts (§ 335 StPO).

2 Zu den Begriffen Angeschuldigter und Angeklagter vgl. § 157 StPO.
3 D. h. eine Verurteilung ist wahrscheinlich.

Ein durch rechtskräftiges Urteil abgeschlossenes Verfahren kann unter bestimmten Voraussetzungen **wiederaufgenommen** werden (§§ 359 ff. StPO). Ein rechtskräftiges Urteil kann im **Gnadenwege** aufgehoben werden (Art. 60 Abs. 2 bis 4 GG, § 452 StPO).

113 12.5 Ein rechtskräftiges Strafurteil ist vollstreckbar (§ 449 StPO). Die **Strafvollstreckung** erfolgt durch die Staatsanwaltschaft als Vollstreckungsbehörde. Für den Vollzug von Freiheitsstrafen und freiheitsentziehenden Maßregeln der Besserung und Sicherung sind in der Regel die **Justizvollzugsanstalten** der Länder zuständig. §§ 63 ff. StGB nennen daneben die Unterbringung in einem psychiatrischen Krankenhaus, in einer Entziehungsanstalt und in einer sozialtherapeutischen Anstalt.

Rechtskräftige strafgerichtliche Entscheidungen werden in das **Bundeszentralregister** eingetragen. Das Register ist die Grundlage für die Erteilung von Führungszeugnissen.

114 12.6 Dem Rechtsstaatsprinzip der Verfassung (s. Rn. 10) wird der Grundsatz entnommen, dass der wegen einer strafbaren Handlung Angeklagte bis zum gesetzlichen Nachweis seiner Schuld als unschuldig gilt (Art. 6 Abs. 2 MRK). Diese sog. **Unschuldsvermutung** gilt bis zu einer rechtskräftigen Verurteilung[4].

Die Strafverfolgungsbehörden bzw. das Gericht müssen den Beweis dafür erbringen, dass der Angeklagte die ihm zur Last gelegte Tat begangen hat. Das Gericht muss von sich aus die **Wahrheit** erforschen; es darf sich nicht auf Behauptungen der Staatsanwaltschaft oder des Angeklagten verlassen. Zentraler Punkt der strafgerichtlichen Hauptverhandlung ist deshalb die **Beweisaufnahme,** die der Feststellung des Sachverhaltes, d. h. aller für die Entscheidung erheblichen Tatsachen dient.

In der Strafverfahrenspraxis sind folgende **fünf Beweismittel** anerkannt:

- der **Augenschein.** Das Gericht besichtigt bestimmte Gegenstände (z. B. Tatwerkzeuge), hört Tonaufzeichnungen an, nimmt einen Lokaltermin (z. B. an einem Tatort) wahr usw.
- die **Sachverständigen.** Das Gericht kann nicht alle in einem Strafverfahren auftretenden Fachfragen selbst beantworten. Es zieht deshalb zum Ausgleich mangelnder eigener Sachkunde Fachleute heran, die eine den Zeugen vergleichbare Stellung haben und vor Gericht ein Gutachten erstatten.

Beispiele:
- Rechtsmedizinisches Gutachten über die Blutalkoholkonzentration einer Person zur Tatzeit
- Kriminaltechnisches Gutachten über Spurenbefunde (s. Rn. 267)
- Psychiatrisches Gutachten zur Frage der Schuldfähigkeit einer Person.

4 BVerfGE 35, 232.

- die **Zeugen.** Das Gericht vernimmt Zeugen über ihre eigenen Wahrnehmungen (s. Rn. 115).
- **Urkunden.** Das Gericht kann unter bestimmten Voraussetzungen Urkunden zum Gegenstand des Verfahrens machen. Zur Urkunde im Rechtssinne s. Rn. 100.

  Beispiele:
  - Ärztliches Attest
  - Schriftlicher Vertrag
  - Ausweisdokument
  - Kfz-Kennzeichen.

- das **Geständnis** des Angeklagten. Auch wenn der Beschuldigte die ihm zur Last gelegte Tat gesteht, muss das Geständnis gerichtlich nachgeprüft werden. Der Beschuldigte könnte z. B. andere Personen decken.

Das Gericht darf sich bei seiner Beweiswürdigung nicht auf einzelne Beweismittel beschränken. Es muss vielmehr sein Urteil aus dem Inbegriff der Hauptverhandlung schöpfen (§ 261 StPO), d. h. aus dem frischen Eindruck der Aufnahme aller Beweismittel. Das Gericht entscheidet aufgrund des Sachverhaltes, den es in der Hauptverhandlung festgestellt hat. In seiner Entscheidungsfindung ist das Gericht an Recht und Gesetz gebunden (Art. 20 Abs. 3 GG).

12.7 Zeugen sind die häufigsten und oft einzigen Beweismittel. Das Strafver- **115**
fahrensrecht knüpft an die Zeugeneigenschaft eine Reihe von Pflichten und Rechten.

Zeugen haben die **Pflicht**

- zum **Erscheinen** vor Gericht (§ 51 StPO) und vor der Staatsanwaltschaft (§ 161 a StPO). Eine Pflicht, vor der Polizei zu erscheinen, besteht nicht.
- zur wahrheitsgemäßen **Aussage** (§§ 70, 161 a StPO). Falsche Angaben – auch zur Person des Zeugen (§ 68 StPO)[5] – sind strafbar. Der Zeuge muss beachten, dass seine Angaben seinem besten Wissen entsprechen und vollständig sind (§ 66 c StPO). Die Pflicht zur Aussage entfällt, soweit der Zeuge ein **Aussageverweigerungsrecht** hat.

  Ein solches Recht kann bestehen
  - als **Zeugnisverweigerungsrecht** aus persönlichen oder beruflichen Gründen (§§ 52, 53 StPO)

5 Zum Schutz gefährdeter Zeugen kann das Gericht auf die Bekanntgabe von Personalien in der Hauptverhandlung ganz oder teilweise verzichten, vgl. näher § 68 Abs. 2, 3 StPO, zum Zeugenschutz vgl. auch §§ 68 a, b StPO; s. auch BGH, NJW 1989, 1230.

Beispiele:
- Ehegatten
- Verwandte
- Geistliche
- Rechtsanwälte
- Ärzte.

- als **Auskunftsverweigerungsrecht,** wenn der Zeuge durch seine Aussage sich selbst oder seine Angehörigen der Gefahr aussetzt, wegen einer Straftat oder Ordnungswidrigkeit verfolgt zu werden (§ 55 StPO).
  Der Zeuge muss über diese Rechte belehrt werden (§§ 52 Abs. 2, 55 Abs. 2, 163 a Abs. 5 StPO). Er hat ein Recht, bei seiner Aussage persönliche Notizen zu verwenden, die er als Gedankenstütze angefertigt hat[6]; jedoch muss er damit rechnen, dass die Prozessbeteiligten Einsicht in die Unterlagen verlangen.
- zur **Eidesleistung** (§ 70 StPO), sofern nicht ein Recht zur Verweigerung des Eides vorliegt.

Zeugen haben das **Recht**

- auf **Freistellung** von ihrer Arbeitsleistung[7]
- auf eine zusammenhängende **Aussage** (§ 69 Abs. 1 Satz 1 StPO)
- auf angemessene **Behandlung** (§§ 68 a StPO, 178 GVG)
- auf **Entschädigung** nach dem Gesetz über die Entschädigung von Zeugen und Sachverständigen.

116 Für das **Verhalten als Zeuge vor Gericht** können folgende **Empfehlungen** gegeben werden:

- Eine gründliche Vorbereitung auf den Verhandlungsgegenstand scheint zweckmäßig.
- Vor der Vernehmung und in Vernehmungspausen sollte der Zeuge Gespräche mit Dritten (z. B. anderen Zeugen, Verteidigern, Zuhörern, Journalisten) unterlassen.
- Der Zeuge sollte sein Auftreten (z. B. Kleidung, Verhalten, Sprache) den Anforderungen einer gerichtlichen Hauptverhandlung anpassen.
- Fragen sollte der Zeuge kurz und präzise beantworten.
- Das Eingeständnis, sich nach längerer Zeit nicht mehr an alle Details, sondern nur noch an den Kern eines Geschehensablaufs zu erinnern, ist nicht beschämend. Gedächtnislücken sind nicht durch eigene Schlussfolgerungen zu füllen. Der Zeuge muss in einem solchen Fall angeben, dass er sich nicht erinnern kann. Allgemeine Eindrücke, Vermutungen und Werturteile müssen aus den einleitenden Worten erkennbar sein.

---

6 BGHSt 20, 164; OLG Hamm, NJW 1967, 1524; OLG Stuttgart, MDR 1978, 863.

7 Ein gesetzlicher Anspruch auf Lohnfortzahlung besteht nicht. Der Verdienstausfall wird von der Entschädigung mit umfasst.

- Bei Vorhalten aus früheren Vernehmungen kann der Zeuge ggf. erklären, dass seine damalige Aussage richtig gewesen sei, wenn er sie im Zeitpunkt der Hauptverhandlung noch für richtig hält.
- In Zweifelsfällen kann sich der Zeuge wegen der Zulässigkeit bestimmter Fragen oder Frageformen an den Vorsitzenden wenden (vgl. § 238 Abs. 2 StPO).
- Der Zeuge sollte sich weder provozieren noch einschüchtern lassen, sondern stets gelassen und sachlich bleiben. Wird er beleidigt, so sollte er um Aufnahme der Äußerung in das Sitzungsprotokoll bitten.
- Unangebracht sind gereizte Reaktionen, überheblich wirkende Formulierungen und Floskeln.
- Der Zeuge kann den Vorsitzenden in begründeten Fällen um Unterbrechung der Vernehmung bitten.

13. Kapitel: Das Hausrecht

13.1 Als Hausrecht wird das Recht bezeichnet, in einem räumlich abgegrenzten **117**
Herrschaftsbereich frei schalten und walten zu dürfen und insbesondere über Zutritt und Verweilen von Personen zu bestimmen, um sich gegen Störungen durch Unberechtigte zu schützen. Als Unberechtigte gelten Personen, denen kein „stärkeres" Recht als das Hausrecht zur Seite steht. Auf eine solche, dem Hausrecht vorgehende Regelung können sich grundsätzlich unter den gegebenen Voraussetzungen die Inhaber von **Sonderzugangsrechten** (s. Rn. 73) stützen.

13.2 **Hausrechtsinhaber** ist, wer über den Zugang zu den vom Hausrecht um- **118**
fassten Örtlichkeiten verfügen kann. Diese Verfügungsbefugnis kann sich ergeben aus

- selbstgenutztem **Eigentum**

  Beispiel:
  Der Unternehmer, dem ein Betriebsgrundstück gehört, kann entscheiden, wer dieses Grundstück betreten darf und wer nicht.

  Es gelten auch hier die Schranken des Eigentumsrechts (s. Rn. 44). Der Unternehmer (Arbeitgeber) ist z. B. grundsätzlich nicht berechtigt, Arbeitnehmern den Zugang zum Arbeitsplatz zu verwehren.

- **Besitz**
  Der Hausrechtsinhaber ist vielfach mit dem Eigentümer nicht identisch (s. Rn. 46). Für das Hausrecht kommt es darauf an, wer gegenüber Außenstehenden das stärkere unmittelbare Recht an den Räumlichkeiten hat.

Beispiele:
- Mieter einer Wohnung gegenüber Vermieter
- Kantinenpächter gegenüber Verpächter.

Die Rechtsverhältnisse zwischen Eigentümer und Besitzer (z. B. Besichtigungsrecht des Vermieters) richten sich nach den zwischen diesen vereinbarten vertraglichen Abmachungen; soweit solche Abmachungen nicht bestehen, gelten die gesetzlichen Vorschriften des Privatrechts.

Hausrechtsinhaber können sein (s. Rn. 49)

- natürliche Personen
- juristische Personen
- Personenmehrheiten (z. B. eine Kommanditgesellschaft)[1]

Von mehreren Hausrechtsmitinhabern (z. B. Ehepaar als Wohnungsmieter) steht jedem Einzelnen die Ausübung des Hausrechts zu.

Der Hausrechtsinhaber kann die Ausübung des Hausrechts anderen Personen überlassen. Typischerweise nehmen Werkschutz und private Sicherheitsdienste das Hausrecht für ihren Arbeit- bzw. Auftraggeber wahr.

Der Hausrechtsinhaber hat die Befugnis, den Zutritt und den Aufenthalt anderer Personen an **Bedingungen** zu knüpfen. Er kann insbesondere

- Personen den Zutritt verwehren
- Bedingungen für den Aufenthalt festlegen.

Beispiele:
- Verbot, einen bestimmten Teil des Betriebsgeländes mit Kraftfahrzeugen zu befahren
- Abstellen von Kraftfahrzeugen im Betriebsgelände nur mit Parkerlaubnis
- Betreten des Betriebes nur mit Besucherschein
- Besucher müssen ihren Personalausweis an der Pforte hinterlegen
- Einfahrtkontrolle betriebsfremder Fahrzeuge
- Verbot, ein Ladengeschäft über den Eingang zu verlassen.

- Personen den weiteren und künftigen Aufenthalt untersagen; hierfür ist eine besondere eindeutige Aussage notwendig!

Beispiel:
Der Inhaber eines Supermarktes weist einen Ladendieb aus den Geschäftsräumen und verbietet ihm, den Supermarkt für ein Jahr zu betreten (Hausverbot).

1 Vgl. BVerfGE 42, 212.

Die Kontrolle der von den Kunden mitgeführten Taschen an der Kasse eines Einzelhandelsmarktes ist nur zulässig, wenn ein konkreter Diebstahlsverdacht vorliegt. Fehlt es an einem derartigen Verdacht, so kann ein Kunde, der eine Kontrolle verweigert, auch nicht allein deswegen mit einem **Hausverbot** belegt werden. Die im Eingangsbereich eines Einzelhandelsmarktes angebrachte Hinweistafel mit dem Text „Information und Taschenannahme. Sehr geehrte Kunden, wir bitten Sie höflich, Ihre Taschen hier an der Information vor dem Betreten des Marktes abzugeben, andernfalls weisen wir Sie höflichst darauf hin, dass wir an den Kassen gegebenenfalls Taschenkontrollen durchführen müssen." Stellt weder eine rechtsverbindliche Ausgestaltung des Hausrechts des Geschäftsinhabers noch eine Allgemeine Geschäftsbedingung dar[2].

Eröffnet jemand ein Geschäft für den allgemeinen Publikumsverkehr, so bringt er damit zum Ausdruck, dass er jedem Kunden gegenüber Leistungen erbringen will. Dies gilt auch für ein Chatangebot im Internet. Kunden („Chatter") dürfen allerdings – wie auch sonst im Geschäftsleben – den Betriebsablauf des Chats nicht beeinträchtigen. Solange sich Nutzer an verbindliche Nutzungsregeln halten oder sich ihr Kommunikationsverhalten innerhalb des üblichen Chatter-Verhaltens bewegt, darf sie der Betreiber nicht unter Berufung auf ein „virtuelles" Hausrecht von der Nutzung eines Chatrooms ausschließen[3].

Bei einer **Verletzung des Hausrechts** kann der Hausrechtsinhaber bzw. sein Beauf- **119**
tragter je nach Sachlage folgende Rechte ausüben:

- Selbsthilfe des Besitzers/Besitzdieners (s. Rn. 124 f.)
- Allgemeine Selbsthilfe (s. Rn. 126 ff.)
- Notwehr (s. Rn. 129 ff.)
- Vorläufige Festnahme (s. Rn. 137 ff.).

Bei all diesen Maßnahmen dürfen immer nur angemessene Mittel angewendet werden.

Beispiel:
Ein Besucher des Betriebes besteht darauf, den Personalchef in dessen Büro „unter vier Augen" zu sprechen. Da der Personalchef den Besucher nicht empfangen möchte, bittet der Werkschutz den Besucher, den Pfortenraum zu verlassen. Der Besucher weigert sich und blockiert mit dem Fuß die Tür. Der Werkschutz kann – u. U. nach weiterer Aufforderung – den Besucher hinausschubsen, seinen Fuß einklemmen, ihn ans Schienbein treten usw.

Für Betriebsangehörige ist die Beachtung des Hausrechts ihres Arbeitgebers eine arbeitsvertragliche Nebenpflicht, deren Verletzung arbeitsrechtliche Konsequenzen haben kann (s. Rn. 40).

2 BGH, NJW 1994, 188 = NPA 1005 BGB § 229 Blatt 4.
3 Vgl. LG Bonn, Urt. v. 16. November 1999 – 10 O 455/99.

120 13.3 Das Grundrecht des Art. 13 GG schützt das Recht des Einzelnen auf **Unverletzlichkeit der Wohnung.** Wie bei allen Grundrechten handelt es sich hierbei in erster Linie um ein Abwehrrecht gegenüber staatlichen Organen.

Art. 13 GG

Unverletzlichkeit der Wohnung

(1) Die Wohnung ist unverletzlich.

(2) Durchsuchungen dürfen nur durch den Richter, bei Gefahr im Verzuge auch durch die in den Gesetzen vorgesehenen anderen Organe angeordnet und nur in der dort vorgeschriebenen Form durchgeführt werden.

(3) Begründen bestimmte Tatsachen den Verdacht, dass jemand eine durch Gesetz einzeln bestimmte besonders schwere Straftat begangen hat, so dürfen zur Verfolgung der Tat auf Grund richterlicher Anordnung technische Mittel zur akustischen Überwachung von Wohnungen, in denen der Beschuldigte sich vermutlich aufhält, eingesetzt werden, wenn die Erforschung des Sachverhalts auf andere Weise unverhältnismäßig erschwert oder aussichtslos wäre. Die Maßnahme ist zu befristen. Die Anordnung erfolgt durch einen mit drei Richtern besetzten Spruchkörper. Bei Gefahr im Verzuge kann sie auch durch einen einzelnen Richter getroffen werden.

(4) Zur Abwehr dringender Gefahren für die öffentliche Sicherheit, insbesondere einer gemeinen Gefahr oder einer Lebensgefahr, dürfen technische Mittel zur Überwachung von Wohnungen nur auf Grund richterlicher Anordnung eingesetzt werden. Bei Gefahr im Verzuge kann die Maßnahme auch durch eine andere gesetzlich bestimmte Stelle angeordnet werden; eine richterliche Entscheidung ist unverzüglich nachzuholen.

(5) Sind technische Mittel ausschließlich zum Schutze der bei einem Einsatz in Wohnungen tätigen Personen vorgesehen, kann die Maßnahme durch eine gesetzlich bestimmte Stelle angeordnet werden. Eine anderweitige Verwertung der hierbei erlangten Erkenntnisse ist nur zum Zwecke der Strafverfolgung oder der Gefahrenabwehr und nur zulässig, wenn zuvor die Rechtmäßigkeit der Maßnahme richterlich festgestellt ist; bei Gefahr im Verzuge ist die richterliche Entscheidung unverzüglich nachzuholen.

(6) Die Bundesregierung unterrichtet den Bundestag jährlich über den nach Absatz 3 sowie über den im Zuständigkeitsbereich des Bundes nach Absatz 4 und, soweit richterlich überprüfungsbedürftig, nach Absatz 5 erfolgten Einsatz technischer Mittel. Ein vom Bundestag gewähltes Gremium übt auf der Grundlage dieses Berichts die parlamentarische Kontrolle aus. Die Länder gewährleisten eine gleichwertige parlamentarische Kontrolle.

(7) Eingriffe und Beschränkungen dürfen im Übrigen nur zur Abwehr einer gemeinen Gefahr oder einer Lebensgefahr für einzelne Personen, auf Grund eines Gesetzes auch zur Verhütung dringender Gefahren für die öffentliche Sicherheit und Ordnung, insbesondere zur Behebung der Raumnot, zur Bekämpfung von Seuchengefahr oder zum Schutze gefährdeter Jugendlicher vorgenommen werden.

Schutzbereich und Inhalt dieses Grundrechts stimmen mit dem Hausrecht (s. Rn. 86) überein. Geschützt sind außer der Wohnung i. e. S. also auch Geschäftsräume und befriedetes Besitztum[4]. Richten sich staatliche Maßnahmen gegen Örtlichkeiten im Sinne des Art. 13 GG und haben sie enteignenden Charakter, so sind diese Eingriffe an Art. 14 GG zu messen. Bei allen übrigen hoheitlichen Rechtseingriffen in das Grundrecht auf Unverletzlichkeit der Wohnung (z. B. Eindringen, Verweilen, Einbau von Abhörgeräten, zwangsweise Einquartierung, Absperrung, Durchsuchung) ist Art. 13 GG anwendbar.

In Art. 13 Abs. 2 bis 7 GG sind die **Schranken** des Grundrechts festgelegt.

Art. 13 GG wurde im Zuge der Einführung des sog. „großen Lauschangriffes“ erweitert. Kraft dieses seit März 1998 geltenden Verfassungsrechts ist der Einsatz technischer Mittel zur akustischen Überwachung von Wohnungen nunmehr als letztes Mittel möglich, um bei einzeln bestimmten besonders schweren Straftaten (grundsätzlich aus dem Bereich der Organisierten Kriminalität) den Sachverhalt zu erforschen. Der Änderung des GG bedurfte es, um insbesondere in die StPO entsprechende Befugnisnormen aufnehmen zu können[5].

Durchsuchung ist die **amtliche** Suche nach Personen, Sachen oder Spuren zur Abwehr von Gefahren oder zur Verfolgung von Straftaten/Ordnungswidrigkeiten. **121**
Eine Durchsuchung der Wohnung (sog. Haussuchung), einschließlich des Betretens von Grundstücken, ist an zwingende **Verfahrensvorschriften** gebunden (§§ 104 ff. StPO):

- Haussuchungen zur **Nachtzeit** dürfen grundsätzlich nur stattfinden (§ 104 StPO)
  - bei Verfolgung auf frischer Tat (s. Rn. 138)
  - bei Gefahr im Verzug oder
  - zur Wiederergreifung entwichener Gefangener.

  Diese Beschränkung gilt nicht für Räume, die zur Nachtzeit jedermann zugänglich sind oder die der Polizei als „verrufene Orte“ (z. B. wegen Prostitution, Glücksspiels oder als Kriminalitätsbrennpunkt) bekannt sind.
  Nachtzeit sind im Sommerhalbjahr (1. April bis 30. September) die Stunden von 21 bis 4 Uhr, im Winterhalbjahr (1. Oktober bis 31. März) die Stunden von 21 bis 6 Uhr.

- Haussuchungen dürfen nur **anordnen** (§ 105 Abs. 1 StPO)
  - der zuständige Richter (Durchsuchungsbefehl)
  - bei Gefahr im Verzug auch die Staatsanwaltschaft und ihre Hilfsbeamten (s. Rn. 20, 22).

- Bei der Haussuchung sind möglichst **hinzuzuziehen** (§§ 105 Abs. 2, 106 StPO)
  - ein Richter oder Staatsanwalt oder
  - ein Gemeindebeamter oder

4 Vgl. BVerfGE 32, 54.
5 Das BVerfG hat die Erweiterung des Art. 13 GG gebilligt, nicht aber die Änderungen in der StPO, vgl. Urt. v. 3. 3. 2004 – 1 BvR 2378/98, NJW 2004, 999.

- zwei Mitglieder der örtlich zuständigen Gemeinde; diese dürfen nicht Polizeibeamte oder Hilfsbeamte der Staatsanwaltschaft sein.

Für Dienstgebäude, Einrichtungen oder Anlagen der Bundeswehr gelten Sonderbestimmungen, vgl. § 105 Abs. 3 StPO.

- der Inhaber der zu durchsuchenden Räume (bei dessen Abwesenheit möglichst sein Vertreter oder ein erwachsener Angehöriger, Hausgenosse oder Nachbar) ist hinzuzuziehen; der Durchsuchungszweck ist diesen vor dem Beginn der Durchsuchung möglichst bekannt zu machen.
- Nach Beendigung der Durchsuchung ist auf Verlangen des Betroffenen eine schriftliche Mitteilung zu machen, die den Grund der Durchsuchung – sowie bei Verdächtigen die vorgeworfene Straftat – bezeichnen muss;
- ein Verzeichnis der in Verwahrung oder Beschlag genommenen Gegenstände bzw., falls nichts Verdächtiges gefunden wurde, eine Bescheinigung über diese Tatsache ist auszuhändigen.

Die Polizeigesetze des Bundes und der Länder lassen das Betreten von Grundstücken und Wohnungen sowie deren Durchsuchung zu Zwecken der Gefahrenabcewehr zu. Hierbei gelten im Wesentlichen die gleichen Verfahrensvorschriften wie bei vergleichbaren Maßnahmen zu Zwecken der Strafverfolgung.

Der Einsatz technischer Mittel zur **akustischen Wohnraumüberwachung** unterliegt den Beschränkungen des Art. 13 Abs. 3 bis 6 GG. Zu beachten sind insbesondere der **Richtervorbehalt** und die vorgeschriebene **parlamentarische Kontrolle.**

Sonstige Eingriffe und Beschränkungen in das Grundrecht des Art. 13 GG sind möglich (Art. 13 Abs. 7 GG)

- zur Abwehr einer gemeinen Gefahr (z. B. nach einer Katastrophe) oder einer Lebensgefahr für einzelne Personen,
- auf Grund eines Gesetzes auch zur Verhütung dringender Gefahren für die öffentliche Sicherheit und Ordnung.
  Solche Gesetze sind z. B. die erwähnten Polizeigesetze des Bundes und der Länder sowie die zahlreichen Gesetze, die behördliche Sonderzugangsrechte enthalten (s. Rn. 73).

Rechtmäßige Durchsuchungen oder sonstige hoheitliche Eingriffsmaßnahmen auf der Grundlage von Gesetzen, die das Grundrecht des Art. 13 GG einschränken, beinhalten keine verbotene Eigenmacht (s. Rn. 124). Sie müssen vom Betroffenen geduldet werden. Die Ausübung von Selbsthilfe, Notwehr usw. wäre nicht rechtmäßig.

122 13.4 Angehörige privater Sicherheitseinrichtungen dürfen keine Durchsuchungen vornehmen. Es ist ihnen jedoch wie auch anderen Privatpersonen gestattet, mit **Einwilligung** (s. Rn. 65) des Hausrechtsinhabers eine **Nachschau** durchzuführen.

Beispiel:
Ein Betriebsangehöriger steht im Verdacht, Betriebseigentum entwendet zu haben und in seiner Wohnung zu verwahren. Der Werkschutz könnte den Verdächtigen fragen, ob er eine Nachschau, etwa zur Widerlegung des Verdachtes, gestattet.

Personen, die mit Einwilligung des Hausrechtsinhabers Nachschau halten, erfüllen den Tatbestand des Hausfriedensbruchs nicht, weil sie nicht widerrechtlich eingedrungen sind.

Widerruft der Hausrechtsinhaber vor oder während der Nachschau – aus welchen Gründen auch immer – sein Einverständnis, so halten sich die die Nachschau übenden Personen ohne Befugnis in den geschützten Räumlichkeiten auf. Sie haben diese auf Aufforderung zu verlassen, sofern sie sich nicht wegen Hausfriedensbruchs in Form des unbefugten Verweilens strafbar machen wollen.

14. Kapitel: Die Selbsthilferechte

14.1 Das bürgerliche Recht gestattet Privatpersonen in bestimmten Situatio- **123**
nen, Selbsthilfe zu üben. Zwei Formen der Selbsthilfe sind zu unterscheiden:

- die **Selbsthilfe des Besitzers** (Besitzschutzrecht)
- die **allgemeine Selbsthilfe** (Anspruchsschutzrecht).

Die Selbsthilfe des Besitzers bzw. Besitzdieners (§§ 859, 860 BGB) erlaubt die Anwendung von Gewalt zur Abwehr von Störungen und zur Wiedererlangung des Besitzes.

Die allgemeine Selbsthilfe lässt die Durchsetzung oder Sicherung eines Anspruches mit privater Gewalt zu.

Beide Selbsthilferegelungen behandeln Ausnahmefälle. Grundsätzlich ist bei der Beeinträchtigung von Rechtsgütern staatliche Hilfe in Anspruch zu nehmen und vor dem Zivilgericht z. B. auf Unterlassung einer den Besitz störenden Handlung oder auf Begleichung einer Forderung zu klagen.

14.2 Die Selbsthilfe des Besitzers (s. Rn. 46) ist im 3. Buch des BGB (Sachen- **124**
recht) unter dem Abschnitt „Besitz" geregelt.

§ 858 BGB

Verbotene Eigenmacht

(1) Wer dem Besitzer ohne dessen Willen den Besitz entzieht oder ihn im Besitz stört, handelt, sofern nicht das Gesetz die Entziehung oder die Störung gestattet, widerrechtlich (verbotene Eigenmacht).

(2) Der durch verbotene Eigenmacht erlangte Besitz ist fehlerhaft. Die Fehlerhaftigkeit muss der Nachfolger im Besitz gegen sich gelten lassen, wenn er Erbe des Besitzers ist oder die Fehlerhaftigkeit des Besitzes seines Vorgängers bei dem Erwerbe kennt.

§ 859 BGB

Selbsthilfe des Besitzers

(1) Der Besitzer darf sich verbotener Eigenmacht mit Gewalt erwehren.

(2) Wird eine bewegliche Sache dem Besitzer mittels verbotener Eigenmacht weggenommen, so darf er sie dem auf frischer Tat betroffenen oder verfolgten Täter mit Gewalt wieder abnehmen.

(3) Wird dem Besitzer eines Grundstücks der Besitz durch verbotene Eigenmacht entzogen, so darf er sofort nach der Entziehung sich des Besitzes durch Entsetzung des Täters wieder bemächtigen.

(4) Die gleichen Rechte stehen dem Besitzer gegen denjenigen zu, welcher nach § 858 Abs. 2 die Fehlerhaftigkeit des Besitzes gegen sich gelten lassen muss.

§ 860 BGB

Selbsthilfe des Besitzdieners

Zur Ausübung der dem Besitzer nach § 859 zustehenden Rechte ist auch derjenige befugt, welcher die tatsächliche Gewalt nach § 855 für den Besitzer ausübt.

Während § 859 BGB einzelne Befugnisse des Besitzschutzes regelt, definiert das Gesetz in § 858 Abs. 1 BGB die **Voraussetzungen** (verbotene Eigenmacht). **Verbotene Eigenmacht** liegt vor:

- bei **Besitzentziehung** oder **Besitzstörung.** Die Abgrenzung beider Begriffe ist praktisch nicht bedeutsam, weil die Rechtsfolgen in beiden Fällen auf Beseitigung der Beeinträchtigung gerichtet sind. Eine Besitzentziehung kann oftmals mit einer strafbaren Handlung (z. B. Diebstahl, Unterschlagung) oder dem Versuch einer solchen zusammentreffen, notwendig ist dies aber nicht. Bei der zivilrechtlichen **Besitzentziehung** kommt es ausschließlich auf den tatsächlichen Vorgang einer dauerhaften Beendigung des Besitzes an.

Beispiele:
- Wegnahme einer fremden Sache
- Absperren eines fremden Grundstücksteils
- Verhindern des Wegfahrens eines Fahrzeugs.

Besitzstörung ist eine sonstige Beeinträchtigung des Besitzes ohne Entziehung.

Beispiele:
- unberechtigtes Abstellen eines Pkw auf einem privaten Abstellplatz
- Beschädigung einer Maschine.

- **ohne den Willen des Besitzers.** Nur die tatsächliche Zustimmung des Besitzers macht die Besitzbeeinträchtigung zu einer erlaubten. Eine vor der Beeinträchtigung erteilte Zustimmung kann jederzeit zurückgenommen werden.

  Beispiele:
  - Der Werksangehörige R nimmt am Wochenende betriebseigenes Werkzeug mit nach Hause. Er hat einen ordnungsgemäßen Leihschein erhalten. Die Besitzentziehung ist mit Willen des Besitzers erfolgt, sodass keine verbotene Eigenmacht vorliegt.
  - Als R gerade den Betrieb verlassen möchte, wird der Werkschutz davon verständigt, dass die Erlaubnis zur Mitnahme des Werkzeugs widerrufen wurde; der Leihschein möge eingezogen werden.
    Die Besitzentziehung erfolgt nunmehr gegen den Willen des Besitzers. Jetzt liegt verbotene Eigenmacht vor.

- **ohne gesetzliche Gestattung.** Solche Gestattungen, bei denen es auf einen entgegenstehenden Willen des Besitzers nicht ankommt, enthalten in erster Linie die behördlichen Sonderzugangsrechte (s. Rn. 73).

  Beispiel:
  Ein Beamter der Gewerbeaufsichtsbehörde hat das Betriebsgelände betreten und nimmt Prüfungen vor. Objektiv ist eine Besitzstörung gegeben, die jedoch gesetzlich gestattet ist (§ 139 b GewO) und deshalb keine verbotene Eigenmacht begründet.

Auch Bestimmungen des privaten Rechts können Besitzbeeinträchtigungen gestatten, z. B. § 904 BGB (s. Rn. 135).

Verbotene Eigenmacht ist rechtswidrig („widerrechtlich", § 858 Abs. 1 BGB) **125**
und eröffnet dem Besitzer als **Möglichkeiten des Besitzschutzes**

- **Besitzwehr** (§ 859 Abs. 1 BGB). Die den Besitz beeinträchtigende Handlung hat begonnen und ist noch nicht abgeschlossen. Das Recht zur Gewaltanwendung endet mit Beendigung der Beeinträchtigung. Der Besitzer, der die Beeinträchtigung – notfalls mit Gewalt – abwendet, handelt rechtmäßig.

  Beispiele:
  - Der 12-jährige P wirft von außen Steine auf das Betriebsgelände. Es liegt verbotene Eigenmacht in Form einer Besitzstörung vor. Der Werkschutz könnte P z. B. wegjagen, ihm die Steine abnehmen usw.
  - Der Werkschutz wird auf einen betriebseigenen Parkplatz gerufen, wo eine unbekannte Person die Luft aus den Reifen dort geparkter Firmenfahrzeuge lässt. Die Person übt verbotene Eigenmacht (Besitzstörung) aus. Der Werkschutz kann geeignete Maßnahmen ergreifen, um dieses Verhalten zu unterbinden. Gewaltanwendung ist äußerstenfalls zulässig.

- **Besitzkehr** (§ 859 Abs. 2 BGB). Mittels verbotener Eigenmacht wurde der Besitz an einer beweglichen Sache entzogen. Eine (gewaltsame) Wiederbeschaffung des Besitzes ist nur in zeitlichem Zusammenhang mit der Entziehung zulässig. Wie bei der vorläufigen Festnahme nach § 127 Abs. 1 StPO muss der Täter auf frischer Tat betroffen oder verfolgt werden (s. Rn. 138).

Beispiele:
- Anlässlich einer Taschenkontrolle stellt der Werkschutz fest, dass ein Betriebsangehöriger, ohne im Besitz eines Leihscheins zu sein, Fertigungsteile aus dem Betrieb verbringen möchte.
  Der Besitz an den Fertigungsteilen (bewegliche Sachen) wurde mittels verbotener Eigenmacht entzogen. Händigt der Betroffene die Teile nicht freiwillig aus, darf sie der Werkschutz gewaltsam abnehmen.
- Nach zahlreichen Diebstählen stellt sich heraus, dass ein Betriebsangehöriger vor drei Tagen Fertigungsteile entwendet hat. Besitzkehr ist hier ausgeschlossen, weil der Täter weder auf frischer Tat betroffen noch verfolgt wurde.

Die Besitzentziehung unbeweglicher Sachen (Grundstücke) ist in § 859 Abs. 3 BGB angesprochen. Besitzkehr ist sofort nach der Besitzentziehung zulässig (s. näher Rn. 156).

§ 860 BGB dehnt die Besitzschutzrechte, die in erster Linie für den Besitzer unmittelbar gelten, auf **Besitzdiener** (s. Rn. 47) aus.

Über die statthaften Gewaltmittel schweigt sich das Gesetz aus. In allen Fällen des Besitzschutzes darf eine **Gewaltanwendung** aber nur so weit gehen, wie sie zur Abwendung der verbotenen Eigenmacht erforderlich ist (Grundsatz der Erforderlichkeit, vgl. § 34 a Abs. 4 GewO und Rn. 27). Auch beim Besitzschutz sind zunächst die mildesten wirksamen Mittel einzusetzen.

Rechtmäßige Ausübung von Besitzwehr bzw. Besitzkehr rechtfertigt eine ansonsten strafbare oder zum Schadensersatz verpflichtende Handlung.

126 14.3 Zum Schutz gefährdeter privatrechtlicher Ansprüche enthält § 229 BGB ein weiteres Selbsthilferecht. Die Voraussetzungen sind dem Gesetzestext nur schwer zu entnehmen:

§ 229 BGB

Selbsthilfe

Wer zum Zwecke der Selbsthilfe eine Sache wegnimmt, zerstört oder beschädigt oder wer zum Zwecke der Selbsthilfe einen Verpflichteten, welcher der Flucht verdächtig ist, festnimmt oder den Widerstand des Verpflichteten gegen eine Handlung, die dieser zu dulden verpflichtet ist, beseitigt, handelt nicht widerrechtlich, wenn obrigkeitliche Hilfe nicht rechtzeitig zu erlangen ist und ohne sofortiges Eingreifen die Gefahr besteht, dass die Verwirklichung des Anspruchs vereitelt oder wesentlich erschwert werde.

- **Privatrechtlicher Anspruch** („zum Zwecke der Selbsthilfe")

  Beispiele:
  - Schadensersatzanspruch
  - Herausgabeanspruch
  - Auskunftsanspruch (z. B. eines Taxifahrers gegenüber einem ihm unbekannten Fahrgast, der den Fahrpreis nicht zahlen will[1] oder einer Kellnerin, der das Lokal ohne Bezahlung eines von ihm beanstandeten Essens verlassen will[2]).
  - Unterlassungsanspruch.

- **Obrigkeitliche Hilfe ist nicht rechtzeitig zu erlangen**

  Beispiele:
  - Ein Unfallbeteiligter flieht, bevor die Polizei eintrifft. Eine andere Möglichkeit, die Personalien und die Art der Unfallbeteiligung festzustellen, als die Person festzuhalten, besteht nicht.
  - Der Kunde eines Supermarktes hat aus Unachtsamkeit ein Regal umgestoßen. Da der Kunde seine Identität nicht preisgibt, verständigt der Geschäftsführer die Polizei. Daraufhin will sich der Kunde entfernen.

- Die **Verwirklichung des Anspruches ist gefährdet,** wenn nicht sofort Maßnahmen zu seiner vorläufigen Sicherung ergriffen werden.

Die **Mittel der Selbsthilfe** nach § 229 BGB können sowohl gegen Sachen als auch gegen Personen gerichtet werden. Im Einzelnen ist es gestattet, **127**

- eine **Sache**
  - **wegzunehmen**[3]
  - **zu zerstören**
  - **zu beschädigen;**
- eine **Person** (Anspruchsgegner)
  - bei Fluchtverdacht (s. Rn. 138) **festzunehmen**
  - **Widerstand** gegen Handlungen, die sie dulden muss, zu beseitigen.

Für die Durchführung, Dauer und Beendigung der zulässigen Festnahme gelten die Ausführungen zu § 127 Abs. 1 StPO entsprechend (s. Rn. 139 f.).

Beispiele:
- Der Werkschutz stellt einen Dieb auf frischer Tat. Nachdem dem Täter zunächst die Flucht gelingt, wird er erneut gestellt.
  Es besteht ein auf Herausgabe der Beute gerichteter privatrechtlicher Anspruch. Obrigkeitliche Hilfe zur vorläufigen Sicherung dieses gefährdeten Anspruchs ist nicht rechtzeitig zu erlangen. Da der Täter unter Fluchtver-

1 Vgl. AG Grevenbroich, NJW 2002, 1060.
2 Vgl. BayObLG, NJW 1991, 934.
3 zur Durchsuchung von Sachen s. Rn. 139.

dacht steht, darf er festgenommen werden (Abgesehen von dieser Möglichkeit lägen hier auch die Voraussetzungen für eine vorläufige Festnahme nach § 127 Abs. 1 StPO vor).
Die Beute darf dem Täter abgenommen werden (Die Wegnahme wäre aber auch über Besitzkehr und Notwehr gerechtfertigt, nicht aber nach § 127 Abs. 1 StPO, s. Rn. 139).

- Der Täter hatte bereits einen Teil der Beute in seinem Pkw eingeschlossen. Der Werkschutz darf dem Täter den Autoschlüssel abnehmen, um die Beutestücke aus dem Pkw zu holen bzw. ein Wegfahren zu verhindern. Eine Durchsuchung des Täters ist nicht gestattet (vgl. Rn. 139).
  Wird der Schlüssel nicht freiwillig herausgegeben, wäre etwa ein Aufbrechen des Pkw unzulässig, weil das Eintreffen der Polizei abgewartet werden kann.
- Vgl. das Beispiel unter Rn. 137: Es besteht ein Schadensersatzanspruch des Betriebsinhabers gegen den Fahrer des Lieferfahrzeugs. Die Verwirklichung dieses Anspruchs ist gefährdet, weil der Schädiger geflüchtet wäre, bevor die Polizei eintrifft.
  Dem Fahrer darf deshalb z. B. der Zündschlüssel abgenommen werden; ein hierbei eventuell geübter Widerstand darf gebrochen werden. Falls der Fahrer Anstalten macht, zu flüchten, darf er festgenommen werden.

128 Der Anspruchsberechtigte darf die **Ausübung des Selbsthilferechts** auf **Dritte** übertragen, z. B. der Unternehmer auf den Werkschutz oder auf ein Bewachungsunternehmen.

§ 230 BGB

Grenzen der Selbsthilfe

(1) Die Selbsthilfe darf nicht weiter gehen, als zur Abwendung der Gefahr erforderlich ist.

(2) Im Falle der Wegnahme von Sachen ist, sofern nicht Zwangsvollstreckung erwirkt wird, der dingliche Arrest zu beantragen.

(3) Im Falle der Festnahme des Verpflichteten ist, sofern er nicht wieder in Freiheit gesetzt wird, der persönliche Sicherheitsarrest bei dem Amtsgericht zu beantragen, in dessen Bezirk die Festnahme erfolgt ist; der Verpflichtete ist unverzüglich dem Gericht vorzuführen.

(4) Wird der Arrestantrag verzögert oder abgelehnt, so hat die Rückgabe der weggenommenen Sachen und die Freilassung des Festgenommenen unverzüglich zu erfolgen.

Die Ausübung der Selbsthilfe nach § 229 BGB unterliegt dem **Grundsatz der Erforderlichkeit** (s. Rn. 27; § 230 Abs. 1 BGB i. V. m. § 34 a Abs. 4 GewO). Der Anspruchsinhaber (oder sein Beauftragter) muss im Falle der Wegnahme von Sachen bzw. der Festnahme des Anspruchsgegners die staatlichen Maßnahmen, die für ihn zunächst unerreichbar waren, nachholen (§ 230 Abs. 2, 3 BGB). Dies geschieht z. B. durch Anträge auf Zwangsvollstreckung oder Beschlagnahme (sog. dinglicher Arrest, § 920 ZPO).

Bei verzögertem oder abgelehntem Arrestantrag müssen unverzüglich (§ 230 Abs. 4 BGB)

- weggenommene Sachen zurückgegeben
- festgenommene Personen freigelassen werden.

§ 231 BGB

Irrtümliche Selbsthilfe

Wer eine der im § 229 bezeichneten Handlungen in der irrigen Annahme vornimmt, dass die für den Ausschluss der Widerrechtlichkeit erforderlichen Voraussetzungen vorhanden seien, ist dem anderen Teil zum Schadensersatz verpflichtet, auch wenn der Irrtum nicht auf Fahrlässigkeit beruht.

Derjenige, der die Voraussetzungen der Selbsthilfe nach § 229 BGB irrtümlich annimmt, ist unabhängig von einem eventuellen Verschulden zum **Schadensersatz** verpflichtet.

15. Kapitel: Die Notrechte

15.1 Notrechte sind 129

- **Notwehr bzw. Nothilfe**
- **Notstand.**

Notwehr bzw. Nothilfe sind Rechtfertigungsgründe, die auf dem Gedanken beruhen, dass das Recht dem Unrecht nicht zu weichen braucht.

Die Fälle des Notstandes sind für den Handelnden Rechtfertigungsgründe bzw. im Falle des § 35 StGB Entschuldigungsgründe (s. Rn. 81). Die Rechtsordnung billigt eine an sich strafbare Rechtsgutverletzung zugunsten eines anderen, höherwertigen Rechtsgutes.

Es sind **vier Formen des Notstandes** zu unterscheiden:

- Rechtfertigender Notstand (§ 34 StGB)
- Entschuldigender Notstand (§ 35 StGB)
- Verteidigungsnotstand (§ 228 BGB)
- Angriffsnotstand (§ 904 BGB).

15.2 **§ 227 BGB** 130

Notwehr

(1) Eine durch Notwehr gebotene Handlung ist nicht widerrechtlich.

(2) Notwehr ist diejenige Verteidigung, welche erforderlich ist, um einen gegenwärtigen rechtswidrigen Angriff von sich oder einem anderen abzuwenden.

§ 227 Abs. 2 BGB enthält eine gesetzliche Begriffsbestimmung der Notwehr. **Voraussetzungen** der Notwehr sind

- **Angriff eines Menschen** auf ein geschütztes Rechtsgut. „Angriffe", die spontan von Tieren oder anderen Sachen ausgehen, können unter dem Gesichtspunkt des Notstandes nach § 228 BGB abgewehrt werden (s. Rn. 134). Von einem Menschen veranlasste Tierangriffe sind hingegen notwehrfähig.

> **Beispiel:** A hetzt einen Hund auf B. Es handelt sich hierbei um einen Angriff des A auf B im Sinne von § 227 BGB. Wäre der Hund von sich aus auf B losgegangen, läge kein Angriff im Sinne von § 227 BGB, sondern eine Situation des § 228 BGB vor.

Ein Verschulden des Angreifers ist nicht erforderlich. Ein Angriff kann deshalb auch von einem Kind oder einer anderen schuldunfähigen Person ausgehen. Notwehrfähig sind alle Rechtsgüter, z. B. Leben, Gesundheit, Freiheit, Eigentum, Besitz, allgemeines Persönlichkeitsrecht usw.

- **Rechtswidrigkeit des Angriffs.** Rechtswidrig ist jeder Angriff auf fremde Rechtsgüter, der ohne Rechtfertigungsgrund erfolgt (s. Rn. 77).

> **Beispiel:** W wird vom Werkschutz vorläufig festgenommen, ohne dass hierfür die rechtlichen Voraussetzungen gegeben sind. Der auf die Fortbewegungsfreiheit des W gerichtete Angriff ist rechtswidrig. W kann sich dagegen zur Wehr setzen.

- **Gegenwärtigkeit des Angriffs.** Ein Angriff ist gegenwärtig, wenn er begonnen hat, während er andauert und solange er noch nicht beendet ist. Es genügt bereits, dass ein Angriff unmittelbar bevorsteht.

> **Beispiele:**
> - Der Angreifer holt zum Schlag aus.
> - Der Angriff des Diebes auf das fremde Eigentum dauert so lange an, wie dieser bestrebt ist, die Beute zu sichern.

Der Angriff dauert auch so lange, wie eine Wiederholung von Angriffshandlungen unmittelbar zu befürchten ist. Beendet ist ein Angriff, wenn er abgeschlossen, fehlgeschlagen oder aufgegeben ist.

131 Die gegen einen gegenwärtigen rechtswidrigen Angriff zulässige **Verteidigungshandlung** muss

- erforderlich (Abs. 2) und
- geboten (Abs. 1) sein.

Erforderlich ist diejenige Verteidigung, die zur Abwehr des Angriffs objektiv notwendig ist. Die Notwendigkeit hängt von den Umständen des Einzelfalles ab, wie z. B. von

- Stärke und Gefährlichkeit des Angriffs
- den vom Angreifer eingesetzten Mitteln
- den Verteidigungsmöglichkeiten des Angegriffenen.

Der Wert des angegriffenen Rechtsgutes ist nicht maßgebend. Der Angegriffene muss das mildeste wirksame Mittel zur Abwehr anwenden. Er darf jedoch das für ihn erreichbare Mittel wählen, das mit Gewissheit eine sofortige Beendigung des Angriffs gewährleistet[1]. Stehen mehrere wirksame Mittel zur Verfügung, muss der Angegriffene dasjenige wählen, das den Angreifer und Unbeteiligte am wenigsten beeinträchtigt.

Besondere Grenzen sind dem lebensgefährdenden **Einsatz einer Schusswaffe** gesetzt. Der Schusswaffengebrauch ist zwar nicht von vorneherein verboten, er kann aber nur das letzte Mittel der Verteidigung sein. In der Regel muss der Einsatz der Schusswaffe zunächst angedroht werden. Reicht das nicht aus, um einen Angriff zu beenden, muss möglichst ein weniger gefährlicher Waffeneinsatz versucht werden, z. B. ungezielte Warnschüsse oder Schüsse auf Arme oder Beine, um den Angreifer angriffsunfähig zu machen[2].

Geboten ist die Verteidigungshandlung, wenn dem Angegriffenen ein anderes Verhalten nicht zuzumuten ist. Nicht geboten ist die Abwehr vor allem, wenn der Angegriffene dem Angriff ausweichen kann, ohne sich etwas zu vergeben.

Beispiele:
- Angriffe von Kindern, Geisteskranken oder Volltrunkenen.
- Bloßer Unfug als Angriff.

Notwehr ist auch nicht geboten, wenn der Angegriffene den Angriff provoziert, d. h. eine Lage herbeigeführt hat, um unter dem Deckmantel der Notwehr den Angreifer zu verletzen. Rechtsmissbrauch schließt die Ausübung des Notwehrrechts aus. Als rechtsmissbräuchlich wird Notwehr z. B. dann angesehen, wenn eine aus der Verteidigungshandlung drohende Schädigung in krassem Missverhältnis zu der durch den Angriff eingetretenen Rechtsgutverletzung steht.

Nothilfe ist Notwehr zugunsten eines Dritten. Private Sicherheitseinrichtungen, die Angriffe nicht von sich selbst, sondern etwa vom Betriebseigentum (Werkschutz) oder von einem Schutzobjekt (Bewachungsunternehmen) abwehren, leisten Nothilfe.

Das StGB enthält in § 32, das OWiG in § 15 Abs. 1, 2 eine dem § 227 BGB inhaltsgleiche Notwehrvorschrift.

1 Auch eine Schusswaffe, sogar wenn er sie ohne Erlaubnis führt; eine Bestrafung wegen Verstoßes gegen das WaffG bleibt davon unberührt, vgl. BGH, NStZ 1986, 357.

2 BGH in ständiger Rspr., z. B. Urt. v. 5. Oktober 1990, NJW 1991, 503; vgl. auch § 13 der Allgemeinen Verwaltungsvorschrift zum Waffengesetz, GMBl. 1981, 511.

§ 32 StGB

Notwehr

(1) Wer eine Tat begeht, die durch Notwehr geboten ist, handelt nicht rechtswidrig.

(2) Notwehr ist die Verteidigung, die erforderlich ist, um einen gegenwärtigen rechtswidrigen Angriff von sich oder einem anderen abzuwenden.

§ 15 OWiG

Notwehr

(1) Wer eine Handlung begeht, die durch Notwehr geboten ist, handelt nicht rechtswidrig.

(2) Notwehr ist die Verteidigung, die erforderlich ist, um einen gegenwärtigen rechtswidrigen Angriff von sich oder einem anderen abzuwenden.

(3) Überschreitet der Täter die Grenzen der Notwehr aus Verwirrung, Furcht oder Schrecken, so wird die Handlung nicht geahndet.

Der unterschiedliche systematische Standort der Notwehr – einmal im BGB, ein anderes Mal im StGB, ein drittes Mal im OWiG – hat keine rechtlichen Auswirkungen (s. Rn. 77). § 227 BGB ist also nicht etwa nur im Schadensersatzrecht, § 32 StGB nur im Strafrecht oder § 15 OWiG nur im Ordnungswidrigkeitenrecht anwendbar. Alle Notwehrregelungen gelten vielmehr im gesamten Recht.

132 15.3

§ 34 StGB

Rechtfertigender Notstand

Wer in einer gegenwärtigen, nicht anders abwendbaren Gefahr für Leben, Leib, Freiheit, Ehre, Eigentum oder ein anderes Rechtsgut eine Tat begeht, um die Gefahr von sich oder einem anderen abzuwenden, handelt nicht rechtswidrig, wenn bei Abwägung der widerstreitenden Interessen, namentlich der betroffenen Rechtsgüter und des Grades der ihnen drohenden Gefahren, das geschützte Interesse das beeinträchtigte wesentlich überwiegt. Dies gilt jedoch nur, soweit die Tat ein angemessenes Mittel ist, die Gefahr abzuwenden.

Voraussetzungen des rechtfertigenden Notstandes sind

- **gegenwärtige, nicht anders abwendbare Gefahr** für irgendein Rechtsgut. § 34 StGB erwähnt Leben, Leib, Freiheit, Ehre und Eigentum nur beispielhaft.
  Gefahr ist ein Zustand, der mit großer Wahrscheinlichkeit zu einem Schaden führen wird.
  Gegenwärtig ist die Gefahr, wenn mit dem Schadenseintritt in jedem Augenblick gerechnet werden muss.
  Nicht anders abwendbar ist die Gefahr, wenn die Tat das einzige Mittel zu ihrer Abwendung ist und ein weniger einschneidendes Abwendungsmittel nicht zur Verfügung steht.

- **Absicht, die Gefahr von sich oder einem anderen abzuwenden.**
- **Interessenabwägung.** Das geschützte Rechtsgut muss das beeinträchtigte Rechtsgut wesentlich überwiegen. Dabei kommt es vor allem auf den Wert der betroffenen Rechtsgüter und den Grad der ihnen drohenden Gefahren an. Die in § 34 StGB genannte Reihenfolge der Rechtsgüter gibt einen Anhalt für deren Rang. Gleichwohl kann im Einzelfall z. B. das Eigentum höher einzustufen sein als die Gesundheit.
- **Angemessenheit der Tat zur Abwendung der Gefahr.** Die Tat ist insbesondere dann nicht geeignet, die für das bedrohte Rechtsgut bestehende Gefahr abzuwenden, wenn es dem Täter zuzumuten ist, die Gefahr hinzunehmen; dies ist hauptsächlich der Fall, wenn der Täter
  - die Notsituation vorwerfbar selbst verursacht hat oder
  - aufgrund seiner Stellung verpflichtet ist, die Gefahr hinzunehmen.

> **Beispiele:**
> - Soldaten
> - Polizeibeamte
> - Feuerwehrleute
> - Werkschutzangehörige.

Unter den genannten Voraussetzungen besteht ein **Rechtfertigungsgrund,** der die Rechtswidrigkeit ausschließt (s. Rn. 77).

> **Beispiel:** Der Werkschutz bemerkt anlässlich einer Torkontrolle, dass ein Werksfahrer in betrunkenem Zustand mit einem Betriebsfahrzeug fährt. Dem Fahrer wird die Ausfahrt aus dem Werksgelände untersagt. Strafbarkeit der Werkschutzmitarbeiter?
> Das Versperren der Ausfahrt kann tatbestandsmäßig Freiheitsberaubung (§ 239 StGB) oder Nötigung (§ 240 StGB) sein. Die Strafbarkeit entfällt bei Vorliegen eines Rechtfertigungsgrundes. Als solcher kommt hier rechtfertigender Notstand in Betracht.
> Es besteht eine gegenwärtige Gefahr für die Gesundheit des Fahrers, das Betriebseigentum (Fahrzeug) und für die Verkehrssicherheit. Eine andere Möglichkeit zur Abwendung dieser Gefahr, als dem Fahrer die Ausfahrt zu untersagen („Tat"), ist nicht gegeben. Die Werkschutzmitarbeiter haben die Absicht, diese Gefahr abzuwenden. Eine Abwägung der geschützten Rechtsgüter (Gesundheit, Eigentum, Verkehrssicherheit) und der ihnen drohenden Gefahren einerseits mit dem beeinträchtigten Rechtsgut (Fortbewegungsfreiheit, ungestörte Berufsausübung des Fahrers) andererseits fällt eindeutig zugunsten der geschützten Interessen aus. Die Tat ist auch ein angemessenes Mittel zur Abwendung der Gefahr.
> Die Mitarbeiter des Werkschutzes sind nicht strafbar.

15.4 Die **Voraussetzungen** des entschuldigenden Notstandes (§ 35 StGB, **133**
s. Rn. 81) sind enger gefasst als die des rechtfertigenden Notstandes:

- **Gegenwärtige, nicht anders abwendbare Gefahr** (s. Rn. 132) nur für
  - Leben
  - Leib oder
  - Freiheit.

  Im Unterschied zum rechtfertigenden Notstand sind hier nur diese drei Rechtsgüter geschützt.

- **Absicht, die Gefahr von sich,** einem **Angehörigen** oder einer sonst **nahestehenden Person** abzuwenden. Auch der begünstigte Personenkreis ist enger als bei § 34 StGB.
- **Nichtvorliegen eines Rechtfertigungsgrundes.** Als Entschuldigungsgrund kommt § 35 StGB erst zur Anwendung, wenn feststeht, dass ein rechtswidriges tatbestandsmäßiges Handeln gegeben ist.
- Dem Täter ist nicht zuzumuten, die Gefahr für das bedrohte Rechtsgut hinzunehmen. Die Verpflichtung zur Gefahrentragung besteht – wie beim rechtfertigenden Notstand – bei
  - Selbstverursachung der Gefahr durch den Täter
  - einer besonderen Rechtsposition des Täters.

  Unter den Voraussetzungen des § 35 StGB handelt der Täter ohne Schuld (Schuldausschließungsgrund, s. Rn. 81). Sein Handeln bleibt jedoch rechtswidrig.

Beispiele: s. Rn. 76, 81.

134 15.5 **§ 228 BGB**

Notstand

Wer eine fremde Sache beschädigt oder zerstört, um eine durch sie drohende Gefahr von sich oder einem anderen abzuwenden, handelt nicht widerrechtlich, wenn die Beschädigung oder die Zerstörung zur Abwendung der Gefahr erforderlich ist und der Schaden nicht außer Verhältnis zu der Gefahr steht. Hat der Handelnde die Gefahr verschuldet, so ist er zum Schadensersatz verpflichtet.

Verteidigungsnotstand (defensiver Notstand) ist unter folgenden **Voraussetzungen** gegeben:

- **Gefahr,** die von einer **fremden Sache** (s. Rn. 45) ausgeht. Im Recht werden auch Tiere als Sachen behandelt. Wird die Sache als Werkzeug eines menschlichen Angriffs benutzt, kommt Notwehr in Betracht (s. Rn. 130).
- **Absicht, die Gefahr von sich oder einem anderen abzuwenden.**
- Der durch die Abwehrhandlung (Beschädigung oder Zerstörung der Sache) entstehende Schaden darf nicht außer Verhältnis zu der drohenden Gefahr stehen. Ebenso wie beim rechtfertigenden Notstand des § 34 StGB ist eine **Interessenabwägung** zwischen geschützten und beeinträchtigten Rechtsgütern vorzunehmen.

Unter den genannten Voraussetzungen darf die gefahrbringende Sache beschädigt oder – falls erforderlich – auch zerstört werden. Die damit tatbestandsmäßig vorliegende Sachbeschädigung (§ 303 StGB, s. Rn. 102) ist unter den Voraussetzungen des § 228 BGB (Rechtfertigungsgrund) gerechtfertigt.

Beispiel:
Aus einem auf dem Betriebsgelände abgestellten, unvorschriftsmäßig gesicherten Gefahrguttransporter läuft eine hochgiftige und stark ätzende Flüssigkeit aus. Ein Verantwortlicher ist nicht zu erreichen. Die alarmierte Werksfeuerwehr bindet die Flüssigkeit ab und sorgt für ihre gefahrlose Beseitigung.

Die auslaufende Flüssigkeit ist eine fremde Sache, von der eine Gefahr ausgeht. Diese Gefahr sollte von bestimmten Rechtsgütern (z. B. Gesundheit, Betriebseigentum, Umwelt) abgewendet werden. Das Unbrauchbarmachen der Flüssigkeit war dazu erforderlich. Im Verhältnis zu den gefährdeten Rechtsgütern steht der eingetretene Schaden nicht außer Verhältnis.

Die Betriebsfeuerwehr handelt rechtmäßig. Es kommt weder eine Bestrafung wegen Sachbeschädigung noch eine Verpflichtung zum Schadensersatz in Betracht. Nach § 228 Satz 2 BGB besteht ein Schadensersatzanspruch, wenn der Handelnde die Gefahr verschuldet, d. h. vorsätzlich oder fahrlässig herbeigeführt hat. Ein solches Verschulden der Betriebsfeuerwehr liegt nicht vor.

15.6 § 904 BGB 135

Notstand

Der Eigentümer einer Sache ist nicht berechtigt, die Einwirkung eines anderen auf die Sache zu verbieten, wenn die Einwirkung zur Abwendung einer gegenwärtigen Gefahr notwendig und der drohende Schaden gegenüber dem aus der Einwirkung dem Eigentümer entstehenden Schaden unverhältnismäßig groß ist. Der Eigentümer kann Ersatz des ihm entstehenden Schadens verlangen.

§ 904 BGB regelt den sog. **Angriffsnotstand** (aggressiver Notstand). Im Unterschied zur Notwehr bzw. zum Verteidigungsnotstand wird beim Angriffsnotstand auf eine Sache eingewirkt, die weder als Instrument eines menschlichen Angriffs eingesetzt wird noch von der selbst eine Gefahr ausgeht. Vielmehr wird eine am Entstehen der Gefahr unbeteiligte Sache als Mittel zur Abwehr einer Gefahr eingesetzt. **Voraussetzungen** des Angriffsnotstandes sind:

- **gegenwärtige Gefahr für irgendein Rechtsgut.** Aus welchem Grund die Gefahr entstanden ist (z. B. Verhalten einer Person, Zustand einer Sache, höhere Gewalt), ist gleichgültig.
- **sofortige Abhilfe ist notwendig,** um eine Rechtsgutverletzung zu vermeiden.
- Der dem gefährdeten Rechtsgut drohende Schaden ist unverhältnismäßig größer als der Schaden, der aus der Einwirkung auf die Sache entsteht, die zur Gefahrenabwehr benutzt wird (**Interessenabwägung**).

Durch § 904 BGB wird das in § 903 BGB dem Eigentümer verliehene Recht, andere von der Einwirkung auf die ihm gehörenden Sachen auszuschließen, eingeschränkt (s. Rn. 44). Unter den Voraussetzungen des Angriffsnotstandes darf der Eigentümer die Einwirkung eines anderen nicht verhindern (Duldungspflicht).

Einwirkung umfasst sowohl den bloßen Gebrauch als auch – falls notwendig – eine Beschädigung oder Zerstörung der Sache. Die Einwirkung ist durch Gesetz gestattet und stellt somit keine verbotene Eigenmacht dar (s. Rn. 124). Dem Eigentümer, der zugleich Besitzer ist, stehen deshalb keine Besitzschutzrechte gegen den Einwirkenden zu. Eine unter den Voraussetzungen des § 904 BGB erfolgte Einwirkung ist auch kein rechtswidriger Angriff, sodass Notwehr hiergegen unzulässig ist.

Beispiel:
In dem Fall unter Rn. 134 benötigt die Betriebsfeuerwehr zur genauen Bestimmung der Flüssigkeit und um weitere Gefahren zu verhindern, besondere Unterlagen, die sich im abgesperrten Führerhaus des Transporters befinden. An dem Fahrzeug fehlen Warntafel und Gefahrzettel. Die Feuerwehr schlägt eine Seitenscheibe des Fahrzeugs ein und holt die Unterlagen heraus. Kurz darauf kehrt der Fahrer zurück; er protestiert lautstark gegen die getroffenen Maßnahmen und wird gegen Feuerwehrleute beleidigend und handgreiflich. Angehörige des Werkschutzes bringen den renitenten Fahrer nach mehreren erfolglosen Versuchen, ihn zu beruhigen, gewaltsam weg. Waren die Maßnahmen rechtmäßig?

Das weitere Auslaufen giftiger Flüssigkeit stellt eine gegenwärtige Gefahr im Sinne des § 904 BGB dar. Sowohl die Zerstörung der Scheibe des Fahrzeugs als auch die Benutzung der Unterlagen sind Einwirkungen auf das Eigentum an dem Fahrzeug, die zur Abwendung der Gefahr notwendig waren. Der Schaden, der den gefährdeten Rechtsgütern (Gesundheit, Betriebseigentum, Umwelt) droht, ist unverhältnismäßig größer als der Schaden, der durch die Zerstörung der Scheibe entstand. Durch den bloßen Gebrauch der Unterlagen trat kein Schaden ein. Die getroffenen Maßnahmen waren nach § 904 BGB rechtmäßig.

Der Fahrer war unter keinem rechtlichen Gesichtspunkt berechtigt, die Maßnahmen der Feuerwehr zu beeinträchtigen. Sogar der Eigentümer wäre nach § 904 BGB verpflichtet gewesen, die Maßnahmen zu dulden. Diese Duldungspflicht galt erst recht für den Fahrer, der lediglich Besitzdiener war.

Die Maßnahmen der Feuerwehr stellen keine verbotene Eigenmacht im Sinne von § 858 BGB dar. Dem Fahrer standen Selbsthilferechte des Besitzers/Besitzdieners (§§ 859, 860 BGB) nicht zu. Ein rechtswidriger Angriff lag nicht vor; Notwehr scheidet deshalb aus.

Beleidigungen und Handgreiflichkeiten des Fahrers waren gegenwärtige rechtswidrige Angriffe auf die persönliche Ehre und die körperliche Unversehrtheit der Feuerwehrleute. Das gewaltsame Entfernen des Fahrers durch den Werkschutz war eine erforderliche Verteidigungshandlung zur Abwehr dieser Angriffe in Form der Nothilfe. Da auch die Voraussetzungen der

Selbsthilfe nach § 229 BGB eingreifen, durfte der Widerstand des Fahrers durch gewaltsames Wegbringen gebrochen werden.

§ 904 Satz 2 BGB enthält eine Grundlage für **Schadensersatzansprüche** des Eigentümers gegen den Handelnden. Der Eigentümer, der die Verletzung seines Eigentums im Interesse höherwertiger Rechtsgüter hinnehmen muss, ist als an der Gefahrensituation Unbeteiligter zu entschädigen. Geleisteten Schadensersatz kann der Ersatzpflichtige (Handelnde) vom Verursacher der Gefahr als dem letztlich Verantwortlichen zurückverlangen.

16. Kapitel: Das Recht der vorläufigen Festnahme

§ 127 StPO **136**

Vorläufige Festnahme

(1) Wird jemand auf frischer Tat betroffen oder verfolgt, so ist, wenn er der Flucht verdächtig ist oder seine Identität nicht sofort festgestellt werden kann, jedermann befugt, ihn auch ohne richterliche Anordnung vorläufig festzunehmen. Die Feststellung der Identität einer Person durch die Staatsanwaltschaft oder die Beamten des Polizeidienstes bestimmt sich nach § 163 b Abs. 1.

(2) Die Staatsanwaltschaft und die Beamten des Polizeidienstes sind bei Gefahr im Verzug auch dann zur vorläufigen Festnahme befugt, wenn die Voraussetzungen eines Haftbefehls oder eines Unterbringungsbefehls vorliegen.

(3) Ist eine Straftat nur auf Antrag verfolgbar, so ist die vorläufige Festnahme auch dann zulässig, wenn ein Antrag noch nicht gestellt ist. Dies gilt entsprechend, wenn eine Straftat nur mit Ermächtigung oder auf Strafverlangen verfolgbar ist.

16.1 Die vorläufige Festnahme dient dem **Zweck**, die Strafverfolgung einer Person zu gewährleisten, die sich einer **Straftat** oder – wenn der Versuch einer solchen strafbar ist (s. Rn. 84) – einer versuchten Straftat verdächtig gemacht hat. Bei **Antragsdelikten** (s. Rn. 108) ist die Festnahme bereits vor Stellung eines Strafantrags möglich (§ 127 Abs. 3 StPO). **137**

Beispiel:
Nachdem der Fahrer eines Lieferfahrzeugs beim Einparken versehentlich einen betriebseigenen Pkw angefahren hat, will er das Betriebsgelände verlassen, ohne sich weiter um den Schaden zu kümmern.
Da die fahrlässige Sachbeschädigung nicht strafbar ist, liegt eine Tat im Sinne des § 127 Abs. 1 StPO nicht vor. Zu erwägen bleiben jedoch Maßnahmen der allgemeinen Selbsthilfe nach § 229 BGB (s. Rn. 126).

Der Verdacht einer **Ordnungswidrigkeit** reicht für eine vorläufige Festnahme nicht aus (§ 46 Abs. 3 OWiG).

Die Täterschaft braucht im Zeitpunkt der Festnahme nicht mit letzter Sicherheit festzustehen. Es reicht aus, dass die äußere Erscheinung der Tat nach der Lebenserfahrung einen **Tatverdacht** begründet. Für die Rechtmäßigkeit kommt es wesentlich darauf an, ob der Festnehmende die Tatumstände nach seinem pflichtgemäßen Ermessen für gegeben halten kann[1].

Die vorläufige Festnahme ist durch **jedermann** zulässig. Der Festnehmende braucht durch die Tat nicht selbst verletzt zu sein. Festnehmen darf auch ein Ausländer oder ein Minderjähriger. Allerdings dürfen Kinder nicht festgenommen werden, weil gegen sie kein Strafverfahren durchgeführt werden kann (s. Rn. 79). Im Übrigen ist eine Festnahme schuldunfähiger oder vermindert schuldfähiger Straftäter aber zulässig.

138 16.2 Die vorläufige Festnahme ist unter folgenden **Voraussetzungen** zulässig:

- Der Täter wird **auf frischer Tat**
  - **betroffen**
    oder
  - **verfolgt**

und

- ein **Festnahmegrund** liegt vor:
  - **Fluchtverdacht**
    oder
  - **fehlender Identitätsnachweis.**

Die Tat ist **„frisch“**, wenn ihre Ausführung einem Beobachter als rechtswidrige Tat erkennbar ist. **Auf frischer Tat** wird **betroffen,** wer während oder unmittelbar nach der Tat am Tatort oder in dessen unmittelbarer Nähe bemerkt wird.

Der Täter wird **auf frischer Tat verfolgt,** wenn unmittelbar nach Wahrnehmen oder Entdecken der Tat die Verfolgung aufgenommen wird.

Fluchtverdacht besteht, wenn der Täter durch sein Verhalten zu erkennen gibt, dass er sich der Strafverfolgung entziehen will, z. B. durch entsprechende Äußerungen, Weglaufen oder Wegfahren. Wenn auch an den Grad der Fluchterwartung keine allzu hohen Maßstäbe anzulegen sind, muss sich der Fluchtverdacht aber zumindest auf tatsächliche Anhaltspunkte stützen lassen, aus denen zu folgern ist, dass sich der Täter der Strafverfolgung entziehen will. Einen Erfahrungssatz, wonach bei Straferwartung von bestimmter Höhe stets Fluchtgefahr anzunehmen ist, gibt es nicht.

Die **Identität** eines Verdächtigen ist **nicht sofort feststellbar,** wenn der Täter nur nach weiteren Nachforschungen zweifelsfrei identifiziert werden kann.

---

1 § 127 StPO gilt unabhängig von der Gewichtigkeit der Tat und vom Wert der Beute bei allen Verbrechen oder Vergehen, BGH, NJW 2000, 1348. Ein Taxifahrer kann einem unbekannten Fahrgast, der sich weigert, den vom Taxameter angezeigten Betrag zu zahlen, wegen Betrugsverdachts vorläufig festnehmen, vgl. AG Grevenbroich, NJW 2002, 1060.

Beispiele:
- Verweigerung der Angaben zur Person
- bloße Namensangabe ohne Nachprüfungsmöglichkeit, z. B. aufgrund gültiger Ausweispapiere
- außer Kfz-Kennzeichen keine weiteren Anhaltspunkte.

Zusammengefasst ist die vorläufige Festnahme

- eines unbekannten Verdächtigen mit oder ohne Fluchtverdacht sowie
- eines bekannten Verdächtigen bei Fluchtverdacht

zulässig.

Beispiele:
- Ein Unbekannter hat sich des Diebstahls von Werkseigentum verdächtig gemacht. Die vorläufige Festnahme ist zulässig, weil die Identität des Verdächtigen nicht sofort feststellbar ist. Auf Fluchtverdacht kommt es nicht an.
- Ein dem Werkschutz namentlich bekannter Betriebsangehöriger ist des Diebstahls von Werkseigentum verdächtig. Eine vorläufige Festnahme kommt nur bei Fluchtverdacht in Frage.

Eine bestimmte **Form** ist für die Festnahme nicht vorgeschrieben. Insbesondere braucht die Festnahme nicht angedroht oder ausdrücklich erklärt zu werden. Sie muss jedoch dem Verdächtigen als solche erkennbar sein. Dafür genügt die tatsächliche Entziehung der Fortbewegungsfreiheit.

Die Staatsanwaltschaft und die Polizeibeamten – auch solche, die nicht Hilfsbeamte der Staatsanwaltschaft sind (s. Rn. 22) – sind zur vorläufigen Festnahme auch nach § 127 Abs. 2 StPO befugt, wenn die Voraussetzungen eines Haft- oder Unterbringungsbefehls vorliegen.

16.3 Festnahme ist jede Einwirkung, die über die bloße Frage nach Namen und Anschrift und die Einsicht in freiwillig vorgelegte Ausweispapiere hinausgeht. **139**
Das Festnahmerecht gestattet nicht die Anwendung eines jeden Mittels, selbst wenn die Ausführung oder Aufrechterhaltung der Festnahme sonst nicht möglich wäre. Das angewendete Mittel muss vielmehr zum Festnahmezweck in einem angemessenen Verhältnis stehen. Unzulässig ist es daher regelmäßig, die Flucht eines Straftäters durch Handlungen zu verhindern, die zu einer ernsthaften Beschädigung seiner Gesundheit oder zu einer unmittelbaren Gefährdung seines Lebens führen[2]. **Zulässige** Möglichkeiten der Festnahme können insbesondere sein:

- die bloße Erklärung der Festnahme
- die Aufforderung, sich in eine bestimmten Richtung zu bewegen (z. B. in einen Wachraum oder zur nächsten Polizeidienststelle mitzukommen oder in ein Kfz einzusteigen)

2 Unzulässig ist z. B. ein Würgegriff, wenn der strangulierte Verdächtige bereits bewusstlos ist und mit Erstickungskrämpfen reagiert, BGH, NJW 2000, 1348.

- das Festhalten (auch durch Einsperren in Räumen oder eine Bewachung durch einen Hund, s. Rn. 204)
- die Anwendung körperlichen Zwangs, wie z. B. festes Zupacken, selbst wenn dies Schmerzen verursacht
- die Wegnahme von Sachen, die dem Verdächtigen die Fortbewegung erleichtern (z. B. Schnürsenkel, Zündschlüssel)
- die Fesselung
- die Androhung des Schusswaffengebrauchs
- die Abgabe eines Warnschusses.

Rechtsgutverletzungen, die über eine Beschränkung oder Entziehung der Fortbewegungsfreiheit des Verdächtigen hinausgehen, sind **unzulässig.**

Beispiele:
- Beleidigungen
- Verletzungen, die nicht durch das Festhalten oder die hierbei angewandte körperliche Gewalt hervorgerufen sind
- auf den Verdächtigen gezielter Schusswaffengebrauch
- Betreten bzw. Durchsuchen von Wohnungen oder Sachen.

Entgegen einer verbreiteten Ansicht ist es grundsätzlich **nicht zulässig,** einen Festgenommenen **zur Eigensicherung nach Waffen usw. abzutasten.** Abgesehen davon, dass eine solche Maßnahme weder im Gesetz noch, so weit ersichtlich, in der Rechtsprechung[3] eine Grundlage findet, spricht eine Reihe weiterer Gründe gegen die Zulässigkeit eines auf § 127 Abs. 1 StPO gestützten „Abtastens".

Die Festnahme dient der Strafverfolgung, nicht der Abwehr tatsächlicher oder gar nur vermuteter Gefahren. Die Festnahme ist personenbezogen, das „Abtasten" sachbezogen. Ein „Abtasten", das dem Auffinden von Sachen dient, ist der Beginn oder sogar schon eine Form der Durchsuchung einer Person. Die Durchsuchung ist in der StPO besonders geregelt und stellt nach dem Willen des Gesetzgebers im Vergleich zur Festnahme eine selbstständige Maßnahme dar, für die andere Voraussetzungen gelten. Der Gesetzgeber, der in Kenntnis des § 127 Abs. 1 StPO eine Kombination von Festnahme und Durchsuchung an anderer Stelle ausdrücklich geregelt hat (nämlich in Art. 20 NATO-Truppenstatut), wollte von dieser Möglichkeit zugunsten von Privatpersonen ersichtlich keinen Gebrauch machen.

Die durch jedermann zulässige Festnahme gilt als Ausnahmerecht ohnehin nur in engen Grenzen. Durchsuchungsbefugnisse sind nur Hoheitsträgern, nicht aber Privatpersonen eingeräumt. Private Ausnahmerechte können aber nicht weiter gehen

3 LG Frankfurt am Main, NPA 1005, BGB § 229, Blatt 5. RGSt 59, 291/296 sieht eine solche Maßnahme sogar als strafbare Amtsanmaßung an! Der BGH, NJW 2000, 1348, verdeutlicht, der Norm sei keine weiter gehende Befugnis zu entnehmen. § 32 StGB erlaube Notwehr gegen rechtswidrige Angriffe des Festgenommenen auf den Festnehmenden.

als hoheitliche Eingriffsbefugnisse. Dass einem Verdächtigen Beutestücke[4] oder Gegenstände, die ihm die Flucht erleichtern, abgenommen werden dürfen, bedeutet noch nicht, dass er auch auf Waffen und andere gefährliche Gegenstände durchsucht werden darf. Die zulässigen Festnahmemittel bieten ausreichende Möglichkeiten, um einen Festgenommenen in geeigneter Weise so lange festzuhalten, bis er von den dafür zuständigen staatlichen Organen im Hinblick auf eine Selbst- oder Fremdgefährdung durchsucht werden kann. Es ist jedoch nicht ausgeschlossen, einem Verdächtigen unter den Voraussetzungen anderer Rechtfertigungsgründe Waffen oder gefährliche Gegenstände wegzunehmen und diese zu verwahren.

Beispiel:
Eine unter den Voraussetzungen des § 127 Abs. 1 StPO rechtmäßig vorläufig festgenommene Person setzt sich gegen ihre Festhaltung massiv zur Wehr. Der Festnehmende bemerkt im Verlauf der sich anschließenden Handgreiflichkeiten, dass der Festgenommene eine Schusswaffe im Hosenbund trägt. Da davon auszugehen ist, dass der Festgenommene die Schusswaffe einsetzen wird, wenn andere Mittel der Gegenwehr für ihn erfolglos bleiben, darf der Festnehmende einen unmittelbar bevorstehenden (und somit gegenwärtigen) Angriff auf sein Leben annehmen. Bei dieser Notwehrlage ist die Wegnahme der Waffe erforderlich und geboten.

16.4 Die Möglichkeiten der vorläufigen Festnahme dürfen im Einzelfall nur unter **140**
Beachtung des Grundsatzes der **Erforderlichkeit** (§ 34 a Abs. 4 GewO, vgl. Rn. 27) angewendet werden. Es gilt der Grundsatz der möglichsten Schonung des Verdächtigen (s. vorstehend Rn. 139).

Der Festgehaltene muss **freigelassen** werden, sobald der Zweck der Festnahme erreicht ist. Insbesondere endet die Befugnis Privater zur Festnahme, wenn sich die Polizei des Verdächtigen annimmt. Lehnt die Polizei ein Einschreiten in Kenntnis aller Umstände ab, entfällt jede Zulässigkeit einer privaten Festnahme.

Über eine weitere Fortdauer der Freiheitsentziehung entscheidet das Gericht. Auf Antrag der Staatsanwaltschaft kann der Ermittlungsrichter einen **Haftbefehl** erlassen (Art. 104 GG i. V. m. § 114 StPO). Der Beschuldigte wird daraufhin in Untersuchungshaft genommen. Ein auf freiem Fuß befindlicher Beschuldigter, gegen den Haftbefehl ergangen ist, wird zur polizeilichen Personenfahndung ausgeschrieben. Nach seiner **Verhaftung** muss er dem nächsterreichbaren Haftrichter vorgeführt werden.

Ein Beschuldigter, gegen den keine Untersuchungshaft angeordnet wird, ist freizulassen.

4 Die Abnahme von Beutestücken kann nicht auf § 127 StPO gestützt werden, s. Rn. 127.

17. Kapitel: Unfallverhütung

141 17.1 Arbeitnehmern drohen in ihren Arbeitsbereichen vielfältige Gefahren wie z. B. Beeinträchtigungen ihrer Gesundheit im Zusammenhang mit bestimmten Produktionsverfahren oder – z. B. nach schweren Unfällen – ihrer wirtschaftlichen Existenz. Der Gesetzgeber hat auf dem Gebiet des Arbeitsschutzrechts zahlreiche Vorschriften erlassen, deren Einhaltung im Interesse von Arbeitnehmern, Arbeitgebern und Allgemeinheit vom Staat überwacht und erforderlichenfalls durchgesetzt wird.

Das **Arbeitsschutzrecht** ist Teil des Arbeitsrechts (s. Rn. 6, 34). Es wird eingeteilt in das Recht des

- **Arbeitsvertragsschutzes** (soziale Gestaltung der vertraglichen Arbeitsbedingungen)
- **Arbeitszeitschutzes** (z. B. Arbeitszeitordnung, Mutterschutzgesetz, Jugendarbeitsschutzgesetz, Ladenschlussgesetz)
- **Gefahrenschutzes.**

Das **Gefahrenschutzrecht** umfasst hauptsächlich Bestimmungen zur Verhütung von Betriebsunfällen. Solche Bestimmungen werden entweder vom Staat oder von autonomen Berufsgenossenschaften erlassen.

142 17.2 Als für private Sicherheitseinrichtungen wichtigste Gefahrenschutzvorschrift aufgrund staatlicher Normsetzung ist das **Arbeitsschutzgesetz**[1] zu nennen, das den früher geltenden § 120 a GewO ersetzt hat.

§ 3 ArbSchG

Grundpflichten des Arbeitgebers

(1) Der Arbeitgeber ist verpflichtet, die erforderlichen Maßnahmen des Arbeitsschutzes unter Berücksichtigung der Umstände zu treffen, die Sicherheit und Gesundheit der Beschäftigten bei der Arbeit beeinflussen. Er hat die Maßnahmen auf ihre Wirksamkeit zu überprüfen und erforderlichenfalls sich ändernden Gegebenheiten anzupassen. Dabei hat er eine Verbesserung von Sicherheit und Gesundheitsschutz der Beschäftigten anzustreben.

(2) Zur Planung und Durchführung der Maßnahmen nach Absatz 1 hat der Arbeitgeber unter Berücksichtigung der Art der Tätigkeiten und der Zahl der Beschäftigten

1. für eine geeignete Organisation zu sorgen und die erforderlichen Mittel bereitzustellen sowie
2. Vorkehrungen zu treffen, dass die Maßnahmen erforderlichenfalls bei allen Tätigkeiten und eingebunden in die betrieblichen Führungsstrukturen beachtet werden und die Beschäftigten ihren Mitwirkungspflichten nachkommen können.

1 vom 7. August 1996 (BGBl. I S. 1246) m. spät. Änd.

(3) Kosten für Maßnahmen nach diesem Gesetz darf der Arbeitgeber nicht den Beschäftigten auferlegen.

§ 4 ArbSchG

Allgemeine Grundsätze

Der Arbeitgeber hat bei Maßnahmen des Arbeitsschutzes von folgenden allgemeinen Grundsätzen auszugehen:

1. Die Arbeit ist so zu gestalten, dass eine Gefährdung für Leben und Gesundheit möglichst vermieden und die verbleibende Gefährdung möglichst gering gehalten wird;
2. Gefahren sind an ihrer Quelle zu bekämpfen;
3. bei den Maßnahmen sind der Stand von Technik, Arbeitsmedizin und Hygiene sowie sonstige gesicherte arbeitswissenschaftliche Erkenntnisse zu berücksichtigen;
4. Maßnahmen sind mit dem Ziel zu planen, Technik, Arbeitsorganisation, sonstige Arbeitsbedingungen, soziale Beziehungen und Einfluss der Umwelt auf den Arbeitsplatz sachgerecht zu verknüpfen;
5. individuelle Schutzmaßnahmen sind nachrangig zu anderen Maßnahmen;
6. spezielle Gefahren für besonders schutzbedürftige Beschäftigtengruppen sind zu berücksichtigen;
7. den Beschäftigten sind geeignete Anweisungen zu erteilen;
8. mittelbar oder unmittelbar geschlechtsspezifisch wirkende Regelungen sind nur zulässig, wenn dies aus biologischen Gründen zwingend geboten ist.

§ 7 ArbSchG

Übertragung von Aufgaben

Bei der Übertragung von Aufgaben auf Beschäftigte hat der Arbeitgeber je nach Art der Tätigkeiten zu berücksichtigen, ob die Beschäftigten befähigt sind, die für die Sicherheit und den Gesundheitsschutz bei der Aufgabenerfüllung zu beachtenden Bestimmungen und Maßnahmen einzuhalten.

§ 9 ArbSchG

Besondere Gefahren

(1) Der Arbeitgeber hat Maßnahmen zu treffen, damit nur Beschäftigte Zugang zu besonders gefährlichen Arbeitsbereichen haben, die zuvor geeignete Anweisungen erhalten haben.

(2) Der Arbeitgeber hat Vorkehrungen zu treffen, dass alle Beschäftigten, die einer unmittelbaren erheblichen Gefahr ausgesetzt sind oder sein können, möglichst frühzeitig über diese Gefahr und die getroffenen oder zu treffenden Schutzmaßnahmen unterrichtet sind. Bei unmittelbarer erheblicher Gefahr für die eigene Sicherheit oder die Sicherheit anderer Personen müssen die Beschäftigten die geeigneten Maßnahmen zur Gefahrenabwehr und Schadensbegrenzung selbst treffen können, wenn der zuständige Vorgesetzte nicht erreichbar ist; dabei sind die Kenntnisse der Beschäftigten und die vorhandenen technischen Mittel zu berücksichtigen. Den Beschäftigten dürfen aus

ihrem Handeln keine Nachteile entstehen, es sei denn, sie haben vorsätzlich oder grob fahrlässig ungeeignete Maßnahmen getroffen.

(3) Der Arbeitgeber hat Maßnahmen zu treffen, die es den Beschäftigten bei unmittelbarer erheblicher Gefahr ermöglichen, sich durch sofortiges Verlassen der Arbeitsplätze in Sicherheit zu bringen. Den Beschäftigten dürfen hierdurch keine Nachteile entstehen. Hält die unmittelbare erhebliche Gefahr an, darf der Arbeitgeber die Beschäftigten nur in besonders begründeten Ausnahmefällen auffordern, ihre Tätigkeit wieder aufzunehmen. Gesetzliche Pflichten der Beschäftigten zur Abwehr von Gefahren für die öffentliche Sicherheit sowie die §§ 7 und 11 des Soldatengesetzes bleiben unberührt.

Das ArbSchG zeigt die Zielsetzung des Gefahrenschutzes auf und begründet eine Garantenstellung des Unternehmers/Arbeitgebers (s. Rn. 76).

§ 1 ArbSchG

Zielsetzung und Anwendungsbereich

(1) Dieses Gesetz dient dazu, Sicherheit und Gesundheitsschutz der Beschäftigten bei der Arbeit durch Maßnahmen des Arbeitsschutzes zu sichern und zu verbessern. Es gilt in allen Tätigkeitsbereichen.

(2) Dieses Gesetz gilt nicht für den Arbeitsschutz von Hausangestellten in privaten Haushalten. Es gilt nicht für den Arbeitsschutz von Beschäftigten auf Seeschiffen und in Betrieben, die dem Bundesberggesetz unterliegen, soweit dafür entsprechende Rechtsvorschriften bestehen.

(3) Pflichten, die die Arbeitgeber zur Gewährleistung von Sicherheit und Gesundheitsschutz der Beschäftigten bei der Arbeit nach sonstigen Rechtsvorschriften haben, bleiben unberührt. Satz 1 gilt entsprechend für Pflichten und Rechte der Beschäftigten. Unberührt bleiben Gesetze, die andere Personen als Arbeitgeber zu Maßnahmen des Arbeitsschutzes verpflichten.

(4) Bei öffentlich-rechtlichen Religionsgemeinschaften treten an die Stelle der Betriebs- oder Personalräte die Mitarbeitervertretungen entsprechend dem kirchlichen Recht.

Wie § 1 Abs. 3 ArbSchG belegt, sind je nach Unternehmensart weitere Bestimmungen anzuwenden; diese können sich ergeben aus

- bundes- oder landesrechtlichen Vorschriften wie z. B. der Betriebssicherheitsverordnung
- den **„allgemein anerkannten Regeln der Technik“**

Beispiele:
- Unfallverhütungsvorschriften (UVV)
- Vorschriften des Verbandes deutscher Elektrotechniker (VDE)
- Vorschriften des Verbandes deutscher Gas- und Wasserfachleute (DVGW)
- Normen des Deutschen Instituts für Normung (DIN)
- Richtlinien des Vereins Deutscher Ingenieure (VDI).

143 Nach dem **Gerätesicherheitsgesetz** (früher: Maschinenschutzgesetz; dann: Gesetz über technische Arbeitsmittel-GSG; heute: Geräte- und Produksicherheitsgesetz – GPSG)[2], das über den gewerblichen Bereich hinaus für Hersteller und Verbraucher in allen Lebensbereichen gilt, müssen technische Arbeitsmittel und Verbraucherprodukte den „allgemein anerkannten Regeln der Technik“ genügen. Außerdem sind bei der Konstruktion der Produkte die Arbeitsschutz- und Unfallverhütungsvorschriften zu beachten. Hersteller oder Importeure können die Bauart technischer Arbeitsmittel durch anerkannte Prüfstellen prüfen lassen. Nach erfolgreicher Prüfung dürfen Geräte mit dem Zeichen „GS = Geprüfte Sicherheit“ versehen werden (§ 3 Abs. 4 GSG).

Ein Verwender, der als Unternehmer Arbeitnehmer beschäftigt, hat die gesetzlichen Verpflichtungen zu erfüllen. Zu diesem Zweck muss er z. B. entweder Geräte selbst sicher herstellen oder Produkte beschaffen, die dem Geräte- und Produktsicherheitsgesetz genügen.

Auf der Grundlage des GPSG ist eine Reihe von **Rechtsverordnungen des Bundes** ergangen, u. a.

- die Verordnung über das **Inverkehrbringen elektrischer Betriebsmittel zur Verwendung innerhalb bestimmter Spannungsgrenzen** als 1. GPSGV
- die **Gasverbrauchseinrichtungsverordnung** als 7. GPSGV
- die **Maschinenverordnung** als 9. GPSGV
- die Verordnung über das **Inverkehrbringen von Sportbooten** als 10. GPSGV
- die **Explosionsschutzverordnung** als 11. GPSGV
- die **Aufzugsverordnung** als 12. GPSGV
- die **Aerosolpackungsverordnung** als 13. GPSGV
- die **Druckgeräteverordnung** als 14. GPSGV

Die §§ **120 b** (Sitte und Anstand im Betrieb; Umkleide-, Wasch- und Toilettenräume) und § **120 e** (Bundes- und landesrechtliche Vorschriften) der Gewerbeordnung hat der Bundesgesetzgeber mit Wirkung vom 1. Januar 2003 aufgehoben.

Die Bundesregierung hat mit der **Verordnung zur Rechtsvereinfachung im Bereich der Sicherheit und des Gesundheitsschutzes bei der Bereitstellung von Arbeitsmitteln und deren Benutzung bei der Arbeit, der Sicherheit beim Betrieb überwachungsbedürftiger Anlagen und der Organisation des betrieblichen Arbeitsschutzes**[3] das Recht der betrieblichen Sicherheit neu geordnet. Kernstück der Bestimmungen ist die **Betriebssicherheitsverordnung.** **144**

Die BetrSichV gilt für die Bereitstellung von Arbeitsmitteln durch Arbeitgeber sowie für die Benutzung von Arbeitsmitteln durch Beschäftigte bei der Arbeit (§ 1 Abs. 1).

---

2 vom 6. Januar 2004 (BGBl. I S. 2).

3 vom 27. September 2002 (BGBl. I S. 3777), zuletzt geändert durch Art. 22 des Gesetzes vom 6. Januar 2004 (BGBl. I S. 2, ber. S. 219).

Sie gilt auch für überwachungsbedürftige Anlagen im Sinne des § 2 Abs. 7 GPSG (§ 1 Abs. 2), soweit es sich hauptsächlich handelt um

- Dampfkesselanlagen
- Druckbehälteranlagen außer Dampfkesseln
- Füllanlagen
- bestimmte Leitungen unter innerem Überdruck für entzündliche, leichtentzündliche, hochentzündliche, ätzende oder giftige Gase, Dämpfe oder Flüssigkeiten
- Aufzugsanlangen
- Anlagen in explosionsgefährdeten Bereichen
- bestimmte Großanlagen (z. B. Tankstellen und Flugfeldbetankungsanlagen).

Die BetrSichV enthält u. a. **Gemeinsame Vorschriften für Arbeitsmittel** (§§ 3 bis 11):
- Gefährdungsbeurteilung nach § 5 ArbSchG bzw. § 16 GefStoffV (§ 3)
- Anforderungen an die Bereitstellung und Benutzung der Arbeitsmittel (§ 4)
- Explosionsgefährdete Bereiche (§ 5)
- Explosionsschutzdokument (§ 6)
- Anforderungen an die Beschaffenheit der Arbeitsmittel (§ 7)
- Sonstige Schutzmaßnahmen (§ 8)
- Unterrichtung und Unterweisung (§ 9)
- Prüfung der Arbeitsmittel (§ 10)
- Aufzeichnungen (§ 11).

Die BetrSichV enthält außerdem **Besondere Vorschriften für überwachungsbedürftige Anlagen:**
- Betrieb (§ 12)
- Erlaubnisvorbehalt (§ 13)
- Prüfung vor Inbetriebnahme (§ 14)
- Wiederkehrende Prüfungen (§ 15)
- Angeordnete außerordentliche Prüfung (§ 16)
- Prüfung besonderer Druckgeräte (§ 17)
- Unfall- und Schadensanzeige (§ 18; vgl. Rn. 39)
- Prüfbescheinigungen (§ 19)
- Mängelanzeige (§ 20)
- Zugelassene Überwachungsstellen (§ 21)
- Aufsichtsbehörden für überwachungsbedürftige Anlagen des Bundes (§ 22)
- Innerbetrieblicher Einsatz ortsbeweglicher Druckgeräte (§ 23).

Mit Wirkung vom 1. Januar 2003 sind – mit einigen Modifizierungen – außerdem außer Kraft getreten[4]

4 Vgl. Art. 8 der Verordnung vom 27. September 2002 (BGBl. I S. 3777).

- die **Dampfkesselverordnung**
- die **Druckbehälterverordnung**
- die **Aufzugsverordnung**
- die **Verordnung über elektrische Anlagen in explosionsgefährdeten Bereichen**
- die **Acetylenverordnung**
- die **Verordnung über brennbare Flüssigkeiten**
- die **Getränkeschankanlagenverordnung.**

Die vom Bundesministerium für Wirtschaft und Arbeit erlassene **Arbeitsstättenverordnung**[5] enthält allgemeine Anforderungen für den Unfallschutz und die Hygiene in Arbeitsräumen und am Arbeitsplatz. Zur ArbStättV wurden **Arbeitsstättenrichtlinien** (ASR) herausgegeben, z. B.

- ASR 5 Lüftung
- ASR 10/1 Türen, Tore
- ASR 13/1, 2 Feuerlöscheinrichtungen
- ASR 38/2 Sanitätsräume.

Besonders hinzuweisen ist auf den in § 3 a seit 1. Januar 2003 geregelten Nichtraucherschutz[6].

Für **Baustellen** ist aufgrund § 19 ArbSchG die Baustellenverordnung[7] ergangen.

Für **Handelsbetriebe** enthält § 62 HGB Pflichten des Arbeitgebers, für den Arbeitsschutz und die Gesundheit am Arbeitsplatz zu sorgen.

Verletzungen von Arbeitsschutzvorschriften sind **Straftaten/Ordnungswidrigkeiten** (§§ 147 GewO, 25 ArbSchG, 25 BetrSichV). Falls durch Verstöße gegen § 147 Abs. 1 und 2 GewO Leben oder Gesundheit eines anderen oder fremde Sachen von bedeutendem Wert gefährdet werden, kommt auch eine Ahndung als **Straftat** in Betracht (§§ 148 GewO, 26 ArbSchG, 26 BetrSichV).

Weitere wichtige Vorschriften enthält das **Arbeitssicherheitsgesetz,** das sich mit **145**
dem vorbeugenden Gesundheitsschutz der Arbeitnehmer, dem technischen Arbeitsschutz sowie der Unfallverhütung (durch Betriebsärzte, Sicherheitsingenieure usw.) befasst (s. Rn. 149).

Für Anlagen, die einer besonderen Überwachung bedürfen, enthielten früher die **146**
§§ 24 ff. GewO spezielle Gefahrenschutzvorschriften. Diese Regelungen be-

5 vom 20. März 1975 (BGBl. I S. 729) m. spät. Änd.
6 vgl. Art. 7 der Verordnung vom 27. September 2002 (BGBl. I. S. 3777).
7 Verordnung über Sicherheit und Gesundheitsschutz auf Baustellen vom 10. Juni 1998, BGBl. I S. 1283.

zweckten den Schutz von Beschäftigten und Außenstehenden vor Gefahren durch technische Anlagen, die wegen ihrer Gefährlichkeit eine besondere Überwachung erfordern (sog. **überwachungsbedürftige Anlagen**). Die Vorschriften sind außer Kraft getreten und durch die oben näher genannten Gesetze ersetzt worden. Die gesetzlichen Bestimmungen werden durch zahlreiche weitere Vorschriften, die im Rang unter dem Gesetz stehen (s. Rn. 7), ergänzt:

Beispiele:
- **Technische Regeln** für Dampfkessel (TRD)
- **Normen** (DIN)
- **Richtlinien** (z. B. über Sicherheitsventile, Öl-, Gas-, Kohlenstaub- und Holzfeuerung).

147 Den **Umgang mit gefährlichen Stoffen** regeln

- das Gesetz zum Schutz vor gefährlichen Stoffen (**Chemikaliengesetz**)
- die **Gefahrstoffverordnung,** die auf der Grundlage des ChemG ergangen ist[8]; die GefStoffV legt dem Arbeitgeber beim Umgang mit gefährlichen Stoffen bestimmte Schutzpflichten, wie z. B. Kennzeichnungspflichten, Beschäftigungsverbote und -beschränkungen zugunsten Jugendlicher bzw. zugunsten von Arbeitnehmerinnen auf.
- die vom Ausschuss für Gefahrstoffe aufgestellten **technischen Regeln für Gefahrstoffe** (TRGS).

148 Nach § 17 SGB-VII haben die **Unfallversicherungsträger** Arbeitsunfälle (s. Rn. 152), Berufskrankheiten und arbeitsbedingte Gesundheitsgefahren zu verhüten und für eine wirksame Erste Hilfe in den Unternehmen zu sorgen. Träger der Unfallversicherung sind die **Berufsgenossenschaften,** die Schäden ausgleichen, die nach Arbeitsunfällen oder Berufskrankheiten in Form einer Tötung oder Körperverletzung eingetreten sind.

§ 17 SGB-VII

Überwachung und Beratung

(1) Die Unfallversicherungsträger haben die Durchführung der Maßnahmen zur Verhütung von Arbeitsunfällen, Berufskrankheiten, arbeitsbedingten Gesundheitsgefahren und für eine wirksame Erste Hilfe in den Unternehmen zu überwachen sowie die Unternehmer und die Versicherten zu beraten. Sie können im Einzelfall anordnen, welche Maßnahmen Unternehmer oder Versicherte zu treffen haben

1. zur Erfüllung ihrer Pflichten aufgrund der Unfallverhütungsvorschriften nach § 15,
2. zur Abwendung besonderer Unfall- und Gesundheitsgefahren.

(2) Soweit in einem Unternehmen Versicherte tätig sind, für die ein anderer Unfallversicherungsträger zuständig ist, kann auch dieser die Durchführung der Maßnahmen zur Verhütung von Arbeitsunfällen, Berufskrankheiten, arbeitsbedingten Gesundheits-

8 I. d. F. d. Bek. vom 15. November 1999 (BGBl. I S. 2233) mit spät. Änd.

gefahren und für eine wirksame Erste Hilfe überwachen. Beide Unfallversicherungsträger sollen, wenn nicht sachliche Gründe entgegenstehen, die Überwachung und Beratung abstimmen und sich mit deren Wahrnehmung auf einen Unfallversicherungsträger verständigen.

(3) Anordnungen nach Absatz 1 können auch gegenüber Unternehmen und Beschäftigten von ausländischen Unternehmen getroffen werden, die eine Tätigkeit im Inland ausüben, ohne einem Unfallversicherungsträger anzugehören.

(4) Erwachsen dem Unfallversicherungsträger durch Pflichtversäumnis eines Unternehmers bare Auslagen für die Überwachung seines Unternehmens, so kann der Vorstand dem Unternehmer diese Kosten auferlegen.

(5) Die Seemannsämter können durch eine Untersuchung der Seeschiffe feststellen, ob die Unfallverhütungsvorschriften befolgt sind.

17.3 Die Berufsgenossenschaftlichen Vorschriften für Sicherheit und Gesundheit bei der Arbeit (BGV – bisher **Unfallverhütungsvorschriften** der Berufsgenossenschaften) enthalten Regelungen über betriebliche Einrichtungen und das Verhalten der Versicherten. Ermächtigungsgrundlage für solche Vorschriften ist § 15 SGB-VII.

§ 15 SGB-VII

Unfallverhütungsvorschriften

(1) Die Unfallversicherungsträger erlassen als autonomes Recht Unfallverhütungsvorschriften über

1. Einrichtungen, Anordnungen und Maßnahmen, welche die Unternehmer zur Verhütung von Arbeitsunfällen, Berufskrankheiten und arbeitsbedingten Gesundheitsgefahren zu treffen haben, sowie die Form der Übertragung dieser Aufgaben auf andere Personen,
2. das Verhalten der Versicherten zur Verhütung von Arbeitsunfällen, Berufskrankheiten und arbeitsbedingten Gesundheitsgefahren,
3. vom Unternehmer zu veranlassende arbeitsmedizinische Untersuchungen und sonstige arbeitsmedizinische Maßnahmen vor, während und nach der Verrichtung von Arbeiten, die für Versicherte oder für Dritte mit arbeitsbedingten Gefahren für Leben und Gesundheit verbunden sind,
4. Voraussetzungen, die der Arzt, der mit Untersuchungen oder Maßnahmen nach Nummer 3 beauftragt ist, zu erfüllen hat, sofern die ärztliche Untersuchung nicht durch eine staatliche Rechtsvorschrift vorgesehen ist,
5. die Sicherstellung einer wirksamen Ersten Hilfe durch den Unternehmer,
6. die Maßnahmen, die der Unternehmer zur Erfüllung der sich aus dem Gesetz über Betriebsärzte, Sicherheitsingenieure und andere Fachkräfte für Arbeitssicherheit ergebenden Pflichten zu treffen hat,
7. die Zahl der Sicherheitsbeauftragten, die nach § 22 unter Berücksichtigung der in den Unternehmen für Leben und Gesundheit der Versicherten bestehenden arbeitsbedingten Gefahren und der Zahl der Beschäftigten zu bestellen sind.

In der Unfallverhütungsvorschrift nach Satz 1 Nr. 3 kann bestimmt werden, dass arbeitsmedizinische Vorsorgeuntersuchungen auch durch den Unfallversicherungsträger veranlasst werden können.

(2) Soweit die Unfallversicherungsträger Vorschriften nach Absatz 1 Satz 1 Nr. 3 erlassen, können sie zu den dort genannten Zwecken auch die Erhebung, Verarbeitung und Nutzung von folgenden Daten über die untersuchten Personen durch den Unternehmer vorsehen:

1. Vor- und Familienname, Geburtsdatum sowie Geschlecht,
2. Wohnanschrift,
3. Tag der Einstellung und des Ausscheidens,
4. Ordnungsnummer,
5. zuständige Krankenkasse,
6. Art der vom Arbeitsplatz ausgehenden Gefährdungen,
7. Art der Tätigkeit mit Angabe des Beginns und des Endes der Tätigkeit,
8. Angaben über Art und Zeiten früherer Tätigkeiten, bei denen eine Gefährdung bestand, soweit dies bekannt ist,
9. Datum und Ergebnis der ärztlichen Vorsorgeuntersuchungen; die Übermittlung von Diagnosedaten an den Unternehmer ist nicht zulässig,
10. Datum der nächsten regelmäßigen Nachuntersuchung,
11. Name und Anschrift des untersuchenden Arztes.

Soweit die Unfallversicherungsträger Vorschriften nach Absatz 1 Satz 2 erlassen, gelten Satz 1 sowie § 24 Abs. 1 Satz 3 und 4 entsprechend.

(3) Absatz 1 Satz 1 Nr. 1 bis 5 gilt nicht für die unter bergbehördlicher Aufsicht stehenden Unternehmen.

(4) ...

(5) Die Unternehmer sind über die Vorschriften nach Absatz 1 zu unterrichten und zur Unterrichtung der Versicherten verpflichtet.

Die Berufsgenossenschaften haben zahlreiche **Vorschriften** (BGV) erlassen, von denen einige für den Werkschutz bedeutsam sind.

Beispiele:
- BGV A 1 Grundsätze der Prävention
- BGV A 8 Sicherheitskennzeichnung und Gesundheitsschutzkennzeichnung am Arbeitsplatz.

Berufsgenossenschaftliche Vorschriften sind sowohl für Arbeitgeber als auch für Arbeitnehmer verbindlich; ihre Verletzung kann als Ordnungswidrigkeit mit Geldbuße geahndet werden. Die Arbeitnehmer sind verpflichtet, Weisungen zur Beachtung dieser Vorschrift zu befolgen (§ 15 BGV A 1).

Beispiele:
- Benutzung bereitgestellter Einrichtungen, Arbeitsmittel und Arbeitsstoffe (§§ 17, 29, 30 BGV A 1; s. dazu näher Rn. 237).

17.4 Der Unternehmer/Arbeitgeber ist aufgrund seiner allgemeinen **Fürsorgepflicht** (s. Rn. 37) und aufgrund seiner **Verkehrssicherungspflicht** (s. Rn. 155) gehalten, für die Beachtung sämtlicher Gefahrenschutzvorschriften zu sorgen. § 21 SGB-VII legt diese Verpflichtung nunmehr ausdrücklich fest: 149

§ 21 SGB-VII

Verantwortung des Unternehmers, Mitwirkung der Versicherten

(1) Der Unternehmer ist für die Durchführung der Maßnahmen zur Verhütung von Arbeitsunfällen und Berufskrankheiten und für die Verhütung von arbeitsbedingten Gesundheitsgefahren verantwortlich.

(2) ...

(3) Die Versicherten haben nach ihren Möglichkeiten alle Maßnahmen zur Verhütung von Arbeitsunfällen, Berufskrankheiten und arbeitsbedingten Gesundheitsgefahren sowie für eine wirksame Erste Hilfe zu unterstützen und die entsprechenden Anweisungen des Unternehmers zu befolgen.

Der Unternehmer kann sich betriebsintern besonderer Fachkräfte bedienen, die ihn bei dieser Aufgabe unterstützen. Beispielsweise ist die Sorge für die Einhaltung der Bestimmungen über den Gefahrenschutz eine der wichtigsten Tätigkeiten des Werkschutzes.

Das Gesetz über Betriebsärzte, Sicherheitsingenieure und andere Fachkräfte für Arbeitssicherheit (**Arbeitssicherheitsgesetz**) schreibt die Bestellung spezieller Fachkräfte zur Unterstützung des Arbeitgebers beim Arbeitsschutz und bei der Unfallverhütung vor.

Der Arbeitgeber (oder ein Beauftragter), zwei Mitglieder des Betriebsrates, Betriebsärzte, Fachkräfte für Arbeitssicherheit und Sicherheitsbeauftragte bilden den sog. **Arbeitsschutzausschuss.** Der Ausschuss hat die Aufgabe, Anliegen des Arbeitsschutzes und der Unfallverhütung zu erörtern.

In Betrieben mit mehr als 20 Beschäftigten hat der Unternehmer einen oder mehrere Sicherheitsbeauftragte zu bestellen, die ihn bei der Durchführung des Unfallschutzes unterstützen (§ 22 SGB-VII):

§ 22 SGB-VII

Sicherheitsbeauftragte

(1) In Unternehmen mit regelmäßig mehr als 20 Beschäftigten hat der Unternehmer unter Beteiligung des Betriebsrates oder Personalrates Sicherheitsbeauftragte unter Berücksichtigung der im Unternehmen für die Beschäftigten bestehenden Unfall- und Gesundheitsgefahren und der Zahl der Beschäftigten zu bestellen. Als Beschäftigte gelten auch die nach § 2 Abs. 1 Nr. 2, 8 und 12 Versicherten. In Unternehmen mit besonderen Gefahren für Leben und Gesundheit kann der Unfallversicherungsträger anordnen, dass Sicherheitsbeauftragte auch dann zu bestellen sind, wenn die Mindestbe-

schäftigtenzahl nach Satz 1 nicht erreicht wird. Für Unternehmen mit geringen Gefahren für Leben und Gesundheit kann der Unfallversicherungsträger die Zahl 20 in seiner Unfallverhütungsvorschrift erhöhen.

(2) Die Sicherheitsbeauftragten haben den Unternehmer bei der Durchführung der Maßnahmen zur Verhütung von Arbeitsunfällen und Berufskrankheiten zu unterstützen, insbesondere sich von dem Vorhandensein und der ordnungsgemäßen Benutzung der vorgeschriebenen Schutzeinrichtungen und persönlichen Schutzausrüstungen zu überzeugen und auf Unfall- und Gesundheitsgefahren für die Versicherten aufmerksam zu machen.

(3) Die Sicherheitsbeauftragten dürfen wegen der Erfüllung der ihnen übertragenen Aufgaben nicht benachteiligt werden.

150 17.5 Die **Unfallverhütung** nimmt auch bei den **Aufgaben des Betriebsrates** breiten Raum ein:

Nach § 80 Abs. 1 Nr. 1 BetrVG hat der Betriebsrat im Rahmen seiner allgemeinen Aufgaben darüber zu wachen, dass die zugunsten der Arbeitnehmer geltenden Unfallverhütungsvorschriften durchgeführt werden. Der Betriebsrat hat bei der Bekämpfung von Unfall- und Gesundheitsgefahren die für den Arbeitsschutz zuständigen Behörden, die Berufsgenossenschaften und sonstige Stellen durch Anregung, Beratung und Auskunft zu unterstützen sowie sich für die Durchführung der Vorschriften über den Arbeitsschutz und die Unfallverhütung im Betrieb einzusetzen (§ 89 Abs. 1 BetrVG).

Bei Regelungen über die Verhütung von Arbeitsunfällen und Berufskrankheiten sowie über den Gesundheitsschutz im Rahmen der gesetzlichen Vorschriften oder der Unfallverhütungsvorschriften hat der Betriebsrat ein Mitbestimmungsrecht (§ 87 Abs. 1 Nr. 7 BetrVG).

Zusätzliche Maßnahmen zur Verhütung von Arbeitsunfällen und Gesundheitsschädigungen können durch Betriebsvereinbarung geregelt werden (§ 88 Nr. 1 BetrVG).

§ 9 ArbSichG verpflichtet Betriebsärzte und Fachkräfte für Arbeitssicherheit bei der Erfüllung ihrer Aufgaben zur Zusammenarbeit mit dem Betriebsrat. Die Bestellung der nach § 22 SGB-VII vorgeschriebenen Sicherheitsbeauftragten unterliegt der Mitwirkung des Betriebsrates. Der Betriebsrat hat Unfallanzeigen (s. Rn. 39) zu unterzeichnen (§ 193 Abs. 5 SGB-VII).

151 17.6 Reicht die unternehmerische Eigeninitiative zur Einhaltung der Gefahrenschutzbestimmungen nicht aus, sieht die Rechtsordnung den Rückgriff auf Beratung und Unterstützung, erforderlichenfalls aber auch ein Einschreiten **staatlicher Organe** vor. Beispielhaft sind als solche Organe zu nennen:

- die nach Landesrecht zuständigen **Gewerbeaufsichtsämter** (§§ 139 b GewO); diese sind zum Erlass von Einzelanordnungen befugt.
- die **Polizei** (§ 139 b GewO)

- die Aufsichtspersonen der Unfallversicherungsträger (§§ 18 ff. SGB-VII)
- amtliche oder amtlich anerkannte **Sachverständige** wie z. B. Technischer Überwachungsämter (TÜA) oder des Technischen Überwachungsvereins (TÜV)
- **Gewerbeärzte,** die im Bereich des Bundesministers für Arbeit und Sozialordnung und im Dienst der Landesregierungen als Organe des staatlichen Gesundheitsschutzes bei der Überwachung gesundheitsgefährdender Betriebe mitwirken.

17.7 Die Begriffe **Arbeitsunfall** und **Berufskrankheit** sind in §§ 8, 9 SGB-VII definiert: **152**

§ 8 SGB-VII

Arbeitsunfall

(1) Arbeitsunfälle sind Unfälle von Versicherten infolge einer den Versicherungsschutz nach § 2, 3 oder 6 begründenden Tätigkeit (versicherte Tätigkeit). Unfälle sind zeitlich begrenzte, von außen auf den Körper einwirkende Ereignisse, die zu einem Gesundheitsschaden oder zum Tod führen.

(2) Versicherte Tätigkeiten sind auch

1. das Zurücklegen des mit der versicherten Tätigkeit zusammenhängenden unmittelbaren Weges nach und von dem Ort der Tätigkeit,
2. das Zurücklegen des von einem unmittelbaren Weg nach und von dem Ort der Tätigkeit abweichenden Weges, um
   a) Kinder von Versicherten (§ 56 des Ersten Buches), die mit ihnen in einem gemeinsamen Haushalt leben, wegen ihrer oder ihrer Ehegatten beruflichen Tätigkeit fremder Obhut anzuvertrauen oder
   b) mit anderen Berufstätigen oder Versicherten gemeinsam ein Fahrzeug zu benutzen,
3. das Zurücklegen des von einem unmittelbaren Weg nach und von dem Ort der Tätigkeit abweichenden Weges der Kinder von Personen (§ 56 des Ersten Buches), die mit ihnen in einem gemeinsamen Haushalt leben, wenn die Abweichung darauf beruht, dass die Kinder wegen der beruflichen Tätigkeit dieser Personen oder deren Ehegatten fremder Obhut anvertraut werden,
4. das Zurücklegen des mit der versicherten Tätigkeit zusammenhängenden Weges von und nach der ständigen Familienwohnung, wenn die Versicherten wegen der Entfernung ihrer Familienwohnung von dem Ort der Tätigkeit an diesem oder in dessen Nähe eine Unterkunft haben,
5. das mit einer versicherten Tätigkeit zusammenhängende Verwahren, Befördern, Instandhalten und Erneuern eines Arbeitsgeräts oder einer Schutzausrüstung sowie deren Erstbeschaffung, wenn dies auf Veranlassung der Unternehmer erfolgt.

(3) Als Gesundheitsschaden gilt auch die Beschädigung oder der Verlust eines Hilfsmittels.

§ 9 SGB-VII

Berufskrankheit

(1) Berufskrankheiten sind Krankheiten, die die Bundesregierung durch Rechtsverordnung mit Zustimmung des Bundesrates als Berufskrankheiten bezeichnet und die Versicherte infolge einer den Versicherungsschutz nach § 2, 3 oder 6 begründenden Tätigkeit erleiden. ...

§ 193 SGB-VII enthält eine gesetzliche Anzeigepflicht (s. Rn. 39) für Betriebsunfälle, bei denen ein Beschäftigter getötet oder mehr als drei Tage arbeitsunfähig geworden ist. Zur Ermittlungsarbeit des Werkschutzes s. Rn. 265 ff., 398.

§ 10 ArbSchG und die VBG 109 – Erste Hilfe – enthalten weitere Bestimmungen für die Erste Hilfe und das Verhalten bei Arbeitsunfällen (s. Rn. 237).

18. Kapitel: Verkehrsrechtliche Fragen

153 18.1 Privaten Sicherheitseinrichtungen, vor allem aber dem betrieblichen Werkschutz können je nach Betriebsart und -größe unterschiedliche **Aufgaben im Verkehrsdienst** obliegen. Im Wesentlichen sind zu nennen:

- **Verkehrssicherung** (Vermeidung von Gefahren für Verkehrsteilnehmer)
- **Verkehrsüberwachung** (Maßnahmen zur Gewährleistung von Verkehrssicherheit und -flüssigkeit)
- **Verkehrsregelung** (Maßnahmen für den fließenden, arbeitenden und ruhenden Verkehr)
- **Verkehrsunfallbearbeitung.**

154 Verkehrsrechtliche Fragen hängen eng mit der **Rechtsnatur von Verkehrsflächen** zusammen.

> **Beispiel:** Nach einem Verkehrsunfall auf einem Firmenparkplatz geht es um die Verantwortlichkeit der Beteiligten aus straf- oder ordnungsrechtlichen Gesichtspunkten, um die polizeiliche Behandlung des Unfalls, um Fragen der Verkehrssicherungspflicht usw.

Das **öffentliche Straßenverkehrsrecht** betrifft fast ausschließlich den Verkehr auf öffentlichen Verkehrsflächen.

> **Beispiele:**
> - Pflicht zur Zulassung von Kraftfahrzeugen, Fahrerlaubnispflicht (§§ 1, 2 StVG, 1 FeV)
> - Zahlreiche Straftatbestände/Ordnungswidrigkeitentatbestände des Straßenverkehrsrechts betreffen nur öffentliche, nicht private Verkehrsflächen:

- Fahren ohne Fahrerlaubnis (§ 21 StVG)
- Kennzeichenmissbrauch (§ 22 StVG)
- Unerlaubtes Entfernen vom Unfallort (§ 142 StGB)
- Gefährlicher Eingriff in den Straßenverkehr (§ 315 b StGB)
- Trunkenheit im Verkehr (§ 316 StGB, § 24 a StVG)
- Eine polizeiliche Verkehrsunfallaufnahme unterbleibt in der Regel, wenn sich der Unfall auf einer privaten Verkehrsfläche ereignet hat und lediglich Sachwerte (fahrlässig) beschädigt wurden.

Verkehrsflächen sind **öffentlich,** wenn sie von jedermann benutzt werden können.

Öffentlich-rechtliche Verkehrsflächen haben durch Rechtsakt (Widmung) einen besonderen Rechtsstatus erhalten.

Beispiele:
- Widmung einer Gemeindestraße durch Bebauungsplan
- Widmung einer Staatsstraße durch Verwaltungsakt der Straßenbaubehörde.

Tatsächlich-öffentliche Verkehrsflächen können ebenfalls von der Allgemeinheit benutzt werden; wegen fehlender Widmung haben sie aber keinen öffentlich-rechtlichen Status.

Beispiele:
- Ein Grundstückseigentümer duldet seit längerer Zeit die Benutzung einer als „Privatweg" gekennzeichneten Straße durch Spaziergänger
- Eine Straße kann von beliebigen Verkehrsteilnehmern aufgrund Vertrages (z. B. Maut) benutzt werden.

Die allgemeinen verkehrsrechtlichen Bestimmungen kommen auf alle öffentlichen Verkehrsflächen gleichermaßen zur Anwendung. Tatsächlich-öffentliche Verkehrsflächen verlieren ihre Eigenschaft als öffentliche Verkehrsflächen, sobald der Verfügungsberechtigte die uneingeschränkte Zugänglichkeit der Fläche nicht mehr zulässt. Eine solche Beschränkung besteht, wenn die Benutzung einer Fläche nach dem ausdrücklichen oder stillschweigenden Willen des Verfügungsberechtigten nur einem genau bestimmten oder bestimmbaren Personenkreis gestattet ist. Dabei sind auch die für etwaige Benutzer erkennbaren äußeren Umstande maßgebend.

Beispiele für öffentliche Verkehrsflächen:
- Parkhäuser oder Tiefgaragen, die jedermann offenstehen (auch bei Gebührenpflicht)
- Parkplätze eines Einkaufszentrums
- Tankstellen (soweit öffentlicher Betrieb stattfindet)
- Parkplätze an Gaststätten (auch wenn ein Schild die Benutzung nur für Gäste gestattet).

Beispiele für nichtöffentliche Verkehrsflächen:
- Fahrzeugabstellfläche, die allein Betriebsangehörigen vorbehalten ist
- Kundenparkplatz für einen bestimmbaren Besucherkreis
- Tiefgarage mit fest vermieteten Stellplätzen.

155 18.2 Aus der Schadensersatzbestimmung des § 823 BGB (unerlaubte Handlung, s. Rn. 40) hat die Zivilrechtsprechung die sog. **Verkehrssicherungspflicht** entwickelt. Die von § 823 BGB geschützten Rechtsgüter können durch aktives Tun, aber auch durch Unterlassen verletzt werden. Wie im Strafrecht ist ein Unterlassen nur dann rechtlich bedeutsam, wenn eine Rechtspflicht zur Abwendung des Schadens besteht (s. Rn. 76). Eine solche Garantenpflicht kann sich auch im Zivilrecht aus Gesetz, Vertrag, vorangegangenem Tun usw. ergeben.

Wer eine **Gefahrenquelle** eröffnet oder unterhält, muss die notwendigen und zumutbaren Vorkehrungen treffen, um Schädigungen anderer zu verhindern. Die Vorkehrungen richten sich im Einzelnen nach den örtlichen und zeitlichen Verhältnissen und dem Ausmaß möglicher Gefahren.

Beispiele:
- Wer Grundstücksflächen für den Verkehr zugänglich macht, muss diese Flächen in gefahrlosem Zustand halten. Z. B. müssen Straßen, Wege, Treppen, Aufzüge usw. instandgehalten, beleuchtet und gereinigt werden (Verkehrssicherungspflicht aus Verkehrseröffnung).
- Wer gefährliche Gegenstände (Maschinen, Fahrzeuge, Industrieabfälle, Gifte, Waffen usw.) beherrscht, muss Gefährdungen anderer verhindern (Verkehrssicherungspflicht aus Beherrschung einer Gefahrenquelle).

Die Verantwortung für die Erfüllung der betrieblichen Verkehrssicherungspflichten obliegt in erster Linie dem Unternehmer/Arbeitgeber. Aus arbeitsrechtlicher Sicht beinhalten Verkehrssicherungspflichten eine Ausgestaltung der (nebenvertraglichen) Fürsorgepflicht gegenüber den Arbeitnehmern, deren Wahrnehmung betrieblichen Einrichtungen (z. B. dem Werkschutz) übertragen werden kann (s. Rn. 37). Die Verkehrssicherungspflicht entfällt nicht durch Übertragung. Sie wandelt sich vielmehr in eine Aufsichtspflicht um.

Beispiele:
- Erhaltung eines möglichst gefahrlosen Zustandes aller (öffentlichen und privaten) Verkehrsflächen des Betriebes, z. B. durch
  - ordnungsgemäße Beleuchtung
  - Streuen bei Eisglätte
  - Freihalten von Rettungswegen
- Warnung vor gefahrbringenden Umständen wie z. B. unvorhersehbaren Hindernissen
- Beseitigung von Mängeln, z. B. einer Ölspur auf der Fahrbahn oder eines Verkehrshindernisses
- Regelung und Überwachung des betrieblichen Straßenverkehrs.

Gegenüber Betriebsfremden besteht die Verkehrssicherungspflicht kraft Gesetzes (§ 823 BGB).

Verletzungen der Verkehrssicherungspflicht können bei schuldhaftem Verhalten (z. B. auch nicht ordnungsgemäße Beaufsichtigung der Kräfte, denen diese Aufgaben übertragen wurden) **Schadensersatzansprüche** nach sich ziehen.

18.3 **Verkehrsüberwachung** und **Verkehrsregelung** durch Private kommen nur **156**
auf nichtöffentlichen Verkehrsflächen in Betracht. Die Befugnis zu Anordnungen im Einzelfall kann sich ergeben

- für Betriebsangehörige aus Betriebsvereinbarungen, Unfallverhütungsvorschriften und Arbeitsvertrag
- für Betriebsfremde aus dem Hausrecht (s. Rn. 118).

Für Maßnahmen der Verkehrslenkung, -überwachung und -regelung auf öffentlichen Verkehrsflächen sind die **Straßenverkehrsbehörden** bzw. die **Polizei** zuständig (§ 44 StVO). Den Straßenverkehrsbehörden obliegt vor allem auch die Aufstellung amtlicher **Verkehrszeichen** auf öffentlichen Verkehrsflächen (§ 45 StVO).

Verkehrszeichen, die beispielsweise der Werkschutz auf nichtöffentlichen Verkehrsflächen aufgestellt hat, haben keinen amtlichen Charakter. Sie sind Indizien, wie der Unternehmer/Arbeitgeber sein Hausrecht bzw. – gegenüber Arbeitnehmern – sein Direktionsrecht ausgeübt wissen möchte. Vielfach wird dies durch einen Hinweis, wie z. B. ein Schild „Hier gelten die Regeln der StVO sinngemäß" deutlich gemacht.

§ 3 Abs. 3 BGV A 8 schreibt unter dem Aspekt der Unfallverhütung vor, dass in Betrieben für die Sicherheitskennzeichnung die für den öffentlichen Straßenverkehr vorgeschriebenen Verkehrszeichen zu verwenden sind. Am nichtamtlichen Charakter der Verkehrszeichen ändert diese Bestimmung jedoch nichts.

Die Nichtbeachtung solcher Verkehrszeichen erfüllt zwar nicht den Tatbestand einer Ordnungswidrigkeit (§ 49 StVO). Sie kann bei Betriebsangehörigen aber arbeitsrechtliche Folgen, bei Betriebsfremden hausrechtliche Konsequenzen haben. Gleiches gilt für Zeichen und Weisungen, die der Werkschutz im Auftrag des Unternehmers/Arbeitgebers im Einzelfall zu Zwecken der Verkehrsregelung gibt[1].

Zur innerbetrieblichen Verkehrsüberwachung können auch Maßnahmen gehören, die die Einhaltung etwa bestehender **Parkordnungen** gewährleisten. Eigenmächtiges Parken auf reservierten Parkplätzen oder ein Versperren von Zu- bzw. Ausfahrten ist regelmäßig verbotene Eigenmacht, die zu Besitzschutzmaßnahmen befugt (s. Rn. 124 f.).

1 Die sinngemäße Anwendung des § 36 StVO dürfte in diesen Fällen ausscheiden. Die Vorschrift ist öffentlich-rechtliche Befugnisnorm für hoheitliche Anordnungen der Polizei.

Das **Abschleppen** behindernd abgestellter Fahrzeuge kann auf § 859 Abs. 3 BGB gestützt werden. Danach darf sich der Besitzer (und gem. § 860 BGB auch der Besitzdiener) im Falle einer (teilweisen) Entziehung des Besitzes an einem Grundstück des Besitzes sofort nach Entziehung wieder bemächtigen. Nach der Rechtsprechung kommt es bei der Auslegung des Begriffes „sofort" weniger auf den Zeitpunkt des Beginns der verbotenen Eigenmacht an, als vielmehr darauf, dass die Selbsthilfe in unmittelbarem Anschluss an die Kenntniserlangung von der verbotenen Eigenmacht erfolgt.

> **Beispiel:**
> Ein Pkw, der am Mittag abgestellt wurde, kann auch noch am Abend dieses Tages abgeschleppt werden, wenn die Behinderung erst dann auffällt.

Der widerrechtlich Parkende ist nicht automatisch verpflichtet, die **Abschleppkosten** zu bezahlen. Auch hier gilt, wie im gesamten Privatrecht, der Grundsatz, dass derjenige, der einen Vertrag schließt (z. B. mit einem Abschleppunternehmen), zur Zahlung der vereinbarten Leistung verpflichtet ist. Inwieweit diese Leistung von Dritten zurückgefordert werden kann, ist eine andere Frage[2].

Die Fahrer von Werttransporten sind (auf öffentlichen Verkehrsflächen) verpflichtet, **Sicherheitsgurte** anzulegen; die Ausnahmeregeln des § 21 a Abs. 2 StVO (für Taxi- und Mietwagenfahrer bei der Fahrgastbeförderung) gelten für sie auch dann nicht, wenn ihr Fahrzeug verkehrsbedingt halten muss.[3]

157 18.4 Ein **Verkehrsunfall** auf öffentlicher Verkehrsfläche beruht zumeist auf einer fahrlässigen Missachtung von Straßenverkehrsvorschriften. Wegen der dabei berührten öffentlichen Interessen erfolgt regelmäßig eine Verkehrsunfallaufnahme durch die Polizei. Ein strafrechtliches Ermittlungsverfahren oder ein Bußgeldverfahren kann eingeleitet werden.

Ein Verkehrsunfall auf nichtöffentlicher Verkehrsfläche ist grundsätzlich reine Privatangelegenheit. Ein polizeiliches Einschreiten kann zur Verfolgung von Straftaten (z. B. fahrlässige Körperverletzung, fahrlässige Tötung) oder zum Schutz privater Rechte erfolgen (s. Rn. 22).

Unabhängig von einer polizeilichen oder ordnungsbehördlichen Behandlung eines Verkehrsunfalles hat der Werkschutz das Recht und die Pflicht, Ansprüche des Unternehmers oder geschädigter Betriebsangehöriger festzustellen und zu sichern. Dazu gehört z. B. auch eine sorgfältige Aufklärung des Unfallhergangs (s. Rn. 242, 265 ff., 398).

Der Straftatbestand des § 142 StGB (**Unerlaubtes Entfernen vom Unfallort**) ist nur erfüllt, wenn sich ein Unfall auf öffentlicher Verkehrsfläche ereignet hat. Ent-

---

2 Zu den Ansprüchen des Grundstücksbesitzers gegen „Falschparker" s. Schwarz/Ernst, NJW 1997, 2550 ff.

3 BGH, NJW 2001, 1485.

fernt sich ein Unfallbeteiligter nach einem Unfall auf nichtöffentlicher Verkehrsfläche, kann für den Werkschutz je nach Sachlage z. B. eine vorläufige Festnahme dieses Unfallbeteiligten nach § 127 Abs. 1 StPO oder nach § 229 BGB in Betracht kommen.

Die Pflicht, Verletzten die erforderliche und zumutbare Hilfe zu leisten, trifft jedermann. Ihre Verletzung ist als unterlassene Hilfeleistung strafbar (s. Rn. 105).

Zu den **verkehrstechnischen Geräten** s. Rn. 441 ff.

19. Kapitel: Das Recht des Umweltschutzes

19.1 Das öffentliche Umweltbewusstsein wird von der Auffassung bestimmt, **158**
dass für die fortschreitende Umweltzerstörung in erster Linie industrielle Großunternehmen verantwortlich sind (s. Rn. 233). Im Mittelpunkt der Umweltpolitik stehen vier **Verursacher von Umweltbelastungen:**

- Energieverbrauch
- Industrieproduktion
- Verkehrswesen
- Landwirtschaft.

Ohne den Schutz bestimmter Umweltfaktoren würden die bereits jetzt gefährdeten **Lebensgrundlagen** (Luft, Wasser, Boden) weiterhin stark in Mitleidenschaft gezogen. Das Recht des Umweltschutzes bezweckt, diese Lebensgrundlagen zu erhalten und möglichst zu verbessern. Außerdem wird angestrebt, die menschliche Gesundheit sowie kulturelle und wirtschaftliche Werte vor schädlichen Einflüssen wie z. B. Giften, Lärm, krebserregenden chemischen Stoffen und die Natur insgesamt zu schützen, wobei insbesondere Tiere und Pflanzen vor dem Aussterben bewahrt werden sollen. In den letzten Jahren sind zusätzlich das Gleichgewicht der klimatischen Verhältnisse und die Reinheit von Lebensmitteln in das Blickfeld gerückt.

19.2 Umweltschutz ist eine gesamtgesellschaftliche Aufgabe. Der Staat ist von **159**
Verfassungs wegen verpflichtet, die Belange des Umweltschutzes zu beachten und bei allen Entscheidungen auch die ökologischen Auswirkungen zu berücksichtigen. Diese Verpflichtung ergibt sich aus Art. 20 a GG.

Ein einheitliches Umweltschutzrecht existiert nicht. Das Recht des Umweltschutzes ist in zahlreichen einzelnen Gesetzen und anderen Rechtsvorschriften niedergelegt, die hauptsächlich den Bereichen des öffentlichen Rechts (Besonderes Verwaltungsrecht, Strafrecht), vereinzelt auch dem privaten Recht[1] zuzuordnen sind.

1 Vgl. zum Beseitigungs- und Unterlassungsanspruch bei Immissionen z. B. § 1004 BGB, zum Schadensersatz- und Auskunftsanspruch die Bestimmungen des UmweltHG.

Das **Umweltverwaltungsrecht** umfasst schwerpunktmäßig

- das **Immissionsschutzrecht.** Grundlage ist das Bundesimmissionsschutzgesetz, auf das inzwischen mehr als 30 Durchführungsverordnungen und Technische Anleitungen, z. B. TA/Luft, TA/Lärm, zurückgehen.
- das **Wasserrecht,** z. B. das Wasserhaushaltsgesetz des Bundes und die Wassergesetze der Länder.
- das **Bodenschutzrecht,** z. B. das Bundesbodenschutzgesetz des Bundes und die Bodenschutzgesetze der Länder.
- das **Abfallrecht,** z. B. das Kreislaufwirtschafts- und Abfallgesetz, die Altfahrzeugverordnung, die Altölverordnung, die Batterieverordnung, die Verpackungsverordnung.
- das **Naturschutzrecht,** z. B. das Bundesnaturschutzgesetz, die Landschaftspflegegesetze der Länder, das Bundeswaldgesetz und die Landeswaldgesetze.
- das **Recht der Sicherheit kerntechnischer Einrichtungen** und das **Strahlenschutzrecht,** z. B. das Atomgesetz und das Strahlenschutzvorsorgegesetz.
- die **internationalen Vereinbarungen** zum Umweltschutz, z. B. das Artenschutzübereinkommen, die Übereinkommen zur Verhinderung der Meeresverschmutzung.

Zuwiderhandlungen gegen die einzelnen Vorschriften können grundsätzlich als **Ordnungswidrigkeiten** mit Geldbußen geahndet werden.

160 Der 29. Abschnitt des StGB enthält Strafvorschriften über besonders gemeinschädliche und für die Umwelt gefährliche Verhaltensweisen (**Straftaten gegen die Umwelt**):

- Gewässerverunreinigung (§ 324 StGB)
- Bodenverunreinigung (§ 324 a StGB)
- Luftverunreinigung (§ 325 StGB)
- Verursachen von Lärm, Erschütterungen und nichtionisierenden Strahlen (§ 325 a StGB)
- Unerlaubter Umgang mit gefährlichen Abfällen (§ 326 StGB)
- Unerlaubtes Betreiben von Anlagen (§ 327 StGB)
- Unerlaubter Umgang mit radioaktiven Stoffen und anderen gefährlichen Stoffen und Gütern (§ 328 StGB)
- Gefährdung schutzbedürftiger Gebiete (§ 329 StGB)
- Besonders schwerer Fall einer Umweltstraftat (§ 330 StGB)
- Schwere Gefährdung durch Freisetzen von Giften (§ 330 a StGB).

Der Gesetzgeber hat das Umweltstrafrecht mit dem Zweiten Gesetz zur Bekämpfung der Umweltkriminalität[2] verbessert.

Das **Umwelthaftungsgesetz**[3] sieht eine verschuldensunabhängige Gefährdungshaftung zum Schutz von Boden und Luft[4] und die Einführung einer **Umwelthaftpflichtversicherung** vor.

2 vom 27. Juni 1994 (BGBl. I S. 1440).
3 vom 10. Dezember 1990 (BGBl. I S. 2634) mit spät Änd.
4 § 22 Wasserhaushaltsgesetz enthält einen Gefährdungshaftungstatbestand für Änderungen der Beschaffenheit des Wassers; s. auch § 14 Satz 2 BImSchG.

Größere öffentliche und private Bauprojekte wie z. B. Kraftwerke, Raffinerien, Abfalldeponien, Flugplätze usw. werden nach den Vorschriften des Gesetzes über die **Umweltverträglichkeitsprüfung** einer Art „Umwelt-TÜV" unterzogen. Dabei wird geprüft, ob solche Vorhaben Auswirkungen auf die Umwelt haben und welche verfahrensrechtlichen Folgen sich hieraus ergeben.

Für den Umweltschutz sind in erster Linie folgende **Behörden** zuständig: **161**

- Bundesministerium für Umwelt, Naturschutz und Reaktorsicherheit (BMU)
- Umweltbundesamt
- Bundesamt für Strahlenschutz
- Biologische Bundesanstalt für Land- und Forstwirtschaft
- Physikalisch-Technische Bundesanstalt
- Landesumweltbehörden.

Im Rahmen der Gefahrenabwehr und Strafverfolgung bestehen Zuständigkeiten auch für die Polizeien des Bundes und der Länder (z. B. BGS-See, Bundeskriminalamt, Landeskriminalämter, Wasserschutzpolizei) und für die Strafverfolgungsbehörden.

19.3 Das Umweltrecht sieht für Unternehmen und Betriebe die Bestellung einer **162**
Reihe von **Beauftragten** vor:

- Immissionschutzbeauftragte (§§ 53 ff. BImSchG)
- Störfallbeauftragte (§§ 58 a ff. BImSchG)
- Gewässerschutzbeauftragte (§§ 21 a ff. WHG)
- Betriebsbeauftragte für Abfall (§§ 54 f. KrW-/AbfG)
- Strahlenschutzbeauftragte (§§ 29 ff. Strahlenschutzverordnung)
- Gefahrgutbeauftragte (§§ 1 ff. GbV).

Zum Umgang mit **gefährlichen Gütern** s. Rn. 219 ff., zum Brandschutzbeauftragten s. Rn. 424.

Aufgabe des Werkschutzes ist es, den Unternehmer bei der Einhaltung der Vorschriften zu unterstützen, die sich für diesen aus den maßgeblichen Umweltschutzvorschriften ergeben. Umweltschutz ist insoweit auch eine Angelegenheit der betrieblichen Sicherheit.

Beispiele:

- Aus dem Sonderzugangsrecht des § 52 Abs. 2 BImSchG folgen für den Unternehmer bestimmte Mitwirkungspflichten (s. Rn. 73). Eine Verletzung dieser Pflichten erfüllt den Tatbestand einer Ordnungswidrigkeit (§ 62 Abs. 2 Nr. 4, 5 BImSchG). Der Werkschutz kann vom Unternehmer mit der Wahrnehmung dieser Pflichten (z. B. Vorlage von Unterlagen ermöglichen) beauftragt werden.
- Der Betreiber einer Anlage hat den Immissionsschutzbeauftragten bei der Erfüllung seiner Aufgaben zu unterstützen und ihm erforderlichenfalls auch Hilfspersonal zur Verfügung zu stellen (§ 55 Abs. 4 BImSchG).
- Übertragung von Pflichten und Verantwortlichkeiten der Gefahrgutbeauftragten auf Werkschutzpersonal (§ 1 Abs. 2 GbV).

20. Kapitel: Das Fundsachenrecht

163 20.1 Gegenstand des Fundes sind **verlorene,** d. h. besitzlos gewordene **Sachen**[1]. Hingegen sind Sachen, an denen niemand (mehr) Eigentum hat (**herrenlose Sachen**), nicht verloren.

Beispiele:
- freilebende, wilde Tiere
- weggeworfene oder absichtlich liegengelassene Sachen.

Herrenlose Sachen kann man nicht „finden", man kann sie sich nur aneignen (§§ 958 ff. BGB).

Auch **abhandengekommene Sachen** sind nicht verloren. Der Dieb beispielsweise ist Besitzer der gestohlenen Sachen. Wirft der Dieb aber Beutestücke z. B. auf der Flucht weg, werden sie besitzlos und können damit Fundgegenstände sein.

Versteckte oder **verlegte Sachen** bleiben im Besitz des Wohnungs- oder Hausinhabers, sodass auch solche Sachen nicht verloren sind.

164 20.2 **Finder** ist, wer eine **verlorene Sache**

- **entdeckt** und
- **an sich nimmt.**

§ 965 BGB

Anzeigepflicht des Finders

(1) Wer eine verlorene Sache findet und an sich nimmt, hat dem Verlierer oder dem Eigentümer oder einem sonstigen Empfangsberechtigten unverzüglich Anzeige zu machen.

(2) Kennt der Finder die Empfangsberechtigten nicht oder ist ihm ihr Aufenthalt unbekannt, so hat er den Fund und die Umstände, welche für die Ermittlung der Empfangsberechtigten erheblich sein können, unverzüglich der zuständigen Behörde anzuzeigen. Ist die Sache nicht mehr als zehn Euro wert, so bedarf es der Anzeige nicht.

§ 966 BGB

Verwahrungspflicht

(1) Der Finder ist zur Verwahrung der Sache verpflichtet.

(2) Ist der Verderb der Sache zu besorgen oder ist die Aufbewahrung mit unverhältnismäßigen Kosten verbunden, so hat der Finder die Sache öffentlich versteigern zu lassen. Vor der Versteigerung ist der zuständigen Behörde Anzeige zu machen. Der Erlös tritt an die Stelle der Sache.

1 Zum Verhältnis von Eigentum und Besitz s. Rn. 44, 46.

§ 967 BGB

Ablieferungspflicht

Der Finder ist berechtigt und auf Anordnung der zuständigen Behörde verpflichtet, die Sache oder den Versteigerungserlös an die zuständige Behörde abzuliefern.

§ 970 BGB

Ersatz von Aufwendungen

Macht der Finder zum Zwecke der Verwahrung oder Erhaltung der Sache oder zum Zwecke der Ermittlung eines Empfangsberechtigten Aufwendungen, die er den Umständen nach für erforderlich halten darf, so kann er von dem Empfangsberechtigten Ersatz verlangen.

§ 971 BGB

Finderlohn

(1) Der Finder kann von dem Empfangsberechtigten einen Finderlohn verlangen. Der Finderlohn beträgt von dem Wert der Sache bis zu 500 Euro fünf vom Hundert, von dem Mehrwert drei vom Hundert, bei Tieren drei vom Hundert. Hat die Sache nur für den Empfangsberechtigten einen Wert, so ist der Finderlohn nach billigem Ermessen zu bestimmen.

(2) Der Anspruch ist ausgeschlossen, wenn der Finder die Anzeigepflicht verletzt oder den Fund auf Nachfrage verheimlicht.

§ 973 BGB

Eigentumserwerb des Finders

(1) Mit dem Ablauf von sechs Monaten nach der Anzeige des Fundes bei der zuständigen Behörde erwirbt der Finder das Eigentum an der Sache, es sei denn, dass vorher ein Empfangsberechtigter dem Finder bekannt geworden ist oder sein Recht bei der zuständigen Behörde angemeldet hat. Mit dem Erwerbe des Eigentums erlöschen die sonstigen Rechte an der Sache.

(2) Ist die Sache nicht mehr als zehn Euro wert, so beginnt die sechsmonatige Frist mit dem Fund. Der Finder erwirbt das Eigentum nicht, wenn er den Fund auf Nachfrage verheimlicht. Die Anmeldung eines Rechts bei der zuständigen Behörde steht dem Erwerb des Eigentums nicht entgegen.

Besonderheiten bestehen, wenn **Hilfspersonen** (Besitzdiener) verlorene Sachen an sich nehmen. Finder im Rechtssinne ist in diesen Fällen nicht die Hilfsperson, sondern die Person, deren Weisungen sie unterliegt.

Beispiele:

- Auf dem Heimweg vom Dienst nimmt ein Mitarbeiter eines Bewachungsunternehmens auf öffentlicher Straße eine verlorene Brieftasche an sich. Er ist Finder; er war in Bezug auf die Sache im Zeitpunkt des Fundes nicht von Weisungen seines Arbeitgebers oder Dritter abhängig.

- Ein Werkschutzangehöriger nimmt auf dem Betriebsgelände eine verlorene Uhr an sich. Der Werkschutzangehörige handelt hier im Auftrag seines Arbeitgebers als Besitzdiener. Er findet also „für seinen Weisungsgeber". Rechtlich gesehen ist der Arbeitgeber Finder.

Den Finder treffen gesetzliche **Pflichten,** denen er auch durch Hilfspersonal (z. B. Werkschutz) nachkommen kann:

- Unverzügliche **Anzeige** an den Eigentümer oder Verlierer, sofern diese bekannt sind (§ 965 Abs. 1 BGB). Sind Empfangsberechtigte nicht bekannt, ist bei Sachen, deren Wert 10 Euro übersteigt, eine Anzeige an die zuständige Behörde („Fundamt" der Gemeinde oder Polizei) erforderlich (§ 965 Abs. 2 BGB). Eine Verletzung der Anzeigepflicht führt zum Ausschluss des Anspruchs auf Finderlohn (§ 971 Abs. 2 BGB).
- **Verwahrung** der Sache (§ 966 Abs. 1 BGB) oder **Ablieferung** an die zuständige Behörde (§ 967 BGB).
- **Herausgabe** der Sache an einen Empfangsberechtigten, z. B. an den Eigentümer (§ 985 BGB), solange der Finder die Sache in Besitz hat.

Der Finder hat gegenüber dem Empfangsberechtigten folgende **Ansprüche:**

- Anspruch auf **Ersatz von Aufwendungen** für die Verwahrung oder für erforderliche Ermittlungen (§ 970 BGB)
- Anspruch auf **Finderlohn** (§ 971 BGB). Bis zu einem Sachwert von 500 Euro sind 5 % zu zahlen, darüber hinaus 3 %.

Der Finder kann mit dem Ablauf von sechs Monaten nach der Anzeige des Fundes bei der zuständigen Behörde Eigentümer der gefundenen Sache werden, wenn während dieses Zeitraums kein Empfangsberechtigter bekannt geworden ist (§ 973 Abs. 1 BGB). Die Sechsmonatsfrist beginnt bei Sachen, die nicht mehr als 10 Euro wert sind (sog. **Kleinfund**) bereits mit dem Fund zu laufen (§ 973 Abs. 2 BGB).

165 20.3 Die §§ 965 ff. BGB gelten beim **Verkehrsfund** nicht.

§ 978 BGB

Fund in öffentlicher Behörde oder Verkehrsanstalt

(1) Wer eine Sache in den Geschäftsräumen oder den Beförderungsmitteln einer öffentlichen Behörde oder einer dem öffentlichen Verkehr dienenden Verkehrsanstalt findet und an sich nimmt, hat die Sache unverzüglich an die Behörde oder die Verkehrsanstalt oder an einen ihrer Angestellten abzuliefern. Die Vorschriften der §§ 965 bis 967 und 969 bis 977 finden keine Anwendung.

(2) …

(3) …

Ein Verkehrsfund liegt vor, wenn verlorene Sachen gefunden werden in

- Geschäftsräumen einer Behörde (z. B. Gemeindeverwaltung)
- Beförderungsmitteln einer Behörde
- einer dem öffentlichen Verkehr dienenden Verkehrsanstalt (z. B. Bahnhofshalle, Straßenbahnwagen).

Für den Finder besteht in diesen Fällen die Pflicht, gefundene Sachen unverzüglich an die Behörde oder einen ihrer Bediensteten abzuliefern. Ein Eigentumserwerb des Finders ist ausgeschlossen. Ein Anspruch auf Finderlohn kommt nur in Betracht, wenn die verlorene Sache mindestens einen Wert von 50 Euro hat. Weitere Einzelheiten zum Verkehrsfund enthalten die §§ 979 bis 983 BGB.

Der **Schatzfund,** bei dem der Eigentümer einer lange verborgenen Sache nicht mehr ermittelt werden kann, ist in § 984 BGB geregelt.

Strafrechtlich interessant sind die Fälle, bei denen verlorene Sachen nicht abgegeben, sondern vom Finder behalten werden. Eine **„Fundunterschlagung"** ist nicht automatisch als Unterschlagung im Sinne des § 246 StGB zu behandeln (s. Rn 96).

21. Kapitel: Wirtschafts- und Computerkriminalität

21.1 Als **Wirtschaftskriminalität** wird die Gesamtheit der Straftaten bezeichnet, die bei wirtschaftlicher Betätigung unter Missbrauch des im Wirtschaftsleben nötigen Vertrauens begangen werden und über eine individuelle Schädigung hinaus Belange der Allgemeinheit berühren[1]. **166**

Teilweise wird dafür auch die Bezeichnung „Weiße-Kragen-Kriminalität" (white-collar-criminality) verwendet.

Die durch Wirtschaftskriminalität angerichteten **Schäden** werden auf zweistellige Milliardenbeträge jährlich geschätzt[2].

Wirtschaftsdelikte sind u. a. im StGB, im Steuer- und Zollstrafrecht, im Wirtschaftsrecht und im Arbeits- und Sozialrecht geregelt. Die **Bekämpfung der Wirtschaftskriminalität** ist in Bezug auf Ausmaß, Begehungsweisen und Schäden ein schwerwiegendes Problem innerhalb der gesamten Verbrechensbekämpfung. Wirtschaftskriminelle verhalten sich in hohem Maße sozialschädlich und gefährden die Gesellschaft insgesamt.

1 Schwind, Kriminologie, Heidelberg 14. Aufl. 2004, § 19 Rn. 17.
2 Schwind a.a.O., Rn. 7 ff.

Der **Staat** hat in der Vergangenheit im Wesentlichen folgende Bekämpfungsmaßnahmen ergriffen:

- Erstes und Zweites Gesetz zur Bekämpfung der Wirtschaftskriminalität (1976 bzw. 1986)
- Gesetz zur Bekämpfung des illegalen Rauschgifthandels und anderer Erscheinungsformen der Organisierten Kriminalität – OrgKG (1992)
- Geldwäschegesetz (1993)
- Verbrechensbekämpfungsgesetz (1994)
- Gesetz zur Bekämpfung der Korruption (1997)
- internationale Vereinbarungen[3]
- Aufbau von Wirtschaftsstrafkammern bei den Landgerichten (§ 74 c GVG) und von Schwerpunktstaatsanwaltschaften
- Einrichtung einer zentralen Steuerstraftäterkartei.

Zahlreiche **private Einrichtungen** wirken im Rahmen der Selbstkontrolle auch an der vorbeugenden Bekämpfung der Wirtschaftskriminalität mit, z. B.

- die Arbeitsgemeinschaft für Sicherheit in der Wirtschaft (ASW; Berlin)
- der Deutsche Schutzverband gegen Wirtschaftskriminalität (Bad Homburg)
- die Stiftung Warentest (Berlin).

167 21.2 Innerhalb der Wirtschaftskriminalität nimmt die **Computerkriminalität** einen besonderen Stellenwert ein. Computerkriminalität ist die Gesamtheit der Straftaten, bei denen die elektronische Datenverarbeitung Tatmittel und/oder Tatobjekt ist.

Abgesehen von Diebstahl, Unterschlagung, Betrug und Untreue können die computerspezifischen **Erscheinungsformen** dieser Kriminalitätsart in vier Kategorien eingeteilt werden:

- **Computermanipulation** (s. Rn. 170 f.)

> **Beispiel:** Ein Lohnbuchhalter unterlässt es, ausgeschiedene Mitarbeiter aus der Lohnliste zu streichen. Aufgrund fiktiver Lohnabrechnungen und gefälschter Unterschriften gelingen ihm persönliche Barauszahlungen.

- **Computerspionage** (einschließlich Softwarediebstahl)

> **Beispiel:** Im EDV-Verkaufsraum eines Warenhauses kopiert ein Täter mit Hilfe eines dort aufgestellten Personalcomputers ein lizenzgeschütztes Anwendungsprogramm auf eine mitgebrachte Diskette.

3 z. B. das Übereinkommen über Ermittlung, Beschlagnahme und Einziehung von Erträgen aus Straftaten, Gesetz vom 8. April 1998 (BGBl. II 1998, S. 519).

- **Computersabotage** (s. Rn. 172)

  Beispiel: Nach einem Einbruch in ein Computerunternehmen werden aus Personalcomputern Leiterplatten herausgerissen und Zentraleinheiten mit Coca-Cola übergossen.

- **Zeitdiebstahl**

  Beispiel: In einem großen Ingenieurbüro führen mehrere Ingenieure unbefugt Aufträge für Dritte auf eigene Rechnung durch und nutzen damit die EDV-Anlage zu einem Teil der Betriebszeit für private Zwecke.

Die einzelnen **Vorgehensweisen** bei der Computerkriminalität sind sehr verschiedenartig (s. Rn. 274)[4].

Beispiele:
- Einsatz von **Computerviren** und „Trojanischen Pferden"
- **Hacking** und Datenspionage (Überwinden von Zugangssperren und Zugang zu Daten)
- **Crashing** (unbefugtes Eindringen in Dateien mit nachfolgender vorsätzlicher Schadensverursachung)
- **Cracking** (softwaremäßige Beseitigung von Kopiersperren in Anwenderprogrammen).

21.3 Wirtschafts- und Dienstleistungsunternehmen sind heute in hohem Maße **168**
von funktionierenden Datenverarbeitungsanlagen und Virenschutzprogrammen abhängig. Gefahren und Schäden in Industrie und Verwaltung erfordern verstärkte **Maßnahmen der betrieblichen Eigensicherung,** wie z. B. Kontroll- und Revisionsverfahren, um Schwachstellen zu erkennen und zu beseitigen. Während Festnetzanschlüsse durch Firewalls gesichert werden können, haben sich lokale Funknetzwerke (Wave LANs) als Sicherheitsrisiken gegen „Drive-By-Hacker" entpuppt. Passworte, Identifizierungsnummern und Verschlüsselungsprogramme haben sich gegen Lauschangriffe vom Firmenparkplatz aus als untauglich erwiesen.

EDV-Anlagen, Programme und Daten gegen unerwünschte Gefahren und Einwirkungen, die durch Fehler, Katastrophen, Sabotage, Missbrauch oder Spionage hervorgerufen werden können, zu sichern, ist Aufgabe der **Datensicherung** (s. Rn. 274). Zur Datensicherung sind die Verarbeiter personenbezogener Daten ohnehin gesetzlich verpflichtet. Die Anlage zu § 9 Satz 1 BDSG führt eine Reihe technischer und organisatorischer Maßnahmen an, insbesondere:

- Zutrittskontrolle
- Zugangskontrolle
- Weitergabekontrolle

4 vgl. auch Paul, Die Computerkriminalität in der Statistik, NJW-CoR 1995, 42.

- Eingabekontrolle
- Auftragskontrolle
- Verfügbarkeitskontrolle.

169 Der **Staat** ist aufgerufen, das rechtliche Instrumentarium zur Bekämpfung der Computerkriminalität fortlaufend zu überprüfen und der technischen Entwicklung und den neuen Erscheinungsformen dieser Kriminalitätsart anzupassen. **Spezialdienststellen der Polizeien** des Bundes und der Länder wie etwa das Bundeskriminalamt und die Landeskriminalämter sind seit Jahren mit der Verbrechensbekämpfung auf diesem Spezialgebiet befasst.

Bis zum Erlass des Zweiten Gesetzes zur Bekämpfung der Wirtschaftskriminalität im Jahre 1986 wies das geltende Recht Strafbarkeitslücken auf, die durch die Einfügung **neuer Straftatbestände** geschlossen werden sollen:

- Ausspähen von Daten (§§ 202 a, 205 StGB)
- Computerbetrug (§ 263 a StGB, s. Rn. 170)
- Fälschung beweiserheblicher Daten und Täuschung im Rechtsverkehr bei Datenverarbeitung (§§ 269, 270 StGB, s. Rn. 101)
- Datenveränderung (§ 303 a StGB, s. Rn. 169)
- Computersabotage (§ 303 b StGB, s. Rn. 170)
- Unerlaubte Verwertung urheberrechtlich geschützter Werke (§§ 106 ff. UrhG)
- „Software-Piraterie" (§§ 108 a, 108 b, 109 UrhG).

Nach dem von der Bundesregierung im Jahre 1989 beschlossenen „Rahmenkonzept zur Gewährleistung der Sicherheit bei der Anwendung der Informationstechnik" (**IT-Sicherheitsrahmenkonzept**) ist seit 1991 das **Bundesamt für Sicherheit in der Informationstechnik (BSI)** in Bonn zuständig, um für Staat und Wirtschaft

- Sicherheitsrisiken bei Anwendung der Informationstechnik zu analysieren und in enger Zusammenarbeit mit der Wirtschaft geeignete Sicherheitsstandards zu entwickeln
- informationstechnische Produkte auf Antrag zu prüfen oder andere Stellen hierzu zu ermächtigen und die Produkte hinsichtlich ihrer Sicherheit zu bewerten (Vergabe von Sicherheitszertifikaten)
- Hersteller und Anwender in Fragen der Sicherheit bei Anwendung der Informationstechnik allgemein zu beraten.

Mit Hilfe von drei Handbüchern sollen Produzenten und Anwender den Risiken bei Anwendung der Informationstechnik begegnen können (IT-Grundschutzhandbuch, Version 2003).

Materialien der Koordinierungs- und Beratungsstelle der Bundesregierung für Informationstechnik, u. a. auch zur Bewertung der Sicherheit von Systemen der Informationstechnik, werden fortlaufend im GMBl. und im Internet veröffentlicht.

21.4 **§ 263 a StGB** **170**

Computerbetrug

(1) Wer in der Absicht, sich oder einem Dritten einen rechtswidrigen Vermögensvorteil zu verschaffen, das Vermögen eines anderen dadurch beschädigt, dass er das Ergebnis eines Datenverarbeitungsvorgangs durch unrichtige Gestaltung des Programms, durch Verwendung unrichtiger oder unvollständiger Daten, durch unbefugte Verwendung von Daten oder sonst durch unbefugte Einwirkung auf den Ablauf beeinflusst, wird mit Freiheitsstrafe bis zu fünf Jahren oder mit Geldstrafe bestraft.

(2) § 263 Abs. 2 bis 7 gilt entsprechend.

(3) Wer eine Straftat nach Absatz 1 vorbereitet, in dem er Computerprogramme, deren Zweck die Begehung einer solchen Tat ist, herstellt, sich oder einem anderen verschafft, feilhält, verwahrt oder einem anderen überlässt, wird mit Freiheitsstrafe bis zu drei Jahren oder mit Geldstrafe bestraft.

(4) In den Fällen des Absatzes 3 gilt § 149 Abs. 2 und 3 entsprechend.

§ 263 a StGB soll Strafbarkeitslücken ausfüllen, die durch eine steigende Gefahr missbräuchlicher Verwendung von Datenverarbeitungsanlagen aufgetreten sind. Gegenüber Computern kann kein Irrtum im Sinne des § 263 StGB erregt werden (s. Rn. 76).

Tathandlungen sind

- die **unrichtige Gestaltung des Programms** (Programm-Manipulation). Unrichtig ist ein Programm, wenn seine in Form von Daten fixierte Arbeitsanweisung an den Computer inhaltlich nicht stimmt.
- die **Verwendung unrichtiger und unvollständiger Daten** (Input-Manipulation).
  - **Unrichtig** sind Daten hier, wenn die durch sie bezeichneten Tatsachen in Wahrheit nicht oder anders bestehen.
  - **Unvollständig** sind Daten, wenn sie Tatsachen nicht ausreichend erkennen lassen.
  - **Verwenden** ist die Eingabe in die Datenverarbeitungsanlage.
- die **unbefugte Verwendung von Daten.** Sie umfasst nicht nur die Datenverwendung eines Nichtberechtigten (z. B. Scheckkartendieb), sondern auch einen Berechtigten, der die Grenzen seiner Berechtigung überschreitet.
- die **Beeinflussung sonst durch unbefugte Einwirkung auf den Ablauf.**

Zeitdiebstahl fällt nicht unter § 263 a StGB, weil dabei nicht Ergebnisse der Datenverarbeitung manipuliert werden, sondern nur unberechtigter Maschinen- bzw. Software-Gebrauch stattfindet.

Die Beeinflussung des Ergebnisses des Datenverarbeitungsvorgangs muss beim Computerbetrug einen **Vermögensschaden** zur Folge haben.

Die **innere Tatseite** erfordert

- Vorsatz hinsichtlich aller Tatbestandsmerkmale
- Bereicherungsabsicht (s. Rn. 76).

171 21.5 **§ 303 a StGB**

Datenveränderung

(1) Wer rechtswidrig Daten (§ 202 a Abs. 2) löscht, unterdrückt, unbrauchbar macht oder verändert, wird mit Freiheitsstrafe bis zu zwei Jahren oder mit Geldstrafe bestraft.

(2) Der Versuch ist strafbar.

Die Vorschrift schützt die Interessen von Unternehmen, Behörden und Einzelpersonen am Schutz gespeicherter Daten, Dateien und Datenbestände vor unbefugten Veränderungen. **Schutzobjekt** sind Daten im Sinne des § 202 a Abs. 2 StGB, d. h. elektronisch, magnetisch oder sonst nicht unmittelbar wahrnehmbar gespeicherte oder übermittelte Informationen. Da Daten keine beweglichen Sachen sind (vgl. § 303 StGB), bedurfte es neben der Vorschrift über die Sachbeschädigung einer zusätzlichen Regelung, um die infolge der technischen Entwicklung eingetretene Strafbarkeitslücke zu schließen.

Tathandlungen sind

- das **Löschen von Daten:** das unwiederbringliche Unkenntlichmachen der konkreten Speicherung; es entspricht dem Zerstören einer Sache (s. Rn. 102)
- das **Unterdrücken von Daten:** der Zugriff des Berechtigten wird auf Dauer oder zeitweise entzogen, sodass er die Daten nicht verwenden kann
- das **Unbrauchbarmachen von Daten:** die Beeinträchtigung oder Aufhebung ihrer Funktionsfähigkeit, z. B. auch durch zusätzliche Einfügungen
- das **Verändern von Daten:** jede Form des inhaltlichen Umgestaltens gespeicherter Daten.

Die von § 303 a StGB geforderte **Rechtswidrigkeit** kann sich ergeben aus einer Verletzung

- des Verfügungsrechts des Speichernden
- von Interessen des vom Inhalt der Daten Betroffenen.

172 21.6 **§ 303 b StGB**

Computersabotage

(1) Wer eine Datenverarbeitung, die für einen fremden Betrieb, ein fremdes Unternehmen oder eine Behörde von wesentlicher Bedeutung ist, dadurch stört, dass er

1. eine Tat nach § 303 a Abs. 1 begeht oder
2. eine Datenverarbeitungsanlage oder einen Datenträger zerstört, beschädigt, unbrauchbar macht, beseitigt oder verändert,

wird mit Freiheitsstrafe bis zu fünf Jahren oder mit Geldstrafe bestraft.

(2) Der Versuch ist strafbar.

§ 303 b StGB ist ebenfalls ein Sonderfall der „Sach-"beschädigung. Unter **Datenverarbeitung** ist sowohl der einzelne Verarbeitungsvorgang als auch der weitere Umgang mit Daten und deren Verwertung zu verstehen. Die Datenverarbeitung muss **von wesentlicher Bedeutung** sein für

- einen fremden Betrieb
- ein fremdes Unternehmen (s. Rn. 48)
- eine Behörde.

Die Anwendbarkeit der Vorschrift wird damit auf Datenverarbeitungen beschränkt, die für die Funktionsfähigkeit dieser Einrichtungen zentrale Informationen enthalten.

Beispiele:
- grundlegende Daten in Rechenzentren
- zentrale Arbeitsvorgänge im Personalcomputer eines Handwerksbetriebs.

Nicht von wesentlicher Bedeutung sind z. B. Datenverarbeitungsvorgänge in elektronischen Schreibmaschinen oder in Taschenrechnern.

Tathandlung ist das **Stören** einer Datenverarbeitung durch

- eine Tat nach § 303 a Abs. 1 StGB (§ 303 b Abs. 1 Nr. 1 StGB)
- eine der Begehungsformen des § 303 b Abs. 1 Nr. 2 StGB
  - **Datenverarbeitungsanlage** ist hier die maschinentechnische Ausstattung (Hardware)

Beispiele:
- Rechen- und Steuerwerk
- Eingabe-, Ausgabe-, Speicher- und Dialoggeräte.

- Zu den Begriffen „Datenträger", „Zerstören" und „Beschädigen" s. Rn. 174 bzw. Rn. 102.
- **Unbrauchbarmachen** ist eine so starke Beeinträchtigung der Gebrauchsfähigkeit, dass die Gegenstände nicht mehr ordnungsgemäß verwendet werden können.
- **Beseitigen** ist das Entfernen aus dem Verfügungsbereich des Berechtigten.
- **Verändern** ist das Herbeiführen eines Zustandes, der vom bisherigen Zustand abweicht.

Beispiele:
- Einsetzen von Sabotageprogrammen
- Einschleusen von Computerviren.

21.7 Die **Sicherheit im Cyberspace** stellt alle Beteiligten vor wesentlich neue Herausforderungen. Die Informationsinfrastruktur ist in Hochtechnologieländern in dem Maß verwundbar, in dem sie über das Internet öffentlich und anonym zugänglich, weltweit vernetzt und nur mangelhaft geschützt ist. Erfahrungen belegen, dass Kriminelle Schwächen schonungslos ausnutzen und dass je- **172 a** derzeit mit massiven Attacken gegen elektronische Datenbestände gerechnet werden muss: Computerviren, Hackerangriffe, Würmer, trojanische Pferde usw.

Die Straftatbestände (Rn. 169 ff.) reichen bei weitem nicht aus, um das heutige Ausmaß der Computerkriminalität und die damit einhergehenden neuen Kriminalitätsformen zu erfassen:

Beispiele:
- Mitlesen elektronisch eingereichter Angebote bei öffentlichen Ausschreibungen, damit Mitbewerber günstigere Angebote unterbreiten können
- Ausspähen von Passwörtern
- „Zumüllen" von Firmenmailboxen
- Eine Softwarefirma baut Hintertüren in ein Intranet ein.

Die Strafverfolgungsbehörden (s. Rn. 20, 22) sind angesichts völlig neuer Kriminalitätsszenarien im Netz nahezu hilflos. Straftaten werden kaum angezeigt, noch weniger geahndet. Das wahre Ausmaß der Computerkriminalität ist deshalb nicht bekannt. Von einem hohen Dunkelfeld ist auszugehen.

Die Sicherheitsbehörden weisen darauf hin, dass sie ohne weitergehende Maßnahmen nur geringe Chancen haben, Schritt zu halten. Gefordert werden insbesondere eine Erhöhung der polizeilichen Kontrolldichte, eine Beseitigung grenzüberschreitender rechtlicher Hindernisse, eine weit gefasste Auskunftspflicht der Provider und eine Speicherverpflichtung für Anbieter von Internet-Zugängen sowie die Inanspruchnahme von Computerhackern als Behördenberater. Die 1. Telekommunikationsüberwachungsverordnung zu § 88 TKG[1] verpflichtet Betreiber von Telekommunikationsanlagen, die technische Überwachung zu ermöglichen.

Dem Grundsatz der **Eigenverantwortlichkeit** (s. Rn. 25) folgend ist auch die Sicherheit im Cyberspace primär eine Privatangelegenheit. Betriebseigene Informationssicherheit, d. h. der Schutz von Computersystemen und Netzwerken vor Ausfällen oder Angriffen und vor Bedienungsfehlern durch eigene Mitarbeiter sind angesichts hoher Verluste durch Datenverlust und Datenklau inzwischen gängige Mittel der Selbstvorsorge. Die Risiken können minimiert und Vorsorge für Notfälle getroffen werden.

22. Kapitel: Das Recht des Datenschutzes

173 22.1 Im sog. Volkszählungsurteil[2] vom 15. 12. 1983 hat das Bundesverfassungsgericht ausgesprochen, dass unter den Bedingungen der modernen Datenverarbeitung der Schutz der persönlichen Daten des einzelnen von dem allgemei-

1 TKÜV vom 22. Januar 2002 (BGBl. I S. 458) m. spät. Änd.
2 BVerfGE 65, 1.

nen Persönlichkeitsrecht (Art. 2 Abs. 1 GG i. V. m. Art. 1 Abs. 1 GG) umfasst wird (**Recht auf informationelle Selbstbestimmung**). Datenschutz ist der Schutz des Persönlichkeitsrechts vor Missbrauch bei der Datenverarbeitung – im öffentlichen und im privaten Bereich.

22.2 Für die Datenverarbeitung durch Behörden und private Stellen gelten 174
Datenschutzgesetze des Bundes und der Länder. Bestimmungen über die Datenverarbeitung in der Privatwirtschaft enthält ausschließlich das Bundesdatenschutzgesetz (§§ 27 ff. BDSG)[3].

Geltungsbereich der Datenschutzgesetze

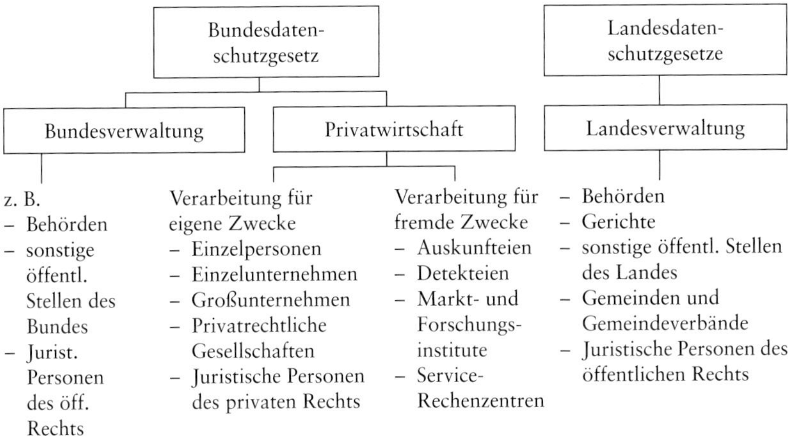

Eine personenbezogene Datenverarbeitung ist grundsätzlich zulässig, wenn sie entweder gesetzlich erlaubt ist oder der Betroffene zugestimmt hat.

Die Datenschutzgesetze betreffen den Schutz **personenbezogener Daten**, d. h. von Einzelangaben über persönliche oder sachliche Verhältnisse einer bestimmten oder bestimmbaren natürlichen Person („Betroffener“, vgl. § 3 Abs. 1 BDSG).

Beispiele:
- Personalien
- Kfz-Kennzeichen
- Versicherungsnummer.

Datenerhebung ist das Beschaffen von Daten über den Betroffenen (§ 3 Abs. 3 BDSG).

3 Vgl. nunmehr die Bekanntmachung des BDSG vom 14. Januar 2003 (BGBl. I S. 66).

Datenverarbeitung ist das (§ 3 Abs. 4 BDSG)

- **Speichern:** Erfassen, Aufnehmen oder Aufbewahren personenbezogener Daten auf einem Datenträger zum Zwecke ihrer weiteren Verarbeitung oder Nutzung
- **Verändern:** inhaltliches Umgestalten gespeicherter personenbezogener Daten
- **Übermitteln:** Bekanntgabe gespeicherter oder durch Datenverarbeitung gewonnener personenbezogener Daten an Dritte in der Weise, dass die Daten durch die speichernde Stelle weitergegeben oder zur Einsichtnahme, vor allem zum Abruf bereitgehalten werden
- **Sperren:** Kennzeichnen gespeicherter personenbezogener Daten, um ihre weitere Verarbeitung oder Nutzung einzuschränken.
- **Löschen:** Unkenntlichmachen gespeicherter personenbezogener Daten.

Dateien sind Sammlungen von Daten auf **Datenträgern,** die gleichartig aufgebaut und sortierbar und auswertbar sind.

Beispiele:
- Magnetplatten
- Disketten
- Karteien.

Keine Dateien sind Bücher, Listen, Zettel, Akten oder Filme. Für eine nichtformatierte Verarbeitung von Daten gelten die bereichsspezifischen Regelungen, wie z. B. das Berufs-, Brief-, Geschäfts-, Betriebs- oder Bankgeheimnis.

Nach Maßgabe des Bundesdatenschutzgesetzes hat jeder ein **Recht** (§§ 5, 6 bis 8, 19 bis 21, 34, 35 BDSG) auf

- Wahrung des **Datengeheimnisses**
- **Auskunft** über die zu seiner Person gespeicherten Daten
- **Berichtigung** dieser Daten, wenn sie unrichtig sind
- **Sperrung,** falls weder die Unrichtigkeit noch die Richtigkeit der Daten festgestellt werden kann
- **Löschung,** wenn die Speicherung unzulässig war
- ggf. **Schadensersatz**
- **Anrufung** des Bundesbeauftragten für den Datenschutz.

175 22.3 Die **Kontrolle** der Einhaltung der Datenschutzbestimmungen erfolgt auf zweifache Weise

- als **Eigenkontrolle** durch einen betrieblichen Beauftragten für Datenschutz (§§ 4 f, 4 g BDSG)
- im Wege der **Fremdkontrolle** durch die nach Landesrecht zuständigen Aufsichtsbehörden (§ 38 BDSG); zum Sonderzugangsrecht dieser Behörden und ihrer Beauftragten s. Rn. 73.

Für Bewachungsgewerbetreibende gilt nunmehr § 8 BewachV (vgl. Rn. 189).

23. Kapitel: Das Recht des Tarifvertrages und des Arbeitskampfes

23.1 Das Tarifvertrags- und das Arbeitskampfrecht sind Bestandteile des **kollektiven Arbeitsrechts.** Im Unterschied zum Recht des einzelnen Arbeitsverhältnisses (Individualarbeitsrecht, s. Rn. 6, 34 ff.) zählen zum kollektiven Arbeitsrecht alle Rechtssätze, die die gemeinschaftliche Gestaltung von Arbeitsbedingungen betreffen. Diese Gestaltung kommt z. B. durch das Zusammenwirken von Tarifvertragsparteien beim Abschluss von Tarifverträgen oder durch die Zusammenarbeit von Arbeitgebern und Betriebsvertretungen nach dem BetrVG zustande. **176**

23.2 Grundlage des Tarifvertragsrechts ist das **Tarifvertragsgesetz** (TVG).

Tarifverträge sind privatrechtliche Verträge zwischen **tariffähigen Parteien** (§ 2 TVG), d. h. Gewerkschaften, einzelnen Arbeitgebern oder Vereinigungen von Arbeitgebern. Tariffähig sind auch die sog. **Spitzenorganisationen:** **177**

- Zusammenschlüsse von Gewerkschaften (Deutscher Gewerkschaftsbund, Vereinigte Dienstleistungsgewerkschaft, Christlicher Gewerkschaftsbund, Deutscher Beamtenbund)
- Zusammenschlüsse von Vereinigungen von Arbeitgebern (z. B. Bundesvereinigung der Deutschen Arbeitgeberverbände, Gesamtverband der metallindustriellen Arbeitgeberverbände).

Die sog. **Tarifgebundenheit** (§ 3 TVG) besteht nur im jeweiligen räumlichen, zeitlichen, persönlichen (sofern nicht Allgemeinverbindlicherklärung, § 5 TVG), betrieblichen und fachlichen Geltungsbereich von Tarifverträgen.

Tarifverträge kommen durch freie Vereinbarung der Vertragsparteien und ohne Mitwirkung staatlicher Stellen zustande (**Tarifautonomie** nach Art. 9 Abs. 3 GG). Sie bedürfen zu ihrer Wirksamkeit der Schriftform (§ 1 Abs. 2 TVG).

Tarifverträge haben zweifache Funktion (§ 1 Abs. 1 TVG):

- der **schuldrechtliche Teil** regelt Rechte und Pflichten der Tarifvertragsparteien
- der **normative Teil** kann den Inhalt, den Abschluss und die Beendigung von Arbeitsverhältnissen sowie betriebliche und betriebsverfassungsrechtliche Fragen (z. B. Urlaub, Lohnzuschläge) ordnen. Dieser Teil **gilt unmittelbar und zwingend** für alle Arbeitsverhältnisse, die unter den jeweiligen Geltungsbereich des Tarifvertrages fallen. Abweichende Vereinbarungen durch nachrangiges Recht (s. Rn. 34) sind nur zulässig, soweit sie durch den Tarifvertrag gestattet sind oder eine Änderung der Vereinbarungen zugunsten des Arbeitnehmers enthalten (§ 4 TVG).

23.3 Den Angehörigen jedes Berufsstandes steht das **Recht der Koalitionsfreiheit** zu. **178**

Art. 9 Abs. 3 GG

Vereinigungsfreiheit

(1) ...

(2) ...

(3) Das Recht, zur Wahrung und Förderung der Arbeits- und Wirtschaftsbedingungen Vereinigungen zu bilden, ist für jedermann und für alle Berufe gewährleistet. Abreden, die dieses Recht einschränken oder zu behindern suchen, sind nichtig, hierauf gerichtete Maßnahmen sind rechtswidrig. Maßnahmen nach den Artikeln 12 a, 35 Abs. 2 und 3, Artikel 87 a Abs. 4 und Artikel 91 dürfen sich nicht gegen Arbeitskämpfe richten, die zur Wahrung und Förderung der Arbeits- und Wirtschaftsbedingungen von Vereinigungen im Sinne des Satzes 1 geführt werden.

Als **Grundrecht** richtet sich Art. 9 Abs. 3 GG in erster Linie gegen staatliche Eingriffe. Wie sich aus Art. 9 Abs. 3 Satz 2 GG ergibt, gilt dieses Grundrecht aber auch im Privatrechtsverkehr unmittelbar. Danach sind Eingriffe und Versuche, die Koalitionsfreiheit zu behindern, auch Privaten verboten. Verstöße können u. a. zu Schadensersatzansprüchen führen.

Der Schutzbereich des Grundrechts umfasst

- die **individuelle Koalitionsfreiheit:**
  - das Recht, Koalitionen zu gründen
  - das Recht, bestehenden Verbänden beizutreten oder ihnen fernzubleiben
  - das Recht, sich keiner Koalition anzuschließen
- die **kollektive Koalitionsfreiheit:** die koalitionsgemäße, d. h. auf Wahrung und Förderung der Arbeits- und Wirtschaftsbedingungen gerichtete Betätigung und ihren Bestand.

Beispiele:
- Abschluss von Tarifverträgen
- Mitwirkung im Bereich der Betriebsvertretung
- Anwendung von Arbeitskampfmitteln zur Durchsetzung koalitionsgemäßer Ziele.

Koalitionen sind Vereinigungen von Arbeitnehmern oder Arbeitgebern zur Wahrung und Förderung ihrer Interessen bei der Gestaltung von Arbeits- und Wirtschaftsbedingungen[1].

179 23.4 Eine gesetzliche Definition des Begriffes **„Arbeitskampf“** fehlt. Die Rechtswissenschaft hat folgende Begriffsbestimmung herausgebildet: Die Arbeitnehmer- oder Arbeitgeberseite setzt durch kollektive Maßnahmen die andere Seite absichtlich wirtschaftlich unter Druck, um ein bestimmtes Ziel zu erreichen.

Parteien des Arbeitskampfes sind Arbeitnehmer und Arbeitgeber, wobei Kampfmaßnahmen in aller Regel von tariffähigen Vereinigungen geführt werden.

---

1 BVerfG, MDR 1991, 875.

Die **Tarifgemeinschaft deutscher Länder** hat im Mai 1996 **Arbeitskampfrichtlinien** herausgegeben, die den Betrieben und Verwaltungen Hinweise für das Verhalten bei Arbeitskämpfen geben sollen.

Mittel des Arbeitskampfes sind

- Streik
- Aussperrung
- Boykott.

Die **Merkmale eines Streiks** sind 180

- planmäßige und gemeinschaftliche Arbeitseinstellung
- einer größeren Zahl von Arbeitnehmern
- zur Erreichung eines bestimmten Ziels.

Folgende **Arten von Streiks** sind zu unterscheiden:

- **totaler Streik** (Vollstreik): alle Arbeitnehmer eines bestimmten Betriebs oder Wirtschaftszweiges legen die Arbeit nieder
- **Generalstreik:** Durch Arbeitsniederlegung sämtlicher Arbeitnehmer kommt die gesamte Wirtschaft zum Stillstand
- **Teil- oder Schwerpunktstreik:** Betriebe oder Betriebsteile mit Schlüsselfunktion werden bestreikt
- **Sympathiestreik:** kurzzeitige Arbeitsniederlegung aus Solidarität mit anderen Streikenden
- **Bummelstreik:** Verweigerung ordnungsgemäßer Arbeit durch absichtliche Verlangsamung
- **Warnstreik:** befristete Arbeitsniederlegung, mit der während Tarifverhandlungen die Entschlossenheit zum Arbeitskampf demonstriert werden soll
- **wilder Streik:** Arbeitsniederlegung ohne gewerkschaftliche Organisation.

Die Arbeitsrechtsprechung sieht nur den von einer Gewerkschaft geführten (organisierten) Streik als rechtmäßig an. Den Arbeitskampfrichtlinien der Gewerkschaften zufolge müssen sich in einer Urabstimmung mindestens 75 % der Gewerkschaftsmitglieder für einen Streik aussprechen.

Das angestrebte Streikziel muss tarifvertraglich regelbar sein. Politische Streiks, mit denen Staatsorgane zu einem hoheitlichen Handeln veranlasst werden sollen, sind rechtswidrig.

Ein Streik darf nicht gegen die tarifvertragliche Friedenspflicht oder gegen Schlichtungsvereinbarungen verstoßen.

Die **Aussperrung** ist der 181

- von einem oder mehreren Arbeitgebern
- planmäßig vorgenommene
- Ausschluss mehrerer Arbeitnehmer von der Arbeit

- unter Verweigerung der Lohnzahlung
- zur Erreichung eines bestimmten Ziels (s. auch Rn. 72).

Die sog. **Angriffsaussperrung** ohne vorausgehenden Streik ist rechtswidrig. **Abwehraussperrungen** können als dem Streik entsprechende wirtschaftliche Kampfmaßnahmen insbesondere dann rechtmäßig sein, wenn die streikführende Gewerkschaft durch spezielle Kampftaktiken, wie z. B. Schwerpunktstreiks, ein Übergewicht erzielen kann[2].

Bei dem heute praktisch nicht sehr bedeutsamen Boykott werden Arbeitgeber bzw. Arbeitnehmer von der jeweils anderen Partei des Arbeitslebens durch Abbruch der Rechtsbeziehungen geächtet.

182 Sämtliche Arbeitskampfmaßnahmen unterliegen dem Grundsatz der **Verhältnismäßigkeit** (s. Rn. 22). Ihre Einleitung und Durchführung sowie die eingesetzten Kampfmittel müssen die letzte Maßnahme zur Erreichung von Kampfzielen sein. Nach Beendigung des Arbeitskampfes haben die Parteien den Arbeitsfrieden wiederherzustellen.

Um eine möglichst reibungslose Wiederaufnahme der Arbeit zu gewährleisten, werden vor einem Arbeitskampf regelmäßig **Notdienstarbeiten** vereinbart. Die eingeteilten Arbeitnehmer (z. B. Werkschutz, Brandschutz, technische Dienste) sind zur Durchführung – auch „unterwertiger“ – Notdiensttätigkeiten verpflichtet. Eine Beteiligung am Streik ist unzulässig. Die Notdienstarbeiten müssen so vorbereitet sein, dass sie bei Beginn von Arbeitskampfmaßnahmen erforderlichenfalls unverzüglich aufgenommen werden können.

Notdienstarbeiten sind Arbeiten zur Erhaltung der Betriebsmittel während des Arbeitskampfes sowie Arbeiten, deren Sicherstellung dem Arbeitgeber durch öffentlich-rechtliche Vorschriften aufgegeben ist.

Beispiele:
- Arbeiten zur Versorgung der Bevölkerung mit lebensnotwendigen Gütern und Diensten
- Arbeiten für die innere Sicherheit
- Arbeiten im öffentlichen Interesse, z. B. zur Sicherung von Betriebsanlagen, von denen ohne Sicherung Gefahren ausgehen können
- Arbeiten zur Gewährleistung einer unverzüglichen Wiederaufnahme der Arbeit nach Beendigung des Arbeitskampfes.

Der Zweck solcher Erhaltungsarbeiten liegt vor allem

- in der Erhaltung des Betriebs in seiner Gesamtheit
- in der Sicherung von Gebäuden, Materialien, Maschinen usw.
- in der Verhinderung plötzlicher Schadensereignisse, z. B. Feuer, Explosion

2 Vgl. näher BVerfG a.a.O. (Fn. 1).

- im Schutz von Personen innerhalb des Betriebs (z. B. arbeitswilligen Arbeitnehmern).

Der Arbeitgeber ist nicht verpflichtet, einen bestreikten Betrieb oder Betriebsteil soweit als möglich aufrechtzuerhalten. Er kann ihn für die Dauer des Streiks ganz stillegen mit der Folge, dass die beiderseitigen Rechte und Pflichten aus dem Arbeitsverhältnis ruhen und auch arbeitswillige Arbeitnehmer ihren Lohnanspruch verlieren. Eine Notdienstvereinbarung, die an die Bedingung geknüpft ist, dass nur die in der Vereinbarung genannten Arbeitnehmer während eines Streiks beschäftigt werden, ist nicht zu beanstanden[3].

23.5 Im Hinblick auf Art. 9 Abs. 3 GG hat sich der **Staat** bei Arbeitskämpfen **neutral** zu verhalten. Andererseits gilt die Koalitionsfreiheit nicht grenzenlos. Arbeitskampfmaßnahmen müssen sich im Rahmen der **Rechtsordnung** halten. Das Versammlungs-, Straßenverkehrs- und Strafrecht etwa dürfen nicht verletzt werden. Beleidigungen, Körperverletzungen, Sachbeschädigungen oder andere Straftaten lassen sich durch die Tatsache eines Arbeitskampfes nicht rechtfertigen. 183

Die **Polizei** ist für den Schutz privater Rechte nur ausnahmsweise zuständig (s. Rn. 25). Zivil- und arbeitsrechtliche Folgen von Arbeitskämpfen sind für die Polizei unbeachtlich. Allerdings ist durch geeignete polizeiliche Maßnahmen ein gesetzmäßiger und möglichst störungsfreier Verlauf eines Arbeitskampfes zu gewährleisten. Das polizeiliche Einschreiten richtet sich nach der Gefährdungslage für die öffentliche Sicherheit und Ordnung und nach den Vorschriften für die Strafverfolgung. Hierzu ist die Polizei gehalten, mit allen Beteiligten vor Beginn eines Arbeitskampfes Vorbesprechungen zu führen, in denen sie den polizeilichen Auftrag erläutern soll.

Die Zusammenarbeit mit der Betriebsleitung und dem Werkschutz hat dabei besondere Bedeutung. Beispielsweise können für die polizeiliche Einsatzvorbereitung Erkenntnisse notwendig sein über

- Ausweise für Notdienstpersonal
- Führung, Stärke, Ausstattung und Unterbringung des Werkschutzes und der Betriebsfeuerwehr
- Lage und Anlagen des Betriebes wie Zugänge, Umzäunung, Ver- und Entsorgungsanlagen, Außen- und Notbeleuchtung
- Fernmeldeverbindungen
- Werkschutzpläne
- betriebswichtige und sicherheitsempfindliche Objekte
- Unterbringung und Versorgung von Einsatzkräften auf dem Betriebsgelände.

Die Polizei wird bei der Gefahrenabwehr nach pflichtgemäßem Ermessen tätig. Ein Anspruch einzelner Bürger auf polizeiliches Einschreiten besteht grundsätz-

3 BAG, Urt. v. 22. März 1994 – 1 AZR 622/93.

lich nicht. Das polizeiliche Tätigwerden hängt u. a. von der Intensität einer Störung der öffentlichen Sicherheit und Ordnung und dem Gewicht der betroffenen Rechtsgüter ab.

184 23.6 Von Art. 9 Abs. 3 GG sind bei Streiks über die bloße Arbeitsniederlegung hinaus auch bestimmte **Kampfformen** geschützt.

Beispiele:
- Streikpostenstehen außerhalb des Betriebsgeländes
- Verbale Auseinandersetzungen.

In der jüngsten Vergangenheit waren jedoch auch **Betriebsbesetzungen** und **Betriebsblockaden** zu beobachten. Von der Problematik des Hausfriedensbruchs (s. Rn. 86) oder Landfriedensbruchs (§ 125 StGB) abgesehen, stellt sich hier die Frage nach einer Strafbarkeit wegen **Nötigung** (s. Rn. 94).

Beispiele:
- Streikposten, Streikende und Sympathisanten belagern im Wege „verdichteten Streikpostenstehens" ein Verlagshaus, um die Herstellung und Auslieferung von Zeitungen zu verhindern. An- und Abfahrtswege werden dabei versperrt, sodass Arbeitswillige und Lieferfahrzeuge am Passieren der Werkstore gehindert werden.
- Streikende weigern sich, nach Aussperrung durch den Arbeitgeber, das Betriebsgelände zu verlassen; sie erklären statt dessen, der Betrieb sei nunmehr „besetzt".

Für diese Fälle ist zu differenzieren:

- Mit dem Versperren der An- und Abfahrtswege wird gegen Arbeitswillige („Streikbrecher") und gegen die Fahrer der Lieferfahrzeuge psychische Gewalt angewendet, um diese zum Unterlassen ihrer Tätigkeiten zu bewegen. Nach der Arbeitsrechtsprechung[4] deckt das Streikrecht weder eine Hinderung arbeitswilliger Arbeitnehmer am Betreten des Betriebes, soweit diese über das bloße Zureden, sich am Streik zu beteiligen, hinausgeht, noch eine Verhinderung des Zu- und Abgangs von Waren und Kunden.
  Das Verhalten der Täter ist verwerflich und somit rechtswidrig. Etwaige „Fernziele", die z. B. hier auf eine an sich legitime Verbesserung der Arbeitsbedingungen gerichtet sein könnten, haben bei Prüfung der Rechtswidrigkeit nach § 240 Abs. 2 StGB außer Betracht zu bleiben[5].
- Der Arbeitgeber soll gewaltsam zur weiteren Duldung der Streikenden im Betrieb veranlasst werden. Ein rechtmäßiges Verbleiben im Betrieb kann nicht verwerflich sein, weil es von der Rechtsordnung gedeckt ist. Da eine Aussperrung die Arbeitspflicht zumindest vorübergehend aufhebt, fehlt ein sachlicher

4 BAG, Urt. v. 21. Juni 1988 – 1 AZR 651/86.
5 BVerfGE 73, 206.

Grund, weiterhin am Arbeitsplatz zu verbleiben. Es gibt weder ein absolutes noch ein notwehrfähiges Recht am Arbeitsplatz. Das weitere Verbleiben im Betriebsgelände nach Aufforderung des Arbeitgebers, dieses zu verlassen sowie die Besetzung des Betriebes erfüllen den Tatbestand des Hausfriedensbruchs (s. Rn. 86). Es ist zugleich verwerflich und damit rechtswidrig im Sinne von § 240 Abs. 2 StGB.

Nach der Rechtsprechung des Bundesverfassungsgerichts sind Sitzdemonstrationen nicht als Nötigung strafbar[6].

24. Kapitel: Zum Recht der Berufsbildung und -ausübung

24.1 Eine allgemeingültige Ausbildung (s. Rn. 289) für Angehörige privater Sicherheitseinrichtungen gibt es nicht. Das **Berufsbildungsgesetz** sieht zwei Möglichkeiten beruflicher Fortbildungsmaßnahmen vor: **185**

§ 46 BBiG

Berufliche Fortbildung

(1) Zum Nachweis von Kenntnissen, Fertigkeiten und Erfahrungen, die durch berufliche Fortbildung erworben worden sind, kann die zuständige Stelle Prüfungen durchführen; sie müssen den besonderen Erfordernissen beruflicher Erwachsenenbildung entsprechen. Die zuständige Stelle regelt den Inhalt, das Ziel, die Anforderungen, das Verfahren dieser Prüfungen, die Zulassungsvoraussetzungen und errichtet Prüfungsausschüsse; § 34 Abs. 2, §§ 37, 38, 41 und 43 gelten entsprechend.

(2) Als Grundlage für eine geordnete und einheitliche berufliche Fortbildung sowie zu ihrer Anpassung an die technischen, wirtschaftlichen und gesellschaftlichen Erfordernisse und deren Entwicklung kann das Bundesministerium für Bildung und Forschung im Einvernehmen mit dem Bundesministerium für Wirtschaft und Technologie oder dem sonst zuständigen Fachministerium nach Anhören des Ständigen Ausschusses des Bundesinstituts für Berufsbildung durch Rechtsverordnung, die nicht der Zustimmung des Bundesrates bedarf, den Inhalt, das Ziel, die Prüfungsanforderungen, das Prüfungsverfahren sowie die Zulassungsvoraussetzungen und die Bezeichnung des Abschlusses bestimmen. In der Rechtsverordnung kann ferner vorgesehen werden, dass die berufliche Fortbildung durch Fernunterricht vermittelt wird. Dabei kann bestimmt werden, dass nur solche Fernlehrgänge verwendet werden dürfen, die nach § 12 Abs. 1 des Fernunterrichtsschutzgesetzes zugelassen oder nach § 15 Abs. 1 des Fernunterrichtsschutzgesetzes als geeignet anerkannt worden sind.

Nach § 46 Abs. 1 BBiG können die zuständigen Stellen zum Nachweis von Kenntnissen, Fertigkeiten und Erfahrungen, die durch berufliche Fortbildung er-

6 BVerfG, NJW 1995, 1141.

worben worden sind, **Prüfungen** durchführen. Das Bundesministerium für Bildung und Forschung hat die **Verordnung über die Prüfung zum anerkannten Abschluss Geprüfte Werkschutzfachkraft** erlassen[1]. Rechtsgrundlage dieser Verordnung ist § 46 Abs. 2 BBiG. Die Verordnung regelt

- die Zulassungsvoraussetzungen
- die Prüfungsanforderungen
- die Bezeichnung des Abschlusses.

Die Industrie- und Handelskammern nehmen die Prüfungen ab. Das Bestehen dieser Prüfung ist eine der Voraussetzungen für die Aus- und Fortbildung des Objektsicherungsdienstes in kerntechnischen Anlagen[2]. Die Verordnung gilt nur noch bis zum 31. Dezember 2005 (vgl. Rn. 188).

Verschiedene Industrie- und Handelskammern haben auf der Grundlage des § 46 Abs. 1 BBiG Rechtsvorschriften für die Fortbildungsprüfung zum **Werkschutzmeister** sowie für **Geld- und Sicherheitstransporte** erlassen. Auch diese Vorschriften treten zum 31. Dezember 2005 außerkraft (vgl. Rn. 188).

Führungsnachwuchskräfte des betrieblichen Sicherheitswesens werden in Fortbildungslehrgängen der Arbeitsgemeinschaft für Sicherheit in der Wirtschaft intern fortgebildet und geprüft.

Nicht zuletzt bilden auch einzelne Betriebe Mitarbeiter für Aufgaben im betrieblichen Werkschutz aus bzw. fort.

186 24.2 Im Jahr 2002 hat der Bundesgesetzgeber u. a. **§ 34 a Gewerbeordnung** geändert. Auf dieser gesetzlichen Grundlage hat das fachlich zuständige Bundesministerium für Wirtschaft und Arbeit umfangreiche Änderungen in der **Bewachungsverordnung** vorgenommen[3] (vgl. Rn. 27). Durch die Änderungen soll das Qualitätsniveau der privaten Sicherheitseinrichtungen verbessert werden.

In § 34 a Abs. 5 GewO wird nunmehr klargestellt, dass dem Sicherheitsgewerbe außer in den Fällen der Beleihung nur die vom Auftraggeber vertraglich übertragenen privatrechtlichen Befugnisse sowie die Jedermannrechte zustehen. Damit soll deutlich werden, dass private Sicherheitsdienste keinerlei Sonderbefugnisse haben (vgl. Rn. 27).

Mit dem geänderten § 34 a Abs. 1 GewO wurde eine **Sachkundeprüfung** für folgende Tätigkeiten von Wachleuten eingeführt:

---

1 Vom 20. August 1982 (BGBl. I S. 1232), in Kraft getreten am 1. April 1983, zul. geänd. durch Art. 4 Abs. 12 des Gesetzes vom 26. Januar 1998 (BGBl. I S. 188); der Text ist in der Vorschriftensammlung für den Werkschutz, 8. überarbeitete Auflage 2003, S. 211 ff. abgedruckt.

2 Nr. 4.2 der Bek. d. BMI vom 8. April 1986, GMBl. 1986, 242.

3 Vgl. Art. 1 und 2 des Gesetzes zur Änderung des Bewachungsgewerberechts vom 23. Juli 2002 (BGBl. I S. 2724) und Art. 3 und 5 der Verordnung zur Neuregelung des Versteigerungsrechts und zur Änderung weiterer gewerberechtlicher Verordnungen vom 24. April 2003 (BGBl. I S. 547). Die Neufassung der Bewachungsverordnung wurde am 10. Juli 2003 erlassen (BGBl. I S. 1378).

- **Kontrollgänge im öffentlichen Verkehrsraum** oder in **Hausrechtsbereichen** mit tatsächlich öffentlichem Verkehr (z. B. auf Bahnhöfen, im öffentlichen Personennahverkehr, in Ladenpassagen und „Shopping-Malls"); hierunter fallen nicht die Bewachung „im Stand" (z. B. bei Parkplätzen oder Museen) und Kontrollgänge in eingefriedeten Bereichen.
- Schutz vor **Ladendieben** (z. B. Kaufhausdetektive).
- Kontrolleure vor **Diskotheken**.

Für diese Tätigkeitsbereiche hat der Gesetzgeber die Sachkundeprüfung als zusätzliche Zulassungsschranke eingeführt, um die Abgrenzung solcher Aufgaben im öffentlichen Raum zur hoheitlich handelnden Polizei (vgl. Rn. 30) deutlich zu machen.

Vgl. näher bei Rn. 189.

24.3 Rechtlich verbindliche Vorschriften über die Aus- und Fortbildung von **Privatdetektiven** (s. Rn. 28) fehlen. Die Ausübung dieses Berufes ist mit Ausnahme der Ladendetektive (vgl. Rn. 186) zurzeit nicht an eine besondere Qualifikation gebunden. Die Zuverlässigkeit des Gewerbetreibenden wird erst nach Anmeldung des Gewerbes überprüft (§ 38 Abs. 1 Nr. 2 GewO – überwachungsbedürftiges Gewerbe). **187**

Zum Schutz der Öffentlichkeit, der seriösen Detekteien und ihrer Auftraggeber sowie im Interesse der staatlichen Sicherheitsorgane und der Rechtssicherheit insgesamt werden zunehmend gesetzliche Regelungen gefordert, die verhindern sollen, dass rücksichtslose Geschäftemacher, Dilettanten und Kriminelle als Privatdetektive tätig werden. Diskutiert werden beispielsweise

- die Einführung eines Fachkundenachweises
- eine Zuverlässigkeitsprüfung vor Gewerbeeröffnung – auch für die Mitarbeiter von Detekteien
- der Nachweis erforderlicher finanzieller Mittel
- eine effektive Überwachung.

Die Berufsausbildung der Detektive soll der Ausbildung der Werkschutzfachkräfte angeglichen werden. Ziel der Bemühungen der Berufsverbände für Detektive ist eine gesetzliche Anerkennung des Berufsbildes[4]. Verschiedenerseits werden jedoch Bedenken gegen das Motiv erhoben, sich eine bessere Ausgangslage für einen höheren Stellenwert als eine Art „staatlich anerkannte private Polizei" zu verschaffen. Hinzuweisen ist auf den **Berufsbildungsplan** für Detektive und Detektivinnen von 1989, in dem sich die Mehrzahl der organisierten gewerblichen Detektive und Detektivinnen auf der Ebene ihrer Berufsverbände (Bundesverband Deutscher Detektive – BDD –, Bund Internationaler Detektive – BID –,

4 Vgl. Sicherheits-Beschaffungsdienst 3/89, 9, 4/89, 10 und 1/93, 21.

Deutscher Detektiv-Verband – DDV) verpflichtet haben, „den Schutz des Bürgers auf hohem fachlichen Niveau zu gewährleisten". Die Berufsbildung erfolgt über die Zentralstelle für die Ausbildung im Detektivgewerbe – ZAD. Darüber hinaus ist die von den genannten Verbänden anerkannte **Berufsordnung** für Detektive in Deutschland zu erwähnen, die Standesregeln für diesen Berufszweig enthält[5].

188 24.4 Das Bundesministerium für Bildung und Forschung hat auf Grund des § 46 Abs. 2 BBiG im Jahre 2003 die Verordnung über die Prüfung zum anerkannten Abschluss **Geprüfter Meister/Geprüfte Meisterin für Schutz und Sicherheit** erlassen[6]. Die Verordnung regelt u. a. den Umfang der Meisterqualifikation und die Gliederung der Prüfung, die Zulassungsvoraussetzungen, grundlegende und handlungsspezifische Qualifikationen sowie Einzelheiten des Prüfungsablaufs.

Die Verordnung ist am 4. April 2003 in Kraft getreten. Gleichzeitig sind Rechtsvorschriften der zuständigen Stellen über die Prüfung **Werkschutzmeister/Werkschutzmeisterin** außer Kraft getreten[7]. Die Verordnung über die Prüfung zum anerkannten Abschluss **Geprüfte Werkschutzfachkraft** (vgl. Rn. 185) sowie die Rechtsvorschriften der zuständigen Stellen über die Prüfungen **Fachkraft für Geld-, Wert- und Sicherheitstransport** sowie **Geprüfte Sicherheitskraft** und **Geprüfte Sicherheitsfachkraft** treten zum 31. Dezember 2005 außer Kraft[8].

189 24.5 Die neue, auf der Grundlage des geänderten § 34 a GewO erlassene BewachV (vgl. Rn. 186) hat die bisher vorgeschriebene **Unterrichtung** intensiviert (vgl. auch Rn. 289). Diese Intensivierung geht auf Forderungen von Innenpolitikern und Polizei nach einer besseren Qualifizierung des Personals, aber auch der Unternehmer zurück. Mit Ausnahme der in Rn. 186 erwähnten drei Tätigkeitsbereiche müssen Gewerbetreibende und Wachpersonal (vgl. § 1 Abs. 2 BewachV) keine Prüfung ablegen, sondern lediglich eine Unterrichtung bei der Industrie- und Handelskammer durchlaufen. Die Unterrichtungszeit beträgt für das Wachpersonal statt bisher 24 nunmehr 40 Unterrichtsstunden und für Gewerbetreibende statt 40 Stunden nunmehr 80[9]. Der Themenkatalog der Unterrichtung wurde um die Bereiche des Datenschutzrechts und des Verhaltens in Gefahren- und Konfliktsituationen geändert und erweitert[10].

Als Nachweis der erforderlichen Unterrichtung werden anerkannt[11]:

- der Abschluss als Geprüfter Werkschutzmeister/Geprüfte Werkschutzmeisterin
- der Abschluss als Geprüfte Werkschutzfachkraft oder als Werkschutzmann

5 Im Einzelnen vgl. Detektiv-Berufsbildung, S. 111 ff. und Detektiv-Kurier 1/98, 19 f.
6 vom 26. März 2003 (BGBl. I S. 433).
7 § 11 Abs. 1 der Verordnung.
8 § 11 Abs. 2 der Verordnung.
9 Vgl. § 3 Abs. 1 BewachV.
10 Vgl. § 4 BewachV und die neu gefassten Anlagen 2 und 3 hierzu.
11 Vgl. § 5 BewachV.

- Abschlüsse im Rahmen einer Laufbahnprüfung mindestens für den mittleren Polizeivollzugsdienst, auch im Bundesgrenzschutz, für den mittleren Justizvollzugsdienst sowie für Feldjäger in der Bundeswehr
- der Nachweis einer Sachkundeprüfung nach Abschnitt 1 a BewachV.

Die **Sachkundeprüfung** ist in §§ 5 a bis 5 d BewachV geregelt. Sie wird von der Industrie- und Handelskammer abgenommen[12]. Der Zweck der Prüfung nach § 34 a Abs. 1 Satz 5 GewO ist es, gegenüber den zuständigen Vollzugsbehörden den Nachweis zu erbringen, dass die in diesen Bereichen tätigen Personen (vgl. Rn. 186) Kenntnisse über die für die Ausübung dieser Tätigkeiten notwendigen rechtlichen Vorschriften und fachspezifischen Pflichten und Befugnisse sowie deren praktische Anwendung in einem Umfang erworben haben, der ihnen die eigenverantwortliche Wahrnehmung dieser Bewachungsaufgaben ermöglicht[13].

Die Prüfungen dürfen ohne Beschränkung wiederholt werden[14].

Der Prüfungspflicht unterliegen die Inhaber der in § 5 Abs. 1 Nr. 1 bis 3 BewachV angeführten Prüfungszeugnisse nicht[15]. Wer vom Nachweis der erforderlichen Unterrichtung auf Grund anderweitiger Qualifikationen befreit ist, muss sich auch keiner Sachkundeprüfung unterziehen.

Die neue BewachV enthält verbesserte **Verpflichtungen bei der Ausübung des Gewerbes:**

- Die Vorschriften des Ersten und Dritten Abschnitts des **Bundesdatenschutzgesetzes** (vgl. Rn. 174 f.) finden auf den Gewerbetreibenden auch dann Anwendung, wenn personenbezogende Daten nicht automatisiert und in unstrukturierter Form erhoben, verarbeitet oder genutzt werden[16]. Grundsätzlich findet das BDSG für nicht öffentliche Stellen wie das private Sicherheitsgewerbe nur Anwendung, soweit diese Stellen personenbezogene Daten unter Einsatz von Datenverarbeitungsanlagen oder in oder aus nicht automatisierten Dateien verarbeiten, nutzen oder dafür erheben. Die vom Sicherheitsgewerbe oftmals benutzten nicht strukturierten Akten und Aktensammlungen fallen damit aus dem Anwendungsbereich des BDSG heraus. Gerade im Zusammenhang mit Bewachungsaufgaben können aber Informationen aus dem persönlichen Lebensbereich von Betroffenen erfasst werden, die unabhängig von dem eingesetzten Speichermedium eines verstärkten Schutzes bedürfen. Daher sieht die BewachV die Ausdehnung der Anwendbarkeit des BDSG als angemessen an. Entsprechend dieser Zielsetzung werden allerdings nur die Erhebung, Verarbeitung und Nutzung personenbezogener Daten zu **Externen** erfasst, die im

12 Vgl. § 5 b Abs. 1 BewachV.
13 Vgl. § 5 a Abs. 1 BewachV.
14 Vgl. § 5 c Abs. 5 BewachV.
15 Vgl. § 5 d BewachV.
16 Vgl. § 8 BewachV.

Rahmen von Bewachungstätigkeiten anfallen. Für Daten, die im Rahmen der **internen Organisation** des Geschäftsbetriebs nicht automatisiert und unstrukturiert erhoben, verarbeitet und genutzt werden, besteht keine bewachungsspezifische Gefährdungslage, die eine Erweiterung des Anwendungsbereichs des BDSG rechtfertigen würde (vgl. auch Rn. 271).

- Gewerbetreibende dürfen mit Bewachungsaufgaben nur Personen beschäftigen (vgl. Rn. 37), die **zuverlässig** sind, die das **18. Lebensjahr** vollendet haben oder einen Abschluss nach § 5 Abs. 1 Nr. 1 bis 3 BewachV besitzen und die einen **Unterrichtungsnachweis** nach § 5 Abs. 1 BewachV oder eine gleichwertige Bescheinigung besitzen[17]. Die Gewerbebehörde holt eine unbeschränkte Auskunft aus dem **Bundeszentralregister** ein. § 9 Abs. 2 BewachV enthält weitere Verfahrensvorschriften; auch eine Überprüfung durch Verfassungsschutzbehörden ist möglich, wenn Wachpersonal in sabotageempfindlichen Bereichen (z. B. Chemieunternehmen, Lebensmittelherstellungsbetriebe) eingesetzt werden soll. Dem Gewerbetreibenden obliegen gegenüber der zuständigen Behörde Melde- und Auskunftspflichten[18]. In Strafsachen gegen Personen, die der Unterrichtungspflicht unterliegen (§ 1 Abs. 2 BewachV) sind nunmehr Mitteilungspflichten der **Staatsanwaltschaften und Gerichte** an die für die Überwachung des Bewachungsunternehmens zuständige Behörde vorgeschrieben[19].
- Der Gewerbetreibende hat den Wachdienst durch eine **Dienstanweisung** zu regeln[20] (Einzelheiten bei Rn. 193).
- Der Gewerbetreibende hat Wachpersonen einen **Ausweis** auszustellen, der während des Wachdienstes mitzuführen und auf Verlangen den Beauftragten der zuständigen Behörde vorzuzeigen ist[21]. Wachpersonen, die Tätigkeiten nach § 34 a Abs. 1 Satz 5 Nr. 1 und 3 GewO (vgl. Rn. 186) ausüben, haben sichtbar ein **Namensschild** oder eine **Kennnummer** zu tragen[22] (vgl. Rn. 221). Ein Verstoß gegen diese Vorschrift stellt eine Ordnungswidrigkeit dar[23].
- Bestimmt der Gewerbetreibende für seine Wachpersonen eine **Dienstkleidung,** so hat er dafür zu sorgen, dass sie nicht mit Uniformen der Angehörigen von Streitkräften oder behördlichen Vollzugsorganen verwechselt werden kann und dass keine Abzeichen verwendet werden, die Amtsabzeichen zum Verwechseln ähnlich sind. Wachpersonen, die eingefriedetes Besitztum in Ausübung ihres Dienstes betreten sollen, müssen eine Dienstkleidung tragen[24].
- Zur Behandlung und zum Einsatz von **Waffen** vgl. Rn. 39, 71, 199[25].

---

17 Vgl. § 9 BewachV.
18 Vgl. § 9 Abs. 3 BewachV.
19 Vgl. § 15 BewachV.
20 Vgl. § 10 Abs. 1 BewachV.
21 Vgl. § 11 Abs. 1 bis 3 BewachV.
22 Vgl. § 11 Abs. 4 BewachV.
23 Vgl. § 16 Nr. 7 BewachV.
24 § 12 BewachV.
25 Vgl. § 13 BewachV.

RECHT

- Der Gewerbetreibende hat zahlreiche **Aufzeichnungen** zu machen und Unterlagen und Belege übersichtlich zu sammeln (**Buchführung und Aufbewahrung**)[26].
- Die Bewachungsverordnung enthält zahlreiche **Übergangsvorschriften**[27] für „Altfälle“.

24.6 Das Bundesministerium für Wirtschaft und Technologie hat im Jahre 2002 die Verordnung über die staatlich anerkannte Berufsausbildung zur **Fachkraft für Schutz und Sicherheit** erlassen[28]. Die Verordnung, die am 1. August 2002 in Kraft getreten ist, ist eine Ausbildungsordnung im Sinne des § 25 BBiG. In einer dreijährigen Ausbildung werden Fertigkeiten und Kenntnisse vermittelt, die einen Einsatz vor allem im Objekt- und Anlagenschutz, beim Veranstaltungs- und Verkehrsdienst sowie im Personen- und Werteschutz zulassen. Die Kultusministerkonferenz hat im Mai 2002 einen entsprechenden Ausbildungsrahmenlehrplan für den berufsbezogenen Unterricht der Berufsschulen beschlossen. Ausbildungsinhalte sind u. a. die Planung von Sicherheitsmaßnahmen, die Gefahrenabwehr, kaufmännische Aufgaben und Teamarbeit. **190**

Der Berufsabschluss beinhaltet eine berufliche Erstausbildung für das Sicherheitsgewerbe. Eine (zweijährige) Umschulung Arbeitsloser ist möglich.

Literatur

Bergmann, Lutz/Möhrle, Roland: Datenschutzrecht, Handkommentar zum Bundesdatenschutzgesetz, den Datenschutzgesetzen der Länder und zum Bereichsspezifischen Datenschutz, Loseblattwerk, Stand: Februar 2004, Stuttgart 1977.

Bobrowski/Gaul: Das Arbeitsrecht im Betrieb. Band I, 7. Auflage, 1979.

Borgs-Maciejewski/Ebert, Frank: Das Recht der Geheimdienste, Kommentar zum Bundesverfassungsschutzgesetz und zum Gesetz zu Art. 10 GG, Stuttgart 1986.

Brodag, Wolf-Dietrich: Strafrecht, Kurzlehrbuch zum Allgemeinen Teil des StGB, 9. Auflage, Stuttgart 1997.

Brodag, Wolf-Dietrich: Strafrecht, Kurzlehbuch zum Besonderen Teil des StGB, 9. Auflage, Stuttgart 2004.

Brodag, Wolf-Dietrich: Strafverfahrensrecht, Kurzlehbuch zum Ermittlungsverfahren der Strafprozessordnung, 10. Auflage, Stuttgart 2002.

26 Vgl. § 14 BewachV.
27 Vgl. § 17 BewachV.
28 vom 23. Juli 2002 (BGBl. I S. 2757).

Bueß, Peter: Private Sicherheitsdienste – Zur Tätigkeit freier Unternehmer auf dem Gebiet der öffentlichen Sicherheit und Ordnung, Stuttgart 1997.

Fichtl, Franz/Späth, Günther/Dohse, Roderich: Leitfaden des Bürgerlichen Gesetzbuchs mit zahlreichen Beispielen, 22. Auflage, Stuttgart 1998.

Fink, Manfred: Lauschziel Wirtschaft, Abhörgefahren und -techniken, Vorbeugung und Abwehr, 1996.

Fritsch, Josef/Sailer, Bartholomäus/ Schmalzl, Hans Peter: Die IHK-Prüfung Geprüfte Werkschutzfachkraft, Band 2, Werkschutzdienstkunde, Technische Einrichtungen und Hilfsmittel, Grundsätze über den Umgang mit Menschen, 4. Auflage, Stuttgart 2001.

Hitschold, Hans-Joachim: Staatsbürgerkunde, Grundlagen für die politische Bildung, 12. Auflage, Stuttgart 2003.

Honigl, Rainer: Tätigwerden von Privaten auf dem Gebiet der öffentlichen Sicherheit und Ordnung, Stuttgart 1985

Krüger, Ralf: Grundrechte, Verfassungsrecht für die Polizei, 2. Auflage, Stuttgart 1993.

Meltzer, Edmund/Oppermann, Klaus: Die IHK-Prüfung Geprüfte Werkschutzfachkraft, Band 1, Rechtliche Grundlagen, 4. Auflage, Stuttgart 2000.

Schwind, Hans-Dieter: Kriminologie. Eine praxisorientierte Einführung mit Beispielen, 14. Auflage, Heidelberg 2004.

Schwind, Hans-Dieter/Baumann Jürgen u. a. (Hrsg.): Ursachen, Prävention und Kontrolle von Gewalt, Analysen und Vorschläge der Gewaltkommission, Band I, Heidelberg 1990.

Steinmetz, Jürgen/Merz, Eberhard: Umweltschutz und Gefahrenabwehr, Stuttgart 1992.

Stober, Rolf: Jahrbuch des Sicherheitsgewerberechts 2001, Köln 2002.

Stober, Rolf: Empfiehlt es sich, das Recht des privaten Sicherheitsgewerbes zu kodifizieren? Tagungsband zum 1. Hamburger Sicherheitsgewerberechtstag, Köln 2002.

Stober, Rolf: Public-Private-Partnerships und Sicherheitspartnerschaften, Köln 2000.

Vorschriftensammlung für den Werkschutz und private Sicherheitsdienste, 8. Auflage, Stuttgart 2003.

2. Teil

WERKSCHUTZDIENSTKUNDE

von Frank Otto, Betriebswirt (VWA),
vormals Leiter Sicherungswesen

und

Hermann Wieand, Leiter Werkschutz, IABG

25. Kapitel: Wesen und Aufgaben des Werkschutzes

191 25.1 Der Werkschutz ist seinem Wesen nach eine private Einrichtung, die unter Beachtung der privatrechtlichen Vereinbarungen zwischen Betriebsleitung und Betriebsvertretung einerseits und der allgemeinen gesetzlichen Bestimmungen andererseits im Wege der Eigenverantwortlichkeit dem Schutze des Unternehmens und der Betriebsangehörigen dient (vgl. Rn. 25 f.). Der betrieblichen Sicherheit und Ordnung drohen vielfältige Gefahren und Schäden, insbesondere von

- Personen
- Sachen
- Ereignissen und Zuständen (s. Rn. 1).

Der Werkschutz wird vornehmlich vorbeugend tätig. Durch Maßnahmen der Aufklärung und Ermittlung sichert er das Eigentum des Betriebes und der Belegschaft, beschafft es gegebenenfalls wieder und schafft die Voraussetzungen für erforderliche personalrechtliche Konsequenzen (s. Rn. 40).

Der Werkschutz ist in der Regel die Sicherheits-/Sicherungsinstitution (z. B. Abteilung, Unterabteilung, Sachgebiet) eines Betriebes, die im Betrieb bestimmte Funktionen (z. B. Werkschutzaufgaben) wahrnimmt, die sich aus bestimmten Verpflichtungen (z. B. Verpflichtung, nach den Weisungen der Unternehmensleitung bestimmte Rechte und Pflichten auszuüben, s. Rn. 38 f.) ergeben.

Für diese Funktion des Werkschutzes wird häufig auch der Begriff **„Betriebsschutz“** verwandt. Dieser umfasst neben der Sicherung von Sachwerten z. B. auch die Aufrechterhaltung der Ordnung und den Schutz der Mitarbeiter (Allgemeiner Betriebsschutz), den Schutz von Geschäftsgeheimnissen und Maßnahmen gegen Bombendrohungen (Besonderer Betriebsschutz) und Mithilfe beim Katastrophenschutz, Umweltschutz und Datenschutz (Sonstiger Betriebsschutz).

Die Dienstausübung des Werkschutzes stützt sich auf

- arbeitsvertragliche Regelungen (s. Rn. 38)
- betriebsverfassungsrechtliche Bestimmungen (s. Rn. 56 f.)
- gesetzliche Verpflichtungen wie z. B. Melde- und Anzeigepflichten (s. Rn. 39)
- gesetzlich festgelegte Not- und Selbsthilferechte (s. Rn. 129, 123 ff.) und das Recht zur vorläufigen Festnahme (s. Rn. 136 ff.)
- Dienstanweisungen der Betriebsleitung.

192 25.2 Nach seinem **Generalauftrag** hat der Werkschutz

- für Schutz und Sicherung Sorge zu tragen
- Sicherheit und Ordnung mit aufrechtzuerhalten
- Schäden und Gefahren abzuwenden.

Der Werkschutz ist mit der Wahrnehmung folgender **Hauptaufgaben** beauftragt:

Schutz- und Sicherungsdienst
- Wach- und Streifendienst (s. Rn. 231 ff.)
- Personen- und Veranstaltungsschutz (s. Rn. 254 ff.)
- Objektschutz (s. Rn. 260 ff.)
- Geheimschutz (s. Rn. 271 ff.)
- Geld- und Werttransporte (s. Rn. 239 ff.)
- Alarmverfolgung (s. Rn. 227)

Ordnungsdienst
- Kontrolltätigkeit, insbesondere hinsichtlich des Personen-, Fahrzeug- und Güterverkehrs (s. Rn. 212 ff.)
- Tordienst (s. Rn. 222 ff.)
- Verkehrsdienst (s. Rn. 153 ff., 247 ff.)
- Werksausweiswesen (s. Rn. 220 f.)
- Fundsachenbehandlung (s. Rn. 228)

Ermittlungsdienst (s. Rn. 265 ff.)
- Aufklärung von Ordnungsverstößen und Straftaten
- Brandursachenermittlung
- Unfall- und Schadensbearbeitung

Mitwirkungsaufgaben
- Brandschutz (s. Rn. 424 ff.)
- Katastrophenschutz (s. Rn. 236)
- Arbeitssicherheit und Unfallverhütung (s. Rn. 141 ff., 235)
- Umweltschutz (s. Rn. 233 f.)

Sonstige Aufgaben
- Auskunfterteilung (s. Rn. 229)
- Berichts- und Meldewesen (s. Rn. 286 ff.)
- Erste-Hilfe-Leistungen
- Besucherempfang und -weiterleitung
- Lotsendienst.

25.3 **Dienstanweisungen** und **Richtlinien** gewährleisten die Handlungssicherheit und -einheitlichkeit des Werkschutzes. 193

§ 4 BGV C 7[1]

Dienstanweisungen

(1) Der Unternehmer hat das Verhalten des Wach- und Sicherungspersonals einschließlich des Weitermeldens von Mängeln und besonderen Gefahren durch Dienstanweisungen zu regeln.

1 Berufsgenossenschaftliche Vorschrift: Wach- und Sicherungsdienste der Verwaltungs-Berufsgenossenschaft vom 1. Oktober 1990.

(2) Der Unternehmer hat dafür zu sorgen, dass das Wach- und Sicherungspersonal anhand der Dienstanweisungen vor Aufnahme der Tätigkeit und darüber hinaus regelmäßig unterwiesen wird. Außerdem ist das sicherheitsgerechte Verhalten bei besonderen Gefahren soweit wie möglich zu üben.

(3) Die Versicherten haben die der Arbeitssicherheit dienenden Maßnahmen zu unterstützen und die Dienstanweisungen zu befolgen. Sie dürfen keine Weisungen des Auftraggebers befolgen, die dem Sicherheitsauftrag entgegenstehen.

Durchführungsanweisung zu § 4 (Auszug):

Besondere Gefahren können unter anderem auftreten bei Angriffen auf das Wach- und Sicherungspersonal sowie auf zu schützende Personen und Sachwerte, bei technischen Schadensfällen in besonderen Objektbereichen, im Zusammenhang mit dem Einsatz von Hunden sowie beim Führen und Handhaben von Schusswaffen. Die Weitermeldung von Mängeln und besonderen Gefahren kann z. B. durch Telefon, Funk, im Wachbuch sowie durch Mitteilung an einen eventuellen Ablöser erfolgen (s. auch § 10 BewachV, Rn. 27).

§ 10 BewachV

Dienstanweisung

(1) Der Gewerbetreibende hat den Wachdienst durch eine Dienstanweisung nach Maßgabe der Sätze 2 und 3 zu regeln. Die Dienstanweisung muss den Hinweis enthalten, dass die Wachperson nicht die Eigenschaft und die Befugnisse eines Polizeibeamten, eines Hilfspolizeibeamten oder eines sonstigen Bediensteten einer Behörde besitzt. Die Dienstanweisung muss ferner bestimmen, dass die Wachperson während des Dienstes nur mit Zustimmung des Gewerbetreibenden eine Schusswaffe, Hieb- und Stoßwaffen sowie Reizstoffsprühgeräte führen darf und jeden Gebrauch dieser Waffen unverzüglich der zuständigen Polizeidienststelle und dem Gewerbetreibenden anzuzeigen hat.

(2) Der Gewerbetreibende hat der Wachperson einen Ausdruck der Dienstanweisung sowie der Unfallverhütungsvorschrift Wach- und Sicherungsdienste (BGV C 7) einschließlich der dazu ergangenen Durchführungsanweisungen gegen Empfangsbescheinigung auszuhändigen.

Die nach diesen Vorschriften erforderlichen Dienstanweisungen müssen neben allgemein gültigen Angaben insbesondere auf betriebsspezifische Aufgaben des Werkschutzes Antwort geben.

Inhaltlich sollten folgende Themen berücksichtigt werden:

- Geltungsbereich
- Wesen und Organisation des Werkschutzes
- Diensteinteilung und Dienstaufsicht
- Aufgaben im Tordienst
- Aufgaben des Werkschutzes im Wach- und Streifendienst
- Befugnisse und Kontrollen
- Fotografierverbot
- Ermittlungsdienst

- Einsatz des Werkschutzes
- Verhalten des Werkschutzes
- Legitimation des Werkschutzes
- Meldewesen und Kontrollbücher
- Verhalten bei Bränden, Unfällen, störenden Handlungen
- Verhalten bei Gefahrgutvorfällen
- Verhalten bei Umweltverstößen
- Hinweise für Notwehrrechte
- Hinweise für Selbsthilferechte und das Recht zur vorläufigen Festnahme
- Berichts- und Meldewesen
- Aus- und Weiterbildung
- Vordrucke und Formulare.

Für das im **stationären Werkschutzdienst** (Postendienst) eingesetzte Werkschutz- **194**
personal bietet sich eine separate Dienstanweisung an, die hauptsächlich Folgendes regeln sollte:

- Grundsätze
- Rechtliche Stellung
- Überwachung, Regelung und Kontrolle der Verkehrsarten
- Sonderzugangsrechte (s. Rn. 73)
- Auskunftsersuchen durch Unbekannte, Verschwiegenheit
- Drohanrufe, verdächtige Sendungen
- Verhalten gegenüber Medien
- Aufgaben und Verhalten des Postens
- Fotografierverbot
- Berichts- und Meldewesen
- Vordrucke und Formulare.

Der Aufgabenumfang kann für den Werkschutz eine eigene **Dienstanweisung oder Richtlinie für die Durchführung der Kontrolltätigkeit** erfordern. Dabei sollten berücksichtigt werden:

- Vertragliche Grundlagen der Kontrolltätigkeit
- Gesetzliche Grundlagen der Kontrolltätigkeit
- Arten der Kontrollen
- Durchführung der verschiedenen Kontrollen
- Grenzen der Kontrolltätigkeit
- Handlungsgrenzen bei den diversen Kontrollarten.

Für den **Personen- und Veranstaltungsschutz** (s. Rn. 254 ff.) ist eine Dienstanwei- **195**
sung sinnvoll, um ein gleichmäßiges Vorgehen zu gewährleisten, das sich an der Gefährdungsanalyse, am Schutzkonzept und an den Schutzmaßnahmen orientiert.

Ein sehr schwieriges und umfangreiches spezielles Gebiet im Bereich der Schutz- **196**
und Sicherungsaufgaben ist der zielgerichtete und an Schwerpunkten orientierte **Objektschutz.**

Da hierzu umfangreiche Sicherungsmaßnahmen erforderlich sind, die weit über die Aufgaben im allgemeinen Eigentumschutz hinausgehen, kann diese Aufgabe nicht mit allgemeinen Werkschutzanweisungen abgedeckt werden. Deswegen empfiehlt sich auch hier eine eigene Anweisung.

197 Auch für **Diensthundeführer** bietet sich eine besondere **Anweisung** an, obwohl in der Regel nur ein kleiner Kreis von Sicherungskräften betroffen ist. §§ 12 bis 17 BGV C 7 enthalten hierfür besondere Regelungen (s. Rn. 204 ff.), die in der Gliederung berücksichtigt werden sollten:

- Allgemeine Hinweise
- Aufgaben als Hundeführer
- Ausbildung und Training des Hundes
- Hundehaltung, Unterbringung und Pflege
- Beurteilung des Hundes
- Streifentätigkeit mit Hund
- Einsatzgrundsätze für Hunde im Dienst
- Hundetransport
- Maßnahmen und Befugnisse.

26. Kapitel: Führungs- und Einsatzmittel

198 26.1 **Führungsmittel** sind Anlagen, Einrichtungen, Fahrzeuge und Unterlagen, die das Führen von Werkschutzkräften ermöglichen und unterstützen.

Beispiele:
- Funkanlagen
- Sicherungszentralen
- Funkstreifenwagen
- Dienstanweisungen.

Einsatzmittel sind Waffen, Fahrzeuge, Geräte, Tiere usw., durch deren Einsatz Maßnahmen des Werkschutzes ermöglicht und erleichtert werden.

Beispiele:
- Handsprechfunkgeräte
- Funkstreifenwagen
- Diensthunde
- Unfallaufnahmekoffer
- Faustfeuerwaffen.

Zur **Kommunikationstechnik** s. Rn. 362 ff.

Die rechtlich, taktisch und psychologisch ordnungsgemäße Anwendung der Führungs- und Einsatzmittel ist entscheidende Voraussetzung für die Erfüllung des Auftrages. Insbesondere die Verwendung von **Waffen** und **Diensthunden** unterliegt besonderen Anforderungen (s. Rn. 71).

26.2 Das Waffenrecht und die BGV C 7 sowie die BewachV treffen eindeutige 199
Festlegungen für die Auswahl und Ausbildung von Waffenträgern, das Führen und die Verwahrung von Waffen sowie für die Sicherheit im Umgang mit Schusswaffen.

Waffenrechtliche Erlaubnisse stellen höchstpersönliche Erlaubnisse dar, die weder einer Personengesellschaft noch einer juristischen Person erteilt werden können.

Das ergibt sich aus den gesetzlichen Vorschriften für die Erteilung, die nur von natürlichen Personen erfüllt werden können:

- Vollendung eines Mindestalters
- Persönliche Zuverlässigkeit
- Nachweis der Sachkunde
- Persönliche Eignung.

Nach der BGV C 7 darf Sicherungspersonal nur aufgrund ausdrücklicher Anordnung des Unternehmers mit Schusswaffen ausgerüstet werden.

§ 18 BGV C 7

Ausrüstung mit Schusswaffen

(1) Der Unternehmer hat unter Beachtung der waffenrechtlichen Bestimmungen sicherzustellen, dass eine Ausrüstung des Wach- und Sicherungspersonals mit Schusswaffen nur dann erfolgt, wenn er dies ausdrücklich anordnet. Es dürfen nur Versicherte mit Schusswaffen ausgerüstet werden, die nach dem Waffenrecht zuverlässig, geeignet und sachkundig sowie an den Waffen ausgebildet sind.

(2) Der Unternehmer hat sicherzustellen, dass Versicherte, die Träger von Schusswaffen nach Absatz 1 sind, regelmäßig an Schießübungen teilnehmen und ihre Schießfertigkeit sowie Sachkunde nach dem Waffenrecht ihm oder einem Sachkundigen nachweisen.

(3) – (5) ...

Die Durchführungsanweisung zu § 18 bestimmt, dass die Ausrüstung mit Schuss- 200
waffen aufgrund der sich daraus ergebenden Gefahrmomente auf das zwingend notwendige Maß begrenzt werden soll.

Die Bewachungsverordnung enthält eindeutige Bestimmungen zur Aufbewahrung und Rückgabe sowie Überlassung von Waffen und Munition und Anzeigepflicht nach Waffengebrauch (§ 13 BewachV).

Bei besonderen Wach- und Sicherungsaufgaben, z. B. Geld- und Werttransporten, Personenschutzaufgaben oder der Sicherung von militärischen Objektbereichen kann eine Ausrüstung mit Schusswaffen erforderlich sein.

Das Führen von Waffen bei öffentlichen Veranstaltungen (z. B. Volksfesten und öffentlichen Vergnügungen) sowie bei öffentlichen Versammlungen ist grundsätzlich verboten (§§ 42 Abs. 1 WaffG, 2 Abs. 3 VersammlG). Verstöße hiergegen stehen unter Strafe. Da die Versammlung der Mitglieder einer juristischen Person (z. B. Hauptversammlung einer AG, s. Rn. 49) keine öffentliche Versammlung i. S. des VersammlG darstellt, gilt das Waffenverbot für Werkschutzfachkräfte, die hierbei etwa Personenschutzaufgaben wahrnehmen, insoweit nicht (s. Rn. 258).

Nach dem Gesetz ist die Waffenbesitzkarte die Erlaubnis zum Erwerb und zur Ausübung der tatsächlichen Gewalt über Schusswaffen und der Waffenschein die Erlaubnis, Schusswaffen zu führen, also die tatsächliche Gewalt über sie außerhalb der Wohnung, der Geschäftsräume oder des befriedeten Besitztums auszuüben.

Unter Erwerben ist das Erlangen der tatsächlichen Gewalt (zum Begriff s. Rn. 46), unter Überlassen das Einräumen der tatsächlichen Gewalt gegenüber einem anderen zu verstehen. Das Führen einer Schusswaffe bedeutet die Ausübung der tatsächlichen Gewalt außerhalb von befriedetem Besitztum (s. Rn. 86).

Das Führen einer Schusswaffe (im Dienst oder privat) unterliegt der Pflicht, Personalausweis oder Pass sowie Waffenbesitzkarte und Waffenschein mitzuführen und diese Polizeibeamten oder sonst zur Personenkontrolle Befugten auf Verlangen zur Prüfung auszuhändigen (§ 38 WaffG).

Erwerb, Überlassen und Führen von Waffen sind an besondere Erlaubnisse geknüpft (s. Rn. 71).

Nach dem Waffengesetz ist auch dann die persönliche Verantwortung des Inhabers der Unternehmung gegeben, wenn die Schusswaffen in einem Unternehmen eingesetzt werden.

In einem Betrieb sind in der Regel wenige bestimmte, namentlich festgelegte Waffenscheininhaber zum Führen von Waffen zu bestimmten dienstlichen Erfordernissen (z. B. Notwehr und Nothilfe, Notstand, Personenschutz, Sicherung kerntechnischer Anlagen) berechtigt. Der Erwerb, der Besitz und das Führen von Schusswaffen und Munition durch Bewachungsunternehmer und ihr Bewachungspersonal sind neu in § 28 WaffG geregelt. Zu beachten ist § 52 Abs. 3 Nr. 5 WaffG, der unter Strafe stellt, wenn Bewachungspersonal, das an sich Waffen führen darf, dies entgegen § 28 Abs. 2 WaffG außerhalb konkreter Bewachungsaufträge vornimmt.

Der Sicherungsbeauftragte oder Werkschutzleiter sollte die Anzahl der benötigten Waffenträger gering halten. Zweckmäßig scheint es, sofern überhaupt waffenrechtliche Genehmigungen beantragt werden sollen, nach strengen Auswahlkriterien eine kleine „Notfallgruppe" zu bilden, die zielgerichtet ausgebildet und erforderlichenfalls eingesetzt werden kann.

Das Bereithalten und Führen von Schreck- oder Gasschusswaffen ist bei der Durchführung von Wach- oder Sicherungsaufgaben unzulässig (§ 19 Abs. 4 BGV C 7). Solche Waffen vermitteln ein trügerisches Sicherheitsgefühl. Ihr Einsatz führt bei Konfrontationen mit schusswaffentragenden Tätern zu einer extremen Gefährdung ohne ausreichende Selbstverteidigungsmöglichkeit.

Die vom WaffG geforderte **Zuverlässigkeit** verlangt konkrete Vorsorge bei der Personalauswahl. Zu fordern sind z. B. körperliche und geistige Eignung, Ausbildung an der Waffe und Sachkunde (§ 18 Abs. 1 BGV C 7).

Die erforderliche Zuverlässigkeit fehlt in den Fällen des § 5 WaffG, z. B. bei

- missbräuchlicher oder leichtfertiger Verwendung von Waffen oder Munition
- unsachgemäßem Umgang und nicht sorgfältiger Verwahrung von Waffen und Munition
- Überlassen von Waffen und Munition an Unberechtigte
- rechtskräftiger Verurteilung wegen bestimmter Straftaten (z. B. Verbrechen, vorsätzlichen Angriffs auf Leben oder Gesundheit, Land- oder Hausfriedensbruchs, Widerstandes gegen die Staatsgewalt, Straftaten gegen das Eigentum und das Vermögen usw., zu einer Freiheitsstrafe von mindestens einem Jahr oder wegen einer fahrlässigen Straftat zu einer Freiheitsstrafe oder Geldstrafe von mindestens 60 Tagessätzen.
- Trunk- oder Rauschmittelsucht.

Der vorgeschriebene Nachweis der Sachkunde (s. Rn. 71) erstreckt sich auf Rechtskenntnisse, Waffen- und Schießausbildung sowie auf Schießfertigkeit. Zum Einsatz der Schusswaffe bei Notwehr und vorläufiger Festnahme s. Rn. 131, 139.

Im Rahmen der **Waffen- und Schießausbildung**, die Grundvoraussetzung der Schießfertigkeit ist, müssen Kenntnisse der Waffen, Gebote über den Umgang mit Waffen, theoretische Kenntnisse der Ballistik und des Ziel- und Schießvorganges erworben, Schießübungen sowie Trainingsmaßnahmen durchgeführt und Fertigkeiten in der Handhabung erreicht werden, die zu einer sicheren Beherrschung des Verteidigungsschießens führen.

Bei den nach dem Waffengesetz **verbotenen Gegenständen** handelt es sich z. B. um **201**

- Gegenstände, die als Schusswaffen über den allgemeinen Umfang zusammenklappbar oder zerlegbar sind
- Gegenstände, die als Schusswaffen ihrer Form nach geeignet sind, einen anderen Gegenstand vorzutäuschen
- vollautomatische Selbstladewaffen
- Vorrichtungen für Schusswaffen zur Zielanleuchtung
- Hieb- und Stoßwaffen, die einen anderen Gegenstand vortäuschen

- Springmesser und Fallmesser
- Molotow-Cocktails
- Geschosse mit Betäubungsstoffen für Angriff und Verteidigung.

202 Gründliche Kenntnisse der Sicherheitsbestimmungen und die Handhabungssicherheit der Waffe sind Grundvoraussetzungen für einen sicheren Umgang mit Schusswaffen. Die große Handlichkeit und der erhebliche Schwenkbereich einer Faustfeuerwaffe erhöhen im Vergleich zu anderen Waffen die Gefährdung der eigenen Person und anderer beträchtlich.

Unkenntnis der Funktion einer Waffe führt zu Unsicherheiten. Gerade der Umgang mit Schusswaffen erfordert Überlegung und Besonnenheit. Waffenträger müssen deshalb die Bedienungsanleitung der ihnen überlassenen Waffen kennen.

Waffen sind sorgfältig zu behandeln, da Stoß und Fall zu folgenreichen Beschädigungen oder Veränderungen führen können.

Es muss immer bedacht werden, dass bei Selbstladewaffen durch den Pulvergasdruck das Auswerfen der leeren Hülse und das Zuführen der nächsten Patrone bewirkt wird.

Erforderliche Lade- und Entladevorgänge – auch im Zusammenhang mit einer Übergabe der Waffe – müssen an einem sicheren Ort mit entsprechender Kugelfangeinrichtung durchgeführt werden. Einzelheiten hierzu beschreibt § 21 BGV C 7.

Die Handhabungsicherheit (der sichere Betriebszustand der Schusswaffe) muss jährlich durch einen mit allen sicherheitsmäßigen und technischen Regeln vertrauten Sachkundigen überprüft werden (§ 19 Abs. 2 BGV C 7). Festgestellte Mängel erfordern die Einziehung der Waffe und ihre Instandsetzung durch einen Sachkundigen mit entsprechender behördlicher Genehmigung.

203 **Ballistik** ist die Lehre über die Bewegung u. a. von abgeschossenen Körpern – also auch von aus Schusswaffen abgefeuerten Geschossen –, und zwar unter Berücksichtigung der Abhängigkeit der Flugbahn des Geschosses von Anfangsgeschwindigkeit, Luftwiderstand und Schwerkraft, welche als Kräfte auf die Flugbahn einwirken. Die Ballistik macht es möglich, die Form dieser Flugbahn darzustellen.

Die Teilnahme an den einzelnen Ausbildungsmaßnahmen (Sachkunde, Schießübungen usw.) sollte personenbezogen registriert werden. Hierzu sollten die einzelnen Schießübungen in einer Schießkladde nach Übungen, Anzahl der abgefeuerten Schüsse und erzielten Ergebnissen festgehalten werden.

Schießübungen müssen auf einer zugelassenen Schießstätte unter Führung einer sachkundigen Schießstandaufsicht (Fachprüfung bei einem Schießsportverein und Anzeige an die zuständige Behörde) erfolgen. Der Schießstandausweis ist bei Schießübungen mitzuführen.

Die **„Zehn Gebote für den Umgang mit Schusswaffen und Munition“** lauten:

1. Mit Schusswaffen stets so umgehen, als wären sie geladen!
2. Ohne Grund die Mündung niemals auf einen Menschen richten, auch wenn die Waffe nicht geladen ist!
3. Bei Handhabung von Faustfeuerwaffen Rohr stets vorwärts abwärts!
4. Abzug nie unnötig oder gedankenlos betätigen!
5. Bei der Übergabe der Waffe stets deren Zustand dem Übernehmenden mitteilen. Der Übernehmende überprüft den Zustand (nochmals!)
6. Vorhandene Sicherungen überprüfen!
7. Schusswaffen nie achtlos ablegen! Stets dafür sorgen, dass sie nicht in unbefugte Hände gelangen können.
8. Munition so handhaben und lagern, dass niemand gefährdet wird!
9. Bei Handhabung, Reinigung und Zerlegen von Waffen nie Gewalt anwenden!
10. Jeder trägt für seine Waffe die Verantwortung! Sicherheit und Einsatzbereitschaft seiner selbst und anderer hängen davon ab.

Für die einzelnen Schießübungen ist es zweckmäßig, einen einfachen Übungsplan zu entwickeln und den Ablauf der Übungen im Einzelnen zu beschreiben. Grundsätzlich sollten die ersten Schießübungen immer dem Einschießen dienen, also Präzisionsschießen aus wechselnden Entfernungen auf eine Ringscheibe sein. Danach kann man zu den geplanten Übungen mit wechselnden Zielen und sich änderndem Ablauf übergehen. Zur Planung der Übungen wird empfohlen, auf die Sachkunde der örtlichen Behördensachverständigen zurückzugreifen.

Wesentlicher Übungsteil sollte die Handhabungsfertigkeit sein. Diese kann man nicht während des Schießens erlernen, sondern sie muss vor Beginn von Schießübungen sicher vorhanden sein. In eigenen Übungsteilen kann man in „Trockenübungen“ (z. B. mit Exerziermunition) immer wieder die Bedienungs- und Zielvorgänge überprüfen und trainieren.

Das Mitführen einer Schusswaffe am Mann in einer geeigneten Trageeinrichtung schreibt § 20 Abs. 1 BGV C 7 vor. Der Fachhandel bietet hierzu eine Vielzahl sog. Holster an. Munition darf nicht lose, sondern muss entweder in Magazinen oder in der Originalverpackung mitgeführt werden.

Der Erlaubnisinhaber hat alle Vorkehrungen zu treffen, um zu verhindern, dass Schusswaffen oder Munition abhanden kommen oder Dritte sich unberechtigt

Zugriff verschaffen können. **Aufbewahrung** und **Transport** von Schusswaffen (nur im entladenen Zustand!) und Munition haben getrennt zu erfolgen. Waffen, Munition und waffenrechtliche Erlaubnisse gehören unter sicheren Verschluss; dieses ist auch im selben Behältnis möglich, sinnvollerweise aber in unterschiedlichen, gesicherten und einbruchshemmenden Fächern. Die Unterbringung in einem Stahlschrank (mit Sicherheitsschloss) schreibt § 22 BGV C 7 vor.

Diese Bedingungen gelten in gleicher Weise beim **Überlassen** von Schusswaffen, d. h. der Übertragung der tatsächlichen Gewalt an eine andere Person.

Der Antragsteller für eine waffenrechtliche Erlaubnis zum Erwerb einer Schusswaffe muss sein **Bedürfnis** nachweisen (s. Rn. 71).

204 26.3 Der Einsatz eines **Diensthundes** kann bei der Bereinigung störender Vorkommnisse (z. B. Angriffe gegen Betriebseigentum), bei Sicherungsmaßnahmen im Objektschutz oder zum persönlichen Schutz wertvolle Hilfe leisten. Der Diensthund kann im Falle der Notwehr (s. Rn. 130 ff.) oder bei Ausübung anderer Rechte (z. B. bei der vorläufigen Festnahme eines flüchtigen Täters, s. Rn. 139) eingesetzt werden.

Für die Ausbildung und Führung von Diensthunden sind Hundeführer im Werkschutzeinsatz verantwortlich. Sie müssen den Einsatz von Diensthunden im rechtlich zulässigen Rahmen und nach Maßgabe der bei der Hundeausbildung erlernten Fähigkeiten sicherstellen.

Für den rechtmäßigen Einsatz des Diensthundes ist der Hundeführer ebenfalls selbst verantwortlich (§ 15 BGV C 7). Deshalb dürfen grundsätzlich nur ausgebildete Diensthunde mit den entsprechenden Schutzhundprüfungen im Streifen- und Objektschutzdienst eingesetzt werden. Nicht voll ausgebildete Diensthunde müssen ggf. angeleint oder mit Maulkorb geführt werden (vgl. § 12 BGV C 7).

Voraussetzungen für eine gezielte und erfolgreiche Verwendung einer Hundestreife sind:

- besonders qualifizierte und gut ausgebildete Werkschutzangehörige als Hundeführer
- gut ausgebildete Diensthunde mit entsprechenden Prüfungsnachweisen
- Fortbildung der Hundeführer und Ausbildung der Diensthunde entsprechend den einschlägigen Vorschriften und der Prüfungsordnungen
- gute Pflege und Unterbringung des Diensthundes.

Weitere Einzelheiten sind der BGV C 7 zu entnehmen (§§ 12 ff.).

§ 15 BGV C 7

Hundeführer

(1) Als Hundeführer dürfen nur Versicherte eingesetzt werden, die entsprechend unterwiesen worden sind und dem Unternehmer ihre Befähigung nachgewiesen haben.

(2) Der Unternehmer hat dafür zu sorgen, dass ihm die Befähigung zum Hundeführer regelmäßig nachgewiesen wird. Bei nicht mehr ausreichender Befähigung ist die Befugnis zum Führen von Hunden zu entziehen.

Das Merkmal der Befähigung erfordert außer zwingenden theoretischen Kenntnissen und praktischen Fähigkeiten Besonnenheit und Ruhe sowie Verständnis und Einfühlungsvermögen für den Hund, aber auch konsequentes erzieherisches Verhalten gegenüber dem Hund.

Auf diese Kriterien kommt es vor allem auch deshalb an, weil Hundestreifen ihrem Wesen nach vorwiegend Fußstreifen sind und der Hundeführer im Werkschutzdienst den Diensthund aufgrund seiner eigenverantwortlichen Einschätzung führt und einsetzt.

Hundeführer verrichten ihren Dienst nach den gegebenen Erfordernissen und Aufgabenstellungen. Diese sollten in einer Dienstanweisung für die Diensthundestreife, z. B. unter Darstellung des schwerpunktmäßigen Einsatzes im Objektschutz, präzise und verständlich festgelegt werden (s. Rn. 196 f.).

Als Grundsatz gilt, dass ein Werkschutzangehöriger in der Regel denselben Diensthund führt (vgl. § 16 BGV C 7). Zur Verringerung des Unfallrisikos soll ein Wechsel des Hundeführers nur in unvermeidbaren Ausnahmefällen erfolgen.

Werkschutzangehörige, die einen Diensthund führen, sollten über den Betrieb durch eine Haftpflichtversicherung gegen Schadensersatzansprüche (Personen- und Sachschäden, die Diensthunde in und außerhalb des Dienstes anrichten könnten) versichert sein. Schadensfälle müssen unverzüglich der Werkschutzleitung gemeldet werden.

Auch an den Diensthund werden bestimmte Anforderungen gestellt:

§ 12 BGV C 7

Hunde

(1) Als Diensthunde dürfen nur geprüfte Hunde mit Hundeführern eingesetzt werden. Hunde, die für die Aufgabe nicht geeignet sind, die zur Bösartigkeit neigen oder deren Leistungsstand nicht mehr gegeben ist und die dadurch Personen gefährden können, dürfen nicht eingesetzt werden.

(2), (3) ...

Als angemessene Qualifikation in diesem Sinne gilt die erfolgreich abgelegte Gebrauchshundprüfung entsprechend der Schutzhundprüfung A. Die Eignung der Hunde ist in der Regel jährlich zu überprüfen.

Nur so ist eine volle Ausschöpfung der Leistungsfähigkeit und Wirkung eines Hundes bei gleichzeitiger Vermeidung seiner Überforderung (§ 12 Abs. 3 BGV C 7) sicherzustellen.

Die tägliche Gesamtbelastung für einen Diensthund soll 10 Stunden nicht überschreiten. Ruhepausen nach Einsätzen und Fütterung sind einzuhalten (Durchführungsanweisung zu § 12 Abs. 3 BGV C 7).

Für eine angemessene Unterbringung des Diensthundes ist zu sorgen. Ein Hundezwinger muss eine bestimmte Ausstattung haben und gegen unbefugtes Betreten gesichert sein (Fütterungs- und Tränkeinrichtungen, Verbotszeichen, Einfriedung, vgl. § 13 BGV C 7). Der Diensthund darf die Einfriedung nicht überwinden können. Das gilt auch, wenn Diensthunde in Objekten gehalten werden (§ 14 BGV C 7).[1]

Um Erkrankungen und deren Folgen vorzubeugen, ist eine regelmäßige halbjährliche Untersuchung durch einen Tierarzt erforderlich.

Diensthunde müssen fortlaufend und sorgfältig ausgebildet werden, damit die einzelnen Schutzhundprüfungen in angemessener Zeit erreicht und die Eignung regelmäßig nachgewiesen werden kann (§ 12 BGV C 7). Zu beurteilen sind (§ 16 BGV C 7):

- gesundheitliche und körperliche Eignung
- Wesen
- Verkehrssicherheit
- Wehrhaftigkeit.

205 Ohne diese Eigenschaften ist ein Hund als Diensthund ungeeignet.

Für die ordnungsgemäße Ausbildung des Diensthundes ist der Hundeführer selbst verantwortlich. Die Ausbildung erfolgt

- auf der Basis der BGV C 7 (vgl. § 12 BGV C 7),
- nach den Ausbildungsvorschriften für Schutz- und Gebrauchshunde,
- nach den geltenden Prüfungsordnungen.

Anerkannt werden die Schutzhundprüfungen I – III (A – C) nach VDH (Verband Deutsches Hundewesen) und IPO (Internationale Prüfungsordnung).

Im täglichen Kontakt mit dem Diensthund ist auf Anzeichen von Aggressivität zu achten (§ 16 Abs. 2 BGV C 7 mit Durchführungsanweisung).

Beispiele:
- gefletschte Zähne
- zurückgezogene Lefzen
- Knurren
- gesträubte Nacken- und Rückenhaare
- Steifhalten der Rute.

1 Nach einem Beschluss des OLG Düsseldorf, NJW 1990, 3160, muss auch ein Wachhund so gehalten werden, dass durch sein Bellen die Anwohner nicht mehr als nur geringfügig gestört werden; vgl. auch §§ 24 bis 27 BGV A 1 (Allgemeine Vorschriften), sowie Landesverordnungen über das Halten von Hunden im Freien.

Ist der Diensthund nicht folgsam oder es sind solche Zeichen von Aggressivität erkennbar, darf der Diensthund nicht eingesetzt werden (vgl. § 16 Abs. 2 BGV C 7).

Der Transport von Diensthunden ist an Bedingungen geknüpft. **206**

§ 17 BGV C 7

Transport von Hunden

Der Unternehmer hat dafür zu sorgen, dass Kraftfahrzeuge für den Transport von Hunden mit einer Abtrennung zwischen Transportraum und Fahrgastbereich ausgerüstet sind ...

Als Abtrennung reichen Gitter oder Netze, die der Diensthund nicht überwinden kann, aus (Durchführungsanweisung zu § 17 BGV C 7).

Hundestreifen werden wegen ihres erheblichen Abschreckungseffektes hauptsächlich an zu sichernden Objekten und kritischen gefährdeten Betriebsteilen eingesetzt (s. Rn. 262). Die Hundestreife erhält ihre einzelnen Aufträge von der Werkschutzleitung.

Der Diensthund muss bei der Streifentätigkeit jederzeit fest in der Hand und im Einwirkungsbereich des Hundeführers stehen. Der Diensthund soll nur auf nahe Entfernungen eingesetzt werden, damit diese Bedingungen eingehalten werden können. Die Führleine des Hundes darf weder am Körper des Hundeführers, noch am Fahrrad oder Moped befestigt werden (§ 16 Abs. 4 BGV C 7). Im normalen Streifendienst wird der Diensthund grundsätzlich angeleint geführt. Nur bewährte Diensthunde dürfen frei neben dem Hundeführer laufen. Das Führen der Diensthunde ohne Führleine darf jedoch nur dann erfolgen, wenn eine Begegnung mit Dritten nicht zu erwarten ist (§ 16 Abs. 5 BGV C 7). Wenn der Diensthund aus dienstlichen Gründen ausnahmsweise einmal unbeaufsichtigt abgelegt werden muss, ist sicherzustellen, dass niemand gefährdet werden kann.

Im Streifen- und Objektschutzdienst wird der Diensthund durch seinen Vorwärtsdrang das Vorhandensein von Personen weit vor der Wahrnehmung durch den Hundeführer anzeigen. Wenn sich dabei die begründete Annahme für den Einsatz des Diensthundes ergibt, ist die deutliche Ankündigung des Diensthundeeinsatzes für den Hundeführer zwingend. Wird der Aufforderung nicht Folge geleistet, ist der Anruf noch zweimal zu wiederholen. Ausnahme ist lediglich der Notfall (z. B. Überfall).

Bleibt der Angerufene trotzdem nicht stehen, erfolgt das Ableinen und der Einsatz des Diensthundes ohne Maulkorb.

Bleibt der Täter nach einem Anruf stehen, darf durch den Diensthund nur ein Verbellen erfolgen. Dabei ist der Diensthund im engeren Bereich des gestellten Verdächtigen abzulegen, um die Gefahr eines Angriffs oder Fluchtversuchs zu bannen (s. auch Rn. 139).

Ergeben sich aus den erkennbaren Umständen Verdachtsmomente (z. B. Stehlgut, Tatwerkzeuge, Verweigerung der Personalien) ist der Verdächtige umgehend dem Werkschutzleiter, Schichtführer oder der Polizei zu überstellen.

Bei einem Fluchtversuch oder einer Abwehrreaktion wird der Diensthund aktiv und zupacken, um den Verdächtigen festzuhalten. Der Hundeführer muss bei der Beurteilung des Einsatzes bedenken, dass evtl. Menschen verletzt werden. Der Hundeführer ist zu schnellstmöglicher Erste-Hilfe-Leistung verpflichtet. Gleiches gilt auch für den Fall, dass ein Angerufener, der keine Folge leistete, Erster Hilfe bedarf.

Der Grundsatz der Erforderlichkeit (§ 34 a Abs. 5 GewO; s. Rn. 27, 71, 125, 128, 140) hat auch hier Gültigkeit.

Jeder dieser Einsätze ist der Werkschutzleitung umgehend zu melden.

207 26.4 Die **Ausrüstung** im Werkschutz muss sich für jede Organisationseinheit an den erforderlichen Gegebenheiten orientieren und soll auf den tatsächlichen Bedarf abgestellt sein.

§ 10 BGV C 7

Ausrüstung des Wach- und Sicherungspersonals

(1) Der Unternehmer hat dafür zu sorgen, dass sich die für das Wach- und Sicherungspersonal erforderlichen Einrichtungen, Ausrüstungen und Hilfsmittel in ordnungsgemäßem Zustand befinden und dass das Wach- und Sicherungspersonal in deren Handhabung unterwiesen ist.

(2) Anlegbare Ausrüstungen und Hilfsmittel müssen so beschaffen und angelegt sein, dass die Bewegungsfreiheit, insbesondere die der Hände, nicht mehr als nach den Umständen unvermeidbar beeinträchtigt wird.

(3) Der Unternehmer hat dafür zu sorgen, dass der jeweiligen Wach- und Sicherungsaufgabe entsprechendes Schuhwerk von den Versicherten getragen wird.

(4) Der Unternehmer hat dafür zu sorgen, dass bei Dunkelheit eingesetztes Wach- und Sicherungspersonal mit leistungsfähigen Handleuchten ausgerüstet ist.

(5) Die Versicherten haben die zur Verfügung gestellten Ausrüstungen und Hilfsmittel bestimmungsgemäß zu benutzen.

Beispiele:
- Verkehrssicherer Zustand von Fahrzeugen
- Tragen von festem Schuhwerk in unwegsamen Gelände
- aufgabenbezogene Reichweite von Handleuchten
- Bereitstellen von Ersatzlampen und -batterien.

208 **Ausrüstungsmuster** für die verschiedenen Werkschutzbereiche sind z. B.

- *Werkschutz- und Sicherheitszentrale*
  - stationäre Funkanlage (Leitstelle und Feststation)
  - Handsprechfunkgeräte mit Ladestation

  - Handlampen mit Ladestation
  - Fernsehüberwachungsanlage, Monitore, Alarmmonitor, Aufzeichnungsgeräte
  - Zentrale einer Einbruchmeldeanlage
  - Ferngläser (Nachtgläser)
  - Gigaphone (Handlautsprecher mit Sirenenton)
  - Großräumige Absperrmittel wie:
    - Absperrschranken
    - Leitkegel
    - Absperrbaken
    - Absperrband
    - Schilder
    - Warnleuchten
  - Verbandskasten
  - Feuerlöscher
- Telefone
- Personenrufanlage
- Wechselsprechanlage
- PC
- Sprachaufzeichnungsgerät; Tonband mit Adapter
- Sperreinrichtung für Außentüren
- Signalanzeige für Sprinkleranlage
- Steuerungseinheiten für Anlieferungstore
- Bedienpulte für Fernsehüberwachungsanlage, Einbruchmeldeanlage und Türsprechstellen
- Notfall- und Alarmpläne.

- *Streifenwagen*
  - Mobilfunkanlage
  - Handsprechfunkgerät
  - Fotoapparat (Sofortbildkamera)
  - Haltekelle (beleuchtbar)
  - Nachtglas
  - Unfallaufnahmekoffer mit Inhalt (s. Rn. 446)
  - Handlampe
  - Klappspaten
  - Warnweste, reflektierende Armstulpen
  - Abschleppseil
  - Absperrmaterial
  - Rundumleuchte (gelb)
  - Feuerlöscher
  - Werkzeuge
  - Verbandskasten
  - Warndreieck

Bild 1: Funkanlage, Telefon, Rundumelektronenblitzleuchte gelb (zum Aufsetzen auf das Kfz-Dach), Suchscheinwerfer, Dreikantschlüssel für Sperrpfosten, Stabtaschenlampe, Fernglas, Streifenmappe.

Bild 2: Stauraum unter den Sitzen nutzen. Besen, Gummiwischer, Schaufel, Abschleppseil, Vielzweckseil, Starthilfekabel, Kfz-Werkzeug, Arbeitshandschuhe.

Bild 3: Die Bearbeitung von Vorkommnissen (Unfall, Diebstahl, Sachbeschädigung, Ereignisse, usw.) kann vor Ort mit Hilfe eines PC (Akku-Laptop oder Notebook) im Streifenwagen erfolgen.

Bild 4: Warnwesten, Anhaltestäbe (Haltekelle) beleuchtet, Absperrmaterial, Verkehrszeichen, Leitkegel (nach europäischer CEN-Norm Nr. TC 226 und nach § 43 StVO – rote und weiße Flächen müssen voll retroreflektierend sein – ab 1. Januar 1996), Elektronenblitzleuchten, Handscheinwerfer mit Vorsteckscheiben, Erste-Hilfe-Kästen mit erweitertem Zubehör, Unfallaufnahmekoffer mit Sofortbildkamera, Feuerlöscher, Absperrfolienband, Decke, Tasche mit Kleinwerkzeug.

Die eingesetzten *Fußstreifen* müssen zweckmäßigerweise mitführen

- Handsprechfunkgerät
- Handlampe.

Werkschutzangehörige, die einen **Diensthund** führen (s. Rn. 204), sollten zusätzlich zur Ausrüstung der Fußstreifen mitführen:

- Beißkorb
- Hundeleine
- Führleine.

209 Betriebe, die z. B. durch Bombendrohungen (s. Rn. 281 ff.) in besonders bedrohliche Situationen kommen können, sollten einen **Krisenraum** oder Einsatzleitraum einrichten. Dabei ist insbesondere zu achten auf:

- ausreichende Größe
- Anbindung an das Fluchtwegsystem
- hinreichende Zahl von Arbeitsplätzen
- Platz für Besprechungen
- Ausrüstung des Raumes für Leitstandfunktionen z. B. auch mit Plänen, Tableaus usw.
- Sicherung gegen unbefugten Zugang (auch aus dem Hause), z. B. Zugangskontrollsystem (s. Rn. 353), Raumsicherung mit Aufschaltung auf die Einbruchmeldeanlage (s. Rn. 336), Sonderschließung, durchwurfhemmende Fenster
- Notstromversorgung
- Fernmeldeverbindungen evtl. mit Direktverbindungen zu Rettungs- und Sicherheitskräften
- Schlüsselschrank für wesentliche Schlüssel und Identkarten
- Bürokommunikations- und Schreibgeräte
- Stahlschrank zur Verwahrung vertraulicher Unterlagen und Ersatzschlüsseln für Einsatzfahrzeuge
- Sicherheitseinrichtungen z. B. Feuerlöscher, Erste-Hilfe-Ausrüstung, Notbeleuchtung

Bei möglicherweise öffentlichkeitswirksamen Vorfällen, die zu Pressebesuchen oder Anrufen führen könnten, sollte eine **Presseanlaufstelle** eingerichtet werden, in der persönlich nachfragende Pressevertreter versammelt, empfangen und informiert werden können. In der Presseanlaufstelle können Informationen und Statements ausgegeben und Fragen und Probleme diskutiert werden.

Die Presseanlaufstelle darf nicht mit dem Krisenraum identisch sein.

Bei der Ausstattung ist insbesondere zu achten auf

- Lagepläne des Werkes
- Fernmeldeverbindungen

- Bürokommunikationseinrichtungen
- ausreichende Zahl von Sitzplätzen.

26.5 Eine aufgabenangepasste und zweckmäßige Ausrüstung dient auch der **Eigensicherung** von Werkschutzkräften. Das Verhalten von Werkschutzpersonal muss auch von der Erwägung getragen sein, sich nicht unnötig Gefahren auszusetzen. Bei richtigem Verhalten können Gefahren vermieden oder zumindest verringert werden. **210**

Maßnahmen, die der einzelne Werkschutzangehörige zu seiner persönlichen Sicherheit trifft, werden als Eigensicherung bezeichnet.

Beispiele:
- Überprüfung von Anzug und Ausrüstung auf Vollständigkeit und Vorschriftsmäßigkeit bei Dienstbeginn
- Überprüfung von Fahrzeugen auf Verkehrs- und Betriebssicherheit
- Überprüfung von Führungs- und Einsatzmitteln auf Funktionsfähigkeit und -sicherheit (s. Rn. 198)
- Beachtung der Zehn Gebote im Umgang mit Schusswaffen und Munition (s. Rn. 202).
- s. im Übrigen (Mittel der Eigensicherung Rn. 323 ff.)

Der Eigensicherung dient auch eine Überwachung der eingesetzten Werkschutzkräfte.

211

§ 7 BGV C 7

Sicherungstätigkeiten mit besonderen Gefahren

Der Unternehmer hat sicherzustellen, dass das Wach- und Sicherungspersonal überwacht wird, wenn sich bei Sicherungstätigkeiten besondere Gefahren ergeben können.

Die Überwachung des Wach- und Sicherungspersonals kann z. B. erfolgen durch

- persönliche Kontrollen
- Sprechfunk
- Telefonanrufe
- automatische und willensunabhängig arbeitende Signalgeber.

Die Durchführungsanweisung zu § 10 BGV C 7 enthält Hinweise auf weitere Bestimmungen:

- BGV A 1 – 4 Abschnitt: Persönliche Schutzausrüstungen
- BGV A 1 Grundsätze der Prävention
- §§ 63 bis 67 StVZO (verkehrssicherer Zustand von Fahrzeugen aller Art)
- BGV D 29 (Fahrzeuge)
- Grundsätze für die Prüfung von Fahrzeugen durch Fahrpersonal/Sachkundige.

27. Kapitel: Kontrolltätigkeit

212 27.1 In Wahrnehmung seiner Aufgaben (s. Rn. 192) hat der Werkschutz zahlreiche **Kontrollen** durchzuführen. Kontrollen beinhalten in erster Linie Maßnahmen der

- **Überprüfung**

  Beispiele:
  - Verhinderung des Zugangs unberechtigter Personen
  - Verhinderung des unberechtigten Einfahrens von Fahrzeugen in das Betriebsgelände.

- **Nachprüfung**

  Beispiele:
  - Benutzungsberechtigung für werkseigene Fahrzeuge
  - Mitführen erforderlicher Ein- oder Ausfuhrpapiere.

- **Überwachung**

  Beispiele:
  - Einhaltung von Geboten und Verboten
  - Verhinderung des Einbringens gefährlicher Gegenstände in den Betrieb.

- **Beaufsichtigung**

  Beispiele:
  - Feststellung der Überschreitung von Aufenthaltszeiten
  - Verfolgung des Verbleibs von Personen und Fahrzeugen.

Zu den Rechtsgrundlagen der Kontrolltätigkeit s. Rn. 65.

Zu unterscheiden sind

- Personenkontrollen (s. Rn. 213)
- Materialkontrollen (s. Rn. 214)
- Zustandskontrollen (s. Rn. 215)
- Fahrzeugkontrollen (s. Rn. 216)
- Aufenthalts- und Verbleibskontrollen (s. Rn. 214).

213 27.2 Die **Personenkontrolle** dient der Feststellung der Identität Betriebsangehöriger und betriebsfremder Personen; sie erstreckt sich auch auf alle von Personen mitgeführten Gegenstände und Fahrzeuge.

Sie soll Gefahren von Betrieben abwenden und betriebliche Abläufe schützen, insbesondere verhindern, dass Personen verbotene oder gefährliche Gegenstände in den Betrieb einbringen, sich unbefugt in sicherheitsrelevante Bereiche begeben oder dort aufhalten, im Betrieb verbotene oder störende Handlungen vornehmen oder betriebliche oder mitarbeitereigene Gegenstände beschädigen oder entwenden.

Die Personenkontrolle umfasst als Kontrolle von Mitarbeitern und betriebsfremden Personen:

- die Eingangskontrolle
- die Personenkontrolle auf dem Betriebsgelände (Berechtigung zum Aufenthalt)
- die Nachprüfung des Aufenthalts von Personen
- die Überwachung von Personen
- die Feststellung der Identität von Personen
- die Kontrolle von Werksausweisen (s. Rn. 220)
- die von Personen mitgeführten Gegenstände und Fahrzeuge
- die Sicherheitszustände im Umfeld von Personen.

27.3 Im Rahmen der **Zufahrts-, Ausfahrts-** und **Aufenthaltskontrolle** wird neben der Verhinderung der unberechtigten Mitnahme von Werks- oder Belegschaftseigentum im Wesentlichen das mitgeführte Ladegut überprüft und kontrolliert (Materialkontrolle). Diese Waren- oder Ladegutkontrollen haben den Sinn **214**

- Güter zielgerichtet zu leiten
- festzustellen, ob ein Ladegut überhaupt bestellt ist und in den Betrieb eingeführt werden darf
- die Befugnis zur Einführung zu klären (gefährliche Güter, verbotene Gegenstände u. ä.),
- Bestellmengen und -güter auf Übereinstimmung mit Ladepapieren und Lieferung zu prüfen
- Begleitpapiere, Unfallmerkblätter, vorgeschriebene Kennzeichnung der Ladung usw. zu prüfen.

Materialkontrollen können umfassen:

- Kontrollen von Mitarbeiterbehältnissen
- Kofferraumkontrollen
- Ladungskontrollen von Betriebs- und Unternehmerfahrzeugen
- Vergleichskontrollen Ladegut/Begleitpapiere
- Ein- und Ausfuhrberechtigung.

Aufenthaltskontrollen erstrecken sich auf Personen und Fahrzeuge. Sie dienen vorwiegend der Gefahrenabwehr und der Feststellung, ob sich Personen und Fahrzeuge unberechtigt in gefährlichen oder gefährdeten Bereichen aufhalten oder von den vorgeschriebenen oder normalen Fahrtwegen abweichen. Darüber hinaus wird kontrolliert, ob während des Aufenthalts oder am Aufenthaltsort Gebote oder Verbote (z. B. Verkehrsvorschriften oder betriebliche Ordnungsregeln) eingehalten werden. Dazu gehören auch Be- und Entladekontrollen. Mit der Aufenthaltskontrolle wird auch der berechtigte Aufenthalt nachgeprüft. Diese Kontrollen sind deswegen nicht ortsgebunden.

Bei dieser Kontrollart ist auch auf eine zu lange Aufenthaltszeit oder zu lange Fahrtzeit (Laufzeit) zwischen Abgangsort und Ausfahrt (Ausgang) zu achten.

Kontrolliert werden u. a.

- Anfahrt des richtigen Ortes
- Aufsuchen angegebener Personen
- Entladung am vorgegebenen Entladeort
- Erreichen der Bestimmungsorte in angemessener Zeit
- Abweichung von vorgeschriebenen Fahrtwegen
- Aufenthalt in Sicherheitszonen
- Verbleib im Betrieb.

Personen- und Fahrzeugkontrollen werden in der Regel als Eingangs- oder Einfahrtskontrollen, Aufenthaltskontrollen und Ausgangs- bzw. Ausfahrtkontrollen durchgeführt.

215 27.4 **Zustandskontrollen** können Personen, Fahrzeuge und Ladungen betreffen.

Ladungen müssen gesichert und mit entsprechenden Papieren, besonders bei gefährlichen Gütern (s. Rn. 247 ff.) ausgestattet sein, damit Ladungen wie Schüttgut, Stückgut, Gebinde oder Container auf Inhalt und Sicherheit überprüft werden können. Auch Mängel selbst sind Kontrollgegenstand (Leckagen, Rutschungen usw.). **Fahrzeuge** müssen verkehrstechnisch sicher sein und den Verkehrsvorschriften entsprechen.

Soweit Gefahrgüter transportiert werden und die vorgeschriebene Kennzeichnung nicht vorhanden ist, muss diese vom Werkschutz veranlasst werden (Kennzeichnung der Fahrzeuge, der Gebinde; Mitführen schriftlicher Weisungen wie Unfallmerkblätter).

Ausnahmsweise können auch Personen auf ihren Zustand oder ihr Verhalten kontrolliert werden (z. B. bei Selbst- oder Gemeingefahr oder auf Verstöße gegen Sicherheitsvorschriften z. B. Rauchen im Rauchverbot, Trunkenheit eines Fahrzeugführers).

Zustandskontrollen können umfassen:

- die Fahrzeugsicherheit
- die Sicherheit der Ladung
- die richtige Bezeichnung gefährlicher Güter
- das Mitführen richtiger Unfallmerkblätter
- Verkehrsflächen
- Einfriedungen
- Gebäude und Einrichtungen.

27.5 Gegenstand von **Fahrzeugkontrollen** sind alle Fahrzeuge, deren Insassen, **216**
mitgeführte Gegenstände und Ladungen sowie die Zufahrtsberechtigung. Die Fahrzeugkontrolle umfasst werkseigene und fremde Fahrzeuge, die in den Betrieb einfahren, sich in ihm befinden oder ihn verlassen wollen.

Bild 5: Fahrzeugkontrolle mit Kontrollspiegel

Soweit mitfahrende Personen betroffen sind, gelten daneben die Zielrichtungen der Personenkontrolle.

Fahrzeugkontrollen sollen Gefahren vom Betrieb abwenden und betriebliche Abläufe schützen. Der Verkehrs- und Betriebssicherheit der Fahrzeuge kommt deshalb besondere Bedeutung zu (s. auch Rn. 211). Zum Kontrollumfang gehört auch der sichere und vorschriftsmäßige Zustand des Ladegutes und die Ladung selbst unter dem Gesichtspunkt der Ausfuhrberechtigung. Für werkseigene Fahrzeuge kommt die Benutzungsberechtigung hinzu.

Fahrzeugkontrollen können beinhalten:

- Verhindern unberechtigten Einfahrens
- Kontrolle der mit Fahrbefehlen erteilten Fahraufträge
- Verweigerung der Ausfahrt bei festgestellten Differenzen und bei Verdacht der unberechtigten Mitnahme von Werkseigentum.

217 27.6 Für alle Kontrollen gelten gemeinsame **Grundsätze:**

- sach- und situationsgerechte Durchführung
- Orientierung an betrieblichen Vorgaben und Sicherungserfordernissen
- Vermeiden von Verzögerungen
- Meldung von Schwierigkeiten und Problemen an die zuständigen Stellen
- Behandlung bei Kontrollen unter Beachtung des Gleichheitsgrundsatzes (s. Rn. 55) und in korrekter Form
- Anwendung von Zwang nur bei Vorliegen der rechtlichen Voraussetzungen und nur als letztes Mittel
- Einwilligung der Betroffenen.

Der betriebliche Ablauf hat grundsätzlich Vorrang und darf nicht unterbrochen werden.

Kontrollbefugnisse gegenüber Angehörigen von **Fremdbetrieben** sind nur aufgrund einer „freiwilligen Unterwerfung“ zulässig. Diese Unterwerfung kommt in der Regel durch Aufnahme einer Klausel in Verträge zum Ausdruck. In diesen Fällen haben Fremdbetriebsangehörige (Fremdfirmenmitarbeiter) Kontrollen zu dulden.

Alle Kontrollen und dadurch bedingte Feststellungen erfordern von seiten des Werkschutzes angemessene Maßnahmen.

Beispiele:
- Überprüfung von Begleit- und Ladepapieren und Vergleich mit der Ladung. Der Vergleich ergibt, dass die Mengenangaben differieren. Der Werkschutz verweigert die Ausfahrt. Evtl. ist eine Kontrollverwiegung zu veranlassen. Die zuständige Stelle muss Meldung zur Differenzregulierung erhalten.

- Feststellung nicht ordnungsgemäßer Beladung. Bei nicht ordnungsgemäß gesicherter Ladung muss der Werkschutz das Fahrzeug anhalten. Der Fahrzeugführer ist zur Ladungssicherung aufzufordern. Die Aufforderung muss vom Werkschutz ggf. durchgesetzt werden. Meldung an die zuständigen betrieblichen Stellen; erst bei Erledigung kann Weiterfahrt zugelassen werden.

Nach ihrer Zielrichtung kann die Kontrolltätigkeit auch eingeteilt werden in **218**

- Präventivkontrollen (Routinekontrollen) und
- Repressivkontrollen (Verdachtskontrollen).

Präventivkontrollen sind routinemäßige, vorbeugende und überwachende Prüfungen (Routinekontrollen) zum Schutz des Betriebes und zur Abwehr von Gefahren, ohne dass ein konkreter Anlass zur Kontrolle oder ein Verdacht gegeben ist.

Beispiele:
- Kontrolle der Werksausweise
- Eingangs-/Einfahrtkontrolle betriebsfremder Personen
- Kontrolle von Mitarbeiterbehältnissen
- Kofferraumkontrollen
- Ladungskontrolle bei Betriebs- und Fremdfahrzeugen
- Kontrolle abgestellter Fahrzeuge
- Verschlusskontrollen an Gebäuden, Anlagen und Fahrzeugen
- Kontrollen auf Beachtung der Verkehrszeichen
- Kontrolle der Sperrungen für öffentlichen Verkehr
- Kontrolle des Betriebsgeländes auf unerlaubtes Betreten
  Kontrolle der Benutzungsberechtigung für Betriebsfahrzeuge.

Die Durchführung von Routinekontrollen sollte mit Vorstellung und Legitimation des Kontrollierenden, z. B. Vorweisen des Werksausweises, und dem Vorbringen des Kontrollwunsches, z. B. Vorweisen des Werksausweises, beginnen. Bei Verweigerung einer Kontrolle ist der Kontrollwunsch zu wiederholen. Dabei ist ein Hinweis auf die Kontrollgrundlagen und -befugnis anzufügen.

Repressivkontrollen (Verdachtskontrollen) erfolgen vor allem bei Aufenthalt auf dem Betriebsgelände (Aufenthaltskontrolle) oder beim Ausfahren aus dem Betriebsgelände.

Verdachtskontrollen bei Personen und Fahrzeugen können bei konkreten Verdachtsmomenten zulässig sein.

Beispiel:
Aufgrund bestimmter Anhaltspunkte besteht der Verdacht, dass ein Besucher Werkseigentum entwendet hat und mit seinem Personenkraftwagen abtransportieren will.

Ein Verdacht muss auf tatsächlichen Anhaltspunkten beruhen, die den Schluss zulassen, der Verdächtige habe unrechtmäßig gehandelt.

Beispiel:
Der Meister meldet dem Werkschutz, er habe gesehen, dass der Mitarbeiter C. Werkzeuge in seine Aktentasche gesteckt habe und nun seinen Arbeitsplatz verlasse.
Es besteht der Verdacht einer verbotenen Eigenmacht (s. Rn. 125) bzw. einer strafbaren Handlung. Dieser Verdacht ermöglicht dem Werkschutz eine Repressivkontrolle im Hinblick auf die Ausübung der Besitzschutzrechte, der Selbsthilfe, der Notwehr oder sogar der vorläufigen Festnahme (s. Rn. 125 ff., 130 ff., 196 ff.).

Bei der Kontrolltätigkeit müssen eingehalten werden:

- Beachtung der Menschenwürde (s. Rn. 55)
- Schikaneverbot
- keine Willkürmaßnahmen gegenüber zu Kontrollierenden
- keine Gewaltanwendung bei der Durchsetzung von Kontrollen
- Einhaltung der gesetzlichen Vorschriften
- Einhaltung der Betriebsvereinbarungen (s. Rn. 57, 65)
- Einhaltung von betrieblichen Anweisungen und Richtlinien
- Beachtung der Informations- und Meldewege.

219 27.7 Kommen Betriebsangehörige der Aufforderung, sich kontrollieren zu lassen, nicht nach, so ist darin regelmäßig ein **betrieblicher Ordnungsverstoß** gegen den Arbeitsvertrag, die für den Betrieb geltende Arbeitsordnung oder gegen andere Betriebsvereinbarungen (s. Rn. 56), zu sehen.

Beispiele:
- Werkausweis wird bei Kontrolle nicht vorgezeigt
- Verstoß gegen Rauchverbot oder Alkoholverbot (s. Rn. 511).

Kommen Betriebsangehörige der Aufforderung zu einer Kontrolle nicht nach, so ergeben sich daraus Folgen. Der Werkschutz würde zunächst den Kontrollwunsch wiederholen; bei weiterer Weigerung erfolgt umgehende Meldung an die Werkschutzleitung und die betrieblichen Vorgesetzten. Diese können arbeitsrechtliche Maßnahmen veranlassen (s. Rn. 40), z. B.

- Belehrung
- Ermahnung
- Abmahnung
- Verweis zu den Akten.

Fremdfirmenangehörige können insoweit gegen vertragliche Vereinbarungen verstoßen (s. auch Rn. 42). Denkbare Maßnahmen wären

- Belehrung über die vertraglichen Vereinbarungen
- Verweigerung des Zutritts oder der Zufahrt
- Hinausweisen aus dem Betriebsgelände
- Werkverbot
- Schriftliche Mitteilung an die Betriebsleitung.

27.8 **Werkausweise** dienen der Überprüfung und Identifizierung von Betriebsangehörigen. Sie sind Nachweise für die Berechtigung zum Betreten des Betriebes oder einzelner Betriebsteile für einen bestimmten Zeitraum (z. B. Dienst- bzw. Schichtzeiten). **220**

Die Erlaubnis, Sonderbereiche oder Sicherheitszonen zu betreten, kann auch durch **Sonderausweise** nachgewiesen werden.

Grundlage für die Einführung und den Gebrauch sind entsprechende Betriebsvereinbarungen (s. Rn. 56).

Der Werkausweis hat üblicherweise folgenden **Inhalt:**

- Firmenbezeichnung und/oder Firmen-Logo
- Lichtbild
- Ausweisnummer
- Name, Vorname, Geburtsdatum
- Personalnummer
- Betrieb oder Abteilung
- Ausstellungsdatum
- Gültigkeitsvermerk
- Unterschrift.

„Werkausweis“ ist das Original, nicht etwa eine Kopie, die der Beschäftigte (straflos) angefertigt hat!

Der Werkausweis sollte fälschungs- und nachahmungssicher in einem kleinen Format (z. B. Scheckkartenformat) erstellt und in eine Folie eingeschweißt sein.

(Firmenlogo)

Ausweis Nr.: ____________________

Gültig bis: ____________________

Kontroll Nr.: ____________________ (FOTO)

Name: ____________________

Vorname: ____________________

Geb.Datum: ____________________

Abteilung: ____________________

____
(Unterschrift)

Bild 6: Muster Werkausweis

Um dem **Missbrauch** von Ausweisen vorzubeugen, empfiehlt es sich, folgendes zu berücksichtigen:

- Ein Änderungsdienst muss alle Zu- und Abgänge im Personalbereich erfassen
- Neuzugänge und Abgänge müssen in einer Ausgabeliste registriert sein; diese enthält folgende Angaben:
  - Name, Vorname
  - Betrieb oder Abteilung
  - Ausgabedatum
  - Rückgabevermerk mit Datum
  - Empfangsunterschrift;
- Die Werkausweisnummern sollten fortlaufend sein.
- Kombinationen mit Buchstaben sind denkbar; auch können Kürzel von Betriebsabteilungen usw. vorangestellt werden.
- Das Lichtbild kann einen wechselnden farbigen Hintergrund haben. Damit können Zugehörigkeiten zu bestimmten Betrieben oder bestimmten Funktionen kenntlich gemacht werden;
- Bei Ausscheiden aus dem Betrieb (z. B. Pensionierung, Kündigung, Entlassung) ist der Werkausweis einzuziehen; Hinweise hierzu erhält der Werkschutz durch den Laufzettel;
- Zurückgegebene Werkausweise werden in der Ausgabeliste mit Rückgabevermerk versehen und sollten vernichtet werden. Die Vernichtung ist dann zu protokollieren.

Die durch ihre farbliche oder nummernmäßige Gestaltung auf einen Betrieb oder eine Abteilung bezogenen Werkausweise sollten bei einer Versetzung des Inhabers in einen anderen Bereich vom Werkschutz eingezogen (Laufzettel) und durch einen neuen Ausweis mit den entsprechenden Daten ersetzt werden.

Werkausweise sind nicht übertragbar, dürfen Dritten nicht überlassen werden und bleiben Eigentum des ausstellenden Unternehmens. Sie dürfen nur an den dargestellten Mitarbeiter ausgegeben werden.

Werkausweise sind während des Dienstes ständig mitzuführen und auf Verlangen des Werkschutzes, eines anderen Berechtigten (Dienstvorgesetzter) oder anderer Beauftragter (z. B. Aufsichtspersonen) vorzuzeigen.

Fehlerhafte oder beschädigte Werkausweise sollten alsbald ausgetauscht werden. Die Mitarbeiter müssen zu entsprechender Meldung verpflichtet sein. Werden bei einer Kontrolle Fehler oder Beschädigungen festgestellt, ist entsprechende Meldung an die ausfertigende Stelle (z. B. Personalabteilung, Werkschutz) zu erstatten.

Der **Verlust** eines Werkausweises ist unverzüglich zu melden. Die ausfertigende Stelle hat den Verlierer über die Umstände des Verlustes zu befragen. Für den Verlierer wird ein gekennzeichneter Ersatzausweis erstellt.

Verlust und Ausgabe von Ersatzausweisen sind in der Ausgabeliste zu registrieren.

27.9 **Sonstige Werkausweise** können beispielsweise ausgegeben werden an: **221**

- Praktikanten und Ferienhelfer
- Seminarteilnehmer
- Zeitbeschäftigte
- Fremdfirmenmitarbeiter (Rechtsbegriff: Fremdbetriebsmitarbeiter s. Rn. 48).

Praktikanten und Seminarteilnehmer können z. B. Werkausweise erhalten, die lediglich eine fortlaufende Nummer und einen Hinweis auf diese Personengruppe enthalten, jedoch keine persönlichen Daten. Diese werden in einer besonderen Ausgabeliste erfasst. Derartige Vorgehensweisen ermöglichen die Vorbereitung dieser Ausweise; im täglichen Ablauf erfolgt nur noch die Ausgabe und Registrierung sowie die tägliche Rückgabe bei Verlassen des räumlichen Geltungsbereiches.

Zeitbeschäftigte oder Fremdfirmenmitarbeiter können befristete oder dauerhafte Werkausweise mit besonderen Markierungen erhalten, die diese leicht von den Mitarbeiterausweisen unterscheiden. Der Durchführungsmodus entspricht dem regulärer Werkausweise.

Fremdfirmenmitarbeiter sollten bei der Ausgabe in einer separaten Ausgabeliste erfasst werden. Dieser Personenkreis hat die Ausweise täglich gegen Quittung zu empfangen und abzugeben und die Werkausweise während der Arbeitszeit im Unternehmen offen zu tragen (Plastikanhänger), u. a. wegen der besseren Kontrollmöglichkeit für den Werkschutz.

Wenn Werkausweise, z. B. für Fremde, nicht sofort erstellt werden können, erhalten diese bis zur Fertigstellung Besucherscheine oder befristete Werkausweise, die dann zu gegebener Zeit gegen ordnungsgemäße Werkausweise auszutauschen sind.

Auch für das Wachpersonal der Bewachungsunternehmen schreibt die Bewachungsverordnung (BewachV) einen **Ausweis** vor.

§ 11 BewachV

Ausweis

(1) Der Gewerbetreibende hat der Wachperson einen Ausweis nach Maßgabe der Sätze 2 und 3 auszustellen.

Der Ausweis muss enthalten:

1. Namen und Vornamen der Wachperson,
2. Namen und Anschrift des Gewerbetreibenden,
3. Lichtbild der Wachperson
4. Unterschrift der Wachperson sowie des Gewerbetreibenden, seines Vertreters oder seines Bevollmächtigten.

(2) Der Gewerbetreibende hat die Ausweise fortlaufend zu numerieren und in ein Verzeichnis einzutragen.

(3) Der Gewerbetreibende hat die Wachperson zu verpflichten, während des Wachdienstes den Ausweis mitzuführen und auf Verlangen den Beauftragten der zuständigen Behörde vorzuzeigen.

(4) Wachpersonen, die Tätigkeiten nach § 34 a Abs. 1 Satz 5 Nr. 1 und 3 der Gewerbeordnung ausüben, haben sichtbar ein Schild mit ihrem Namen oder einer Kennnummer sowie mit dem Namen des Gewerbetreibenden zu tragen.

28. Kapitel: Tordienst

222 28.1 Der **Tordienst** regelt, überwacht und kontrolliert den Personen-, Fahrzeug- und Güterverkehr an den Betriebseingängen und -einfahrten. Davon sind sowohl die Tore zu den Produktionsstätten, als auch die Eingänge zu Verwaltungsgebäuden und Parkflächen umfasst.

§ 9 BGV A 1

Zutritts- und Aufenthaltsverbote

Der Unternehmer hat dafür zu sorgen, dass Unbefugte Betriebsteile nicht betreten, wenn dadurch eine Gefahr für Sicherheit und Gesundheit entsteht.

Für Versicherte siehe dazu § 18 BGV A 1 (Zutritts- und Aufenhaltsverbote).

Die Aufgaben des Tordienstes können sich zusätzlich erstrecken auf:

- Alarmdienst und Einzelalarmierungen (s. Rn. 227)
- Beobachtung auf Ereignisse im Umfeld
- Besucherempfang und -weiterleitung
- Telefondienst und Telefonvermittlung (s. Rn. 229)
- Überprüfung von Betriebsflächen im Sichtfeld.

28.2 Die Überwachung, Regelung und Kontrolle (s. Rn. 213) des **Personenverkehrs** umfasst folgende Einzelaufgaben: **223**

- Eingangs- und Ausgangsüberwachung von Mitarbeitern
- Erfassung von Fremdfirmenmitarbeitern
- Ausgabe von speziellen Ausweisen
- Verhinderung des Einbringens von Alkohol, gefährlichen Gegenständen und Stoffen
- Kontrolle von Leihscheinen
- Überprüfung des Barverkaufsausganges
- Besucherempfang und -weiterleitung
- Überwachung von Verkehrsregelungen
- Überwachung von Sicherheitsvorschriften.

Die Einlasskontrolle der Mitarbeiter erfolgt regelmäßig durch die Kontrolle der Werkausweise (s. Rn. 220). Bei der Überprüfung von Werkausweisen muss beachtet werden:

- Entspricht der Werkausweis der im Betrieb üblichen Form?
- Stimmen Passbild und Person überein?
- Ist die Laminierung in Ordnung?
- Ist der Werkausweis noch gültig?
- Entspricht das angegebene Geburtsdatum dem Alter?
- Sind Veränderungen am Werkausweis erkennbar?

Bei der Erfassung von **Fremdfirmenmitarbeitern** geht es um die Sicherstellung des berechtigten Einlasses von Reinigungspersonal, Monteuren, Lieferanten u. ä. Diese können in ein Ausweiswesen (s. Rn. 221) einbezogen sein, nach vorgefertigten namentlichen Listen eingelassen oder über Besucherscheine gesteuert werden.

Spezielle Werkausweise können für Sonderzugangsberechtigte (s. Rn. 73), Fremdfirmenmitarbeiter, regelmäßig wiederkehrende Besucher, Praktikanten, Ferienhelfer usw. erstellt und bereitgehalten werden. Dieser Werkausweis kann ein „Nummernausweis“ sein, bei dem weitgehend auf persönliche Daten verzichtet werden kann. Die Ausgabe wird listenmäßig mit Namen, Vornamen, Firma, Datum, Uhrzeit und Geltungsbereich erfasst; zu registrieren ist auch die rechtzeitige Rückgabe.

Zum **Rauschmittelgenuss** legt § 15 BGV A 1 fest: Versicherte dürfen sich durch den Konsum von Alkohol, Drogen oder anderen berauschenden Mitteln nicht in einen Zustand versetzen, durch den sie sich selbst oder andere gefährden können.

Betriebsvereinbarungen können festlegen, dass das Einbringen von Alkohol in den Betrieb verboten ist (s. Rn. 511). Der Versuch, Alkoholika einzubringen, ist dann vom Werkschutz zu unterbinden; alkoholisierte Mitarbeiter sind aus dem Betrieb zu entfernen, der Werkschutz ist meldepflichtig (s. Rn. 219) und muss sich mit den zuständigen betrieblichen Stellen abstimmen, bevor er Maßnahmen ergreift. Ähnliches gilt für Fremde, z. B. Fremdfirmenmitarbeiter, hier muss sich der Werkschutz mit den zuständigen Aufsichtspersonen in Verbindung setzen.

Über ausgeliehene Werkzeuge stellt der Betrieb in der Regel **Leihscheine** aus, die beim Ausgang dem Werkschutz vorgewiesen werden müssen.

Der Leihschein sollte folgende Angaben enthalten:

- Fortlaufende Nummer
- Name und Vorname, Abteilung und Personalnummer des Entleihers
- Bezeichnung der ausleihenden Stelle
- Bezeichnung des ausgeliehenen Gegenstandes und Gerätenummer
- Stückzahl von Gegenständen
- Rückgabetermin
- Unterschrift des Berechtigten.

Eine Durchschrift wird in der Regel beim Werkschutz hinterlegt. Damit kann der Werkschutz die Berechtigung der Mitnahme feststellen und auf die rechtzeitige Rückgabe achten.

Besteht die Möglichkeit, innerhalb des Betriebes Produkte zu erwerben, ist ein **Barverkaufsschein** erforderlich, der dem Werkschutz beim Ausgang vorzuweisen ist.

Beim Empfang und bei der Weiterleitung von **Besuchern** sollte auf folgendes geachtet werden:

- Begrüßung und Frage nach dem Wunsch
- Information der empfangenden Stelle
- Empfangsbereitschaft erfragen
- Besucherschein ausfüllen lassen
- evtl. Legitimation erbitten
- Hinweise auf Laufweg und Sicherheitsbestimmungen geben
- evtl. Begleitung zum Empfänger.

Im Falle einer Empfangsverzögerung sollte dem Besucher im Wartebereich Platz angeboten werden.

Soll ein Besucher nicht empfangen werden, ist dem Besucher die Absage höflich zu übermitteln.

Der **Besucherschein** hat für den Werkschutz aus Sicherheits- und Sicherungsgründen Bedeutung. Er dient als

- Berechtigungsnachweis bei Kontrollen
- späterer Nachweis über Anwesenheit
- Nachweis über das Verlassen des Betriebsgeländes.

Mit dem Besucherschein lässt sich z. B. feststellen,

- ob und welche Besucher im Werk sind
- wo sich die Besucher aufhalten
- ggf. Kfz-Kennzeichen.

(FIRMENLOGO) (Datum)

(Registriernummer)

BESUCHERSCHEIN

Name/Vorname:		**Anschrift:**
Firma des Besuchers:		**KFZ-Kennzeichen:**
Name des Besuchten:		**Abteilung:**
Ankunft:	**Abgang:**	**Sichtvermerk Besucher:**
Mitgeführte Gegenstände/Geräte:		
Sichtvermerk WS:		

Allgemeine Verhaltenshinweise:

Dieser Schein weist Sie als Besucher in der vorgenannten Abteilung aus.

Auch in Ihrem eigenen Interesse möchten wir Sie auf einige Punkte hinweisen:

- bitte beachten Sie die Vorschriften der Straßenverkehrsordnung, die auf unseren Parkflächen gilt;
- bitte leisten Sie den Anordnungen des Werkschutzes bei der Erfüllung seiner Arbeit Folge;
- bitte erkundigen Sie sich beim Werkschutz nach der Möglichkeit, auf dem Gelände zu fotografieren;
- bitte wenden Sie sich an den Werkschutz, wenn Sie auf dem Gelände einen Unfall erleiden sollten oder anderweitig zu Schaden kommen.

Vielen Dank für Ihr Verständnis.

Bild 7: Muster Besucherschein

224 28.3 Die Überwachung, Regelung und Kontrolle (s. Rn. 153, 156, 216) des **Fahrzeugverkehrs** ist für einen Betrieb von Bedeutung, weil von Fahrzeugen erhebliche Gefahren ausgehen oder Gefahren in den Betrieb transportiert werden können:

- Überwachung der Verkehrsvorschriften auf Einhaltung (Vorfahrt, Überholen, Wenden, Parken, Halten, Geschwindigkeit, Ordnungsverstöße)
- Überwachung der Sicherheitsvorschriften (Beleuchtung, Warnzeichen, Verkehrszeichen, Verkehrssicherheit).

Fahrzeugkontrollen können an Betriebs- und Fremdfahrzeugen vorgenommen werden. Betriebsfahrzeuge können uneingeschränkt kontrolliert werden, weil der Betrieb die ausschließliche Verfügungsgewalt besitzt. Kontrollen an betriebsfremden Fahrzeugen müssen geregelt sein.

Die Fahrzeugkontrolle (s. Rn. 216) soll das unberechtigte Einfahren von Fahrzeugen in den Betrieb verhindern

- um Gefahren vorzubeugen
- Eigentum zu schützen
- einen störungsfreien Betriebsablauf zu bewirken
- unberechtigtes Ausfahren und ungenehmigtes Ausführen von Gegenständen usw. verhindern
- auf potenzielle Täter abschreckend zu wirken.

Fahrzeugkontrollen umfassen (s. Rn. 214 f.)

- Zufahrtskontrollen
- Verbleibkontrollen
- Ausfahrtskontrollen
- Zustandskontrollen.

Die Kontrolle durch den Tordienst umfasst alle Fahrzeuge, die in den Betrieb einfahren oder ausfahren, also:

- Betriebsfahrzeuge
- Mitarbeiterfahrzeuge
- Fremdbetriebsfahrzeuge
- Lieferantenfahrzeuge
- Kunden- und Besucherfahrzeuge.

Größe, Gewicht und Geschwindigkeit von Fahrzeugen bedeuten für den Betrieb unter Umständen bereits eine Gefahr, z. B. wenn mit ihnen die Geschwindigkeit überschritten oder die Vorfahrt nicht beachtet wird. Fahrzeuge können auch zu strafbaren Handlungen benutzt werden, z. B. zum Aufschieben einer Straßensperre oder zum Abtransport von Stehlgut.

Fahrzeuge von Betriebsangehörigen bedürfen selbst auch eines Schutzes (s. Rn. 37).

Kontrollgegenstand sind in erster Linie

- Fahrzeug
- Insassen (Fahrer und Beifahrer)
- transportierte Güter.

Dementsprechend sind zu kontrollieren:

- Abweichungen vom gesetzlich vorgeschriebenen Zustand (Betriebssicherheit)
- Sicherheits- und Sicherungszustand des Ladegutes einschl. vorschriftsmäßiger Kennzeichnung (s. Rn. 247 ff., 410 ff.)
- Mitführen der vorgeschriebenen Lade- und Begleitpapiere, Unfallmerkblätter usw.
- Gefährlichkeit der Güter für den Betrieb
- Berechtigung der Ein- und Ausfuhr
- Berechtigung zur Benutzung des Fahrzeuges.

Kontrollumfang und -durchführung sollten in Dienstanweisungen (s. Rn. 193) festgelegt sein.

Auch bei Fahrzeugkontrollen sind Präventiv- und Repressivkontrollen zu unterscheiden (s. Rn. 218).

Soweit Betriebe Präventivkontrollen unterworfen werden sollen, sind Betriebsvereinbarungen erforderlich (s. Rn. 56).

Präventivkontrollen gegenüber Betriebsfremden erfordern einen freiwilligen Un- **225**
terwerfungsakt (s. Rn. 217), der mit im Betrieb beschäftigten Fremdunternehmen vertraglich vereinbart oder durch die Annahme eines Besucher- oder Passierscheines in schlüssiger Weise akzeptiert sein kann.

Die Kontrolltätigkeit darf den Betriebsablauf nicht behindern. Staus und Verzögerungen sind zu vermeiden, die Fahrzeuge sind aus dem Verkehr zu winken, damit der nicht zu kontrollierende Verkehr normal weiterlaufen kann. Kontrollen können deswegen nur stichprobenartig erfolgen.

Weitergehende Kontrollmaßnahmen können erforderlich werden, wenn vom Werkschutz tatsächliche Anhaltspunkte für Unregelmäßigkeiten oder Verstöße festgestellt werden.

Beispiele:
- Überladung
- falsche Wertangabe
- Unterschiede in Ladegutangaben
- Gewichtsdifferenzen
- nicht abgefertigte Papiere
- fehlende Verwiegung.

Bis zur Klärung dieser Differenzen kann die Ausfahrt verweigert werden. Die erforderliche Klärung ist über die zuständigen Stellen herbeizuführen (Verwieger, Absender, Verlader, Beauftragter, Abteilungsleiter usw.).

Mit Hilfe von Zufahrtskontrollen sollen hauptsächlich der in das Betriebsgelände einfahrende Verkehr erfasst und gesteuert, Zufahrtsberechtigungen überprüft, Betriebseigentum vor Gefährdungen aller Art geschützt und Lieferungen abgefertigt bzw. weitergeleitet werden.

226 Die Überwachung, Regelung und Kontrolle des **Güterverkehrs** umfasst:

- Ordnungsmäßigkeit des Warenein- und -ausgangs bei betriebseigenen und -fremden Fahrzeugen durch Prüfung der Warenbegleitpapiere
- Prüfung der Ordnungsmäßigkeit von Ladung und Beladung
- Überprüfung der Gütereingangs- und -ausgangsverwiegung
- Überprüfung von Lieferscheinen, Kippgenehmigungen, Auftragspapieren, Befahrungsberechtigungen
- Bearbeitung der erforderlichen Papiere und Formulare bei gefährlichen Gütern (s. Rn. 247 ff.)
- Überwachung des Verwiegevorganges und Kontrolle der Wiegekarte.

227 28.4 **Alarmdienst** kann als wichtige Aufgabe vom Tordienst wahrzunehmen sein.

Aufgrund gesetzlicher Vorschriften (z. B. Gewerbeordnung, Arbeitsstättenverordnung; s. Rn. 144) sind im Rahmen der Fürsorgepflicht des Arbeitgebers (s. Rn. 37, 149) Regelungen zu treffen, welche die Sicherheit für die Mitarbeiter gewährleisten.

Dies gilt insbesondere auch für Vorbereitungen auf **besondere Vorkommnisse** und **Vorfälle** wie Unglücksfälle, störende Handlungen (s. Rn. 277 ff.) und Katastrophen (s. Rn. 236, 277).

Damit **Hilfs- und Rettungsmaßnahmen** ihren Zweck erreichen, müssen die richtigen Informationen auf kürzestem Wege die richtigen Stellen erreichen.

Dazu bedarf es eines durchdachten Alarm- und Informationssystems. Dieses besteht in der Regel aus einem schriftlich dargestellten und erprobten **Alarmplan** oder **Alarmierungsablauf** und mehreren **Einsatzplänen**. Die Organisation eines solchen Systems bietet sich für größere Betriebe bei einem der Hilfsdienste (Feuerwehr, Werkschutz, Sicherheitsdienst u. ä.) mit einer ständig besetzten Alarm- und Einsatzzentrale an.

In kleineren Betrieben kann mit den Aufgaben des Alarmdienstes eine ständig besetzte Stelle, z. B. im **Tordienst,** beauftragt werden.

Das Tordienstpersonal muss jederzeit in der Lage sein,

- Alarmmeldungen „richtig" entgegenzunehmen
- Weitermeldungen nach Alarmplan sicherzustellen
- vorgesehene erste Maßnahmen nach Einsatzplan zu veranlassen.

Die Alarmmeldung muss vollständig und korrekt aufgenommen werden können. Wenn eine Sprachaufzeichnung (s. Rn. 404) nicht möglich ist, wird ein Meldevordruck benötigt, dessen Inhalt auch auf unvorhergesehene Ereignisse abstellt (Hinweise auf Brand, Explosion, Gasaustritt), Möglichkeiten zur Bewertung der Folgen des Ereignisses anbietet (Hinweise auf Verletzungen, Verätzungen, Schadensgrößen) und die Art des Ereignisses festzulegen hilft (Hinweise auf Chemieunfälle, Einsturz einer Halle, Massenunfall).

Beispiele:
- Anzahl der Verletzten nach einer Explosion
- Schadenshöhe nach einem Brand.

Mit Hilfe des **Alarmplanes** sollen vor allem die Verantwortlichen (z. B. Betriebsleitung, Feuerwehr, Technische Dienste) unverzüglich informiert werden.

Darüber hinaus muss ggf. externe Hilfe (z. B. Katastrophenschutz, Polizei, Rettungsdienst) angefordert werden können.

Aus dem **Einsatzplan** ergibt sich, welche Maßnahmen zur Gefahrenabwehr, zur Ersten Hilfe, zum Bergen, Löschen, Absperren, für den Lotsendienst, die Einweisung von Hilfskräften usw. im Einzelfall zu treffen sind.

Die entsprechenden Pläne müssen stets griffbereit und auf dem aktuellen Stand sein. Die Mitarbeiter des Tordienstes müssen in den Umgang mit diesen Plänen eingewiesen und handlungssicher sein.

28.5 Das **Fundsachenrecht** legt dem Finder einer verlorenen Sache eine Reihe **228**
von Pflichten auf (s. Rn. 163 f.). Aus der Pflicht zur **sicheren Aufbewahrung** ergeben sich für den Werkschutz Besonderheiten:

Angenommene Fundsachen müssen möglichst genau registriert und beschrieben werden. Bei Geldfunden ist zusätzlich das Geld zu zählen und nach Geldschein- und Münzart aufzuführen, damit die Rückgabe an den Verlierer erleichtert und Missverständnisse vermieden werden.

Verlorene Sachen, die im Betrieb gefunden werden und im Wert unter 10 Euro liegen, können nach Erstellung einer **Fundmeldung** und Eintragung im **Fundbuch** auch im Betrieb aufbewahrt werden. Die **Aufbewahrungsfrist** beträgt hierfür sechs Monate. Nach Ablauf dieser Frist geht die Fundsache in das Eigentum des Finders (s. Rn. 164) über. Dieses Recht kann aber an denjenigen, der die Fundsache an sich genommen und dem Werkschutz abgeliefert hat, mit der Folge abgetreten werden, dass dieser mit Aushändigung der Sache Eigentümer wird. Die Übernahme der Sache ist zu dokumentieren (Fundmeldung und Fundbuch).

Übersteigt der Wert der Fundsache 10 Euro, muss eine Meldung und Abgabe an die zuständige Behörde (Fundamt) erfolgen. Der Vorgang ist zu registrieren. Mit der zuständigen Behörde kann jedoch auch eine Aufbewahrung im Betrieb vereinbart werden.

FUNDMELDUNG

Datum: ____________________

Fundsache: ____________________

____

Fundort: ____________________

____

Finder: ____________________
(Name, Vorname Abt.)

____

____
(Ort, Straße)

____
(Unterschrift)

Annehmender: ____________________
(Name, Vorname Abt.)

____

____
(Ort, Straße)

____
(Unterschrift)

Abgabe an Behörde/Vernichtung: ____________________
(Datum)

Rückgabe an Verlierer: ____________________
(Datum)

____
(Name, Vorname Abt.)

____
(Ort, Straße)

____
(Unterschrift)

Rückgabe an Finder: ____________________
(Datum)

____
(Unterschrift)

Mit meiner oben geleisteten Unterschrift erkläre ich mich damit einverstanden, daß meine Daten zur weiteren Bearbeitung auf einem Datenträger gespeichert werden.

Bild 8: Muster Fundmeldung

Nach Ablauf der Frist von sechs Monaten erwirbt der Betrieb Eigentum, wenn der Verlierer seinen Anspruch nicht vorher geltend macht oder wenigstens bekannt wird. Ist der Betrieb Eigentümer geworden, kann er mit der Sache nach Belieben verfahren, sie z. B. auch einer gemeinnützigen Einrichtung spenden.

Von diesem Verfahren abgesehen, sollte sich der Werkschutz bemühen, den Verlierer zu ermitteln. Veranlasst werden könnten z. B. Hinweise am „Schwarzen Brett" oder Mitteilungen in den Hausnachrichten.

Finder im Sinne des vorstehenden Musters einer **Fundmeldung** ist derjenige, der eine verlorene Sache tatsächlich entdeckt und an sich genommen hat. Der Finder im rechtlichen Sinne kann hiervon abweichen (s. Rn. 164).

28.6 Der Werkschutz ist vielfach mit einzelnen Aufgaben des **Telefondienstes** **229**
befasst (z. B. Telefonzentrale oder -vermittlung). Neben gewissen technischen Fertigkeiten verlangen Gesprächsvermittlung und Gesprächspartnerbehandlung vor allem

- Höflichkeit, Sachlichkeit und Gelassenheit (s. Rn. 482 ff.)
- Reaktionsfähigkeit und Verschwiegenheit
- Sachkenntnis und Betriebserfahrung.

Mitunter kommt es auch zu zweifelhaften Auskunftsersuchen, etwa wenn ein Anrufer unter einem Vorwand und oftmals ohne Nennung des eigenen Namens Informationen über Betriebsangehörige oder bestimmte Vorgänge zu erhalten versucht.

Solche Auskunftsersuchen über

- Anschriften
- Anwesenheiten
  Erreichbarkeiten
- Telefonanschlüsse

sind mit gebotener Vorsicht und Zurückhaltung zu behandeln und grundsätzlich abzulehnen.

Meldet sich ein Anrufer nicht namentlich, sind sein Name und seine Telefonnummer zu erfragen. Lehnt der Anrufer diese Angaben ab, kann ihm keine Auskunft erteilt werden und das Gespräch ist höflich zu beenden.

Gibt der Anrufer nach Aufforderung Namen und Telefonnummer an und der Name ist unbekannt, sollte ebenfalls keine Auskunft gegeben werden. In diesem Fall kann sofortiger **Rückruf** angeboten werden; ggf. ist die Werkschutzleitung zu informieren.

Auch bei erkannten Anrufern ist es zweckmäßig, vorsorglich die Telefonnummer zu erfragen und Rückruf zu vereinbaren.

Bei Zweifeln sollte der Betroffene unterrichtet und mit ihm die weiteren Vorgehensweisen abgestimmt werden. Der Betroffene ist am ehesten in der Lage, die Hintergründe eines Anrufs einzuschätzen.

Grundsätzlich kann **Auskunft** nur erteilt werden, wenn der Anrufer zweifelsfrei identifiziert ist und eine Berechtigung für die Auskunfterteilung vorliegt.

Auskunftersuchen über leitende Betriebsangehörige werden während der allgemeinen Dienstzeit an das zuständige Sekretariat, Auskunftersuchen über andere Mitarbeiter an die Personalabteilung vermittelt. Hinweise über zweifelhafte Auskunftersuchen sollten dabei mitgeteilt werden.

Vorfälle dieser Art sind meldepflichtig und müssen in einem Berichts- oder Meldevordruck vertraulich der Werkschutzleitung vorgelegt werden.

230 Beinhalten Auskunftsersuchen **Drohungen** oder Ankündigungen von Aktionen, ist nach den einschlägigen betrieblichen Dienstanleitungen, Alarmierungsabläufen und Ablaufplänen für derartige Fallarten zu verfahren.

Bei wechselnden Besetzungen im Telefondienst ist es zweckmäßig, zusätzlich **Merkblätter** bereitzulegen, aus denen die wichtigsten Rufnummern und Verfahrensweisen hervorgehen, z. B. bei:

- Drohungen und Bombendrohungen
- Personenschäden zur Auswahl des Hilfsangebotes
- zweifelhaften Auskunftersuchen.

Über im Telefondienst zur Kenntnis gelangte Informationen ist im Rahmen der arbeitsvertraglichen Treuepflicht (s. Rn. 37) Verschwiegenheit zu bewahren. Die Verschwiegenheitspflicht erstreckt sich auf alle Dienst- und Geschäftsgeheimnisse, die Werkschutzangehörigen dienstlich anvertraut oder sonst zugänglich werden.

Beispiele:
- Telefongespräche
- Telefaxinhalte.

Zur Wahrung von Geschäftsgeheimnissen gem. § 8 BewachV siehe Rn. 271.

29. Kapitel: Wach- und Streifendienst

231 29.1 Im Rahmen des Wach- und Streifendienstes obliegen dem Werkschutz zahlreiche **Ordnungs- und Mitwirkungsaufgaben** (s. Rn. 26), die sich von seiner Kontroll- und Tordiensttätigkeit (s. Rn. 212 ff., 222 ff.) nur schwer abgrenzen lassen. Hauptsächlich handelt es sich um

- die Abwehr und Eindämmung gefahrenträchtiger Zustände, z.B. beim Objektschutz (s. Rn. 262)
- die Mitwirkung bei der Erfüllung von Aufgaben anderer betrieblicher Organe
- Begleitdienste.

29.2 Mit Hilfe des **Schließwesens** sollen der Zugang von Berechtigten gewähr- **232**
leistet und der Zugang von Unbefugten zu Gebäuden, Räumen usw. verhindert werden.

Die Industrie hat unterschiedliche Arten von Schließsystemen entwickelt, die den jeweiligen Sicherheitsanforderungen angepasst werden können und die gute Widerstandswerte (Verhinderung des Zylinderabbrechens und des Nachschließens) aufweisen (s. Rn. 315 ff.).

Damit eine Schließanlage den angestrebten Sicherheitseffekt dauerhaft gewährleistet, muss sie korrekt verwaltet werden. Bei der **Verwaltung** von Schließanlagen müssen Zuständigkeiten festgelegt werden für die

- Bestellung von Schlüsseln und Zylindern
- Schlüsselausgabe und Schlüsselkartei
- Zylinderausgabe zum Austausch
- Führung des Schließplanes
- Verwahrung des Sicherungsscheines
- Bearbeitung und Registrierung von Schlüsselverlusten
- Bestandskontrolle und Prüfung des vorgesehenen Schlüsselbesitzes.

Diese Aufgabe sollte in der Hand des Werkschutzes liegen und einem oder mehreren bestimmten sachkundigen Werkschutzmitarbeitern übertragen werden.

29.3 In den letzten Jahren hat der **Umweltschutz** im Bewusstsein der Gesell- **233**
schaft und des Einzelnen in einem bisher nicht gekannten Ausmaß an Bedeutung gewonnen. In erster Linie wird von der Öffentlichkeit in diesem Problemfeld der industrielle Umweltschutz gesehen, weniger die dem einzelnen Bürger obliegende Pflicht zum alltäglichen Umweltschutz im privaten Bereich.

Umweltschutz ist jedoch nur wirksam möglich, wenn alle Menschen den Sinn, die Bedeutung und vor allem die Notwendigkeit des Umweltschutzes erkennen, befürworten und selbst tatkräftig unterstützen.

Umweltschutz bezieht sich hauptsächlich auf die

- Reinhaltung der Luft
- Reinhaltung des Wassers
- Reinhaltung des Erdbodens

- Vermeidung übermäßigen Lärms
- Vermeidung zu entsorgender Abfälle
- Wiederverwertung von Wertstoffen (Recycling).

Die Gesetzgeber in Bund und Ländern haben auf diesem Gebiet eine Vielzahl von Vorschriften erlassen (s. Rn. 159 f.).

Der Werkschutz hat viele Möglichkeiten, um mitzuhelfen, Schäden an der Umwelt zu vermeiden bzw. eingetretene Schäden so gering wie möglich zu halten (s. auch Rn. 162).

Beispiele:
- gezielte Kontrollen
- Überwachungen im Rahmen der Streifentätigkeit.

234 Deswegen müssen in Bestreifung und Kontrolle durch den Werkschutz mit einbezogen werden:

- Verkehrsflächen (z. B. Verschmutzungen durch Treibstoff)
- Waschplätze (z. B. Altöl, Ausspritzen von Tankkraftwagen)
- Abluftaustritte (z. B. ungewöhnliche Gerüche)
- Schornsteine und Kamine (z. B. Farbe und Intensität des Rauches)
- Lärmquellen (z. B. zu hohe Lärmbelästigung durch zu laute Arbeitsgeräte)
- Geruchsbelästigungen (z. B. durch unangenehme oder zu Brechreiz führende Gerüche)
- Abwasserableitungen in Kanäle, Bäche oder Flüsse (z. B. Wasserverfärbungen oder tote Fische)
- Rohrleitungen (z. B. Dichtigkeit)
- Luftfilter- und Wasserkläranlagen (z. B. korrekte Arbeitsweise)
- Mülldeponien (z. B. Sondermüll, Batterien, Kühlschränke)
- wilde Müllablagerungen (z. B. Müllsäcke, Schutt, Schrott)
- Lager gefährlicher Stoffe und Materialien (z. B. ordnungsgemäßer Verschluss)
- Gefahrguttransporte (z. B. Gefahrzettel, Unfallmerkblätter, Dichtigkeit der Ventile).

Zu diesen Feststellungen hat der Werkschutz von Fall zu Fall unterschiedliche Maßnahmen zu ergreifen.

Beispiele:
- feststellen und ermitteln
- informieren und melden
- Abhilfe und abstellen
- verbieten und unterbinden.

Stellt der Werkschutz Umweltverstöße fest, ist er verpflichtet, schadensbegrenzend zu handeln und die zuständigen betrieblichen Stellen umgehend zu informieren (s. auch Rn. 35 ff.).

Handelt es sich bei diesen Feststellungen um wilde Müllablagerungen (z. B. Altölfässer, Chemikalien) oder Sondermüll (z. B. Batterien, Kühlschränke), so ist darüber hinaus in jedem Falle zu versuchen, den **Verursacher** zu ermitteln, damit dieser zur Beseitigung des Mülls veranlasst und ggf. für den verursachten Schaden verantwortlich gemacht werden kann (s. Rn. 40).

Zu **Straftaten** gegen die Umwelt s. Rn. 160.

29.4 Der Unternehmer kann den Werkschutz im Rahmen der **Unfallverhütung** vornehmlich im Wach- und Streifendienst bei der täglichen Dienstausübung einsetzen (s. Rn. 26, 149, 192). **235**

Beispiele:

- Feststellen von **Unfallquellen** wie z. B. Häufung von Verkehrsunfällen an bestimmten Kreuzungen;
  Maßnahmen: Meldung an den Betrieb; Vorschläge für Geschwindigkeitsbegrenzungen und Kontrollen; Hinweise durch Gefahrzeichen (s. Rn. 410 ff.);
- Feststellen von **Gefahrenquellen** wie z. B. ungesicherte Baustellen;
  Maßnahmen: Absichern der Baustelle und Meldung an die zuständige Abteilung;
- Überwachen der Einhaltung der **BGV** und der Arbeitsordnung wie z. B. Helmtragepflicht, Rauchverbot, Tragen vorgeschriebener Schutzbekleidung;
  Maßnahmen: Bei Verstößen Belehrung an Ort und Stelle und ggf. Meldung an Vorgesetzte und Sicherheitsabteilung;
- Kontrolle und Überwachung des **Werkverkehrs** wie z. B. Beachtung der Verkehrszeichen und der richtigen Ausschilderung;
  Maßnahmen: Verursacher auf Fehlverhalten hinweisen; bei anhaltenden Verstößen Meldung und Abhilfevorschläge;
- Kontrolle der Transporte **gefährlicher Güter** (s. Rn. 247 ff.), z. B. Kennzeichnung mit Gefahrzetteln, Mitführen von Unfallmerkblättern;
  Maßnahmen: Bei Verstößen Verweigerung der Aus- bzw. Einfahrt; Mängelabstellung veranlassen;
- Verhinderung des Missbrauchs von **Rettungsgeräten** (s. Rn. 89) wie z. B. Wegnahme von Krankentragen vom dafür vorgesehenen Platz;
  Maßnahmen: Veranlassung von Ersatz; Ermittlung des Verursachers; Schwerpunktkontrollen;
- Verhinderung des Missbrauchs von **Schutz- und Sicherheitseinrichtungen** und -geräten (s. Rn. 89) wie Notruftelefonen, Verbandskästen, Feuerlöschern;
  Maßnahmen: Schwerpunktkontrollen evtl. für einen festgelegten Zeitraum; Ermittlung von Verursachern;

Checkliste für die Streifentätigkeit

1. Notausgänge frei zugänglich?
2. Notausgangstüren verplombt?
3. Brandabschnittstüren geschlossen?
4. Fluchtwege frei?
5. Feuerlöscher in Ordnung?
6. Beschilderung der Löscheinrichtungen in Ordnung?
7. Richtiger Löscher am vorgesehenen Ort?
8. Beschilderung der Fluchtwege in Ordnung?
9. Löscheinrichtungen frei zugänglich?
10. Zugänge verschlossen?
11. Fenster verschlossen?
12. Garagen verschlossen?
13. Beschädigungen an der Außenhaut?
14. Sicherungseinrichtungen augenscheinlich in Ordnung?
15. Einfriedung in Ordnung?
16. Einhaltung der Parkordnung?
17. Beschilderung nach StVO vorhanden?
18. Zustand der Straßen und Wege?
19. Zustand der Parkflächen?
20. Gefahrstellen?
21. Sicherung von Schadens-, Unfall- und Gefahrstellen?
22. Parkberechtigungen?
23. Einhaltung des Rauchverbots?
24. Einhaltung des Alkoholverbots?
25. Einhaltung der UVV?
26. Fremde Fahrzeuge im Betrieb?
27. Fremde unbefugte Personen im Betrieb?
28. Filmer/Fotografierer im oder außerhalb des Betriebes?
29. Auffällige Veränderungen am Bewuchs in Hausnähe?
30. Beleuchtung in- und außerhalb des Gebäudes in Ordnung?
31. Auffällige Veränderungen im Umfeld des Betriebes?
32. Zugangskontrollsysteme in Ordnung?
33. Abgelegte verdächtige Gegenstände?
34. Verteiler von Flugblättern?
35. Plakatieren?
36. Fremde Kfz-Kennzeichen?
37. Verdächtiges Verhalten von Kfz-Insassen?

38. Beobachtung der Betriebsbereiche durch Fremde?
39. Versteckt abgestellte Fahrzeuge im Umfeld?
40. Messtrupps/Messwagen im Umfeld?
41. Entnahme von Boden-, Luft- oder Wasserproben?
42. Sprayaktionen?
43. Ansammlung von Personen und Gruppen in Betriebsnähe?
44. Verfolgung unserer Streifenwagen?
45. Manipulationen an Sicherungs- und Absperreinrichtungen?
46. Veränderungen der Straßenführung (Umleitungen, Baustellen usw.)?
47. Feuerwehrzufahrten/Feuerwehrwege frei?
48. Kameraanlagen in Ordnung?
49. Offensichtliche Veränderungen an abgestellten Direktionsfahrzeugen?
50. Hubschrauberlandeplatz frei von Bewuchs?
51. Kennzeichnung Hubschrauberlandeplatz in Ordnung?
52. Sammelplätze frei zugänglich?
53. Leicht brennbare Flüssigkeiten gesichert und richtig gelagert?
54. Lagerung gefährlicher Stoffe?
55. Verbot privater E-Geräte?
56. Rauchabzugseinrichtungen?
57. Rettungseinrichtungen in Ordnung?
58. Rettungsgeräte am vorgesehenen Platz?
59. Missbrauch von Rettungseinrichtungen?
60. Verbandkästen am vorgesehenen Ort?
61. Schließeinrichtungen der Türen und Tore in Ordnung?
62. Hydranten richtig beschildert?
63. Notrufeinrichtungen gekennzeichnet?
64. Lagerung von Altöl?
65. Waschen der Kfz auf den vorgesehenen Waschplätzen?
66. Verschmutzung der Umwelt?
67. Aufenthaltsberechtigung von unbekannten fremden Personen?
68. Einhalten der Verkehrsregeln nach StVO?
69. Unfallquellen im Betrieb?
70. Gefahrquellen im Betrieb?
71. Missbräuchliche Benutzung von Fahrzeugen und Arbeitsgeräten?
72. Missbrauch von Rettungs-, Schutz- und Sicherungseinrichtungen und -geräten?
73. Umweltschutzeinrichtungen in Ordnung?
74. Kennzeichnung der Durchflussstoffe in Rohrleitungen?
75. Kennzeichnung von Treppenstufen, Bodenlücken usw.?

DIENSTKUNDE

- Verhinderung missbräuchlicher Benutzung von **Betriebsfahrzeugen** und **Arbeitsgeräten,** z. B. für Privatzwecke;
  Maßnahmen: Kontrollen von Verschluss und Schlüsselverwahrung; Ein- und Ausfahrtkontrollen;
- Mitwirkung bei der Aufnahme von **Arbeitsunfällen** und der Unfallursachenerforschung (s. Rn. 398) wie z. B. Dokumentation durch Bericht und Foto (s. Rn. 286 f.), Feststellen bis dahin nicht erkannter Mängel oder nicht eingehaltener Vorschriften oder Anweisungen;
  Maßnahmen: Führen und Auswerten von Statistiken (s. Rn. 288 ff.); Vorschläge für Sicherheitsmaßnahmen.

236 29.5 Der Werkschutz hat im Katastrophenfall eine Vielzahl von Aufgaben zu erfüllen.

Beispiele:
- Alarmierung gem. Alarmierungsplan
- Absperrung, Sicherung und Räumung gefährdeter Bereiche
- Versorgung von Verletzten (Erste Hilfe)
- Mithilfe bei der Brandbekämpfung
- Objektschutz (s. Rn. 260 ff.)
- Aufnahme von Schadensfällen
- Lotsendienst
- Dokumentation.

Damit im Katastrophenfall eine reibungslose Hilfe zur Gefahrenabwehr erfolgen kann, ist in größeren Betrieben eine **betriebliche Katastrophenschutzorganisation (BKO)** vorgesehen.

Beispiel:
- Technischer Vorstand (Werksleiter)
- Spezialstab BKO
- Sicherheitsingenieur
- Leiter Werksicherheit (Werkschutz)
- Betriebsrat

  als Krisenstab/Einsatzleitung

- Werksdienste
  - Ordnungs- und Sicherheitsdienst (Werkschutz)
  - Werksfeuerwehr
  - Sanitätsdienst
  - Arbeitssicherheit
  - Betriebsinstandhaltung
  - Fahrbereitschaft
  - Vermittlung/Fernschreibstelle.

Der Leiter der BKO ist für die funktionsfähige Einsatzleitung verantwortlich und veranlasst im Katastrophenfall alle Maßnahmen der Gefahrenabwehr.

Ein optimaler Einsatz aller zur Verfügung stehenden Kräfte erfordert organisatorisch vorbeugende und vorbereitende **Maßnahmen** (z. B. das Bereithalten von Werks-, Alarm- und Materialplänen).

In- und externe **Alarmpläne** müssen Angaben enthalten über

- Erreichbarkeit von Verantwortlichen während und außerhalb der Dienstzeit
- Erste Hilfe/Sanitätsdienste
- Räumungsplan
- zuständige Behörden
- Alarmierungsarten.

Maßnahmen zur **Räumung** von Gebäuden usw. sind in § 55 der Arbeitsstättenverordnung geregelt. Danach ist ein **Flucht- und Rettungsplan** zu erstellen, den Mitarbeitern bekannt zu geben und an geeigneter Stelle im Betrieb auszuhängen. Die **Räumung** eines Gebäudes ist in angemessenen Zeitabständen zu üben. Dabei kann das Funktionieren und Ineinandergreifen der vorbereiteten Maßnahmen überprüft werden.

Die Entscheidung über eine Räumung trifft der Krisenstab. Der Ablauf wird durch verantwortliche Mitarbeiter (z. B. Einsatzleitung und Werkschutz) überwacht. Eine Kontrolle auf vollständige Räumung ist unerlässlich. Geräumte Bereiche müssen **abgesperrt** werden, um ein nachträgliches Betreten zu verhindern. Nach der Räumung ist auf Sammelplätzen die Vollzähligkeit der Mitarbeiter zu überprüfen.

Alle Maßnahmen und aufgetretene Schwierigkeiten sind in einem **Protokoll** (Vordruck) festzuhalten.

29.6 Das **betriebliche Rettungswesen** hat die Aufgabe, einem Verunglückten **237**
oder Erkrankten im Betrieb innerhalb kürzester Zeit Erste Hilfe zukommen zu lassen und erforderlichenfalls für einen Weitertransport zu einem Arzt oder in ein Krankenhaus zu sorgen (zur Hilfeleistungspflicht im Rahmen der betrieblichen Unfallverhütung s. Rn. 105). Gesetzliche Grundlage ist § 10 ArbSchG:

§ 10 ArbSchG

Erste Hilfe und sonstige Notfallmaßnahmen

(1) Der Arbeitgeber hat entsprechend der Art der Arbeitsstätte und der Tätigkeiten sowie der Zahl der Beschäftigten die Maßnahmen zu treffen, die zur Ersten Hilfe, Brandbekämpfung und Evakuierung der Beschäftigten erforderlich sind. Dabei hat er der Anwesenheit anderer Personen Rechnung zu tragen. Er hat auch dafür zu sorgen, dass im Notfall die erforderlichen Verbindungen zu außerbetrieblichen Stellen, insbesondere in den Bereichen der Ersten Hilfe, der medizinischen Notversorgung, der Bergung und der Brandbekämpfung eingerichtet sind.

(2) Der Arbeitgeber hat diejenigen Beschäftigten zu benennen, die Aufgaben der Ersten Hilfe, Brandbekämpfung und Evakuierung der Beschäftigten übernehmen. Anzahl, Ausbildung und Ausrüstung der nach Satz 1 benannten Beschäftigten müssen in einem angemessenen Verhältnis zur Zahl der Beschäftigten und zu den bestehenden besonderen Gefahren stehen. Vor der Benennung hat der Arbeitgeber den Betriebs- oder Personalrat zu hören. Weitergehende Beteiligungsrechte bleiben unberührt. Der Arbeitgeber kann die in Satz 1 genannten Aufgaben auch selbst wahrnehmen, wenn er über die nach Satz 2 erforderliche Ausbildung und Ausrüstung verfügt.

Um einen schnellen Einsatz von Hilfs- und Rettungskräften zu gewährleisten, können vorbereitet werden:

- ein **Alarmierungsablauf** mit internen und externen Notrufnummern
- ausgebildete und trainierte **Rettungskräfte**
- ein funktionierendes technisches **Informationssystem**
- angemessene und erprobte **Transportmöglichkeiten**
- Verbindung und Absprachen mit externen Hilfs- und Rettungskräften
- betriebliche **Lotsenstellen** oder andere Leitsysteme
- **Hubschrauberlandeplatz.**

Den Unternehmer und die Versicherten treffen bestimmte Pflichten, die in der UVV: „Grundsätze der Prävention“ (BGV A 1) im Einzelnen erläutert sind. Dabei geht es zunächst um Pflichten des Unternehmers:

§ 4 BGV A 1

Unterweisung der Versicherten

(1) Der Unternehmer hat die Versicherten über Sicherheit und Gesundheitsschutz bei der Arbeit, insbesondere über die mit ihrer Arbeit verbundenen Gefährdungen und die Maßnahmen zu ihrer Verhütung, entsprechend § 12 Abs. 1 Arbeitsschutzgesetz (ArbSchG) sowie bei einer Arbeitnehmerüberlassung entsprechend § 12 Abs. 2 Arbeitsschutzgesetz (ArbSchG) zu unterweisen; die Unterweisung muss erforderlichenfalls wiederholt werden, mindestens aber einmal jährlich erfolgen; sie muss dokumentiert werden.

(2) Der Unternehmer hat den Versicherten die für ihren Arbeitsbereich oder für ihre Tätigkeit relevanten Inhalte der geltenden Unfallverhütungsvorschriften und Berufsgenossenschaftlichen Regeln für Sicherheit und Gesundheit bei der Arbeit (BG-Regeln) sowie des einschlägigen staatlichen Vorschriften- und Regelwerks in verständlicher Weise zu vermitteln.

§ 8 BGV A 1

Gefährliche Arbeiten

(1) Wenn eine gefährliche Arbeit von mehreren Personen gemeinschaftlich ausgeführt, wird und sie zur Vermeidung von Gefahren eine gegenseitige Verständigung erfordert, hat der Unternehmer dafür zu sorgen, dass eine zuverlässige, mit der Arbeit vertraute Person die Aufsicht führt.

(2) Wird eine gefährliche Arbeit von einer Person allein ausgeführt, so hat der Unternehmer über die allgemeinen Schutzmaßnahmen hinaus für geeignete technische oder organisatorische Personenschutzmaßnahmen zu sorgen.

Unternehmerpflichten ergeben sich auch aus Maßnahmen bei besonderen Gefahren und Erster Hilfe.

§ 21 BGV A 1

Allgemeine Pflichten des Unternehmers (Maßnahmen bei besonderen Gefahren)

(1) Der Unternehmer hat Vorkehrungen zu treffen, dass alle Versicherten, die einer unmittelbaren erheblichen Gefahr ausgesetzt sind oder sein können, möglichst frühzeitig über diese Gefahr und die getroffenen oder zu treffenden Schutzmaßnahmen unterrichtet sind. Bei unmittelbarer erheblicher Gefahr für die eigene Sicherheit oder die Sicherheit anderer Personen müssen die Versicherten die geeigneten Maßnahmen zur Gefahrenabwehr und Schadensbegrenzung selbst treffen können, wenn der zuständige Vorgesetzte nicht erreichbar ist; dabei sind die Kenntnisse der Versicherten und die vorhandenen technischen Mittel zu berücksichtigen.

(2) Der Unternehmer hat Maßnahmen zu treffen, die es den Versicherten bei unmittelbarer erheblicher Gefahr ermöglichen, sich durch sofortiges Verlassen der Arbeitsplätze in Sicherheit zu bringen.

§ 22 BGV A 1

Notfallmaßnahmen

(1) Der Unternehmer hat entsprechend § 10 Arbeitsschutzgesetz (ArbSchG) die Maßnahmen zu planen, zu treffen und zu überwachen, die insbesondere für den Fall des Entstehens von Bränden, von Explosionen, des unkontrollierten Austretens von Stoffen und von sonstigen gefährlichen Störungen des Betriebsablaufs geboten sind.

(2) Der Unternehmer hat eine ausreichende Anzahl von Versicherten durch Unterweisung und Übung im Umgang mit Feuerlöscheinrichtungen zur Bekämpfung von Entstehungsbränden vertraut zu machen.

§ 24 BGV A 1

Allgemeine Pflichten des Unternehmers (Erste Hilfe)

(1) Der Unternehmer hat dafür zu sorgen, dass zur Ersten Hilfe und zur Rettung aus Gefahr die erforderlichen Einrichtungen und Sachmittel sowie das erforderliche Personal zur Verfügung stehen.

(2) Der Unternehmer hat dafür zu sorgen, dass nach einem Unfall unverzüglich Erste Hilfe geleistet und eine erforderliche ärztliche Versorgung veranlasst wird.

(3) Der Unternehmer hat dafür zu sorgen, dass Verletzte sachkundig transportiert werden.

(4) ...

(5) Der Unternehmer hat dafür zu sorgen, dass den Versicherten durch berufsgenossenschaftliche Aushänge oder in anderer geeigneter schriftlicher Form Hinweise über die Erste Hilfe und Angaben über Notruf, Erste-Hilfe- und Rettungs-Einrichtungen,

DIENSTKUNDE

über das Erste-Hilfe-Personal sowie über herbeizuziehende Ärzte und anzufahrende Krankenhäuser gemacht werden. Die Hinweise und die Angaben sind aktuell zu halten.

(6) Der Unternehmer hat dafür zu sorgen, dass jede Erste-Hilfe-Leistung dokumentiert und diese Dokumentation fünf Jahre lang verfügbar gehalten wird. Die Dokumente sind vertraulich zu behandeln.

Damit ein Notruf an die richtige Stelle abgesetzt werden kann, muss ein **Alarm- und Meldesystem** mit Verbindung zum öffentlichen Rettungsdienst und ein leicht erreichbarer Sanitätsraum mit Rettungstransportmitteln vorhanden sein.

§ 25 BGV A 1

Erforderliche Einrichtungen und Sachmittel

(1) Der Unternehmer hat unter Berücksichtigung der betrieblichen Verhältnisse durch Meldeeinrichtungen und organisatorische Maßnahmen dafür zu sorgen, dass unverzüglich die notwendige Hilfe herbeigerufen und an den Einsatzort geleitet werden kann.

(2) Der Unternehmer hat dafür zu sorgen, dass das Erste-Hilfe-Material jederzeit schnell erreichbar und leicht zugänglich in geeigneten Behältnissen, gegen schädigende Einflüsse geschützt, in ausreichender Menge bereitgehalten sowie rechtzeitig ergänzt und erneuert wird.

(3) Der Unternehmer hat dafür zu sorgen, dass unter Berücksichtigung der betrieblichen Verhältnisse Rettungsgeräte und Rettungstransportmittel bereitgehalten werden.

(4) Der Unternehmer hat dafür zu sorgen, dass mindestens ein mit Rettungstransportmitteln leicht erreichbarer Sanitätsraum oder eine vergleichbare Einrichtung

1. in einer Betriebsstätte mit mehr als 1000 dort beschäftigten Versicherten,
2. in einer Betriebsstätte mit 1000 oder weniger, aber mehr als 100 dort beschäftigten Versicherten, wenn seine Art und das Unfallgeschehen nach Art, Schwere und Zahl der Unfälle einen gesonderten Raum für die Erste Hilfe erfordern,
3. auf einer Baustelle mit mehr als 50 dort beschäftigten Versicherten

vorhanden ist. Nummer 3 gilt auch, wenn der Unternehmer zur Erbringung einer Bauleistung aus einem von ihm übernommenen Auftrag Arbeiten an andere Unternehmer vergeben hat und insgesamt mehr als 50 Versicherte gleichzeitig tätig werden.

Für die Anzahl und Ausbildung der Ersthelfer und Betriebssanitäter gilt:

§ 26 BGV A 1

Zahl und Ausbildung der Ersthelfer

(1) Der Unternehmer hat dafür zu sorgen, dass für die Erste-Hilfe-Leistung Ersthelfer mindestens in folgender Zahl zur Verfügung stehen:

1. Bei 2 bis zu 20 anwesenden Versicherten ein Ersthelfer,
2. bei mehr als 20 anwesenden Versicherten
   a) in Verwaltungs- und Handelsbetrieben 5 %
   b) in sonstigen Betrieben 10 %.

Von der Zahl der Ersthelfer nach Nummer 2 kann im Einvernehmen mit der Berufsgenossenschaft unter Berücksichtigung der Organisation des betrieblichen Rettungswesens und der Gefährdung abgewichen werden.

(2) Der Unternehmer darf als Ersthelfer nur Personen einsetzen, die bei einer von der Berufsgenossenschaft für die Ausbildung zur Ersten Hilfe ermächtigten Stelle ausgebildet worden sind. Die Voraussetzungen für die Ermächtigung sind in der Anlage 3 zu dieser Unfallverhütungsvorschrift geregelt.

(3) Der Unternehmer hat dafür zu sorgen, dass die Ersthelfer in der Regel in Zeitabständen von 2 Jahren fortgebildet werden. Für die Fortbildung gilt Absatz 2 entsprechend.

(4) Ist nach Art des Betriebes, insbesondere auf Grund des Umganges mit Gefahrstoffen, damit zu rechnen, dass bei Unfällen Maßnahmen erforderlich werden, die nicht Gegenstand der allgemeinen Ausbildung zum Ersthelfer gemäß Absatz 2 sind, hat der Unternehmer für die erforderliche zusätzliche Aus- und Fortbildung zu sorgen.

Die Verpflichtung, Sanitätspersonal vorzuhalten und auszubilden, ist ebenfalls geregelt:

§ 27 BGV A 1

Zahl und Ausbildung der Betriebssanitäter

(1) Der Unternehmer hat dafür zu sorgen, dass mindestens ein Betriebssanitäter zur Verfügung steht, wenn

1. in einer Betriebsstätte mehr als 1500 Versicherte anwesend sind,
2. in einer Betriebsstätte 1500 oder weniger, aber mehr als 250 Versicherte anwesend sind und Art, Schwere und Zahl der Unfälle den Einsatz von Sanitätspersonal erfordern,
3. auf einer Baustelle mehr als 100 Versicherte anwesend sind.

Nummer 3 gilt auch, wenn der Unternehmer zur Erbringung einer Bauleistung aus einem von ihm übernommenen Auftrag Arbeiten an andere Unternehmer vergibt und insgesamt mehr als 100 Versicherte gleichzeitig tätig werden.

(2) In Betrieben nach Absatz 1 Satz 1 Nr. 1 kann im Einvernehmen mit der Berufsgenossenschaft von Betriebssanitätern abgesehen werden, sofern nicht nach Art, Schwere und Zahl der Unfälle ihr Einsatz erforderlich ist. Auf Baustellen nach Absatz 1 Satz 1 Nr. 3 kann im Einvernehmen mit der Berufsgenossenschaft unter Berücksichtigung der Erreichbarkeit des Unfallortes und der Anbindung an den öffentlichen Rettungsdienst von Betriebssanitätern abgesehen werden.

(3) Der Unternehmer darf als Betriebssanitäter nur Personen einsetzen, die von Stellen ausgebildet worden sind welche von der Berufsgenossenschaft in personeller, sachlicher und organisatorischer Hinsicht als geeignet beurteilt werden.

(4) Der Unternehmer darf als Betriebssanitäter nur Personen einsetzen, die

1. an einer Grundausbildung und
2. an dem Aufbaulehrgang

für den betrieblichen Sanitätsdienst teilgenommen haben.

DIENSTKUNDE

Als Grundausbildung gilt auch eine mindestens gleichwertige Ausbildung oder eine die Sanitätsaufgaben einschließende Berufsausbildung.

(5) Für die Teilnahme an dem Aufbaulehrgang nach Absatz 4 Satz 1 Nr. 2 darf die Teilnahme an der Ausbildung nach Absatz 4 Satz 1 Nr. 1 nicht mehr als 2 Jahre zurückliegen; soweit auf Grund der Ausbildung eine entsprechende berufliche Tätigkeit ausgeübt wurde, ist die Beendigung derselben maßgebend.

(6) Der Unternehmer hat dafür zu sorgen, dass die Betriebssanitäter regelmäßig innerhalb von 3 Jahren fortgebildet werden. Für die Fortbildung gilt Absatz 3 entsprechend.

Notfalleinrichtungen und -geräte sind eindeutig zu kennzeichnen (siehe dazu auch § 25 (2) BGV A 1).

Zu Einzelheiten der Kennzeichnungsvorschriften vgl. BGV A 8 – Sicherheits- und Gesundheitsschutzkennzeichnung am Arbeitsplatz (s. auch Rn. 410 ff.)

Aber nicht nur dem Unternehmer, sondern auch den **Versicherten** obliegen weitere Pflichten:

§ 15 BGV A 1

Allgemeine Unterstützungspflichten und Verhalten

(1) Die Versicherten sind verpflichtet, nach ihren Möglichkeiten sowie gemäß der Unterweisung und Weisung des Unternehmers für ihre Sicherheit und Gesundheit bei der Arbeit sowie für Sicherheit und Gesundheitsschutz derjenigen zu sorgen, die von ihren Handlungen oder Unterlassungen betroffen sind. Die Versicherten haben die Maßnahmen zur Verhütung von Arbeitsunfällen, Berufskrankheiten und arbeitsbedingten Gesundheitsgefahren sowie für eine wirksame Erste Hilfe zu unterstützen. Versicherte haben die entsprechenden Anweisungen des Unternehmers zu befolgen. Die Versicherten dürfen erkennbar gegen Sicherheit und Gesundheit gerichtete Weisungen nicht befolgen.

(2) Versicherte dürfen sich durch den Konsum von Alkohol, Drogen oder anderen berauschenden Mitteln nicht in einen Zustand versetzen, durch den sie sich selbst oder andere gefährden können.

(3) Absatz 2 gilt auch für die Einnahme von Medikamenten.

§ 16 BGV A 1

Besondere Unterstützungspflichten

(1) Die Versicherten haben dem Unternehmer oder dem zuständigen Vorgesetzten jede von ihnen festgestellte unmittelbare erhebliche Gefahr für die Sicherheit und Gesundheit sowie jeden an den Schutzvorrichtungen und Schutzsystemen festgestellten Defekt unverzüglich zu melden. Unbeschadet dieser Pflicht sollen die Versicherten von ihnen festgestellte Gefahren für Sicherheit und Gesundheit und Mängel an den Schutzvorrichtungen und Schutzsystemen auch der Fachkraft für Arbeitssicherheit, dem Betriebsarzt oder dem Sicherheitsbeauftragten mitteilen.

(2) Stellt ein Versicherter fest, dass im Hinblick auf die Verhütung von Arbeitsunfällen, Berufskrankheiten und arbeitsbedingten Gesundheitsgefahren

- ein Arbeitsmittel oder eine sonstige Einrichtung einen Mangel aufweist,
- Arbeitsstoffe nicht einwandfrei verpackt, gekennzeichnet oder beschaffen sind oder
- ein Arbeitsverfahren oder Arbeitsäblaufe Mängel aufweisen

hat er, soweit dies zu seiner Arbeitsaufgabe gehört und er über die notwendige Befähigung verfügt, den festgestellten Mangel unverzüglich zu beseitigen. Andernfalls hat er den Mangel dem Vorgesetzten unverzüglich zu melden.

Siehe dazu auch § 11 BGV A 1 (Maßnahmen bei Mängeln).

§ 28 BGV A 1

Unterstützungspflichten der Versicherten

(1) Im Rahmen ihrer Unterstützungspflichten nach § 15 Abs. 1 haben sich Versicherte zum Ersthelfer ausbilden und in der Regel in Zeitabständen von 2 Jahren fortbilden zu lassen. Sie haben sich nach der Ausbildung für Erste-Hilfe-Leistungen zur Verfügung zu stellen. Die Versicherten brauchen den Verpflichtungen nach den Sätzen 1 und 2 nicht nachzukommen, soweit persönliche Gründe entgegenstellen.

Besonders hinzuweisen ist auf die **persönliche Meldepflicht** Verunglückter/Ver- **238**
letzter:

(2) Versicherte haben unverzüglich jeden Unfall der zuständigen betrieblichen Stelle zu melden; sind sie hierzu nicht im Stande, liegt die Meldepflicht bei dem Betriebsangehörigen, der von dem Unfall zuerst erfährt.

Persönliche Schutzausrüstungen, vom Unternehmer bereitgestellt, ist bestimmungsgemäß zu benutzen.

§ 29 BGV A 1

Bereitstellung

(1) Der Unternehmer hat gemäß § 2 der Verordnung über Sicherheit und Gesundheitsschutz bei der Benutzung persönlicher Schutzausrüstungen bei der Arbeit (PSA-Benutzungsverordnung – PSA-BV) den Versicherten geeignete persönliche Schutzausrüstungen bereitzustellen; vor der Bereitstellung hat er die Versicherten anzuhören.

(2) Der Unternehmer hat dafür zu sorgen, dass die persönlichen Schutzausrüstungen den Versicherten in ausreichender Anzahl zur persönlichen Verwendung für die Tätigkeit am Arbeitsplatz zur Verfügung gestellt werden. ...

Zur Benutzung von Einrichtungen, Arbeitsmitteln und Arbeitsstoffen durch Versicherte siehe auch § 17 BGV A 1 und § 30 (2) BGV A 1.

Für den Werkschutz ergeben sich hierbei insbesondere folgende Aufgaben:

- bei Unglücksfällen Erste Hilfe leisten
- Hilfs- und Rettungskräfte alarmieren

- bei einer Weiterversorgung von Verletzten mithelfen
- Unfälle an den Betrieb melden (s. Rn. 39) und evtl. Angehörige von Betroffenen informieren.

Die jeweils vorgegebenen Festlegungen oder Arbeitsanweisungen der Betriebe sind zu beachten. Dazu kommen die jeweiligen betrieblichen Sicherungs- und Sicherheitsaufgaben wie z. B. Absicherung der Unfallstelle (s. Rn. 155 ff.).

Für eine angemessene **Weiterversorgung** (z. B. Transport) von Verletzten ist es zweckmäßig, eine vom Betriebssanitäter oder Ersthelfer angefertigte **Notfallmeldung** oder einen **Begleitzettel** mit folgenden Angaben mitzugeben:

- Name und Vorname
- Personalnummer
- Arbeitgeber
- Krankenkasse
- Unfalltag und Unfallzeit
- Unfallhergang
- Zustand des Verletzten vor dem Transport
- getroffene Erste-Hilfe-Maßnahmen.

Falls der Werkschutz mit dem Unfall befasst wurde, ist ein Bericht zu fertigen. Unabhängig davon können in Zusammenarbeit mit den übrigen betrieblichen Sicherheitskräften Ermittlungen aufgenommen werden und eine Unfallanzeige zu fertigen sein (s. Rn. 39). Evtl. **behördliche Ermittlungen** bleiben hiervon unberührt (zu den behördlichen Sonderzugangsrechten s. Rn. 73).

239 29.7 Die BGV C7 enthält besondere Bestimmungen für **Geldtransporte:**

§ 24 BGV C 7

Eignung

Der Unternehmer darf für Geldtransporte nur Personen einsetzen, die mindestens 18 Jahre alt, persönlich zuverlässig und geeignet sowie für diese Aufgabe besonders ausgebildet und eingewiesen sind.

Die **Ausbildung** kann betriebsintern durchgeführt werden, wenn hierbei gewährleistet ist, dass alle sicherheitstechnisch erforderlichen Kenntnisse und Fähigkeiten sowie die geltenden Rechtsnormen und Vorschriften in ausreichendem Maße vermittelt werden. Hiervon unbenommen sind **behördliche Prüfungen.**

§ 25 BGV C 7

Geldtransporte durch Boten

(1) Der Unternehmer hat dafür zu sorgen, dass Geldtransporte durch Boten in öffentlich zugänglichen Bereichen von mindestens zwei Personen durchgeführt werden, von denen eine Person die Sicherung übernimmt. Dies gilt auch für entsprechende Wegstrecken zwischen Transportfahrzeugen und Übergabe- oder Übernahmestellen.

(2) Von Absatz 1 darf nur abgewichen werden, wenn
- das Geld unauffällig in der bürgerlichen Kleidung getragen wird,
- der Transport nicht als Geldtransport erkennbar ist,
- der Anreiz zu Überfällen durch technische Ausrüstungen, die für Außenstehende deutlich erkennbar sind, nachhaltig verringert wird
  oder
- ausschließlich Hartgeld transportiert wird und dies auch für Außenstehende durch Transportverlauf und Transportabwicklung erkennbar ist.

(3) Zum Tragen bestimmte Geldtransportbehältnisse müssen ausreichend handhabbar sein. Sie dürfen mit Boten nicht fest verbunden sein.

Zur Vermeidung von **Wegstrecken** durch öffentlich zugängliche Bereiche eignen sich z. B.

- Fahrzeug-Andocksysteme
- Fahrzeug-Schleusen
- geschlossene Hofräume
- vorübergehend unter Verschluss zu nehmende Gebäudeteile, die durch ihre Ausführung und Anordnung Außenstehenden den Zugang verwehren und entsprechend verwendet werden.

Als **bürgerliche Kleidung** sind alle Kleidungsstücke anzusehen, die keine Dienstkleidung sind und keine Hinweise auf die Betriebszugehörigkeit oder dergleichen geben. Hierzu gehören auch Taschen und Behältnisse, die allgemein üblich sind und keinen Rückschluss auf ihren Inhalt zulassen.

Geldtransporte gelten als für Außenstehende **erkennbar,** wenn z. B. Ausrüstung des Personals, eingesetzte Fahrzeuge, Transportverlauf oder Transportabwicklung entsprechende Rückschlüsse zulassen.

Technische Ausrüstungen zur nachhaltigen Verringerung des Anreizes zu Über- **240**
fällen sind z. B.:

- Geldtransportbehältnisse, die nach einer erzwungenen Übergabe oder dem Entreißen automatisch sofort oder in angemessenem Zeitabstand einen optischen Alarm durch eine wirksame Farbrauchentwicklung gewährleisten
- entsprechend ausgeführte Geräte, die mit den Geldtransportbehältnissen während des Transportes fest verbunden sind.

Zusätzliche Einrichtungen in Verbindung mit der Aktivierung der Farbrauchentwicklung wie z. B. akustischer Alarm sind empfehlenswert.

Die Funktionssicherheit von technischen Ausrüstungen zur nachhaltigen Verringerung des Anreizes zu Überfällen kann durch eine Prüfung des zuständigen Unfallversicherungsträgers nachgewiesen werden.

Eine ausreichende **Handhabbarkeit** von Geldtransportbehältnissen wird z. B. durch deren Ausführung, Formgebung, Abmessungen und Gewicht bestimmt. Hierbei ist als Grenzlast bei häufiger Handhabung für einen Mann ein Gesamtgewicht von 25 kg und für eine Frau ein Gesamtgewicht von 12 kg anzusehen. Im Interesse einer besseren Handhabbarkeit sind geringere Gesamtgewichte anzustreben.

Vgl. auch DIN 30 784 Teile 1 und 2 (Transportkette; Transportkette für Geld und Werte; Maßliche Koordination; Anforderungen für die Stapelfähigkeit).

§ 26 BGV C 7

Geldtransporte mit Fahrzeugen

(1) Der Unternehmer hat dafür zu sorgen, dass Geldtransporte nur mit hierfür besonders gesicherten Fahrzeugen – Geldtransportfahrzeugen – durchgeführt werden.

(2) Abweichend von Absatz 1 dürfen Transporte, bei denen ausschließlich Hartgeld transportiert wird, oder Transporte, die für Außenstehende nicht durch äußere Hinweise auf dem Fahrzeug, die Bauart des Fahrzeuges, die Ausrüstung der Personen, Transportverlauf oder Transportabwicklung als Geldtransporte zu erkennen sind, auch in sonstigen Fahrzeugen durchgeführt werden.

(3) Belegtransporte, die für Außenstehende mit Geldtransporten verwechselbar sind oder bei denen regelmäßig Geld mitgeführt wird, müssen wie erkennbare Geldtransporte in Geldtransportfahrzeugen durchgeführt werden.

(4) Sind bei Fahrten zu Übernahme- oder Übergabestellen Umstände erkennbar, die auf eine erhöhte Gefährdung schließen lassen, ist vor jedem Verlassen des Fahrzeugs die weitere Vorgehensweise mit anderen Stellen abzustimmen.

(5) Geldtransportfahrzeuge müssen während des Be- und Entladens in öffentlich zugänglichen Bereichen ständig besetzt bleiben. Hierbei müssen die Türen des mit mindestens einer Person besetzten Fahrzeugteils verriegelt sein.

(6) Überfälle sind unverzüglich über Funk zu melden. Akustisch-optisch wirkende Fahrzeug-Alarmanlagen sind jedoch nur den jeweiligen Umständen entsprechend zu betätigen, sofern hierdurch keine zusätzliche Gefährdung zu erwarten ist.

241 **Geldtransportfahrzeuge** gelten als ausreichend gesichert, wenn sie den Bestimmungen der BGV D 29 (Fahrzeuge) und insbesondere den „Sicherheitsregeln für Geldtransportfahrzeuge“ (BGR 135) entsprechen.

Umstände, die auf eine erhöhte **Gefährdung** schließen lassen und gegebenenfalls der Täuschung dienen, können z. B. sein:

- Verkehrsunfälle
- plötzliche Verkehrskontrollen
- neue Fahrbahnblockierungen
- Umleitungen
- Baustellen und Bauzelte
- im Ladebereich abgestellte, auffällige Fahrzeuge
- sich ungewöhnlich verhaltende Personen.

Durch die festgelegte **ständige Besetzung** von Geldtransportfahrzeugen während des Be- und Entladens in öffentlich zugänglichen Bereichen soll sichergestellt werden, dass die Verbindung mit anderen Stellen jederzeit erfolgen kann. Die Festlegungen für die Durchführung von Geldtransporten durch Boten nach § 25 BGV C 7 gelten unabhängig hiervon.

Ein zusätzlicher **Funkkontakt** zwischen Geldboten und Geldtransportfahrzeugen ist empfehlenswert.

§ 27 BGV C 7

Werteräume

(1) Der Unternehmer hat dafür zu sorgen, dass zum Schutze der Versicherten Werteräume für die Bearbeitung von Banknoten gegen Überfälle gesichert sind.

(2) Der Unternehmer hat sicherzustellen, dass Türen von Geldschränken und Tresoranlagen beim Öffnen keine Quetsch- und Scherstellen mit Bauwerksteilen oder Einrichtungsgegenständen bilden können.

Die Forderung nach ausreichender Sicherung ist unabhängig von den Aufgaben der Sachversicherer dann erfüllt, wenn z. B. die in den Durchführungsanweisungen zu § 23 BGV C 7 aufgeführten Sicherungen installiert sind.

Die Forderung des Abs. 2 ist z. B. durch ausreichende Abstände bei der Aufstellung, durch Anbringung ausreichend dimensionierter Abstandshalter oder durch Türstopper erfüllt.

Zur Zusammenarbeit mit der **Polizei** bei der Begleitung von Werttransporten s. Rn. 31.

29.8 **Verkehrsunfallaufnahme** und **Schadensbearbeitung** im Betrieb

Ein **Verkehrsunfall** ist ein durch den Straßenverkehr (z. B. auch auf Werkstraßen) **242**
verursachtes plötzliches Ereignis mit schädigender Wirkung auf Menschen und/ oder Sachen. Zu den Aufgaben des Werkschutzes s. Rn. 157.

Auch wenn Unfallbeteiligte im Betrieb häufig eine Schadensregulierung im gegenseitigen Einvernehmen bevorzugen, scheidet diese Möglichkeit bei Beteiligung eines Betriebsfahrzeuges oder Schädigung von Werkseigentum aus. Dies gilt insbesondere auch bei Unfällen mit Gefahrgütern (s. Rn. 249 ff.).

Der Verantwortungsbereich des Werkschutz erstreckt sich in erster Linie auf das Betriebsgelände.

Um Unfall- und Schadensstellen sachgerecht sichern und Ursachen und Schäden korrekt aufnehmen zu können, müssen bestimmte Regeln beachtet werden. Die erforderliche Ausrüstung (s. Rn. 445 f.) muss vorhanden sein.

Verkehrsunfälle werden nicht mehr nach Kategorien und Höhe des Sach- und Personenschadens, sondern nach Verkehrsunfällen mit Toten und Verletzten sowie Verkehrsunfälle mit Sachschaden eingeteilt, die wie folgt unterschieden werden:

- **Schwerwiegender Unfall mit Sachschaden**
  (Geldbuße ab 40 €; Straftat im Zusammenhang mit der Teilnahme am Straßenverkehr, z. B. Missachtung des Rotlichts einer Lichtzeichenanlage, erheblicher Geschwindigkeitsverstoß, gefährliches Überholen oder Fahren mit Reifen ohne ausreichende Profiltiefe; Alkoholeinwirkung; keine gültige Haftpflichtversicherung).
- **Sonstiger Unfall mit Sachschaden**
  (geringfügige Verkehrsordnungswidrigkeit, Schadenshöhe spielt keine Rolle; Polizei erstellt kein Unfallprotokoll).

In den Betrieben sollte eine Regelung vorhanden sein, die die Einschaltung oder Hinzuziehung der Polizei (z. B. bei Personenschäden oder auf Wunsch eines Besuchers im Werk) regelt (s. Rn. 25, 157)

243 Der Unfallverursacher muss den Schaden umgehend seiner Kraftfahrzeughaftpflichtversicherung melden, da der Geschädigte regelmäßig Schadensersatz fordern wird.

Bei schweren Unfällen und Schäden sowie Unfällen mit Todesfolge müssen je nach Zuständigkeit Berufsgenossenschaft, Gewerbeaufsicht, Bergamt oder Polizei benachrichtigt werden (s. Rn. 39).

Die dem Unternehmer obliegenden **Meldepflichten** üben in der Regel eigenständige Organisationseinheiten aus (s. Rn. 37). Melde- und Anzeigepflichten sollten in einer Betriebsanweisung oder in einer besonderen Anweisung geregelt sein (s. Rn. 39, 237).

244 Der Zweck der Unfall- oder Schadensaufnahme ist es, das schädigende Ereignis und seinen Hergang zu klären oder zu rekonstruieren, Tatsachen festzustellen, Beweise zu sichern sowie die Unterlagen zu erstellen, die für eine Schadensregulierung erforderlich sind.

Ein zielgerichtetes Vorgehen erfolgt nach den folgenden

10 Geboten für die Unfallaufnahme:[1]

▶ 1. Das möglichst umgehende **Sichern der Unfallstelle** soll weitere Schäden von Menschen und Material verhindern und hat somit den ersten Rang.

Eine Unfallstelle ist so abzusichern, dass eine Gefährdung anderer Verkehrsteilnehmer ausgeschlossen ist. Sie darf auf keinen Fall Anlass zu weiteren Unfällen geben.

1 Vgl. § 34StVO – für öffentliche Verkehrsflächen; s. hierzu im Übrigen Rn. 154 und Fn. 1 zu Rn. 156.

Bild 9: Sichern der Unfallstelle

Zum Sichern gibt es diverse Hilfsmittel (z. B. Streifenwagen, Warndreieck, Warnblinklicht, Warnleuchten, Absperrband, Absperrschranken, fahrbare Absperrtafel, Scherengitter, Leitkegel, Leitpfosten, Absperrbaken (s. Rn. 441 ff.).

Warneinrichtungen müssen in ausreichender Entfernung von der Unfallstelle aufgestellt werden (z. B. auf schnellen Straßen ca. 100 m vor der Unfallstelle und an unübersichtlichen Stellen noch weiter, sodass rechtzeitig vor der Unfallstelle gewarnt wird).

Wesentlich sind auch die Hilfsmittel zur Eigensicherung (z. B. reflektierende Warnweste oder Ärmelstulpen, beleuchtete Handkelle).

▶ 2. Zur **Versorgung der Verletzten** gehört das Bergen von Verletzten, das Erste-Hilfe-Leisten und erforderlichenfalls vor allem die Alarmierung von Fachkräften (s. im Einzelnen Rn. 237).

Zur unterlassenen Hilfeleistung s. Rn. 105.

In vielen Betrieben gibt es interne Notrufnummern in Notfallplänen, die zentral angesprochen werden sollen und dann über einen Alarmierungsablauf die zuständigen Stellen alarmieren.

▶ 3. Der **Standort der Fahrzeuge** wird mit Ölkreide nach den „Außenkanten" der Karosserie aller unfallbeteiligten Fahrzeuge markiert.

Ölkreide verwischt durch Feuchtigkeit nicht und lässt selbst bei nassem Untergrund Markierungen auftragen.

Bei extremer Stellung der Räder ist deren Stellung ebenfalls zu markieren.

Bild 10: Markieren der Fahrzeuge

▶ 4. **Zeugen** sind umgehend festzustellen. Als Unbeteiligte verlassen sie oft den Unfallort vorzeitig. Die Befragung von Zeugen hat objektiv, vorurteilsfrei und sachlich zu erfolgen. Der Befragende darf nicht voreingenommen sein und nicht verallgemeinern (s. Rn. 67, 269, 493 ff., 502).

Zeugen sind stets getrennt, abseits vom Unfallgeschehen zu befragen, um Augenzeugen von „Knallzeugen" (s. Rn. 269, 349) unterscheiden zu können und um jede gegenseitige Beeinflussung zu vermeiden.

Werkschutzangehörige sollten sich während der Unfall- oder Schadensaufnahme jeder Stellungnahme zur Unfallursache oder Schuldfrage enthalten; das gilt auch für Befragungen! Die Tätigkeit des Werkschutzes ist auf die Erfassung dessen, was er am Unfallort sieht, antrifft und erfragt, beschränkt.

▶ 5. Die **Befragung der Unfallbeteiligten** erfolgt nach den gleichen vorgenannten Prinzipien. Die getrennte Befragung über Unfallursache und -hergang ist außerdem erforderlich, um gegenseitige „Eskalationen" aufgrund unterschiedlicher „Sichtverhältnisse" auszuschließen.

Jeder Unfallbeteiligte muss anderen Unfallbeteiligten oder Geschädigten Feststellungen über seine Person, sein Fahrzeug, die Art seiner Beteiligung am Unfall ermöglichen.

Deswegen sind insbesondere zu notieren:
- amtliche Kennzeichen der beteiligten Fahrzeuge
- Namen und Anschrift der beteiligten Fahrer/Halter
- Führerschein und Fahrzeugschein (ggf. auf Verlangen vorzeigen)
- Versicherung und Versicherungsscheinnummer
- Fabrikat, Wagentyp, Tag der ersten Zulassung (Baujahr)
- Zeitpunkt des Unfalls/Schadens
- Witterungsverhältnisse und Straßenzustand
- Beschilderung und ggf. gefahrene Geschwindigkeit.

▶ 6. Die **Feststellung von sichtbaren Sachschäden** an den Fahrzeugen erfordert deren genaue Beschreibung und Darstellung. Die Festlegung auf eine Schadenssumme ist zu vermeiden; diese sollte in einer Fachwerkstatt durchgeführt werden oder in sonstigen Schadensfällen z. B. durch betriebliche Fachleute erfolgen.

▶ 7. Das **Fertigen von Fotos** dient der Dokumentation, hilft beweisen und zeigt Sachverhalte nach der „Natur" auf. Die fotografische Unfallaufnahme dient als eine Entscheidungsgrundlage und muss ein reales Bild des Geschehenen zeigen.

Zunächst sind Panoramaaufnahmen aus mehreren Richtungen zu fertigen, wobei Straßenverlauf, Beschilderung usw. mit einzubeziehen sind.

Weitere Fotos sind aufzunehmen
- vom Stand der einzelnen Fahrzeuge und deren amtlichen Kennzeichen
- von tödlich Verletzten und liegenden Verletzten
- von Anstoßstellen
- von Brems- und Schleuderspuren
- von herumliegenden Fahrzeugteilen
- von beschädigten Betriebseinrichtungen
- von sichtbaren Fahrzeugspuren.

▶ 8. Zur **Anfertigung der Unfallskizze** sollte eine handelsübliche Verkehrsunfallschablone verwendet werden (s. Rn 446). Am Unfallort genügt evtl. zunächst eine „Handskizze" mit allen genauen Maßen und Daten.

In die Unfallskizze sind einzuzeichnen:
- Verlauf der Straße (z. B. Straßeneinmündungen, Kreuzungen)
- Verkehrseinrichtungen (z. B. Ampeln, Verkehrsschilder)
- Festpunkte als „Vermessungspunkte (z. B. Gebäude, Verkehrsinseln, Begrenzungssteine, Abflussgullys)
- Standorte der Unfallfahrzeuge (z. B. Feststellung genauer Lage durch Vermessen)
- Entfernungen von den Fahrzeugen/Markierungen zu den Festpunkten
- Lage von Verletzten nach dem Unfall
- Länge von Brems- und Schleuderspuren
- Straßenbezeichnung und Angabe der Straßenbreite

- Amtliche Kennzeichen der Fahrzeuge
- Fahrtrichtung der Fahrzeuge
- Nordrichtungspfeil

Unfallaufnahmeschablonen finden mit ihren Signaturen Verwendung für Unfall- und Schadensskizzen im Maßstab 1:200. Die Maße der Signaturen sind Durchschnittsmaße.

Beim Zeichnen ist zu beachten, dass der Zeichenstift an den äußeren Rändern der Signaturaussparungen entlang geführt wird. Die kleinen Löcher rechts neben den Symbolen sind Passpunkte; es werden zuerst die Umrisskonturen mit ihren Passpunkten und dann erst z. B. die Radkonturen eingezeichnet.

▶ 9. **Nach der Unfallaufnahme** und der Erledigung aller erforderlichen Maßnahmen (z. B. evtl. Absprache mit zuständigen betrieblichen Stellen) kann die Unfallstelle gesäubert, geräumt und wieder freigegeben werden.

▶ 10. Der **Verkehrsunfallbericht** dient Versicherungen, Sachverständigen, Unfallbeteiligten und ggf. Gerichten als Grundlage zur Bewertung des Unfallgeschehens und muss deshalb objektiv und umfassend sein.

Die Unfallmeldung wird zweckmäßigerweise nach einem bewährten Vordruck gefertigt (Muster siehe S. 296/297). Die Aufnahme hat lückenlos entsprechend der im Vordruck gestellten Fragen zu erfolgen.

Bei der Schadensaufnahme sind in der Regel die standardisierten oder besonders abgesprochenen Vordrucke der Versicherungsträger zu verwenden. Im Übrigen geht der Werkschutz nach dem Vordruck „Meldung/Bericht“ vor (s. Rn. 264, 286 f.).

245 Der Unfallaufnahme entspricht die **Aufnahme anderer Schadensfälle** z. B. an parkenden Fahrzeugen, gleich, ob die Schäden von unbekannten Personen oder anderen Fahrzeugen verursacht wurden.

Hier kommt der Ermittlung von Sachverhalten u. U. eine besondere Bedeutung zu, um Hinweise auf den unbekannten Verursacher zu finden (s. Rn. 265 ff.).

Weitere Hilfsmittel zur Unfallaufnahme finden sich ebenfalls unter vorgenannter Randnummer.

246 Für Skizzen bei einer Unfall- oder Schadensaufnahme können verschiedene **Messverfahren** angewandt werden. Das herkömmliche Dreieckmessverfahren ist einfach und brauchbar. Man wählt im Bereich der Unfallstelle mindestens 2 Festpunkte (FP) aus (z. B. Abflussgully = FP 1; Hydrant = FP 2; oder Verkehrsinsel = FP 1 und Hauskante = FP 2). Von diesen jeweils zwei Festpunkten aus werden alle wichtigen Punkte jeweils von FP 1 und FP 2 aus eingemessen (z. B. von FP 1 zur Standortmarkierung vorne rechts des ersten Unfallfahrzeuges, dann von FP 2 zur Standortmarkierung hinten rechts des ersten Unfallfahrzeuges usw.). Einzumessen sind alle für die Skizze wichtigen Punkte wie Bremsspuren, abgerissene Fahrzeugteile, Straßenverlauf, Verkehrseinrichtungen usw.

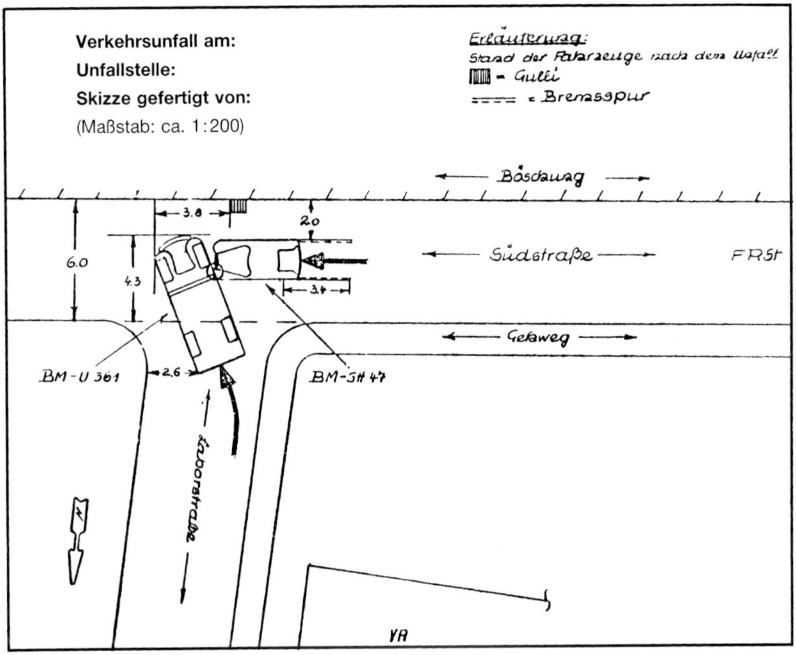

Bild 11: Unfallskizze

Mit diesen Angaben kann man eine genaue Unfallskizze fertigen, indem man die beiden Festpunkte einträgt und jeweils von diesen aus mit einem Zirkel den dritten Punkt bestimmt (z. B. genaue Lage der Standortmarkierung in der Skizze). Der jeweilige Maßstab ist dabei zu berücksichtigen.

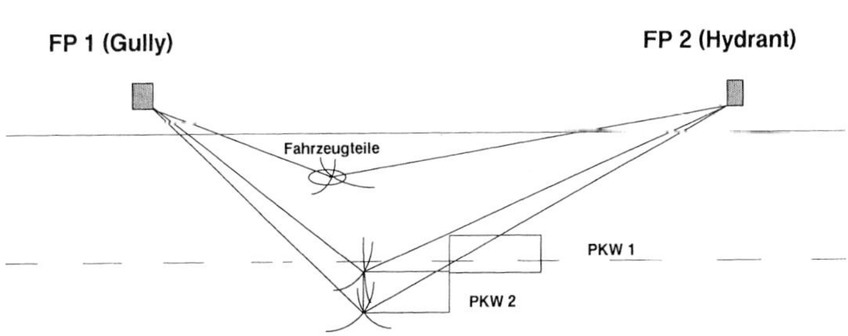

Bild 13: Dreiecksmessverfahren

Meldung über einen Verkehrsunfall

Wann und wo ereignete sich der Unfall?	① Datum	② Uhrzeit	③ Straße, Nr.	④ PLZ, Ort

1. beteiligtes Fahrzeug

Fahrzeugdaten	Fahrzeugart	Hersteller des Fahrgestells	Amtl. Kennzeichen
Fahrer	Name, Vorname		Geb.-Datum
	Straße	PLZ, Ort	
	beschäftigt bei	als	
Führerschein	Klasse(n)	Aushändigungsdatum	ausstellende Behörde:
Halter	Name, Vorname	Tel.:	Geb.-Datum
	Straße	PLZ, Ort	
Versicherung	Versicherungsgesellschaft		Versicherungsschein-Nr.
	Straße	PLZ, Ort	
Sachschaden			
Personenschaden (weitere siehe Rückseite)	Name, Vorname, Anschrift		
	Art der Verletzungen		War der Sicherheitsgurt angelegt? ☐ ja ☐ nein

2. beteiligtes Fahrzeug

Fahrzeugdaten	Fahrzeugart	Hersteller des Fahrgestells	Amtl. Kennzeichen
Fahrer	Name, Vorname		Geb.-Datum
	Straße	PLZ, Ort	
	beschäftigt bei	als	
Führerschein	Klasse(n)	Aushändigungsdatum	ausstellende Behörde:
Halter	Name, Vorname	Tel.:	Geb.-Datum
	Straße	PLZ, Ort	
Versicherung	Versicherungsgesellschaft		Versicherungsschein-Nr.
	Straße	PLZ, Ort	
Sachschaden			
Personenschaden (weitere siehe Rückseite)	Name, Vorname, Anschrift		
	Art der Verletzungen		War der Sicherheitsgurt angelegt? ☐ ja ☐ nein

Witterungsverhältnisse	Straßenverhältnisse

Zeuge(n) (weitere siehe Rückseite)	Name, Vorname, Anschrift	
Polizeiaufnahme ☐ ja ☐ nein	aufnehmende Dienststelle	
	Gebührenpflichtige Verwarnung ☐ ja ☐ nein	wenn ja, wer wurde verwarnt?

O GA 1-53/1 HD 3.90

Unfallhergang

Verteiler:			

Anlagen:

______________, den ______________

____
(Unterschrift)

30. Kapitel: Gefahrstoffe und Gefährliche Güter

247 30.1 **Gefahrstoffe** sind

- gefährliche Stoffe oder Zubereitungen, die explosionsgefährlich, brandfördernd, hochentzündlich, leichtentzündlich, entzündlich, sehr giftig, giftig, gesundheitsschädlich, ätzend, reizend, sensibilisierend, fortpflanzungsgefährdend, erbgutverändernd oder umweltgefährdend sind
- explosionsfähige Stoffe oder Zubereitungen
- Stoffe und Zubereitungen, die bei der Herstellung oder Verwendung gefährliche oder explosionsfähige Eigenschaften entwicklen
- Stoffe oder Zubereitungen, die erfahrungsgemäß Krankheitserreger übertragen können.

Wichtige Regeln ergeben sich aus dem Chemikaliengesetz (ChemG), der Gefahrgutverordnung Straße/Eisenbahn (GGVSE), dem Arbeitsschutzgesetz (ArbSchG), Berufsgenossenschaftliche Vorschriften (BGV), Sicherheitsregeln u. a. m.

Das Chemikaliengesetz (ChemG) bezweckt u.a.

- Mensch und Umwelt vor schädlichen Einwirkungen durch gefährliche Stoffe und Zubereitungen zu schützen
- Schädliche Einwirkungen erkennbar zu machen, um sie abzuwenden und ihrem Entstehen vorzubeugen.

Gefahrstoffe müssen gekennzeichnet sein, um auf die Gefahren für Mensch und Umwelt aufmerksam zu machen und wesentliche Angaben über die Gefahrstoffe (z. B. Angaben zum Stoff/zur Zubereitung, zur Gefahrenbezeichnung u. a. mit Gefahrensymbol, zum Hersteller; Sicherheitsratschläge) zu übermitteln.

Die Kennzeichnung muss halt- und lesbar auf der Verpackung in Mindestabmessungen, die in der Gefahrstoffverordnung (GefStoffV) angegeben sind, angebracht sein.
Hersteller und Vertreiber von Gefahrstoffen müssen dem Abnehmer umgehend entsprechende Sicherheitsdatenblätter (Produktinformationen) übergeben, deren Inhalt rechtlich festgelegt ist z. B.:

- Stoffzubereitung und Firmenbezeichnung
- Zusammensetzung/Angabe zu Bestandteilen
- Mögliche Gefahren
- Erste-Hilfe-Maßnahmen
- Maßnahmen zur Brandbekämpfung
- Maßnahmen bei unbeabsichtigter Freisetzung
- Handhabung und Lagerung
- Expositionsbegrenzung (Einleitungsbegrenzung) und persönliche Schutzausrüstung

- Physikalische und chemische Eigenschaften
- Stabilität und Reaktivität
- Toxikologische Informationen
- Angaben zur Ökologie
- Angaben zum Transport
- Vorschriften und sonstige Angaben.

Für einige Gefahrstoffe mit besonders gefährlichen Eigenschaften gelten Herstellungs- und Verwendungsverbote und Beschäftigungsbeschränkungen (z. B. für Jugendliche und werdende Mütter).

Aus der Gefahrstoffverordnung ergeben sich für den Arbeitgeber verschiedene Pflichten.

Er muss z. B. ein Gefahrstoffkataster (Gefahrstoffverzeichnis) anlegen lassen, in dem z. B. Produkt, Hersteller, Verwendungszweck, Gefahrenbezeichnung, R-Sätze, S-Sätze (siehe Rn. 422 und 423) dargestellt sind.

Der Arbeitgeber muss auch eine Betriebsanweisung mit beispielsweise folgendem Inhalt erstellen:

- Hinweise auf Gefahren für Mensch und Umwelt
- Schutzmaßnahmen und Verhaltensregeln
- Anweisungen zum Verhalten im Gefahrenfalle
- Erste Hilfe-Anweisungen
- Maßnahmen der Entsorgung.

Diese Betriebsanweisung gilt für alle Arbeitnehmer, die mit Gefahrstoffen „in Berührung kommen“ können z. B. durch

- innerbetriebliches befördern
- lagern und aufbewahren
- abfüllen, umfüllen und mischen
- be- und verarbeiten, überwachen
- herstellen oder gewinnen
- gebrauchen, verbrauchen und entsorgen.

Diese Betriebsanweisung muss den Arbeitnehmern bekannt gemacht werden (z. B. Aushänge, Aushändigung) und die Arbeitnehmer sind verpflichtet, die Betriebsanweisung zu beachten und einzuhalten.

Die Unterrichtung über Gefahren und deren Abwehr erfolgt in Unterweisungen; diese müssen mindestens den Inhalt der Betriebsanweisungen umfassen. Unterweisungen erfolgen:

- vor Aufnahme der Beschäftigung
- mindestens einmal jährlich
- bei Änderung der Bedingungen für den Umgang mit Gefahrstoffen

- bei Verwendung neuer oder anderer Gefahrstoffe
- bei Änderung von Vorschriften oder Regelungen.

Im Gefahrenfalle kommt der unverzüglichen Meldung an die richtige Stelle besondere Bedeutung zu. Der erforderliche Informationsweg sollte in einem Alarmierungsablauf festgelegt sein (z. B. Notruf 112 oder die entsprechende betriebliche Notrufnummer). Dieser Alarmierungsablauf sollte darüber hinaus Rufnummern enthalten zu:

- Notarzt/Werksarzt
- Rettungsdienst/Betriebssanitäter
- Feuerwehr/Werkfeuerwehr
- Betriebliche Sicherheitszentrale/zuständige Aufsichtsperson.

Das sachgerechte Ergreifen von Abhilfemaßnahmen wie z. B.

- Aufnahme von ausgelaufenen, flüssigen Gefahrstoffen
- Einsatz des richtigen Bindemittels
- Löschen mit geeigneten Löschmitteln
- Gründliche Reinigung und Dekontaminierung

sollte im Regelfalle den zuständigen internen und externen Stellen (z. B. Feuerwehr/Werkfeuerwehr) überlassen bleiben, da diese über die erforderlichen Hilfsmittel und Schutzausrüstungen verfügen.

248 30.2 Das Gesetz über die Beförderung gefährlicher Güter (**Gefahrgutbeförderungsgesetz** – GGBefG) gilt für die Beförderung gefährlicher Güter mit Eisenbahn-, Magnetschwebebahn-, Straßen-, Wasser- und Luftfahrzeugen.

Kernaussage ist, dass danach Gefahrguttransporte (Fahrzeuge und Ladungen), die nicht den Vorschriften entsprechen oder nicht die vorgeschriebenen Papiere vorweisen können, von den zuständigen Behörden (. . .) zur Mängelbehebung angewiesen und an der Weiterfahrt gehindert werden können.

Die zuständigen Behörden sind befugt, z. B. Betriebsanlagen der Geschäftsräume und zur Verhütung von dringenden Gefahren auch die Wohnräume des Auskunftspflichtigen (z. B. Verantwortliche für die Beförderung) zu betreten. Außerdem sind die zur Aufgabenerfüllung notwendigen Auskünfte zu erteilen.

Verantwortlicher für die Beförderung ist der Unternehmer oder Betriebsinhaber, der

- gefährliche Güter verpackt, verlädt, versendet, befördert, entlädt, empfängt, auspackt oder
- Verpackungen, Behälter, Container oder Fahrzeuge zur Beförderung gefährlicher Güter herstellt.

Wichtige weitere Einzelheiten zur Beförderung gefährlicher Güter ergeben sich aus der Verordnung über die Kontrollen von Gefahrguttransporten auf der Straße und in **Unternehmen** (GGKontrollV)[1] und der Gefahrgutverordnung Straße/ Eisenbahn (GGVSE)[2] sowie der Gefahrgutverordnung See (GGVSee)[3].

Wesentlich ist, dass nach der GGKontrollV durch die zuständigen Behörden auch Kontrollen in den Unternehmen durchgeführt werden können.

Danach können die für die Überwachung in den Unternehmen zuständigen Behörden **vorbeugend** oder wenn bei Gefahrguttransporten auf der Straße **Verstöße** festgestellt werden, Kontrollen in den Unternehmen durchgeführt werden, um die Einhaltung der Vorschriften durchzusetzen.

Es können dazu verschiedene Maßnahmen ergriffen werden wie z. B.:

- Stichprobenkontrollen durchführen
- Proben entnehmen
- Abstellen von Fahrzeugen an einem geeigneten Ort
- Mängelabstellung am Kontrollort
- Einfahrtverweigerung bei „Grenzkontrollen".

Verstöße können z. B. sein:

- Gefahrgut ist nicht zum Transport zugelassen
- Undichter Tank oder undichte Verpackung
- Fahrzeug-Zulassungsbescheinigung ist nicht in Ordnung oder fehlt
- Orangefarbene Warntafeln fehlen oder sind falsch
- Unfallmerkblätter fehlen oder sind unzugänglich
- Fahrzeug oder Verpackung sind ungeeignet
- Schulungsbescheinigung des Fahrers für Gefahrgüter fehlt
- Ausrüstung ist nicht komplett (z. B. Feuerlöscher fehlen)
- Gefahrzettel fehlen
- Begleit-/Beförderungspapiere sind nicht ordnungsgemäß oder fehlen
- Überladung

Gefährliche Güter sind

- Stoffe und Gegenstände, von denen Gefahren für die öffentliche Sicherheit oder Ordnung, insbesondere für die Allgemeinheit, Menschen, Tiere, wichtige Gemeingüter und Sachen ausgehen können oder ergeben sich
- aufgrund ihrer Natur, ihrer Eigenschaften oder ihres Zustandes im Zusammenhang mit der Beförderung (§ 2 Gefahrgutbeförderungsgesetz).

Die **Gefahrgutvorschriften** regeln im Einzelnen u. a.

- die Beförderung und die Be- und Entladung gefährlicher Güter
- die Verpackung und die Kennzeichnung gefährlicher Güter

1 Vom 27. 5. 1997 (BGBl. I S. 1306).
2 Vom 10. September 2003 (BGBl. I S. 1213, ber. BGBl. I S. 2139) mit späteren Änderungen.
3 Vom 4. November 2003 (BGBl. I S. 2286) mit späteren Änderungen.

DIENSTKUNDE

- den Bau, die Ausrüstung und die Prüfung von Transportfahrzeugen und Transportbehältern
- die Kennzeichnung von Transportfahrzeugen (s. Rn. 419 f.).

Transporte sind immer dann entsprechend den Bestimmungen der GGVSE abzuwickeln, wenn Gefahrgut in Tank-/Silofahrzeugen befördert wird, es sich um einen leeren und ungereinigten Behälter (Tank, Silo, Container) handelt oder bei Versandstücken die Höchstmengen gem. GGVSE (Kap. 1.1.3.6.3) überschritten werden.

Das **Gefahrgutgesetz** gilt für die Beförderung gefährlicher Güter mit Eisenbahnfahrzeugen und Straßenfahrzeugen.

Es findet u. a. keine Anwendung auf die Beförderung innerhalb von Betrieben, in denen gefährliche Güter hergestellt, bearbeitet, verarbeitet, gelagert, verwendet oder vernichtet werden, soweit die Beförderung auf einem abgeschlossenen Gelände stattfindet; hierfür gelten die Berufsgenossenschaftlichen Vorschriften (BGV) (s. Rn. 147; zur Öffentlichkeit von Verkehrsflächen s. Rn. 154 f.),

Die meisten Vorschriften der GGVSE gelten auch im grenzüberschreitenden Verkehr. Hier sind darüber hinaus die europäischen Rechtsvorschriften (z. B. das Europäische Übereinkommen über die internationale Beförderung gefährlicher Güter – ADR) zu beachten.

249 30.3 Die Beförderung gefährlicher Güter im Straßenverkehr und auf der Schiene richtet sich nach der **Gefahrgutverordnung Straße/Eisenbahn** (GGVSE).

Gefährliche Güter dürfen auf der Straße nur befördert werden, wenn sie nach der GGVSE zur Beförderung zugelassen und nicht von der Beförderung ausgeschlossen sind (§ 4 GGVSE).

Die GGVSE bestimmt gefährliche Güter im Einzelnen und legt **Sicherheitspflichten** für alle an der Beförderung beteiligten Personen fest; das gilt auch im grenzüberschreitenden Verkehr.

Als **beteiligte Personen** definiert die GGVSE u. a.:

- **Beförderer:** wer das Fahrzeug für die Ortsveränderung des Gutes verwendet,
- **Absender:** wer mit dem Beförderer einen Beförderungsvertrag abschließt,
- **Verlader:** wer als unmittelbarer Besitzer das Gut dem Beförderer zur Beförderung übergibt oder selbst befördert,
- **Lademeister:** wer als unmittelbarer Besitzer des gefährlichen Gutes dieses in einen Tankzug oder Tankcontainer einbringt oder einbringen lässt,
- **Beauftragte Person:** wer vom Unternehmer mit der eigenverantwortlichen Durchführung von Aufgaben nach den Gefahrgutvorschriften z. B. der Gefahrgutbeauftragtenverordnung (GbV) beauftragt ist.

Die GGVSE teilt die gefährlichen Güter in 13 **Gefahrklassen** auf, z. B.:
- explosive Stoffe und Gegenstände mit Explosivstoffen
- Gase
- entzündbare flüssige Stoffe
- entzündbare feste Stoffe
- Stoffe, die in Berührung mit Wasser entzündbare Gase entwickeln
- entzündend (oxidierend) wirkende Stoffe
- organische Peroxide
- selbstentzündliche Stoffe
- giftige Stoffe
- ansteckungsgefährliche Stoffe
- radioaktive Stoffe
- ätzende Stoffe
- verschiedene gefährliche Stoffe und Gegenstände.

Von solchen gefährlichen Gütern können zum Teil erhebliche Gefahren ausgehen.

Beispiele:
- Bei Sprengstoff, Munition, Gasen kann es zu Explosionen kommen
- Entzündbare feste oder flüssige Stoffe wie Benzin, Heizöl, Dieselkraftstoff, Schwefel können durch Funken oder Flammen zum Glimmen oder Brennen kommen
- Selbstentzündliche Stoffe wie Aluminiumstaub oder Phosphor können Eigenerhitzung und Entzündung zur Folge haben
- Ätzende Stoffe wie Salzsäure oder Schwefelsäure können Hautflächen zerstören
- Bei giftigen Stoffen wie Anilin oder Chlor können beim Einatmen oder Berühren der Haut Schädigungen eintreten.

Viele der gefährlichen Güter können Mehrfachgefahren verursachen, z. B. wenn bei einem entzündbaren Stoff auch giftige Gase abgegeben werden.

Gefährliche Stoffe können außerdem eine Gefahr für Gewässer und Trinkwasser darstellen (Übersicht: Beispiele s. Rn. 251 und 253).

30.4 In § 4 GGVSE sind die **Sicherheitspflichten** aller an der Beförderung gefährlicher Güter Beteiligter beschrieben. Die Beteiligten haben alle nach Art und Ausmaß der vorhersehbaren Gefahren erforderliche Vorkehrungen zu treffen, um Schadensfälle zu verhindern und bei Eintritt eines Schadens dessen Umfang so gering wie möglich zu halten. Die tatsächlichen Zuständigkeiten und Pflichten ergeben sich im Einzelnen aus § 6 – Zuständigkeiten und § 9-Pflichten. Das gilt auch für grenzüberschreitende Beförderungen. **250**

Beispiel:
Ein Verlader darf einem Beförderer nur zugelassene gefährliche Güter übergeben, die nicht von der Beförderung ausgeschlossen sind (§ 3 GGVSE); der Beförderer hat den Fahrzeugführer auf das gefährliche Gut und dessen Bezeichnung hinzuweisen, hat dafür zu sorgen, dass die schriftlichen Weisungen (Unfallmerkblätter) an den Fahrzeugführer gelangen und dass dieser und

sein Beifahrer diese zur Kenntnis nehmen und sie wirksam anwenden können; außerdem hat der Beförderer anhand der Begleitpapiere zu prüfen, ob diese gefährlichen Güter befördert werden dürfen.

Zu den **Begleitpapieren** für den Gefahrguttransport auf Straßen gehören:

- das Beförderungspapier muss z. B. Angaben über Bezeichnung des Gutes und Kennzeichnungsnummer des Stoffes, Anzahl und Beschreibung der Versandstücke oder der Großpackmittel, Namen und Anschrift des Absenders und des Empfängers enthalten und muss grundsätzlich bei allen Transporten mitgeführt werden,
- die schriftlichen Weisungen (**Unfallmerkblätter/Gefahrgut-Unfallmerkblattbuch**), die mitgeführt werden müssen, wenn z. B. bestimmte Mengen überschritten werden (s. Rn. 421),
- die Bescheinigungen der besonderen Zulassungen, die einzuholen sind, wenn Transportmittel wie z. B. Tanks oder Tankbatterien benutzt werden,
- die Beförderungserlaubnis, die erforderlich ist, wenn z. B. bei Listengütern bestimmte Mengen überschritten werden; diese Erlaubnis wird von der zuständigen Straßenverkehrsbehörde erteilt.

Bei der **Beförderung** von Gefahrengütern sind bei bestimmten Mengen Beförderungspapiere, Bescheinigungen und Unfallmerkblätter erforderlich. Die Beförderungspapiere müssen alle Angaben enthalten, die die GGVSE fordert.

Die **Ausrüstung** bei Gefahrguttransporten orientiert sich an den Gefahrgutklassen (Eigenschaften der Gefahrgüter). Die Mindestausrüstung besteht z. B. aus Werkzeugsatz für Notreparaturen, 2 Warnleuchten, 2 Feuerlöschern, Warntafeln (s. Rn. 419) usw.

Die persönliche Schutzausrüstung ergibt sich aus den Unfallmerkblättern (gem. Gefahrgut-Unfallmerkblattbuch) und ist entsprechend der Gefahrgutklassen unterschiedlich.

Beispiele:

Gefahrgutklasse 1 – Explosive Stoffe und Gegenstände mit Explosivstoffen:
Schutzbrille, Augenspülflasche mit Wasser, Warnweste, Handlampe, 2 selbststehende Warnzeichen

Gefahrgutklasse 8 – Ätzende Stoffe:
Schutzbrille, Augenspülflasche mit Wasser, Warnweste, Handlampe, Atemschutz, Handschuhe, 2 selbststehende Warnzeichen, Schaufel, leichte Schutzkleidung

Die Verpflichtung zur Kennzeichnung besteht bei Überschreitung der Menge einer festgelegten Klasse + Verpackungsgruppe. Dieses gilt auch für das Mitführen der Schutzausrüstung gem. Unfallmerkblatt für Fahrer und Beifahrer; die Mengengrenzen sind festgelegt (GGVSE Kap. 1.1.3.6.3).

Zu den Sicherheitspflichten gehört auch, dass der Absender den Beförderer auf das gefährliche Gut und dessen Bezeichnung hinweisen muss und ein entsprechendes Beförderungspapier mitzugeben hat. Der Verlader muss den Fahrzeugführer ebenfalls auf das gefährliche Gut und dessen Bezeichnung hinweisen und dafür Sorge tragen, dass gefährliche Güter dem Beförderer nur dann übergeben werden, wenn sie auch befördert werden dürfen und dass der Fahrzeugführer in den Besitz der schriftlichen Weisungen gelangt, d. h. der Verlader hat zu kontrollieren, dass das Fahrzeug für den Transport des vorgesehenen Gutes zugelassen ist. Diese Kontrollen sollten protokolliert werden.

Auch muss beim Be- und Entladen überwacht werden, ob die Mengengrenzen eingehalten werden, ob das Fahrzeug gereinigt ist und ob Zusammenladeverbote bestehen. Beim Entladen ist zu beachten, dass der Motor abgestellt ist, die Entladestelle abgesichert ist, Zündquellen ausgeschaltet sind und Schläuche und Kupplungen sicher angelegt sind. **Rauchverbot** gilt beim gesamten Transport, einschließlich Be- und Entladung.

Einzelteile der Ladung müssen auf der Fahrzeugeinheit so verstaut und gesichert sein, dass sie ihre Lage auf dem Fahrzeug nicht verändern können. Ein Beladen, ohne z. B. Versandstücke zu sichern, ist unzulässig. Die Verpackungen müssen so beschaffen sein, dass bei normalen Transportbedingungen auch bei Druck-, Feuchtigkeits- oder Temperaturänderungen z. B. das Auslaufen verhindert wird. Das gilt auch für leere, ungereinigte Verpackungen.

Verpackungen und Großpackmittel zum Transport gefährlicher Güter gelten nur dann als transportsicher, wenn sie bauartgeprüft und -zugelassen sind. Die Prüfungsanforderungen umfassen z. B.:

- Fallprüfungen
- Stapeldruckprüfungen
- Dichtigkeitsprüfungen

Sind im Ausnahmefall andere Prüfungen festgelegt, müssen diese Prüfungen bestanden sein; bauartliche Zulassung ist hier ebenfalls Voraussetzung (§ 3 GGVA – Gefahrgut-Ausnahmeverordnung).

Eine **Transportgenehmigung** für einige besonders gefährliche Güter wird nur erteilt, wenn z. B. ein Transport per Bahn unmöglich ist.

Zur **Kennzeichnung** von gefährlichen Stoffen und Gütern s. Rn. 419 ff.

Die Ausrüstung des Tankfahrzeuges bzw. Trägerfahrzeuges für Tanks mit Gefahrzetteln und Warntafeln sowie deren Bezeichnung mit den richtigen Kennzeichnungsnummern fällt in die Verantwortung des Halters. Für das Anbringen, Sichtbarmachen, Verdecken und Entfernen ist der Fahrer zuständig.

Gefahrzettel und Warntafeln müssen entfernt oder abgedeckt werden, wenn kein Gefahrgut befördert wird.

§ 49 Abs. 6 KrW-/AbfG legt ebenfalls eine Kennzeichnung genehmigungspflichtiger Transporte fest, soweit diese Abfälle auf öffentlichen Straßen transportieren. Die Kennzeichnung erfolgt durch zwei weiße, reflektierende Tafeln mit einem schwarzen „A“. Diese Tafeln sind am Anfang und am Ende der betreffenden Fahrzeugeinheit anzubringen.

Für Abfälle, die gleichzeitig Gefahrgüter sind, gelten die Vorschriften der GGVSE ebenfalls, d. h. beide Kennzeichnungen können gleichzeitig vorkommen; darüber hinaus müssen auch die Beförderungspapiere und die Unfallmerkblätter den Vorschriften der GGVSE entsprechen. Die Überwachung, Prüfung und Untersuchung von Transporten gefährlicher Güter auf Straßen und in Unternehmen richtet sich nach der GGKontrollV.

251 30.5 Die Bundesministerien des Innern und für Umwelt, Naturschutz und Reaktorsicherheit haben Rahmenempfehlungen für **Einsatzmaßnahmen nach Unfällen** mit wassergefährdenden Stoffen herausgegeben. Hierin werden Alarmierung, Sofortmaßnahmen, Folgenbeseitigung, Überwachung und Einsatzhinweise angesprochen. Eine Allgemeine Verwaltungsvorschrift vom 9. 3. 1990 enthält nähere Bestimmungen über wassergefährdende Stoffe und ihre Einstufung entsprechend ihrer Gefährlichkeit.

Bei Unfällen mit Gefahrguttransporten können gefährliche Substanzen frei werden und auf Menschen und Umwelt einwirken. Dadurch können erhebliche Gefahren auftreten. Eine umgehende Unterrichtung der zuständigen Stellen ist deshalb unerlässlich, z. B.

- im Betriebsgelände: Katastrophenschutz, Werkfeuerwehr, Sicherheitsdienst, Werkschutz usw., je nach Festlegung im betriebsbezogenen Alarmplan,
- außerhalb des Betriebsgeländes: nächste Polizeidienststelle (s. Rn. 31) oder Feuerwehr; schnelle Hilfe leisten Gefahrgut-Datenbanken, z. B. das Informationssystem für Umweltchemikalien, Chemieanlagen und Störfälle (INFUCHS) des Umweltbundesamtes in Berlin; für Störfälle auch TUIS der Chemischen Industrie.

252 Die **Unfallmeldung** dazu ist nach folgendem Schema abzugeben (Feuerwehr – D 112 – Polizei – D 110):

- NAME des Meldenden
- WO der Unfall passier ist
  - Ortsangabe
  - Straße von – nach/km-Angabe
- WAS passiert ist
  - Verkehrsunfall?
    - Verletzte Personen
    - Ist die Ladung frei oder droht sie frei zu werden
  - Zwischenfall z. B. undicht gewordene Verpackung
- WELCHE Produkte
  - sind auf der Beförderungseinheit geladen
  - sind ausgetreten

- sind evtl. von der Ladefläche herabgefallen
- Hinweise auf Gefahrgut (Gefahrnummer, Stoffnummer, Gefahrzettel …) oder auf Sammelladung

Je nach Sachlage können weitere Maßnahmen erforderlich sein.

Beispiele:
- Warnen anderer Verkehrsteilnehmer
- Zündquellen fernhalten
- Rauchen verhindern
- auf Windrichtung hinweisen
- Schaulustige fernhalten.

Der **Werkschutz** hat auf dem Betriebsgelände weitere Aufgaben.

Beispiele:
- Verkehrslenkung
- Absicherung der Unfallstelle
- Lotsendienst
- Unfallaufnahme.

Nach Gefahrgutunfällen können besondere **Verletzungen** auftreten, die der fachkundigen Behandlung bedürfen. **253**

Beispiele:
- Verletzungen der Augen
- Verätzungen
- Verbrennungen
- Verbrühungen
- Erfrierungen
- Vergiftungen
- Verwundungen.

Beim Bergen von Verletzten und bei Erste-Hilfe-Maßnahmen ist besonders auf Eigensicherung (s. Rn. 210) zu achten. Die Bekämpfung von Feuer und frei gewordenen gefährlichen Gütern muss der Feuerwehr und dem Katastrophenschutz vorbehalten bleiben, da nur diese Institutionen die erforderlichen Fachkenntnisse und Ausrüstungen besitzen.

An sonstigen Sicherungs- und Sicherheitsmaßnahmen sind denkbar:
- Wegschicken/Weggehen aus der Gefahrenzone
- Warnschilder aufstellen
- Unfallmerkblätter abnehmen und aufbewahren
- tiefliegende Zonen/Kanäle sichern
- Neugierige und Unbeteiligte fernhalten
- Anwohner/Anlieger warnen.

Beispiele:

Unfall-merk-blatt Nr.	Gruppe der Stoffe	Nr. zur Kenn-zeichnung der Gefahr	Nr. zur Kenn-zeichnung des Stoffes	WGK-Klasse Kenn-Nr.	Klass der Stoffaufzählung
Nr. 371	Ammoniak in Wasser gelöst (mehr als 10 % höchstens 35 %)	80	2672	WGK: 2 211	Klasse 8
Nr. 135	Benzol (Benzen)	33	1114	WGK: 3 029	Klasse 3
Nr. 232	Schwefel (Schmelze)	44	2448	WGK: keine	Klasse 4.1
Nr. 230	Schwefel (fest)	40	1350	WGK: keine	Klasse 4.1
Nr. 157	Schwefelsäure (mehr als 51 % Säure)	80	1830	WGK: 1 182	Klasse 8
Nr. 053	Kohlen-wasserstoffe (Dieselöl)	30	1202	WGK: 2 076/119	Klasse 3

WGK = Wassergefährungsklasse

31. Kapitel: Personen- und Veranstaltungsschutz

31.1 Anschläge auf Repräsentanten von Politik, Wirtschaft und Industrie sind **254**
nach wie vor nicht auszuschließen. Sie machen den hohen Rang des **Personenschutzes** deutlich und zeigen, dass für gefährdete Personen **Schutzmaßnahmen** geboten sein können.

Aufgabe des Personenschutzes ist die Verhinderung oder Abwehr von Angriffen auf

- das Leben
- die körperliche Unversehrtheit und
- die Willens- und Handlungsfreiheit

einer **Schutzperson.**

Für gefährdete Personen in Industrie und Wirtschaft müssen Schutzmaßnahmen sowohl für den geschäftlichen als auch für den privaten Bereich getroffen werden.

Potenziell gefährdet sind Personen, die in einem der nachstehenden Bereiche exponierte Stellungen einnehmen und aufgrund ihrer Tätigkeit einen gewissen Bekanntheitsgrad in der Öffentlichkeit haben (s. auch Rn. 255):

- Militärische Einrichtungen
- Industrie- und Wirtschaftsunternehmen
- Energieversorgungseinrichtungen (z. B. auch Tankstellen)
- Banken, Baufirmen, Kaufhäuser.

Die Auswertung zahlreicher Anschläge hat gezeigt, dass Planung und Durchführung trotz aller Unterschiede im konkreten Tatablauf gewissen gemeinsamen **Gesetzmäßigkeiten** folgt:

- Unabhängig von der Herkunft der Täter (z. B. aus der terroristischen Szene, sonstige Kriminelle oder Psychopathen) geht der Tat eine Planung voraus, zu deren Beginn eine Angriffsperson ausgewählt wird.
- In der Vorbereitungsphase werden Gewohnheiten und Umfeld dieser Person mit offenen oder verdeckten Mitteln erkundet.

In dieser Phase müssen sich die Täter dem „Opfer“ nähern, Erkundigungen einziehen, sich in seiner Nähe aufhalten, sich die Lebensgewohnheiten und Wohnbereiche einprägen.

Zu diesem Zweck wird häufig eine Legende benutzt, die der Situation und dem Umfeld angepasst ist. Fehler im Gebrauch der Legende können erste Hinweise auf eine mögliche Gefährdung geben.

Wachsamkeit gegenüber der Umgebung kann hier zu Erkenntnissen führen, die Rückschlüsse auf eine geplante Aktion zulassen.

Die eigenen Aufklärungs- und Observationsmaßnahmen sollten deswegen umfassen:

- Vorauskontrolle: die Wegeerkundung und -aufklärung vor einer Befahrung durch die Schutzperson, um Abweichungen von der Norm im Voraus zu erkennen und bei solchen Feststellungen die Schutzperson warnen und umlenken zu können.
- Umfeldbeobachtung: die intensive Bestreifung eines Bereiches um den Wohnbereich oder Veranstaltungsort oder den Fahrtweg einer Schutzperson, um Ausspähungen, Vorbereitungshandlungen etc. frühzeitig zu erkennen und zu bewerten.
- Nachkontrolle: die Veränderungen auf dem Fahrtweg und dem bestreiften Bereich zwischen Vorauskontrolle und Nachkontrolle (unmittelbar vor Fahrt der Schutzperson!) erkennen, um feststellen zu können, was sich zeitraumbezogen verändert hat und zu einer veränderten Gefährdungsbewertung führen sollte.
- Objektkontrolle: die intensive Innen- und Außenkontrolle des durch die Schutzperson besuchten Objektes (beim Wohnbereich in der Regel Außenkontrolle).

Die von den Tätern gesetzten „Signale“ müssen erkannt werden.

Beispiele:
- Fremde Kfz-Kennzeichen (ortsunübliche oder vermehrt auftauchende fremde Kfz-Kennzeichen)
- Verdächtiges, d. h. ungewöhnliches Verhalten (etwas passt nicht in das gewohnte Bild)
- Personen, die vom Verhalten her auffallen (nachts den Eindruck von Beobachtung erwecken)
- Abgelegte evtl. nicht hingehörende Gegenstände („getarnt“ postierte Sachen/Gegenstände)
- Ungewöhnliche Anrufe (Fragen nach Privatadresse)
- Im Umfeld versteckt abgestellte Fahrzeuge (vorgetäuschte Pannen)
- Ungewöhnliche Feststellungen am Objekt einer Schutzperson (z. B. beschädigte Außenbeleuchtung)
- Verfolgungsverdacht ggf. „Runden fahren“ (Kennzeichen notieren; nächstes Polizeirevier anfahren).

Solchen Hinweisen muss durch geeignete Aufklärungsmaßnahmen nachgegangen werden, um den tatsächlichen Gefährdungsgrad zu erkennen.

Beispiele:
- Ein Eisverkäufer bietet bei kühler Witterung in der Nähe des Wohnhauses der Schutzperson seine Ware an;
- ein Pärchen mit Kinderwagen versucht um 23 Uhr den Wagen einer Schutzperson anzuhalten, um einen Fußgängerüberweg zu überqueren.

Grundsätze für ein umsichtiges Verhalten, um Gefahrensituationen frühzeitig zu erkennen und zu bewältigen:

- Kontrolle des Fahrzeuges vor Fahrtbeginn.

Beispiele:
- Befinden sich unbekannte Gegenstände im Wagen
- Zündschloss und -leitung überprüfen
- bei Verdacht: Motor nicht starten
- Kofferraum kontrollieren
- Fahrzeugboden und Bremsleitungen prüfen
- Teppichboden abtasten
- Manipulationen an Polstern, Verkleidung, Abdeckungen
- Kratz- oder Reibespuren an den Reifen
- Unterbrechung des normalen Schmutzfilms
- Sitz von Radschrauben und Radkappen.

- Kraftfahrzeuge von Schutzpersonen niemals unverschlossen oder unbeaufsichtigt, über Kanaldeckeln oder in der Nähe von Containern etc. parken
- verschiedene, kurzfristig wechselbare Fahrstrecken (auch über Umwege) und Fahrtzeiten vereinbaren
- unregelmäßige Abfahrts- und Ankunftszeiten
- Anpassen des Fahrverhaltens an den Verkehrsfluss
- überflüssige Halts (stop and go) vermeiden
- das Verkehrsgeschehen beobachten, z. B. um mehrmals auftauchende Fahrzeuge festzustellen
- Beobachtungen mit Einzelheiten registrieren (z. B. Zeit, Ort, Fahrzeugkennzeichen, Personenzahl) ggf. Mitteilung an Polizei und Werkschutzleitung.

31.2 Ein effektiver Personenschutz erfordert laufend einen hohen personellen und technischen Aufwand. Um diesen möglichst wirtschaftlich zu gestalten, muss zunächst festgelegt werden, wer Personenschutz benötigt. Eine mögliche tatsächliche Gefährdung muss vom Prestigeschutz (Personenschutz als Statussymbol) abgegrenzt werden. Es ist nicht Sinn des Personenschutzes zu dokumentieren, dass sich jemand einen Bodyguard leisten kann (s. auch Rn. 14). **255**

Jedoch können Anlässe, in Überlegungen für Personenschutzmaßnahmen einzutreten, sein:

- das subjektive Sicherheitsgefühl eines Entscheidungsträgers aus Politik und Wirtschaft
- konkrete Vorkommnisse (z. B. Hinweise von Sicherheitsbehörden, s. Rn. 31, eigene Feststellungen)
- die Position einer Person im Wirtschaftsleben.

Zunächst ist zu prüfen, ob eine Gefährdung vorliegt, denn Schutzmaßnahmen bedeuten in jedem Fall einen Eingriff in die bisherige Bewegungsfreiheit.

Eine **Gefährdungsanalyse** trägt dazu bei, Art und Umfang der möglichen Gefährdung einer Person aufzuhellen.

Beispiel:
– Gefährdung aufgrund persönlicher Rache eines entlassenen Mitarbeiters.

Aufgrund der Gefährdungsanalyse müssen zusätzliche Informationen gesammelt werden, die eine Aussage darüber ermöglichen, ob es Gründe gibt, die ein Interesse an einem ganz bestimmten Opfer erkennen lassen.

Beispiele:
– Aktuelle Medienberichte über bestimmte Projekte, die u. U. Reizthema sein könnten
– Informationen von Sicherheitsbehörden
– Sammeln und Auswerten von Informationen über mögliche Tätergruppen (s. Rn. 254).

256 31.3 Eine um solche Informationen angereicherte Gefährdungsanalyse zeigt Überlegungs-, Beurteilungs- und Handlungsspielräume auf. Sie lässt ein **individuelles Schutzkonzept** zu, das angepasst ist an

– die konkrete Lage
– die persönliche Situation der Schutzperson
– die betrieblichen Erfordernisse.

Die Gefährdungsbewertung sollte in enger Zusammenarbeit mit den zuständigen Behörden erfolgen.

Für ein solches Schutzkonzept gilt der Grundsatz des Ganzen. Ziel von Personenschutzmaßnahmen ist es, in allen denkbaren Gefährdungslagen einem Angriff möglichst auszuweichen und die Schutzperson nur ausnahmsweise, d. h. wenn kein Handlungsspielraum für ein Ausweichen mehr besteht, mit der Gefahr zu konfrontieren.

Das globale Schutzziel (Schutz einer bestimmten Person) wird nur erreicht, wenn ein Bündel mehrerer untergeordneter Einzelziele ständig verfolgt wird.

Beispiele:
Der Vorstandsvorsitzende eines Industriekonzerns soll vor einem Anschlag geschützt werden (Schutzziel). Einzelziele können sein:
– Sicherung des Wohngebäudes
– Sicherheit des Fahrzeuges
– Sicherheit des Büros

- Sicherheit an Veranstaltungsorten
- Sicherheit des Fahrweges
- Sicherheit im Betriebsgelände
- sicherer Aufenthalt am Urlaubsort.

Die Schutzperson muss für die notwendigen Schutzmaßnahmen sensibilisiert werden.

Sie muss die einzelnen Ziele und die damit verbundenen Maßnahmen uneingeschränkt akzeptieren. Die Schutzperson muss sich darüber klar sein, dass das Schutzziel insgesamt nur zu erreichen ist, wenn sie ihre persönliche Bewegungs- und Entscheidungsfreiheit einschränken lässt. Schutzperson und **Personenschutzkräfte** sind im Ernstfall aufeinander angewiesen, sodass ein möglichst enges Vertrauensverhältnis zwischen ihnen unerlässlich ist. Der Erfolg einer Schutzmaßnahme, für den Personenschützer eventuell mit ihrem Leben eintreten (s. Rn. 76), hängt entscheidend davon ab, inwieweit eine Schutzperson bereit ist, Schutzmaßnahmen anzuerkennen.

Beispiel:
Eine Schutzperson muss die Grundsätze der Evakuierung kennen, wenn sie aus einem gefährdeten Bereich räumlich weggebracht werden soll (etwa wenn ein Begleitfahrzeug das Fahrzeug der Schutzperson gewaltsam beiseite schiebt). Sie muss diese Grundsätze anerkennen und eingeleitete Maßnahmen über sich ergehen lassen, ohne ihrerseits störend einzugreifen.

In eine solche Sensibilisierung müssen Familienangehörige und Vertrauenspersonen (z. B. Hauspersonal, Fahrer, Vorzimmerkraft) mit einbezogen werden. Trotz aller durchdachten und realisierten Personen- und Veranstaltungsschutzmaßnahmen bleibt immer ein Restrisiko. Dieses darf jedoch nicht durch mangelnde Akzeptanz, falsche Bewertung oder nicht durchdachte Schutzmaßnahmen vergrößert werden. Es muss definiert und der Schutzperson und den Personenschützern bewusst sein.

31.4 Gefährdungsanalyse und Schutzzieldefinition münden in die Entwicklung 257
von Maßnahmen und Alternativen, die das vorgegebene Schutzziel am besten erreichen lassen. Die Gesamtheit der einzelnen Maßnahmen bildet das Schutzkonzept.

Beispiele:
- Ständige Beobachtung des Umfeldes der Wohnung
- Verbesserung des baulich-technischen Zustandes des Wohnhauses
- Streckenaufklärung und Wegeerkundung unmittelbar vor Fahrten
- Feststellen von verdächtigen Gegenständen an der Fahrtroute.

Personenschutzmaßnahmen können durchführen:

- die Polizei (s. Rn. 22); private Schutzmaßnahmen enden, sobald und soweit hoheitliche Maßnahmen der Gefahrenabwehr getroffen werden (s. Rn. 31)
- eigene Kräfte und Mittel (s. auch Rn. 195)
- fremde Kräfte und Mittel (z. B. Dienstleistungsunternehmen, s. Rn. 27).

Für behördliche Personenschutzmaßnahmen gelten die einschlägigen Rechtsgrundlagen (s. Rn. 22). Zu den Rechtsgrundlagen des privaten Personenschutzes s. Rn. 64, 117 ff., 123 ff., 129 ff., 137 ff. Beispielsweise ist eine Geschwindigkeitsüberschreitung oder die Benutzung von Sondersignalen (Blaulicht und Martinshorn) aufgrund von öffentlich-rechtlichen Befugnisnormen rechtmäßig, während Privatpersonen solche Befugnisse grundsätzlich nicht zustehen (s. Rn. 6).

Personen- und **Veranstaltungsschutzmaßnahmen** sind alle Schutztätigkeiten und Abläufe, die erforderlich sind, um Personen und deren Umfeld optimal und wirksam absichern und schützen zu können. Zu unterscheiden sind:

- unmittelbarer Personenschutz (Kontakt zur Schutzperson in Sicht- und Nahdistanz); es gilt der Grundsatz: so weiträumig wie möglich, so nah wie erforderlich
- mittelbarer Personenschutz (gelockerter Kontakt zur Schutzperson)
- weiträumiger Personenschutz (Beobachtungskontakt zur Schutzperson).

Einzelmaßnahmen des Personenschutzes sind insbesondere:

- Begleitschutz (zu Fuß, motorisiert, auf Reisen, bei Veranstaltungen, s. Rn. 258)
- Aufklärung mit dem Ziel, Erkenntnisse zu gewinnen, die in die Gefährdungsanalyse einfließen und zu situationsangepassten Entscheidungen führen (Streckenaufklärung, Raumaufklärung, Objektaufklärung, Vor- und Nachaufklärung)
- Vorsichtsmaßnahmen (z. B. bei der Fahrzeugbenutzung).

Gemeinsam ist allen Personenschutzmaßnahmen, dass ein Zustand, Ereignis usw.

- zunächst wahrgenommen,
- erst dann (bewusst) erkannt
- und mit dem bereits vorhandenen (aus eigener oder fremder Erfahrung stammenden) Informationsbestand abgeglichen wird, bevor die Entscheidungsphase beginnt.

Diese Phase hängt entscheidend davon ab, wieviel Zeit zum Überlegen und Handeln zur Verfügung steht:

- ausreichend viel Zeit ermöglicht eine gründliche Gefahrenanalyse
- je weniger Zeit für die Bewältigung einer Lage vorhanden ist, desto eher werden Verhaltensmuster frei, die bei entsprechendem Training in gezielte Ab-

wehrmaßnahmen umgesetzt werden können (z. B. das Ziehen einer Schusswaffe, ein 180-Grad-Turn mit einem Kraftfahrzeug)
- bleibt keinerlei Zeit mehr für ein bewusstes Handeln, setzt das menschliche Gefahrenschutzinstinktverhalten ein, das nur mehr reflektorische Handlungen nach sich zieht.

Psychologisch gehört dieser Komplex in das Aggressions-/Fluchtverhalten (s. Rn. 461 ff.).

31.5 Unter **Veranstaltungsschutz** ist zu verstehen 258
- der Schutz des ungestörten Ablaufs einer Veranstaltung selbst; hierfür bietet das Hausrecht (s. Rn. 117 ff.) eine ausreichende Grundlage
- Personenschutz aus Anlass und im Verlauf einer Veranstaltung.

Der Werkschutz ist gehalten, bei Veranstaltungen mit Schutzpersonen aus Politik, Wirtschaft und Industrie Schutzmaßnahmen mit Polizei und Behörden, Begleitung und Bestreifung am zu besuchenden Objekt abzustimmen und durchzuführen.

Diese Maßnahmen können sein:
- Innen- und Außensicherung
- Umfeldbeobachtung
- Umfeldsicherung und Distanzstreife
- Überprüfungen und Kontrollen am und im Objekt
- Bewachungsmaßnahmen
- Sicherheitsmaßnahmen
- Kontaktaufnahme und Abstimmung.

Festzustellen ist u. a.
- Wo sind kritische Punkte und Bereiche?
- Wo sind eingesetzte Schutzkräfte postiert?

Der den Schutzpersonen gewährte Zugang (Einladung, Versammlung, Besprechung, Sitzung u. a. m.) gilt genauso für behördliche oder private Sicherheitsbegleiter.

Das Tragen von Schusswaffen ist bei öffentlichen Veranstaltungen grundsätzlich verboten (§§ 39 WaffG, 2, 9, 24, 27 VersammlG). Dieses Verbot gilt nicht für nichtöffentliche (geschlossene) Veranstaltungen.

Beispiel:
Private Personenschützer dürfen bei der Hauptversammlung einer AG grundsätzlich Schusswaffen führen, sofern sie dazu persönlich legitimiert sind (s. Rn. 199).

259 31.6 Für privates Schutzpersonal ist als besondere Maßnahme der Weiterbildung ein allgemeines und personenschutzbezogenes **Sensibilisierungs- und Verhaltenstraining** empfehlenswert.

Hauptziel eines solchen Trainings ist die aufgabenbezogene Fahrausbildung für

- Cheffahrer in besonderer Verwendung
- **Personenschützer** als Begleiter
- selbst fahrende gefährdete Führungskräfte.

Erlernt und geübt wird u. a.

- die Beherrschung eines Kraftfahrzeuges in kritischen Verkehrssituationen mit Bezug zum Personenschutz
- das psychologisch, taktisch und rechtlich einwandfreie und angemessene Verhalten, im Kraftfahrzeug, am und im Umfeld eines Kraftfahrzeuges.

Sicherheitsbehörden und namhafte Privatinstitutionen (z. B. das Landmann-Team, Bonn-Bad Godesberg) bieten entsprechende Kurse zum Erlernen von Spezialfahrtechniken an.

32. Kapitel: Objektschutz

260 32.1 **Objektschutz** ist der Schutz von Betrieben, Anlagen, Gebäuden, Geräten und Wohnungen gegen störende Einwirkungen. Damit sollen **Zerstörungen** und **Beschädigungen** verhindert und der ordnungsgemäße Betrieb in diesen Bereichen aufrechterhalten werden. Da der Schutz privater Rechte grundsätzlich keine **polizeiliche Aufgabe** ist (s. Rn. 25), werden behördliche Zuständigkeiten nur im Falle einer Gefahr begründet.

Bei zielgerichteter **Bewertung** des derzeitigen **Bedrohungsbildes** kann ein zeitgemäßer **Industrieschutz** mit reiner Streifentätigkeit und mit Verschlusskontrollen nicht mehr erreicht werden. Die **Schutzmaßnahmen** hängen von der Gefährdungsstufe ab. Eine veränderte **Gefährdungssituation** mit Anschlägen und einer vielfältigen Zahl verschiedener Aktionen auch der alternativen Szene zeigt immer neue **Angriffsziele** von Extremisten, Autonomen und Terroristen.

Besonders **schutzbedürftige Objekte** können sein:

- Verwaltungsgebäude und -außenstellen (z. B. **Symbolwertobjekte**),
- Energieversorgungsanlagen und Schaltstationen,
- Atom- und Nuklearanlagen,
- Bahnanlagen und Fuhrparks.

Objekte, die eines besonders intensiven Schutzes bedürfen (z. B. Produktionsstätten, Rechenzentren usw.), müssen zunächst auf **Schwachstellen** untersucht werden.

Die Schwachstellenanalyse muss Gefährdung, **Schadensausmaß**, Sicherungsmaßnahmen und **Restrisiko** systematisch feststellen.

Insbesondere ist zu achten auf
- Ein- und Ausgänge, Türen, Fenster
- Bewuchs/Bepflanzung im Umfeld
- Schlagschatten durch Bewuchs oder Beleuchtung
- schadhafte Zaunanlagen
- ungesicherte Versorgungs- und Revisionsschächte sowie Abwässerkanäle
- nicht ausreichende Beleuchtung
- fehlende Verschlussmöglichkeiten/desolate Schließanlage
- ungesicherte und unüberwachte Notausgänge
- leichte Erreichbarkeit oberer Geschosse
- fehlende Bestreifung und Überwachung
- Feuerleitern, Fluchtbalkone, Fluchttreppen

32.2 Anhand eines **Objektschutzbriefes** können der **Widerstandswert** von **261**
Sicherungsmaßnahmen und der **Widerstandszeitwert** von Hilfsmaßnahmen realistisch bewertet und sichergestellt werden.

Muster für einen Objektschutzbrief

A. Beschreibung des Objekts
   1. Bezeichnung des Objekts
   2. Funktionsbeschreibung des Objekts
   3. Bedeutung des Objekts für den Betrieb (Ausfallwirkung evtl. gem. Werkanalyse)
   4. Bauart, Konstruktionsart, Materialart (kurze technische Beschreibung)
   5. Ersatzteilnachweis
   6. Reparaturzeit
   7. Störanfälligkeit
      a) allgemeine Störungen betrieblicher Art (Häufigkeit, Bekanntheitsgrad, Art, Umfang, Reparaturaufwand und -zeit in Schnittzahlen usw.)
      b) bisherige, gezielte Störmaßnahmen (Ansatzpunkte, erkannte Fachkenntnis bei Verursachern, Wirkung usw.)
      c) Anfälligkeit gegen störende Handlungen, zerstörende oder schädigende Mittel/Maßnahmen

B. Lage des Objekts
   1. Geographische Lage (Lageplan, Karte, Kartenausschnitt)
   2. Verkehrsanbindung und Verkehrswege
      einschl. Rettungswege, Anfahrt und Abfahrt zum/vom Objekt, Annäherungs- und Fluchtwege für Verursacher/Täter mit Gelände- und Wegebeschreibung
   3. Versorgungsleitungen (nächster Strom-, Brauchwasseranschluss, Hydrant)
   4. Benachrichtigungswege
      a) Arten (Rufanlagen, Telefon, Funk, Kurier usw.)
      b) Alarmierungsablauf/-plan als Informationsschema

C. Sicherungsmaßnahmen (Normalfall)
   1. Durchgeführte personelle Sicherungsmaßnahmen
      a) Bewachung (Sicherungsposten/Werkschutz oder Schichtbesetzung im laufenden Arbeitsprozess: zeitweilig, nur an Schichttagen, lückenlos usw.)
      b) Überwachung (Streifen oder Aufsichtspersonen; nicht ständig; evtl. schwerpunktmäßig; jedoch unterschiedlich und mit zeitlichen Lücken)
      c) Begehung (evtl. nur durch Betriebsaufsichten oder Brandwachen von Zeit zu Zeit; evtl. über längere Zeiträume nicht)
      d) Keine (z. B. nur bei Störungen oder Vorfällen)
   2. Vorhandene Sicherungseinrichtungen (s. Rn. 327 ff.)
      a) Einfriedungen, Beleuchtung, Schließanlage, Einbruchmeldeanlage, Fernsehüberwachungsanlage, Zugangskontrollsystem, Brandmeldesystem usw.
      b) Kontrollen durch Werkschutz, Bewachungsgesellschaften, Aufsichten, Reparatur- und Wartungsdienst usw.
      c) Kontrollen durch Werkfeuerwehr bei Überprüfung von Brandschutz-, Feuerlösch- oder anderen Sicherheitseinrichtungen

D. Zusammenfassung und Beurteilung
   1. Die Objektdarstellung, -beschreibung und -bewertung ergibt ein/kein Gefährdungsrisiko
   2. Die vorhandenen Sicherungsmaßnahmen gem. Teil C. reichen aus/nicht aus

3. Zusätzliche Sicherungsmaßnahmen und -einrichtungen müssen vorbereitet oder veranlasst werden, damit diese zu gegebener Zeit rechtzeitig zur Verfügung stehen.

E. Zu ergreifende Maßnahmen/Vorzubereitende Einrichtungen
1. Personelle Sicherungsmaßnahmen
   a) Plan mit Personalbedarfszahlen (z. B. Verstärkung aufgrund Gefährdungssituation)
   b) Aufgabennachweis (z. B. Objektauswahl nach Anweisung Objektschutz)
   c) Ersatzanforderungen in den Betrieben (z. B. Ersatz/Aushilfe bei bestimmten Gefahrensituationen)
2. Materielle Sicherungsmaßnahmen
   a) Plan mit Materialbedarfszahlen (z. B. Fahrzeuge, Werkzeuge, Geräte usw.)
   b) Festlegungen für Anforderungen und Abruf (z.B. Vereinbarungen mit den hilfe-/ersatzleistenden Stellen)
   c) Festlegung zur Instandsetzung/Sicherung/Erhaltung (z. B. Standorte von Arbeitsgeräten, Baggern, Raupen, LKW für Sicherungs- und Schutzmaßnahmen wie Erdwälle, Gräben, Sperren, Straßenunterbrechungen, Zäune usw.)
3. Technische/Elektronische Sicherungsmaßnahmen
   a) Sicherungsmittel (z. B. Einbruchmelde-, Fernsehüberwachungs-, Zugangskontoll-, Kommunikationseinrichtungen; Notrufe, Alarmbeleuchtung, bewegliches technisches Gerät)
   b) Vorbereitung und Organisation (z. B. Absprachen, Bereithaltung, Anforderung, Standorte, Abruf, Aufbau, Überwachung, Inbetriebnahme, Zuständigkeit, Auswertung usw.)
4. Bauliche Sicherungsmaßnahmen
   a) Festlegung von objektbezogenen Maßnahmen (z. B. Aufbringen von Sicherheitsfolien, Sperren von Zugängen, Ergänzen von Schließsystemen, Vergitterungen, Vermauern mit Glasbausteinen, Verstärkung von Zaunanlagen)
   b) Vorbereitung und Organisation

Mit den verwirklichten Maßnahmen kann für potenzielle Störer aller Art eine ausreichend hohe Risikoschwelle errichtet werden.

Die Auswertung von **Störer- und Szeneliteratur** einschließlich Selbstbezichtigungsschreiben und Anschlägen macht deutlich, dass viele Unternehmen in unterschiedlichen Bereichen gefährdet sind; dabei kann die Häufigkeit der Nennung in der Störer- und Szeneliteratur auf eine erhöhte Gefährdung hindeuten. Diese Literatur gibt Auskunft über Ziele, Zielgruppen, Befassungsbereiche und Reizthemen.

262 32.3 Aus der Schwachstellenanalyse ergeben sich notwendige mechanische, bauliche oder elektronische **Sicherungsmaßnahmen.** Darüber hinaus muss nach einem Objektschutzplan (Streifenplan) eine schwerpunktmäßige Bestreifung erfolgen. Das Zusammenwirken dieser Maßnahmen bewirkt die **Objektsicherung.** Einzelne Maßnahmen allein, wie z. B. nur technische oder nur bauliche, sind in der Regel für einen gezielten Objektschutz ungeeignet.

Ein absoluter Schutz ist unmöglich, jedoch kann der relative Schutz erheblich erhöht werden, wenn es gelingt, sinnvolle **Schutzmaßnahmen** zu realisieren und beizubehalten. Die Schutzanforderungen sollten im Objektschutzbrief zusammengefasst werden.

Aufklärungs- und Observationsmaßnahmen haben einen hohen Stellenwert, denn sie ermöglichen die Früherkennung von Störungen und damit ein lageangepasstes Ausweichen und Abwehren.

Diese Maßnahmen sind differenziert zu handhaben (z. B. Vorauskontrolle, Umfeldbeobachtung, Nachkontrolle, Objektkontrolle).

Wesentlich ist eine sachgerechte Information der Sicherungskräfte, ohne die weder ausreichende Motivation noch Sensibilität zu erreichen ist.

§ 9 BGV C 7

Objekteinweisung

(1) Der Unternehmer hat dafür zu sorgen, dass das Wach- und Sicherungspersonal in das jeweilige zu sichernde Objekt und die spezifischen Gefahren eingewiesen wird.

(2) Die Einweisungen sind zu Zeiten vorzunehmen, zu denen die Tätigkeit des Wach- und Sicherungspersonals ausgeübt wird.

(3) Der Unternehmer hat dafür zu sorgen, dass für alle Objekte und Objektbereiche, in denen Hunde eingesetzt sind, das Wach- und Sicherungspersonal über das Verhalten bei der Begegnung mit diesen Hunden unterwiesen wird.

Durch die Einweisung soll sichergestellt werden, dass auch während der Nacht eingesetztes Wach- und Sicherungspersonal ausreichende Kenntnisse der örtlichen Gegebenheiten besitzt.

Schutzbedürftige Objekte sind in einem Objektschutzplan (vertraulicher Lageplan) zu erfassen, auf dessen Grundlage eine zweckmäßige Objektbestreifung zu organisieren ist. Die durchzuführenden Befahrungen sind aus Kontrollgründen in einem Streifenbuch zu dokumentieren (Datum, Uhrzeit, Objekt).

Die Bestreifung der Objekte im Rahmen des beweglichen Objektschutzes erfolgt durch mobile Streifen (Funkwagen- und Hundestreifen) im gesamten Betriebsgelände, an sonstigen Betriebsanlagen sowie im Vor- und im Umfeld. Die zu bestreifenden Objekte sind in Objektlisten zu erfassen. Das mittels Schwachstellenanalyse ermittelte Ausmaß des Schutzes berücksichtigt den Grad der Gefährdung solcher Objekte und ihre Wichtigkeit für den betrieblichen Ablauf.

Objektschutz muss für die Gefährdungsbewertung auch die Zielsetzung potentieller Angreifer und ihrer Vorgehensweisen berücksichtigen.

Beispiele:
- Atomanlagenhersteller und -betreiber („Atommafia")
- Unternehmen mit Kontakten zu Entwicklungsländern („Dritte-Welt-Ausbeuter")
- Betriebe, die Umweltprobleme verursachen („Umweltzerstörer").

Die Vorgehensweise bei bisherigen Brand- und Sprengstoffanschlägen lässt generelle Erkenntnisse für bevorzugte Angriffsobjekte zu:

- frei zugängliche, nicht eingefriedete Objekte
- bei eingefriedeten Objekten richtet sich der Anschlag oftmals nur gegen die Einfriedung.
- Ablageorte wie Mauervorsprünge, kleinere Umfassungsmauern, abgemauerte Müllcontainer in Hausnähe usw.
- leicht übersteigbare oder zerstörbare Einfriedungen.

Die Art des Einsatzes von Werkschutzstreifen muss den Eindruck **ständiger Präsenz** vermitteln und darf keine Regelmäßigkeit erkennen lassen. Aus Art und Maß der Bestreifung dürfen Außenstehende keine Rückschlüsse auf ein oder mehrere Objekte ziehen können.

Das System der Objektbestreifung darf keine Zeitbindung und keine Verpflichtung zum Befahren bestimmter Wege beinhalten. Eine Zeitbindung verhindert echte Beobachtungen und Wahrnehmungen, weil zu bestimmten Zeiten bereits wieder andere Objekte angefahren werden müssen. Auch die Zustandskontrolle würde dem Zeitdruck zum Opfer fallen.

Objektschutz soll nach einem **Rotationsprinzip** erfolgen, das die Möglichkeiten eines angemessenen Einsatzes mit einem guten Maß an Sicherung gewährleistet:

- Grundsatz: Sichtbar sichern, ständig verändern, beweglich schützen.
- Mit Hilfe einer **Wertigkeitsstufe** wird für die Streifen die Häufigkeit des Bestreifens und die Aufenthaltszeit (Beobachtungszeit) im Umfeldbereich spezifiziert.

Der Bestreifungsaufenthalt in einem Objektumfeld kann höher sein als in einem anderen; dadurch wird sichergestellt, dass z. B. in Gefährdungssituationen/-zeiten diese Objekte häufiger angefahren werden.
- Die **Codierung** im Funkverkehr muss in angemessenen Abständen gewechselt werden.

263 An der Bestreifung sind grundsätzlich **alle Streifen** beteiligt. Streifen werden nicht an bestimmte Einzelaufgaben gebunden. Dadurch wird gleichzeitig die notwendige Verschleierung der einzelnen gefährdeten Objekte erreicht.

Die **Reihenfolge** des Anfahrens ergibt sich aus der geografischen Lage der Objekte zueinander. Die Bestreifung muss in angemessenen Zeitabständen erfolgen. Die Befahrung erfolgt „regelmäßig unregelmäßig" aus unterschiedlichen Richtungen unter Ausnutzung der verschiedenen Wegemöglichkeiten. Abweichungen von diesen Vorgaben sollen nur in Ausnahmefällen wegen anderer vordringlicher Aufgaben (z. B. wegen Unfallaufnahme, Geldtransport, Schadenbearbeitung, Schwertransport) vorgenommen werden. Längere Zeitabweichungen sind der Werkschutzleitung mitzuteilen und im Streifenbuch zu vermerken.

Wesentlich ist

- über erkannte oder eventuelle Veränderungen von Schicht zu Schicht zu informieren
- die Registrierung (Wach- und Streifenbuch) und die verzugslose Weitermeldung an zuständige Stellen
- die umfassende Information der Sicherheitszentrale.

Soll durch eine Streife an einem Objekt eine Überprüfung, Kontrolle oder Fußstreife vorgenommen werden, ist zuvor die Anforderung eines zweiten Funkstreifenwagens erforderlich (Grundsatz: einer sichert, einer überprüft).

Im Falle einer Feststellung oder eines Verdachtes wird weiter beobachtet und von dem jeweils bestreifenden Funkstreifenwagen sofort Meldung erstattet.

Wenn Unbekannte oder Verdächtige im Betriebsgelände oder an Objekten erkannt werden, ist festzustellen, um wieviele Personen es sich handelt und auf welche Absicht geschlossen werden kann.

In den Rahmen des Objektschutzes und der Umfeldsicherung gehören:

- Vorausmaßnahmen (z. B. Schwachstellenanalyse, Festlegung von Beobachtungspunkten)
- Vorauskontrolle und Umfeldbeobachtung (z. B. Wegeerkundung, Streckenaufklärung)

- Maßnahmen der Umfeldsicherung
- Sofortmaßnahmen (z. B. Alarmierung)
- Gegenmaßnahmen (z. B. Schlagbäume und Tore geschlossen halten) **264**

32.4 Das **Meldewesen** (s. Rn. 286 ff.) muss bei Berücksichtigung der gegebenen Gefährdungssituation einen schnellen Informationsfluss sicherstellen. Besondere Bedeutung kommt dabei den telefonischen Sofortmeldungen (Vorausmeldungen) zu.

Diese sind festzulegen für bestimmte Fälle von grundsätzlicher Bedeutung wie

- Flugblattverteilungsaktionen
- Drohungen, Bombendrohungen
- Auftreten von Gruppierungen
- Sprüh- und Klebeaktionen
- Tatbestände mit dem Charakter vorsätzlicher Sachbeschädigung
- Feststellung von Ausspähungen
- Vorfälle, bei denen Polizeikontakt erwartet werden kann.

Nur bei einer unverzüglichen Informationsübermittlung an die Sicherheitszentrale ist eine zentrale Aus- und Bewertung mit entsprechender Weiterleitung an die Sicherheitsbehörden und an andere betroffene Stellen sowie eine zweckentsprechende und sachliche Einleitung aller erforderlichen betrieblichen Maßnahmen möglich.

Zu überlegen ist, ob ein besonderer Alarmierungsablauf für störende Vorkommnisse und Handlungen (s. Rn. 277 ff.) festgeschrieben werden sollte.

Notwendig ist es, bei diesen Fallgruppen in jedem Falle, einen Berichtsvordruck (u. U. mit entsprechenden Anlagen) bereitzuhalten, um unmittelbar und ohne Zeitverlust schnellstens die zuständigen Stellen zu informieren.

33. Kapitel: Ermittlungsdienst

33.1 Die **Ermittlungstätigkeit** des Werkschutzes umfasst die Aufklärung bestimmter Vorgänge. Verursacher sollen erkannt, Wiederholungen vermieden und Abhilfe erreicht werden. Die Erforschung und Feststellung bisher unbekannter Tatsachen soll Sachzusammenhänge erkennen lassen, auch um z. B. weggenommene Sachen wiederzubeschaffen. Ziel des Ermittlungswesens sollten auch vorbeugende Maßnahmen z. B. zum Schutz des Betriebes, seiner Mitarbeiter und **265** ihres Eigentums sein. Insgesamt bewirken Ermittlungen die Aufrechterhaltung oder Wiederherstellung der rechtmäßigen Ordnung und der vorgeschriebenen Sicherheit im Betrieb.

Die aufzuklärenden Vorfälle umfassen:

- Straftaten (s. Rn. 75)
- betriebliche **Ordnungsverstöße**
- **Schadensfälle** mit Körper-/Sachschäden (z. B. Verkehrsunfälle).

Jeder Werkschutzangehörige muss Grundkenntnisse der Ermittlungstätigkeit haben; vielfach wird eine Werkschutzstreife als erste am Geschehensort eintreffen. Ermittlungsarbeit bedarf besonderer Sachkunde. Weniger gut Ausgebildete sollten wenigstens einen Geschehnisort absichern und absperren können. Dazu gehört auch die Sicherung von Spuren gegen Zerstörung oder Wegnahme.

Der **erste Angriff** ist von besonderer Bedeutung. Vergessene Spuren sind unwiederbringlich.

Die Ermittlungen beginnen z. B. nach einem konkreten Vorfall, also einer strafbaren Handlung, einer Ordnungswidrigkeit, einem betrieblichen Ordnungsverstoß.

Häufig wird zunächst ein bestimmter Verdacht vorliegen. Die Ermittlungen sollen diesen bekräftigen oder widerlegen.

Für eine größere Werkschutzabteilung bietet es sich an, speziell geschulte Werkschutzangehörige als Beauftragte einzusetzen.

Voraussetzungen für eine erfolgreiche Ermittlungstätigkeit sind:

- Fundierte kriminaltechnische und -taktische Kenntnisse
- sichere Rechts- und Vorschriftenkenntnisse
- Einfühlungsvermögen und schnelle Auffassungsgabe
- Kenntnisse über die betrieblichen Organisationen, Regeln und Strukturen wie insbesondere Ortskenntnisse, Sonderzugangsrechte, Geheimschutz und Datensicherung
- sicheres Wissen über den Einsatz von Hilfsmitteln und deren Einsatzgrenzen.

266 33.2 **Tatort** ist der Ort, an dem der Täter bei einer strafbaren Handlung aktiv geworden ist und dadurch bewusst oder unbewusst Veränderungen am Ort der Tat und in der nächsten und nahen Umgebung hervorgerufen hat (Spuren). Tatort im engeren Sinne ist die Stelle, an der eine Tat verübt wurde, Tatort im weiteren Sinne ist jeder Ort, an dem im unmittelbaren Tatzusammenhang etwas geschehen ist.

Beispiel: Abstellplatz des Fahrzeuges zum Abtransport des Stehlgutes.

Zum Tatort zählen demnach die Örtlichkeiten, an denen eine Tat begonnen, fortgesetzt und beendet wurde. Je nachdem, ob Tatorte im Freien oder in geschlossenen Räumen liegen, erfordern sie unterschiedliche Vorgehensweisen.

Nur die am Tatort angetroffenen tatsächlichen Verhältnisse lassen Rückschlüsse auf den wirklichen Tathergang zu, sofern am ursprünglichen Zustand nichts verändert wird bzw. erfolgte oder notwendig gewordene Veränderungen als solche erkannt und markiert werden. Wichtig ist deshalb, dass der Werkschutz Meldende anweist, nichts zu berühren und zu verändern (Ausnahme z. B. Erste-Hilfe-Maßnahmen) und keine Unbefugten an den Tatort lässt.

Die Ermittlungsarbeit beginnt mit der **Tatortbesichtigung:**

- Überblick verschaffen
- Absperren des Tatortes
- fremdes Betreten verhindern
- feststellen, was geschehen ist (z. B. Diebstahl, Sachbeschädigung)
- erfolgte Veränderungen markieren.

Zeichnen sich umfangreichere Ermittlungen ab, ist zunächst der Werkschutzleiter hinzuzuziehen und die Einschaltung der Polizei abzustimmen.

Danach stellt sich die Frage nach der Abgrenzung des Tatortes (**Tatortsicherung**) und der Feststellung nachträglich vorgenommener Veränderungen (z. B. durch Befahren oder Begehen, Wegwerfen oder Liegenlassen von Gegenständen).

Beispiele:
- Sicherstellen, dass keine Gegenstände entfernt oder hinzugefügt werden
- Weg des Täters zum und vom Tatort erkennen
- keine eigenen Spuren legen
- vor Beginn der Tatortbefundaufnahme eigenen Pfad legen, der keine Spuren beschädigt und der immer wieder benutzt wird.

Die **Tatortbefundaufnahme** erfolgt von außen nach innen. Der Befund ist

- fotografisch (in Übersichts- und Detailaufnahmen),
- zeichnerisch (Spurenbild) und
- mit Meldungen

zu dokumentieren. Die Darstellung des Vorfalles erfolgt zweckmäßigerweise nach dem Werkschutzvordruck „Meldung“, also nach den „7 W“ (s. Rn. 287, 502).

Solche Einzelheiten müssen festgehalten werden, damit bei der späteren Spurensicherung nicht in falscher Richtung ermittelt wird. Aus diesen Veränderungen (Spuren) lässt sich die Frage nach den Verursachern (Tätern, Zeugen, Fahrzeugen, Gegenständen, Werkzeugen, Geräten usw.) beantworten.

Mit Hilfe der **Beweissicherung** sollen Täter, Tatverdächtige, Zeugen, Auskunftsperson, Opfer (Personenbeweise), Stehlgut, Tatwerkzeuge und Spuren (Sachbeweise) festgehalten werden.

Die Reihenfolge des aufgezeigten Ablaufes sollte eingehalten werden; eine Abweichung ist nur dann sinnvoll, wenn die Spurensicherung z. B. durch Witterungseinflüsse gefährdet scheint.

Zur Sicherung der Personenbeweise sind Personalien, amtliche Kennzeichen von Fahrzeugen usw. festzuhalten, damit auch spätere Nachfragen und Befragungen möglich werden und Tatzusammenhänge erkannt werden können.

In seltenen Fällen wird tatsächlich ein Tatort vorgefunden, der nach der Tat von keiner an der Tat unbeteiligten Personen betreten worden ist. Üblicherweise sind Unbeteiligte (z. B. Entdecker) schon vor dem Werkschutz oder der Polizei am Tatort. Auch dieser Personenkreis ist zu erfassen, damit gefragt werden kann, wie der Tatort vorgefunden, was verändert wurde, wer die Veränderungen warum vorgenommen hat usw.

267 33.3 **Spuren** können nach materiellen und nicht materiellen Merkmalen unterteilt werden.

Materielle Spuren sind z. B.

- Fingerspuren (Fingerabdrücke)
- Fußspuren
- Werkzeugspuren
- Fahrzeugspuren
- Farbspuren
- Kratzspuren.

Nicht materielle Spuren sind z. B.

- Zeugenaussagen zur Tat
- Aussagen zu möglichen Tatzusammenhängen
- Verhalten von Tatverdächtigen.

Materielle Spuren sind Veränderungen, die im Zusammenhang mit einem Ereignis entstanden sind und die zur Tataufklärung beitragen können. Spuren, die bei einer Straftat oder deren Vorbereitung entstehen, können Auskunft über den Hergang der Tat oder Hinweise auf den Täter geben. Spuren können dazu beitragen, Geschehnisse und Tatbestandsmerkmale (s. Rn. 76) einer Straftat zu erkennen, die Feststellung eines unbekannten Täters zu bewirken oder die Überführung oder das Geständnis eines Verdächtigen zu ermöglichen, zu untermauern oder zu widerlegen. Die Bedeutung der Spuren liegt in ihrer Beweiskraft, denn diese „stummen Zeugen" lügen und trügen nicht, sie sind objektiv und im Gegensatz zum „lebenden Zeugen" nicht durch Gefühle oder Irrtümer geprägt. Spuren sind demnach für die Sachaufklärung von erheblicher Bedeutung.

Spuren gehören zu den **Haupttatsachen,** die unmittelbare Zusammenhänge zur Tat aufzeigen.

Beispiele:
- Diebesgut
- aufgefundene Dokumente und Urkunden (s. Rn. 114)
- Fingerspuren
- Selbstbezichtigungsschreiben nach einem Anschlag
- Aussagen von Augenzeugen (s. Rn. 115).

Daneben stehen die **Hilfstatsachen,** die nur mittelbare Zusammenhänge belegen.

Beispiele:
- Beleuchtung des Tatortes
- Vorgehensweise bei ähnlichen Delikten.

Die einzelnen materiellen Spuren können in verschiedene **Gruppen** eingeteilt werden: 268

- **Finger-, Handflächen- und Fußspuren** entstehen durch Schweißabsonderung oder anhaftende Blut-, Fett-, Farb- und Schmutzteile bei Berührung von glatten Flächen oder Papier.

  Auf staubigen Flächen bilden sich diese Spuren durch „Abheben" der Staubschicht an der berührten Stelle, bei weichen Massen (z. B. Kitt, leicht angetrocknete Farbe) durch Eindruck und Abbildung in den Vertiefungen.
- **Fußspuren** entstehen durch Ab- oder Eindrücke des bekleideten oder unbekleideten Fußes (Fußbilder).

  Die fortlaufende Reihe der Fußbilder ergibt das **Gangbild;** der Abstand zwischen zwei Fußbildern ist die Schrittlänge. Aus dem Gangbild erkennt man die Trittart (z. B. Fußspitzen gerade, einwärts oder auswärts gesetzt). Der Abstand der Fußbilder von der Gehlinie, d. h. der Richtungslinie zwischen den einzelnen Fußbildern (Gangbild) ist oftmals unterschiedlich.
- **Werkzeugspuren** können vorkommen als
  - Formspuren (z. B. Eindrücke eines Hammers in zerschlagenen Gegenständen, Eindrücke eines Stemmeisens an aufgebrochenen Türen, Kratz- und Schartenspuren von bestimmten Werkzeugen als Muster an abgesägten Stellen, Bissstelle einer Zange)
  - Gegenstandsspuren (z. B. Tatwerkzeug).

Werkzeugspuren entstehen durch die Benutzung von Werkzeugen am Tatort; häufig handelt es sich um Werkzeuge des täglichen Gebrauchs wie Beile, Hammer, Messer, Sägen, Zangen, Schraubenzieher, Bolzenschneider usw.

- **Fahrzeugspuren** und Spuren an Fahrzeugen können entstehen, wenn der Täter ein Fahrzeug zur Anfahrt oder Flucht oder zum Abtransport des Stehlgutes benutzt. Solche Spuren werden durch alle nicht schienengebundenen Fahrzeuge vom Lastkraftwagen bis zum Handwagen verursacht. Die ein- und abgedrückten Spuren können Profile einer Gummibereifung sein.

  Die Fahrzeugart wird aus Radstand, Spurweite und Reifenstärke erkennbar.

  Sichergestellten Fahrzeugen können Materialspuren (Schmutz, Staub, Erde, Pflanzenteile usw.) anhaften.

- **Schmutz-, Staub-, Lack- und Farbspuren** (Berührungsspuren) sind kleinste Teilchen dieser Substanzen, die der Täter an den Tatort bringt (berufliche Tätigkeit des Täters bedingt Umgang mit Pulvern, Spänen, Staub, Ruß usw., wie auch Berufsstaub und -schmutz) oder vom Tatort mitnimmt (typische Teilchen wie Erde, Lehm, Staub usw., die am Tatort vorkommen). Augenfällige Berührungsspuren sind ein- oder wechselseitig übertragene Lackspuren oder -splitter bei Verkehrsunfällen.

- **Ein- und Abdrücke** von Körperteilen sind Spuren, die der Täter durch Eindrücke von Knie, Gesäß, Ellenbogen usw. verursacht. Bei solchen Spuren ist darauf zu achten, ob auch Gewebemuster eventueller Bekleidungsstücke mit abgebildet worden sind.

- **Biss-, Kratz-, Blut-, Sperma- und Sekretspuren** entstehen z. B. als Bisswunden oder -marken, als Gebissabdrücke auf der Oberhaut oder als Ein- oder Durchbisse (ähnliches gilt für Kratzspuren). Sie kommen am Täter, Opfer oder leblosen Gegenständen wie Lebensmitteln usw. vor, oder als organische Spuren durch Blut, Sperma und Sekret (besondere Behandlung durch Spezialisten erforderlich). Auch Haare können als Spuren Bedeutung erlangen, etwa bei Sittlichkeitsdelikten.

- Weitere Spuren (Beweismittel) sind Schusswaffen- und Schussspuren sowie Spuren aus Glasbrüchen.

Wesentlich für die Ermittlungstätigkeit ist das Erkennen von Trugspuren, die von Unverdächtigen herrühren, also unbeabsichtigt gelegt wurden.

Beispiele:
- Fußspuren eines Schaulustigen
- Blutspuren eines Helfers.

Fingierte Spuren legt der Täter zu Täuschungszwecken absichtlich.

Beispiele:
- Briefkarte mit Daten eines anderen
- Selbstmordvortäuschung durch nachträgliches Aufhängen des Opfers.

Diese Spuren müssen erkannt werden. Trugspuren, die in keinem Tatzusammenhang stehen, könnten zu falschen Schlüssen führen und müssen im Zuge der Ermittlungen ausgeschieden werden. Fingierte Spuren sind oftmals nicht sofort als solche zu erkennen. Auch sie sind sorgfältig zu sichern, um daraus später evtl. Rückschlüsse auf Eigenarten des Täters ziehen zu können.

Wesentlich ist, dass zwischen Spuren und Tat ein Zusammenhang erkannt wird. Aufklärungsmindernd kann es sein, wenn die Beweismöglichkeit einer Spur nicht erkannt wird und ihre Sicherung deswegen unterbleibt.

33.4 Die **Befragung** von Zeugen und Verdächtigen bzw. die Mitwirkung hierbei **269**
gehört ebenfalls zu den Aufgaben des Ermittlungsdienstes (s. Rn. 30, 67). Eine Befragung erfordert umfassende Kenntnisse über den zu ermittelnden Vorfall, gute Gesprächstechnik und taktisches Geschick (s. Rn. 493 ff.). Der zu Befragende soll zu einer der Wahrheit entsprechenden Aussage veranlasst werden.

Grundsätzlich ist zu beachten, dass Befragungen zur Sache für jede Person einzeln durchgeführt werden, damit z. B. ein Zeuge nicht durch die Aussagen eines anderen beeinflusst werden kann. Zeugenaussagen (s. Rn. 115) haben ihre eigene Problematik. Wir müssen „Augenzeugen“ und „Knallzeugen“ unterschiedlich betrachten (s. Rn. 499).

Der Augenzeuge berichtet unter dem Eindruck eines selbst erlebten Geschehens; er soll zu einer wahrheitsgemäßen Aussage veranlasst werden, sofern er hierzu uberhaupt verpflichtet ist (s. Rn. 67). Der „Knallzeuge“ ist erst am Ende eines Ablaufs, durch den Knall, auf das Geschehen aufmerksam geworden und wird für sich **zunächst** rekonstruieren, wie sich ein Vorgang abgespielt haben könnte. Zu warnen ist vor Zeugen, die sich melden und die von anderen etwas gehört haben; sie geben in der Regel nur Gerüchte wieder und weiter.

Der Befragende muss die Befragung in einer Niederschrift protokollieren (s. Rn. 502). Die Wiedergabe muss den tatsächlichen Aussagen des Befragten entsprechen. Dazu soll man dessen Ausdrücke und Redewendungen festhalten; auch sollen Sprache und Gedanken des Befragten zum Ausdruck kommen. Die Niederschrift ist so festzulegen, dass jeder Zweifel an der Freiwilligkeit der Befragung ausgeschlossen ist (z. B. als Schlusssatz: „Weitere Aussagen zur Sache kann ich nicht machen“ oder „Ich habe diese Aussagen freiwillig und ohne Zwang gemacht“). Die Niederschrift sollte vom Befragten und vom Befrager unterschrieben werden.

270 33.5 **Fangmittel** sind im betrieblichen Bereich zulässig und sinnvoll, z. B. bei der Ermittlung von Vermögensdelikten (s. Rn. 96, 452). Diebesfallen eignen sich für die Aufklärung von **Serienstraftaten** in einem räumlich und personell abgrenzbaren Bereich. In Bereichen mit einzelnen, wenn auch ähnlichen Straftaten und starkem Besucherverkehr versprechen sie kaum Erfolg.

Die Betriebsleitung hat über das Vorgehen zu entscheiden, denn **Fangmittel** werden gegen einen umfangreichen Mitarbeiterkreis eingesetzt. Beim Einsatz technischer Einrichtungen im Sinne des § 87 Abs. 1 Nr. 6 BetrVG hat der Betriebsrat ein Mitbestimmungsrecht (s. Rn. 56). Fangmittel sind je nach Vorfall und Zweck auszuwählen (s. im Einzelnen Rn. 452).

34. Kapitel: Betrieblicher Informationsschutz, Geheimschutz und Datensicherung

271 34.1 **Geheimschutzmaßnahmen** (auch betriebliche Informationsschutzmaßnahmen) dienen dem Schutz von Betriebs- und Geschäftsgeheimnissen vor unberechtigtem Zugriff. Industrieunternehmen und Wirtschaftsbetriebe sind in unterschiedlichem Ausprägungsgrad Ziele der Spionagetätigkeit ausländischer Nachrichtendienste bzw. der Ausforschungstätigkeit von Konkurrenzunternehmen[1].

Betriebsangehörige sind bereits aufgrund des Arbeitsvertrages (Treuepflicht) zur Verschwiegenheit und damit zur Wahrung von Betriebs- und Geschäftsgeheimnissen verpflichtet (s. Rn. 37). Verstöße können strafrechtliche (§§ 203 ff. StGB, 17 UWG) und zivilrechtliche Folgen (Schadensersatz, Kündigung) haben. Darauf stellt auch die Verordnung über das Bewachungsgewerbe (Bewachungsverordnung – BewachV) ab.

§ 8 BewachV

Datenschutz, Wahrung von Geschäftsgeheimnissen

(1) Die Vorschriften des Ersten und Dritten Abschnitts des Bundesdatenschutzgesetzes finden mit Ausnahme des § 27 Abs. 2 auch Anwendung, soweit der Gewerbetreibende in Ausübung seines Gewerbes Daten über Personen, die nicht in seinem Unternehmen beschäftigt sind, weder unter Einsatz von Datenverarbeitungsanlagen noch in oder aus nicht automatisierten Dateien verarbeitet, nutzt oder dafür erhebt. Soweit die Vorschriften des Ersten Abschnitts des Bundesdatenschutzgesetzes nur für automatisierte Verarbeitung gelten, finden sie keine Anwendung. Die Vorschriften des Dritten Abschnitts des Bundesdatenschutzgesetzes, die nur für automatisierte Verarbeitungen oder für die Verarbeitung personenbezogener Daten in oder aus nicht automati-

1 Zum vorbeugenden Geheim- und Sabotageschutz sowie zur Mitwirkung der Verfassungsschutzbehörden an Sicherheitsüberprüfungen s. Borgs/Ebert, Das Recht der Geheimdienste, § 3 Rn. 97 ff., Stuttgart 1986; s. auch Rn. 23.

sierten Dateien gelten, finden entsprechende Anwendung. Die §§ 34 und 35 des Bundesdatenschutzgesetzes gelten mit der Maßgabe, dass § 19 Abs. 1 Satz 3 und § 20 Abs. 1 Satz 2 des Bundesdatenschutzgesetzes entsprechende Anwendung finden.

(2) Der Gewerbetreibende hat die in seinem Gewerbebetrieb beschäftigten Personen schriftlich zu verpflichten, auch nach ihrem Ausscheiden Geschäfts- und Betriebsgeheimnisse Dritter, die ihnen in Ausübung des Dienstes bekannt geworden sind, nicht unbefugt zu offenbaren.

Als **Betriebsgeheimnisse** gelten alle betrieblichen Angelegenheiten, an deren Geheimhaltung der Unternehmer ein berechtigtes, schutzwürdiges Interesse hat und die nach dem Willen der Geschäftsleitung nicht offenkundig, sondern lediglich einem begrenzten Personenkreis bekannt sind.

DIENSTKUNDE

Beispiele:
- Geschäftsbücher
- Forschungs- und Entwicklungsvorhaben und -ergebnisse
- Patente
- Fertigungsverfahren
- Kundenlisten
- Auftragsbestände
- Preiskalkulationen
- Bau- und Werkspläne
- Sicherungsmaßnahmen bestimmter Bereiche.

Bei Aufträgen, z. B. von Bundesbehörden an die Industrie, ist für den Geheimschutz das Bundesministerium für Wirtschaft zuständig, das Unternehmen beim Schutz amtlich geheimgehaltener Angelegenheiten berät und die Geheimschutzvorsorge bestimmt. Diese Unternehmen müssen einen Sicherheitsbevollmächtigten benennen, der für alle Bereiche des Geheimschutzes zuständig und im Namen seiner Geschäftsleitung für die vorschriftsgemäße Abwicklung aller Aufgaben hierbei verantwortlich ist.

Das Geheimschutzverfahren dient dem Schutz aller Vorgänge, die nach Vorgabe amtlicher Stellen geheim gehalten werden müssen (Verschlusssachen).

Verschlusssache ist alles, was im betrieblichen Interesse durch besondere Sicherheitsmaßnahmen vor Unbefugten geheim gehalten werden muss. Das gilt unabhängig von der Darstellungsform z. B. für

- das gesprochene Wort
- Schriftstücke und Zeichnungen
- Karten und Bilder
- Datenträger und Bandaufzeichnungen
- Kopien und Durchschriften
- Technik und Gebäude.

Basis für den amtlichen Geheimschutz ist das Handbuch für den Geheimschutz (Geheimschutzhandbuch).

Im amtlichen Geheimschutz werden unterschieden

- personeller Geheimschutz und
- materieller Geheimschutz.

272 Der **personelle Geheimschutz** soll den Zugriff auf schutzbedürftige Unterlagen und Projekte regeln und den Umgang damit nur einem begrenzten Kreis Berechtigter ermöglichen.

Die Berechtigung zum Umgang mit **vertraulichen Geschäftsunterlagen** sollte von der Geschäftsleitung in einer Richtlinie oder Arbeitsanweisung für vertrauliche Vorgänge und Geheimschutz geregelt werden. Sicherzustellen ist auch, dass die darin getroffenen Festlegungen eingehalten werden.

273 Zum **materiellen Geheimschutz** gehört die Entwicklung, Planung und Durchführung technischer Maßnahmen, die dem Schutz geheimhaltungsbedürftigen Materials vor Entwendung oder Kenntnisnahme durch Unbefugte dienen.

Im Geheimschutz gilt der Grundsatz „Kenntnis nur, wenn nötig“. Von vertraulichen oder geheimen Vorgängen dürfen nur Personen Kenntnis erhalten, die aufgrund ihrer Arbeitspflichten Zugang zu ihnen haben, sie also einsehen, bearbeiten oder verwalten müssen. Hierfür kommen nur zuverlässige und vertrauenswürdige Personen in Betracht, deren Berechtigung zur Behandlung von Verschlusssachen laufend dienstlich überprüft werden kann.

Die Durchführung personeller und materieller Geheimschutzmaßnahmen erfolgt in Eigenverantwortung des Unternehmens und sollte deswegen in Unternehmen mit entsprechend notwendiger Vertraulichkeit realisiert werden. Durch Information und Belehrung sollen Sicherheitsverhalten und Verantwortungsbewusstsein einzelner Mitarbeiter verbessert und eine Sensibilisierung für mögliche Gefahren erreicht werden.

Private Unternehmen, die in der Regel nicht den staatlichen Geheimschutzerfordernissen unterliegen, können bestimmte Praktiken zur Sicherheit der eigenen Betriebs- und Geschäftsgeheimnisse festlegen, die sich sinngemäß an den Standards der Behörden orientieren.

> **Beispiel:** In einem Unternehmen entstehen in Forschung und Entwicklung Informationen und Ergebnisse, die vertraulich zu handhaben und sicher aufzubewahren sind. Schutzbedürftig können insbesondere sein:
> - Schriftgut
> - Schlüssel- und Zahlenkombinationen von Verwahrgelassen und Gefahrenmeldeanlagen
> - Fernmeldeanlagen
> - sonstige Sicherheitseinrichtungen

Die Behandlung von Schriftgut verlangt:

- Klassifizierung des vertraulichen Schriftgutes durch die entwickelnde oder herausgebende Stelle
- Schutz und Sicherung der klassifizierten Unterlagen gegen unbefugten Zugriff und unberechtigte Verwendung.

Eine Klassifizierung sollte sorgsam überlegt werden und sparsam erfolgen. Vorgänge und Unterlagen können als „Vertraulich“ oder „Streng vertraulich“ bewertet und behandelt werden.

Beispiele:
Als (firmen-)**vertraulich** könnten Unterlagen eingestuft werden, deren unberechtigte Nutzung erheblichen Schaden für den Betrieb verursachen würde. Als (firmen-)**streng vertraulich** müssten Geschäftspapiere eingestuft werden, deren unberechtigte Nutzung das Geschäfts- oder Unternehmensziel gefährden könnte.

(Streng) vertrauliche Unterlagen sollten auch im betrieblichen Informationsschutz wie Verschlusssachen behandelt und besonders gesichert werden. Verschlusssachen, die zur Vermeidung von Verwechslungen besonders gekennzeichnet werden können, sind in zugangsüberwachten Räumen in verschließbaren Schreibtischen, Aktenschränken oder Stahlschränken unterzubringen.

Bei den vertraulichen Unterlagen reicht es aus, wenn diese jeweils auf dem ersten Blatt den schriftlichen oder gestempelten Vermerk „Vertraulich“ erhalten. Für diesen Bereich muss jeweils ein Verteilerkreis festgelegt sein.

Der Versand mit der Werkspost erfolgt im verschlossenen Umschlag mit dem Vermerk „Persönlich“. Wichtig ist die vollständige und richtige Angabe des Adressaten.

Streng vertrauliche Unterlagen werden zweckmäßigerweise auf jeder Seite mit diesem Hinweis gekennzeichnet; sie sollten außerdem immer eine Ausfertigungsnummer erhalten.

Die Weitergabe erfolgt durch Kurier oder Boten in einem verschlossenen Umschlag namentlich und persönlich an einen jeweils festzulegenden Empfänger. Die Weitergabe sollte dokumentiert werden.

Bei Versand (Post) bietet sich im Inland das Expressbriefverfahren an (Ausland: Wertbriefverfahren).

Es muss bedacht werden, dass z. B. nicht nur Originale, sondern auch so genanntes **Zwischenmaterial,** das im Zusammenhang mit vertraulichen Vorgängen anfällt (z. B. Vorentwürfe, Karbonbänder, Disketten, Fehldrucke), wie eine Verschlusssache behandelt, d. h. nach Gebrauch vernichtet oder gelöscht wird.

Geheimschutzaufgaben im Betrieb sollten einer bestimmten, besonders zuverlässigen Person übertragen werden. Es bietet sich an, hiermit einen **„Sicherheitsbevollmächtigten“** oder auch den Werkschutzleiter zu beauftragen. Ein wirksamer Geheimschutz erfordert, dass diese Person autorisiert und befähigt ist, alle erforderlichen Maßnahmen durchzusetzen und ihre Einhaltung zu kontrollieren.

274 34.2 Eine besondere Form des Geheimschutzes (Informationsschutzes) ist die **Datensicherung** (s. Rn. 168 f.).

Ihr Ziel ist die Verminderung der Risiken hinsichtlich unerlaubter Datenmanipulation, Sabotage, Spionage, Eingriffe in die Rechte Dritter sowie der Schutz vor Datenverlust und Programmdiebstahl.

Die Datensicherung muss Hardware, Software, Betriebssystem, Datenträger, Handbücher und Sicherheitssystem umfassen.

Für die Nutzung eines PC müssen bestimmte Regelungen für einen Zugangsschutz festgelegt werden.

Beispiele:
- Benutzeranmeldung über den Namen des Benutzers
- Passwort
- Sperren des Zugangs nach 3 Fehlversuchen sowie außerhalb der Arbeitszeit
- Sperren der Betriebssystemebene, der Laufwerke und der Tastatur
- Führen einer Protokolldatei.

Mit einem PC dürfen nur die von der zuständigen Stelle namentlich festgelegten und vom Datenschutzbeauftragten auf das Datengeheimnis verpflichteten Benutzer im Rahmen ihrer jeweiligen Befugnisse arbeiten.

Jeder Benutzer sollte sich mit einer Kennung und einem Passwort zu Beginn der Arbeit an- und am Ende ordnungsgemäß abmelden.

Der Zugriff auf Daten und Programme eines anderen Benutzers ohne dessen vorherige Genehmigung muss untersagt sein. Dies gilt nicht für Anwendungen, die für mehrere Benutzer eingerichtet sind sowie für Zugriffe des Systemverwalters in Erledigung seiner Aufgaben und für Kontrollzugriffe der Vorgesetzten im Rahmen ihrer Aufsicht.

Der Zugang Dritter auf einen PC ist nur nach vorheriger ausdrücklicher Zustimmung des zuständigen Vorgesetzten zulässig. Das gilt auch für alle Arten von Vorführungen, insbesondere für Betriebsfremde.

Der Papierausschuss sollte insbesondere bei vertraulichem oder empfindlichem Inhalt über einen Zerreißwolf vernichtet werden.

Schutzmaßnahmen vor Diebstahl und Zerstörung (Hardware-Sicherung) müssen PC-standortbezogen überlegt und festgelegt werden. Sicherungsmaßnahmen (s. Rn. 168) zum Schutz vor unbefugtem Zugriff können sein:
- Sicherung des Geländes/Gebäudes
- Verschluss außerhalb der täglichen Arbeitszeit
- Einbruchmeldeanlage
- Sicherung des Raumes durch Verschluss

- Zugangskontrollsystem (closed-shop-Betrieb)
- Sicherung durch Personen bei persönlicher Zuordnung
- Sicherung der Geräte durch Spezialmontage am Mobiliar
- Spezialschränke.

Aus Gründen des vorbeugenden Brandschutzes muss an jedem PC-Arbeitsplatz der vorgeschriebene Feuerlöscher (z. B. CO_2-Löscher) oder ein gut sichtbarer Hinweis auf den Standort des nächsten CO_2-Feuerlöschers angebracht sein. Hierzu sollte Absprache mit der Werks- oder Berufsfeuerwehr getroffen werden.

Die aktuelle Konfiguration (Hard- und Software) sollte je PC-Arbeitsplatz registriert werden, um einem unberechtigten Geräteaustausch vorzubeugen.

Private PC-Hardware sollte nicht in das Unternehmen eingebracht, ihr Einsatz 275
für dienstliche Aufgaben nicht gestattet werden.

Jede Mitnahme und jeder Transport von PC-Hardware aus dem Unternehmen muss grundsätzlich untersagt sein. Abgang zu Reparaturen einschließlich Ersatzgestellungen ist mit dem zuständigen Systemverwalter und mit dem zuständigen Vorgesetzten abzustimmen. Dabei ist zu berücksichtigen, ob auf dem PC vertrauliche oder besonders empfindliche Daten gespeichert sind und wie diese ggf. zu schützen sind.

Der Werkschutz sollte über den Transport rechtzeitig informiert werden. Beim Transport ist ein entsprechender Nachweisbeleg (z. B. Lieferschein, Reparaturauftrag) mitzuführen, der Angaben für eine eindeutige Identifizierung durch den Werkschutz enthält (z. B. Maschinennummer, Typenbezeichnung). Kontrollmaßnahmen des Werkschutzes sind in entsprechenden Arbeits- oder Dienstanweisungen festzulegen.

Von Besuchern und Lieferanten mitgeführte PC-Hardware ist vom Werkschutz z. B. auf dem Besucherschein (s. Rn. 223) zu vermerken.

Als Sicherungsmöglichkeit bietet sich für tragbare PC deren persönliche Zuordnung und Verantwortlichkeit des Benutzers für eine sichere, vor Missbrauch/Diebstahl geschützte Aufbewahrung an.

Auf dem PC darf nur die von den zuständigen Stellen genehmigte Original-Software eingesetzt werden, um die Gefahren des Einschleusens von Viren usw. zu vermeiden.

Störungen oder Abweichungen von der üblichen Norm sind umgehend dem zuständigen Sachbearbeiter zu melden, der im Verdachtsfall weitere Maßnahmen veranlasst und für die erforderlichen Informationen sorgt. Falls möglich, sollte jedes Softwareprodukt vor Installation von einem Spezialisten auf Befall (Viren- oder Sabotageprogramme; s. Rn. 167) geprüft werden. Im Handel gibt es heute eine Reihe von Software-Lösungen bis hin zum Hardware-Schutz.

Virus: Sammelbegriff für Computerschädlinge aller Art. Viren reproduzieren sich durch Infizierung anderer Daten. Ahnungslose Nutzer bringen getarnte Virusdateien unbewußt weiter in Umlauf. Ziel: viele Rechner befallen und Daten löschen.

Würmer: intelligente Weiterentwicklungen von Viren. Sicherheitslücken eines Rechners werden ausgenutzt; Würmer vermehren sich selbstständig, ohne fremde Dateien zu infizieren; können sich selbst kopieren und an gespeicherte E-Mail-Adressen senden. Ziel: geheime, geschützte Daten sammeln und zurücksenden.

Trojaner: „Spionageprogramme", die im Computer nach wichtigen Informationen – beispielsweise Kreditkartendaten – suchen!

Wanzen sind unbekannte Fehler in der Software!

Hacker sind Computer-Benutzer und Tüftler, die illegal durch raffinierte Manipulationen

- Sicherheitssysteme überwinden
- in fremde Rechner eindringen
- sich Benutzerprivilegien verschaffen
- Passwörter ermitteln
- Systeme irritieren
- Systemverwalter vom eigenen Computer aussperren
- Daten aus fremden Systemen abkopieren.

Aus Sicherheitsgründen müssen hiergegen Vorkehrungen getroffen werden und deswegen Sachkundige beratend eingeschaltet werden (s. auch Rn. 169).

Die ungenehmigte Weitergabe von Programmen oder Arbeitsergebnissen an Dritte sowie der Austausch mit Dritten sind grundsätzlich nicht statthaft.

Die Sicherung von Daten und Programmen erfolgt normalerweise durch die Anfertigung von Sicherheitsdisketten oder Wechselplatten; Streamertapes werden nur zur Sicherung größerer Datenmengen verwendet. Für regelmäßige Anwendungen und für Anwendungen, bei denen im Verlustfall eine aufwendige Programm-/Datenrekonstruktion erforderlich würde, sind ein Datensicherungsturnus sowie die Anzahl der aufzubewahrenden Generationen festzulegen.

276 Alle **Datenträger** sind außerhalb ihrer Verwendung im PC in der Verantwortung des Benutzers verschlossen aufzubewahren, sodass Unbefugte keinen Zugriff haben.

Disketten zählen zu den empfindlichsten Datenträgern und müssen deshalb äußerst sorgfältig behandelt werden. Um mechanische Beschädigungen zu vermeiden, ist zu beachten:
- Keine schweren Gegenstände auf die Diskette legen
- Diskette nicht mit Büroklammern oder Gummibändern zusammenfassen
- Disketten nicht mit Reinigungsflüssigkeiten behandeln

- Disketten vor Staub, Feuchtigkeit und Hitze schützen
- Disketten ständig in der Schutzhülle aufbewahren
- Die Magnetschicht der Disketten vor Fingerabdrücken schützen
- Disketten vor magnetischen Einflüssen schützen
- Etiketten vor dem Aufkleben beschriften.

Fehlerhafte Disketten sind sachgerecht zu vernichten (z. B. Behandlung der Diskette mit einem Magneten und anschließendem Zerschneiden der Diskette mit einer Schere).

Sicherheitsdisketten dürfen nicht in PC-, Radio-, Boxen- oder Messgerätenähe aufbewahrt werden. Telefonhörer dürfen niemals auf Disketten etc. abgelegt werden, weil ihr elektromagnetisches Feld Daten zerstören kann.

Am PC-Arbeitsplatz dürfen weder Magnete noch chemische Reinigungsmittel, entzündbare Stoffe, bestimmte Getränke (z. B. Coca-Cola) aufbewahrt oder postiert werden; gleiches gilt für die Aufbewahrungsorte der Software einschließlich Sicherheitsdisketten.

Schwachstellen ergeben sich auch aus dem Verbindungsnetz zwischen einzelnen PC oder der Verbindung eines PC zu einem Großrechner (Vernetzung). Die Netze selbst und die einzelnen Anschlussstellen können angezapft werden. Kabelschächte und Verteilerräume dürfen deswegen nicht frei zugänglich sein. Diese Bereiche müssen genau erkannt, untersucht und gesichert werden.

Um einen rationellen PC-Einsatz zu gewährleisten, sollten Projekte und zeitaufwendige Einzelarbeiten am PC erledigt werden.

Beispiele:
- Schließplanverwaltung und Schlüsselausgabe
- Dienstplan und Schichteinteilung
- Ausbildungsplan
- Meldewesen und Auswertung.

Anwendungen mit personenbezogenen Daten sowie Änderungen in den diesbezüglichen vorhandenen Anwendungen müssen datenschutzrechtlichen Bestimmungen entsprechen (s. Rn. 173 ff.) und sollten in jedem Fall vorher durch den Datenschutzbeauftragten des Betriebs geprüft werden. Die auf den PC eingesetzte Software, mit deren Hilfe personenbezogene Daten verarbeitet werden und die hiermit betriebenen Anwendungen müssen zur Registrierung beim Datenschutzbeauftragten gemeldet werden.

DIENSTKUNDE

35. Kapitel: Störende Handlungen und Vorkommnisse

277 35.1 Störend können alle Handlungen und Vorkommnisse sein, die den ordnungsgemäßen Betriebsablauf beeinträchtigen oder die betriebliche Sicherheit gefährden. Auf den Verursacher kommt es dabei nicht an (Einzelperson, Gruppe, höhere Gewalt, s. auch Rn. 1).

Beispiele:
- Demonstrationen
- unbefugtes Eindringen
- Besetzungen, Blockaden
- Drohungen, Bombendrohungen
- Sachbeschädigungen.

Der Unternehmer ist für die Sicherheit und Ordnung im Betrieb verantwortlich (s. Rn. 37, 149, 155). Insbesondere ist er verpflichtet, bei Ereignissen, die eine unmittelbare Gefahr für Beschäftigte oder Dritte bedeuten können, die zur Abwehr der Gefahr erforderlichen und geeigneten Maßnahmen zu treffen. Insbesondere **Alarmierungen** (s. Rn. 227) und **Ablaufpläne** stellen als Sofortmaßnahmen notwendige Informationsübermittlungen sicher und gewährleisten folgerichtiges Handeln.

Aktionen und Drohungen müssen grundsätzlich ernst genommen werden; sie sollen aus der Sicht der Störer auf angeblich bedrohliche Zustände oder Vorhaben aufmerksam machen, aber auch verunsichern, das Vertrauen in Unternehmen, Sicherheitsorgane und Sicherheitsvorkehrungen erschüttern, den Betriebsablauf stören und Angst erzeugen.

Motive für störende Handlungen können politischer oder krimineller Art, Rache, Verärgerung oder Nachahmung sein.

Dementsprechend können Drohungen und Aktionen vom groben Unfug bis zur Erpressung reichen.

Drohungen aller Art gehen häufig bei zentralen Stellen ein; Aktionen und Drohungen können überall und zu jeder Zeit, z. B. aufgrund eines Reizthemas erfolgen.

Diese zentralen Stellen (z. B. Werkschutz, Feuerwehr, Telefonzentralen, Leitstellen) müssen solche Fallarten, die entsprechenden Alarmierungsabläufe und Ablaufpläne kennen und entsprechend ausgebildet sein.

35.2 Wichtige **Grundsätze** folgerichtigen und sachgerechten Handelns sind 278

- Ruhe bewahren
- Sofortmaßnahmen veranlassen (grundsätzlich haben Leben und Gesundheit Vorrang vor materiellen Gütern)
- zuständige Stellen informieren
- Provokationen, Drohungen, Tätlichkeiten und sonstige Konfrontationen vermeiden
- sachliche Information, Aufklärung oder Diskussion anstreben, ggf. über vorbereitete Textansagen
- alle Maßnahmen und Vorkommnisse nach ihrer zeitlichen Reihenfolge schriftlich oder fotografisch dokumentieren (s. Rn. 398).

Mit Hilfe vorbereiteter **Checklisten** können im täglichen Dienstablauf (Streife und Kontrollgang) bestimmte Bereiche fortlaufend kontrolliert werden, um solche Bereiche, Gebäudeteile, Räume und Wege schwerpunktmäßig begehen und Veränderungen besser erkennen zu können.

35.3 Zur Koordination aller erforderlichen Maßnahmen eignet sich ein **Krisenstab** (Einsatzleitung). Mitglieder müssen sein: 279

- entscheidungsbefugte Vertreter der Geschäftsleitung
- der Werkschutzleiter
- Vertreter der Presseabteilung
- Vertreter der betroffenen Fachbereiche
- Vertreter des Betriebsrates.

Bis der Krisenstab zusammengetreten ist und Entscheidungen getroffen hat, ist der Werkschutz für bestimmte Sofortmaßnahmen verantwortlich. Nach diesem Zeitpunkt ist der Krisenstab für sämtliche Entscheidungen zuständig.

Der Unternehmer hat alle organisatorischen und technischen Voraussetzungen zu treffen, damit der Krisenstab seine Arbeit schnell und effektiv aufnehmen kann (s. Rn. 209). Dem Krisenstab obliegen insbesondere

- die Anordnung aller geeigneten und erforderlichen Maßnahmen
- die Koordination der eingesetzten Kräfte.

Beispiele:
- Information der Unternehmens-/Betriebsleitung und der Mitarbeiter
- Anforderung von Hilfen und Personal
- Information der Medien
- Schutzersuchen an die Polizei
- Abstimmung der Vorgehensweisen

- Anordnung von Selbsthilfemaßnahmen
- Anweisung von Gegenmaßnahmen
- Anweisung zur Anwendung einfacher Gewalt.

Zur Zusammenarbeit mit der Polizei bei der Gefahrenabwehr s. Rn. 22, 31.

280 35.4 **Abwehr- und Gegenmaßnahmen** können vielfach vorbereitet werden. Durch störende Handlungen gefährdete Einrichtungen sollten in einem **Werkslageplan,** der einen ausreichend großen Ausschnitt des Umfeldes aufweist, dargestellt werden, z. B. um bei Demonstrationen Anmarschwege zum Betrieb, geeignete Plätze usw. rechtzeitig zu erkennen oder bekannt zu machen. Kritische Betriebsstellen sollten besonders gekennzeichnet werden, wobei Erreichbarkeit, Zugangsmöglichkeiten, Überwachung und betriebliche Besetzung mit bewertet werden müssen.

Die Vorbereitung von **Ansagetexten** an Demonstranten, Blockierer oder Eindringlinge ist besonders wichtig.

Weitere Maßnahmen können sein:

- Bereitstellung von Absperrmaterialien
- Verschluss von Gebäuden und Außenstellen
- Bereitstellen von Löscheinrichtungen
- Vorbereitung von Zugangssperren
- Einteilung von Beobachtungstrupps
- Verstärkung der Eingangskontrollen.

Die einzelnen Aufgaben des Werkschutzes bei Drohungen oder Aktionen können ebenfalls in einer besonderen Weisung zusammengestellt werden. Neben seinen üblichen Aufgaben hat der **Werkschutz** bei störenden Handlungen eine Reihe von zusätzlichen **Aufgaben** zu übernehmen.

Beispiele:
- großräumige Überwachung festgelegter Bereiche (Umfeldbeobachtung)
- Umfeldsicherung
- verstärkte Abschirmung/Sicherung gefährdeter Bereiche
- Meldung von Veränderungen oder verdächtigen Anzeichen.

Das Sammeln von Informationen im Vorfeld unter Einschluss der Presseauswertung soll Erkenntnisse liefern über

- vorgesehene Zeiten, Objekte, Wege, Bereiche
- Zahlen, Pläne und Ziele der Beteiligten
- Zusammensetzung der Aktion nach Gruppen
- Ausrüstung, Sammelpunkte, Marschwege
- mitgeführte Plakate, Transparente

- Fahrzeuge und Kennzeichen
- geplante Aktionen
- Anmeldung der Aktion.

Über alle im Vorfeld gewonnenen Erkenntnisse ist der Krisenstab umgehend zu informieren.

35.5 **Bombendrohungen** machen zahlenmäßig einen erheblichen Anteil an störenden Handlungen aus. Sie müssen grundsätzlich ernst genommen werden. In der Praxis haben Bombendrohungen zwar zumeist nicht zum Eintritt des angedrohten Ereignisses geführt; Anschlägen geht nur sehr selten eine Drohung voraus. Als Straftaten dürfen Bombendrohungen jedoch nicht unbeachtet bleiben. **281**

DIENSTKUNDE

Eine Bombendrohung kann **Straftatbestände** der §§ 126 (Störung des öffentlichen Friedens durch Androhung von Straftaten – hier i. V. m. § 311), 241 (Bedrohung) oder 253 (Erpressung) StGB verwirklichen.

Um mögliche tatsächliche Schädigungen zu vermeiden, kann eine Reihe von Maßnahmen bereits langfristig vorbereitet werden.

Beispiele:
- Vordruck zur optimalen Aufnahme von Drohungsinhalten
- Beschaffung von Sprachaufzeichnungsgeräten
- Vorbereitung der Fluchtweg- und Sammelplatzdurchsuchung
- Vorbereitung für Durchsuchungen, z. B. Festlegung eines Durchsuchungsprinzips
- Teambildung aus bereichsbezogenen Fachleuten
- Training des Werkschutzes und der Teams
- Vorbereitung von Räumung oder Teilräumung
- Vorbereitung ärztlicher Hilfsmaßnahmen
- Sicherungsmaßnahmen für besondere Objekte
- Maßnahmen zur Verkehrslenkung, Sperrung.

Die Entgegennahme eines **Drohanrufes** kann eine gewisse Schockwirkung hervorrufen. Beweiswert und Beurteilungsmöglichkeiten werden dadurch gefährlich eingeschränkt. Dieser Gefahr wirkt die heutige Sprachaufzeichnungstechnik entgegen (s. Rn. 404). Die Einrichtung solcher Geräte kann mitbestimmungspflichtig sein (s. Rn. 56). Zur Rechtslage s. im Übrigen Rn. 70. **282**

Sprachaufzeichnungsgeräte sollten an zentraler Stelle (z. B. Vermittlungsplatz, Telefondienst, Telefonzentrale) installiert sein und ständig betriebsbereit gehalten werden. Die Geräte sollten verschlossen, gesichert und verplombt sein, um Missbrauch auszuschließen.

Die Zugriffsberechtigung zu Tonaufzeichnungen (Kassetten) muss auf wenige namentlich festgelegte Befugte (z. B. Mitglieder des Krisenstabes, der Einsatzleitung, der Personalabteilung, der Werkschutzleitung) begrenzt sein.

Vorsorglich sollten in einem **Ablaufplan** weitere Maßnahmen für zentrale Stellen festgelegt sein.

Beispiele:
- Bombendrohungsvordruck bereitlegen
- Sprachaufzeichnung auslösen (soweit nicht sprachgesteuert)
- sofort Notizen machen und den Anrufer nicht unterbrechen
- Texte wiederholen lassen
- nach Ende des Drohanrufs gemäß Alarmierungsablauf informieren
- Vordruck und Tonband an Krisenstab/Werkschutzleitung weitergeben.

Werkschutzangehörige müssen bei Bombendrohungen
- ihre Aufgaben und damit verbundene Gefahren kennen
- die Möglichkeiten der Gefahrvermeidung beherrschen
- geeignete Mittel und Unterlagen zur Verfügung haben, um die Situation zu bewältigen.

Nicht ausgebildetes und trainiertes Werkschutzpersonal darf nicht eingesetzt werden; das gilt auch für Fälle von Zeitnot!

Aus den vorbereiteten Maßnahmen können sich im konkreten Bedrohungsfall **Einzelaufgaben** ergeben:

- Sammlung von Meldungen und Erkenntnissen
- Ernsthaftigkeitsprüfung
- Einschaltung und Abstimmung mit der Polizei
- Prüfung, ob Drohungen gegen andere Unternehmen vorliegen
- Informationsweitergabe
- Umfeldbeobachtung und -sicherung
- Verstärkung der Kontroll- und Sicherungsmaßnahmen
- Abschirmung/Absicherung bedrohter Bereiche und Sammelplätze
- Veranlassung der Fluchtwegabsuche
- Veranlassung der Alarmbeschallung und Räumung
- Veranlassung der Absuche des bedrohten Objekts
- Kennzeichnung abgesuchter Räume, Bereiche, Objekte
- Überprüfung der Vollzähligkeit auf Sammelplätzen

Der Betrieb muss grundsätzlich alle denkbaren Vorsorgemaßnahmen selbst treffen. Ob und auf welche Weise die Polizei einschreitet, obliegt ihrer Lagebeurteilung. Die Polizei kann nach pflichtgemäßem Ermessen Maßnahmen veranlassen und diese auch gegen den Willen des Betroffenen durchsetzen (s. Rn. 22). Zur Zusammenarbeit mit der Polizei s. Rn. 31.

....

Verhalten bei Bombendrohungen

Sie notieren

- Datum / Uhrzeit ________
- Genauer Text der Drohung ________
- Dauer des Anrufes ________

Ihr Verhalten

- Vereinbartes Signal für **Bombendrohung** geben
- Zuhören
- Nicht unterbrechen
- Sofort Notizen machen
- Viele Informationen gewinnen
- Weitersprechen erreichen

Sie fragen

- Wann wird die Bombe explodieren? ________
- Wo befindet sich die Bombe? ________
- Wie sieht die Bombe aus? ________
- Was ist das für eine Bombe? ________
- Wie ist die Bombe verzögert? ________
- Wie heißen Sie? ________
- Von wo rufen Sie an? ________
- Warum haben Sie die Bombe gelegt? ________

➜ Jetzt sich für nicht zuständig erklären
➜ Weiterzuvermitteln versuchen

Angaben zum Anrufer

- Verwendete Sprache ________
- Dialekt / Akzent ________
- Geschlecht ________
- Geschätztes Alter ________
- Sprachart ________
  - O langsam   O aufgeregt
  - O schnell   O laut
  - O normal   O leise
  - O verstellt   O nasal
  - O gebrochen   O lispelnd
  - O bestimmt   O klar
- Sonstige besonderen Sprachmerkmale ________
- Hintergrundgeräusche (Beschreibung) ________

Sofortmeldung der Drohung

- Polizei – Notruf 110
- Kriminalpolizei ________
- An wen sonst (Vereinbarter Meldeweg) ________

Personalien des Angerufenen

- Name: ________
- Vorname: ________
- Anschrift: ________
- Telefon ________

Bundeskriminalamt - Tatmitteldatenzentrum - 1976

Bild 14: Aufnahme Bombendrohung/BKA

Der Krisenstab kann nach eigenem Ermessen über die von der Polizei empfohlenen Maßnahmen hinausgehen, wenn ihm die Empfehlungen nicht ausreichend erscheinen.

Maßnahmen müssen insbesondere bei Zeitnot („... in 15 Minuten ...") vorbereitet sein; sie können dann im Wesentlichen auf Fluchtwegabsuche und Räumung reduziert sein.

Nach einer Bombendrohung kann jeder Gegenstand, der nicht klar erkennbar in einen bestimmten Bereich gehört, die angedrohte Bombe sein. Die Beschäftigten sollten dazu angehalten werden, ihren Arbeitsplatz vor Beginn der Räumung auf solche Gegenstände zu überprüfen.

283 Für die **Ernsthaftigkeitsprüfung** einer Bombendrohung können verschiedene Kriterien ausschlaggebend sein.

Beispiele:
- allgemeine Bedrohungssituation für das Unternehmen (Behörden/Polizeiaussagen)
- Vorstellbarkeit und Realitätsnähe des Inhalts der Drohung
- konkrete Angaben über den bedrohten Ort und die Detonationszeit
- Erreichbarkeit des Ablageortes oder des bedrohten Bereiches (Möglichkeit des Einbringens)
- Angaben über Art, Größe, Form und Wirkung des angeblichen Sprengsatzes
- Form der Drohung und Verhalten des Drohers
- Trend für Drohungen oder Aktionen gegen Unternehmen dieser Art oder ihre Produkte
- bisherige Aktionen oder Kampagnen, die Zusammenhänge aufzeigen können
- vergleichbare Drohungsvorkommnisse im Umfeld
- Ausfallfolgen des bedrohten Objektes.

Ergibt die Ernsthaftigkeitsprüfung hinreichend Grund für eine tatsächliche Gefährdung, sind weitere Maßnahmen zu ergreifen:

- Absperr- und Sicherungsmaßnahmen
- Fluchtwege und Sammelplätze absuchen
- Suche nach dem Sprengsatz
- Räumung oder Teilräumung
- Benachrichtigung von fachkundigen Entschärfern der Kriminalpolizei

Die Abschirmung eines durch eine Bombendrohung bedrohten Bereichs, verstärkte Kontrollmaßnahmen und Umfeldbeobachtung müssen unmittelbar vor

Beginn von Suchmaßnahmen eingesetzt haben, damit während der Suche keine Gegenstände mehr eingebracht werden können.

Grundsätzlich müssen vor einer Räumung und Teilräumung die Fluchtwege und Sammelplätze abgesucht werden, damit bei Zeitverzug (Kürze der Zeitspanne bis zur angesagten Detonation) zumindest diese Bereiche bei einer erforderlichen Räumung sicher sind.

Beim Absuchen ist auf folgendes zu achten.:
- jeder Werkschutzangehörige muss die Fluchtwegabsuche beherrschen
- der Suchumfang beinhaltet alle Möglichkeiten, Deponate ein- oder unterzubringen
- Suchziel ist der Nachweis des gegebenen Normalzustandes oder das Feststellen eines verdächtigen, nicht hingehörenden Gegenstandes
- ein verdächtiger Gegenstand kann ein Sprengsatz sein
- solche Gegenstände nicht berühren oder verändern

- Personen von verdächtigen Gegenständen fernhalten
- Abschirmung des gefährdeten Bereiches
- Sofortmeldung an den Krisenstab.

Die Suche bedingt:
- festgelegte und bekannte Fluchtwege und Sammelplätze
- festgesetzte Kompetenzen für Suche und Räumung (z. B. innerhalb von Gebäuden und dem zugehörigen Umfeld)
- Durchführung von Fachkräften des Werkschutzes (Werkschutzleitung, Werkschutzfachkräften) und bereichsbezogenen Fachleuten, die ein oder mehrere Suchteams (z. B. nach der Größe des Objekts) bilden.

Alle Mitglieder des Suchteams sollten auf freiwilliger Basis mitwirken, wobei jedem Teilnehmer deutlich sein sollte, dass ein erhöhtes Risiko vorliegen könnte. Information, Ausbildung und Training müssen dementsprechend durchgeführt werden. Die Zusammensetzung des Teams sollte schriftlich fixiert und die Freiwilligkeit durch Unterschrift bestätigt sein.

Diese Teams müssen auch der Polizei bei deren Maßnahmen zur Verfügung stehen. Evtl. muss für externe Hilfskräfte (Polizei, Feuerwerker, Feuerwehr) ein Lotsendienst von festgelegten Lotsenstellen aus bereitgehalten werden.

Suchteams können nur erfolgreich sein, wenn sie die Normalzustände ihrer Suchbereiche kennen. Durch ständige Kontrollgänge hat ein Werkschutzangehöriger ein vorstellbares Bild von seinen Kontrollbereichen. Das gilt auch für die in einem Raum/Bereich vorhandenen Geräusche.

Die Suchteams sollten schwerpunktmäßig nach einem bestimmten Suchprinzip mit Hilfe eines aktuellen Raumverzeichnisses oder entsprechenden Vordrucks vorgehen.

Beispiele:
- Flucht- und Rettungswege, Sammelplätze und umliegende Bereiche
- Außenbereiche, Außenhaut, Einfriedung, Abgänge zu Untergeschossen, naheliegende Parkplätze
- nahe abgestellte Fahrzeuge
- Briefkästen, Fensterbänke und -nischen.

Bei der Schwerpunktbildung sind vorhandene Sicherungsmaßnahmen (Verschluss, Überwachungssysteme), soweit sie unbefugten Zutritt verhindern, mitzubewerten.

Bei Bombendrohungen, die eine präzise Ortsangabe – also einen Ablage- oder Detonationsort – enthalten, müssen diese Bereiche mit den engeren Nebenbereichen zuerst genau abgesucht werden.

Der abzusuchende Raum sollte in drei **optische Suchbereiche** eingeteilt werden:
- Bereich vom Fußboden bis in Hüfthöhe
- Bereich von Hüfthöhe bis in Augenhöhe
- Bereich von Augenhöhe bis zur Decke.

Nach dieser visuellen Rundschau soll mit der eigentlichen Suche in der gleichen Reihenfolge wie bei der optischen Suche begonnen werden. Bei dieser materiellen Suche ist zu beachten:
- Zündvorrichtungen können verborgen angebracht sein
- Möbel usw. nicht verrücken
- verdächtige Gegenstände nicht mehr berühren
- festgestellte Abweichungen mit Bereichsfachmann abstimmen
- sofort den Krisenstab informieren
- gefährdeten Bereich abschirmen und sichern
- Suche nach weiteren verdächtigen Gegenständen fortsetzen.

Abgesuchte Räume sind erkennbar zu kennzeichnen. Die Sicherungs- und Abschirmmaßnahmen müssen sicherstellen, dass nach der Suche kein Unbefugter mehr in diese Räume gelangen kann.

Ergibt die Ernsthaftigkeitsprüfung oder die Absuche einen hinreichenden Grund für eine tatsächliche Gefährdung, muss eine Entscheidung über **Räumung** oder Teilräumung getroffen werden.

§ 55 Arbeitsstättenverordnung (Flucht- und Rettungswege) schreibt vor, dass Räumungen in angemessenen Zeitabständen zu üben sind, damit jeder Betroffene seinen persönlichen (festgelegten und gekennzeichneten) Fluchtweg bis zum vorgeschriebenen Standort auf dem Sammelplatz kennenlernt. Andernfalls können Räumungen zum Sicherheitsrisiko für die Flüchtenden werden.

Grundsätze für Räumungen sind: 284

- Räumungen sind rechtzeitig zu veranlassen, damit flüchtende Mitarbeiter spätestens 15 Minuten vor dem angesagten Detonationszeitpunkt ohne Eile das Gebäude verlassen haben. Der Räumungszeitpunkt sollte zwischen Krisenstab und Polizei abgestimmt sein.
- Die Räumung sollte durch einen den Mitarbeitern bekannten Ansagetext, eine Hausbeschallung mit bekanntem Alarmsignal oder Sirenensignal eingeleitet werden.
- Mitarbeiter sollen vor Verlassen ihres Arbeitsbereiches kurze Umschau nach nicht hingehörenden Sachen oder Gegenständen halten.
- Flüchtende sollen grundsätzlich nur ihre persönlichen Gegenstände, bestimmte Funktionsträger auch wichtige Unterlagen mitnehmen. Die Mitnahme sperriger Gegenstände auf Fluchtwegen ist zu verhindern. Besucher werden von den Besuchten begleitet.
- Hilfsteams überprüfen die Vollständigkeit der Räumung.
- Eine organisierte Aufstellung auf dem Sammelplatz (z. B. abteilungsweise) ermöglicht die anschließende Überprüfung der Vollzähligkeit.
- Die Vollzähligkeit kann ein Beauftragter abfragen und an den Krisenstab melden.
- Die Versammelten sollten über den Vorfall und die getroffenen Maßnahmen in geeigneter Weise informiert werden (s. Rn. 491).
- Nach Entwarnung wird die geordnete Rückkehr an die Arbeitsplätze vorbereitet.

35.6 Beim Auffinden **sprengstoffverdächtiger Gegenstände** müssen Fachleute 285
der Behörden hinzugezogen werden. In allen Bundesländern gibt es fachkundige Entschärfer der Kriminalpolizei, die über die örtliche Polizeidienststelle angefordert werden können. Nicht selten werden bei Anschlägen sog. Unkonventionelle Spreng- und Brandvorrichtungen (USBV) benutzt. Erkenntnisse über ihre Funktionsweise sind problematisch, da jede USBV anders aussieht, zusammengesetzt ist und funktioniert. Vor eigenen Behandlungsversuchen ist zu warnen.

USBV sehen nicht wie eine Bombe aus. In der Regel handelt es sich um Gegenstände des täglichen Gebrauchs:

- Rohrstücke
- Plastikkanister
- Gasflaschen aller Art
- Feuerlöscher
- Aktenkoffer
- Reisetaschen
- Kartons
- Reklamesendungen.

Allgemeingültige Kriterien gibt es nicht. Orientierungshilfen für USBV wie auch für verdächtige Gegenstände schlechthin können bieten:

- unüblicher, ungewöhnlicher Ablageort
- unübliche Form der Zustellung (Abgabe persönlich usw.)
- ungewöhnlicher Transportweg
- unbekannter Lieferer oder Absender
- Herkunft des Gegenstandes nicht aufklärbar
- Hinweise auf ausländische Herkunft
- stark verschnürter oder verklebter Gegenstand
- Verfärbungen, Öl- oder Fettflecke auf der Verpackung
- unübliche oder unvollständige Adressenausfertigung
- Abweichung zwischen Absender- und Aufgabeort.

Bei Briefsendungen sind zusätzliche Verdachtsmomente z. B.

- unaufgefordert zugesandtes Postgut
- Unverhältnis zwischen Größe und Gewicht
- ungleichmäßige Gewichtsverteilung von Briefhälften
- steifer, kaum biegsamer Briefumschlag
- ungewöhnliche Dicke eines Briefumschlags
- verformte flache Seiten einer Sendung.

Beim Auffinden solcher Gegenstände muss Ruhe bewahrt werden. Der Gegenstand hat die Anlieferung unbeschadet überstanden. Es besteht kein Anlass zur Annahme, der verdächtige Gegenstand könnte ohne Beschädigung oder vor einer angekündigten Detonationszeit explodieren.

An Vorsichtsmaßnahmen sind beispielsweise zu ergreifen:

- Polizei gemäß Alarmierungsablauf informieren
- Meldung an Betriebsleitung/Krisenstab
- Eingetroffene Sachverständige über alle Einzelheiten und Feststellungen genau informieren und ihre Weisungen befolgen
- Mitarbeiter in Nachbarräumen informieren und zum Verlassen der Räume auffordern
- Distanz zum verdächtigen Gegenstand herstellen
- nach Möglichkeit Fenster und Türen öffnen
- nicht rauchen
- Gegenstand nicht auf die Heizung, in die Sonne oder ins Wasser, neben ein Telefon, ein eingeschaltetes Radio oder ein Handsprechfunkgerät legen
- nichts auf den Gegenstand stellen oder legen
- Gegenstand nicht öffnen, werfen, biegen, drücken, stoßen oder sonst damit hantieren, insbesondere keine Verpackungsmaterialien beschädigen.

36. Kapitel: Berichts- und Meldewesen

286

36.1 Der Werkschutz, der Bewachungs- und Sicherheitsdienst und Pförtner haben in den Betrieben bzw. bei den Auftraggebern die Aufgabe, Gefahren und Schäden zu verhindern, Ordnung und Sicherheit zu gewährleisten. Hierzu gehört die Feststellung von Ordnungsverstößen, Straftaten und Verstößen gegen die Arbeitsordnung sowie deren Verhinderung durch den Werkschutz. Verletzungen der Strafgesetze und der in den Betrieben geltenden Vereinbarungen (Arbeitsordnung) haben in der Regel Auswirkungen für die Beteiligten zur Folge. Es müssen daher alle an der weiteren Bearbeitung des Vorfalles beteiligten Personen eingehend und objektiv unterrichtet werden.

Die Feststellung und Beobachtung von Verstößen muss deshalb in Form einer **Meldung** erfolgen. Die erste Meldung kann mündlich, aber auch schriftlich sein. Die weiteren Ermittlungen bzw. weitere Erkenntnisse, die man gewinnt, werden als Bericht geschrieben.

Ebenfalls haben Meldungen durch das Werkschutz-/Sicherheitspersonal zu erfolgen, wenn Schäden an den Werkstraßen und Gebäuden, Nachlässigkeiten in der Kennzeichnung von Baustellen, Mängel allgemeiner Art im betrieblichen Bereich u. ä. festgestellt werden. Dieses geht durch eine Meldung mit konkreter Darstellung.

Meldungen und Berichte sind Grundlagen für einen Vorgang. Deshalb muss jeder Werkschutzangehörige es sich zum Grundsatz machen, von allem, was aus dem normalen Zustand im Betrieb oder eines Objektes abweicht, auch von Kleinigkeiten, eine Meldung zu erstellen.

In einer Meldung werden die ersten Wahrnehmungen, Feststellungen oder Beobachtungen von Verstößen, Unregelmäßigkeiten, Störungen und dgl. niedergelegt.

Da in einer Meldung in der Regel die ersten Informationen nicht vollständig sein werden, bedürfen sie der Ergänzung und Vervollständigung, um Zusammenhänge und Hintergründe erkennen zu können. Dazu bedarf es ggf. weiterer Ermittlungen und Befragungen. Das Resultat wird dann in einem Bericht niedergeschrieben.

> Die Meldung ist eine Kurz- oder Erstinformation über einen Sachverhalt. Dieser Sachverhalt kann sich beziehen auf einen sicherheits- oder ordnungswidrigen Zustand oder auf einen Mangel allgemeiner Art.
>
> Der Bericht umfasst neben der Kurz- oder Erstinformation weitere zusammengefaßte Maßnahmen, die durch Befragungen bzw. Ermittlungen ergänzt worden sind. Des Weiteren werden Folgerungen bzw. Vorschläge für zukünftiges Verhalten in den Berichten wiedergegeben.

Meldungen und Berichte dienen dazu, Gefahren und Schäden sowie ordnungswidrige Zustände zu beseitigen oder zu verhindern. Sie dienen als Entscheidungshilfe für weitere Maßnahmen.

Meldung und Bericht müssen vollständig, korrekt und sachlich richtig sein, damit ein klares Bild vermittelt wird. Sie sollen ohne persönliche Bewertung sein. Die Meldungen und Berichte müssen zuverlässig sein, weil auf ihnen die weitere Bearbeitung des Vorganges basiert. Die weitere Bearbeitung muss in die falsche Richtung gehen, wenn eine Meldung nicht objektiv oder nicht frei von Übertreibungen ist. Meldungen und Berichte sollen in einem einfachen und klaren Deutsch abgefasst sein. Das bedingt, dass ausreichende grammatikalische Kenntnisse vorhanden sind. An die Erstellung von Meldungen und Berichten müssen besondere Maßstäbe angelegt werden.

Der Werkschutz meldet und berichtet über Erkenntnisse von rechts-, sicherheits- und ordnungswidrigen Vorgängen und Zuständen, für die weitere Maßnahmen erforderlich sind, als Information für andere Abteilungen (z. B. Personalabteilung) und zur Unterstützung von Mitarbeitern, Besuchern und Kunden (z. B. Verkehrsunfallmeldung).

Meldungen und Berichte werden je nach Bedarf und Anweisung, bzw. nach entsprechenden Vorschriften an folgende Stellen weitergegeben:

- intern
  - Werkschutzvorgesetzte
  - zuständige Fachabteilungen
  - Personalabteilung
  - Rechtsabteilung
  - Betriebsrat
  - Technische Dienste usw.
- extern
  - Polizei
  - Rettungsdienst
  - Feuerwehr
  - Stadt- oder Gemeindeverwaltung
  - Gewerbeaufsichtsamt
  - Berufsgenossenschaft usw.

287 36.2 Form und Inhalt von Meldungen

Für Meldungen und Berichte über Vorgänge, die sich häufig wiederholen, stehen in der Regel Vordrucke zur Verfügung.

Ist das nicht der Fall oder können keine entsprechenden Vordrucke verwendet werden, müssen bei Meldungen und Berichten folgende Punkte beachtet werden:

- Die betriebliche Schriftform soll beibehalten werden.
- Der Inhalt soll nach Möglichkeit vollständig sein. Hier stehen die „Sieben W“ als Hilfe zur Verfügung.

Die Hilfsregel in der Kurzform lautet für die „Sieben W“:
Wer hat, Wann, Was, Wo, Wie, Womit, Warum, getan?

- Wer?
  - Melder
  - Beobachter/Zeuge
  - Täter
  - Geschädigter
  - Verursacher

- Wann?
  - Eingangszeit der Information
  - Zeit der Feststellung
  - Zeit der Tat bzw.
  - Schadensereignis

- Was?
  - Schaden/Vorfall/Vorkommnis/Ereignis
  - Feststellung (was wurde vorgefunden?)
  - Veranlassung und weitere Weisungen

- Wo?
  - Ort des Schadens
  - Ort des Vorkommnisses
  - Ort des Ereignisses

- Wie?
  - Schilderung des Herganges

- Womit?
  - Welche Tatwaffe/Tatwerkzeuge

- Warum?
  - Motiv
  - Fehlverhalten (Sorglosigkeit)

Benötigte Personalien für Meldungen und Berichte

Bei Mitarbeitern:
Name, Vorname, Abteilung, Personalnummer, Telefon

Bei anderen Personen (Kunden, Besuchern):
Name, Vorname, Geburtsdatum, Geburtsort, Wohnort, Straße, Firma, Personalnummer.

Als weitere Hilfe für Meldungen und Berichte dienen Vordrucke.

36.3 Statistik: Um besonderen Vorkommnissen in den Betrieben vorzubeugen, **288**
ist neben den verschiedenen Präventiv-, Informations-, Kontroll-, Sicherungs- und Aufklärungsmaßnahmen eine Basis zur Auswertung von diesen Ereignissen hilfreich, um schwerpunktmäßig Abhilfenotwendigkeiten zu erkennen.

Erfasst werden sollten diverse Straftaten wie Eigentumsdelikte, Sachbeschädigungen, Hausfriedensbruch z. B. mit Tatortbereich, Wertverlust und Schaden sowie angegriffenem Rechtsgut usw. Auswahlkriterien können Datum, Tatort, Delikt, Angriffsobjekt und Schaden sein.

Die im Einzelnen berichteten und gemeldeten Ereignisse können in eine **Werkschutzstatistik** einfließen.

Die Statistik muss alle Delikte, Schadensfälle und Ordnungswidrigkeiten gegen ein Unternehmen erfassen.

Erstellt werden können diverse Statistiken wie Trendentwicklungen, Monats- und Quartalsübersichten und Jahresstatistiken jeweils auch für verschiedene Bereiche.

Beispiel: Eine Übersicht zur Erfassung der Eigentumskriminalität kann aufgeschlüsselt sein nach:

- Werkseigentum mit Anzahl und Wert
- Belegschaftseigentum mit Anzahl und Wert
- Fremdeigentum mit Anzahl und Wert
- Gesamtwertverlust pro Betrieb mit Anzahl und Jahr.

Auszuwerten ist nach Angriffsobjekten, Tatorten und weiteren Schwerpunkten.

Die Wertverluste sollten getrennt nach Delikten erfasst werden. Schwerpunktstehlgüter oder -straftaten können bedarfsweise besonders ausgewertet und dargestellt werden; z. B. Fahrzeugaufbrüche auf Mitarbeiterparkplätzen.

Das Verfolgen der Zahlenwerte beim Abhandenkommen eingebrachten Mitarbeiter- oder Fremdfirmeneigentums muss u. U. zu vorsorglichen Überlegungen führen.

Ähnliche Gründe gelten für die Erfassung der Entwicklung der Schadenszahlen aus Verkehrsunfällen und anderen Schadensereignissen. Auch hier muss die Entwicklung der Gesamtschadenshöhe beurteilt werden und zu Folgerungen und schwerpunktmäßiger Abhilfe insbesondere bei erkennbar gewordenen Unfall- oder Schadensschwerpunkten führen.

Besondere Bedeutung kommt der Erfassung und Bewertung von sicherheitsrelevanten Ereignissen zu. Hierbei kann es sich um Fälle von Hausfriedensbruch, Ausspähung oder vorsätzliche Sachbeschädigung, Aktionen und Drohungen handeln.

Beispiele: Im Umfeld des Betriebes werden evtl. motorisierte Ausspäher erkannt; die Werkschutzstreifen notieren die amtl. Kennzeichen, um diese von zuständigen Behörden überprüfen zu lassen.

Um die Gefährdung des eigenen Unternehmens zu prüfen, können Anschläge aller Art registriert und nach „Produkten“ der betroffenen Unternehmen ausgewertet werden.

Die Erfassung könnte nach folgendem Schema erfolgen:

- Datum
- Betroffene Unternehmen
- Ziel des Anschlages
- Verursacher/Gruppierung
- Vorgehensweise/Merkmale der Durchführung
- Motiv/Begründung
- Ergänzende Hinweise (z. B. Erwähnung in Szeneliteratur, Selbstbezichtigung).

Die Auswertung dient der Feststellung von Zielschwerpunkten, dem Vergleich mit ähnlichen Anschlägen und der Analyse eigener Gefährdung.

Das Berichts- und Meldewesen sollte heute möglichst PC-gestützt realisiert werden. Die entsprechenden Formulare können gespeichert und z. B. die anfallenden Berichte unmittelbar vom Feststellenden eingegeben werden.

Auch Auswertungen z. B. zur Erkennung von Brennpunkten und zu statistischen Zwecken bringen mittels PC erhebliche rationelle Vorteile.

Bild 15: Werkschutzmitarbeiterin bei der Bearbeitung von Unterlagen, hier Ermittlungen in einem Schadensfall, am PC

37. Kapitel: Ausbildung und Weiterbildung

289 37.1 Eine gründliche theoretische und praktische **Ausbildung** des Werkschutzpersonals und des Personals der Wach- und Sicherungsdienste sowie eine ständige Weiterbildung sind heute für die sachgerechte Durchführung von Tagesaufgaben ebenso wie für spezielle Aufgaben (z. B. Personenschutz, Objektschutz, Alarmverfolgung, Geldtransport usw.) unerlässlich. Zum Recht der **Berufsbildung** Rn. 185 ff.

Die Grundlagen für die Ausbildung zur Geprüften Werkschutzfachkraft laufen zum Ende des Jahres 2005 aus (vgl. Rn. 188). Das Bundesministerium für Wirtschaft und Technologie hat 2002 die Verordnung über die staatlich anerkannte Berufsausbildung zur Fachkraft für Schutz und Sicherheit erlassen (vgl. Rn. 190). Erstmals bekam das Sicherheitsgewerbe damit einen Ausbildungsberuf. Unterrichtung und Sachkundeprüfung (Rn. 189) sind in der Bewachungsverordnung unter Einbeziehung der Berufsgenossenschaftlichen Vorschrift Wach- und Sicherheitsdienste (BGV C 7) geregelt. Weitere Ausbildungsmöglichkeiten werden vom DIHT und der Arbeitsgemeinschaft für Sicherheit der Wirtschaft (ASW) noch festgelegt, um die Geprüfte Werkschutzfachkraft zu ersetzen.

Das Bundesministerium für Bildung und Forschung hat 2003 die Verordnung über die Prüfung Geprüfter Meister/Geprüfte Meisterin für Schutz und Sicherheit erlassen; gleichzeitig sind die Rechtsvorschriften der zuständigen Stellen über die Prüfung Werkschutzmeister/Werkschutzmeisterin außer Kraft getreten (Rn. 188).

§ 3 BGV C 7

Eignung

Der Unternehmer hat dafür zu sorgen, dass Wach- und Sicherungstätigkeiten nur von Versicherten ausgeführt werden, die die erforderlichen Befähigungen besitzen. Die Versicherten dürfen für diese Tätigkeiten nicht offensichtlich ungeeignet sein. Über die Befähigungen sind Aufzeichnungen zu führen.

Durch diese Bestimmungen soll auch eine Überforderung des Wach- und Sicherungspersonals entgegengewirkt werden[1]. Nach § 9 BewachV darf der Unternehmer mit Bewachungsaufgaben nur zuverlässige Personen beschäftigen, die das 18. Lebensjahr vollendet haben (s. Rn. 27) und z. B. einen Unterrichtungsnachweis (§ 3 BewachV) oder ein Prüfungszeugnis (§ 5 BewachV) vorweisen können. Die Verpflichtung zur Aufzeichnung von Befähigungen beinhaltet das Festhalten der Eignung für bestimmte Einsatzbereiche. Besondere Befähigungsnachweise sind z. B. erforderlich für das Führen von **Diensthunden** oder **Schusswaffen** (s. Rn. 199 ff.). Zum Verhaltenstraining im Personenschutz s. Rn. 228. Befähi-

1 Durchführungsanweisung zu § 3 BGV C 7.

gungsnachweise für Wach- und Sicherungstätigkeiten können z. B. auch Bescheinigungen über die Teilnahme an Werkschutzlehrgängen sein[2].

Zur Objekteinweisung s. Rn. 261 ff.

Die Bewachungsverordnung fordert ein Unterrichtungsverfahren für die im Bewachungsgewerbe Tätigen und stellt daran bestimmte Anforderungen:

§ 1 BewachV

Zweck, Betroffene

(1) Zweck der Unterrichtung ist es, die im Bewachungsgewerbe tätigen Personen mit den für die Ausübung des Gewerbes notwendigen rechtlichen Vorschriften und fachspezifischen Pflichten und Befugnissen sowie deren praktischer Anwendung in einem Umfang vertraut zu machen, der ihnen die eigenverantwortliche Wahrnehmung von Bewachungsaufgaben ermöglicht.

(2) Dem Unterrichtungsverfahren haben sich zu unterziehen

1. Personen, die das Bewachungsgewerbe nach § 34 a Abs. 1 Satz 1 der Gewerbeordnung als Selbständige ausüben wollen,
2. bei juristischen Personen die gesetzlichen Vertreter, soweit sie mit der Durchführung von Bewachungsaufgaben direkt befasst sind,
3. die mit der Leitung des Gewerbebetriebes beauftragten Personen und
4. sonstige Unselbständige, die mit der Durchführung von Bewachungsaufgaben nach § 34 a Abs. 1 Satz 4 der Gewerbeordnung beschäftigt werden sollen.

DIENSTKUNDE

§ 2 BewachV

Zuständige Stelle

Die Unterrichtung erfolgt durch die Industrie- und Handelskammern. Sie können Vereinbarungen zur gemeinsamen Erledigung ihrer Aufgabe nach Satz 1 schließen.

§ 3 BewachV

Verfahren

(1) Die Unterrichtung erfolgt mündlich, die zu unterrichtende Person muss über die zur Ausübung der Tätigkeit und zum Verständnis des Unterrichtungsverfahrens unverzichtbaren deutschen Sprachkenntnisse verfügen. Die Unterrichtung hat für Personen im Sinne des § 1 Abs. 2 Nr. 1 bis 3 mindestens 80 Unterrichtsstunden zu dauern; für Personen im Sinne der Nummer 4 muss die Unterrichtung mindestens 40 Stunden dauern. Eine Unterrichtsstunde beträgt 45 Minuten. Bei der Unterrichtung soll von modernen pädagogischen und didaktischen Möglichkeiten Gebrauch gemacht werden. Mehrere Personen können gleichzeitig unterrichtet werden, wobei die Zahl der Unterrichtsteilnehmer 20 nicht übersteigen soll.

2 Durchführungsanweisung zu § 3 BGV C 7; s. auch §§ 14, 36 BGV A 1 (Allgemeine Vorschriften) und §§ 4 und 5 UVV (Arbeiten im Bereich von Gleisen – VBG 38 a).

(2) Die Industrie- und Handelskammer stellt eine Bescheinigung nach Anlage 1 aus, wenn die unterrichtete Person am Unterricht ohne Fehlzeiten teilgenommen hat und sich die Kammer durch geeignete Maßnahmen, insbesondere durch einen aktiven Dialog mit den Unterrichtsteilnehmern sowie durch mündliche und schriftliche Verständnisfragen, davon überzeugt hat, dass die Person mit den für die Ausübung des Gewerbes notwendigen rechtlichen Vorschriften und fachspezifischen Pflichten und Befugnissen sowie deren praktischer Anwendung nach Maßgabe von § 4 vertraut ist.

§ 4 BewachV

Anforderungen

Die Unterrichtung umfasst für alle Arten des Bewachungsgewerbes insbesondere die fachspezifischen Pflichten und Befugnisse folgender Sachgebiete:

1. Recht der öffentlichen Sicherheit und Ordnung einschließlich Gewerberecht und Datenschutzrecht,
2. Bürgerliches Gesetzbuch,
3. Straf- und Strafverfahrensrecht einschließlich Umgang mit Waffen,
4. Unfallverhütungsvorschrift Wach- und Sicherungsdienste,
5. Umgang mit Menschen, insbesondere Verhalten in Gefahrensituationen und Deeskalationstechniken in Konfliktsituationen, und
6. Grundzüge der Sicherungstechnik.

Bei der Unterrichtung von Personen i. S. des § 1 Abs. 2 Nr. 1 bis 3 BewachV sind die Sachgebiete der Anlage 3 zugrunde zu legen[3].

Der Umfang der Unterrichtung ist im Einzelnen aus den Anlagen der Bewachungsverordnung ersichtlich.

Das Unterrichtungsverfahren fordert das Minimum an Kenntnissen; die Ausbildung zur Geprüften Werkschutzfachkraft usw. wird dadurch nicht ersetzt.

Die Bewachungsverordnung sieht die Anerkennung bestimmter Nachweise vor, bei deren Vorliegen die vorgenannte Unterrichtung entfällt. Das sind z. B.:

- Geprüfte Werkschutzfachkraft
- Geprüfter Werkschutzmeister/Geprüfte Werkschutzmeisterin
- Fachkraft für Schutz und Sicherheit
- Meister/Meisterin für Schutz und Sicherheit.

Zu weiteren Ausnahmen von der Unterrichtung s. § 5 BewachV.

Die Ausbildung sollte nach einem **Ausbildungsplan** erfolgen, der interne Ausbildungsmaßnahmen und externe Lehrgänge berücksichtigt und sinnvoll aufeinander abstimmt.

Der Zweck des Ausbildungsplans liegt in der möglichst einheitlichen und methodischen Ausbildung aller Mitarbeiter im Werkschutz. Zweckmäßig ist eine Anlehnung des Ausbildungsplanes an die einzelnen Themenbereiche der „Verordnung über die Prüfung zum anerkannten Abschluss Geprüfte Werkschutzfach-

3 Vom Abdruck der Anlage wurde abgesehen.

kraft", darüber hinaus an Themenkreise, die innerbetriebliche Anforderungen berücksichtigen. Die Ausbildung soll zunächst zum Abschluss „Geprüfte Werkschutzfachkraft" führen.

Die schriftlich fixierte Konzeption von **Ausbildungsvorhaben** soll alle wesentlichen Inhalte des späteren Ausbildungsplanes aufweisen und muss auf dieser Basis mit allen zuständigen Stellen des Betriebes (z. B. Ausbildungsabteilung, Personalabteilung, Geschäftsführung, Betriebsrat, vgl. §§ 96 ff. BetrVG, s. auch Rn. 56) abgestimmt und von der verantwortlichen Stelle genehmigt werden.

Der Ausbildungsplan dient auch der fortlaufenden Weiterbildung und Personalauslese für höherwertige Ziele (z. B. Ausbildung zum Werkschutzmeister, s. Rn. 185).

Betriebliche Neuzugänge müssen in die Lage versetzt werden, den gleichen Ausbildungsstand wie das übrige Fachpersonal zu erhalten, ggf. durch eine „Nachholausbildung". Neue Mitarbeiter müssen mit den erforderlichen Grundkenntnissen und betriebsspezifischen Themen vertraut gemacht werden, um sie zusammen mit den ausgebildeten oder schon fortgeschrittenen Werkschutzmitarbeitern allmählich an eine selbstständige praktische Dienstwahrnehmung heranzuführen.

Es sollte eine Selbstverständlichkeit sein, dass die notwendige **Fachliteratur** in ausreichender Anzahl für den Ausbilder und für die in Ausbildung Befindlichen vorhanden ist.

Literatur kann im Fachbuchhandel erworben werden. Prüfungsordnungen und Stoffpläne sind z. B. bei den Verbänden für Sicherheit in der Wirtschaft und den Industrie- und Handelskammern zu erhalten. Die Verordnungen „Geprüfte Werkschutzfachkraft" und „Fachkraft Schutz und Sicherheit" sowie der Ausbildungsrahmenplan sind in der Vorschriftensammlung für den Werkschutz und private Sicherheitsdienste enthalten.

Der Themenumfang muss sinnvoll begrenzt werden und darf nicht überfordern. Konkrete **Lernzielbeschreibungen** sind unerlässlich.

Beispiele:
- Wesen und Aufgaben des Werkschutzes **erläutern können**
- die Befugnisse des Eigentümers und des Besitzers und der sich daraus ableitenden Rechte für den Besitzdiener **nennen und erläutern können**
- Aufgaben im Wach- und Streifendienst **beherrschen**
- Sicherungseinrichtungen **kennen und handhaben können**
- § 32 StGB – Notwehr – **kennen und anwenden können**
- die Verhaltensweisen der Menschen **kennen und sich darauf einstellen können.**

Für jeden Themenkreis und für jedes einzelne Thema muss ein eigenes Lernziel festgelegt werden.

DIENSTKUNDE

Aus dem Ausbildungsplan werden die einzelnen **Ausbildungsvorhaben** abgeleitet.

Dazu müssen festgelegt und vorbereitet werden:

- Ausbildungsort
- Ausbildungszeit und -dauer
- Ausbildungsthemen
- Ausbildungsart (Lehrgespräch, Gruppenselbstarbeit)
- Teilnehmer
- Referenten
- Hilfsmittel (Flipchart, Videogerät, Folien, Zeiger)
- Fortsetzungstage des Vorhabens.

Verfolgt die Ausbildung das Ziel der **Fachprüfung** vor der Industrie- und Handelskammer, sollte sie zeitlich und themenmäßig so aufgebaut werden, dass nach ca. zwei Jahren die Themen der Rechtsverordnung soweit durchgearbeitet und wiederholt sind, dass ein Bestehen des schriftlichen Teils gewährleistet ist. Danach sollte die Möglichkeit zur Vorbereitung auf die mündliche Prüfung gegeben sein. Damit sollte alsbald nach der schriftlichen Prüfung begonnen werden, weil das Erlernte noch gegenwärtig ist. Die Vorbereitung auf die mündliche Fachprüfung erfolgt zweckmäßig in Form von Frage und Antwort.

Betriebliche Bildungsmaßnahmen bauen zweckmäßigerweise auf den Lehrgängen der Verbände für Sicherheit in der Wirtschaft der Länder auf. Diese Verbände bieten Grund-, Aufbau- und Vorbereitungslehrgänge sowie spezielle Kurse (Pfortendienst, Ermittlungsdienst) an, die sinnvoll in den betrieblichen Bereich integriert werden können.

Über Ausbildungsteilnahme und Ausbildungsstand ist Nachweis zu führen. Lernkontrollen nach einzelnen Abschnitten sind zweckmäßig.

290 37.2 Maßnahmen der **Weiterbildung,** z. B. in Form von Trainingsmaßnahmen, sollen die vorhandenen Kenntnisse erhalten und vertiefen, über Aktuelles informieren und den sachlich fundierten Umgang mit diversen Werkschutzaufgaben, insbesondere in Ausnahmesituationen, gewährleisten.

An der Weiterbildung muss das gesamte Werkschutzpersonal teilnehmen. Um alle Schichtdienstleistenden gleichmäßig zu erfassen und einen annähernd gleichen Bildungsstand zu erreichen, bietet sich beispielsweise ein „rotierender Unterricht“ innerhalb des Schichtdienstes an. Nach dem Schichtdienst (Überstunden!) ist Weiterbildung wenig effektiv.

Literatur

Bundesministerium für Verkehr: Information zur Beförderung gefährlicher Güter.

Clages, Horst: Kriminalistik für Fachhochschulen, Der Tatort, der Erste Angriff, 3. Auflage, Stuttgart 1997.

Ehses, Herbert/Most, Willi: Verkehrsdienst – Verkehrsunfallaufnahme, Reihe „Sicherheit in der Wirtschaft", Stuttgart 1985.

Fernstädt, Hans/Ehses, Herbert: Tordienst – Fahrzeugkontrolle, Überwachung, Regelung und Kontrolle des Fahrzeugverkehrs, Reihe „Sicherheit in der Wirtschaft", Stuttgart 1985.

Fernstädt, Hans/Ehses, Herbert: Personenkontrolle, Überwachung und Regelung des Personenverkehrs, Werkschutz-Praktikum 1, Heidelberg 1984.

Jochmann, Ulrich: Verhaltenstips für den Empfangsdienst, Psychologischer Leitfaden, 2. Auflage Stuttgart 2003.

Kühn, Robert/Birett, Karl: Gefahrgut-Schlüssel, 16. Ausgabe, Loseblattwerk, 1995.

Ochs, Rudolf/Boden, Heiko: Waffensachkundeprüfung – leicht gemacht, 3. Auflage, Stuttgart 2001.

Otto, Frank: Richtlinie für den Objektschutz, Köln 1991.

Otto, Frank/Buringa, Hermann J.: Richtlinie Unfallaufnahme und Schadensbearbeitung, Köln 1991.

Otto, Frank/Gilles, Peter: Kurzinformationen Sicherheit, 4. überarbeitete Auflage, Stuttgart 2002.

Otto, Frank/von zur Mühlen, Rainer: Praxishandbuch Werkschutz, Bonn 1992.

Pohl, Georg/Stüllenberg, Klaus (Hrsg.): Werkschutz-ABC, Grundwissen für die Praxis, Heidelberg 1991.

Schultze, Heinz G.: Arbeitsrecht in Wach- und Sicherheitsunternehmen, Leitfaden mit Beispielen aus der Praxis, Stuttgart 1998.

Schwarzenbach, Personenschutz im In- und Ausland, Stuttagrt, 2003.

Stüllenberg, Klaus/Fox, Dieter: Personenschutz – Arbeitshandbuch, 2. Auflage, Stuttgart 1997.

Unfallverhütungsvorschrift BGV A 1 – Grundsätze der Prävention vom 1. Januar 2004.

Unfallverhütungsvorschrift BGV C 7 – Wach- und Sicherungsdienste vom 1. Oktober 1990.

Unfallverhütungsvorschrift BGV A 8 – Sicherheits- und Gesundheitskennzeichnung am Arbeitsplatz vom 1. April 1995.

3. Teil

TECHNISCHE EINRICHTUNGEN UND HILFSMITTEL

Von Wilhelm Beisel, vormals Referent für technische Sonderaufgaben, Corporate Security, BASF AG, Ludwigshafen und

Werner Pfeiffer, vormals Sicherheitsbevollmächtigter, Tenovis GmbH & Co. KG, Frankfurt/M.

38. Kapitel: Einführung

291 Der Einsatz moderner Sicherungstechnik und sonstiger technischer Hilfsmittel im Werkschutz und bei Sicherheitsunternehmen gehört zwischenzeitlich zum Standard und befindet sich in stetiger Weiterentwicklung.

Zur richtigen Bedienung technischer Einrichtungen und Beurteilung ihres Sicherungswertes sind Kenntnisse über die Funktion technischer Hilfsmittel unerlässlich.

Die Darstellung technischer Hilfsmittel versucht wesentliche Grundsätze aufzuzeigen. Bei der rasch fortschreitenden Entwicklung der Technik kann das jedoch nur eine Momentaufnahme sein. Immer intelligentere Bausteine der Mikroprozessortechnik, leistungsfähigere Personalcomputer und ein größeres Angebot von werkschutzspezifischer Software werden auch künftig zur Weiterentwicklung und Verbesserung der heute eingesetzten Technik führen sowie die Anforderungen an die Qualifikation der Bediener erhöhen.

Besonders auffällig sind derzeit die rasanten Weiterentwicklungen im Bereich der Informations- und Kommunikationstechnik, wo sich insbesondere durch Einführung neuer Netztechniken und Übertragungsbandbreiten (z. B. UMTS) neue Zukunftsanwendungen abzeichnen.

Die Notwendigkeit, aufgrund komplexer Bedrohungen in der Industrie bei gleichzeitig wachsendem Kostendruck lückenlos und in hoher Qualität Sicherheitsleistungen zu erbringen, verstärkt den Trend zum vermehrten Einsatz von Sicherungstechnik.

Für Fachleute und Führungskräfte in der Werksicherheit ist deshalb eine ständige Beobachtung des Marktes, seiner Entwicklungen und Trends unerlässlich, wenn Entscheidungen zugunsten zukunftssicherer Investitionen in die Sicherungstechnik getroffen werden sollen. Die Kenntnis von Technikfunktionen soll helfen, die immer komplexer wirkenden Systeme besser zu verstehen.

Während die Reaktion auf Meldungen der Technik und deren richtige Handhabung ein Thema der Werkschutzdienstkunde ist (s. Rn. 191 ff.), wird bei den technischen Hilfsmitteln aufgezeigt, welche Möglichkeiten der Einsatz der Technik bietet, wie sie funktioniert und wie diese bedient wird.

39. Kapitel: Sicherheitsanalysen und Sicherheitskonzepte

39.1 Die auf einen Industriebetrieb einwirkenden Gefahren sind vielfältig (s. Rn. 1, 277 ff.). **292**

Um Gefahren zu vermeiden, Risiken zu mindern und den Eintritt von Schäden zu verhindern, sind Sicherungsmaßnahmen durchzuführen. Hierbei ist festzustellen, welche Gefahren und Risiken im individuellen Fall einer industriellen Einrichtung drohen und wie hoch die Eintrittswahrscheinlichkeit von Schadensereignissen ist. Dies erfolgt mit Hilfe einer **Sicherheits- oder Schwachstellenanalyse.**

Im Rahmen einer Sicherheitsanalyse müssen auch Abhängigkeiten und Ursachenketten im Sinne eines vernetzten Denkens berücksichtigt werden. Die komplexen Sicherheitsprobleme in einem modernen Industriebetrieb sind nicht mit der einfachen Formel

„Schwachstelle + Sicherheitsmaßnahme = Sicherheit"

zu lösen.

Aufgrund einer Sicherheits- oder Schwachstellenanalyse, die man auch als Sicherheitsbeurteilung eines Betriebes bezeichnen könnte, sind die Schutzziele für das Unternehmen oder den Betrieb zu definieren, aus denen die möglichen Schutzmaßnahmen abgeleitet werden. Diese werden in einem **Sicherheitskonzept** zusammengefasst.

Das Sicherheitskonzept ist eine auf einer Schwachstellenanalyse basierende SOLL-Darstellung des Sicherheitszustandes eines Betriebes, welche die komplexen betrieblichen Strukturen und Einrichtungen in ihrer Gesamtheit berücksichtigt.

Wirksame Sicherheitskonzepte erfordern die systematische Berücksichtigung einer Vielzahl von Einflussgrößen.

Die einzelnen Stufen bei der Erstellung einer **Bedrohungsanalyse** sind **293**

- Auflisten und Zuordnen der relevanten Gefahren,
- Risikobewertung,
- Zusammenfassen der Risiken in einem Bedrohungsbild.

Anhand festgelegter Schutzziele wird daraus das Sicherheitskonzept als sinnvolle und effektive Kombination von baulichen Vorkehrungen, technischen Einrichtungen und organisatorischen Maßnahmen abgeleitet.

Wirksame Sicherheitskonzepte mit ihrer Vielzahl möglicher Maßnahmen sind angesichts der Komplexität moderner Technik nicht mehr mit dem traditionellen schrittweisen Erstellen von Einzellösungen zu schaffen. Nur mit geschlossenen

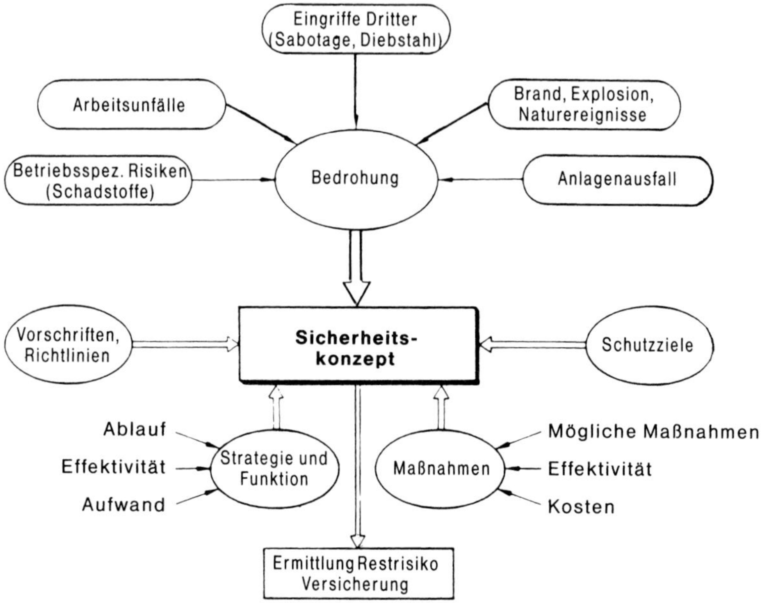

Bild 1: Einflussgrößen auf ein Sicherheitskonzept

Problemlösungen, die auf einer systematischen Analyse der Gesamtproblematik beruhen, lassen sich die Kosten/Wirksamkeitsbeziehungen von Sicherheitsmaßnahmen optimieren.

294 **Sicherheit** in diesem Sinne ist der Schutz von Menschen, Eigentum und ideellen Werten gegen

- äußere und höhere Gewalt,
- ungewollte schadenanrichtende Ereignisse,
- vorsätzliche, betriebsstörende oder schadenanrichtende Handlungen (s. auch Rn. 2).

Den sich daraus ergebenden Bedrohungen oder Risiken muss mit einem abgestimmten Bündel baulicher, technischer und organisatorischer/personeller Maßnahmen begegnet werden. Ihr Umfang hängt von der Risikolage, von gesetzlichen Vorschriften und Richtlinien und von Verantwortlichen bestimmten Schutzzielen ab.

Die einzelnen Arbeitsschritte zur systematischen Erarbeitung eines solchen Sicherheitskonzeptes könnten beispielsweise so aussehen:

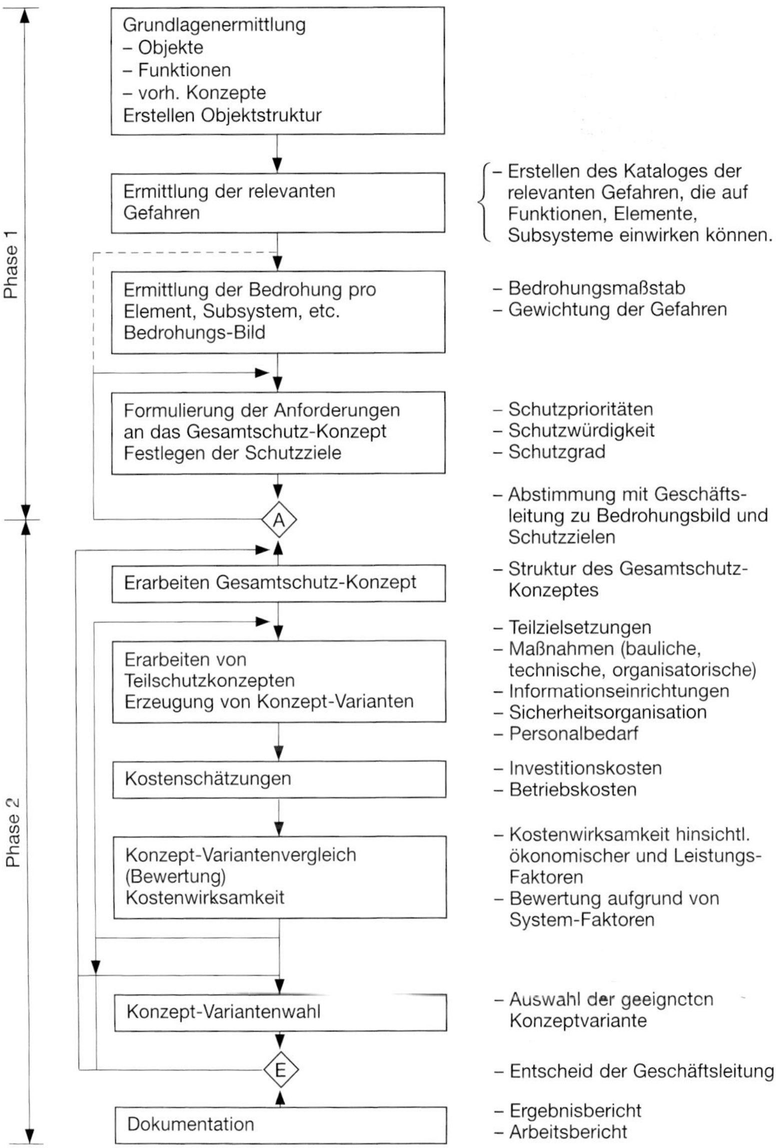

Bild 2: Ablauf einer Sicherheitsanalyse

	GEFAHRENMATRIX Eingriffe Dritter (Außen-/Innentäter)	Werk-spio-nage	Van-dalis-mus	Dieb-stahl allge-mein	Brand-stif-tung	Zerst. techn. Einr. (Sabo-tage)	Ge-heim-nis-ver-rat	Ab-sichtl. Fehl-hand-lungen
1.	**OBJEKTE**							
1.1	GELÄNDE UND UMFRIEDUNG							
1.1.1	Flächen innerhalb juristischer Grenzen				X			
1.1.2	Flächen innerhalb				X			
1.1.3	Außenzaun (juristische Grenze)		X					
1.1.4	Bauhof, Betriebshof							
1.1.5	Zufahrtsstraßen und -wege							
1.1.6	Sicherheitszaun		X			X		
1.1.7	Brücken							
1.2	GEBÄUDE							
1.2.1	Allgemeine Verwaltung	(X)	X	X	X	X	X	
1.2.2	Werkstätten	X	(X)	X	X	X	X	
1.2.3	Tankstelle				X			
1.2.4	Wache und Sicherheitsdienste		(X)		X	X		
1.2.5	Pforte							
1.2.6	Sozialgebäude			X	X	X		
1.3	VERSUCHSEINRICHTUNGEN							
1.4	MOBILE OBJEKTE							
1.4.1	Testfahrzeug							
1.4.2	Wartungs- und Streifenfahrzeuge							
1.4.3	Baufahrzeuge, Fremdfahrzeuge		X	X	X	X		X
1.4.4	Bewegliche Unterkünfte und Läger		X	X	X			
1.4.5	Personen und Personengruppen							
1.5	TECHNISCHE EINRICHTUNGEN							
1.5.1	Verkehrsleitsystem		X			X		X
1.5.2	Schranken, Tore etc.		X					
1.5.3	Beleuchtungseinrichtung		X			X		
1.5.4	Be- und Entwässerungsanlagen							
1.5.5	Feuerbekämpfungseinrichtungen		X			X		
1.5.6	Meßstellen		X			X		
1.5.7	Sicherheitseinrichtungen		X			X		X
1.5.8	Kommunikationssystem					X		X
2.	**FUNKTIONEN**							
2.1	VERWALTUNG, ORGANISATION, BETRIEB							
2.2	BETRIEBSABWICKL./LEITUNG VERKEHR					X		X
2.3	WERKSTATTBETR., UMBAU/WARTUNG			X	X	X		
2.4	VERSUCHSBETRIEB	X				(X)		
2.5	WARTUNG/SERVICE							
2.6	TREIBSTOFFVERSORGUNG				X	(X)		
2.7	ÜBERWACHUNG/SICHERHEITSDIENSTE					X		X

Bild 3: Gefahrenmatrix

295 39.2 Basis für die Ausarbeitung des Sicherheitskonzeptes für einen Betrieb, eine Anlage oder ein System ist die **Bedrohungs-** oder **Risikoanalyse,** mit der man sich zunächst einen Überblick über die Risikoverteilung verschafft. Dazu muss das betrachtete System hinsichtlich seiner Struktur, seiner Funktion und der damit verknüpften sicherheitsrelevanten Eigenschaften analysiert werden. Für die so er-

4.1	Direktionsbereiche Gefahren / Gefährdete Elemente			Brand	Technische Ausfälle	Unfälle	Diebstahl/Raub	Spionage	Sabotage	Ka Katastrophe G groß M mittel KL klein IR Irrelevant
4.1.4	Direktionsbereich Produktionsgüter (PG)	HB	FB	1.1	1.2	1.3	2.1	2.2	2.3	Bemerkungen
4.1.4.1	Direktionsräume									
–	Direktion	2. OG		M/G	IR	IR	KL	G*	M	* Aktenkonzentration
–	Sekretariat	2. OG		M	IR	IR	KL/IR	M/G	KL/M	
–	Sitzungszimmer	2. OG		KL	IR	IR	KL/IR	G	KL/M	
4.1.4.2	Produktionsgüter Marketing (PM)									
–	Büros	2. OG		KL	IR	IR	KL	M*	KL	* Marktdaten
–	Archiv	2. OG		M	IR	IR	IR	G/M	M	
4.1.4.3	Telecommunication (Telec)									
–	Büros	3. OG		M	IR	IR	KL	G*	M	* Geheime Dokumente
–	Laborräume	3. OG		M	M	M	M	G*	G*	* Versuchsreihen
–	Abstellraum	3. OG		M/G	IR	IR	M	M	M	
–	Sitzungszimmer	3. OG		M	IR	IR	IR	G*	KL	* Vertraul. Gespräche
–	Ausstellungsraum	3. OG		M/G	KL	KL	M	KL	M	

Bild 4: Bedrohungsmatrix für einen Verwaltungsbau

mittelte Objektstruktur werden die denkbaren Schadensereignisse (Gefahren) zunächst unbewertet zusammengestellt. So entsteht eine **Gefahrenmatrix.**

Wichtigster Teil der Bedrohungsanalyse ist die Bewertung der einzelnen auf die Objektstruktur bezogenen Gefahren, um die Schwachstellen im System zu erkennen. Bereits mit sehr einfachen Verfahren kann ein systematischer Überblick über die Risikosituation eines Systems gewonnen werden. Quantitative Verfahren setzen die Abschätzung der Schadenshöhe bei Eintritt eines Schadensereignisses

(Gefahr) sowie die Abschätzung der Eintrittswahrscheinlichkeit des Ereignisses voraus. Daraus lässt sich nach der Beziehung

Risiko = Höhe des möglichen Schadens × Eintrittswahrscheinlichkeit

das Risiko berechnen.

296 Trägt man die so gewonnene Klassifizierung für die einzelnen Objekte und Gefahren matrixartig auf, so ergibt sich eine **Bedrohungsmatrix**, aus der sich die Schwachstellen im betrachteten Betrieb herauslesen lassen, an denen primär mit angepassten Sicherheitsmaßnahmen anzusetzen ist.

Eine andere, sehr einfache Möglichkeit einer ersten Risikoabschätzung zeigt nachfolgende Tabelle (Risikoverteilung Bild 5). Hier wird die Höhe des Risikos durch eine bestimmte Gefahr auf eine bestimmte Funktionseinheit durch die Bewertungszahlen 0 bis 3 abgeschätzt. Eine Addition der Zahlen nach Gefahren bzw. Funktionseinheiten ergibt die für die Gesamtanlage bzw. für die am meisten gefährdeten Funktionseinheiten relevanten Gefahren. Damit hat man eine systematisch erarbeitete Basis für die Maßnahmenplanung.

Will man nur eine einzelne Gefahr (z. B. die Entwendung von Material) in die Betrachtung einbeziehen, so lässt sich ein weiteres Bewertungsverfahren heranziehen. Hier werden lediglich für jedes Element die relevanten Kriterien, die die Entwendung von Material erleichtern, angekreuzt. Die Summe der Kreuze pro Element ist ein Maß für die Höhe des Entwendungsrisikos an dieser Stelle. Auch so bekommt man einen schnellen Überblick darüber, wo primär mit Maßnahmen anzusetzen ist.

Eine rein verbale Beschreibung der Risiken, die auf die Elemente eines Betriebes wirken, lässt lediglich eine grobe Abschätzung der Risiken zu.

Welches Verfahren der Risikobewertung im Einzelnen anzuwenden ist, hängt vom jeweiligen Einzelfall ab. Wichtig ist, dass das benutzte Verfahren soweit systematisiert ist, dass kein wesentliches Element und keine relevante Gefahr in der Bewertung übersehen wird.

297 39.3 Mit der Ermittlung der Risikosituation sind zugleich die Elemente festgelegt, bei denen durch Einführung zweckdienlicher Sicherheitsmaßnahmen eine Risikominderung erreicht und damit das gesamte Sicherheitsniveau angehoben wird. Im Idealfall wären alle Maßnahmen so festzulegen, dass das Risiko für alle betrachteten Elemente und Gefahren des Objektes einen konstanten Wert hat (Kette mit gleichstarken Gliedern). Die Höhe dieses angestrebten Niveaus wird neben den technischen und finanziellen Möglichkeiten, insbesondere von den **Schutzzielen** bestimmt, die der Betreiber des Objekts vorgibt.

Wichtig ist, dass sich der Planer eines **Sicherheitskonzeptes** und der Betreiber des in Frage stehenden Objekts auf Schutzziele einigen und diese möglichst schriftlich

Bereiche, Funktionen, Objekte	Funktionseinheiten	Einwirkung Dritter: innere					Einwirkung Dritter: äußere					betriebliche Gefahren							
		Diebstahl aller Art	Informationsdiebstahl, Abhören etc.	Vandalismus	Überfälle, Streit, Angriffe (Pers.)	Sabotage/Anschläge (Brand, Explosion)	Autobomben	Brandanschläge/Bombenanschläge	Anlagenzerstörung (z.B. EDV)	Entführung, Erpressung	Bombendrohung	Brand/Löschmittel	Explosion	Vergiftung	Stromschlag	Arbeitsunfälle (Transport etc.)	Lösungsmittel	Verkehrsunfälle	Umweltbeeinflussung
Freigelände	- Umzäunung			●			⬤												
Freigelände	- Umgebung (angrenzend)				•							•						•	
Freigelände	Bereich I	•	•	•			⊛	●	⬤	•	●					●			
Freigelände	Bereich II	•	•	•			⊛	●		•	●					●			
Freigelände	Bereich III	•		•	•		⊛			⬤						●		•	
Freigelände	- Hauptgebäudefront						⊛		⬤										
Freigelände	- Nebengebäude Werk II			•			⬤												
Funktionseinheiten Hauptgebäude und Werk II	Hauptgebäude																		
Funktionseinheiten Hauptgebäude und Werk II	- Zentr. Versorg.einheiten							•				•	●		•				•
Funktionseinheiten Hauptgebäude und Werk II	- Lager	●						•				•				•			
Funktionseinheiten Hauptgebäude und Werk II	- Dienstleistung			•	•			•				●	●	●		•	●		•
Funktionseinheiten Hauptgebäude und Werk II	- Zentralverwaltung		⬤			•		⬤		⬤	●	•							
Funktionseinheiten Hauptgebäude und Werk II	- Zentralarchiv		•									●							
Funktionseinheiten Hauptgebäude und Werk II	- Mech. Werkstätten				•										•	●			
Funktionseinheiten Hauptgebäude und Werk II	- System-/Integr.räume	•	●			•		●				●			•	•			
Funktionseinheiten Hauptgebäude und Werk II	- Prüffelder, Labors	●	●			•						●			•				•
Funktionseinheiten Hauptgebäude und Werk II	- Konstruktion		⬤																
Funktionseinheiten Hauptgebäude und Werk II	- Dokumentation, Logistik		⬤																
Funktionseinheiten Hauptgebäude und Werk II	- Güteprüfstelle		•																
Funktionseinheiten Hauptgebäude und Werk II	- Ausbildung/Training				•														
Funktionseinheiten Hauptgebäude und Werk II	Lager und Büros Werk II			•				●				•							
Sonderobjekte	- Wache				•			●		●	●								
Sonderobjekte	- Archiv		•									●							
Sonderobjekte	- Kasse	•			●					●									
Sonderobjekte	- EDV		●					●	⬤			●							
Sonderobjekte	- Sonderlager	●				•						⬤	●	•			•		•
Sonderobjekte	- VS-Registratur		•																

Risikomaß:
- ⊛ katastrophal
- ⬤ groß
- ● mittel
- • klein

Bild 5: Risikoverteilung

TECHNIK

Risikobewertung Entwendung in einem Betrieb

		Großmenge	Leichte Zugänglichkeit	Handliche Form	Hohe EM-Konzentration	Absetzbarkeit	Edelmetall	Entwendung ohne Risiko	Fehlmenge schwer erkennbar	Bewertung	Risikostufe
Tresor		×		×	×	×	×			5	3
Zentrallager		×	×	×	×	×			×	6	2
Mechan. Fertigung	Halbzeugfertigung	×	×	×	×	×		×	×	7	1
	Nietherstellung		×	×	×	×		×[1]		5	3
	Sinterei	×	×	×	×	×		×	×	7	1
	Löterei		×	×	×	×		×		5	3
	Schmelze	×	×	×	×	×			×	6	2
chemische Fertigung	Galvanik				×	×	×	×	×	5	3
	Selektiv-Galvanik	×			×		×	×	×	5	3
	Schneiderei	×		×	×	×		×	×	6	2
	Gold- und Salzherstellung	×	×	×	×		×	×[1]		6	2
	Edelmetallpräparate		×	×	×		×		×	5	3

Bild 6: Risikobewertung Entwendung in einem Betrieb

Risikobewertung für ein Versorgungsunternehmen

Schwachstelle	Gefährdung	Risiko	Anmerkung
Galerie	Die Einsichtnahme von außen gibt Tätern die Möglichkeit, gezielt vorgehen zu können. Straftaten lassen sich, da die Räume unter Erdniveau liegen, von der Straße her nicht erkennen.	klein	Einbruch, Diebstahl, Sachbeschädigung
Untergeschoss	Angriffe auf die haustechnischen Anlagen (Niederspannung, Trafostation, Notstrom) können den gesamten Betrieb des Versorgungsunternehmens zum Erliegen bringen		Einbruch Sachbeschädigung Technischer Ausfall
Werkstattgebäude/ Fuhrpark	Für diesen Bereich gilt im Grundsatz das gleiche wie beim Verwaltungsgebäude. Fehlende Kontrolle, auch beim Zugang außerhalb der Arbeitszeit für den Bereitschaftsdienst, erhöht die Gefahr von Einbruch, Diebstahl, Sabotage, Erpressung, Sachbeschädigung, Anschlägen usw. Der relativ einfache Zugang zum Fuhrpark erleichtert den Diebstahl	groß	Terroranschläge Sachbeschädigungen Einbruch, Diebstahl, Sabotage Erpressung Technischer Ausfall

Bild 7: Risikobewertung für ein Versorgungsunternehmen

TECHNIK

festlegen. Mit den Schutzzielen wird festgelegt, wie weit der Betreiber die erkannten Risiken durch entsprechende Maßnahmen vermindern will bzw. welche Risiken er aus bestimmten Gründen in Kauf zu nehmen bereit ist.

Das Schutzziel ist also die Zielvorgabe, die man mit den zu planenden Maßnahmen erreichen will.

298 39.4 Die **Maßnahmen** zur Minderung des Risikos werden in einem Sicherheitskonzept zusammengefasst. Sie setzen sich zusammen aus

- **Vorbeuge- und Schutzmaßnahmen** (bauliche oder personelle Maßnahmen, die die Wahrscheinlichkeit des Eintritts eines Schadensereignisses reduzieren).
- **Melde-, Alarm- und Informationssysteme,** die den Eintritt eines Schadensereignisses an eine hilfeleistende Stelle melden und diese bei der Einleitung von Gegenmaßnahmen unterstützen.
- **organisatorische Maßnahmen,** die für denkbare Schadensereignisse die Aufbau- und Ablauforganisation (z. B. des Sicherheitswesens, Alarm- und Katastrophenpläne) festlegen.

Einzelne Maßnahmen sind zu verschiedenen Teilkonzepten zusammenzustellen; alternative Lösungswege sind im Rahmen der oben genannten Zielsetzungen auszuarbeiten.

299 Weiterhin ist eine **Kostenschätzung** vorzunehmen und zu ermitteln, welche Risikoreduzierung erzielt wird. Bei Gegenüberstellung dieser beiden Werte ist erkennbar, inwieweit unter wirtschaftlichen Gesichtspunkten eine möglichst hohe Risikoreduzierung bei vertretbaren Kosten erreicht wird. Dabei ist das vertretbare Restrisiko mit zu berücksichtigen.

Die Wirtschaftlichkeit stellt jedoch nicht den einzigen Entscheidungsmaßstab dar. Vielmehr sind sämtliche Risiken bei der Entscheidungsfindung zu berücksichtigen. Diese Risiken beinhalten

- die Erfüllung der gestellten Aufgaben durch das projektierte System,
- den finanziellen und zeitlichen Rahmen,
- die Sicherheit für Betreiber und Umwelt,
- den sozialen und umweltspezifischen Einfluss;

sie erstrecken sich selbst auf nachoperative Zeiträume (Abbruch, Beseitigung, Spätfolgen evtl. Fehler, Anpassung an den Stand neuerer Technik usw.). Die konkrete Auswahl und Festlegung der Maßnahmen muss sich auch danach richten.

Die Realisierung der Maßnahmen erfordert eine Vorgehens- oder Projektplanung in Zusammenarbeit mit intern und extern beteiligten Stellen und Unternehmen. Sie umfasst folgende Schritte:

- Beratung, welche Schutzsysteme auf dem Markt für die Schutzmaßnahme am besten geeignet sind. Einholen technischer Informationen und/oder Erfahrungsaustausch mit Fachkollegen oder Konsultation externer Berater, die nicht herstellergebunden sind.
- Festlegung von Systemkonfigurationen
- Erstellen von Plänen
- Einholung und Prüfung von Angeboten
- Auftragsvergabe mit Terminvorgaben
- Abstimmung bezüglich Montageplanung und -terminen mit Herstellern und Errichtern
- Inbetriebnahme und Abnahme nach Probelauf
- Erforderlichenfalls Schulung/Einweisung von Bedienpersonal
- Regelung der Systeminstandhaltung durch Reparatur- und Wartungsservice. Abschluss der dazu erforderlichen Verträge.

40. Kapitel: Mechanische Sicherheitseinrichtungen

40.1 **Zaunsysteme** sind Sicherungsbarrieren, die im freien Gelände vor den zu 300
sichernden Objekten aufgebaut werden. Sie bestehen aus mechanischen Elementen, die bei erhöhtem Sicherungsbedarf durch Detektions- und Beobachtungssysteme ergänzt werden können. Es ist eine Frage der Sicherungskonzeption bzw. der Sicherungszieldefinition, welche Anforderungen an einen Zaun gestellt werden.

Sind Eindringversuche an der äußeren Grundstücksgrenze zu erschweren, bestehen höhere Anforderungen in Bezug auf

- Übersteigen
- Durchdringen
- Untergraben und
- die Standfestigkeit allgemein.

Unabhängig von Zaunart und -typ sollten die folgenden baulichen Anforderungen beachtet werden:

- Die Umzäunung muss lückenlos und möglichst geradlinig verlaufen. Vorsprünge verschlechtern die Übersehbarkeit, erschweren die statische Ausführung und erhöhen die Kosten.

- Die Höhe eines Schutzzaunes sollte mindestens 2,5 m (einschließlich Übersteigschutz) betragen.
- Der Übersteigschutz sollte zur Außenseite abgewinkelt oder senkrecht auf den Zaun angebracht werden.
- Der Zaun muss einen Unterkriechschutz aufweisen.

Gebräuchliche Zauntypen sind:

- Maschendrahtzaun,
- Stahlgitterzaun,
- Stahlprofilzaun und
- Streckmetallzaun.

Bei den einzelnen Zauntypen sollten die folgenden Mindestanforderungen beachtet werden:

- **Maschendrahtzaun**

Die Maschenweite sollte nicht mehr als 40 bis 50 mm betragen, da bei dieser Öffnungsgröße das Geflecht normalerweise noch nicht als Übersteighilfe missbraucht werden kann.

Der Drahtdurchmesser sollte mindestens 3,0 mm betragen. Für die **Spanndrähte** ist zu beachten:

- Der maximale Abstand sollte 60 cm aufweisen. In jedem Fall ist das Drahtgeflecht oben und unten durch Spanndrähte zu sichern.
- Der Spanndraht sollte durch jede Masche des Geflechts geführt werden, jedenfalls so häufig wie montagebedingt möglich.
- Das Befestigen allein mit Drahtknebeln reicht nicht aus.
- Die maximale Spanndrahtlänge sollte nicht mehr als 50 m betragen.
- Die Spanndrahtstärke muss mindestens 3 mm betragen.

- **Stahlgitterzaun**

Das **Gitter** sollte aus einem Kerndraht von mindestens 5 mm Breite und 20 mm Höhe bestehen. Die senkrechten **Rundstähle** sollten mindestens 5 mm Durchmesser aufweisen. Die **Kreuzungspunkte** der waagrechten und senkrechten Stäbe müssen verschweißt sein. Die Maschenweite sollte 50 mm nicht überschreiten und die Maschenhöhe max. 200 mm betragen.

- **Stahlprofilrahmenzaun**

Die waagrechten Öffnungen sollten maximal 10 mm betragen. Ober- und Untergurte sind jeweils mit den Zaunpfosten zu verschweißen. Die Zaunprofile müssen so widerstandsfähig sein, dass sie durch körperliche Gewalt nicht aufgebogen werden können.

– Streckmetallzaun

Der Streckmetallzaun ist eine dem Maschendrahtzaun ähnliche Sonderkonstruktion. Seine Herstellung erfolgt durch Stanzen eines Bleches und anschließendem Auseinanderziehen (Strecken). Aufgrund der dabei entstehenden Maschenausbildung aus massivem Streckmetall (DIN 791) weist er gegenüber dem Maschendraht einen höheren Widerstandszeitwert beim Durchdringen auf. Die Zaunkonstruktion ist aufgrund ihres akustischen Verhaltens besonders für bestimmte Sensoren (Körperschallmelder) geeignet.

– Übersteigschutz

Unter Übersteigschutz wird im Regelfall das Anbringen von Auslegern zum Befestigen von Stacheldraht verstanden. Die Ausleger sollten mindestens etwa 30 bis 40 cm Länge und einen Winkel von 45 Grad zur Zaunsenkrechten aufweisen. Als guter Übersteigschutz haben sich Y-Ausleger erwiesen (Y-Form). An die Ausleger sollte im Abstand von 10 cm Stacheldrahtband oder ein Stacheldraht angebracht werden.

Bei Stahlgitter- und Streckmetallzäunen kann ein eingeschränkter Übersteigschutz auch durch das Abwinkeln des Zaunes selbst (nach außen 45 Grad) erreicht werden.

40.2 **Drehkreuze** sind rotierende Eingangs- und Ausgangssperren, die so steuer- **301**
bar sind, dass sie temporär nur in einer Durchgangsrichtung genutzt werden können. Im Unterschied hierzu kann bei Türen oder Toren zur gleichen Zeit eine Ein- und Ausgangsrichtung beschritten werden.

Drehkreuze sind weitestgehend bedienungsunabhängig und somit personalsparend. Sie sichern und schützen Personenein- und -ausgänge, ordnen den Passantenstrom (beschleunigen die Identifikation) und vereinfachen die Kontrollfunktion (s. Rn. 270).

Im Bereich der Eingangspforte besteht – in Abhängigkeit vom Schutzbedürfnis – die Möglichkeit, den Personenfluss mittels drei Typen von Zutrittseinrichtungen zu organisieren:

- Drehsperren
- hohe/halbhohe Drehkreuze
- Drehtüren/Drehschleusen.

In Abhängigkeit von Schutzziel, Einsatzort sowie Funktion muss bei der Auswahl von „Vereinzelungsanlagen“ aus mehreren Kriterien der optimale Typ ermittelt werden.

Bild 8: Personenschleuse, elektronisch überwachte Zutrittskontrollschleuse mit automatischen Rundschiebetüren
Foto: Kaba Gallenschütz

Bild 9: Portaldrehkreuz mit Bypasstüre
Foto: Kaba Gallenschütz

	Überwindungsschutz Barrierewirkung	Vereinzelungsgrad	Personendurchsatz	Investitionskosten	im Freien geeignet	in Gebäudeaußenfassade geeignet	Windfangfunktion	Beschusshemmung
Drehsperren	– –	–	+ +	–	+ +	– –	– –	– –
Drehkreuz halbhoch	–	○	○	○	+ +	– –	– –	– –
Drehkreuz hoch	+	+	○	+	+ +	– –	– –	– –
Drehtüren / Drehschleusen	+ +	+ +	–	+ +	– –	+ +	+ +	+ +

Zeichenerklärung:
– – minimale bzw. nicht vorhandene Eigenschaft
– geringe Eigenschaft
○ Zwischenstufen
\+ vorhandene Eigenschaft
\+ + maximale bzw. optimal vorhandene Eigenschaft

Bild 10: Drehkreuze

40.3 Zum Beseitigen von Schwachstellen an **Türen** sind mehrere Details der Gesamtkonstruktion „Tür" unter Sicherungsaspekten zu betrachten. In der nachstehenden Skizze sind die wesentlichen Bestandteile einer Tür dargestellt, die für die mechanische Sicherung wichtig sind. **302**

Türrahmen und **Türblatt** sind die Hauptbestandteile einer Tür. In Bezug auf die Widerstandsfähigkeit der Gesamteinrichtung sind beide gleichermaßen wichtig. Ein massives Türblatt allein gewährleistet noch keine mechanische Sicherheit, wenn der Türrahmen nicht entsprechend ausgelegt ist. Von den Türrahmenkon-

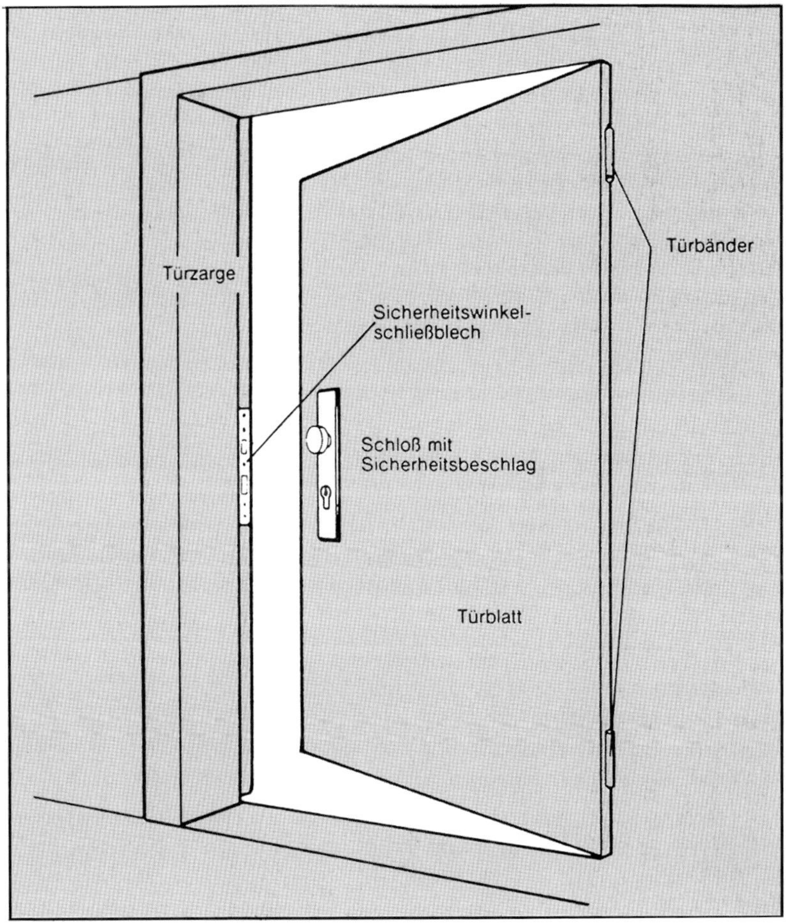

Bild 11: Schwachstellen der Türe

struktionen bieten im Regelfall Stahlzargen konstruktionsbedingt die größeren Widerstandswerte.

In vielen Fällen können „schwache“ Türrahmen verstärkt werden. Für alle Rahmen und Zargen gilt, dass sie einem Angriffsversuch besser standhalten, wenn im Bereich der Kraftübertragungsstellen zum Türblatt (Bänder, Riegel, Schloss) der Rahmen verstärkt und dort durch Anker fest mit der Wand verbunden ist.

Beim **Neueinbau** von Türrahmen sollten folgende Punkte berücksichtigt werden:

- Türblatt und Türrahmen sollen außen flächenbündig sein
- Türen sollten von der Angriffsseite her gesehen nach innen aufgehen, sodass auch die Türbänder innen montiert sind (nicht möglich bei Fluchttüren)
- Türrahmen sollten im Bodenbereich eine Querverbindung (Schwelle) haben
- die Verbindung zur Wand ist kraftschlüssig und durch volles und bündiges Einputzen herzustellen.

303 Zum Erschweren eines gewaltsamen Türaufbruches durch einen Angriff auf die Bänder werden **Bändersicherungen** – auch als Hinterhaken oder Sicherungszapfen bezeichnet – eingesetzt. Hierbei werden im Prinzip Zapfen oder Riegel an dem Türblatt angebracht, welche in geschlossenem Türzustand in Öffnungen des Türrahmens an der Bandseite eingreifen. Auch nach Abtrennen der Bänder kann das Türblatt dann nicht entfernt werden. Eine ausreichende Schutzwirkung wird im allgemeinen ab mindestens zwei Hinterhaken erzielt.

Türschilder und Rosetten müssen ihrerseits ausreichende Stabilität sowie sichere Befestigung aufweisen und sollten

- den Anforderungen nach DIN 18 257 „Schutzbeschläge“ entsprechen
- den Zylinger eng und bündig umschließen, wobei ein maximaler Überstand von 3 mm zugelassen werden kann.

Ein **Schutzbeschlag** ist dazu bestimmt, an einer Tür das Schlossgesperre (Tourstift, Zylinder) gegen unbefugte mechanische Manipulationen zu schützen.

Die Norm DIN 18 257 weist je nach Schutzbedürfnis drei Widerstandsklassen aus:

- ES1 einbruchhemmend
- ES2 erhöht einbruchhemmend
- ES3 hoch einbruchhemmend.

Um ein gewaltsames Ziehen (Kernziehschutz) des Profilzylinders wirksam zu erschweren, sollten Sicherheitsbeschläge mit entsprechender Zylinderabdeckung verwendet oder kernziehgeschützte Schließzylinder eingesetzt werden.

Sind besondere Anforderungen an die Einbruchhemmung von Türen zu stellen, dann sollten diese DIN 18 103 „Einbruchhemmende Türen“ entsprechen.

304 Die DIN 18 103 unterscheidet drei Widerstandsklassen, die bestimmten Tätertypen, deren mutmaßlicher Vorgehensweise und verwendeten Einbruchwerkzeugen zugeordnet werden.

Zuordnung Widerstandsklassen – Tätertyp und Vorgehensweise

Widerstandsklassen	Bezeichnung	Tätertyp Mutmaßliche Vorgehensweise
ET 1	Tür DIN 18 103 – ET 1	Einbrecher ohne bzw. mit nur sehr geringem Werkzeug; er versucht, die verschlossene und verriegelte Tür in erster Linie durch den Einsatz körperlicher Gewalt zu überwinden: Gegentreten, Gegenspringen, Schulterwurf oder ähnliches
ET 2	Tür DIN 18 103 – ET 2	wie bei Widerstandsklasse ET 1; der Einbrecher benutzt zusätzlich einfache Hebelwerkzeuge
ET 3	Tür DIN 18 103 – ET 3	wie bei Widerstandsklasse ET 2; erfahrener Einbrecher; benutzt vorwiegend Werkzeug – Hebelwerkzeuge, Keile, kleinere Schlagwerkzeuge – jedoch ohne Einsatz von Elektro-Werkzeugen

8 Der Anwender sollte dafür sorgen, dass Außensteckdosen, z. B. im Flur vor einer Wohnung, im Regelfall spannungslos sind, um ihre Benutzung durch den Einbrecher unmöglich zu machen.

Bei Einbau solcher Türen müssen die umgebenden Wände der Widerstandsklasse der Tür entsprechen.

Schlösser, Profilzylinder und Schutzbeschläge müssen bestimmten Mindestanforderungen entsprechen.

Zuordnung der Schlösser, Profilzylinder und Schutzbeschläge zu den Widerstandsklassen der Türen ET 1, ET 2 und ET 3

Widerstandsklasse der Tür	Mindestens zu verwenden		
	Schlösser nach DIN 18 251 Klasse	Profilzylinder nach DIN V 18 254/0791, Abschnitt 6.4* Klasse	Schutzbeschlag nach DIN 18 257* Klasse
ET 1	3	2	ES 1
ET 2	3	2	ES 2
ET 3	4	3	ES 3

* Auf den im Profilzylinder integrierten Ziehschutz darf verzichtet werden, wenn dieser im Schutzbeschlag integriert ist, d. h. Schutzbeschlag mit Zylinderabdeckung (ZA).

TECHNIK

305 40.4 **Einbruchhemmende Fenster** nach DIN 18 054 sind dazu bestimmt, im eingebauten, geschlossenen, verriegelten und abgeschlossenen Zustand einen Einbruch mit körperlicher Gewalt und einfachen Hilfsmitteln zu erschweren.

In der Norm werden entsprechend ihrer einbruchhemmenden Wirkung vier Klassen ausgewiesen:

- EFO = „einfache Einbruchhemmung"
- EF1 = „erhöhte Einbruchhemmung"
- EF2 = „erhöhte Einbruchhemmung"
- EF3 = „höchste Einbruchhemmung"

Die Verglasungen müssen in Abhängigkeit der Widerstandsklasse mindestens die in der nachstehenden Tabelle ausgewiesenen Qualitäten erbringen.

306 40.5 Von einem einbruchhemmenden **Rollladen** kann dann gesprochen werden, wenn drei Konstruktionspunkte berücksichtigt sind:

- Mechanische Widerstandsfähigkeit des „Rollladenpanzers"
- Mechanische Widerstandsfähigkeit der Führungsschienen
- Sicherung gegen Hochschieben.

Die einbruchhemmende Eigenschaft eines „Rollladenpanzers" hängt wesentlich von der Sorte des verwendeten Stabmaterials ab.

Kriterien für die Beurteilung der Widerstandsfähigkeit von „Rollladenpanzer" in Abhängigkeit der Materialien sind:

- Materialdicke, Nenndicke und Deckbreite der Stäbe,
- die herstellungsbedingte Beschaffenheit der Stäbe,
- die Art der Stabverbindungen,
- die Profilierung der Stäbe,
- die Aussteifung bzw. Ausschäumung,
- das Eigengewicht.

Rollläden müssen grundsätzlich mit wirksamen Hochschiebesicherungen ausgestattet werden, wenn eine Einbruchhemmung erreicht werden soll.

Manuell zu bedienende mechanische Sicherungen sind z. B. Riegel, Klemmen, Stifte, Bolzen und Schlösser. Sie bieten erfahrungsgemäß keinen allzu hohen Sicherungswert, vor allem, wenn sie aufgrund täglicher Routine nicht betätigt oder vergessen werden.

Automatisch wirkende mechanische Sicherungen sind z. B.

- Sicherungsfedern
- Riegelverschlüsse über Seilzüge
- sperrende Drehgelenke

- Klemmverschlüsse in den Führungsschienen
- Seilschlaufen an der Welle.

Sämtliche automatisch wirkende Sicherungen basieren auf dem Prinzip der Verteilung bzw. Versperrung des Panzers beim Hochschieben. Das Betätigen des Gurtrollers hebt dagegen diese Klemm-/Sperrfunktion auf; der Rollladen kann dann mühelos betätigt werden.

Nach vom Bundesverband Rollladen + Sonnenschutz e. V., Düren, erarbeiteten Prüfkriterien können Rollläden in Widerstandsklassen von ER 1 bis ER 6 eingeordnet werden.

Die nachfolgende Liste gibt einen Überblick über das jeweilige Schutzniveau:

Zuordnung der Widerstandsklassen 307
und Belastungstabelle für einbruchhemmende Rollläden (ER)
Angriff / Arbeitsweise bei Einbrüchen / Einbruchversuchen

Widerstandsklasse	Belastung bei der statischen Prüfung		Manueller Einbruchversuch		
	F 3/ F 4	F 1/F 2/F 5	Werkzeugsortiment	Widerstandszeit	Kontaktzeit je Angriffspunkt
ER 1	1,5 kN	3 kN	kein manueller Einbruchsversuch		
ER 2	1,5 kN	3 kN	Sortiment A: – 1 Schraubendreher 250/12 mm – 1 Schraubendreher 380/14 mm – Holz- und Kunststoffkeile 200/80/5–45 mm – Wasserpumpenzange 250 mm – Messer Klingenlänge bis 150 mm	5min	7,5 min
ER 3	3 kN	6 kN	Sortiment B: Sortiment A und zusätzlich – Kuhfuß 600 mm	7 min	10,5 min
ER 4	6 kN	10 kN	Sortiment C: Sortiment B und zusätzlich – Hammer 1200 g – Flachmeißel Länge max. 250 mm – Axt (kleine Schlagaxt) 1000 g – Bolzenschneider 500 mm – Miniatursäge – Bohrmaschine max. 500 W – HSS-Bohrer Øs 25 mm	10 min	15 min

Widerstandsklasse	Belastung bei der statischen Prüfung		Manueller Einbruchversuch		
	F 3/ F 4	F 1/F 2/F 5	Werkzeugsortiment	Widerstandszeit	Kontaktzeit je Angriffspunkt
ER 5	10 kN	15 kN	Sortiment D: Sortiment C und zusätzlich – Stichsäge max. 500 W – el. Fuchsschwanz max. 500 W – Winkelschleifer ∅s max. 500 W – Bohrer HSSHM ∅s 25 mm – Kronenbohrer HSS/HM ∅s 50 mm – Verlängerungsrohr max. 500 mm	15 min	22,5 min
ER 6	10 kN	15 kN	Sortiment E: Sortiment D und zusätzlich – Elektrogeräte bis max. 2000 W – Winkelschleifer ∅s 250 mm	20 min	30 min

Bild 12: Widerstandsfähigkeit der Rollladenpanzer

308 Im Rahmen der Harmonisierung europäischer Normen wurden die Vornormen DIN V 18 054 Einbruchhemmende Fenster und DIN V 18 103 Einbruchhemmende Türen in einem neuen Entwurf zusammengefasst. Zusätzlich wurde die Prüfrichtlinie „Einbruchhemmende Rollladen" in diesen Entwurf übernommen.

Die Klassifizierung der einbruchhemmenden Wirkung findet in 6 Widerstandsklassen statt.

Um einen ungefähren Vergleich zwischen alt und neu durchführen zu können, enthält die neue Norm die folgende Korrelationstabellen: (Bild 13 – 13 c)

Anzahl der Widerstandsklassen
Eine der wesentlichen Neuerungen in dieser Normenreihe ist die Einführung von **sechs Widerstandsklassen WK 1 bis WK 6** gegenüber den bisherigen drei Widerstandsklassen ET 1 bis ET 3 bei Türen bzw. vier EF0 bis EF3 bei Fenstern. Die einzelnen Widerstandsklassen lassen sich entsprechend der nachfolgenden Korrelationstabelle in etwa vergleichen:

	D			A	CH
Bauteil Widerstands-klasse	Fenster DIN V 18054: 1991-12	Türen DIN V 18103: 1992-03	Rollläden Prüfrichtlinie für einbruch-hemmende Rollläden	ÖNOR M B 5338 1992-06	VST/ BVD-Richtlinie
WK 1	–	–	ER 1	X	–
WK 2	EF 0/1	ET 1	ER 2	–	N
WK 3	EF 2	ET 2	ER 3	–	1
WK 4	EF 3*	ET 3*	ER 4	–	2
WK 5	–	–	ER 5	–	3
WK 6	–	–	ER 6	–	–

* Für die Klasse EF 3/ET 3 muss durch eine Zusatzprüfung nachgewiesen werden, dass die nach DIN 18054: 1991-12 bzw. DIN V 18103: 1992-03 (durch diese Vornorm zurückgezogen) klassifizierten Elemente über einen ausreichenden Bohrschutz verfügen.

Bild 13: Neue Widerstandsklassen nach Euro-Norm zur alten Norm D, A, CH im Vergleich

Gegenüberstellung der Widerstandszeiten
(bisher und neu zeigt nachfolgende Tabelle).

Zuordnung der Prüfzeichen zu den Widerstandklassen nach
- DIN V 18103 : 1992-03
- DIN V 18054 : 1991-12
- Prüf-Richtlinie einbruchhemmende Rolladen : 1991-02
- DIN V ENV 1627 : 1999-0

DIN V 18103 stands-klasse	Wider-stands-zeit [min]	DIN V 18054 stands-klasse	Wider-stands-zeit [min]	Prüf-richtlinie Wider-stands-klasse	Wider-stands-zeit [min]	DIN V ENV 1627 Wider-stands-klasse	Wider-stands-zeit [min]	max. Gesamt-prüfzeit [min]
-/-	-/-	-/-	-/-	ER 1	-/-	WK 1	keine	Prüfung
ET 1	5	EF 0 EF 1	5	ER 235	5	WK 2	3	15
ET 2	7	EF 2	7	ER 3	7	WK 3	5	20
ET 3	10	EF 3	10	ER 4	10	WK 4	10	30

TECHNIK

DIN V 18103 stands-klasse	Wider-stands-zeit [min]	DIN V 18054 stands-klasse	Wider-stands-zeit [min]	Prüf-richtlinie Wider-stands-klasse	Wider-stands-zeit [min]	DIN V ENV 1627 Wider-stands-klasse	Wider-stands-zeit [min]	max. Gesamt-prüfzeit [min]
-/-	-/-	-/-	-/-	ER 5	15	WK 5	15	40
-/-	-/-	-/-	-/-	ER 6	20	WK 6	20	50

Da Elemente nach dieser Norm ab der Widerstandsklasse WK 2 (ab manueller Prüfung mit Werkzeug) auch an zugänglichen Stellen eingesetzt werden dürfen und somit unter Umständen (niedrige Brüstungshöhe bei Einbau in Kellerräumen mit abgeschrägtem Lichtschachtbereich) rundum bequem mit dem Werkzeug angegriffen werden können, darf der Prüfer eine Arbeitsplattform benützen, um in einer für ihn günstigen Position zu arbeiten.

Bild 13 a: Neue Widerstandsklassen im Vergleich mit Widerstandszeit

Entsprechend den sechs Widerstandsklassen werden die zu erwartenden Tätertypen und das mutmaßliche Täterverhalten zugeordnet:

Wider-stands-klasse	Erwarteter Tätertyp Mutmaßliches Täterverhalten	Empfohlener Einsatzort des einbruchhemmenden Bauteils		
		A Wohn-objekte	B Gewerbe-objekte, öffentliche Objekte	C Gewerbe-objekte, öffentliche Objekte (hohe Ge-fährdung)
WK 1	Bauteile der Widerstandsklasse WK 1 weisen einen Grundschutz gegen Aufbruchversuche mit körperlicher Gewalt wie Gegenspringen, Schulterwurf, Hochschieben, Herausreißen auf (vorwiegend Vandalismus). Bauteile der Widerstandsklasse WK 1 weisen nur geringen Schutz gegen den Einsatz von Hebelwerkzeugen auf.	Wenn Einbruchhemmung gefordert wird, wird der Einsatz der Widerstandsklasse WK 1 nur bei Bauteilen empfohlen, bei denen kein direkter Zugang (nicht ebenerdiger Zugang) möglich ist.		
WK 2	Der Gelegenheitstäter versucht, zusätzlich mit einfachen Werkzeugen wie Schraubendreher, Zange und Keile das verschlossene und verriegelte Bauteil aufzubrechen.			

Wider-stands-klasse	Erwarteter Tätertyp Mutmaßliches Täterverhalten	Empfohlener Einsatzort des einbruchhemmenden Bauteils		
		A Wohn-objekte	B Gewerbe-objekte, öffentliche Objekte	C Gewerbe-objekte, öffentliche Objekte (hohe Gefährdung)
WK 3	Der Täter versucht, zusätzlich mit einem zweiten Schraubendreher und einem Kuhfuß das verschlossene und verriegelte Bauteil aufzubrechen.			
WK 4	Der erfahrene Täter setzt zusätzlich Sägewerkzeuge und Schlagwerkzeuge wie Schlagaxt, Stemmeisen, Hammer, Meißel sowie eine Akku-Bohrmaschine ein.			
WK 5	Der erfahrene Täter setzt zusätzlich Elektrowerkzeuge wie z. B. Bohrmaschine, Stich- oder Säbelsäge und Winkelschleifer ein.			
WK 6	Der erfahrene Täter setzt zusätzlich leistungsfähige Elektrowerkzeuge wie z. B. Bohrmaschine, Stich- oder Säbelsäge und Winkelschleifer ein.			

Anmerkung: Diese Tabelle stellt lediglich eine ungefähre Orientierung dar. Fachkundige Beratung, z. B. durch die Beratungsstelle der örtlichen Polizei, ist unerlässlich. Die Abschätzung des Risikos sollte unter Berücksichtigung der Lage des Gebäudes (geschützt/ungeschützt), Nutzung und Sachwertinhalt auf eigene Verantwortung erfolgen. Bei hohem Risiko sollten zusätzlich alarmtechnische Meldeanlagen eingesetzt werden. Bei der Auswahl von einbruchhemmenden Elementen für die Widerstandsklassen WK 4 bis WK 6 ist anzumerken, dass bei der Auswahl solcher Elemente in Flucht- und Rettungswegen der Werkzeugeinsatz der Feuerwehr erschwert ist bzw. berücksichtigt werden muss.

geringes Risiko durchschnittliches Risiko hohes Risiko

Bild 13 b: Zuordnung der Widerstandsklassen zu den Tätertypen und Tatwerkzeugen

Anforderung an Verglasung

An die Verglasung einbruchhemmender Fenster werden nach **DIN V ENV 1627** (national) unterschiedliche Anforderungen gestellt.

Zum Vergleich sind diese Anforderungen in nachfolgender Tabelle gegenübergestellt:

Widerstandsklasse	Verglasung nach DIN 52290 (DIN V ENV 1627)	Verglasung nach prEN 356 (ENV 1627)	Verglasung nach prEN 356 entspricht in etwa Verglasung nach DIN 52290	Bisherige Anforderungen an die Verglasung in etwa entsprechend der Widerstandsklasse
WK 1	keine[1]	keine	–	~ EF 0 / A3
WK 2	A3	4	~ A3	EF 1 / B1
WK 3	B1	5	[2]	EF 2 / B2
WK 4	B1	6	B1	EF 3 / B3
WK 5	B2	7	B2	–
WK 6	B3	8	B3	–

[1] Bei Bauteilen größer als die durchgangsfähige Öffnung sollte Verbundsicherheitsglas verwendet werden.
[2] Nach dem Entwurf der **prEN 356**, Ausgabe 1991 muss ein Glas der Widerstandsklasse 5 Widerstand von 20 bis 30 Gesamtschlägen leisten. Mit Erscheinen der **prEN 356** als „Weißdruck" (= **DIN EN 356**) wird dann die Widerstandsklasse P5A (vormals Widerstandsklasse 5) dreimal drei Fallbelastungen aus einer Fallhöhe von 9 m Widerstand leisten müssen.

Bild 13c: Anforderungen an die Verglasung entspechend der Widerstandsklasse

Zur eindeutigen Erkennung der zertifizierten einbruchhemmenden Elemente sollen diese wie folgt gekennzeichnet werden:

Kennzeichnung einbruchhemmender Elemente

Einbruchhemmende Elemente müssen, nicht zertifizierte, aber positiv geprüfte Elemente können dauerhaft mit einem Kennzeichnungsschild gekennzeichnet werden.

Das Kennzeichnungsschild soll gut sichtbar (meistens im Falzbereich) angebracht sein.

Es muss leicht lesbar (in deutscher Sprache) und eine Mindestgröße von 105 mm x 18 mm haben.

Es muss mindestens folgende Angaben enthalten:
- einbruchhemmendes Bauteil (z. B. Element **DIN V ENV 1627**)
- erreichte Widerstandsklasse (z. B. WK 2)
- Produktbezeichnung des Herstellers

- Überwachungszeichen z. B. **„DIN Geprüft“***
- Hersteller
- Prüfbericht-Nummer sowie -Datum
- Prüfstelle
- Herstellungsjahr

40.6 Sicherheitsverglasungen

309

- **Durchwurfhemmende Verglasungen** sollen den Durchwurf von Gegenständen unterbinden. Sie sind mit einem „A“ gekennzeichnet und in die Klassen A 1 bis A 3 eingeteilt. Diese Einteilung berücksichtigt die abnehmende Wucht geworfener Gegenstände mit zunehmender Montagehöhe der Fenster in den Geschossen. Dabei ist die stärkste Glasart (A 3) im Erdgeschoss einzusetzen.
- **Durchbruchhemmende Verglasungen** sollen den Einbruch durch Fenster verhindern. Als Angriffswaffe wird eine Axt (2 kg, Stiel 90 cm) unterstellt. Die Einteilung erfolgt in drei Klassen – B 1 bis B 3 – je nach dem für einen Durchbruch erforderlichen Zeitaufwand.
- Abhängig vom abzuwehrenden Geschosskaliber ist die **durchschusshemmende Verglasung** in fünf Klassen – C 1 bis C 5 – eingeteilt. „Splitterfreiheit“, d. h. die Fähigkeit des Glasverbundes, abplatzende Splitter auf der dem Beschuss abgewandten Seite zu vermeiden, ist mit dem Zusatz SF gekennzeichnet.
  Besteht kein Splitterschutz, können nach Beschuss Personen durch abplatzende Splitter erheblich verletzt werden, ohne dass das eigentliche Geschoss durch die Scheibe dringt (Zusatzkennzeichen für nicht splitterfreie Gläser: SA).
- **Sprengwirkungshemmende Verglasungen** werden nach den Klassen D 1 bis D 3 bezeichnet. Der Einteilung liegen Druckwellen verschiedener Stärke und Zeitdauer zugrunde, wie sie bei Sprengkörpern entstehen, die in unterschiedlichen Entfernungen gezündet wurden.
  Die Druckenergie wird dabei – zumindest bei den hohen Klassen – durch einen mehrschaligen Aufbau mit Entlastungsscheiben – diese werden bei Sprengungen völlig zerstört – und der eigentlichen Schutzscheibe aufgenommen.
  Die sprengwirkungshemmende Eigenschaft ist flächenabhängig, sodass die einem Verglasungstyp zugeordnete Widerstandsklasse nur bei einer Glasfläche von 1 m² oder darunter gilt. Sprengwirkungshemmende Verglasungen sind außerdem durchwurfhemmend (Widerstandsklasse A 3) sowie durchbruch- und beschusshemmend (mindestens B 1 oder C 1).

TECHNIK

* Darf nur verwendet werden, wenn tatsächlich eine Zertifizierung – mit Fremdüberwachung der Fertigung neben der Eigenüberwachung – durchgeführt wird und die Berechtigung zum Führen des Zeichens besteht!
Die Zertifizierung der Fertigung einbruchhemmender Elemente und die zusätzliche Kennzeichnung mit dem DIN-Zertifizierungszeichen **„DIN Geprüft“** nach erfolgreicher Erstprüfung mit Eigenüberwachung und Fremdüberwachung der Fertigung ist zu empfehlen, da die kriminal-polizeilichen Beratungsstellen nur „zertifizierte“ Produkte in ihre Listungen mit aufnehmen.

- An **Fensterrahmen** einschließlich der Befestigung der Glashalteleisten, an die Verriegelungsteile und Bänder zwischen Blend- und Flügelrahmen und an die Befestigung des Blendrahmens im Mauerwerk sind Anforderungen zu stellen, die sich an der Widerstandsklasse der angriffhemmenden Verglasung orientieren.

Grundsätzlich gilt für den Einbau angriffhemmender Gläser:

- Die Einbauvorschriften der Glashersteller sind genau zu beachten.
- Der Glasfalzanschlag und die Glashalteelemente einschließlich ihrer Befestigungselemente müssen so ausgebildet sein, dass sie Angriffen von außen standhalten.
- Verglasungen mit ungeschützter Versiegelung können nach deren Entfernung leicht ausgebaut werden. Dies gilt ebenso für Verglasungen mit Glashalteleisten, die auf der Außenseite liegen und sichtbar verschraubt sind.
- Die Glasfalzhöhe ist auf die Elastizität der Verglasung abzustimmen, um im Angriffsfall ein Herausschlüpfen der Verglasung aus dem Rahmeneinstand zu verhindern.

Im Zusammenhang mit den Einfassungen muss darauf hingewiesen werden, dass angriffhemmende Gläser ihre Wirkung verlieren, wenn sie nicht umlaufend gerahmt sind.

Sprengwirkungshemmende Verglasung — DIN 52290 Teil 5

Klasse	D 1	* 0,5 bar	bei □ 12 ms
	D 2	* 1,0 bar	bei □ 10 ms
	D 3	* 2,0 bar	bei □ 8 ms

* bei positivem Maximaldruck der reflektierten Stoßwelle
□ Dauer der positiven Druckphase

* VMR/Wk: Vollmantel-Rundkopfgeschoss mit Weichkern
VMF/Wk: Vollmantel-Flachkopfgeschoss mit Weichkern
VMKS/Wk: Vollmantel-Kegelspitzkopfgeschoss mit Weichkern
VMS/Wk: Vollmantel-Spitzkopfgeschoss mit Weichkern
VMS/Hk: Vollmantel-Spitzkopfgeschoss mit Hartkern

Bild 14: Widerstandsklassen Glas (DIN 52290 Teil 1–5)

Fenster Widerstandsklasse	Widerstandsklasse der Verglasung nach DIN 52 290 Teil 3 oder 4
EF 0	A 3
EF 1	B 1
EF 2	B 2
EF 3	B 3

Bild 15: Widerstandsklassen Fenster/Verglasung

Durchwurfhemmende Verglasung			DIN 52290 Teil 4
Klasse	A 1	Ein- und Mehrfamilienhäuser in Wohnsiedlungen	
	A 2	Einfamilienhäuser in abgelegenen Wohnlagen	
	A 3	Exklusive Wohnhäuser Ferien- und Wochenendhäuser	
Durchbruchhemmende Verglasung			DIN 52290 Teil 3
Klasse	B 1	Exklusive Wohnhäuser inkl. Foto-, Phono-, Videofachgeschäften	
	B 2	Antiquitätengeschäfte, Museen, Kunsthallen	
	B 3	EDV-Anlagen, Kürschner, Juweliere, Energiezentralen	
Durchschusshemmende Verglasung			DIN 52290 Teil 2
Klasse	C 1	9 mm × 19 – VMR/Wk – 8 Gramm	
	C 2	357 Magnum – VMKS/Wk – 10,25 Gramm	
	C 3	44 Magnum – VMF/Wk – 15,55 Gramm	
	C 4	7,62 mm × 51 – VMS/Wk – 9,45 Gramm	
	C 5	7,62 mm × 51 – VMS/Hk – 9,75 Gramm	

Bild 16: Sicherheitsverglasungen nach DIN 52290

Im Rahmen der Harmonisierung europäischer Normen wird die DIN 52 290 derzeit in das europäische Normenwerk integriert.

TECHNIK

Zum besseren Verständnis und zur Vergleichbarkeit der alten Norm 52 290 und den neuen DIN-EN-Normen werden die neuen Anforderungen in nachfolgender Tabelle dargestellt.

Gläser mit angriffshemmenden Eigenschaften sind in den neuen Normen in folgende Kategorien unterteilt:

- **Durchwurfhemmung** Klasse P 1A – P 5A nach DIN EN 356 A

  Verglasung von Fenstern und Fenstertüren zum Einbruchschutz im privaten Wohnbereich
- **Durchbruchhemmung** Klasse P 6B – P 8B nach DIN EN 356 B

  Verglasung von Fenstern, Schaufenstern und Türen gegen Einbruch bei Privat- und Geschäftshäusern. Auch einsetzbar gegen Ausbruch aus psychiatrischen Kliniken und Vollzugsanstalten so wie zur Verglasung von Tierkäfigen etc.
- **Durchschusshemmung** Klasse BR 1 – BR 7 nach DIN EN 1063

  Verglasung von Banken, militärischen Anlagen, Verwaltungs- und Wohngebäude mit hohem Schutzbedarf im Rahmen von Personenschutzmaßnahmen.
- **Durchschusshemmung** Klasse SG 1 – SG 2 nach DIN EN 1063

  Verglasung von Banken, militärischen Anlagen, Verwaltungs- und Wohngebäude mit besonders hohem Schutzbedarf im Rahmen von Personenschutzmaßnahmen.
- **Sprengwirkungshemmung** Klasse EPR 1 – EPR 4 nach DIN EN 13541

  Verglasung von öffentlichen Gebäuden wie Flughäfen, militärische Einrichtungen, Infrastruktureinrichtungen, etc.

Bild 17:

Durchwurfhemmend nach DIN EN 356 A bzw. DH 4

Zuordnung der Widerstandsklassen zu Anwendungsbereichen

Anwendungsbeispiele: Objektbereich	Anwendungsbeispiele: Privathäuser	Widerstandsklasse		Glasart	Typ	Dicke in mm	Gewicht in kp/m²	Prüfzeugnis: Nr.	Prüfzeugnis: Datum	(VdS-Anerkennung-Nr.)
Unterste Sicherheitsstufe		P1A	EN	Mono	107	7	16	DW 99 003	9. 2. 1999	
Vandalismusschutz		P1A	EN	ISO	CP 107	21[1]	26	DW 99 003	9. 2. 1999	
2. Obergeschoss von Verwaltungsgebäuden	Ein- und Mehrfamilienhäusern in Wohnsiedlungen	P2A	EN	Mono	209	9	21	DW 99 004	9. 2. 1999	
		P2	EN	Iso	CP 209	23[1]	31	DW 99 004	9. 2. 1999	
1. Obergeschoss von Verwaltungsgebäuden	Freihstehende Wohnhäuser	P3A	EN	Mono	309	9	21,5	DW 99 004	9. 2. 1999	
		P3A	EN	Iso	CP 309	23[1]	31,5	DW 99 004	9. 2. 1999	
Erdgeschoss von Verwaltungsgebäuden	Hohe Sicherheit im Privatbereich, Ferien- und Wochenendhäuser	P4A	EN	Mono	410	9,5	22	DW 99 008	9. 2. 1999	WK 2 nach DIN-V/ENV 1627 (VdS EH01 M 19 23 08)
		P4	EN	Iso	CP 410	24[1]	32	DW 99 008	9. 2. 1999	(VdS EH01 M 19 23 18)
	Exklusive Wohnhäuser	P5A	EN	Mono	SP 510	10	23	DW 99 002	2. 7. 1998	
		P5A	EN	Iso	CP-SP 510	24[1]	33	DW 99 002	2. 7. 1998	
	VdS-erhöhte Hausratsrisiken	DH4	VdS	Mono	DH 4.15	11	23		20. 3. 1992	(VdS EH02 M 19 23 09)
		DH4	VdS	Iso	DH 4.25	24,5[1]	33		20. 3. 1992	(VdS EH02 M 19 23 09)

[1] Isolierglas mit 10 mm SZR: U-Wert = 1,8 W/m²K mit SGG PLANITHERM bzw. 1,6 W/m²K mit SGG PLANITHERM FUTUR (amtliche Rechenwerte) Aussenscheibe 4 mm. Aus statischen Gründen kann sich die Scheibendicke erhöhen. Einbruchhemmende Fenster, Türen und Abschlüsse werden nach DIN-V / ENV 1627 klassifiziert. Für die VdS-Anerkennung sind die Anforderungen in der VdS-Richtlinie 2534 festgelegt.

Bild 17 a: **Kombinationen von durchbruch- und durchschusshemmenden Gläsern**

Widerstandsklassen						Prüfzeugnis		
Durchschuss	Durchbruch	Art der Verglasung	Typ	Dicke in mm	Gewicht in kg/m²	Nr.	Datum	Klasse nach DIN EN 1522
BR2-S	P6B	Mono	HS-219-S	19	44	DSC 98 034	18. 5. 1998	
BR2-S	P6B	Iso	CP-HS 219-S	33[1]	54	DSC 98 034	18. 5. 1998	
BR2-NS	P6B	Mono	HS 234-NS	34	83	DSC 98 036	18. 5. 1998	
BR2-NS	P6B	Iso	CP-HS 234-NS	49[1]	95,5	DSC 98 036	18. 5. 1998	FB 2
BR3-S	P6B	Mono	HS 323-S	23	53	DSC 97 112	30. 7. 1997	
BR3-S	P6B	Iso	CP-HS 323-S	37[1]	63	DSC 97 112	30. 7. 1997	
BR3-NS		Mono	HS 344-NS	44	105	DSC 00 049	13. 6. 2002	
BR3-NS		Iso	CP-HS 344-NS	59[1]	117	DSC 00 049	13. 6. 2002	
BR4-S		Mono	HS 431-S	31	73	DSC 97 109	30. 7. 1997	
BR4-S		Iso	CP-HS 438-S	38[1]	65	DSC 00 046	13. 6. 2000	FB 3
BR4-NS	P8B	Mono	HS 454-NS	54	130	DSC 99 012	4. 2. 1999	
BR4-NS	P8B	Iso	CP-HS 454-NS	69[1]	142	DSC 99 012	4. 2. 1999	
BR5-S	P7B	Mono	HS 536-S	36	86	DSC 00 050	13. 6. 2002	
BR5-S	P7B	Iso	CP-HS 536-S	51[1]	92	DSC 00 050	13. 6. 2000	FB 4

BR5-NS		Mono	HS 558-NS	58	140	DSC 98 025	15. 4. 1998	
BR5-NS		Iso	CP-HS 557-NS	57[1]	139	DSC 00 047	13. 6. 2002	
BR6-S	P8B	Mono	HS 647-S	47	112	DSC 97 130	22. 10. 1997	FB 5
BR6-S	P8B	Iso	CP-HS 647-NS	63	127	DSC 97 130	22. 10. 1997	
BR6-NS		Mono	HS 673-NS	73	176	DSC 00 003	24. 1. 2000	
BR6-NS	P8B	Iso	CP-HS 673-NS	73	149	DSC 99 013	4. 2. 1999	FB 6
BR7-S		Iso	HS 783-S	83	176	DSC 98 027	15. 4. 1998	
BR7-NS		Mono	HS 787-NS	87	205	DSC 98 038	18. 5. 1998	
BR7-NS		Iso	CP-HS 787-NS	103	220	DSC 98 038	18. 5. 1998	
SG1-S		Mono	HC 133-S	33	75	DSC 97 110	30. 7. 1997	
SG1-S		Iso	CP-HC 133-S	48	87	DSC 97 110	30. 7. 1997	
SG1-NS		Mono	HC 169-NS	69	167	DSC 00 051	13. 6. 2000	FB 7
SG1-NS		Iso	CP-HS 169-NS	84	179	DSC 00 051	13. 6. 2000	
SG2-S		Mono	HC 247-S	47	113	DSC 97 128	22. 10. 1997	
SG2-S		Iso	CP-HC 247-S	62	125	DSC 97 128	22. 10. 1997	
SG2-NS		Iso	CP-HC 284-NS	84	177	DSC 98 029	15. 4. 1998	FSG

[1] Isolierglas mit 10 mm SZR: U-Wert = 1,8 W/m²K mit SGGPLANITHERM, 1,6 W/m²K mit SGGPLNITHERM FUTUR (Rechenwert nach Bauregelliste).
Gesamtdicke bis 45 mm: Außenscheibe = 4 mm Gesamtdicke bis 60 mm: Außenscheibe = 5 mm Gesamtdicke über 60 mm: Außenscheibe = 6 mm.
Aus statischen Gründen kann sich die Scheibendicke erhöhen.
Durchschusshemmende Fenster, Türen und Abschlüsse werden nach DIN EN 1522 klassifiziert.

TECHNIK

310 Neben den vorgenannten Sicherheitsverglasungen verfügen über Schutzwirkungen auch

- **Polycarbonatscheiben** sind zähelastisch; Belastungen durch Stöße und Schläge führen meist zu einem Durchbiegen der Scheibe, ohne dass diese zerspringt. Würfe mit Pflastersteinen oder Schläge mit stumpfen Gegenständen zerstören eine Polycarbonatscheibe normalerweise nicht.
  Voraussetzung bei einer Verwendung als Vorsatzscheibe ist jedoch eine entsprechende Verankerung im Aufsatzrahmen und ein ausreichender Abstand zur Normalglasscheibe, da sonst im Falle einer Belastung die innenliegende Silikatscheibe infolge der Durchbiegung der Vorsatzscheibe beschädigt wird.

- Unter **Splitterschutzfolien** versteht man reißfeste, 0,05 mm bis etwa 0,3 mm dicke Polyesterfolien, die mit Spezialkleber (Abbindedauer je nach Fabrikat 3 bis 4 Wochen) auf die Innenseite vorhandener Verglasungen aufgeklebt werden. Die Folien können nahezu glasklar oder auch metallbedampft mit zusätzlichem Sicht- oder Sonnenschutz hergestellt werden. Splitterschutzfolien sind ursprünglich zum Schutz von zersplitternden Scheiben (wie z. B. Sekuritglas) entwickelt worden. Sie werden zunehmend auch zur Einbruchhemmung angeboten. Hier ist die Wirkung jedoch gering und allenfalls geeignet, Gelegenheitstäter abzuwehren.
  Voraussetzung für die sichere Funktion ist ein Verbund mit dem Fensterrahmen, der durch Verklemmen mit einer Leiste oder durch Verkleben hergestellt werden kann. Andernfalls besteht die Gefahr, dass bei Beanspruchung die gesamte Scheibe aus dem Rahmen fällt.

Ihre Schutzwirkung wird häufig analog zur DIN 52 290 ermittelt und angegeben.

311 Derzeit sind durch die Anpassung an europäische Standards mehrere deutsche Normen in Überarbeitung. Die nachfolgend aufgeführten Normenentwürfe sind in den entsprechenden Gremien in Bearbeitung:

Durchschusshemmende Werkstoffe und Konstruktionen

Bisherige Regelung: Prüfbedingungen für den Beschuss angriffhemmender Stoffe, Stand: 3/82, Klasseneinteilung M1 – MS6

EN-Normierung: CEN TC 33, WG 1 + 2

DIN EN 1522-1
Fenster, Türen und Abschlüsse – Durchschusshemmung – Anforderungen und Klassifizierung
Teil 1: Fenster und Türen

DIN EN 1523-1
Fenster, Türen und Abschlüsse – Durchschusshemmung – Prüfverfahren
Teil 1: Fenster und Türen

Die Einteilung erfolgt in den Klassen FB 1 – FB 7, wobei die bisherigen Beschussklassen aus der DIN 52 290 mit geringfügigen Änderungen übernommen wurden. Zusätzliche Beschussklassen im unteren Bereich durch das Kaliber 22LR, sowie die Sonderklasse mit dem Brenneke-Flintenlaufgeschoss wurden eingearbeitet.

Diese DIN EN 356 wurde bisher als einzige Norm im Bereich Sicherungstechnik mit dem entsprechenden Anwendungswarnvermerk der Öffentlichkeit zur Prüfung und Stellungnahme vorgelegt. Derzeit sind die nationalen und internationalen Einsprüche abgearbeitet und im CEN zur Abstimmung vorgelegt.

Sprengwirkungshemmung **312**

DIN EN 13 541
Sprengwirkungshemmende Verglasung – Klasseneinteilung und Prüfverfahren –

Die Werte aus der DIN 52 290 wurden weitgehend übernommen.

DIN EN 13 123 und DIN EN 13 124 Teil 1 + 2
Sprengwirkungshemmung
– Anforderung und Klassifizierung –
Teil 1: Fenster, Türen und Abschlüsse

Sprengwirkungshemmende Verglasungen sind in die Klassen EPR 1 bis EPR 4 (E = Explosion) eingeteilt und als EPR-Verglasungen (EPR = Explosion Protection Resident) bezeichnet.

40.7 Die wesentlichen Begriffe über und die Anforderungen an **Wertbehältnisse** enthält das VDMA[1]-Einheitsblatt 24 990 (Okt. 1989), das nachfolgend auszugsweise zitiert ist: **313**

Auszug aus der Liste VDMA 24 990

Benennung	Erklärung
Stahl- und Geldschränke	
Einwandiger Stahlschrank Sicherheitsstufe A nach VDMA 24 992	Schrank; dient hauptsächlich zur Aufbewahrung von Schriftgut; aufgestellt in Räumen, in denen die Brandgefahr gering ist.
Sicherheitsmerkmale:	*Leichter Schutz gegen Angriffe mit mechanisch wirkenden, leichten Einbruchswerkzeugen.* *Kein Schutz gegen thermisch wirkende Werkzeuge.* *Kein Schutz gegen Brände.*

TECHNIK

Auszug aus der Liste VDMA 24 990 (Fortsetzung)

Benennung	Erklärung
Mehrwandiger Stahlschrank Sicherheitsstufe B nach VDMA 24 992	Schrank; in dem der Raum zwischen Außen- und Innenmantel mit hitzebeständigem Isolierstoff ausgefüllt ist; dient hauptsächlich zur Aufbewahrung von Schriftgut und Wertgegenständen; aufgestellt in Räumen, in denen die Brandgefahr gering ist
Sicherheitsmerkmale:	*Begrenzter Schutz gegen Angriffe mit mechanisch wirkenden, leichten Einbruchswerkzeugen. Kein Schutz gegen thermisch wirkende Werkzeuge. Schutz gegen leichte Brände. Der Feuerwiderstand von Stahlschränken B kann den Güteklassen P, D oder DIS für Datensicherungsschränke nach RAL-RG 626/7 entsprechen.*
Wertschrank	Stahlschrank in zwei Sicherheitsstufen; dient hauptsächlich zur Aufbewahrung von Schriftgut und Wertgegenständen; aufgestellt in Räumen, in denen die Brandgefahr gering ist. Der Widerstandswert wird durch Widerstandseinheiten (WE) gekennzeichnet, die bei einer Typprüfung mit der optimalen Werkzeugkombination von mechanisch und/ oder thermisch wirkenden Einbruchswerkzeugen ermittelt werden.
Sicherheitsmerkmale:	
Wertschrank Sicherheitsstufe C 1 nach RAL-RG 626/2	*Typgeprüfter, definierter Schutz mit 40 Widerstandseinheiten (WE) gegen Angriffe mit mechanisch und/oder thermisch wirkenden Einbruchswerkzeugen. Kein Schutz gegen Brände.*
Wertschrank Sicherheitsstufe C 2 nach RAL-RG 626/2	*Typgeprüfter, definierter Schutz mit 60 Widerstandseinheiten (WE) gegen Angriffe mit mechanisch und/oder thermisch wirkenden Einbruchswerkzeugen. Kein Schutz gegen Brände.*
Zusätzliche Kennzeichnung: F	*Wertschränke C 1 F und C 2 F bieten aufgrund der hitzebeständigen Isolierung einen Schutz gegen leichte Brände. Der Feuerwiderstand von Wertschränken C 1 F und C 2 F kann den Güteklassen P, D oder DIS für Datensicherungsschränke nach RAL-RG 626/7 entsprechen.*

Auszug aus der Liste VDMA 24 990 (Fortsetzung)

Benennung	Erklärung
Panzer-Geldschrank	Schrank in drei Sicherheitsstufen, der der Prüfvorschrift der Forschungs- und Prüfgemeinschaft Geldschränke und Tresoranlagen e. V. entspricht; dient zur Sicherung von Geld, Wertgegenständen und Schriftgut. Der Widerstandswert wird durch Widerstandseinheiten (WE) gekennzeichnet, die bei einer Typprüfung mit der optimalen Werkzeugkombination von mechanisch und/oder thermisch wirkenden Einbruchswerkzeugen ermittelt werden.
Sicherheitsmerkmale: Panzer-Geldschrank Sicherheitsstufe D 10 nach RAL-RG 626/10	*Typgeprüfter, definierter, begrenzter Schutz mit 100 Widerstandseinheiten (WE) gegen Angriffe mit schweren Einbruchswerkzeugen einschließlich thermisch wirkender Werkzeuge.* *Begrenzter Schutz gegen Brände.*
Panzer-Geldschrank Sicherheitsstufe D 20 nach RAL-RG 621/20	*Typgeprüfter, definierter Schutz mit 165 Widerstandseinheiten (WE) gegen Angriffe mit mechanisch und/oder thermisch wirkenden Einbruchswerkzeugen.* *Begrenzter Schutz gegen Brände.*
Panzer-Geldschrank Sicherheitsstufe E 10 nach RAL-RG 621/10	*Typgeprüfter, definierter, Schutz mit 350 Widerstandseinheiten (WE) gegen Angriffe mit mechanisch und/oder thermisch wirkenden Einbruchswerkzeugen.* *Begrenzter Schutz gegen Brände.* *Der Feuerwiderstand von Panzer-Geldschränken D 10, D 20 und E 10 kann den Güteklassen P, D oder DIS für Datensicherungsschränke nach RAL-RG 626/7 entsprechen.*
Einmauerschrank	Schrank mit einwandigem Korpus in Mauerwerk bzw. Boden eingebaut und fest verankert; Tür kann den Sicherheitsstufen A oder B nach VDMA 24 992 entsprechen. Verwendungszweck und Sicherheitsmerkmale wie die jeweiligen Schränke.
Datensicherungsschrank mit Feuerwiderstand in verschiedenen Güteklassen nach RAL-RG 626/7	Schrank zur Aufbewahrung von Papier und magnetischen Datenträgern aller Art einschließlich Disketten sowie Filmen und wärmeempfindlichen Stoffen, der einer bestimmten Güteklasse nach den Prüfbedingungen von VDMA 24 991 Teil 1 entspricht.
Sicherheitsmerkmale:	*Der Einbruchsschutz kann der Sicherheitsstufe B nach VDMA 24 992 sowie den Sicherheitsstufen C nach RAL-RG 626/2, D 10 nach RAL-RG 626/10, D 20 nach RAL-RG 621/20 und E 10 nach RAL-RG 621/10 entsprechen.*

TECHNIK

Auszug aus der Liste VDMA 24 990 (Fortsetzung)

Benennung	Erklärung
Datensicherungsschrank mit Feuerwiderstand in verschiedenen Güteklassen nach RAL-RG 626/9 *Sicherheitsmerkmale:*	Stahlschrank zur Aufbewahrung von Papier und magnetischen Datenträgern aller Art einschließlich Disketten sowie Filmen und wärmeempfindlichen Stoffen, den den Güteklassen S 60 D, S 60 DIS, S 120 D oder S 120 DIS nach den Prüfbedingungen von VDMA 24 991 Teil 1 entspricht. *Begrenzter Schutz gegen Angriffe mit mechanisch wirkenden, leichten Einbruchswerkzeugen.*
Wertschutzraum *Sicherheitsmerkmale:*	Nach RAL-RG 625/4 ein gegen Einbruch und Brände geschützter Raum, der unter Verwendung vorgefertigter Bauteile vor Ort zu einer selbstständigen Konstruktion zusammengefügt (Raum-in-Raum-System) und mit einer Wertschutzraumtür nach RAL-RG 625/4 verschlossen wird. Wertschutzräume dienen zur Aufbewahrung von Wertgegenständen und wichtigen Unterlagen zum Schutze gegen Brände und unbefugten Zugriff. Der Widerstandswert gegen Einbruchdiebstahl von Wertschutzraumtüren, Wertschutzraumwandungen und allen systembedingten Öffnungen wird durch Widerstandseinheiten (WE) gekennzeichnet, die bei einer Typprüfung mit der optimalen Werkzeugkombination von mechanisch und/oder thermisch wirkenden Einbruchswerkzeugen ermittelt werden. Die Feuerwiderstandsdauer gegen Brände wird durch Minuten (min) gekennzeichnet, die bei einer Typprüfung ermittelt werden. *Typgeprüfter, definierter Schutz mit 250 Wiederstandseinheiten (WE) gegen Angriffe mit mechanisch und/oder thermisch wirkenden Einbruchswerkzeugen und Schutz gegen Brände F 90 nach DIN 4102 Teil 2.*
Tresoranlage	
Tresorraum	Gegen Einbruch geschützter Raum in verschiedenen Sicherheitsstufen, der mit einer Tresortür verschlossen wird. Folgende Ausführungen sind möglich: – Tresorraum in Massivbauart, der gegebenenfalls unter Verwendung vorgefertigter Sicherheitselemente vor Ort errichtet wird. – Tresorraum der Sicherheitsstufe LT 0, T 1 oder T 2, der nachträglich mit vorgefertigten Sicherheitselementen verstärkt wird (Nachrüstsystem). – Tresorraum, der unter Verwendung vorgefertigter Bauteile zu einer selbstständigen Konstruktion vor Ort zusammengefügt wird (Raum-in-Raum-System).

Auszug aus der Liste VDMA 24 990 (Fortsetzung)

Benennung	Erklärung
Tresorraum	Tresoranlagen werden insbesondere von Kreditinstituten zur Unterbringung von Kundenmietfachanlagen sowie zur Sicherung von Geld und Wertgegenständen verwendet. Der Widerstandswert von Tresortüren, Tresorwandungen und allen systembedingten Öffnungen wird durch Widerstandseinheiten (WE) gekennzeichnet, die bei einer Typprüfung mit der optimalen Werkzeugkombination von mechanisch und/oder thermisch wirkenden Einbruchswerkzeugen und auf Antrag zusätzlich mit explosiv wirkenden Stoffen und/oder mit dem Kernbohrgerät ermittelt werden.
Sicherheitsmerkmale:	
1. Sicherheitsstufe LT 1 nach RAL-RG 622/1	*Typgeprüfter, definierter Schutz mit 2000 Widerstandseinheiten (WE) gegen Angriffe mit mechanisch und/ oder thermisch wirkenden Einbruchswerkzeugen.*
2. Sicherheitsstufe T 10 nach RAL-RG 623/10	*Typgeprüfter, definierter Schutz mit 2400 Widerstandseinheiten (WE) gegen Angriffe mit mechanisch und/ oder thermisch wirkenden Einbruchswerkzeugen.*
3. Sicherheitsstufe T 20 nach RAL-RG 624/20	*Typgeprüfter, definierter Schutz mit 2800 Widerstandseinheiten (WE) gegen Angriffe mit mechanisch und/ oder thermisch wirkenden Einbruchswerkzeugen.*
Zusätzliche Kennzeichnung:	
Sicherheitsstufen T 10 EX und T 20 EX	*Typgeprüfter, definierter Schutz gegen Angriffe mit 2000 g explosiv wirkenden Stoffen. Voraussetzung für die Verleihung der zusätzlichen Kennzeichnung EX ist eine erfolgreiche Prüfung für die Sicherheitsstufen nach RAL-RG 623/10 bzw. RAL-RG 624/20.*
Sicherheitsstufen LT 1 KB, T 10 KB und T 20 KB	*Typgeprüfter, definierter Schutz mit 8000 Widerstandseinheiten (WE) gegen Angriffe nur mit dem Kernbohrgerät. Voraussetzung für die Verleihung der zusätzlichen Kennzeichnung KB ist eine erfolgreiche Prüfung für die Sicherheitsstufen nach RAL-RG 622/1, RAL-RG 623/10 bzw. RAL-RG 624/20.*
Datensicherungsraum nach RAL-RG 626/8	Raum zur Aufbewahrung von Papier, magnetischen Datenträgern, Filmen und wärmeempfindlichen Stoffen, jedoch nicht von Disketten, der einschließlich Türen und sonstigen Durchbrüchen den Prüfungsbedingungen nach VDMA 24 991 Teil 2 entspricht.

Bild 18: Auszug aus der Liste VDMA 24 990

1 VDMA = Verband Deutscher Maschinen- und Anlagenbau e. V.

TECHNIK

Im Zuge europäischer Richtlinienarbeit durch CEA[2], EUROSAFE[3] und CEN[4] wurden neue Prüfstandards entwickelt, die eine Weiterentwicklung des in Deutschland vorherrschenden RAL-Standards darstellen.

314 Bereits 1989 hatten die Europäischen Komitees des Geldschrank- und Tresorbaus sowie der Versicherungswirtschaft – EUROSAFE und CEA gemeinsame Arbeitsgruppen zur Schaffung harmonisierter europäischer Richtlinien geschaffen. Die erarbeiteten Entwürfe waren seit 1990 Gegenstand der Beratungen im CEN – Europäisches Komitee für Normung. In Kraft sind die Euro-Normen EN 1143-1 „Geldschränke, Tresorraumtüren und Tresorräume" (Januar 1997) sowie EN 1047-1 „Datensicherungsschränke" (Oktober 1996).

Der derzeitige Stand der Normung stellt sich wie folgt dar:

Titel	Norm
Wertbehältnisse – Anforderungen, Klassifizierung und Methoden zur Prüfung des Widerstandes gegen Einbruchdiebstahl	Normenreihe EN 1143
• Geldschränke, Tresorraumtüren und Tresorräume • Geldschrankeinheiten für Geldwechselautomaten, Beschäftigtenbedingte Bankautomaten und Geldautomaten • Deposit-Systeme	EN 1143-1 pr EN 1143-1 A 1 pr EN 1143-2
Wertbehältnisse – Klassifizierung und Methoden zur Prüfung des Widerstandes gegen Brand	Normenreihe EN 1047
• Datensicherungsschränke • Datensicherungsräume und -container	EN 1047-1 pr EN 1047-2
Wertbehältnisse – Klassifizierung von Hochsicherheitsschlössern nach Ermittlung ihres Widerstandes gegen unerlaubte Öffnung	
• Hochsicherheitsschlösser	• pr EN 1300

Bild 19: Stand der europäischen Normung

Nach Veröffentlichung des Europäischen Normenentwurfs gibt es für das VDMA-Einheitsblatt 24 992 keine technische Notwendigkeit mehr. Deshalb wird das Einheitsblatt für Stahlschränke der Kategorie A und B mit einer einjährigen Übergangsfrist vom VDMA zurückgezogen.

---

2 CEA (Comité Européen des Assurances): Vereinigung der europäischen Versicherer mit Sitz in Paris; u. a. auch Ausarbeitung der Richtlinien für Gefahrenmeldeanlagen durch technische Kommissionen

3 EUROSAFE (European Committee of Safe Manufacturers Associations): Vereinigung europäischer Wirtschaftsverbände des Geldschrank- und Tresorbaus

4 CEN (Comité Européen de Normalisation): Europäisches Komittee für Normung mit Sitz in Brüssel: Verband der nationalen Normungsorganisationen aller Mitgliedsländer der EU und der Europäischen Freihandelszone (EFTA)

Sicherheitsstufen-Datenblatt – VdS-Zeichnungsempfehlung				
Behältnisart	Sicherheitsstufe	Gewicht	Modell	Versicherungsschutz* **gewerbl. bis €** **privat bis €**
Wandtresor (Einmauerschrank)			WT 3, CW 1 – 4	* *
Wandtresor (Einmauerschrank)	B VDMA 24992		WT 11 – 13 CW 5 350	10 000,– 40 000,–
Möbeleinsatztresor (mehrwandiger Einsatzschrank)			P 1	
Möbeleinsatztresor	A VDMA 24992	unter 200 kg	H 3	2 500,– *
Waffenschrank (einwandiger Stahlschrank)	A VDMA 24992	unter 200 kg	Waffenschrank WS 1, WS 2	2 500,– *
Möbeleinsatztresor (mehrwandiger Einsatzschrank)	B VDMA 24992 Möbeleinsatztresore versicherbar nach Sicherheitsstufe B nur in eingebautem Zustand	unter 200 kg	C 1, C 2, C 4	2 500,– *
Sicherheitsschrank (mehrwandiger Stahlschrank)	B VDMA 24992	unter 200 kg über 300 kg	Office 101 – 104 Office 102 + 104/300 Office 106	2 500,– * 10 000,– 40 000,–
Werkschutzschrank	N ECB·S/VdS N		MT 24 N MT 26 N	10 000,– 40 000,–
Wandtresor (Einmauerschrank)	N ECB·S/VdS N		WT 14 N WT 16 N	10 000,– 40 000,–
Wertschutzschrank	I ECB·S/VdS I		WT 10, MTD 34-48 Office 111-116 E 512 – E 518	20 000,– 65 000,–
Wertschutzschrank	II ECB·S/VdS II		E 522 – E 528 Office 121-126 Office Doku 121/124	50 000,– 100 000,–
Wertschutzschrank	III ECB·S/VdS III		E 532 – E 538	100 000,– 200 000,–

TECHNIK

Sicherheitsstufen-Datenblatt – VdS-Zeichnungsempfehlung				
Behältnisart	**Sicherheitsstufe**	**Gewicht**	**Modell**	**Versicherungs-schutz* gewerbl. bis € privat bis €**
Panzer-Geldschrank	IV ECB·S/VdS IV		E 542 – E 548	150 000,– 400 000,–
Panzer-Geldschrank	V ECB·S/VdS V		E 552 – E 558	250 000,– lt. Vereinbarung

Bild 19 a: Praxisbeispiel eines Tresordatenblattes mit Versicherungswerten

Die genannten Summen sind Mindest-Versicherungswerte. Wir empfehlen Ihnen, die günstigste Einstufung im Gespräch mit Ihrer Versicherung zu ermitteln.

Alle Schränke mit einer Masse von weniger als 1000 kg sind mit einer Verankerungseinrichtung ausgestattet und müssen gemäß Montageanleitung verankert werden. Jedem ECB·S/VdS-anerkannten Behältnis wird eine Betriebs- und Montageanleitung beigefügt.

Viele der Beiträge können bei Überwachung des Behältnisses durch eine von der VdS Schadensverhütung GmbH, Köln, anerkannten Einbruchmeldeanlage verdoppelt werden.

Wegen der Schlüsselaufbewahrungsklausel bzw. dem hohen Schlüsseldiebstahl-Risiko empfehlen die Versicherungen Zahlenschlösser.Tresore zum Beispiel mit: Wählscheiben-; Schiebe- oder Elektronic-Zahlenschloss.

* Wegen unterschiedlicher Versicherungsbedingungen ist eine Abstimmung mit dem Versicherer erforderlich. Eine Versicherung nach VHB 2000 (Verbundene Hausratsvers.-Bedingungen) beinhaltet nach § 19 bereits Versicherungsschutz von

Alle Hersteller von Stahlschränken der Sicherheitsstufe A und B nach VDMA 24 992 müssen seit 1996 über ein zertifiziertes Qualitätsmanagementsystem nach DIN EN 9001 oder 9002 verfügen.

Für Stahlschränke der Sicherheitsstufen A und B nach VDMA 24 992 gilt: Es muss ein geprüftes Hochsicherheitsschloss eingesetzt werden, und zwar gemäß der Schlossliste des Verbandes der Schadenversicherer e.V., Klasse 1 (VdS 2323) oder der Forschungs- und Prüfgemeinschaft Geldschränke und Tresoranlagen e.V. Klasse A.

ECB·S steht für „European Certification Board · Security System" – für Tresore und Tresorschlösser
Das bedeutet:
- Ein einheitliches europäisches Zertifikat
- Ein einheitliches Prüfverfahren mit dem bekannt hohen VdS-Niveau
- Entfall von länderspezifischen Sonderanforderungen
- Regelmäßige unangemeldete Überprüfung der Produktionsstätte

ECB·S ist der Nachfolger des viele Jahre bekannten RAL 627-Zertifizierungsverfahren (VDM)

Die Normierung unterteilt den Widerstandsgrad der Wertbehältnisse in insgesamt 13 Klassen mit vorgegebenen Mindestwiderstandswerten für Teildurchbruch (Handloch) und vollständiger Durchbruch, wobei die Anzahl und Güte der Schlösser vorgegeben ist.

In der prEN 1300 werden die Prüfmodalitäten und Klassifizierungen von mechanischen und elektronischen Schlössern beschrieben. Die Klassifizierung erfolgt in den Sicherheitsstufen A bis D.

Bei der Klassifizierung von Tresorräumen und -raumtüren findet eine Unterteilung in 14 Widerstandsklassen statt.

Widerstandsklasse	Prüfung Werkzeugangriff (Abschnitt 7) Widerstandswert bei Prüfungen für		Prüfung Verankerungsfestigkeit* (Abschnitt 8) aufzubringende Belastung	Schlösser		zusätzliche Anforderungen für EX-Bezeichnung Widerstandswert bei Prüfungen mit Sprengstoff
	teilweiser Zugriff RU	voller Zugriff RU	kN	Menge Nummer	Klasse nach EN 1300	RU
0	30	30	50	1	A	**
I	30	50	50	1	A	**
II	50	80	50	1	A	4
III	80	120	50	1	B	6
IV	120	180	100	2	B	9
V	180	270	100	2	B	14
VI	270	400	100	2	C	20
VII	400	600	100	2	C	30
VIII	550	825	100	2	C	41
IX	700	1050	100	2	C	53
X	900	1350	100	2	C	68

* gilt nur für freistehende Safes mit einer Masse von unter 1 000 kg

** EX-Bezeichnung nicht möglich für Klasse 0 und I

Bild 20: Mindestanforderungen für die Klassifizierung von Safes nach Widerstandsklassen

TECHNIK

Widerstandsklasse	Prüfung Werkzeugangriff (Abschnitt 7)	Schlösser* Menge Klasse		zusätzliche Anforderungen für EX-Bezeichnung
	Widerstandswert für RU	Nummer	nach EN 1300	Widerstandswert bei Prüfungen mit Sprengstoff (Abschnitt 9) RU
0	30	1	A	**
I	50	1	A	**
II	80	1	A	4
III	120	1	B	6
IV	180	2	B	9
V	270	2	B	14
VI	400	2	C	20
VII	600	2	C	30
VIII	825	2	C	41
IX	1050	2	C	53
X	1350	2	C	68
XI	2000	3 2	C oder D	100
XII	3000	3 2	C oder D	150
XIII	4500	2	D	225

* gilt nicht für die Klassifizierung von Tresorräumen ohne Türen
** EX-Bezeichnung nicht möglich für Klasse 0 und I

Bild 21: Mindestanforderungen für die Klassifizierung von Tresorräumen und Tresorraumtüren nach Widerstandsklassen

Datensicherungsschränke nach VDMA 24991, Teil 1, sind nachfolgend abgebildet.

Bild 22: Dis-Data-Safe SE zur Sicherung von magnetischen Datenträgern/Foto: Lampertz

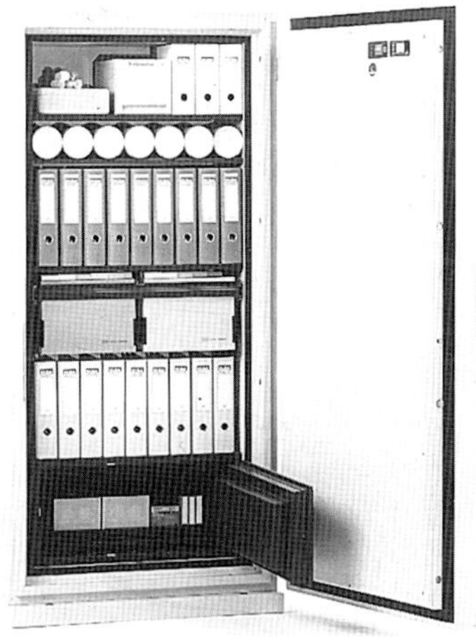

Bild 23: Feuersicherer Dokumenten-Safe, auch zur Sicherung magnetischer Datenträger/Foto: Lampertz

40.8 Je nach Sicherheitsbedürfnis und Schutzwert können zum Verschluss von **315**
Räumen und Behältnissen unterschiedliche **Schlösser und Beschläge** Verwendung finden (s. Rn. 232). Bestimmende Faktoren bei der Auswahl von **Schlössern** sind u. a.

- Sensitivität des Raumes/Behältnisses
- Aufsperrsicherheit
- Nachschließsicherheit
- Kreis der Schließberechtigten
- Integration in eine Schließanlage
- Notwendigkeit von integrierten Schutzelementen gegen Einbruch.

Derzeit sind folgende **Schlossarten** verfügbar:

- Das **Buntbartschloss** besitzt eine Zuhaltung mit der ein Riegel betätigt wird. Es hat nahezu keinen Sicherheitswert.
- Das **Zuhaltungsschloss** (Chubbschloss) verfügt über mehrere symmetrisch oder unsymmetrisch angeordnete Zuhaltungen. Es hat dann einen Sicherheitswert, wenn es über mindestens sechs Zuhaltungen hat. Die Anzahl der Bartstufen entspricht der Anzahl der Zuhaltungen.

Zuhaltungsschlösser mit **Doppelbartschlüssel** haben in Kombination mit einem komplizierten Riegelwerk einen sehr hohen Sicherheitswert, wenn der Schlüssel je Bart mindestens sechs Zuhaltungen aufweist.

- Mit einer **Zylinder-Einbausicherung** kann ein Buntbartschloss nachträglich sicherer gemacht werden. Der Riegel der Einbausicherung übernimmt die Schließfunktionen. Geschlossen wird mit einem Kreuzbartschlüssel.
  Ein noch ausreichender Sicherheitswert wird erreicht, wenn die Einbausicherung mindestens sechs Stiftzuhaltungen besitzt, die paarweise um 90° versetzt angeordnet sind. Besser sind Einbausicherungen mit neun Zuhaltungen und gehärtetem Schließkern.
- Die Zylindereinbausicherung ist nicht zu verwechseln mit der **Schlüsselloch-sperre,** die nur in das Schlüsselloch eingedreht wird und keinen Sicherheitswert besitzt.

316 – **Schließzylinder** nach DIN 18 252 können
  - Profilzylinder
  - Rundzylinder
  - Ovalzylinder

  sein. Am häufigsten werden Profilzylinder verwendet.

Der Schließzylinder muss mindestens fünf Stiftzuhaltungen haben. Die Anzahl der Stiftzuhaltungen entspricht der Anzahl der Einschnitte im Schlüssel.

Schließzylinder können mit zusätzlichen Schutzeinrichtungen wie Bohrschutz (mechanischer Schutz der funktionswichtigen Teile) und Kernziehsperre ausgestattet sein, die erhöhte Sicherheit gegen gewaltsames Überwinden bieten.

Der Schließzylinder darf an der Türaußenseite nicht überstehen, damit er nicht abgedreht oder abgeschlagen werden kann. Bei Überstand sind zum Ausgleich von innen verschraubte Sicherheitsbeschläge zu verwenden.

Für Türen bis zu 40 mm Türblattstärke gibt es so genannte Kurzzylinder, die ebenfalls den Anforderungen nach DIN 18 252 entsprechen.

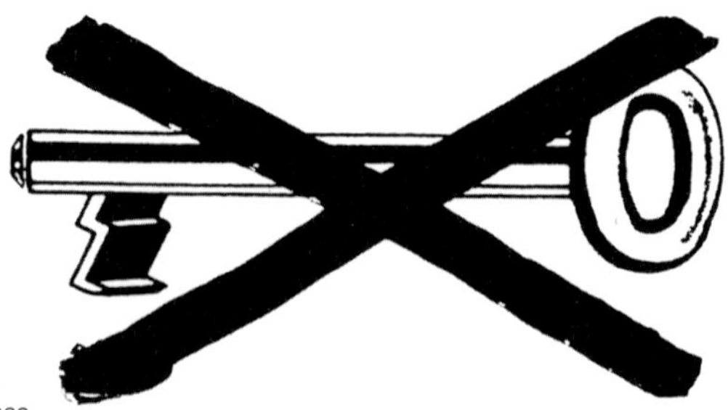

Bild 24: Schlüssel zum Buntbartschloss

Symmetrisch **Unsymmetrisch**

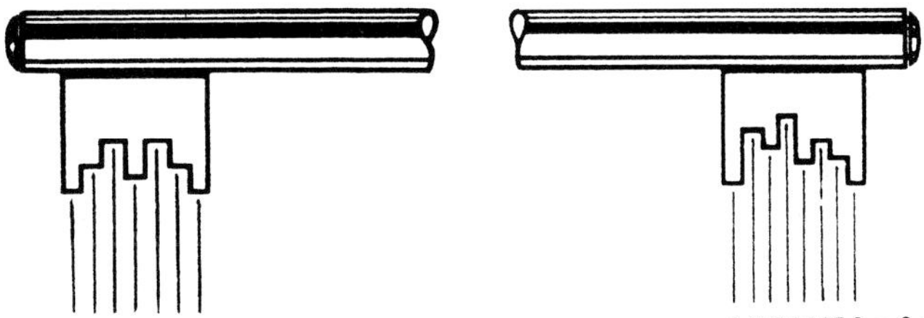

1 2 3 4 5 6 7 = 7 ./. 1 = 6 Zuhaltungen

1 2 3 4 5 6 7 8 = 8 ./. 1 = 7 Zuhaltungen

Bild 25: Schlüsselbart zum Zuhaltungsschloss

Doppelbartschlüssel

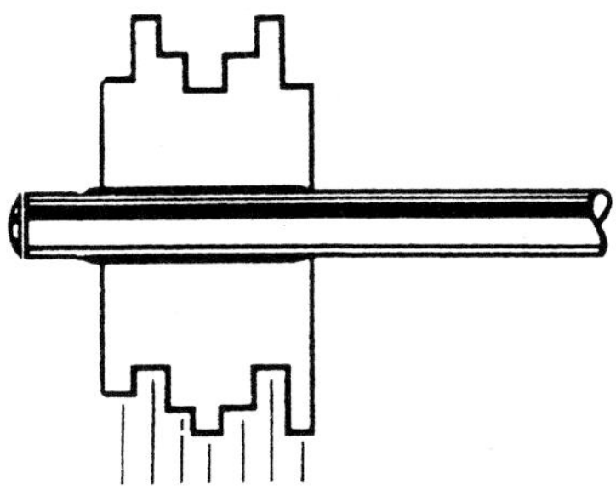

1 2 3 4 5 6 7 = 7 ./. 1 = 6 Zuhaltungen

Bild 26: Doppelbartschlüssel

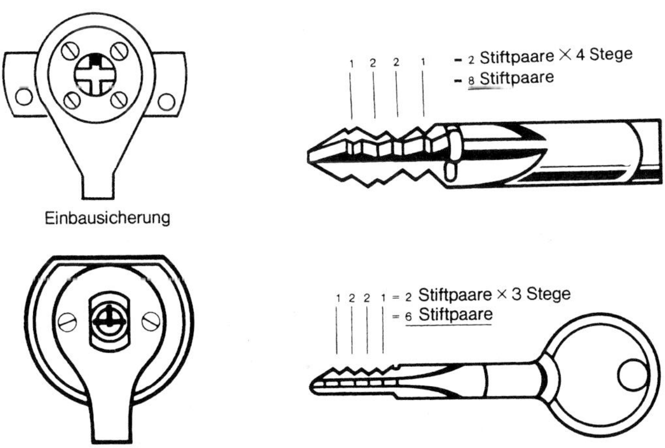

Einbausicherung

Bild 27: Zylindereinbausicherungen

Bild 28: Schlüssellochsperre

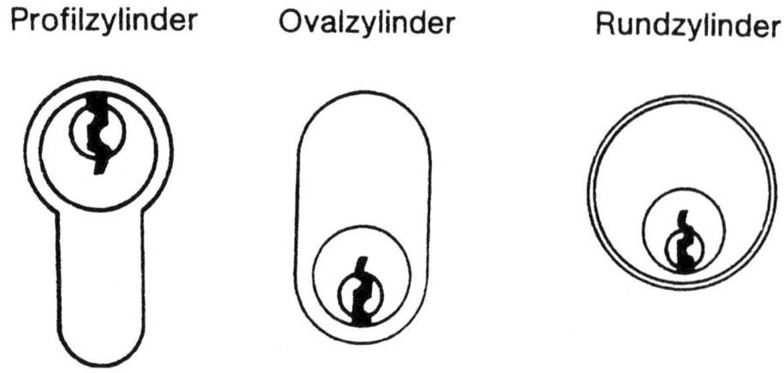

Bild 29: Profilzylinder, Ovalzylinder, Rundzylinder

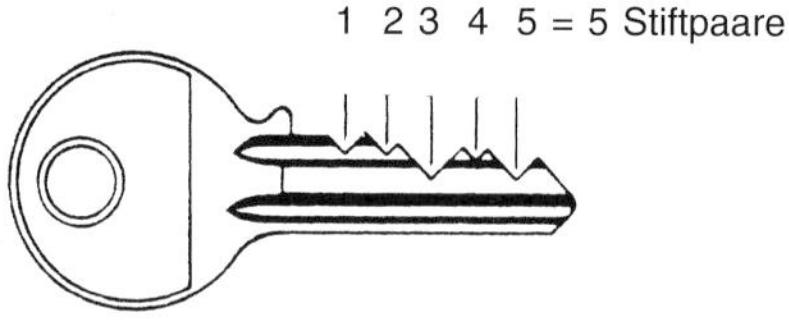

Bild 30: Schlüssel zum Schließzylinder mit Sägezahnprofil

Die **Aufsperrsicherheit** (Sicherheit gegen Sperrwerkzeuge) und **Nachschließsicherheit** (Sicherheit gegen Anwendung gleichartiger Schlüssel) wird erhöht, wenn der Schließzylinder mehr als fünf Stiftzuhaltungen oder zusätzliche Sperrelemente aufweist.

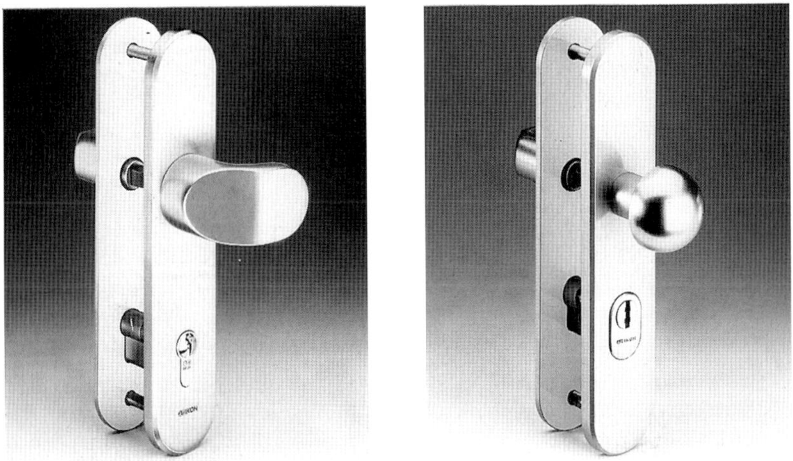

Bild 31: Sicherheitsbeschläge/Foto: IKON AG

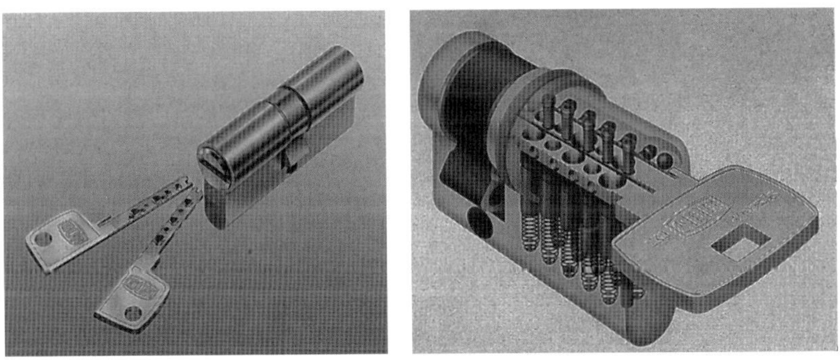

Bild 32: Wendeschlüssel inkl. Partnerschlüssel/Foto: DOM

Schließzylinder mit fünf und mehr Zuhaltungen, die konstruktionsbedingt von 317
der DIN 18 252 abweichen, aber einen hohen Sicherheitswert darstellen, sind:

- **Wendeschlüsselsysteme:** Anstelle gefräster Einschnitte sind Bohrungen für bis zu 10 Zuhaltungen möglich. Zusätzlich können solche Zylinder über seitlich angebrachte Kontrollstifte verfügen, die mit seitlich im Schlüssel eingefrästen Bohrungen übereinstimmen müssen. Es ist gleichgültig, mit welcher Seite der Schlüssel eingeführt wird, er passt immer.

Wendeschlüssel gibt es auch als so genannte Partnerschlüssel in geteilter Ausführung. Damit kann eine Zwei-Personen-Zwangsschließung realisiert werden. Nur zwei Personen können gemeinsam mit den beiden Schlüsselhälften das Schloss betätigen.
Wendeschlüsselsysteme können zusätzlich mit Sperrkugel und vertikaler Hochrippe ausgestattet sein, wodurch die Aufsperrsicherheit erheblich gesteigert wird.

- **Magnetschlosssystem:** Der Magnetschlüssel besitzt vier auf Vorder- und Rückseite unterschiedlich magnetisierte Magnetscheiben. Im Schließzylinder befinden sich acht drehbar gelagerte Magnet-Rotore. Durch berührungslose Abfrage der Schlüsselcodierungen drehen sich die Rotore derart, dass eine mechanische Kennung der Rotore den Schließvorgang freigibt oder blockiert.
- **Schließzylinder mit Sperr-Rippenprofil und Labyrinth-Sicherung:** An beiden Seiten des Schlüssels sind über das Grundprofil erhabene Sperr-Rippen an beliebiger Stelle mit einer Aussparung versehen. Zusätzlich zu den vorhandenen Sperr-Rippenstiften befinden sich im Zylinder seitlich liegende Labyrinthstifte. Diese tasten die Aussparungen an den Sperr-Rippen ab. Fehlt eine Aussparung oder treten Abweichungen auf, wird der Schließvorgang blockiert.
- **Schließzylinder mit Sperrwelle:** Im Zylinderkern befinden sich seitlich neben dem Schlüsselkanal vertikal gefederte und drehbar gelagerte Federstifte, die echte zusätzliche Zuhaltungselemente darstellen. An den Längsseiten des Schlüssels ist unterhalb des Schlüsselrückens eine so genannte Sperrwelle eingefräst. Die Tiefe der Wellen, der Abstand in Längsrichtung sowie eine mit dem bloßen Auge nicht erkennbare Winkellage des „Wellentals" beinhaltet die Codierung, die durch die Fingerstifte abgetastet wird. So wird z. B. aus einem fünfstiftigen ein vollwertiger neunstiftiger Schließzylinder.

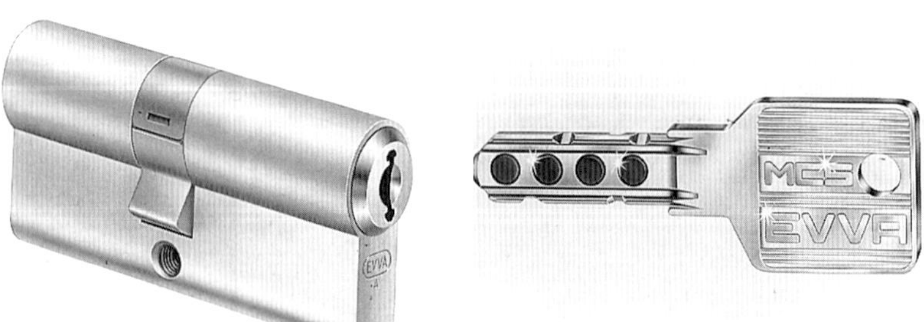

Bild 33: Magnetschlosssystem/Foto: EVVA

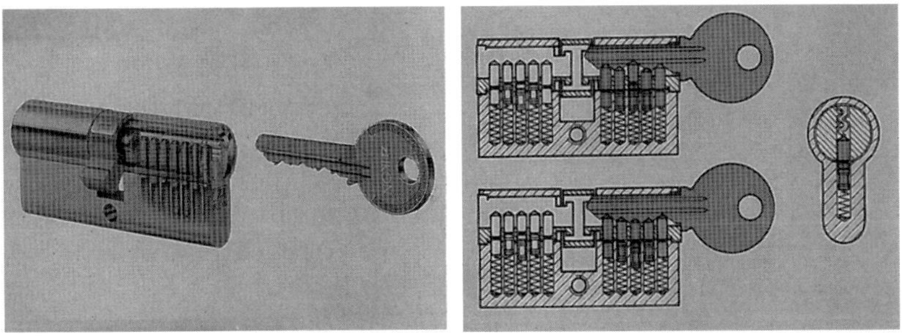

Bild 34: Schlüssel/Zylinder, Sperr-Rippenprofil/Foto: IKON AG

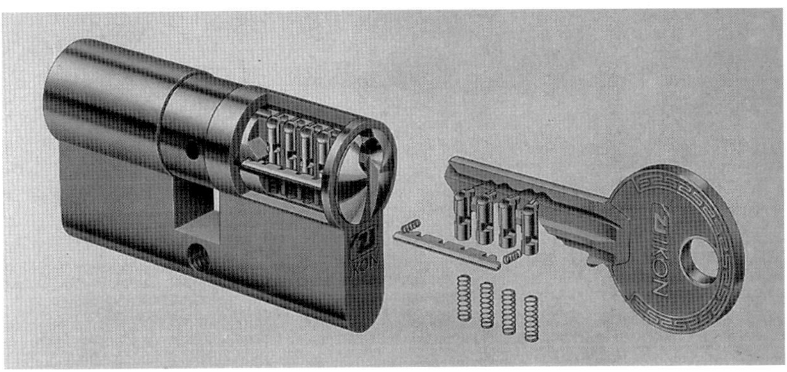

Bild 35: Ikon-Sperrwelle/Foto: IKON AG

- **Stahlzylindersysteme:** Das Zylindergehäuse ist aus einer speziellen Stahllegierung. Dadurch wird ein überschnittlicher Widerstandszeitwert und hohe Zugfestigkeit erreicht. Im Zylindergehäuse befindet sich ein Kern mit rotierenden Stahlscheiben sowie mehrere Sperrnadeln und eine Arretiernadel. Beim Einstecken des Schlüssels mit einer dreidimensionalen Codierung werden die Zuhaltungsscheiben so sortiert, dass eine Rotation des Kerns und die Öffnung erfolgen kann.
  Konstruktion und verwendete Materialien machen ein Ziehen des Zylinders nahezu unmöglich.

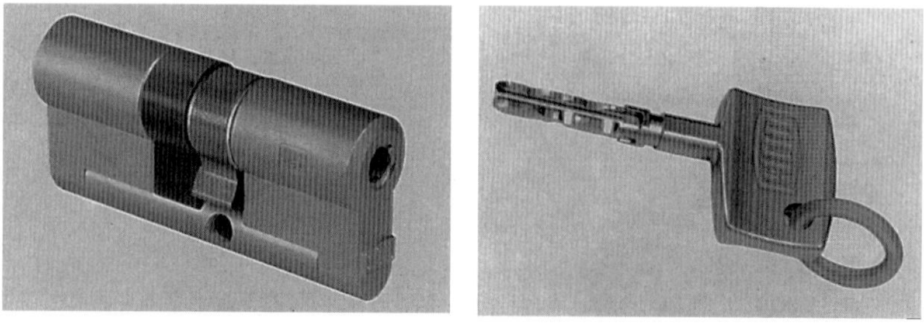

Bild 36: Stahlzylindersystem/Foto: DOM

318 Alle beschriebenen Schließzylinder sind schließanlagenfähig. Arten und Funktionen von Schließanlagen sind:

- Die **Zentralschlossanlage:** Sie besteht aus beliebig vielen verschieden schließenden Zylindern. Die Schlüssel dieser Zylinder schließen einen oder mehrere Schließzylinder (Zentralzylinder) mit.

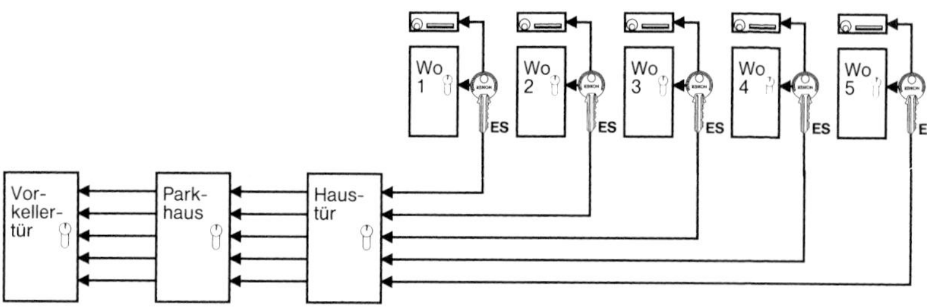

Bild 37: Zentralschlossanlage (ZA)/Grafik: IKON AG

- Die **Hauptschlüsselanlage** (HS) besteht aus beliebig vielen verschieden schließenden Zylindern, denen ein Hauptschlüssel übergeordnet ist.

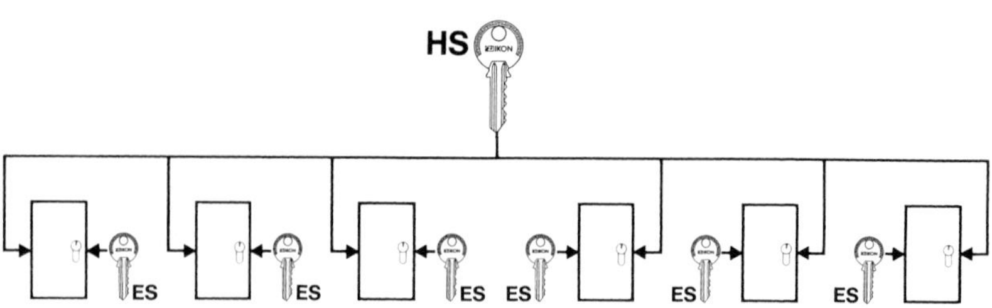

Bild 38: Hauptschlüsselanlage (HS)/Grafik: IKON AG

Kombinierte Hauptschlüssel-Zentralschloss-Anlagen (KHZ) bestehen aus belie- 319
big vielen verschieden schließenden Zylindern. Der Hauptschlüssel (HS) ist allen Schließzylindern übergeordnet. Die Schlüssel der verschieden schließenden Zylinder schließen einen oder mehrere Schließzylinder (Zentralzylinder) mit.

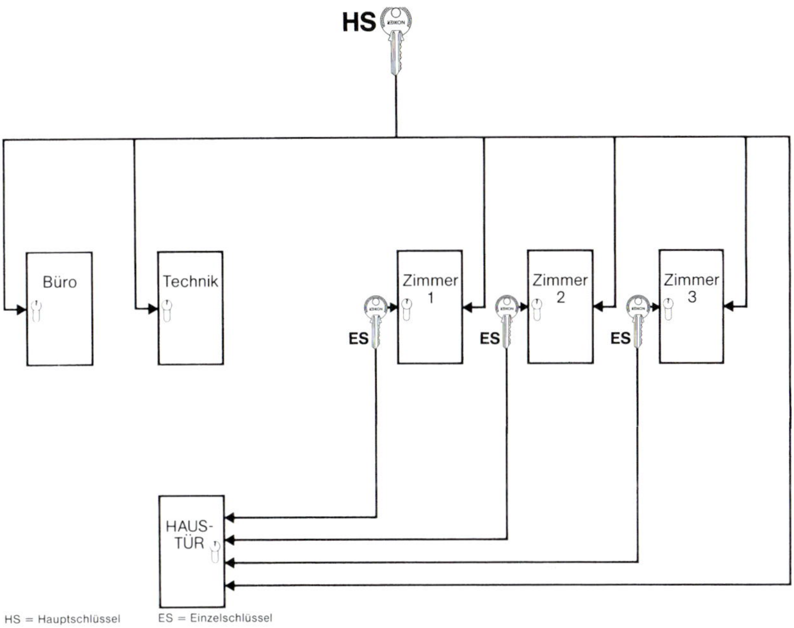

Bild 39: Kombinierte Hauptschlüssel-Zentralschlossanlage (KHZ)/Grafik: IKON AG

- Die **kombinierte Zentralschloss-Hauptschlüsselanlage** bzw. **Zentralschloss-Anlage mit übergeordnetem Schlüssel** (ZÜ) besteht aus beliebig vielen verschieden schließenden Zylindern, deren Schlüssel einen oder mehrere Schließzylinder (Zentralzylinder) mitschließen. Der Hauptschlüssel ist nur einigen Schließzylindern, bevorzugt den Zentralzylindern, übergeordnet.
- Die **Generalhauptschlüssel-Anlage** (GH) besteht aus beliebig vielen verschieden schließenden Zylindern mit einem hierarchischen Aufbau von Schließkompetenzen für übergeordnete Schlüssel.
  Der Generalhauptschlüssel (GHS) steht an höchster Stelle in der Schlüsselhierarchie und kann alle Zylinder betätigen. Darunter gliedern sich – je nach Bedarf – Hauptgruppenschlüssel (HGS), Obergruppenschlüssel (OGS), Gruppenschlüssel (GS), Einzelschlüssel (ES) und Sonderschließungen (Z).

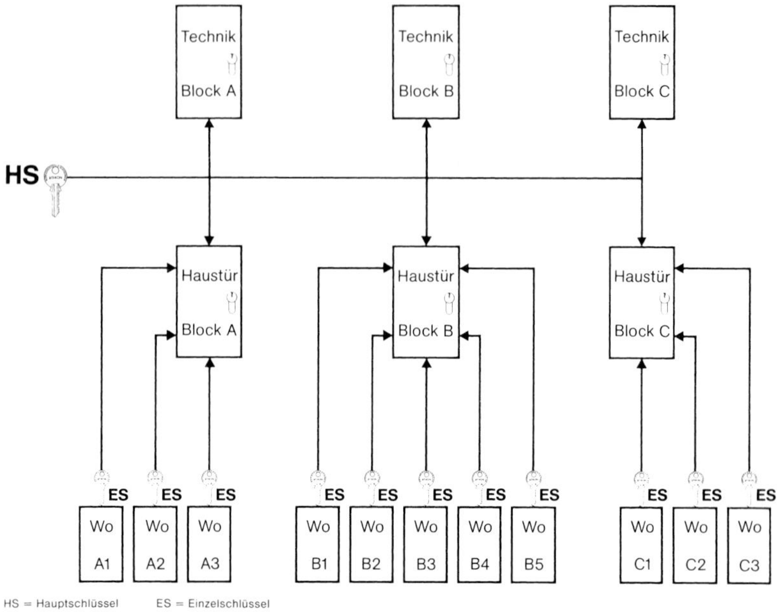

Bild 40: Zentralschlossanlage mit übergeordnetem Schlüssel (ZÜ)/Grafik: IKON AG

320 Schließanlagen können mehrere Funktionsvarianten aufweisen:

- Türen oder Einrichtungen können mit **gleichschließenden** Zylindern versehen werden. Grundsätzlich kann jede Schließung in einer Schließanlage beliebig oft und in verschiedenen Zylindertypen wiederholt werden.
- In jede Schließanlage können **Mitschließungen** integriert werden. Der Einzelschlüssel eines Zylinders schließt einen weiteren Schließzylinder mit, jedoch nicht umgekehrt.
- Zur Grundausstattung gehören je nach Zylindertyp zwei oder drei Schlüssel; es können jedoch beliebig viele Schlüssel zusätzlich bestellt werden. Diese werden als **Mehrschlüssel** bezeichnet.
- Ist ein Profilzylinder mit einer **Gefahreinrichtung** vorgerüstet, kann ein sog. **Gefahrschlüssel** Profildoppelzylinder auch dann betätigen, wenn von innen ein Schlüssel in gedrehter Lage steckt. Je nach Art der Schließanlage gibt es den Gefahrschlüssel als Gefahr-Hauptschlüssel oder Gefahr-Generalhauptschlüssel.
- Wo der Wunsch oder die Notwendigkeit besteht, können Schließzylinder und Schlüssel einer Schließanlage mit einer **Sonderbezeichnung** (Sondernumerierung) versehen werden.

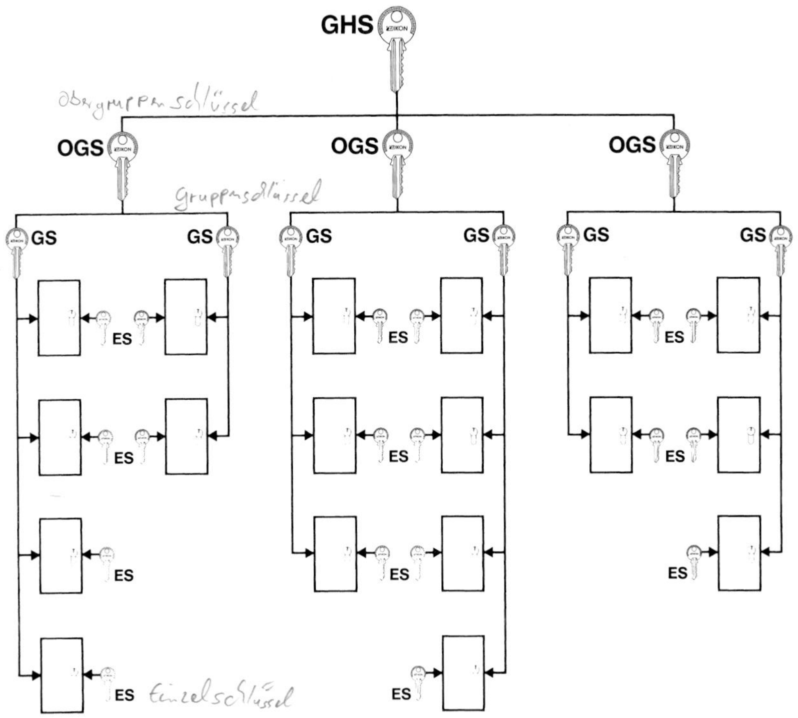

Bild 41: Generalhauptschlüssel (HG)/Grafik: IKON AG

Für jede Schließanlage wird ein detaillierter **Schließplan** erstellt, der die Schließkompetenzen und den organisatorischen Aufbau enthält. Der Schließplan beinhaltet weiterhin Angaben wie: Bezeichnungen, Schließzylindertypen, -längen, -färbungen, Stückzahlen für Zylinder und Schlüssel, Schließungsnummern, Sonderausstattungen usw.

Als Grundlage für die Planung wird ein **Schließplanentwurf** erarbeitet.

Auf der Basis des Schließplanentwurfes wird bei dem Hersteller die Schließanlage mit speziellen EDV-Programmen berechnet und der eigentliche Schließplan erstellt. Der Schließplan erleichtert Einbau und Verwaltung der Schließanlage.

Für jede Schließanlage wird dem Kunden als Legitimationsnachweis für die **321**
Nachbestellung von Schlüsseln und Schließplänen eine **Sicherungskarte** (früher Sicherungsschein) ausgehändigt. Die Karte muss bei Nachbestellungen dem Fachhandel vorgelegt werden.

Bild 42: Funktionsvarianten bei Schließanlagen/ Gleichschließung/Foto: IKON AG

Bild 43: Mitschließungen/Foto: IKON AG

Die Sicherheit, insbesondere größerer Schließanlagen, bleibt nur dann gewährleistet, wenn der Betreiber die Schlüsselaus- und -rückgabe überwacht und ständig einen umfassenden Überblick über alle für die Schließanlage existierenden Schlüssel hat. Die **Schließanlagenverwaltung** darf deshalb nicht unterschätzt werden.

Als Hilfsmittel dabei können Karteikartensysteme, Schlüsselbücher usw. dienen.

Eine sinnvolle Hilfe bieten auch die vom Markt angebotenen Schlüssel-/Schließanlagenverwaltungsprogramme für Personalcomputer, mit deren Hilfe alle Schließanlagendaten und Schlüsselnutzer exakt erfasst werden können. Der Nutzer der Schließanlage kann jederzeit den Status seiner Schließanlage per PC anfordern (vgl. Bild 47 und 48 auf den folgenden Seiten).

322 **Mechatronic** beschreibt Systeme, die zumindest teilweise mechanisch arbeiten, aber durch Elektronic und Informatik entscheidend unterstützt werden. Mechatronic ermöglicht die Entwicklung „intelligenter" Mechanismen und Maschinen und kann somit als eine neue Querschnittsdisziplin gesehen werden, die auf die größtmögliche Integration von Mechanik, Elektronik und Informationstechnik ausgerichtet ist.

Sie löst insbesondere im Bereich der Schließtechnik klassische Lösungen ab oder ergänzt diese in sinnvoller Weise.

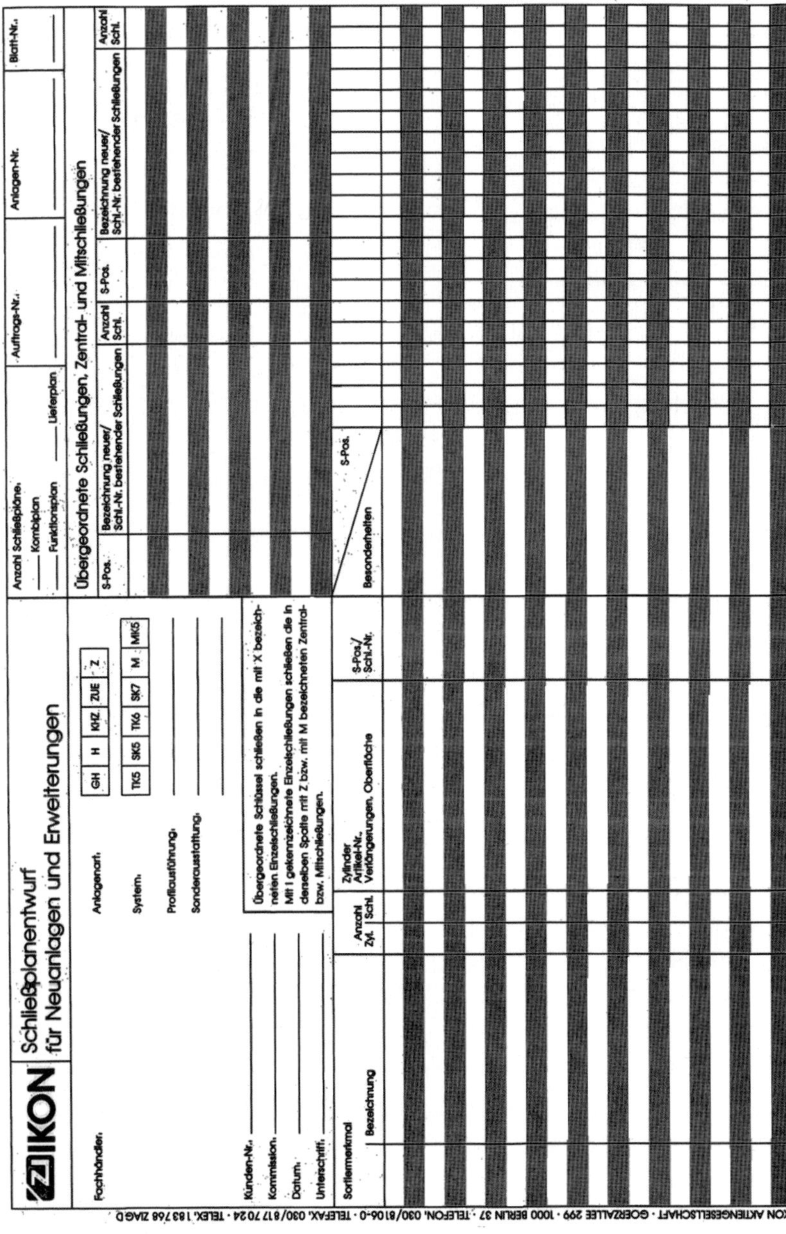

Bild 44: Muster-Schließplanentwurf

TECHNIK

Projekt: Datum: 13.10.82 Seite: 1

DOM

Ihr Schlüssel.
DOM SICHERHEITSTECHNIK

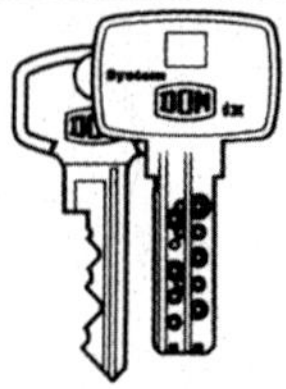

SCHLIESSPLAN

zur

- [x] Generalhauptschlüssel-Anlage
- [ ] Zentralhauptschlüssel-Anlage
- [ ] Hauptschlüssel-Anlage
- [ ] Zentralschloß-Anlage

D 1 2 2 5 8 3

Unter „Färbung" nur die Ziffer eintragen
1 = Messing matt vernickelt
2 = Messing glanzvernickelt
3 = Messing matt verchromt
4 = Messing glanzverchromt
5 = Messing matt gebürstet
6 = Messing poliert
7 = Messing brüniert
8 = Messing geschwärzt
9 = Messing altdeutsch gefärbt
10 = Messing bronzefarben
11 = Messing verkupfert

Geliefert durch: DIVERSE-PERSONAL

Kom.-Nr.: 999999

Die übergeordneten Schlüssel s…

Tür- oder Raumbezeichnung	Schlüssel-Nr.	Zylinderanzahl	Schlüsselanzahl	Type	Länge A außen	Länge B innen	Färbung	GHS (Anzahl 6)	HGS-2 DST 118 (Anzahl 6)	HGS-7 DST 174 (Anzahl 7)	GS-4 LAGERRAEUME (Anzahl 3)	GS-5 SCHUTZRAEUME (Anzahl 4)	GS-6 TOIL.-UMKL.-R (Anzahl 8)	GS-7 HOFTOR/SCHLUP (Anzahl 64)	GS-8 EING.-FLURT (Anzahl 3)
KELLEREINGANG	1	1	5	333IX	30	30	1	X	X					X	
EINBRINGERSCHACHT	2	1	3	333IX	30	35	1	X		X					
118 LAGERRAUM	3	1	3	333IX	30	30	1	X	X		X				
N-TREPPENHS	4	1	3	333IX	30	40	1	X	X						X
N-TREPPENHS	4	1	3	333IX	30	40	1	X	X						X
TISCHLEREI	5	1	3	333IX	30	30	1	X		X					
SCHWEISSRAUM	6	1	3	333IX	30	30	1	X		X					
R08/29	7	1	3	333IX	30	30	1	X		X					
MECH + ELEKTRO	8	1	3	333IX	30	30	1	X		X					
FLUR	4	1	3	333IX	30	45	1	X	X						X
DUSCHEN	9	1	3	333IX	30	30	1	X	X				X		
WC-HERREN	10	1	3	333IX	30	30	1	X	X				X		
UMKLEIDERAUM	11	1	3	333IX	30	30	1	X	X				X		
UMKLEIDER	11	1	3	333IX	30	30	1	X	X				X		
UMKLEIDER	11	1	3	333IX	30	30	1	X	X				X		
FLUR R02	4	1	3	333IX	30	30	1	X	X						X
FLUR	13A	1	3	333IX	30	30	1	X		X					X
WC-DAMEN	10	1	3	333IX	30	30	1	X	X				X		
WASSERANSCHLUSS	12	1	3	333IX	30	30	1	X		X					
HEBEANLAGE	12	1	3	333IX	30	30	1	X		X					
TREPPENHAUS	13	1	5	333IX	30	30	1	X	X						X
LUEFTUNGSANLAGE	14	1	3	333IX	30	30	1	X		X					
HEIZUNGSVERTEILUNG	15	1	3	333IX	30	30	1	X		X					
LAGERRAUM	16	1	3	333IX	30	30	1	X	X		X				
LAGERRAUM	17	1	3	333IX	30	30	1	X	X		X				
BELAGE	18	1	5	333IX	30	30	1	X	X		X				
FLUR	4	1	3	333IX	35	40	1	X	X						X
LAGER	19	1	3	333IX	30	30	1	X		X					
SCHLOSSEREI	19	1	3	333IX	30	30	1	X		X					
FLURFOERDERZEUGE	19	1	3	333IX	30	30	1	X		X					
FLUR	4	1	3	333IX	30	30	1	X	X						X
FLUR	19	1	3	333IX	30	30	1	X		X					
UMKLEIDERAUM	11	1	3	333IX	30	30	1	X	X				X		
GERAETE SEL	20	1	3	333IX	30	30	1	X	X			X			
HAUSMEISTER	21	1	3	777IXKZ.BÜ			5	X	X			X			
R 015/016	22	1	3	777IXKZ.BÜ			5	X	X			X			
R 015	23	1	3	777IXKZ.BÜ			5	X	X			X			
R 016	24	1	3	777IXKZ.BÜ			5	X	X			X			
R 018/019	25	1	3	777IXKZ.BÜ			5	X	X			X			

Bild 45: Schließplan/Foto: DOM

Bild 46: Sicherungskartei/Foto: DOM

Elektronische Schließsysteme sind eine Kombintion mechanischer Schließtechnik und elektronischer Information im Schließzylinder und Schlüssel. Damit entscheiden mechanische und elektronische Kriterien, ob und wann geschlossen werden darf. Die elektronische Kennung des Schlüssels ist nicht auslesbar und umprogrammierbar. Damit ist der Schlüssel ein nicht kopierbares Unikat. Die Codierung des Schlüssels wird von einem Speicherbaustein im Zylinder gelesen und geprüft, bevor der Schließvorgang freigegeben wird. Über den Elektronic-Zylinder erfolgt auch induktiv die Energieversorgung des Schlüssels.

Jeder Vorgang mit elektronischen Schlüsseln (Bild 49) kann mit Peripherie-Geräten (Speichereinheit, Protokolldrucker) innerhalb des Gesamtsystems protokolliert werden. Somit können mit elektronischen Schließsystemen Schließanlagen mit protokolliertem Zugang geschaffen werden.

Vorteilhaft ist die Möglichkeit der Codierung von Schlüsseln durch den Anwender selbst. Damit können Schließberechtigungen ohne Neuausgabe von Schlüsseln jederzeit geändert werden. Bei verlorengegangenen Schlüsseln ist ein Austauschen des Zylinders nicht erforderlich. Zu bedenken ist der Gesamtaufwand durch zusätzlichen Einbau elektronischer Geräte in der Tür und die Notwendigkeit von Leitungsverbindungen für die Stromversorgung und Informationsübermittlung zwischen Zentrale und Schloss.

DOM

Ihr Schlüssel.
DOM SICHERHEITSTECHNIK

SCHLÜSSEL-BUCH
KEY BOOK
CARNET DE COMMANDE DE CLÉ

DST 146

DOM

Schließanlage / Masterkey system / Installation de fermeture: D 1 2 2 5 8 3

Schlüssel-Nr. / Key N° / N° de clé: HGS-5

Anfangsbestand / Initial quantity / Etat initial:

Seite / Page / Page: 6

Neubestand am / New quantity on / Etat après modification: 19.10.90 — 006

Ausgabe / Delivered / Delivré par					**Rücknahme / Returned / Repris par**		
Stück / Number / Pièce	Stelle / Dept. / Service	Datum / Date / Date	an / to / à	Unterschrift Empfänger / Signature of recipient / Signature	Stück / Number / Piece	Datum / Date / Date	Unterschrift Empfänger / Signature of recipient / Signature

Endbestand / Final quantity / Etat final:

A BLACK & DECKER COMPANY

Bild 47: Schlüsselblatt/Foto: DOM

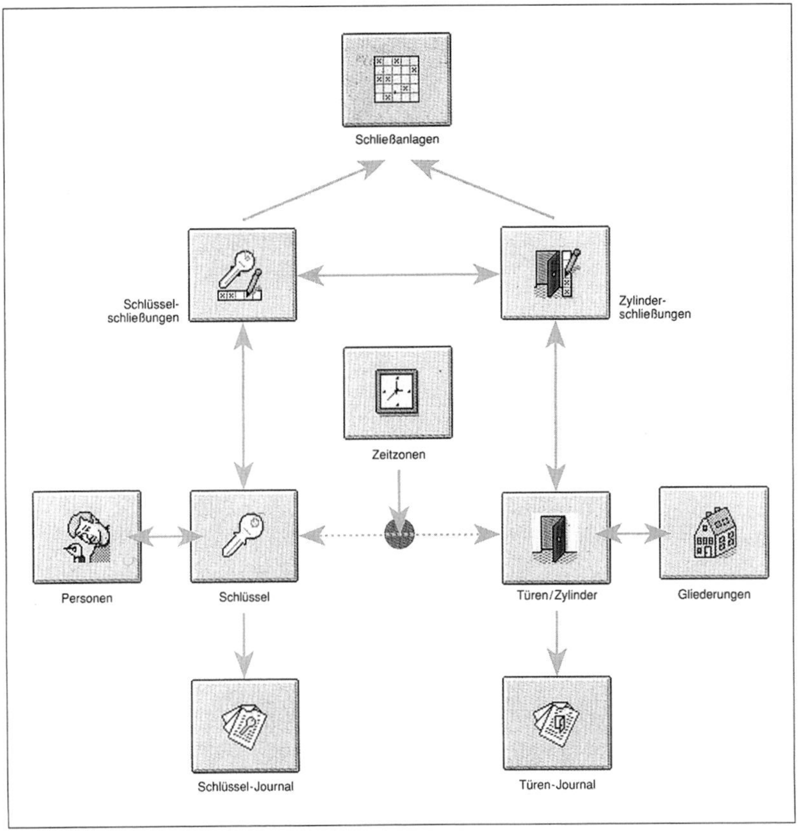

Bild 48: Module eines Schließanlagen-Verwaltungsprogramms/Foto: IKON AG

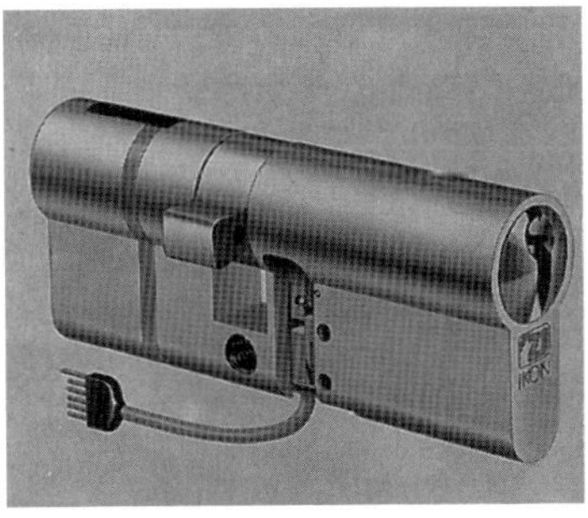

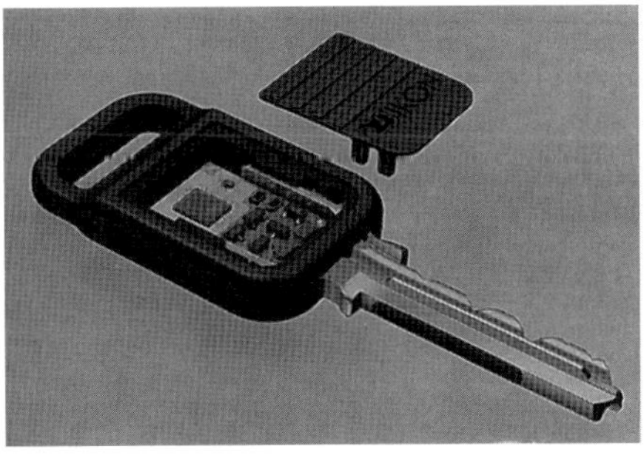

Bild 49: Ikotronic-Anlage/Foto: IKON AG

Eine Weiterentwicklung unter dem Einsatz der Mechatronic sind digitale Schließsysteme. Diese betehen aus:

- digitalem Schließzylinder
- digitalem Einsteckschloss
- digitaler Steuereinheit zur Integration von Schranken, Rolltoren, Aufzügen, Möbeln und Fremdsystemen wie Zeiterfassung in das digitale Schließsystem.
- Transponder, der als digitaler Schlüssel funktioniert. Per Knopfdruck aktiviert er Zylinder, Schloss und Steuereinheit.
- Netzwerk (LAN) für ein PC-gesteuertes Zutrittskontrollsystem, das von einer zentralen Stelle aus konfiguriert und verwaltet werden kann. Es wird am Markt auch schon ein kabelloses Netzwerk angeboten wo keinerlei Verkabelung an der Tür erforderlich ist. Es erfolgt auch kein Eingriff an der Tür, am Türrahmen oder an den Beschlägen.
- Blockschloss-Funktion (optional), um von einem zentralen Punkt aus die Alarmanlage aktivieren zu können und gleichzeitig zu verhindern, dass die überwachte Tür in dieser Zeit versehentlich geöffnet wird.
- PC oder Laptop Palm zur Konfiguration der Schließanlage.

Digitale Schließsysteme können in der Schließtechnik einen Wandel einleiten und bieten viele Ansätze zur Schaffung von sicheren, komfortablen und flexiblen Lösungen. Insbesondere wachsen Schlosstechnik und Zutrittskontrolle weiter zusammen. Zurzeit verhindern die hohen Kosten dieser Systeme noch eine breite und schnelle Einführung am Markt.

41. Kapitel: Mittel der Eigensicherung

323 41.1 Abgesehen von den zur persönlichen Eigensicherung (s. Rn. 210) vorgesehenen Notwehrgeräten und -mitteln (s. Rn. 448 f.) gibt es Vorrichtungen und Systeme, die Unregelmäßigkeiten bei der Streifentätigkeit feststellen und somit der Eigensicherung im weiteren Sinne dienen.

Zur **Dokumentation** der vollständigen Ausführung von Kontrollgängen werden im Rahmen des Streifendienstes technisch unterschiedliche Geräte benutzt:

- Zum Nachweis ihrer Streifen können Mitarbeiter des Werkschutzes oder von Bewachungsunternehmen **Wächterkontrolluhren** mitführen. An vorher festgelegten Stellen ist an einer Kette in einem Schlüsselkästchen je ein unterschiedlich codierter Schlüssel hinterlegt. Der Benutzer betätigt mit diesem Schlüssel ein in der Wächterkontrolluhr vorhandenes Druckwerk und dokumentiert somit auf einem Trägermaterial – Papierstreifen oder -scheibe – Uhrzeit und Ort. Nach Abschluss der Streife muss der Kontrollstreifen sehr zeitaufwendig ausgewertet werden.

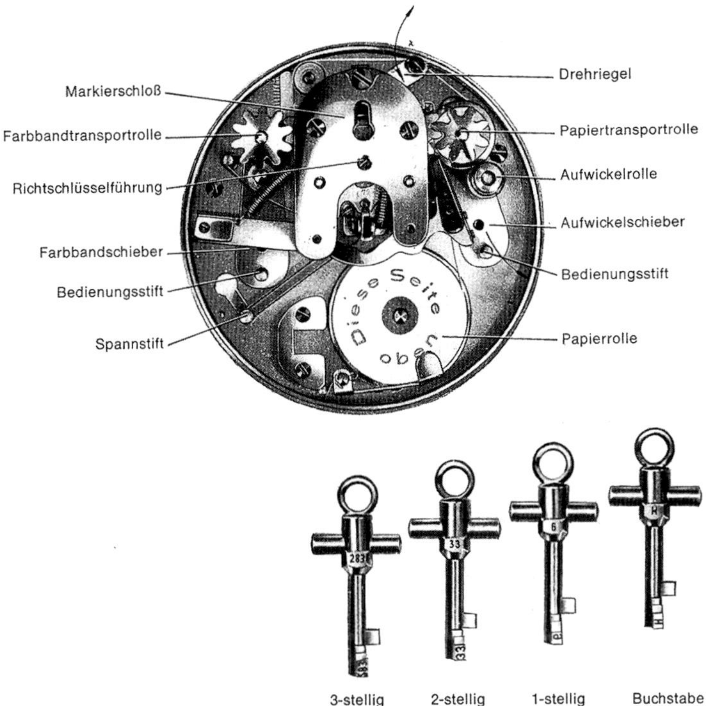

Bild 50: Wächterkontrolluhr

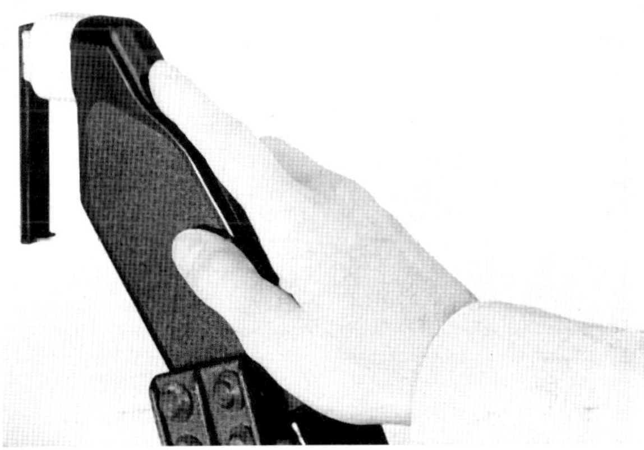

Bild 51: Datenerfassungsgerät/Foto: CSS GmbH

In zunehmendem Maße setzt man neue Systeme ein, die eine effektivere Kontrolle der Streifengänge ermöglichen.

324 – **Datensammler** oder **Datenaufnehmer** sind weiterentwickelte elektronische Wächterkontrolluhren. Sie bestehen aus einem batteriegespeisten Datensammler, der zum Streifengang mitgenommen wird. Das Datenerfassungsgerät liest und speichert an den Kontrollstellen angebrachte Datenträger (Kontrollstreifen mit individueller Codierung). Die gesammelten Daten können über einen Datenausleser zu einem PC übertragen und programmgemäß ausgewertet werden.
– Zur Dokumentation von Wächterkontrollgängen eignen sich auch betriebsinterne **Fernsprechanlagen**, insbesondere bei so genannten Gebäudekontrollen (Innenkontrollen), wo Fernsprechanschlüsse überall vorhanden sind. Durch Wählen einer in der Nebenstellenanlage festgelegten Kennziffer (z. B. 15) und der Nachwahl der Kennziffer des Mitarbeiters (z. B. 122) ist unter automatischer Beifügung der Uhrzeit eine preiswerte Rundendokumentation möglich.
– Die festinstallierte drahtgebundene **Wächterkontrollanlage**, bei der an mehreren Stellen festinstallierte Kontrollstellen eingerichtet sind, ist nur noch selten im Einsatz.
– Bei der **Funkstechuhr**, einem sehr flexiblen und modernen System, werden die im Einsatz befindlichen Funkgeräte mitbenutzt. Das Funkgerät wird mit einem Datenaufnehmer gekoppelt, der an festgelegten Stellen die Daten eines dort angebrachten Datenträgers aufnimmt und über Funk zur Funkzentrale überträgt. Dort werden die Daten in einem Personalcomputer zwischengespeichert. Ein Abweichen von voreingestellten Parametern (z. B. Streifenweg, Zeitvorgabe) wird als Alarm ausgewertet.

325 41.2 Nach § 8 der Berufsgenossenschaftlichen Vorschrift BGV A 1 (Grundsätze der Prävention) ist für Personen, die alleine eine gefährliche Arbeit ausführen, eine Überwachung sicherzustellen. BGV A 1 § 8 Abs. 2 lässt für solche Personen die Benutzung eines Hilfsgerätes (Signalgeber) zu. Die Besonderheit des Signalgebers besteht darin, dass er **willensunabhängig** Alarm auslösen kann, z. B. wenn ihr Träger über eine bestimmte Dauer in einer definierten Lage verbleibt (Zwangshaltung).

Der Markt bietet Geräte und Anlagen an, die ausschließlich nur zur **Einzelarbeitsplatzüberwachung** geeignet sind bzw. die als kombinierte Anlagen mit Sprechfunkgeräten betrieben werden. Alle bekannten Geräte zur Einzelarbeitsplatzüberwachung sind Funkanlagen.

Funk-Personen-Sicherungsanlagen sind oftmals eine unverzichtbare Voraussetzung für viele Arbeitsplätze, an denen für die Sicherheit und Gesundheit alleinarbeitender Personen ein erhöhtes Risiko besteht. Viele kritische und gefährliche Arbeitsplätze existieren für Personal:

– an Einzelarbeitsplätzen mit Sicherheitsaufgaben (Wachpersonal)
– bei Behörden, in der Industrie, in Versorgungs- und Dienstleistungsunternehmen

Bild 52: Funk-Personen-Sicherungsanlage/Foto: Tenovis

- in explosionsgefährdeten Bereichen
- in überfallgefährdeten Bereichen (Psychiatrie)

Einsatz und Anforderungen sind in den berufsgenossenschaftlichen Sicherheitsregeln für Personen-Notsignalanlagen, Merkblatt BGR 139, Sicherheitsregeln für Personen-Notsignalanlagen, beschrieben.

Auf dem Markt werden zurzeit verschiedene Geräte und Anlagen angeboten, die ausschließlich zur Einzelarbeitsplatzüberwachung geeignet sind, bzw. die als kombinierte Anlagen mit Gegensprechmöglichkeit (Betriebsfunk/Grundstücksfunk) betrieben werden.

Funk-Personen-Notsignalanlagen haben die Aufgabe

- Personen automatisch zu sichern
- die automatische Sicherung der Anlagenfunktionen zu gewährleisten
- die automatische Sicherung des Hilfeleistenden zu veranlassen.

Personensicherung ohne menschliches Restrisiko, d. h. die Anlage muss mehrere Selbstüberwachungsmechanismen beinhalten. Alarmgeber, die von der zu schützenden Person getragen werden, müssen aber auch unterschiedliche Alarme ermöglichen. Die technischen Möglichkeiten der willensabhängigen oder -unabhängigen Meldungsabgabe werden allgemein als **Totmannschaltung** bezeichnet.

326 Beispiele für unterschiedliche Alarmierungsmöglichkeiten:

- **Druckalarm:** Willensabhängige Alarmauslösung der gesicherten Person durch Drücken einer Alarmtaste (rote Taste) am tragbaren Signalgeber.
- **Lagealarm:** Willensunabhängige Alarmauslösung durch die Körperstellung (Überschreiten des eingestellten Neigungswinkels, kritische Lage über eine bestimmte eingestellte Zeit) der abgesicherten Person.
- **Ruhealarm:** Willensunabhängige Alarmauslösung, wenn über eine eingestellte Zeit keine Bewegung des Personen-Notsignalgerätes erfolgt.
- **Fluchtalarm:** Willensunabhängige Alarmauslösung durch hektische Körperbewegung, z. B. Laufen oder Befreiungsversuche aus kritischen Situationen der abgesicherten Person.
- **Zeitalarm:** Willensunabhängige Alarmauslösung durch Nichtquittierung des in regelmäßigen Zeitabständen erfolgenden Voralarms durch die abgesicherte Person am Signalgeber.
- **Verlustalarm:** Alarmauslösung, wenn dem Träger das Personen-Notsignalgerät entwendet wird.
- **Gasalarm** (Optional). Alarmauslösung, wenn über einen Sensor (häufig externer S.) das Erreichen einer bestimmten Gaskonzentration gemessen wird.
- **Voralarm:** Vor dem Auslösen eines willensunabhängigen Personenalarms wird bei einigen Alarmen ein Voralarm ausgegeben. Dieser dient der Vermeidung von Fehlalarmmeldungen und kann innerhalb einer Zeitspanne von der abgesicherten Person zurückgesetzt werden, ohne dass es zu einer Alarmweitergabe an die Zentrale kommt.
- **Technischer Alarm:** Eine Alarmauslösung erfolgt, wenn im Überwachungskreislauf zwischen Zentrale und Signalgeber Unregelmäßigkeiten auftreten, z. B. wenn sich die zu sichernde Person aus dem funkversorgten Bereich entfernt und damit nicht mehr gesichert ist oder wenn aufgrund technischer Probleme (Beschädigung usw.) Signalgeber oder Empfangseinrichtung ausfallen.

Funk-Personen-Notsignalanlagen bestehen u. a. aus folgenden Systemkomponenten:

- **Personen-Notsignalzentrale** mit oder ohne Grafikrechner als Überwachungs- und Informationszentrum ist die Geräteeinheit, von der die Anlagenfunktion überwacht wird. Die Notsignale des Personen-Notsignalgerätes werden hier verarbeitet, gespeichert und in Form von optischen und akustischen Signalen (Alarme) angezeigt.
- **Personen-Notsignalempfänger,** der in den zu sichernden Bereich installiert wird, um ausreichende Funkfeldbedingungen zu gewährleisten, die Funksignale der Personen-Notsignale aufzunehmen und an die Zentrale weiterzuleiten.
- **Personen-Notsignalgerät,** welches von der abzusichernden Person am Körper getragen wird, ist ein kleines Funkgerät, bzw. kann bei einigen Fabrikaten wie

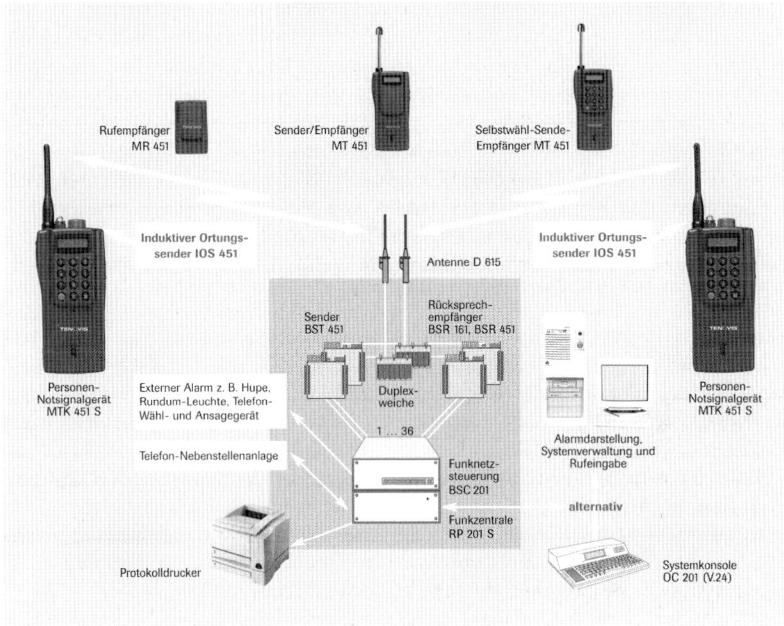

Bild 53: Systemkonfiguration Funk – Personen – Notsignalanlage

eine Armbanduhr getragen werden. Vom Gerät können per Tastendruck willensabhängige Alarme ausgelöst werden. Willensunabhängige Alarmsituationen werden von einer eingebauten Sensorik automatisch erkannt. Der Alarm wird an die Zentrale weitergemeldet. Um Fehlalarme zu vermeiden, werden automatisch erkannte Alarmkriterien zunächst nur am Personen-Notsignalgerät durch einen Voralarm gemeldet, der durch Tastendruck quittiert werden kann. Wenn der Voralarm nicht zurückgesetzt wird, geht die Meldung mit der entsprechenden Gerätenummer, den detektierten Alarmarten und der aktuellen Ortsinformation per Funk an die Zentrale.

- **Notsignalquittungsstecker,** um den ausgelösten Alarm am Personen-Notsignalgerät zusetzen zu können.

- **Netzteile und Ladestationen** dienen zur Nachladung und Bereitschaftskontrolle sowie der Synchronisation des Zeitschlitzverfahrens.

- **Infrarot- bzw. Induktions-Notsignalstandortsender/-empfangsgeräte** für die Systemerweiterung zur Standortbestimmung.

TECHNIK

Zur Übertragung der aktuellen Situation sendet das von der zu sichernden Person getragene Personen-Notsignalgerät an den stationären Empfänger zyklisch ein HF-Datentelegramm aus. Dieses Datentelegramm beinhaltet die Gerätenummer, die Ortsinformation, den Gerätestatus und eine technische Routinemeldung. Die Routinemeldung dient der Überwachung von Signalgeberfunktion, Funkstrecke und Meldung an die Zentrale. Zusätzlich werden bei erkannten Alarmen Telegramme ausgetauscht. Zur Vermeidung von Funkkollisionen der Meldungen untereinander findet ein Zeitschlitzverfahren Anwendung, das sicherstellt, dass keine Alarmmeldung verlorengeht. Zur Standortbestimmung kann bei Geräten mit Infrarotempfangsteil die Standortinformation einer Infrarotbake aufgenommen, zwischengespeichert und übermittelt werden.

Personen-Notsignalanlagen mit Sprechfunkeinrichtungen können z. B. dann verwendet werden, wenn es beim Einsatz von Personen-Notsignalanlagen zu Akzeptanzproblemen bei den Geräteträgern kommt, insbesondere wenn noch weitere mobile Kommunikationsgeräte mitgeführt werden müssen. Hier bietet sich der Einsatz von Systemen mit Sprechfunkeinrichtung an, die häufig auf der Basis von Grundstücksfunkanlagen arbeiten und die Möglichkeiten einer modernen Kommunikationsanlage (Paging, Selbstwähl- und Sprechmöglichkeit, usw.) zur Verfügung stellen. Bei diesen kombinierten Personen-Notsignalanlagen muss jedoch sichergestellt sein, dass ein Notsignal auch bei Sprechfunkverkehr spätestens nach 30 Sekunden in der Empfangs-Zentrale einen Personen-Alarm auslöst.

Anlagen dieser Art und entsprechender Auswertesoftware in Verbindung mit den erwähnten Infrarot-Standortortungssystemen eignen sich ebenfalls für den Einsatz als **Wächterkontrollsystem (Funkstechuhr)**, wobei durch die Art der Lokalisierung über Infrarotbaken der aktive „Stechvorgang“ durch das Werkschutzpersonal entfallen kann.

42. Kapitel: Gefahrmeldeanlagen

327 42.1 **Gefahrmeldeanlagen** (GMA) nach DIN VDE 0833 sind Anlagen, die bei Brand (s. Rn. 424 ff.), Einbruch und Überfall für Sachwerte und Leben zuverlässig melden. Diese Funktion setzt die Überwachung der Übertragungswege, die Erfassung von Störungen und die Gewähr, den Ausfall der Anlagen weitestgehend zu verhindern, voraus.

Die Norm kennt zwei Klassen:

- GMA der Klasse 1 erfassen Störungen und Eingriffe, wenn diese sich wie betriebliche Störungen auswirken.

- GMA der Klasse 2 erfüllen über die Bedingungen der Klasse 1 hinaus die Anforderung, Eingriffe, die eine Meldung verhindern sollen, zu melden (Eigensicherung).

Betriebsmittel, die in Gefahrmeldeanlagen verwendet werden, müssen den Bestimmungen der DIN VDE 0804 entsprechen.

Anlagen mit mehr als 50 Meldegruppen sollen **Registriereinrichtungen** (z. B. Ereignisspeicher, Protokolldrucker) zur Aufzeichnung der Meldungen mit Datum und Uhrzeit erhalten. Informationen der angeschlossenen Sensoren (Melder) dürfen nicht verlorengehen.

Eine gemeinsame Leitungsführung mit anderen Fernmeldeanlagen (Sprach- und Textkommunikation usw.) ist nicht zulässig, wenn dadurch der störungsfreie Betrieb gefährdet wird. Bei gemeinsamer Verlegung müssen insbesondere Verteiler besonders gekennzeichnet werden.

Zur **Weiterleitung** der Gefahrenmeldung gibt es mehrere Möglichkeiten: **328**

- Die Anzeige- und Betätigungselemente (Bedienfeld oder Zentraleinrichtung) befinden sich in einem durch eingewiesene Personen ständig besetzten Raum.
- Die Weiterleitung eines Sammelalarms erfolgt über eine Primärleitung zu einer ständig besetzten Stelle, mit einer Empfangsanlage, die auch die Primärleitung überwacht.
- Die Weiterleitung eines Sammel- oder Selektivalarms über ein automatisches Wähl- und Übertragungsgerät (AWUG) zu einer ständig besetzten Stelle. Wird die Alarmgabe selbsttätig überprüft (Routineübertragung), darf auf eine örtliche Alarmgabe verzichtet werden. Ist die Übertragung gestört oder die Empfangsstation belegt, muss die Alarmierung durch örtliche, über Primärleitung angesteuerte Signalgeber erfolgen. Hier reicht die Installation eines Signalgebers aus.

Die GMA muss über zwei voneinander unabhängige **Energiequellen** verfügen (Netz und Batterie) mit grundsätzlich 60stündiger Betriebsbereitschaft.

Diese Zeit kann auf 30 Std. halbiert werden, wenn Störungen jederzeit erkannt werden und der Service binnen 24 Std. verfügbar ist.

Sie kann auf vier Std. reduziert werden, wenn der Instandhalter Ersatzteile bereithält und ständig verfügbar ist sowie eine Netzersatzanlage im Objekt (Notstromdiesel etc.) zur Verfügung steht.

Störungsmeldungen der Anlage sind an eine ständig besetzte Stelle weiterzuleiten (Verfahren wie bei Alarmen).

GMA müssen durch Elektrofachkräfte, die Kenntnisse und Erfahrungen im Umgang mit den einschlägigen Normen besitzen, errichtet, abgenommen und in Betrieb genommen werden.

Der Betreiber der Anlage muss eine eingewiesene Person sein oder eine solche Person beauftragen. (Die Person muss die Anlage bedienen können und Unregelmäßigkeiten erkennen, damit Störungsbeseitigung veranlasst werden kann.)

Die DIN-Norm VDE 0833 schreibt regelmäßige Inspektionen, Wartungen und Überprüfungen vor. Viermal jährlich sind auf Funktion zu überprüfen:

- Primärleitungen jeweils mit einem Melder (Sensor)
- Signalgeber/Übertragungseinrichtungen
- Anzeige- und Bedienelemente
- Schalteinrichtungen
- Ansteuerungseinrichtungen
- Energieversorgung.

Einmal jährlich sind alle zerstörungsfrei prüfbaren Melder zu kontrollieren. Je nach Herstellervorgaben ist einmal jährlich eine Wartung (Pflege der Anlageteile und Austausch von Verschleißteilen) vorzunehmen.

GMA sind alle fünf Jahre auf den der Norm entsprechenden Stand zu überprüfen.

Für jede GMA ist ein **Betriebsbuch** zu führen, in dem alle Betriebsereignisse sowie alle notwendigen und durchgeführten Instandhaltungsmaßnahmen aufgezeichnet werden.

Neue Perspektiven ergeben sich durch Weiterentwicklungen in der Gefahrmeldetechnik. Die Integration von verschiedenen Gefahrmeldesystemen für Brand, Einbruch und Haustechnik in einem **Gefahrmeldenetzwerk** – Bussystem – gewinnt an Bedeutung. Solche Netzwerke ermöglichen auf einfache und kostengünstige Art intelligente Verknüpfungen der Sensorik und tragen dadurch zur erheblichen Reduzierung von Täuschungs- und Falschalarmen bei. Eine Einbindung der Videotechnik – Kameras – zur Alarmvorklärung wird durch diese Netzwerktechnik möglich.

Zur einheitlichen Darstellung in Plänen sind genormte Symbole für Gefahrmeldeanlagen erforderlich. In der VdS-Richtlinie 2135 sind die nachfolgenden Symbole festgelegt.

VdS-Richtlinien für Gefahrenmeldeanlagen
Grafische Symbole für Gefahrenmeldeanlagen

In der Spalte „Verwendung“ der folgenden Tabelle bedeuten:

- B: Brandmeldeanlagen
- E: Einbruchmeldeanlagen
- V: Videoüberwachungsanlagen
- Z: Zutrittskontrollanlagen

Nr.	Bild	Kurz-zeich.	Beschreibung	Verwendung			
1		SA	Signalgeber, akustisch	B	E		Z
2		Sr	Sirene	B	E	V	Z
3		Sm	Summer	B	E	V	Z
4		Ki	Klingel	B	E	V	Z
5		SO	Signalgeber, optischer (Rundumkennleuchte, Blitzleuchte)	B	E		Z
6		BM	Bildermelder		E		
7		FK	Fadenzugkontakt		E		
8		GMak	Glasbruchmelder, akustisch		E		
9		GMp	Glasbruchmelder, passiv		E		
10		GMa	Glasbruchmelder, aktiv		E		
11		IM	Infrarot-Bewegungsmelder		E		
12		KM	Körperschallmelder		E		
13		FM	Feldänderungsmelder		E		
14		LS	Lichtschranke		E		
15		LV	Lichtschrankenvorhang		E		
16		Mp	Mikrophon (z. B. Sensorkabel)		E		
17		MS	Mikrowellen-Schranke		E		
18		HFS	Hochfrequenzschranke		E		
19		MM	Mikrowellen-Bewegungsmelder		E		
20	■	MK	Magnetkontakt		E		Z
21	●	ÖK	Öffnungskontakt		E		Z
22		PK	Pendelkontakt		E		
23		VK	Vibrationskontaktmelder		E		
24		DU	Dualmelder		E		

Nr.	Bild	Kurz-zeich.	Beschreibung	Verwendung			
25		IMR	Infrarot Rundummelder (360°-Überwachung)		E		
26		ÜM	Überfallmelder		E		
27		UM	Ultraschall-Bewegungsmelder		E		
28	▲	AM	Aufbruchmelder		E		
29		DM	Druckmelder (z. B. Trittmelder)	B	E		Z
30		DK	Druckknopfmelder	B			
31		EMZ	Einbruchmelderzentrale		E		
32		ÜMZ	Überfallmelderzentrale		E		Z
33		ZKZ	Zutrittskontrollzentrale				Z
34		ADG	Alarmglas		E		
35		FÜ	Flächenüberwachung, Flächenschutz (z. B. Folie, Draht, Leiterplatte)		E		
36		SK	Schließblechkontakt (Verschluss-kontakt)	B	E		
37		SpE	Sperrelement		E		Z
38		SE	Schalteinrichtung mit materiellem Informationsmerkmalträger		E		Z
39		SG	Schalteinrichtung, geistig		E		Z
40		SZ	Schalteinrichtung, zeitgesteuert	B	E	V	Z
41		SL	Schlüsselschalter	B	E	V	Z
42		FSE	Freischaltelement	B			
43		DD	Dienstleistungsdepot		E		
44		SD	Schlüsseldepot	B	E		
45		AW	Ausweisleser		E		Z
46		AWC	Ausweisleser mit zusätzlicher Codeeingabe		E		Z
47		TF	elektromagnetischer Türöffner	B	E		Z

Nr.	Bild	Kurz-zeich.	Beschreibung	Verwendung			
48		SR	Schubriegel		E		Z
49		ÜK	Übergangskontakt		E		
50		EV	Energieversorgung	B	E		Z
51		NG	Netzgerät	B		V	Z
52		BMZ	Brandmelderzentrale	B			
53		V	Verteiler	B	E	V	Z
54		WMD	Wärmemelder, Differential-	B			
55		WMM	Wärmemelder, Maximal-	B			
56		WLM	Wärmemelder, Maximal-, linienförmig	B			
57		WLD	Wärmemelder, Differential-, linienförmig	B			
58		MWM	Wärmemelder, Maximal-, mehrpunktförmig	B			
59		MWD	Wärmemelder, Differential-, mehrpunktförmig	B			
60		ASR	Ansaugrauchmelder	B			
61		RZ	Rauchmelder, zwangsbelüftet	B			
62		LKM	Melder für Lüftungskanäle	B			
63		RMO	Rauchmelder, optischer	B			
64		RMI	Ionisations-Rauchmelder	B			
65		RLS	Linearer Rauchmelder (Sender)	B			
66		RLE	Linearer Rauchmelder (Empfänger)	B			
67		RL	Linearer Rauchmelder (Sender/Empfänger)	B			
68		RLR	Linearer Rauchmelder (Reflektor)	B			
69		OT	Multisensormelder (Kombination RMO/WMD)	B			

TECHNIK

Nr.	Bild	Kurz-zeich.	Beschreibung	Verwendung			
70		OTI	Multisensormelder (Kombination RMO/WMD/RMI)	B			
71	IR	FMI	Flammenmelder, Infrarot	B			
72	UV	FMU	Flammenmelder, Ultraviolett	B			
73	UV/IR	FMM	Flammenmelder, Multifunktional	B			
74	IME	IME	Identifikationsmerkmal-Erfassungseinheit		E		Z
75	ÜG	ÜG	Übertragungsgerät (z. B. TWG, ÜE)	B	E		Z
76	KMZ	KMZ	Kombinierte Melderzentrale	B	E	V	Z
77	FSA	FSA	Feststellanlage	B			
78	FBF	FBF	Feuerwehrbedienfeld	B			
79	FLA	FLA	Feuerlöschanlage	B			
80	LPT	LPT	Lageplantableau	B			
81	EST	EST	Steuereinrichtung für Löschanlagen, elektrisch	B			
82		IM	Isolatormodul	B	E		
83	STR	STR	Steuermodul	B	E		
84	ADR	ADR	Adressiermodul	B	E		
85	ANS	ANS	Anschaltmodul	B	E		
86	K EX	KEX	Linienkoppler (EX)	B			
87		ÜSE	Überspannungsableiter	B	E	V	Z
88		MA	Externe Melderanzeige	B			
89	m	TM	Türhaltemagnet/Türschließer	B			
90	o	NAM	Nichtautomatischer Melder	B			
91		FA	Feuerwehraufzug	B			
92		A	Aufzug	B			
93		R	Rettungsweg (rechts)	B			

Nr.	Bild	Kurz-zeich.	Beschreibung	Verwendung			
94		RE	Registriereinrichtung (z. B. Zeitschreiber)	B	E		Z
95		ABF	Abgesetztes Bedienfeld	B	E	V	Z
96		AT	Anzeigetableau	B	E	V	Z
97		F	Fenster		E		
98		G	Gitter		E		
99		L	Lampe (z. B. bauseitige Beleuchtung)		E	V	
100		Lk	Lichtkuppel		E		
101		VEA	Vereinzelungsanlage				Z
102		WB	Wertbehältnis		E		Z
103		Tr	Treppe/Leiter		E		
104		T	Tür		E		
105		WL	Wand, Leichtbau		E		
106		W	Wand		E		
107		AB	Aufdruckbolzen		E		
108		Vka	Videokamera			V	Z
109		Fka	Fotokamera			V	Z
110		M	Monitor			V	
111		VV	Videoverteiler			V	Z
112		VA	Videoaufzeichnungsgerät			V	Z

Bild 54: Grafische Symbole für Gefahrenmeldeanlagen

42.2 **Brandmeldeanlagen** sind GMA, die Personen zum direkten Hilferuf bei Brandgefahren dienen und/oder Brände zu einem frühen Zeitpunkt erkennen und melden. **329**

Die **Brandmeldezentrale** dient dazu,

- Meldungen bzw. gleichwertige Informationen der aufgeschalteten Meldergruppen aufzunehmen, optisch bzw. akustisch anzuzeigen, die Meldergruppen bzw. den Melderbereich zu kennzeichnen und gegebenenfalls zu registrieren
- die Brandmeldeanlage zu überwachen und Fehler anzuzeigen

- bei Brandmeldung eine Alarmierungseinrichtung anzusteuern
- wenn erforderlich, die Brandmeldung über die Übertragungseinrichtung z. B. an die Feuerwehr weiterzuleiten
- soweit erforderlich, die Brandmeldung über die Steuereinrichtung für automatische Brandschutzeinrichtungen (z. B. automatische Löschanlage) weiterzuleiten.

Die Brandmeldeanlage verfügt über eine eigene Energieversorgungseinrichtung für den Betrieb der Brandmeldezentrale und in der Regel der externen Anlageteile.

330 Ein **Brandmelder** ist Teil einer Brandmeldeanlage. Es gibt:

- **nichtautomatische** Brandmelder (Druckknopfmelder), die manuell von einer Person ausgelöst werden.

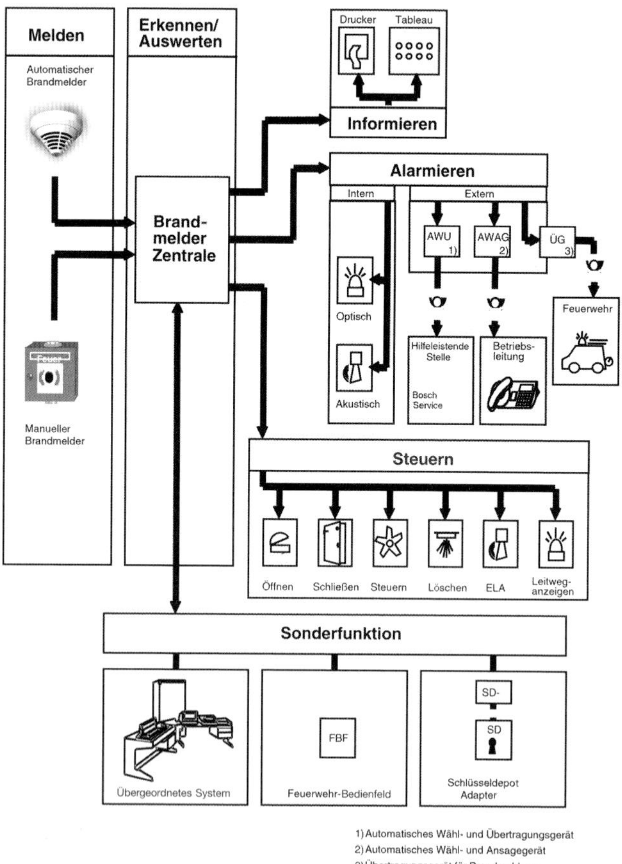

Bild 55: Übersicht eines Brandmeldesystems Foto: Bosch Sicherheitssysteme

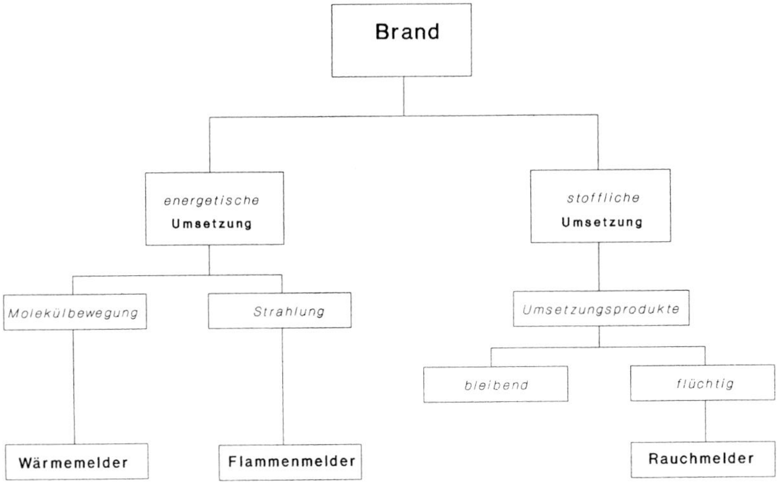

Bild 56: Brandkenngrößen und deren Detektion

- **automatische** Brandmelder, die die bei einem Verbrennungsvorgang entstehenden physikalischen Kenngrößen erkennen, auswerten (möglichst von „Störgrößen" unterscheiden) und in elektrische Signale umwandeln.

Heute stehen eine Vielzahl von Meldern mit spezifischen Eigenschaften und für spezielle Einsatzmöglichkeiten zur Verfügung.

Grundsätzlich kommen drei verschiedene Melderarten in Anwendung:
- Rauchmelder (optischer und Ionisationsmelder)
- Wärmemelder
- Flammenmelder.

Welche Melderart eingesetzt wird, hängt von den Umgebungsbedingungen und vor allem von der zu erwarteten Brandart ab, also ob am ehesten mit einem Schwelbrand oder einem offenen Holzbrand, einem Kunststoff- oder Flüssigkeitsbrand mit Rauch oder starker Wärmeentwicklung zu rechnen ist. Sinnvoll kann auch eine Kombination verschiedener Melder sein.

Im so genannten **„Streulichtmelder"**, einem optischen Rauchmelder, sind eine Lichtquelle und eine Fotozelle so angeordnet, dass das Licht die Fotozelle normalerweise nicht erreicht. Dringt dagegen Rauch in den Melder ein, werden die Lichtstrahlen von den Rauchteilchen reflektiert und so gestreut, dass einige auf die Fotozelle treffen. Sie erzeugen dort einen messbaren und auswertbaren Strom. Neuere Rauchmelder, die weiter nach dem Prinzip der Grenzwertmeldetechnik arbeiten, sind auch zusammen mit Adressierbausteinen in der Pulsmeldetechnik einsetzbar. Die elektrische Schaltung dieses Melders beinhaltet u. a. den Impulsgenerator zur Ansteuerung einer Leuchtdiode, welche kurze Lichtblitze in die Messkammer sendet. 331

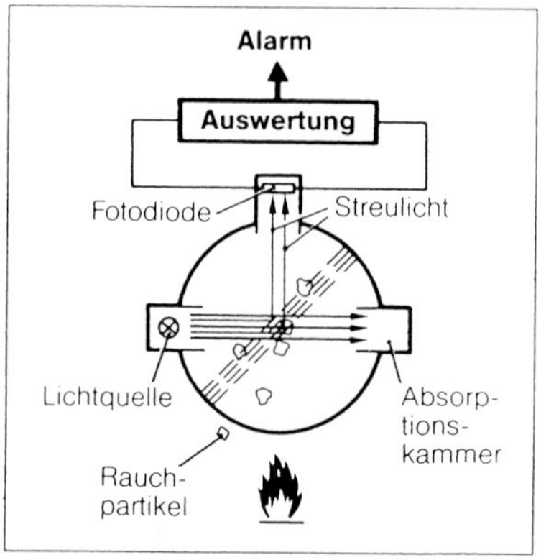

Bild 57: Streulichtmelder

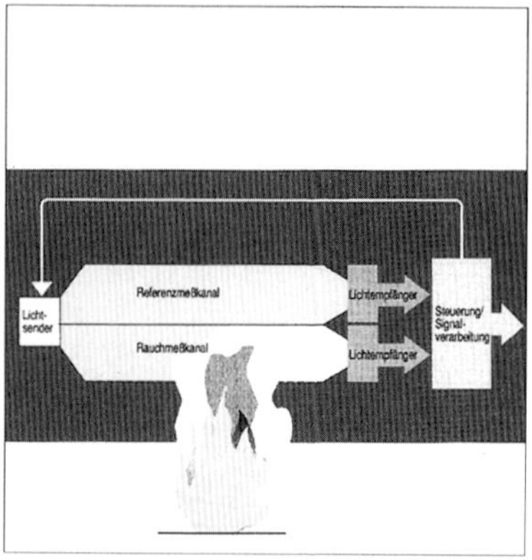

Bild 58: Funktionsprinzip der SecuriStar Durchlicht-Messzelle

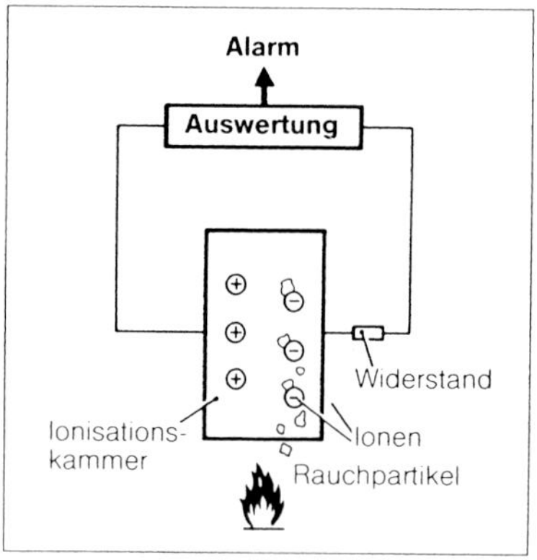

Bild 59: Ionisationsrauchmelder

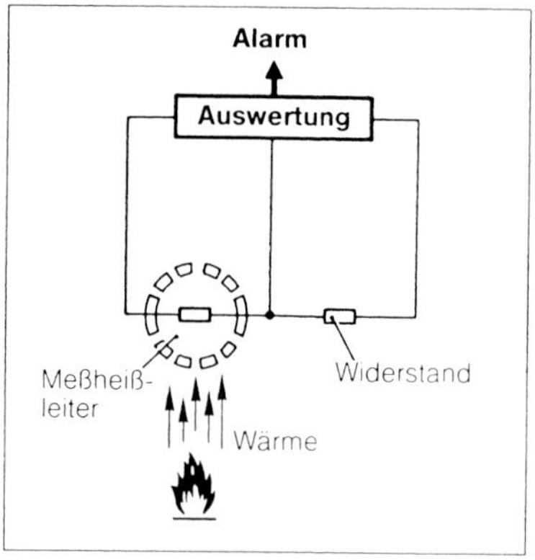

Bild 60: Wärmemelder

Durch Rauchpartikel reflektiertes Licht wird von einer Fotozelle aufgenommen. In einem nachgeschalteten Impulsverstärker wird aus dem analogen Signal ein Messsignal. Eine Alarmschwelle trennt das Rauschen vom echten Signal. Im Alarmzähler werden sog. „Erwartungsfenster“ geöffnet, in denen ein auswertbares Signal der Empfangsdiode erscheinen muss. Mindestens zwei dieser Alarmsignale müssen ausgewertet sein, bevor der Alarm zur Brandmeldezentrale weitergeleitet wird. Durch diese Technik wird die Fehlerquote erheblich reduziert. Optische Rauchmelder sprechen besonders gut auf sichtbaren Rauch an. Sie sind dort gut geeignet, wo voraussichtlich von dem offenen Feuer Rauch entsteht oder wo mit Schwelbränden gerechnet werden kann.

Der **Durchlicht-Rauchmelder** ist die neueste Entwicklung auf dem Brandmeldesektor und es ist zu erwarten, dass aufgrund der hervorragenden Eigenschaften künftig auf die radioaktiven Ionisations-Rauchmelder weitestgehend verzichtet werden kann. Die Durchlichtmelder arbeiten nach zwei bisher bereits bekannten Detektionsmethoden; der Messung von Streulicht und der Extinktion (Schwächung von Strahlung durch Absorption und Streuung in einem Medium). Die Arbeitsweise stellt sich wie folgt dar: **332**

Der von einer Lichtquelle ausgehende Lichtstrahl wird gebündelt und über eine Messstrecke auf den Photoempfänger gelenkt. Bei rauchfreier Messzone liegt daher am Ausgang des Fotoempfängers ein Signal an. Dringt nun Rauch in den Raum zwischen Sender und Empfänger ein, dann wird die Intensität des Lichtstrahles geschwächt und das Signal verringert sich proportional zur Rauchdichte (s. Bild 58, Funktionsprinzip der SecuriStar Durchlicht-Messzelle). Die Durchlicht-Messkammer verfügt über einen mit der Umgebung in Verbindung stehenden Rauchmesskanal und einen abgeschotteten Referenzmesskanal. Hierdurch ist es möglich, Veränderungen der Optik, der Lichtleistung und Verschmutzung zu kompensieren, sodass der Melder über seinen ganzen Einsatzzeitraum über eine gleichbleibende Empfindlichkeit verfügt.

Das Durchlicht-Prinzip verfügt über eine nahezu ideale Ansprechempfindlichkeit auf alle Rauchaerosole weitgehend unabhängig von Größe und Farbe der Aerosole. Hieraus ergibt sich ein breites Anwendungsspektrum vom Schwelbrand bis hin zu offenen Bränden. Aufgrund nachgeschalteter Auswertelogik in Fuzzy-Logic-Technik wird die Täuschungsalarmrate erheblich reduziert.

Ionisationsrauchmelder werten Rauch als Kenngröße aus. Sie sprechen auf kleinste Konzentrationen sichtbaren und unsichtbaren Rauches an. **333**

In einer Messkammer werden durch einen radioaktiven Strahler Ionen erzeugt. Diese werden in einem elektrischen Feld ausgerichtet und beschleunigt, sodass ein messbarer Ionenstrom fließt. Dringen nun Rauchaerosole in die Messkammer, lagern sich die Ionen daran an. Die Ionen werden in ihrer Wirkung behindert und bewirken so eine messbare Stromschwächung. Damit wird die Alarmauslösung sichergestellt.

Solche Melder sprechen sowohl auf sichtbaren, als auch auf unsichtbaren Rauch (z. B. bei offenem Feuer) an.

Wärmemelder reagieren auf die vom Brand entwickelte Wärmeenergie und den damit verbundenen Temperaturanstieg. Je nach Bauart kann Alarm ausgelöst werden, durch **334**

- das Überschreiten eines vorgegebenen Höchstwertes (Maximalmelder)
- den ungewöhnlich schnellen Anstieg der Temperatur im überwachten Raum (Differentialmelder).

Der Wärmemelder ist heute voll elektronisch aufgebaut. Die Messfühler bestehen aus zwei Widerständen in Brückenschaltung, wobei einer bei Temperaturveränderung seinen Widerstandswert ändert. Daraus resultiert eine Veränderung des Stromes zur Auswerteeinheit.

Wärmemelder werden eingesetzt, wenn mit einem offenen und schnell verlaufenden Brand zu rechnen ist.

335 **Flammenmelder** beruhen auf dem Prinzip, dass ein Brand oder eine Flamme u. a. Strahlungen im infraroten Bereich aussendet. Über ein optisches System werden die sichtbaren Lichtanteile ausgefiltert und die Infrarotanteile auf ein empfindliches Fotoelement geleitet. Da Flammen die Eigenschaft haben zu flackern oder zu züngeln, wird vom Flammenmelder auch nur die Strahlung für ein Alarmsignal ausgewertet, die in ihrer Intensität entsprechend der Flackerfrequenz schwankt.

Die hohe Ansprechempfindlichkeit der Flammenmelder erfordert es, dass die Alarmauslösung nur nach Ansprechen mehrerer Melder in 2-Melder-Abhängigkeit und 2-Linien-Abhängigkeit erfolgt.

Neben den normalen Grenzwertmeldern und adressierbaren Grenzwertmeldern sind heute sog. intelligente Melder verfügbar. Bei der **Diagnosemeldetechnik** erfassen mikroprozessorgesteuerte Zentralen die Information der Melder und werten sie aus.

Beispiele:
- Lokalisierung des Folgealarms und Verfolgung der Brandausbreitung
- Lokalisierung des Erstalarms
- Lokalisierung eines defekten Melders.

Darüber hinaus hat diese Technik weitere Leistungsmerkmale, wie

- stufenlose Kompensation von Umwelteinflüssen
- automatische Empfindlichkeitskontrolle
- Melderfunktionskontrolle.

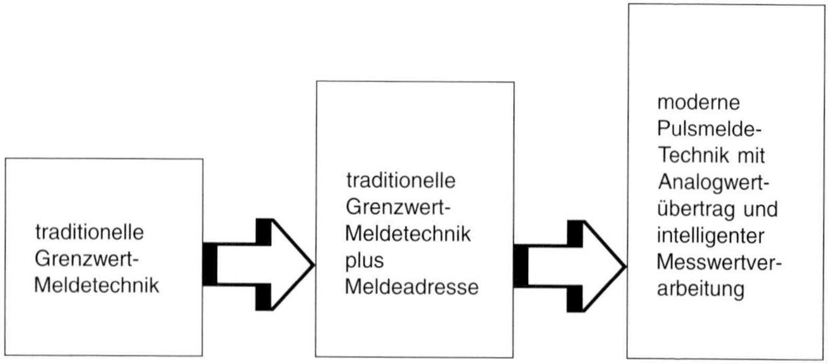

Bild 61: Entwicklungsschritte der Brandfrühmelder in Richtung mehr Sicherheit/Grafik: Siemens

Bei der Diagnosemeldetechnik sind die Melder nicht in Kaskadenschaltung, sondern in Parallelschaltung eingesetzt, sodass bei Ausfall eines Melders der Linie alle anderen Melder der Linie funktionsfähig bleiben.

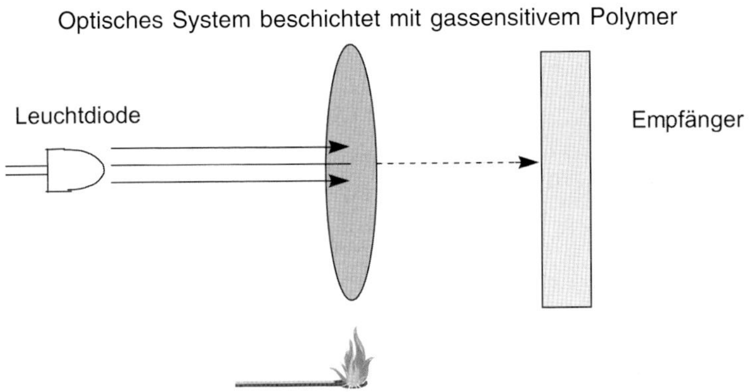

Bild 62: Funktionsprinzip des Mehrsensor-Kombinationsbrandmelders MAGIC.SENS; Foto: Bosch Sicherheitssysteme

MAGIC.SENS Mehrsensormelder sind Brandmelder mit Chemosensorik. Sie kommen überall dort zur Anwendung, wo Täuschungsalarme auf ein Minimum reduziert werden sollen, um Kosten für teure Feuerwehreinsätze zu vermeiden. Die schnelle Branddetektion des Chemosensors vermindert somit im Ereignisfall die Schadenshöhe und schützt zuverlässig die Personen.

Beim Brand entstehen neben Rauch (Aerosolen) und Temperaturanstieg ebenso Gase, die durch chemische Reaktionen hervorgerufen werden. Brandgase können für die Brandfrüherkennung als eine charakteristische Erkennungsgröße herangezogen werden, da sie in der Regel am frühzeitigsten auftreten. Die Nutzung aller drei Kenngrößen (Gase, Rauch und Temperatur) garantiert die zuverlässigste und schnellste Branderkennung.

Funktion:
Je nach Ausführung verwendet MAGIC.SENS eine, zwei oder drei dieser Kenngrößen zur Branddetektion. Dadurch ist eine schnellere und zuverlässigere Branderkennung möglich.

Der Chemosensor besteht aus einer gassensitiven Schicht (Sensormembran), die sich bei Vorhandensein des nachzuweisenden Gases verfärbt. Der MAGIC.CHIP ist ein Array aus drei chemischen Sensoren für drei verschiedene Gase. Treten Brandleitgase in den Melder ein, tönt sich die Beschichtung des entsprechenden optischen Systems. Als Folge wird die Beleuchtungsstärke am Empfänger reduziert. Diese Information dient dem Auswertealgorithmus u. a. zur sicheren Entscheidung, ob ein Brand vorliegt.

TECHNIK

336 42.3 **Einbruchmeldeanlagen** (EMA) können durch eine frühzeitige Sensierung und Meldung Täter entdecken helfen und potenzielle Täter vom Angriff auf ein gesichertes Objekt abschrecken (Vertreibungseffekt).

Ein solider mechanischer Grundschutz ist Voraussetzung, dass die EMA die Meldung bereits vor dem Eindringen in ein Objekt absetzt. Schlösser, Riegel, Gitter, einbruchhemmende Türen und Fenster schaffen Hindernisse, die ein Täter überwinden muss. Ist die Sensierung nun so ausgelegt, dass bei der Beschädigung einer mechanischen Barriere der Alarm ausgelöst wird, bleibt ausreichend Zeit für die Interventionskräfte.

Die zur Überwindung des mechanischen Hindernisses benötigte Zeit nennt man den **Widerstandswert.**

Merke: Widerstandszeitwert, Zeitpunkt der Sensierung und Anfahrzeit der Interventionskräfte sind für den erfolgreichen Einsatz einer EMA maßgeblich.

EMA werden nach geltenden Richtlinien für Planung und Einbau (Allgemeine Anforderungen, Teil 1: Anforderungen KVK[1]/VdS[2] 2227) errichtet. Damit eine Anlage als EMA anerkannt wird, muss sie nach diesen Richtlinien geplant und unter Verwendung VdS[3] – anerkannter Anlagenteile auf funktionsmäßiges Zusammenwirken abgestimmt sein.

Einbruchmeldesysteme der Klassen A, B oder C müssen von einer VdS-anerkannten Errichterfirma unter Beachtung dieser Richtlinien und den geltenden DIN VDE Normen erstellt werden.

EMA der Klasse A haben sowohl im scharfen als auch im unscharfen Zustand einen einfachen Schutz gegen Überwindungsversuche (Melder mittlerer Ansprechempfindlichkeit).

Beispiel:
- nichtgewerblicher Bereich (geringer Wertsachenanteil).

EMA der Klasse B besitzen einen mittleren Schutz gegen Überwindungsversuche in beiden Betriebszuständen (scharf/unscharf). Die eingesetzten Sensoren verfügen über eine mittlere Ansprechempfindlichkeit.

1 KVK = Kommission Vorbeugende Kriminalitätsbekämpfung
2 VdS = Vds Schadensverhütung Köln
3 Siehe hierzu Richtlinien der Vds Schadensverhütung Köln

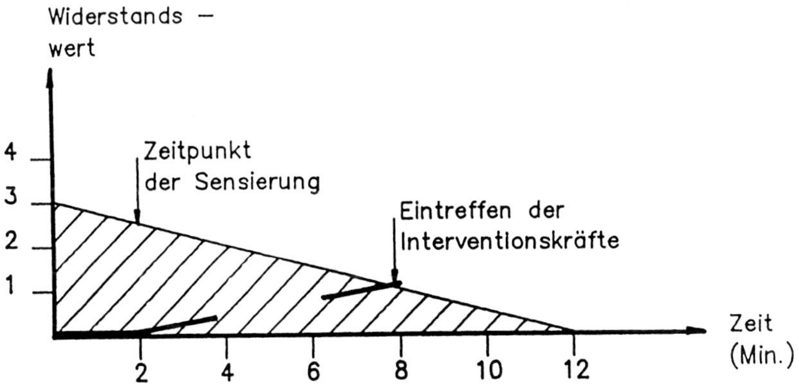

Bild 63: Einflussgrößen der Einbruchmeldeanlage auf die Intervention

Beispiele:
- Haushalte mit erhöhtem Wertsachenanteil
- Gewerbliche Objekte einfacher und erhöhter Gefährdung (Supermärkte, Läger, Schulen usw.).

EMA der Klasse C sind mit einem erhöhten Schutz gegen Überwindungsversuche im scharfen und unscharfen Zustand ausgestattet. Ihre Melder verfügen über eine erhöhte Ansprechempfindlichkeit. Die Überwachung der sicherheitsrelevanten Funktion ist vorhanden.

Beispiele: Objekte im gewerblichen Bereich mit höherer Gefährdung (Banken, Juweliere, Rechenzentren, Teppichgeschäfte).

Die Klassifizierung richtet sich nach der Wertigkeit des zu sichernden Objektes. **337**
EMA setzen sich aus mehreren **Komponenten** zusammen:

Die *Zentraleinheit* besteht aus mehreren Teilkomponenten:

- Bedien- und Anzeigeelementen, Displays, Lampen, Tasten, Leuchtdioden, Zentralprozessor
- Auswerteeinheiten zur Auswertung der Differentialmeldelinien und zur Unterscheidung zwischen Sabotagealarm, Einbruchalarm, Notruf oder technischem Alarm
- Anschlussfeld, an dem alle von außen ankommenden Kabel und Leitungen aufgelegt werden (Installationsnetz).

Zur *Scharfschaltung* einer EMA (Aktivierung der Sensoren) gibt es entsprechend der Klassifizierung der Anlage zwei Hauptgruppen:

Bild 64: Objekte/Klassifizierung EMA

	Anlagen Klasse / Sicherungs-Klasse	A Wertsachen außerhalb Behältnissen bis Euro 100 000,–	B Wertsachen außerhalb Behältnissen über Euro 100 000,–	C	Objekte
Haushalt	SH 1	×	×		bewohnte Wohnungen in Mehrfamilienhäusern
	SH 2	×	×		ständig bewohnte Einfamilien- (auch) Reihenhäuser
	SH 3	×	×		nicht ständig bewohnte Wohnungen in einem von Drittem ständig bewohnten Gebäude
	SH 4	×	×		nicht ständig bewohnte Gebäude

	Anlagen Klasse / Sicherungs-Klasse	A	B	C	Objekte
Gewerbe	SG 1		×		Theater, Tierheim, Türen- und Fensterbaubetriebe
	SG 2		×		Ton-, Filmstudio, Werkzeug- und Maschinenhandlung
	SG 3		×		Unterhaltungselektronik, Waffenhandel, Vereinsheim
	SG 4			×	Verbrauchermarkt, Warenhaus
	SG 5			×	Banken, Sparkassen, Tresor- und Panzerräume
	SG 6			×	Geschäftsräume, Wertschutzräume, Uhren- und Schmuckhandlung

- Geistige Schaltmittel (Codetastaturen, an denen durch Eingabe einer mit dem Tastenfeld eines Fernsprechapparates vergleichbaren Ziffernfolge die EMA scharf [ein-] bzw. unscharf [aus-]geschaltet wird)
- Elektromechanische Schaltmittel (Blockschlösser, bei denen durch Verschließen eines elektromechanischen Schlosses die Tür mechanisch verriegelt und die EMA über einen im Schloss integrierten Kontakt scharfgeschaltet wird).

Bild 65: Blockschloss BUS-Blockschlossverteiler aP geöffnet/Fotos: effeff

Elektromechanische Schaltmittel werden vorzugsweise in die Zugangstür zum Objekt, geistige Schaltmittel sehr häufig in Kombination zu den Blockschlössern eingebaut. Nur bei EMA der Klasse A ist der Einsatz von ausschließlich geistiger Scharfschaltung erlaubt[4].

Beispiel: Zugang zum Tresorraum einer Bank wird nur in einem bestimmten Wochen- und ageszeitfenster ermöglicht.
Montag von 10.00 Uhr – 14.00 Uhr
und/oder
Freitag von 13.00 Uhr – 17.00 Uhr.

4 Siehe hierzu VdS-Richtlinien 2103, 2104 und 2248. Zur Unscharfschaltung einer EMA können die gleichen Schaltmittel Verwendung finden. Doch bei sensibleren Objekten ergänzt man die Anlagen um eine Sperrzeitschaltuhr. Mit dieser Uhr kann die mögliche Unscharfschaltung beeinflusst werden.

Zur *Alarmierung* eines unregelmäßigen Betriebszustandes gibt es folgende technische Möglichkeiten:

338 – **Örtliche (akustische oder optische) Signalgeber**

Beispiele:
- Hupe
- Lautsprecher
- Drehspiegelleuchte
- Blitzlampe.

EMA, die nur mit örtlichen Signalgebern ausgestattet sind, müssen mit zwei akustischen und einem optischen Signalgeber installiert werden.

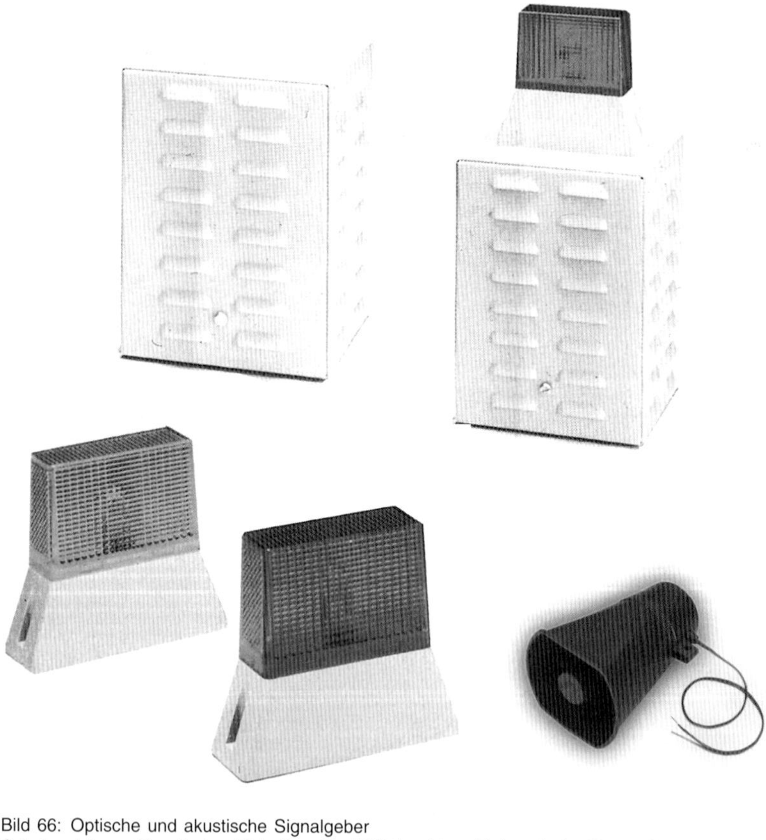

Bild 66: Optische und akustische Signalgeber
Schutzgehäuse, Signalgeber-Einheiten, Flachblitzleuchten, Elektronische Sirenen/Foto: Telenot

- **Telefonwählgeräte,** die an einem im Objekt befindlichen Fernsprechanschluss angeschlossen werden. Bei Auslösung eines Alarms der EMA wird automatisch zu der hilfeleistenden Stelle eine Verbindung aufgebaut, um den Alarm abzusetzen (AWAG und AWUG, s. Rn. 350). **339**

- **X 25 (DATEX P)**
  Datennetze mit X 25 Protokoll finden auch in der Gefahrmeldetechnik immer mehr Anwendungen (s. Rn. 351). Künftig werden Übertragungsgeräte (ÜG) eingesetzt, die die Funktionalität von AWUG und Übertragungseinrichtung beinhalten; VdS-Richtlinien 2463; 2465; 2471.
  Durch Mitnutzung vorhandener Datenübertragungen bei Banken, Sparkassen, Versorgungsunternehmen etc. setzt sich diese Art der Meldungsübertragung immer mehr durch. Die Geräte erlauben Verfügbarkeiten wie sie vom VdS und VDE gefordert werden.

- **Übertragungsanlage** für Gefahrmeldungen, d. h. eine Primärleitung zwischen der EMA und der hilfeleistenden Stelle. Diese muss den Bestimmungen der DIN-VDE 0833 für Gefahrmeldeanlagen entsprechen. Die Übertragungseinrichtung muss in unmittelbarer Nähe zur EMA installiert sein.

Für die Festlegung der einzelnen *Einbruchmelder* (Sensoren) sind maßgeblich:

- Art und Weise der Einordnung eines Objektes
- Berücksichtigung der festgelegten Schutzziele
- Interventionszeiten
- Umgebungseinflüsse.

Grundsätze, die unbedingt Beachtung finden müssen:
- Montage nur innerhalb des Sicherungsbereiches (zu sichernder Bereich)
- Einzelidentifizierung von Meldern mit elektronischen Bauteilen
- Befestigung nur auf festem, baulich einwandfreiem Untergrund
- Ordnungsgemäße Befestigung (mit Schrauben; mit Kleber nur ausnahmsweise)
- Montageort von Melder soll unbefugten Zugriff erschweren
- Bei Volumenmeldern (Bewegungsmelder) Wirkbereich nicht durch Mobiliar verdecken
- Installationort der Melder darf nicht zu Beschädigung bzw. Wirkbeeinflussung durch betriebliche Abläufe (Staplerverkehr, Reinigungsarbeiten usw.) führen.

TECHNIK

Kontaktsensierung wird vorzugsweise an beweglichen Teilen (z. B. Fenstern, **340**
Türen, Rolltoren) eingesetzt.

- **Magnetkontakte** (MK) dienen der Öffnungsüberwachung von Fenstern und Türen.
- **Schließblechkontakte** werden zur Verschlussüberwachung in Schließblechen installiert. Da sie den Riegelausschluss des Schließriegels eines Schlosses überwachen, nennt man sie auch „Riegelkontakte“ (RK).

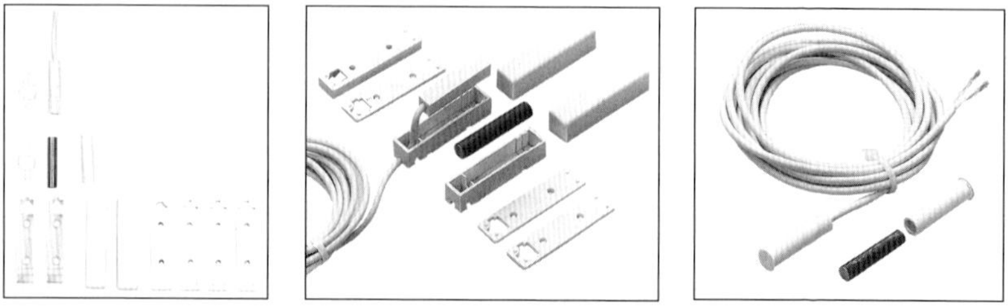

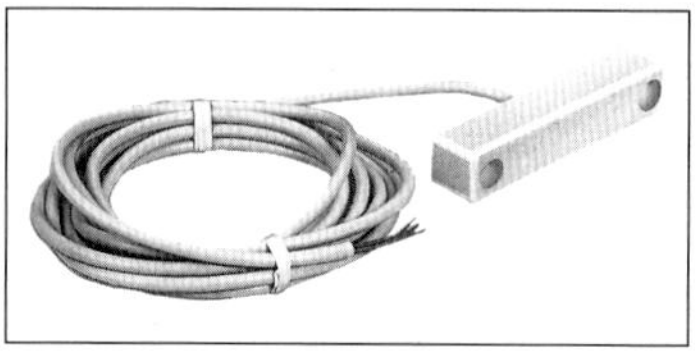

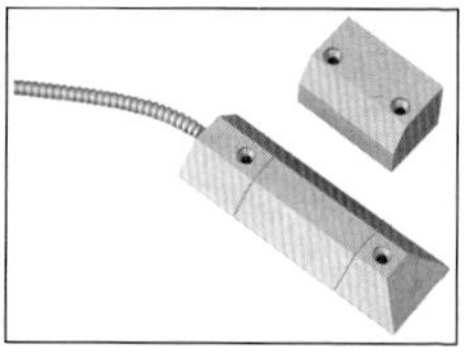

Bild 67: Magnetkontakte
Foto: BOSCH Sicherheitssysteme

Bild 68: Rolltorkontakt

- **Elektronische Kontakte** (EK) können zur Abhebeüberwachung von Gegenständen eingesetzt werden (z. B. bei Ausstellungen). Sie dürfen nicht für die Außenhautsicherung (Fenster, Türen) Verwendung finden.
- **Übergangskontakte,** auch Stößelkontakte genannt, werden sehr häufig an Schiebetürelementen verwendet, um die Verbindung des Leitungsnetzes im geschlossenen Zustand der Tür zum Sensor (Glasbruchmelder) herzustellen. Bei unsachgemäßer Anbringung und bei extremen Witterungseinflüssen kann die Wirkungsweise negativ beeinflusst werden (Oxidation der Kontaktkugeln). In Anlagen der Klasse B und C dürfen sie nicht zur Öffnungsüberwachung eingesetzt werden.

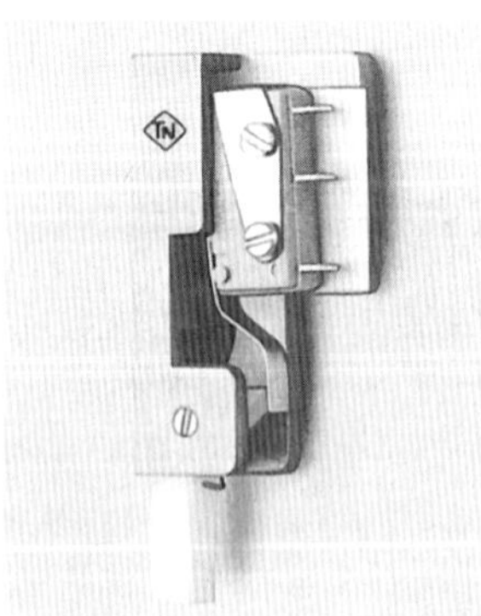

Bild 69: Riegelkontakt
Foto: BOSCH Sicherheitssysteme

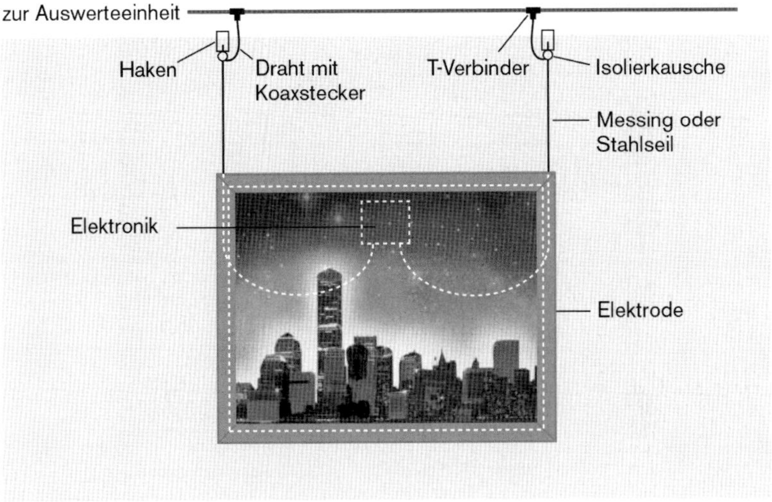

Bild 70: Bildersicherung/Foto: BOSCH Sicherheitssysteme

Flächensensierung 341

findet Verwendung, wo eine Durchbruchüberwachung als Schutzzielvorgabe notwendig ist (Fensterflächen, Leichtbauwände, Dachflächen, Türen etc.).

- **Erschütterungsmelder** eignen sich vorzüglich zur Durchbruchüberwachung von Glasbausteinen und Leichtbauwänden (Bild 71).
- **Folien aus Metallstreifen** eignen sich zur Durchbruchüberwachung von mechanisch nicht stabilen Bauteilen (Leichtbauwänden, Türen mit Wabeneinlagen aus Pappe) (Bild 72).

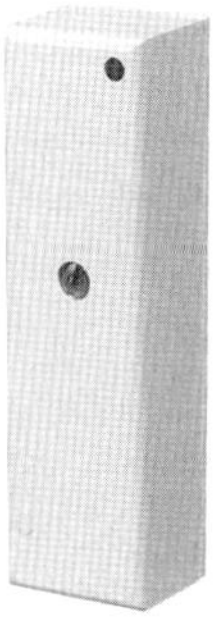

Bild 71: Erschütterungsmelder
Foto: BOSCH Sicherheitssysteme

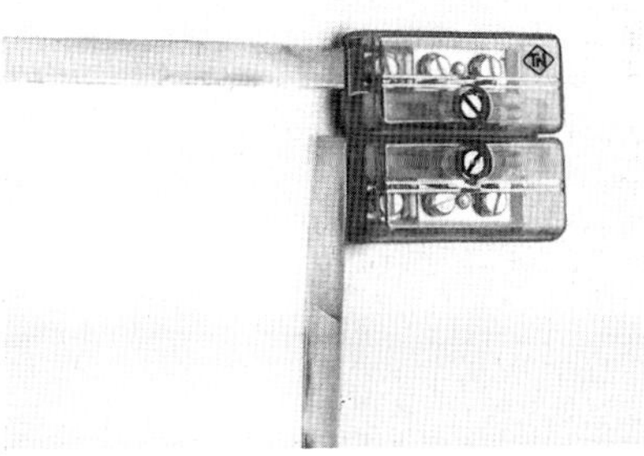

Bild 72: Notruf-Folie/Foto: BOSCH Sicherheitssysteme

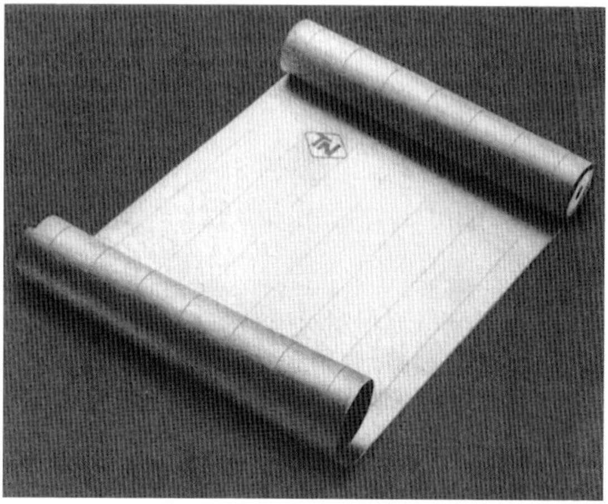

Bild 73: Textil-Alarmdraht-Tapete/Foto: BOSCH Sicherheitssysteme

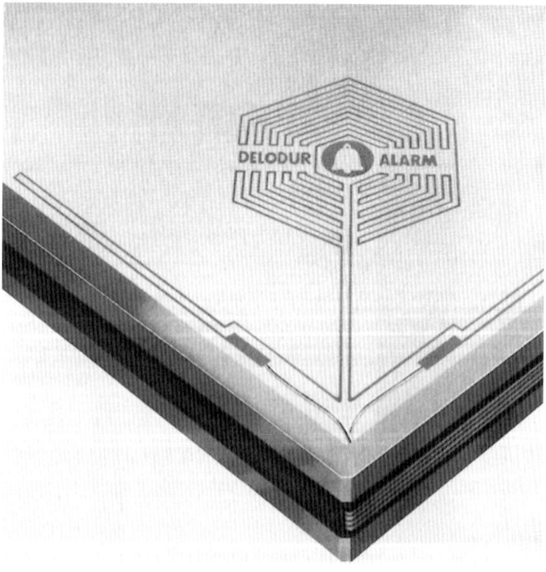

Bild 74: Alarm mit Draht oder Spinne/Foto: Flachglas AG

- **Alarmdrahttapeten und Kunststofffolien** mit Alarmdrahteinlagen werden wie Folien zur Durchstiegsüberwachung eingesetzt. Die Abstände der Alarmdrähte dürfen je nach Überwachungsziel nicht unterschritten werden:
  - Überwachung auf Durchgriff mit Hilfswerkzeugen: 15 mm
  - Überwachung auf Durchgriff: 40 mm
  - Überwachung auf Durchstieg: 100 mm.
- **Alarmgläser** werden vorzugsweise bei durchwurf- und einbruchhemmenden Fensterkonstruktionen verwendet. Sie bestehen aus Verbundsicherheitsglas (VSG) mit Alarmdrahteinlagen bzw. aus Einscheibensicherheitsglas (ESG). Die zu beachtenden Abstände der Alarmdrähte gelten wie bei Alarmdrahttapeten.
- **Fadenzugkontakte** findet man zur Überwachung von Gebäudeöffnungen auf Durchstieg (z. B. Dachöffnungen für Lüftungseinrichtungen, Lichtkuppeln). Sie müssen außerhalb des Handbereiches liegen. Die Kontakte und Umlenkeinrichtungen müssen auf gutem Untergrund befestigt sein. Die maximale Seitenlänge darf 3 m nicht übersteigen. Die Auslösung des Fadenzugkontaktes muss bei Be- und Entlastung einwandfrei funktionieren (Bild 75).
- **Passive Glasbruchmelder** finden vorwiegend in Einbruchmeldeanlagen der Klasse A und B zur Glasbruchsensierung ihren Einsatz. Sie sind auf die Scheiben aufgeklebt und detektieren mittels Piezokristall die beim Bruch einer Scheibe entstehenden Frequenzen. Sie können nicht für alle Glastypen und nicht auf einfach verglasten Fenstern eingesetzt werden. Die Verglasung darf nicht nach außen herausnehmbar sein und die Scheiben dürfen keinerlei Beschädigungen aufweisen (Bild 76).

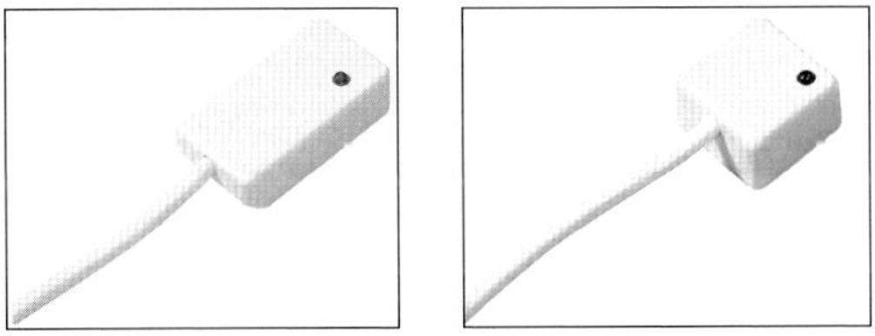

Bild 76: Glasbruchmelder/Foto: BOSCH Sicherheitssysteme

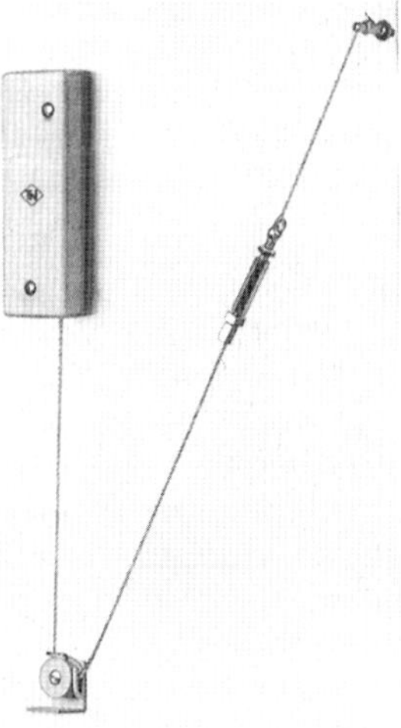

Bild 75: Fadenzugkontakt/
Foto: BOSCH Sicherheitssysteme

Bild 77: Akustischer Glasbruch-
sensor/Foto: BOSCH Sicherheitssysteme

– **Akustische Glasbruchmelder** eignen sich zur ständigen Veränderungsüberwachung von großen Glasflächen (z. B. Gussglas, Einscheibensicherheitsglas, Drahtglas), im Gegensatz zu den passiven Glasbruchmeldern auch zum Einsatz in EMA der Klasse C. Sie detektieren den Bruch von Scheiben durch zwei unabhängige Systeme (Sender/Empfänger), die gleichzeitig ansprechen.

– **Körperschallmelder** sind für die Überwachung von Tresor- und Panzerräumen, Wänden und Decken sowie Fußbodenflächen geeignet. Sie bestehen aus einem Körperschallaufnehmer (Mikrofon) mit entsprechender Auswerteelektronik und sprechen auf mechanische wie thermische Überwindungsversuche an.

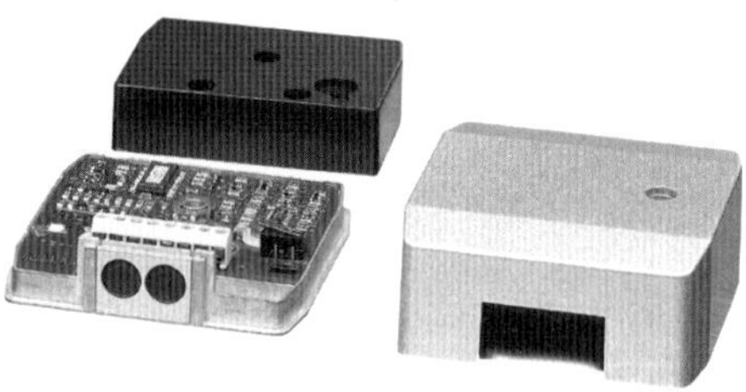

Bild 78: Körperschallmelder/Foto: BOSCH Sicherheitssysteme

342 **Feldmäßige Sensierung** erfolgt häufig zur Überwachung von Behältnissen bzw. Einzelobjekten (Vitrinen, Regalen usw.). Hierzu werden kapazitive Feldänderungsmelder eingesetzt. Die zu sichernden Exponate müssen mindestens in einem Abstand von 25 mm von Wänden, Boden und Decken aufgestellt und sollen mechanisch gegen Verschieben gesichert sein. Alle angrenzenden Flächen, Boden und Wände, sind mit Metallfolie oder dgl. abgeschirmt und müssen gemeinsam geerdet werden.

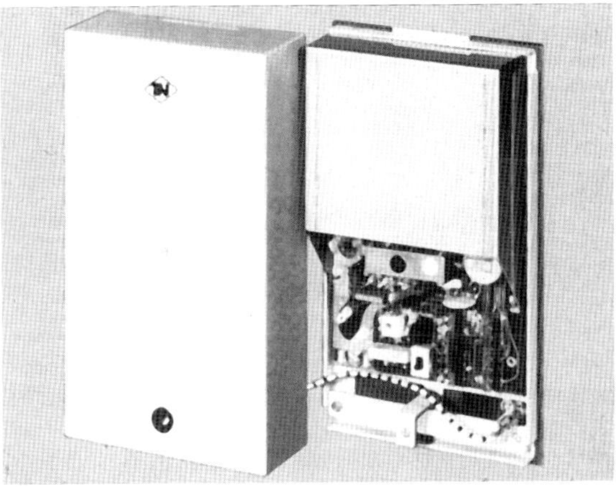

Bild 79: Feldänderungsmelder/Foto: BOSCH Sicherheitssysteme

Streckensensierung wird mit Lichtschranken vorgenommen. Je nach Aufbau der Lichtschranken mit mehreren Sender-/Empfängerkombinationen kann eine Flächen- oder eine Fallenüberwachung aufgebaut werden. Lichtschranken müssen erschütterungsfrei aufgestellt werden und sind so auszurichten, dass bei Reduzierung der Empfängereinstrahlung um 60 % noch kein Alarm ausgelöst wird. Sender und Empfänger dürfen von außerhalb des Sicherungsbereiches nicht erkenn- 343

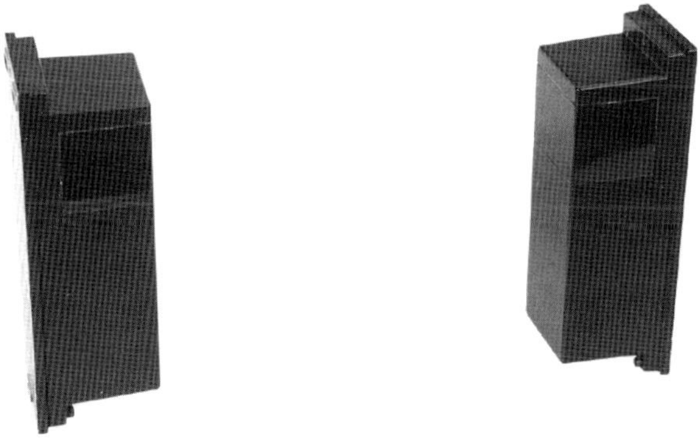

Bild 80: Infrarot-Sender/Empfänger/Foto: BOSCH Sicherheitssysteme

bar sein. Das für das menschliche Auge unsichtbar abgestrahlte Licht wird im Empfänger ausgewertet und führt bei Unterbrechung zum Alarm.

344 **Raumsensierung** zur Detektion von Bewegungen in gesicherten Räumen (z. B. Lagerhallen, Büros, Fluren). Die verschiedenen vom Grundsatz miteinander vergleichbaren physikalischen Meldeprinzipien nennt man auch **Bewegungsmelder.** Sie müssen so angeordnet werden, dass die Wirkrichtung zur wahrscheinlichen Bewegungsrichtung des Eindringlings liegt. Eine vollständige Überwachung von Räumen ist mit diesen Meldern nicht möglich. Man spricht auch von so genannten Fallenmeldern oder einer Fallensicherung.

- **Mikrowellen-Melder** arbeiten im Hochfrequenzbereich (10 GHZ) und sind Funkanlagen im Sinne des Fernmeldeanlagengesetzes. Geräte ohne allgemeine Betriebserlaubnis der Bundespost – Telekom sind einzeln beim zuständigen Fernmeldeamt anzumelden. Sie arbeiten nach dem Dopplerprinzip, d. h. sie senden eine Frequenz aus und empfangen die reflektierten Signale. Differenzen bei der Auswertung führen zu einem Alarm. Sie dürfen nicht in Räumen aus Leichtbauweise eingesetzt werden. Die hochfrequente Strahlung durchdringt die Wände und Bewegungen außerhalb des Sicherungsbereiches würden zu störender Beeinflussung führen. Sollen mehrere Mikrowellen-Melder im gleichen Raum eingesetzt werden, ist auf verschiedene Sendefrequenzen zu achten (Bild 81).
- **Ultraschall-Bewegungsmelder** senden ständig ein Ultraschallsignal, das für das menschliche Ohr nicht hörbar ist (ca. 25 KHZ) in den Raum. Das reflektierte Signal wird durch einen Frequenzvergleich zwischen abgestrahltem und empfangenem Signal ausgewertet. Eine etwa durch einen Unbefugten verur-

Bild 81: Mikrowellen-Bewegungsmelder/Foto: Securiton

sachte Verfälschung der ausgesendeten Frequenz führt zur Alarmauslösung. Ultraschallmelder sollten z. B. nicht eingesetzt werden

- hinter Vorhängen
- wo Gegenstände lose aufgehängt sind.

Bild 82: Ultraschall-Bewegungsmelder/Foto: BOSCH Sicherheitssysteme

- **Passive Infrarot-Bewegungsmelder** (PiR-Melder) messen die abgestrahlte Infrarotstrahlung eines im Sicherungsbereich befindlichen Gegenstandes. Durch örtliche Veränderung des abstrahlenden Gegenstandes (z. B. eine Person) erfasst der Melder die abgestrahlte Infrarotstrahlung (ca. 10 Mikrometer). Die im Melder angeordneten pyroelektrischen Sensoren erhalten durch optische Bündelung dieser Infrarotstrahlung ausreichend Energie und führen über die entsprechende Auswerteelektronik zu einer Alarmauslösung. Durch verschiedene Spiegel- und Fresnellinsensysteme sind unterschiedliche Wirkbereiche bei diesem Meldeprinzip möglich.

  Beispiele:
  - Raummelder mit einer Reichweite von zwölf Metern und 13 empfindlichen Zonen in drei Ebenen
  - Streckenmelder mit einer Reichweite von bis zu 30 Metern und acht empfindlichen Zonen in drei Ebenen
  - Vorhangmelder mit einem Erfassungsbereich in Form einer Mauer von zehn Metern Länge und fünf Metern Höhe.

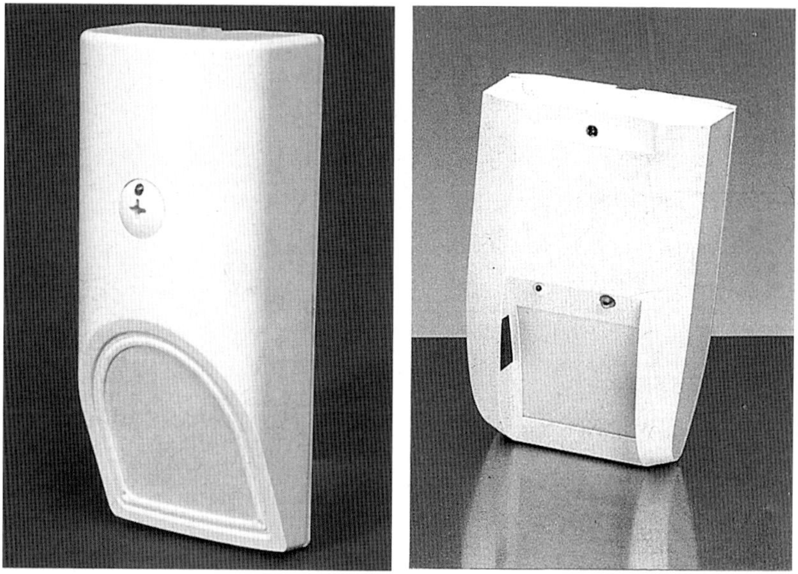

Bild 83: Passiv-Infrarot-Melder (PiR Melder)/Foto: BOSCH Sicherheitssysteme

Die Vielzahl der Einsatzmöglichkeiten und die ständige Weiterentwicklung dieses Melderprinzips hat den Passivinfrarotmelder zum Melder mit der weitesten Verbreitung gemacht.

Bei der **Freigeländesensierung** zur Detektion von Unregelmäßigkeiten im Freigelände wird eine Reihe von Sensortechniken angewandt, die vom Wirkprinzip her den Sensoren im Innenraum entspricht. Da die Umwelteinflüsse (Wetter, Tiere, Temperaturschwankungen) größer sind als im Innenbereich, ist die Verknüpfung solcher Systeme mit einer Videoanlage angebracht, um den Kräfteeinsatz bei Falschalarm möglichst gering zu halten.

345 **Bodenmeldersysteme** finden dort ihren Einsatz, wo eine frühzeitige Sensierung nötig ist, bevor der Widerstandswert einer Barriere (Mauer, Zaun usw.) in Anspruch genommen wird. Hier gibt es verschiedene Meldeprinzipien:

- **Drucksensoren** sind flach eingegrabene, druckempfindliche Schläuche oder Matten, die bei Belastung eine Druckveränderung bewirken. Diese Druckveränderung wird ausgewertet und führt zum Alarm. Dieses System wird auch zur Mauerkronendetektion verwendet.

Bild 84: Freilandüberwachung durch Sensormatten/Foto: Multiplan

TECHNIK

- **Leckkabelsysteme** sind im Boden verlegte Koaxialkabel mit so genannten Leckstellen, die mit hochfrequenter Spannung beaufschlagt werden. An den Leckstellen bildet sich ein elektromagnetisches Feld, das sich bei Annäherung von Personen oder Gegenständen verändert und über die Auswerteeinheit zur Sensierung und Meldung führt. Bei zwei ca. ein bis zwei Meter voneinander parallel verlaufenden Leckkabeln kann eine Detektionszone von ca. zwei Metern Höhe und drei Metern Breite aufgebaut werden.

Zaunmeldesysteme sind Systeme, die nachträglich oder bei der Neuinstallation an mechanischen Zaunanlagen eingebaut werden. Sie sollen ein Übersteigen und/oder ein Durchschneiden eines Zaunes rechtzeitig sensieren und melden: 346

- **Mikrofonkabel** werden längs eines Zaunes meist auf zwei oder drei Ebenen (abhängig von der Höhe des Zaunes) oft mäanderförmig am Zaun befestigt. Das mikrofonempfindliche Kabel mit seiner Auswerteeinheit erkennt entspre-

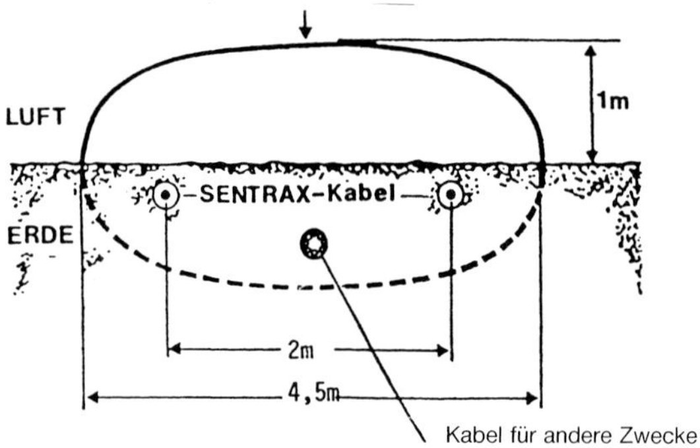

Bild 85: Leckkabelsystem/Grafik: Thiele

chend der eingestellten Empfindlichkeit ein Überklettern bzw. Durchschneiden des Zaunes und führt zur Alarmauslösung. Stark auf den Zaun einwirkende Schallereignisse können zu Falschalarmen führen.

- **Körperschallmelder** wandeln Schallereignisse in elektrische Energie. Besondere Auswerteeinheiten lösen nach Überschreiten eines festgelegten Pegels und Ablaufmusters Alarm aus (Bild 87).

347 **Streckenmeldesysteme** sind Systeme, die im Freigelände zur Sensierung großer Strecken als Vorfelddetektion oder im Doppelzaun als Hauptdetektion angewandt werden:

- **Infrarot-Lichtschranken** überwachen auf große Entfernungen (maximal 100 Meter) offene Geländeabschnitte. Der modulierte Infrarotstrahl wird von einem Sender ausgestrahlt und auf der Gegenseite durch den Empfänger auf Unterbrechung oder Ablenkung überprüft. Die Kombination mehrerer Sender und Empfänger übereinander ermöglichen den Aufbau unsichtbarer Mauern. Je nach Einsatzzweck lassen sich viele Anwendungsbereiche erschließen (Bild 88).
- **Mikrowellenschranken,** die auf dem Sender- und Empfängerprinzip beruhen, sind ähnlich wie Lichtschranken für größere Reichweiten geeignet. Zwischen Sender und Empfänger wird ein zigarrenförmiges Mikrowellenfeld mit zwei bis drei Metern Durchmesser aufgebaut. Bei Annäherung von Personen und Gegenständen wird das Feld gestört und Alarm ausgelöst. Zu beachten ist, dass der volle Detektionsbereich erst nach zehn Metern vom Sender/Empfänger erreicht wird. Es ist beim Einsatz dieser Sensorik auf überlappende Aufstellung zu achten (Bild 89 und 90).

EMA sollen vor der Übergabe an den Betrieb eine angemessene Zeit (ca. eine Woche) probegelaufen sein. Dadurch werden Fehlalarme durch technische Mängel verhindert. Erst nach einer erfolgreichen Testphase soll die Alarmierungseinrichtung angeschlossen werden.

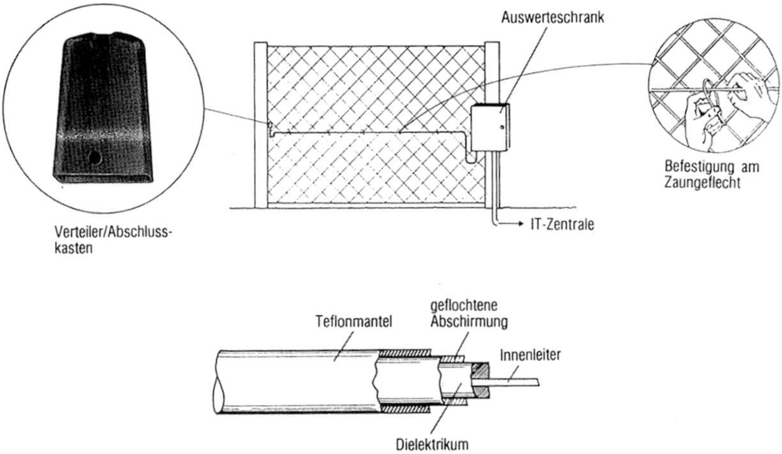

Bild 86: Mikrofonkabel/Foto: Siemens

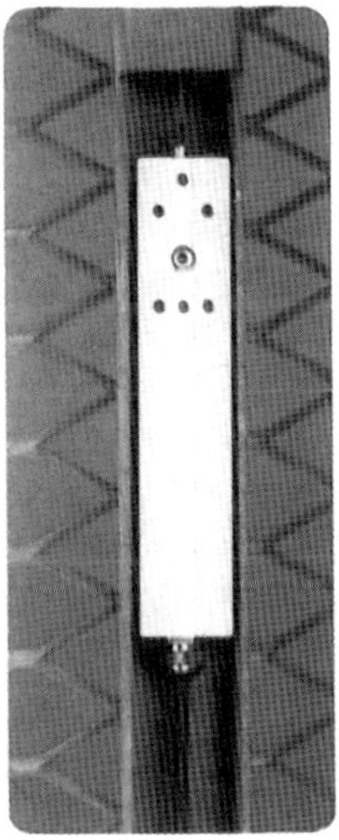

Bild 87: Körperschall-melder/Foto: Thiele

Bild 88: Infrarot-Lichtschranken, Erfassungsbereich/Foto: Securiton

Bild 89: Mikrowellenschranken/Foto: Securiton

348 EMA müssen durch VdS-anerkannte Errichterfirmen instand gehalten werden. Ein Betriebsbuch, in dem alle Instandhaltungsmaßnahmen, Änderungen und Ergänzungen sowie Extern-Alarme und Sabotagemeldungen einzutragen sind, ist zu führen.

Die Instandhaltungsunterlagen der EMA müssen die notwendigen Verdrahtungs- und Verlegepläne enthalten. Sie sollen unter Verschluss aufbewahrt werden.

Die Errichterfirma muss nach Fertigstellung dem Betreiber ein vollständig ausgefülltes Installationsattest aushändigen.

349 42.4 **Überfallmeldeanlagen** (ÜMA) sind Teile einer EMA, die bei unscharf geschalteter EMA Externalarm auslösen. Sie dienen zur direkten Alarmierung der hilfeleistenden Stelle, es kann sich aber auch um eigenständige Anlagen handeln. Die Übertragungswege von ÜMAs müssen Primärleitungen sein.

Die Anlagenteile wie Stromversorgung, Zentrale und Übertragungseinrichtungen dürfen nicht im Allgemein zugänglichen Bereich untergebracht werden. Sie dürfen für den Betrieb nicht abschaltbar und nach erfolgter Alarmmeldung nicht rückstellbar sein.

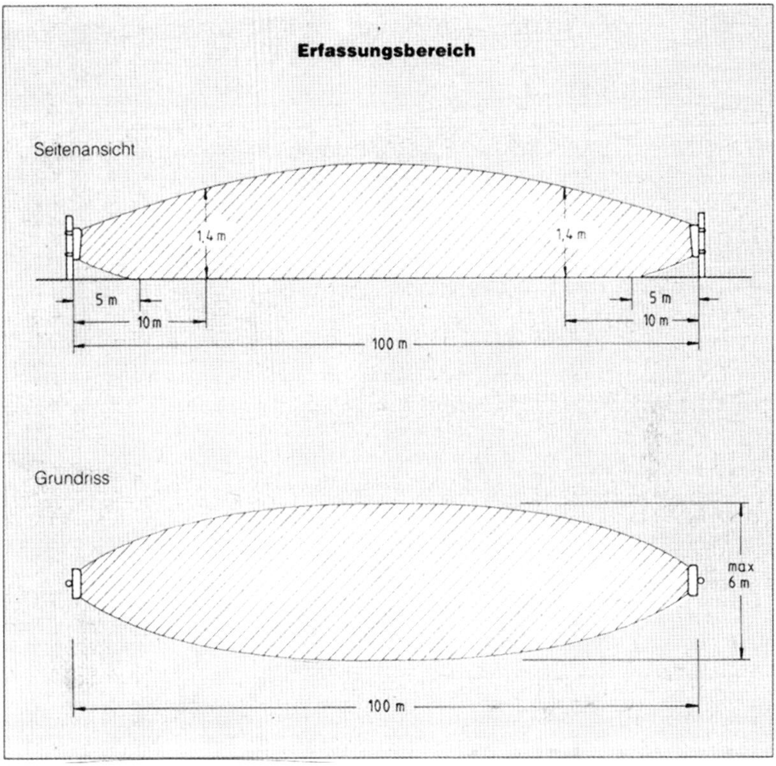

Bild 90: Mikrowellenschranken, Erfassungsbereich

Überfallmelder sind in verschiedenen **Ausführungen** möglich:

- Handbetätigte **Druckknopfmelder**
- **Kontaktschienen** finden Verwendung, wenn in sitzender Haltung unauffällig Alarm ausgelöst werden soll.
- **Fußmelder** sind häufig in Banken am Bargeldschalter zu finden.
- Der **Geldscheinkontakt** ist an der gleichen Stelle sinnvoll einsetzbar:
- Bei automatischen Kassen kann mittels **geistiger Schalteinrichtung** (Codetastatur) beim Öffnen der Kasse Notruf ausgelöst werden.

Zu allen vorgenannten Notrufen ist es möglich, Notrufsprechverbindungen zur hilfeleistenden Stelle aufzubauen.

Attest

Attest-Nr.:	Anlagen:

über die Installation einer VdS-anerkannten Einbruchmeldeanlage
☐ Klasse A ☐ Klasse B ☐ Klasse C
nach den VdS-Richtlinien durch eine VdS-anerkannte Errichterfirma

A - Versicherungsobjekt

Bei: ______

Straße: ______
PLZ, Ort: ______

wird in den Räumen

Straße: ______
PLZ, Ort: ______
eine VdS-anerkannte Einbruchmeldeanlage installiert
Betriebsart/Art des Haushaltes: ______

Sicherungsklasse: ______

B - VdS-anerkannte Errichterfirma

Anerkennungs-Nr.: E

C - Projektierungsangaben der VdS-anerkannten Errichterfirma

1. Einbruchmeldesystem — Anerk. Nr.: S

2. Einbruchmelderzentrale — Anerk. Nr.
Typ ______ G

Belegte Meldergruppen für	Anzahl
- Einbruchmeldungen	
- Sabotagemeldungen	
- Überfallmeldungen	
- Verschlußüberwachung	

3. Energieversorgung

Typ, wenn nicht Zentralenbestandteil	Anerk. Nr.
	G
	G
	G

- Batteriekapazität ______ Ah
- tatsächliche Stromaufnahme der Anlage im meldebereiten Zustand ______ mA
- Überbrückungsdauer der Notstromversorgung ______ h

4. Scharf-/Unscharfschaltung

Schalteinrichtung (SE)	Anz.	Anerk. Nr.
☐ mit materiellem IM[1]		G
☐ Profilzylinder für SE		M
☐ mit geistigem IM		G
☐ mit Zeitsteuerung		G
☐		G

Die Einbruchmeldeanlage besteht aus
☐ **einem** Sicherungsbereich
☐ **mehreren, voneinander abhängigen** Sicherungsbereichen
☐ **mehreren gleichberechtigten** Sicherungsbereichen
☐ ______

5. Alarmierung

5.1 Fernalarm

	Anerk. Nr.
☐ ÜG für Stehende Verbindung[2] (z.B. ÜAG)	G
☐ ÜG für Abfragende Verbindung[2]	G
☐ ÜG für Bedarfsgesteuerte Verbindung[2] (z.B. TWG)	G
mit folgendem Ersatzweg über separate Trasse	
☐ ÜG für Bedarfsgesteuerte Verbindung	G
☐ ÜG für Abfragende Verbindung	G

an folgende Stelle(n):	Anerk. Nr.
	W[3]
	W[3]

5.2 Externalarm

	Anerk. Nr.
☐ ein akust. Signalgeber im Sicherungsbereich	G
☐ ein akust. Signalgeber im Außenbereich	G
☐ ein opt./akust. Signalgeber im Außenbereich	G
☐ zwei akust. Signalgeber im Außenbereich	G
☐ ein opt. Signalgeber	G
☐ Anschaltung von Beleuchtungsanlagen	

5.3 Internalarm

	Anerk. Nr.
☐ akustische Internalarmierung	G
☐	G

5.4 Weitere Alarmierungsmaßnahmen

______

5.5 ☐ Überfallmeldung an — Anerk. Nr.: W[3]

______

5.6 ☐ Störungen der Einbruchmeldeanlage werden übertragen an

______

5.7 ☐ Zustand der Einbruchmeldeanlage "Scharf/Unscharf" wird übertragen an

______

[1] Identifikationsmerkmal [2] entsprechend VdS 2471 und VdS 2532 [3] bei Wach- und Sicherheitsunternehmen

VdS **2170** : 1998-12 (05)

Bild 91: Attest (VdS EMA)

- 2 -

6. Überwachungsmaßnahmen (siehe auch Lageplan)

Die Überwachung durch die Einbruchmeldeanlage erstreckt sich auf folgende Räume / Bereiche:

6.1 Wände, Fußböden, Decken bzw. Dächer

Bezeichnung gemäß Lageplan	Überwachung*		
	auf Durchbruch	Anzahl	Anerk. Nr.
			G
			G
			G
			G
			G
			G
			G
			G
			G

Bezeichnung gemäß Lageplan	Überwachung*		
	auf Durchbruch	Anzahl	Anerk. Nr.
			G
			G
			G
			G
			G
			G
			G
			G
			G

6.2 Türen, Tore

Bezeichnung gemäß Lageplan	Überwachung*								
	auf Verschluß	Anzahl	Anerk. Nr.	auf Öffnen	Anzahl	Anerk. Nr.	auf Durchbruch	Anzahl	Anerk. Nr.
			G			G			G
			G			G			G
			G			G			G
			G			G			G
			G			G			G
			G			G			G
			G			G			G
			G			G			G
			G			G			G
			G			G			G
			G			G			G
			G			G			G

6.3 Fenster, Fenstertüren, Oberlichter, Lichtkuppeln

Bezeichnung gemäß Lageplan	Überwachung*								
	auf Verschluß	Anzahl	Anerk. Nr.	auf Öffnen	Anzahl	Anerk. Nr.	auf Durchbruch	Anzahl	Anerk. Nr.
			G			G			G
			G			G			G
			G			G			G
			G			G			G
			G			G			G
			G			G			G
			G			G			G
			G			G			G
			G			G			G
			G			G			G
			G			G			G
			G			G			G
			G			G			G
			G			G			G
			G			G			G
			G			G			G
			G			G			G

* Melderkurzbezeichnung (siehe Rückseite von Blatt 3) einsetzen

VdS **2170** : 1998-12 (05)

- 3 -

6.4 Räumliche / fallenmäßige Überwachung

Bereich	Melder*	Anzahl	Anerk. Nr.	Bereich	Melder*	Anzahl	Anerk. Nr.
			G				G
			G				G
			G				G
			G				G
			G				G
			G				G
			G				G
			G				G
			G				G
			G				G
			G				G

Die tatsächlichen Überwachungsbereiche der Melder sind im Lageplan eingezeichnet.

6.5 Objektüberwachung

Objekt	Melder*	Anzahl	Anerk. Nr.	Objekt	Melder*	Anzahl	Anerk. Nr.
			G				G
			G				G
			G				G
			G				G

6.6 Überfallmelder

Bereich	Melder*	Anzahl	Anerk. Nr.	Bereich	Melder*	Anzahl	Anerk. Nr.
			G				G
			G				G
			G				G
			G				G

D - Bestätigung der VdS-anerkannten Errichterfirma zu den Projektierungsangaben

Wir bestätigen, daß die Einbruchmeldeanlage entsprechend den Angaben im Attest nach DIN VDE 0833 sowie den gültigen VdS-Richtlinien projektiert wurde und ggf. **- in Abstimmung mit dem Versicherer -** von den jeweils gültigen Richtlinien für Planung und Einbau in folgenden Punkten abweicht:

____

____

Begründung:

____

____

(Datum) (Stempel) (Unterschrift)

E - Bestätigung des Versicherers

Wir sind mit den vorgenannten Maßnahmen einschließlich der eventuell vereinbarten Abweichungen von den Richtlinien für Planung und Einbau einverstanden.

(Datum) (Stempel) (Unterschrift)

F - Übergabe-Bestätigung der VdS-anerkannten Errichterfirma

1. Die Anlage wurde entsprechend den Projektierungsangaben des Attestes gebaut und dem Betreiber am ____________ in funktionsfähigem Zustand einschließlich des Betriebsbuches und der Instandhaltungsunterlagen übergeben.
2. Eine Kopie des Attestes wurde VdS Schadenverhütung am ____________ übersandt.
3. Der Betreiber wurde darüber informiert, daß für die Aufrechterhaltung des Versicherungsschutzes die Instandhaltung (Inspektion, Wartung) der Einbruchmeldeanlage nach den VdS-Richtlinien obligatorisch sein kann.

(Datum) (Stempel) (Unterschrift)

* Melderkurzbezeichnung (siehe Rückseite) einsetzen

VdS **2170** : 1998-12 (05)

Bild 92: Symbol für Einbruchmeldeanlagen (VdS EMA)

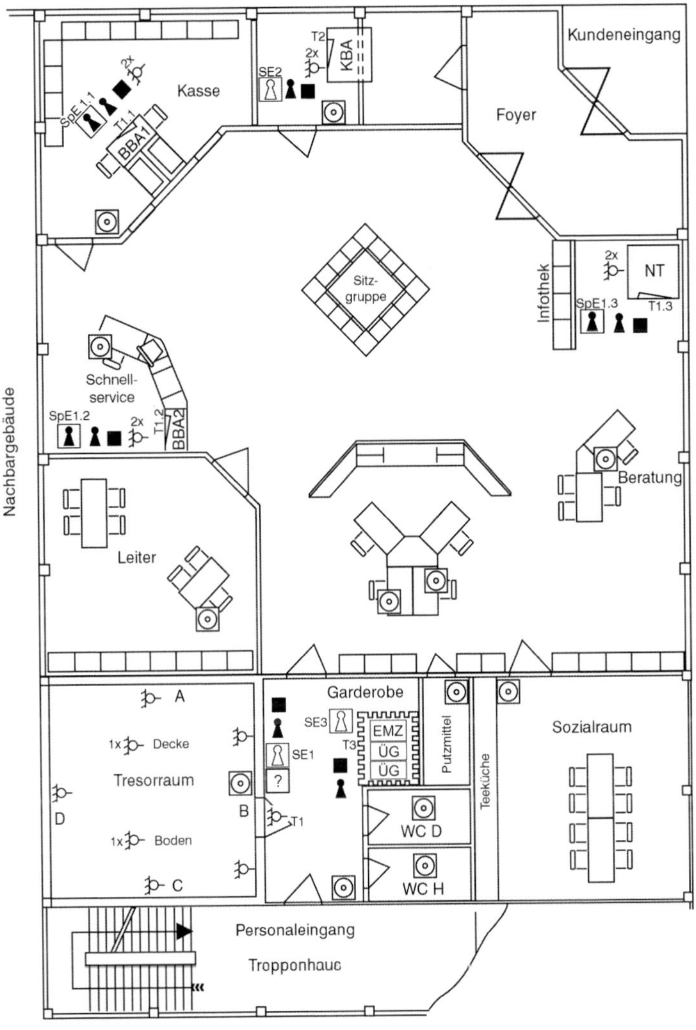

Anmerkung:

Abhängigkeiten und Verknüpfungen der Sicherungsbereiche sind deutlich zu kennzeichnen oder grafisch darzustellen. Weiterhin sind die Überwachungsbereiche von Bewegungsmeldern einzuzeichnen.

Lageplan: (13)

zum Attest: 5/98

Maßstab: 1:100

Für die Darstellung der Überwachungsmaßnahmen sind die auf der Rückseite von Blatt 3 vorgegebenen Symbole zu verwenden.

TECHNIK

Grafische Symbole für Einbruchmeldeanlagen (EMA)

In dieser Liste sind Symbole zusammengestellt, die bei der Projektierung von EMA und der Ausstellung von Installationsattesten zu verwenden sind. Die Symbole für die gebräuchlichsten Anlageteile sind auf Datenträger und Abreibefolien erhältlich.

Bild 92: Symbol für Einbruchmeldeanlagen (VdS EMA)

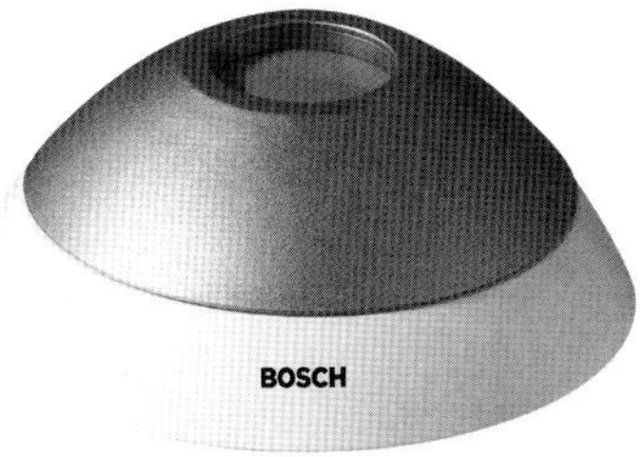

Bild 93: Überfallmelder
Foto: BOSCH Sicherheitssysteme

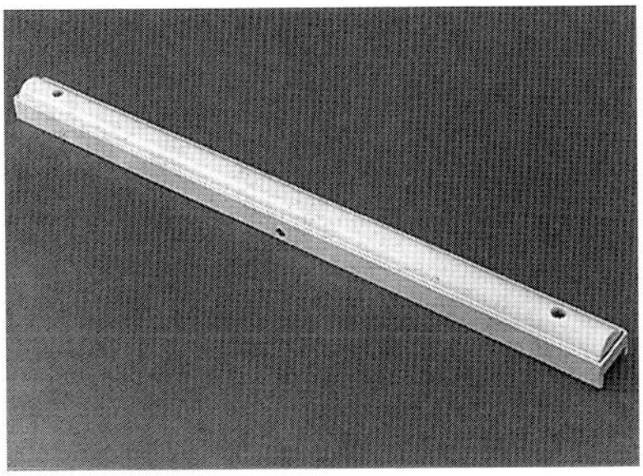

Bild 94: Fußkontaktschiene
Foto: BOSCH Sicherheitssysteme

Bild 95: Geldscheinkontakt/Foto: BOSCH Sicherheitssysteme

350 42.5 **Übertragungseinrichtungen** dienen dem Zweck, sensierte Alarme als

- Störungsmeldung
- Notrufmeldung
- Einbruchmeldung
- Brandmeldung
- technische Meldung

zu einer hilfeleistenden Stelle sicher zu übertragen. Je nach Wertigkeit der Meldung werden unterschiedliche Übertragungseinrichtungen eingesetzt:

- **Störungsmelder** eignen sich als automatische Übermittlungsgeräte, um technische Störungsmeldungen in Form von digitalen Signalen an entsprechende digitale Empfangszentralen (AWUG-Z) weiterzugeben. Auch Meldungen an Pager sind möglich.
- **Automatische Wähl- und Ansagegeräte** (AWAG) dienen der automatischen Übermittlung von Gefahrmeldungen und/oder technischen Meldungen. Die Melde- und Ansagetexte werden mit einem Mikrofon (steckbar) aufgesprochen und digital abgespeichert und bei Alarmauslösung (Kontakt) über das Telefonnetz übertragen. Sie erlauben eine Übermittlung an Pager. Die AWAG sind für den Anschluss an Hauptanschlüssen und/oder Nebenstellenanschlüssen geeignet. Das Wählgerät besitzt Betriebsvorrang vor dem Fernsprechanschluss. Verschiedene Fabrikate weisen eine Sabotage- und Blockadefreischaltung auf und speichern alle Ereignisse in einem so genannten Ereignisspeicher. Die vier anwählbaren Rufnummern sind den beiden Meldelinien frei zuordenbar. Einige Geräte sind mit Quittungssender ausgestattet, damit der empfange-

Bild 96: AWAG/Störungsmelder/Foto: Telenot

ne Anruf quittiert werden kann. Die Stromversorgung ist sowohl über die EMA als auch über ein eigenes Netzteil möglich.

- **Automatische Wähl- und Übertragungsgeräte** (AWUG-T) können Gefahrmeldungen bzw. technische Alarme mit Signalen in digitaler Form über das Telefonnetz zu digitalen Empfangszentralen (AWUG-Z) übermitteln. Es sind acht Meldungsarten übertragbar, denen vier Rufnummern frei zugeordnet werden können. Die Meldungen der einzelnen Meldelinien können mit unterschiedlichen Übertragungsprioritäten bewertet werden. Die Freischaltung des Telefonanschlusses bei Blockade durch einen anstehenden Anruf ist serienmäßig möglich. Zeitlich frei wählbare Routineübertragungen sind programmierbar.

Eine Variante dieser Geräte ist auch zur Übermittlung von Aufzugs- bzw. Hausnotrufen mit integrierter Freisprechverbindung geeignet.

Die vorgenannten Geräte gibt es in verschiedenen Ausführungsvarianten

a) analoge Anschlussmöglichkeit – Telefonanschluss –

b) ISDN-Anschlussmöglichkeit – SO-Basisanschluss z. B. DSS 1- bzw. 1 TR 6-Protokoll

c) GSM-Anschlussmöglichkeit – SMS-Übertragung

- **Übertragungsanlagen für Gefahrmeldungen** (ÜAG) müssen zur Weiterleitung von Alarmen über Primärleitungen die Bestimmungen der DIN-VDE 0833 er-

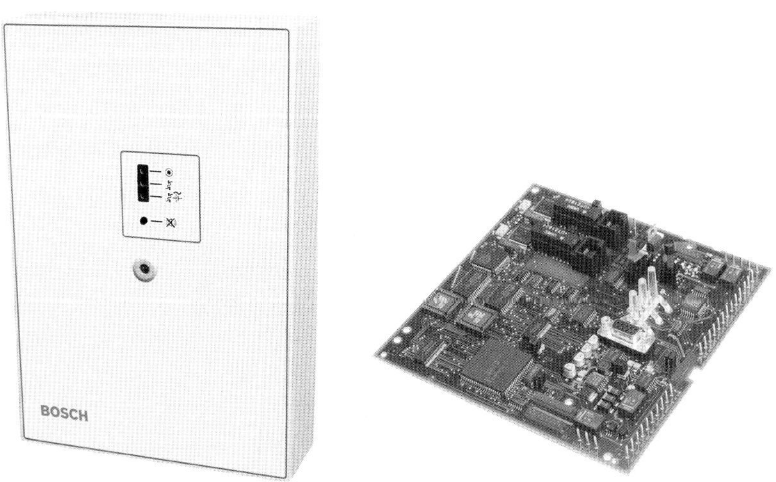

Bild 97: Automatische Wähl- und Übertragungsgeräte (ISDN-AWUG)/Foto: BOSCH Sicherheitssysteme

füllen. Diese Anlagen sind für den Empfang von Gefahrmeldungen bei Polizei, Feuerwehr, Hilfsorganisationen und im industriellen Bereich für den Empfang von Meldungen privater oder innerbetrieblicher Meldesysteme geeignet. Solche Anlagen erlauben die Vereinigung unterschiedlicher Meldesysteme auf einer übergeordneten Informations- und Bedienungsebene.
Unterschiedliche Übertragungsverfahren gestatten eine hohe Flexibilität und lassen die Lösung unterschiedlichster Aufgabenstellungen zu.
Die möglichen Übertragungsverfahren über eine Primärleitung sind

- Gleichstromlinientechnik
- Frequenzimpulstechnik
- Dialoglinientechnik
- Fernsprechen über Primärleitung.

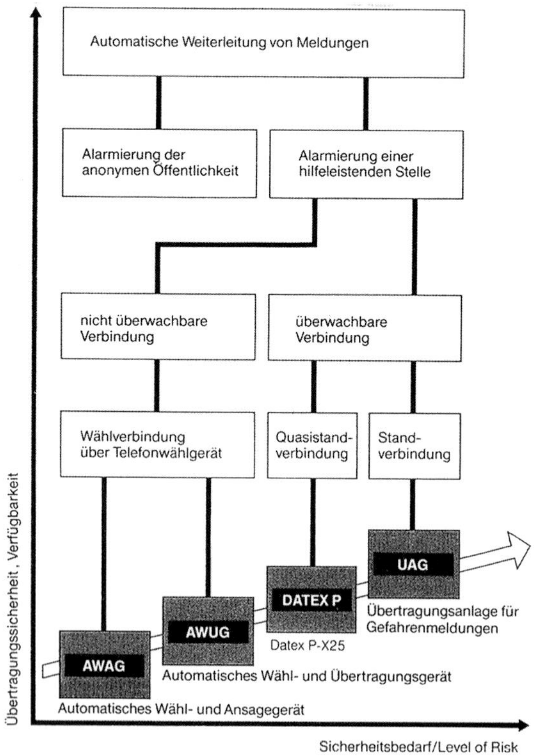

Bild 98: Übertragungseinrichtungen/Grafik: Siemens

Bei besonders gefährdeten Personen und Objekten (insbesondere im Bereich von Verschlusssachen) werden an die Sicherheit der Übertragungswege besondere Anforderungen gestellt. In solchen Fällen bietet sich ein codiertes digitales Meldesystem (CDM) an, das sich an den vom Bundesamt für Verfassungsschutz herausgegebenen Richtlinien „Anforderungen an Übertragungsanlagen für Gefahrenmeldungen“ orientiert.

- X 25 (DATEX P) 351
  Durch die Einstellung des TEMEX-Dienstes (31. 12. 95) mussten entsprechende alternative Übertragungsverfahren gefunden werden, die in Übertragungssicherheit und Verfügbarkeit vergleichbar sind.
  Durch Mehrfachnutzung vorhandener Datenleitungen mit X 25 Protokoll wird dies erreicht. Übertragungseinrichtungen, die eine VDE 0833 und VdS normierte Netz-, Batterie- und Sabotageüberwachung besitzen, werden von einigen Firmen angeboten und eingesetzt. Durch die im Gerät integrierte Diagnose- und Serviceschnittstelle ist eine Funktionsanalyse möglich.
  Anschließbar an diese Übertragungseinrichtungen sind Kontaktein-, Steuerausgänge und RS 232/485 Schnittstellen. Mehrere Wachunternehmen, Banken, Sparkassen etc. nutzen dieses kostengünstige Übertragungsmedium (vgl. VdS-Richtlinien 2463; 2465; 2471.

Bei **ISDN-fähigen Übertragungseinrichtungen** zur Alarmübermittlung ist durch die hohe Übertragungsrate von 64 kbit/s eine Alarmübermittlung mit gleichzeitiger Kamerabildübertragung möglich. Hierdurch können Falschalarme rechtzeitig erkannt und das Interventionspersonal besser (effektiver) eingesetzt werden. Mehrere Anbieter sind am Markt präsent.

42.6 Lokales Sicherheitsnetzwerk (LSN) 352

Lokale Sicherheitsnetzwerke ermöglichen unter Einbindung bestehender Komponenten die flexible digitale Vernetzung von Gefahrenmeldeeinrichtungen.

Das LSN ermöglicht es, mit einer einzigen Zweidrahtleitung verschiedenartige Netzelemente (Melder und Steuereinrichtungen) ohne gegenseitige Beeinflussung von einer Zentrale aus zu betreiben. Dies wird mit einem Netzwerkbus für die Gefahrenmeldetechnik realisiert, die Netzlinientechnik (NLT).

Die Netzlinientechnik führt die bisherigen, verschiedenartigen Anschaltungen der Brand- und Notrufperipherie auf eine einheitliche, zweidrähtige Installation zurück. Über diese zweiadrige Anschaltung werden sowohl Meldungen als auch Steuersequenzen übertragen. Die Stromversorgung der Melder erfolgt in der Regel über dieselbe Zweidrahtleitung wie die überlagerte digitale Datenübertragung.

Benötigen Netzelemente mehr Energie, als vom Netzumsetzer zur Verfügung gestellt werden kann, so wird dieser Hilfsstrom den Netzelementen über ein zweites Adernpaar zugeführt.

Bei der Netzlinientechnik erfolgt bei einer Ringanordnung die Adressierung und Versorgung der Netzelemente zeitlich abwechselnd und unterbrechungsfrei von den beiden Ringenden her. Auf diese Weise sind alle Teile des Ringes an der Übertragung beteiligt und somit überwacht. Beim Auftreten eines Kurzschlusses oder einer Unterbrechung an beliebiger Stelle des Ringes ist es möglich, alle Netzelemente weiterhin ohne Beeinträchtigung zu betreiben, in dem nach Lokalisierung der Störungsstelle der gestörte Ringabschnitt durch Öffnen von Schaltern in den beiden benachbarten Netzelementen isoliert wird. Auf diese Weise wird die Ringstruktur in eine Anordnung, die aus zwei Stichen besteht, umgewandelt.

Die Zentralen-Software verwaltet, steuert und überwacht die elementspezifischen Aufgaben. Dazu gehört primär die fortlaufende Adressierung und Auswertung der Netzelement-Antworten.

Die Parametrierung, Inbetriebnahme und Wartung erfolgt über eine menügesteuerte PC-Software. Mit Hilfe dieses Parametrierprogrammes können auch die Netzelemente den gebildeten Melder- und Liniengruppen beliebig zugeordnet werden.

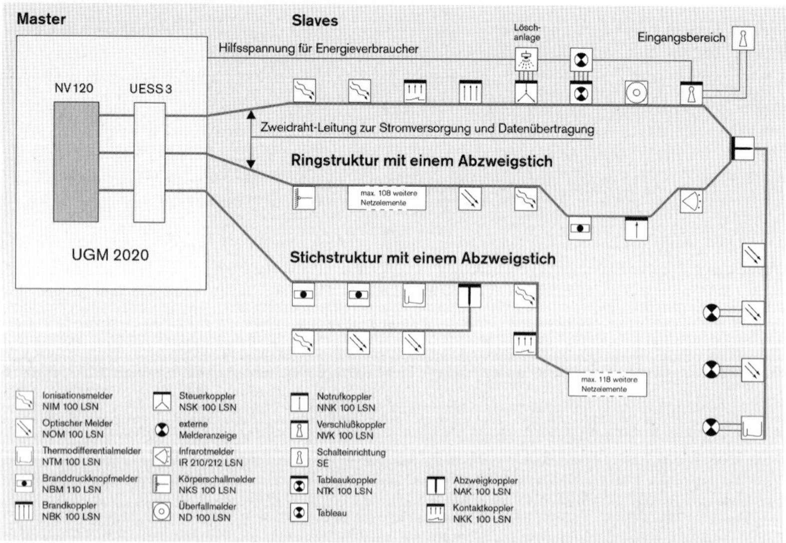

Bild 99: Beispielhafte Anordnung einer Netzstruktur im Lokalen Sicherheitsnetzwerk
Grafik: BOSCH Sicherheitssysteme

42.7 **Zugangskontrollsysteme** (ZKS) prüfen die Berechtigung von Personen zum Zugang zu einem Gebäude oder Gelände maschinell. **353**

Hierzu gehören organisatorische, apparative und bauliche Maßnahmen.

Von einer **Zugangskontrollanlage** spricht man beim apparativen Teil des ZKS, mit dem manuell oder maschinenlesbar Kriterien zur Identifikation von Personen erfasst, bewertet und gespeichert werden. Die Anlage gibt je nach den in ihr abgelegten Daten den Zutritt von Personen frei. Es gibt zwei Hauptgruppen von Zutrittsanlagen:

- **Offline-Anlagen,** die in örtlich begrenzten Bereichen (Türen) eingesetzt werden. Man spricht hier auch von „stand alone" betriebenen Anlagen. Dies sind in der Regel Einzelterminals, bei denen die Berechtigungen nur für diesen einen Bereich abgelegt sind (Systemzutritt). Diese Terminals können sowohl mit Ausweisleser als auch mit Zahlencode betrieben werden.
- **Online-Anlagen** sind mit einem Zentralrechner und diversen Untereinheiten (Vorrechnern) sternförmig vernetzte Systeme, in denen die Berechtigungsprüfung der Zutritte dezentral vorgenommen wird. Der Zentralrechner dient bei solchen Anlagen als Verwalter des in der gesamten Anlage vorhandenen Datenbestandes und ermöglicht eine individuelle Parametrisierung der Zutrittsdaten.

Beispiele:
- Mitarbeiter-Stammsätze (Name, Kartennummer, Personalnummer usw.)
- Terminal-Stammsätze (Standard, Türnummer, Terminal-Typ)
- Zeitmodelle, nach denen Berechtigungsfreigaben gesteuert werden
- Parameter, die für den regelmäßigen Betrieb benötigt werden (z. B. Türöffnungszeit, Sabotageüberwachung, Betriebsüberwachung).

Bauliche Maßnahmen, wie z. B. **Drehkreuze** oder **Drehsperren** (s. Rn. 301), ermöglichen eine zusätzliche Zugangs- oder Abgangskontrolle und verhindern insbesondere, dass beim Passieren einer Tür durch Berechtigte Unberechtigte mit hindurchgehen (Schleppereffekt).

Eine missbräuchliche Benutzung von Ausweisen kann mit Hilfe einer konsequenten Zugangs- und Abgangskontrolle über Ausweisleser verhindert werden. Für Bereiche erhöhter oder höchster Sicherheit ist eine Doppelbuchung am Zutrittsleser zu verhindern, wenn nicht zuvor der Ausgangsleser betätigt wurde.

Solche Zugangssysteme tragen sowohl zu einer Verbesserung der Sicherheit insgesamt als auch zu einer personellen Entlastung bei.

Die DIN – VDE 0830 – Alarmanlagen – Zugangskontrollanlagen beschreibt die wichtigsten Fachbegriffe.

Beispiele:
- Zugangskontrolle (ZKO): maschinelle Zutrittsprüfung
- Zugangskontrollsystem (ZKS): Gesamtheit der (baulichen, apparativen und organisatorischen) Maßnahmen.
- Zugangskontrollanlage (ZKA): apparativer Teil des ZKS.
- Sicherungsbereich: Bereich der durch eine ZKA gesichert wird. Ein Sicherungsbereich darf nur einer ZKA angehören.
- Raumzonen: Teilbereiche eines Sicherungsbereiches, die aus einem oder mehreren Zugängen bestehen.
- Türoffenzeitüberwachung: Zeit, die zum Begehen der Türanlagen ohne Alarmauslösung möglich ist (Flügeltüranlagen).
- Doppelbenutzungssperre: verhindert den Zutritt zu einer Raumzone, wenn der Berechtigte schon in dieser Zone eingebucht ist ohne sie wieder zu verlassen.
- Zugangsberechtigungsdaten: alle Daten, die zur Festlegung der Zutrittsberechtigung erforderlich sind (Raumzone, Zeitzone usw.).
- Ereignisdaten: Alarm-, Störungs- und Bewegungsdaten, die das System produziert und dem Betreiber zugänglich macht.
- Alarmdaten entstehen, wenn Unregelmäßigkeiten im System auftreten, die den Zweck der ZKA in Frage stellen bzw. bei Hilferufen eine Intervention erfordern (Zeitfehler, Ausweis gesperrt, Lesefehler des Ausweises usw.).
- Automatikfunktionen: im ZKS vorbereitete Maßnahmen der automatischen Steuerung über den Ausweisleser (z. B. Schranken zum Parkplatz zu einer bestimmten Zeit für alle öffnen, ab 19 Uhr nur noch für Mitarbeiter).

354 Die im Rahmen von Zugangskontrollanlagen angebotenen **Leseprinzipien** und **Identifizierungsmittel** sind vielfältig.

- Bei der **berührungslosen Lesetechnik** trägt die berechtigte Person einen in einem Trägermaterial (Kunststoff) eingebauten Minisender. Ein, an der Tür installierter Empfänger, wertet die Signale des Senders aus und schaltet die Anlage für Zutritt frei. Es werden mehrere kontaktlose Leseverfahren angeboten.
- HITAG 1 + 2 zwei Systeme mit unterschiedlichen Betriebseigenschaften mit Schreib- und Lesespeichern, die in verschiedene Bereiche aufgeteilt werden können
  - Frequenz 125 KHz
  - Übertragungsgeschwindigkeit lesen 10 µs
  - Übertragungsgeschwindigkeit schreiben 100 µs
  - Reichweite 0,5 – 0,7 m je nach Antennengeometrie
  - Lebensdauer Chip 100 000 Schreibzyklen
  - Verschlüsselung der Daten bei Übertragung
- LEGIC System mit verschiedenen Speicher- und Berechtigungsbereichen (segmentiert)
  - Frequenz 13,56 MHz
  - Übertragungsgeschwindigkeit kleiner 90 ms

  - Reichweite 0,8 m je nach Antennengeometrie
  - Lebensdauer Chip 300 000 Schreibzyklen
  - Verschlüsselung der Daten bei Übertragung
- MIFARE/MIFARE LIGHT zwei Systeme unterschiedlicher Speicherkapazitäten
  - Frequenz 13,56 MHz
  - Übertragungsgeschwindigkeit lesen 2,5 µs
  - Übertragungsgeschwindigkeit schreiben 25 µs
  - Reichweite 0,1 m je nach Antennengeometrie
  - Lebensdauer Chip 100 000 Schreibzyklen
  - Verschlüsselung der Daten bei Übertragung
- **Biometrische Systeme:**
  - Die Zutrittsfreigabe durch einen **Portraitvergleich** – häufig in Kombination mit Ausweislesern – findet im Hochsicherheitsbereich Verwendung. Bei Betätigung des Ausweislesers wird das digital abgelegte Bild des Berechtigten in der Alarmzentrale angezeigt. Der Wachhabende gibt nach Bildvergleich den Zutritt frei.
  - Banken wenden zum Teil die **Handschrift** als personenbezogene Identifizierungsmöglichkeit an.
  - Bei der **Handgeometrie** werden typische Merkmale der Hand in einem Rechner abgelegt und bei Zutrittsbegehren des Berechtigten verglichen.
  - Auch mit Hilfe der **Stimmenerkennung** oder Stimmenanalyse lassen sich Zutrittsberechtigte identifizieren.
  - Auch mit Hilfe einer **Fingerabdruckerkennung** lassen sich Berechtigte und Unberechtigte unterscheiden. Eine weitere Möglichkeit ist die Augensignaturerkennung.

Zur Identifizierung von Personen sind **Plastikkarten** am gebräuchlichsten. Sie 355
sind in ihren Abmessungen durch DIN- oder ISO-Normen festgelegt. Am häufigsten wird das Scheckkartenformat verwendet. Die zahlreichen Leseprinzipien benutzen die Karte als Code-Trägermedium:

- Der **Lochkartenausweis** findet für Zutrittsanlagen keinen Einsatz mehr, da er leicht nachzumachen ist.
- Der **Barcode-Ausweis,** der ebenfalls leicht zu Kopieren ist, sollte für Zugangsanlagen nicht zum Einsatz kommen.

Eine wesentliche Verbesserung der Sicherheit:
- Bei dem optisch abfragbaren **Infrarotausweis** werden auf einer separaten Trägerfolie unterschiedlich infrarotdurchlässige Codepunkte aufgebracht (codiert). Die Trägerfolie wird in den Ausweis – zwischen die beiden Deckseiten – eingebaut. Da die Codierung des Ausweises nicht sichtbar und auch

nicht leicht kopierbar ist, wird dieser Ausweis gerne in Sicherheitsbereichen eingesetzt.

- Die am häufigsten für Ausweise sowohl im Zugangs- wie im Scheckkartenbereich verbreitete Codierung ist die **Magnetstreifencodierung,** die auf einem Magnetstreifen hohe Informationsdichten (Daten) aufzubringen ermöglicht. Der Vorteil liegt darin, dass damit große Anlagen mit sehr unterschiedlichen Berechtigungsebenen betrieben werden können und nicht – wie bei anderen Leseprinzipien – mehrere Ausweise erforderlich sind. Die Ausweise sind sehr preisgünstig herzustellen.

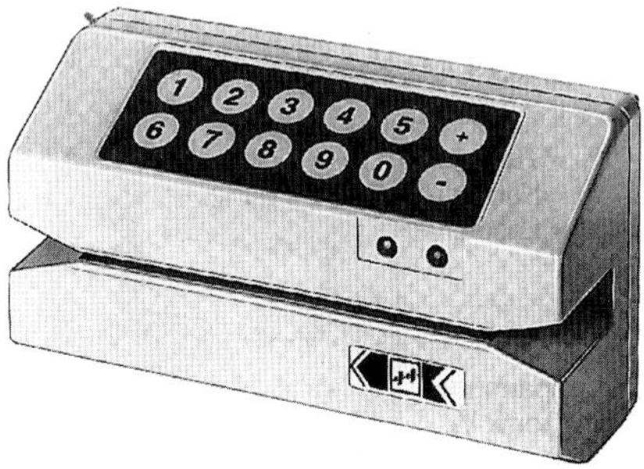

Bild 100: Durchzugsleser/Foto: effeff

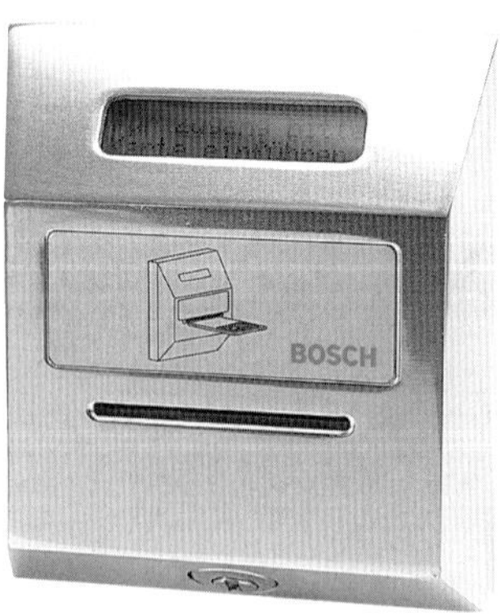

Bild 101: Einsteckleser
Foto: BOSCH Sicherheitssysteme

Bild 102: Motorleser/Foto: effeff

- In den elektromagnetischen **Ausweis mit Wiegand-Codierung** sind kleine Dauermagnete eingebettet. Die Codierung lässt sich nach Lage der Magnete unterscheiden. Diese Art der Ausweise zeigt im Betrieb eine hohe Lesesicherheit und keine Empfindlichkeit bei Verschmutzung oder Feuchtigkeit.
- Der weit verbreitete **induktiv-codierte Ausweis** speichert Informationen in einer gelochten Kupfer- oder Aluminiumfolie, die unsichtbar in die Plastikkarte eingeschlossen ist. Die Codierung kann durch Fremdeinflüsse nicht zerstört werden. Der Versuch, die eingelegte Folie nachzumachen, führt zur Zerstörung des Ausweises, weil dabei die Folie entfernt werden muss.
- Der **kapazitiv-codierte Ausweis** wird nur noch selten verwendet.
- **Chip-Ausweise** mit elektronischer Codierung enthalten in den Ausweis gebettete Schaltkreise. Solche Ausweise finden immer mehr Verbreitung. Sie werden als Multifunktionskarte – Company-Card – für alle Anwendungen zur Identifikation im Betrieb eingesetzt.

Ausweisleser sind die vorgeschobenen Posten einer ZKA. Sie sind die Kontroll- **356**
instanz des gesamten Systems. Hier geschieht der Leseprozess des Ausweises. Nach erfolgter Entscheidung erhält der Leser die Information zur Freischaltung des Zugangs (Tür, Drehsperre usw.). Drei Grundformen von Kartenlesern sind heute gebräuchlich:

- **Durchzugsleser:** Die Karte wird am Lesekopf vorbeigeführt.
- **Einsteckleser:** Die Karte wird in den Ausweisleser eingeführt und vom Lesekopf gelesen. Nach erfolgter Identifikation nimmt der Berechtigte die Karte wieder zurück.
- **Motorleser:** Ein kleiner Motor zieht die Karte zum Lesevorgang ein. Dies dürfte die sicherste Leseart sein. Bedienungsfehler werden hierbei ausgeschlossen.

Je nach Aufgabenstellung und Sicherheitsniveau können Kartenleser mit Codetastaturen und/oder biometrischen Systemen kombiniert werden. Die Größe der ZKA und die Anzahl der Durchsätze pro Kartenleser bestimmen, ob die Zutrittsdaten vor Ort im Leser (dezentrale Intelligenz) oder zentral im Rechner (zentrale Intelligenz) abgelegt sind.

42.8 Zu den Vorkehrungen aus Anlass besonderer Vorkommnisse, insbeson- **357**
dere Unglücks- und Katastrophenfälle gehört die Einrichtung einer **Alarm- und Einsatzzentrale**. Aufgabenstellung und Ausstattung hängen von der Art des Unternehmens und von der Größe des einzelnen Betriebs ab. Das in der Alarmzentrale eingesetzte Personal muss in der Lage sein, alle betriebsbezogenen Alarm- und Störungsmeldungen zu empfangen und daraus nach Alarmierungsplan Maßnahmen einzuleiten.

Beispiele:

Brandmeldung	– Feuerwehr alarmieren
Einbruch	– Werkschutz bzw. Polizei verständigen

TECHNIK

Unfallmeldung – Krankenwagen bzw. Arzt verständigen
Betriebsstörung – Betriebsverantwortlichen verständigen
Technische Störung – Servicedienst der technischen Abteilung verständigen.

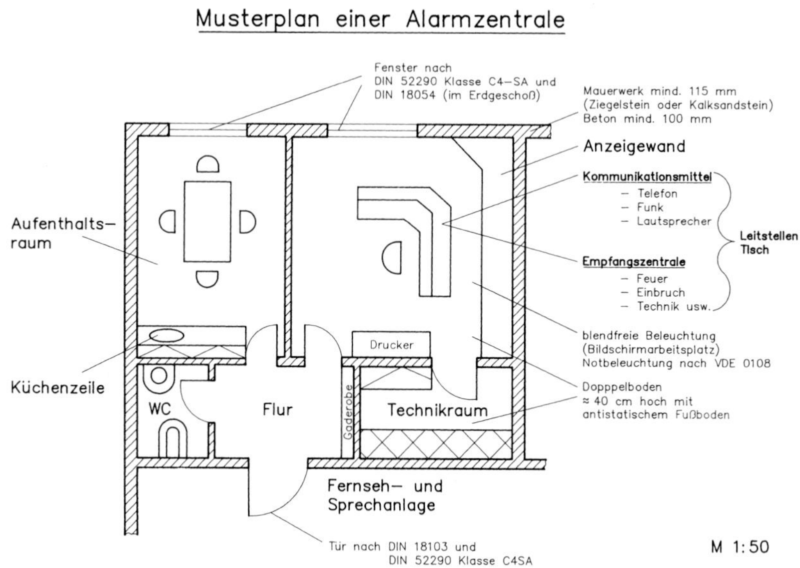

Bild 103: Grundriss Leitstellensystem

Ergonomische Gestaltung des Arbeitsplatzes

Kleiner Greifraum.

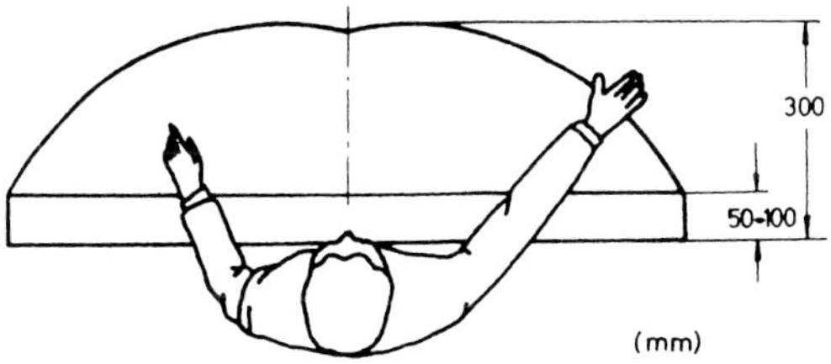

Blick- und Gesichtsfeldgrenzen.

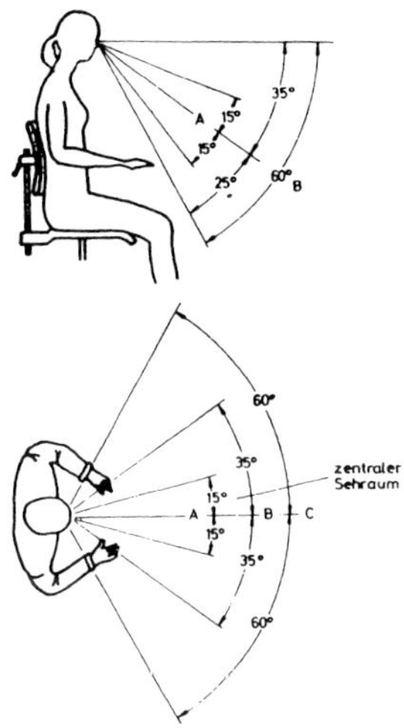

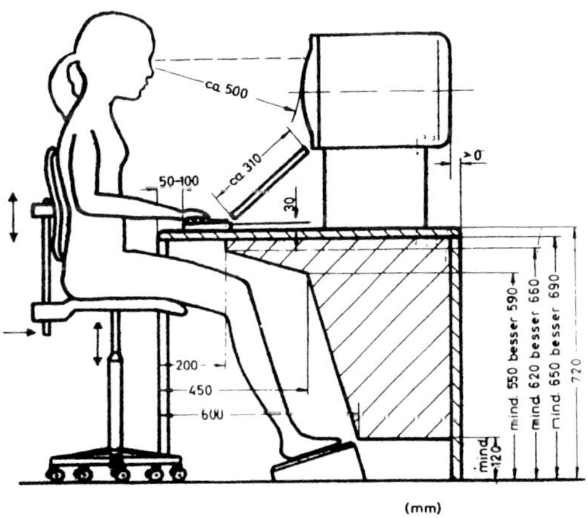

Beispiel eines ergonomisch gestalteten Bildschirm-Arbeitsplatzes mit einem nicht höhenverstellbaren Tisch bei Anordnung der Arbeitsmittel hintereinander.

Bild 104: Querschnitt/Verwaltungs-Berufsgenossenschaft

TECHNIK

358 Wegen den im Einzelnen recht unterschiedlichen und umfangreichen Aufgaben ist eine lageabhängige Ausstattung und Gestaltung notwendig. Für die Positionierung auf dem Betriebsgelände und für die Ausstattung ist zu beachten:

- Lage auf dem Betriebsgelände, möglichst in Nähe des Haupttores, aber abgesetzt von gefährlichen Betriebsstätten
- entsprechend der Aufgabenstellung gebündelte Zuständigkeit für
  - Hilfsdienste
  - Feuerwehr
  - Werkschutz
  - Umweltschutz.
- Die innere Raumgestaltung richtet sich grundsätzlich nach den Bestimmungen der Arbeitsstättenverordnung, die baulichen Anforderungen sollten der VdS-Richtlinie 2172 10 / 2000 entsprechen.
- Ausreichende, möglichst neuesten technischen Standards entsprechende Kommunikationsmittel.

Alarmzentralen können auch die Verwaltung und Parametrisierung von Zugangskontrollsystemen (s. Rn. 353) vornehmen.

Beispiele:
- Freigabe von Zugangsberechtigungen
- Betriebsüberwachung der Systeme (Tor-, Drehsperre usw.)
- Änderung von Zeit- und Raumzonen
- Verwaltung von Ausweisen
- Verwaltung von Schlüsseln.

Eine weitere wichtige Aufgabe kann die Steuerung von zentralen Funktionen sein.

Beispiele:
- Notabschaltung besonderer Einrichtungen (Gas-, Wasser-, Stromerzeugung)
- Torsteuerung von Werkszufahrten, Gebäudezugängen, Notausgängen für Transportzwecke, Verbindungstüren zu Sicherheitsbereichen
- Beleuchtungssteuerung der Straßen-, Werks- oder Zaunbeleuchtung
- Sondersteuerungen für besondere Aufgaben (z. B. Heizung, Versuchsaufbauten)

Einsatzleit- und Führungssysteme sollen alle in einer Alarm- und Einsatzzentrale vorhandenen Informationen und Bedienungen auf einem System schneller und effizienter behandeln.

Je nach Größe und Anzahl der zu verarbeitenden Informationen kann ein Rechner erforderlich sein, um vielfach in Papierform vorliegende Vorgaben und Informationen abzuspeichern.

Beispiele:
- Informationsdatenbank zu Objekten, Personen (Anschriften), Alarmanlagen, Einsatzstoffen, die im Unternehmen verarbeitet werden, Schicht- und Bereitschaftsplänen.
- Maßnahmendatenbank für besondere Situationen (z. B. Alarme, spezielle Ereignisse).

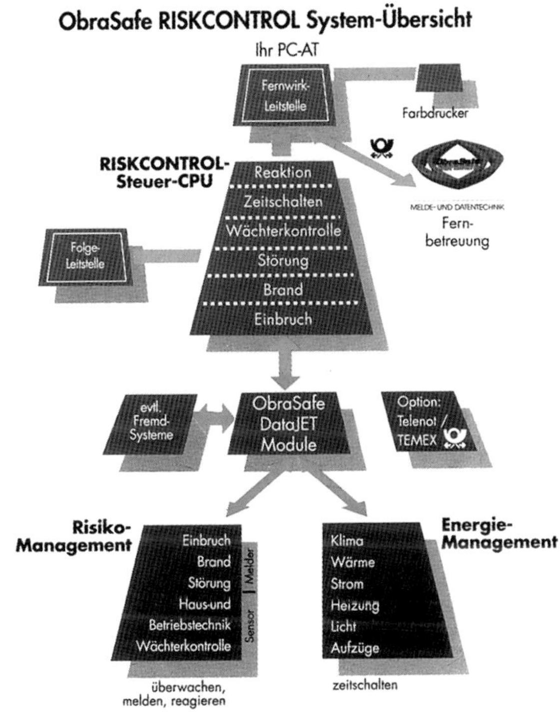

Bild 105: Leitstellensystem: Obra Safe

42.9 Personalcomputer im Werkschutzdienst

Der Einsatz der Datenverarbeitung in der Organisation, Verwaltung oder Technik des Werkschutzdienstes setzt beim Anwender neue oder zusätzliche Kenntnisse voraus, die über das bisherige Betätigungsfeld des Werkschutzmitarbeiters hinausgehen.

Zunächst benötigt man als Anwender ein Datenverarbeitungssystem, z. B. Arbeitsplatzrechner oder Personalcomputer (PC).

Kenntnisse über Aufbau und die Struktur des PCs erleichtern den Einstieg in die Datenverarbeitung. Neben den Gerätekomponenten (Hardware) sind die Programme (Software) wichtig. Bevor es zu einer Anwendung kommt ist es erforderlich, vor allem das Betriebssystem kennenzulernen. Dies ermöglicht den Umgang mit Tastatur, Bildschirm, Drucker und sonstigen Komponenten des PCs über eine so genannte Benutzeroberfläche. Mit diesem Grundlagenwissen allein lassen sich jedoch noch keine speziellen Anwendungen, wie z. B. Texte schreiben oder Daten erfassen und verwalten, ausführen. Diese Aufgaben erfordern spezielle Anwendungsprogramme, wie

- Textverarbeitungssystem
- Datenbanksystem
- Tabellenkalkulation
- Grafikprogramme

oder speziell entwickelte Werkschutz-Programme, die u. a. aus einer Kombination verschiedener Anwendungsprogramme als eigenständige Anwendung verfügbar sind. Da es mittlerweile eine Vielzahl von Programmen für Werkschutzaufgaben gibt, findet der PC in der Werkschutzpraxis eine immer größere Bedeutung.

360 Fertige Werkschutz-Anwendungen sind verfügbar für

- Wachzentrale, Aufschaltung von Fernwirksystemen
- Notrufaufschaltungen
- Streifen- und Schichtdienstplanungen
- Berichterstattungen
- Ausweisverwaltung für Besucher und Fremdhandwerker
- Schlüsselverwaltung
- Feuerlöscher- und Gerätewartung
- Datenbanksysteme für Anwendungen im amtlichen Geheimschutz
- Statistiken
- Abrechnungen u.v.a.

Durch die Anbindung an ein E-Mail-System oder an ein internes Netzwerk (Intranet) kann das Berichtswesen deutlich verbessert werden. Die Wirtschaftlichkeit lässt sich durch eine erhebliche Verbesserung der Leistungsfähigkeit nachweisen.

Grundlagen des Personalcomputers sind die im Bild 106 dargestellten Komponenten.

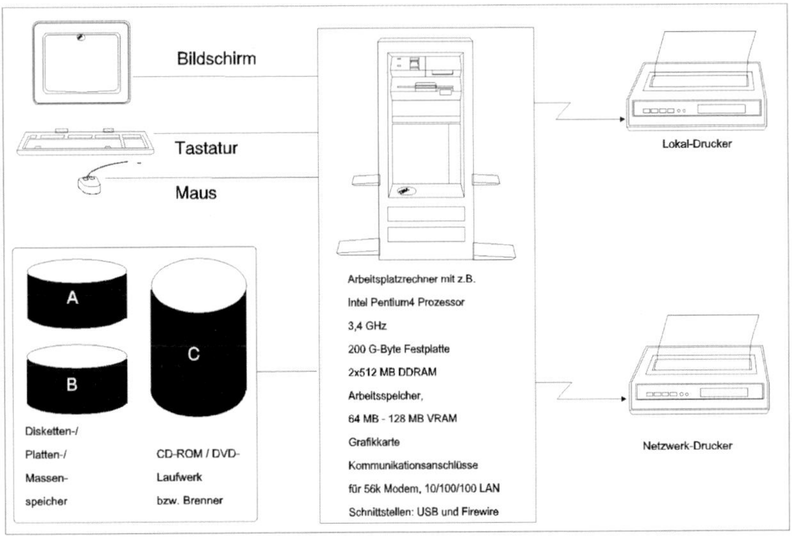

Bild 106: Komponenten des PC

Über die Tastatur und den Bildschirm erfolgt der direkte Kontakt Benutzer – Rechner.

Das Betriebssystem sowie die aktuell benutzten Programme und Daten befinden sich im Arbeitsspeicher.

Auf dem Diskettenlaufwerk oder der Festplatte erfolgt die langfristige Speicherung von Daten und Programmen.

Die Ausgabe der Daten auf Papier erfolgt über den Drucker oder einen zusätzlich angeschlossenen Plotter.

Ein **Mikroprozessor-Chip** hat die zentrale Aufgabe zur Koordinierung des Datenflusses im Rechner (CPU = Central Processing Unit). Prozessorchip, z.B. Intel Pentium 4, Taktfrequenz, z. B. 3,40 GHz bestimmen wesentlich die Leistungsfähigkeit des Rechners.

Im **Arbeitsspeicher** werden das Betriebssystem, Anwenderprogramme und Anwenderdaten abgelegt. Die Größe des Arbeitsspeichers (64 bis zu 2 x 512 MByte) ist für die sinnvolle Anwendung komplexer Programme und hoher Arbeitsgeschwindigkeit entscheidend. Dieser ist in Halbleitertechnik realisiert, das bedeutet, es ist kein permanenter Speicher, und beim Abschalten des Rechners, bei Stromausfall oder beim Warmstart gehen alle im Speicher befindlichen Daten verloren.

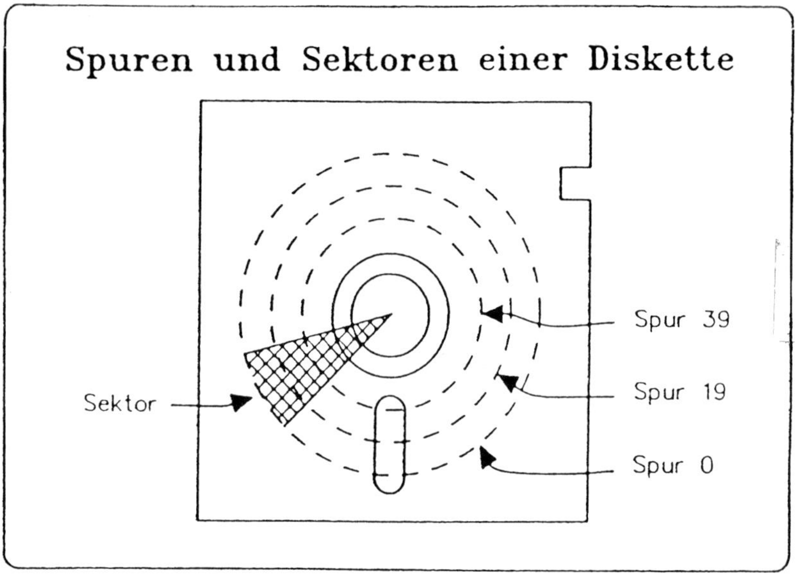

Bild 107: Diskette mit Spuren und Sektoren/Grafik: IBM

Über die **Tastatur** werden Daten, Befehle, Programme an den Rechner übermittelt. Ebenso werden Buchstaben, Ziffern und Sonderzeichen über die Tasten eingegeben. Es kann zwischen verschiedenen Zeichensätzen unterschieden werden, z. B. ASC II (American National Standard Code for Information Interchance) oder entsprechende deutsche Versionen mit Umlauten.

Auf dem Bildschirm können Bilder, Daten, Ergebnisse usw. in grafischer oder alphanumerischer Darstellung ausgegeben werden.

Als externe Speicher verfügt der PC über ein oder zwei **Diskettenlaufwerke,** ein CD-Laufwerk kombiniert als Lese-, Brenngerät und DVD-Laufwerk, wobei sich Disketten mit 3½ Zoll Durchmesser und einer Speicherkapazität von 1,4 MByte als Standard durchgesetzt haben. Zusätzlich hat der Rechner eine oder mehrere Festplatten, die das Mehrfache der Speicherkapazität einer Diskette besitzen. Heute werden bereits in Standardausstattungen Festplattenkapazitäten von 60 bis 200 GByte eingesetzt. Die Diskettenlaufwerke werden mit „A:“ oder „B:“, die Festplatte mit „C:“ bezeichnet, weitere Festplatten, Wechsellaufwerke oder externe Massenspeicher werden grundsätzlich fortlaufend bezeichnet, können jedoch auch mit jedem anderen Buchstaben aus dem Alphabet gekennzeichnet werden.

Als Massenspeicher finden zunehmend Compakt-Disk (CD) oder DVD Anwendung, z. B. für umfangreiche Datenbanken wie Gefahrstoffdateien oder Telefonverzeichnis. Um diese Datenträger beschreiben zu können, ist ein spezielles Brenner-Laufwerk erforderlich. Zunehmend werden auch USB- Stick´s als Massenspeicher eingesetzt. In Computernetzwerken erfolgt die Speicherung, bzw. Sicherung von Daten auf übergeordneten Servern.

Die **Diskette** ist in Spuren und Sektoren eingeteilt, wodurch die Zugriffsge- **361**
schwindigkeit auf die gespeicherten Daten erhöht wird.

Unbenutzte Disketten haben eine unstrukturiert beschichtete magnetische Oberfläche und müssen vor der ersten Benutzung **formatiert** werden.

Die Steuerung der Benutzeraktivitäten erfolgt über **Befehle.** So enthält z. B. das Betriebssystem eine Anzahl von Befehlen, um Funktionen wie
- starten
- formatieren
- kopieren
- sichern
- Anlegen und Aufrufen von Verzeichnissen oder Dateien

ausführen zu können.

Durch den Einsatz eines Betriebssystems mit grafischer Benutzeroberfläche, z. B. Microsoft-Windows, entfällt die Benutzung derartiger Befehlsworte, da die Funktionen über entsprechende Bildzeichen aufgerufen werden können.

Wegen der hohen Verdichtung von Daten auf kleinstem Raum (Diskette, Festplatte) und der Möglichkeit technischer Störungen, kommt dem Thema **Datensicherung** (s. Rn. 274) große Bedeutung zu. Neben der Möglichkeit auf Disketten zu sichern, eignen sich besonders Streamerbänder mit speziellen Laufwerken für eine schnelle und ggf. automatische Datensicherung und/oder Rekonstruktion verlorener Datenbestände. Es ist immer zweckmäßig, die gesicherten Daten getrennt vom Rechner aufzubewahren. Nicht zuletzt sollte der Werkschutzmitarbeiter auch unter dem Gesichtspunkt **Informationsschutz** über Grundkenntnisse in der Datenverarbeitung verfügen.

43. Kapitel: Kommunikationstechnik

362 43.1 **Kommunikation** ist der Austausch von Informationen (s. Rn. 495), an dem folgende Faktoren beteiligt sind:

- Kommunikator = Sender
- Rezipient = Empfänger
- Nachrichtenträger = Medium
- Botschaft = Nachricht
- Wirkung = Ergebnis

Wenn der Sender zugleich Empfänger von Nachrichten ist, findet ein Dialog statt.

Kommunikation ist also sowohl Dialog als auch Interaktion im Sinne eines sozialen Miteinander.

Die vom Sender abgegebenen Signale (Sprache) müssen vom Empfänger verstanden werden.

Um die Sprache (Code) verständlich zu machen, gibt es drei unterschiedliche **Kommunikationstechniken:**

- **Primärtechnik:** Sprache, Zeichen, Gestik, Mimik; die Primärtechnik ist nur für den unmittelbaren Dialog auf engstem Raum geeignet.
- **Sekundärtechnik:** Schriften aller Art, optische und akustische Signale, um Kommunikation über größere Entfernungen zu übertragen.
- **Tertiärtechnik:** elektrische und elektronische Kommunikationsmittel (z. B. Telefon, Fernschreiber, Funk, Fernsehen).

363 43.2 Kommunikation über größere Entfernung ist nur über entsprechende Wege möglich.

Zu unterscheiden sind:

- **Leitungsgebundene Kommunikationswege.**
  - **Symmetrische Kabel** bestehen aus miteinander verdrallten, isolierten Kupferaderpaaren. Diese Drähtepaare werden zu Kabeln verseilt, die durch eine Schutzhülle isoliert sind. Wegen der Symmetrie der Drähtepaare nennt man diese Kabel symmetrische Kabel. Diese Kabelart ist für alle im Frequenzbereich von 300 – 3 400 Hz (Niederfrequenzbereich – NF) befindlichen Kommunikationstechniken geeignet.
  - **Koaxialkabel**[1] (Koaxkabel) bestehen aus einem dicken Draht (Innenleiter), den eine Isolierschicht umgibt. Ein Metallgeflecht schirmt das Ganze ab. Diese Kabel eignen sich besonders gut zur Übertragung von hochfrequenten Signalen (Hochfrequenzbereich – HF), Radio, Fernsehen, Videokonferenz oder Bildtelefon.

---

1 koaxial = um die gleiche Achse.

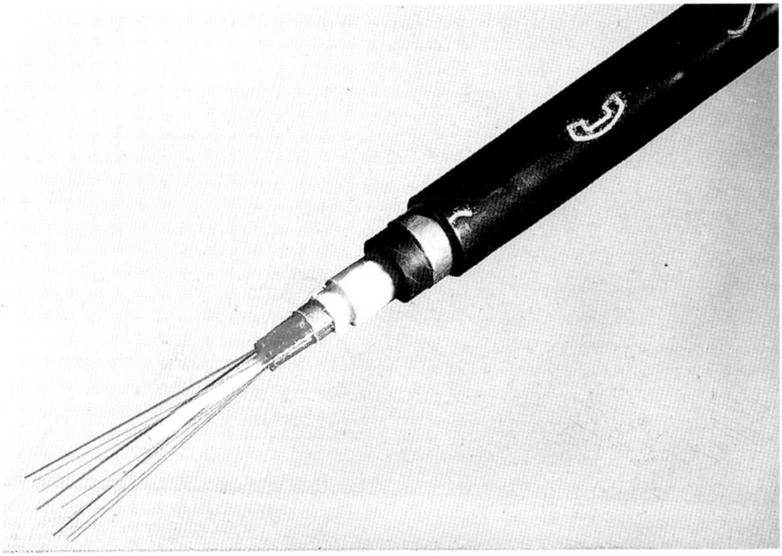

Bild 108: Lichtwellenleiterkabel (LWL)/Foto: BOSCH Sicherheitssysteme

- **Lichtwellenleiter** (LWL) bestehen aus optischen Fasern, von denen jede $^{1}/_{20}$ dünner ist als ein menschliches Haar. Sie bestehen aus chemisch reinem Glas mit besonderen physikalischen Eigenschaften. Diese Neuentwicklung wird zunehmend in der Datenkommunikation verwendet. Die Transportfähigkeit einer Glasfaser liegt je nach Fasertyp bei mehreren Megabit (Millionen Signale pro Sekunde). Bekannt ist, dass über eine Faser 32 000 Telefongespräche gleichzeitig übertragen werden können (Bild 108).

- **Richtungsgebundene Kommunikationswege**
  Der ständig steigende Bedarf an nationalen und internationalen Kommunikationsverbindungen erforderte eine weitere Entwicklung der Übertragungswege. Heute sind Richtfunkstrecken mit 9 600 Sprechkreisen in Betrieb, die zum Teil über Fernmeldesatelliten betrieben werden. Auf diese Weise können z. B. 12 000 Gespräche gleichzeitig übertragen werden. Fernseh- und Rundfunksendungen sowie der interkontinentale Kommunikationsverkehr laufen über diese Übertragungswege.

- **Mobile Kommunikationswege**
  Der sog. Funkverkehr kennt verschiedene Anwendungen des mobilen Kommunikationsweges Funk:

- **Funk für innerbetriebliche Zwecke** (nöbL)[2] kommt im innerbetrieblichen Alltag zum Einsatz, wo erhöhte Mobilität zur Erledigung der Tätigkeiten erforderlich ist:

  Beispiele:
  - Sprechfunk bei Sicherheitsorganisationen, Transportbereichen, Wartungsbetrieben usw.

  - Funksteuerung verschiedenster Anlagen (Lokomotiven, Krananlagen, Feuerlöschkanonen usw.)
  - Telemetrieanlagen (Fernmessung und Steuerung) im medizinischen Bereich, im Forschungsbereich, im Umweltschutz usw.
  - Datenfunkanlagen bei Transportunternehmen im Logistikbereich, zur Datenerfassung usw.

- **Funk für allgemeine Dienste** (öbL)[3] umfasst die Funkdienste, die für die Allgemeinheit als Dienstleistungsangebot der Deutschen Telekom zur Verfügung stehen.

  Beispiele:
  - Mobiltelefon-Netze C und D 1 der Telekom; D 2 (Vodafone); E (E-Plus)
  - Funkruf-Netze (Cityruf, Scall, Ermes europaweiter Funkrufdienst)
  - Betriebsfunk-Netze Bündelfunk (CHEKKER)
  - Satelliten-Mobilfunkdienst (Inmarsat A-Sprache und Daten-analog, Inmarsat B-Sprache und Daten-digital, Inmarsat C-Daten-, Inmarsat M-Sprache und Daten-digital)
  - mobile Datenkommunikation (MODACOM).

In Abhängigkeit vom gewählten Frequenzbereich können die unterschiedlichsten Kommunikationsverbindungen aufgebaut werden. Die Reichweite dieses Kommunikationsweges richtet sich nach der gewählten Frequenz und den daran gebundenen Ausbreitungsbedingungen:

- Langwellenbereich = 30 bis 300 kHz; Reichweite bis zu mehreren tausend km
- Mittelwellenbereich = 0,3 bis 3 MHz; Reichweite bis zu 400 km
- Kurzwellenbereich = 3 bis 30 MHz; Reichweite nahezu weltweit
- Meter- und Dezimeterwellenbereich = 30 bis 3 000 MHz. Reichweite Sichtverbindung
- Zentimeter- und Millimeterwellenbereich = 3 bis 300 GHz. Reichweite Sichtverbindung

2 nichtöffentlicher beweglicher Landfunk
3 öffentlicher beweglicher Landfunk

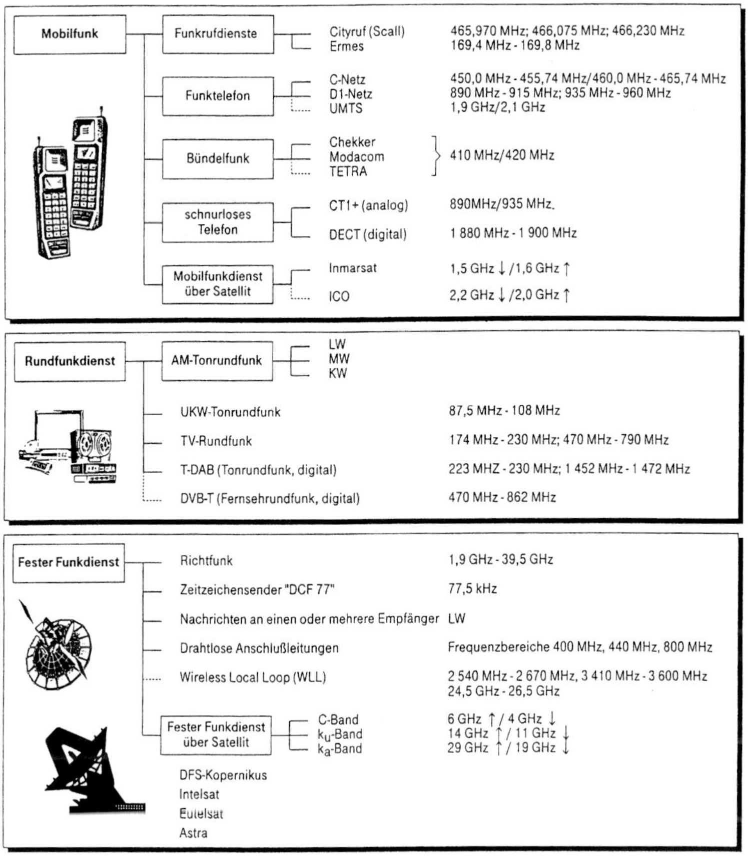

AM	Amplitudenmodulation	LW	Langwelle (bis 520 kHz)
DECT	Digital Enhanced Cordless Telecommunication	MW	Mittelwelle (520 kHz - 1 605 kHz)
DFS	Deutscher Fernmeldesatellit	T-DAB	Terrestrial Digital Audio Broadcasting
DVB-T	Terrestrial Digital Video Broadcasting	TETRA	Trans European Trunked Radio
ICO	Satellitensystem „ICO"	UMTS	Universal Mobile Telecommunication System
KW	Kurzwelle (3 MHz - 30 MHz)		

Bild 109: Kommunikationsverbindungen (Telekom)

43.3 Eine Vielzahl unterschiedlicher **Kommunikationsmittel** kann je nach Ein- 364
satzzweck gezielt verwendet werden:

- **Sprachkommunikation** mittels Telefon mit analogen und digitalen Endgeräten. Die derzeit angebotenen Leistungsmerkmale wie z. B.
  - automatischer Rückruf

- Wahlwiederholung
- Lauthören
- Anrufumleitung/Anrufweiterleitung
- Zielwahlspeicher
- Anrufbeantworter/Mail-box

erlauben zahlreiche Kommunikationsvarianten, die durch Zusatzgeräte für Sprachaufzeichnung, Fernabfrage usw. noch erhöht werden.

- **Textkommunikation** (Übermittlung von Texten zwischen zwei oder mehreren Adressaten)

Beispiele:
- Fernschreiber (Telex); er war mit seiner Übertragungsgeschwindigkeit von 50 Baud (= $6^2/_3$ Zeichen/Sekunde) und dem internationalen Zeichensatz nach CCIT zugleich das am weitesten verbreitete Textübertragungssystem.
- **Teletexdienst** (Bürofernschreiber; weiterentwickelte Form des Fernschreibers). Teletexbetrieb ist auch über PC möglich. Ein Übergang von Telex auf Teletex und umgekehrt ist möglich.
- **Telefax** (Fernkopie) ist die jüngste Art der Textkommunikation.
- **T-Online** erlaubt weltweit den Zugriff auf allgemein zugängliche Datenbanken (Nachrichten, Wirtschaft, behördliche Informationen, Fahrpläne, Wetterbericht, Fernsprechbuch usw.).
- **Videotext** ist ein Textkommunikationssystem, das von den Rundfunkanstalten angeboten wird. Es ermöglicht dem Nutzer, gezielte Textinformationen über ein Fernsehgerät, das mit einem entsprechenden Decoder ausgestattet ist, abzurufen.
- **Internet** ist eine weltweite Kommunikationsnetzstruktur. Sie gestattet Verbindung zu weltweiten Informationsanbietern, z. B. t-online, AOL usw.

- **Bildkommunikation**

Beispiele:
- Bildschirmkonferenz
- Bildfernsprechen
- Business TV
- Internetkonferenz

- **Zeichenkommunikation** ist das Gebiet der Fernwirktechnik (Fernmessen, Fernsteuern).

Beispiel: Fernschaltgeräte

365 43.4 Wenn wir vom **Fernsprechnetz** sprechen, meinen wir eine Vielzahl von **Kommunikationsnetzen,** die miteinander vernetzt sind.

Das **Fernschreibnetz** ist ähnlich wie das Fernsprechnetz aufgebaut.

Für den **individuellen Funkverkehr** stehen die Mobiltelefonnetze D 1, D 2, E plus, E 2 zur Verfügung. Diese Netze sind in der Lage, eine Kommunikation innerhalb Deutschlands, Europas und weltweit herzustellen. Für den innerbetrieblichen Einsatz sind so genannte Betriebsfunknetze mit diversen Ausstattungen möglich.

Beispiele:
- Selektivruf
- Totmannüberwachung
- Zustandsüberwachung von Fahrzeugen
- Statusmeldung
- Datenübertragung.

Auch innerbetriebliche Personensuchnetze auf Funkbasis sind wertvolle organisatorische Hilfsmittel. Zur Steuerung von Betriebsvorgängen finden so genannte **Funksteuerungsanlagen** (Telemetrie) ihren Einsatz, z. B. bei der Steuerung von Toren und Verladeanlagen.

Datennetze gewinnen zunehmend an Bedeutung für die betriebliche Organisation. Der steigende Bedarf am schnellen betrieblichen Informationsaustausch erfordert Datennetze, die keine Grenzen aufweisen. Sehr häufig werden für hausinterne Vernetzungen sog. LAN (Local Area Network) aufgebaut. Hier gibt es eine Vielzahl von Netzwerklösungen.

Beispiele:

– Ethernet	Bus-Netz	Koaxkabel/Glasfaserkabel
– Wangnet	Bus-Netz	Koaxkabel
– Cluster	Bus-Netz	Mehrleiter-Kabel
– Cluster	Stern-Netz	Mehrleiter-Kabel
– IBM-Lan	Bus-Netz	Mehrleiter-Kabel

Die Entwicklung zeigt, dass dieser Sektor mit der Einführung neuer Techniken einem raschen Anpassungsprozess unterliegt.

Die Verbindung zu Rechnern außerhalb des Hauses über eigene Netze wird über so genannte WAN (Wide Area Network) vorgenommen.

Über das öffentliche Telekommunikationsnetz – **Internet** – sind weltweite Datendienste erreichbar (www = world wide web) und der weltweiten Textkommunikation alle Möglichkeiten eröffnet.

Breitbandnetze mit IP-Protokoll erlauben eine Vielzahl von Kommunikationsdiensten über ein Netzwerk gleichzeitig zu übertragen.

Im **ISDN** (Integrated Services Digital Network; Mehrdienstenetz) sind alle unterschiedlichen Kommunikationsdienste in einem einheitlichen Netzwerk vereint (nationales Protokoll = 1 TR 6; internationales Protokoll = DSS 1/Euro ISDN).

ATM (Asynchronous Transfer Mode) eine neue Technik der breitbandigen Informationsübertragung, erlaubt künftig durchgängige Kommunikationslösungen über Bandbreiten von 2–155 Mbit/s (zzt. mehrere Pilotanwendungen).

Für alle Netze und Dienste sind unterschiedliche **Netzstrukturen** erforderlich. Folgende Netzstrukturen sind zu nennen:

- Ringnetz
- Baumnetz
- Sternnetz
- Vollvermaschtes Netz.

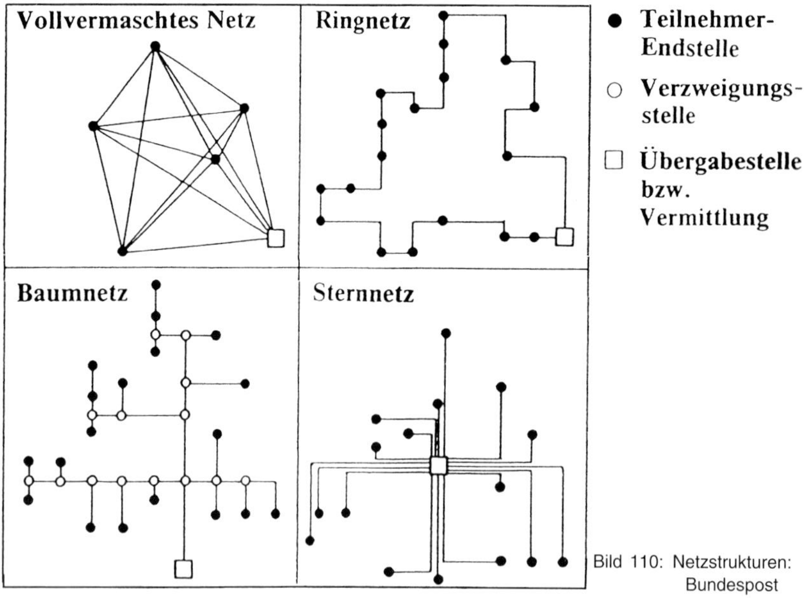

Bild 110: Netzstrukturen: Bundespost

Telefonnetze sind z. B. reine Sternnetze, bei denen der Teilnehmer mit der Vermittlungsstelle verbunden wird.

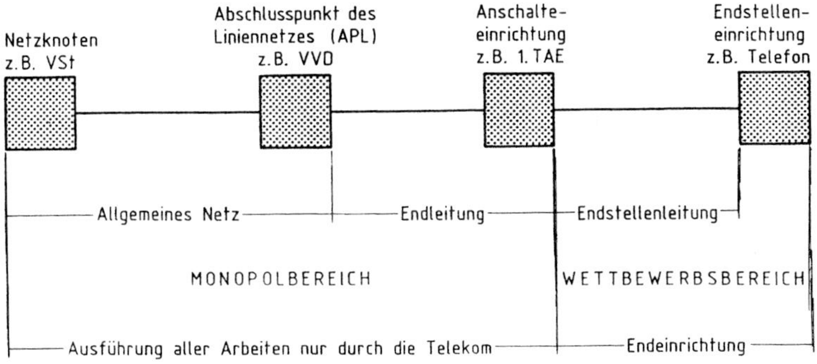

Bild 111: Schematische Darstellung des Monopol- und Wettbewerbsbereiches im öffentlichen Telekommunikationsnetz

Berechtigter Personenkreis / Ausführen von Arbeiten an Endeinrichtungen im öffentlichen Telekommunikationsnetz der Telekom	Personen ohne technische Vorkenntnisse	Berufsgruppen der Elektro- und Nachrichtentechnik (Allgemeinzulassung)	Personen mit Zulassung nach ZZF 9 R 100 für Eigenwartung (Teilnehmerzulassung)	Personen mit Zulassung nach ZZF 9 R 100 als Unternehmer (Unternehmerzulassung)
Anschalten von Endstelleneinrichtungen mit Allgemeiner Anschalteerlaubnis an die TAE mittels eines Steckers	×	×	×	×
Herstellen des Endstellenleitungsnetzes, Anschalten an die TAE-Klemmen 5 und 6, Anschalten der Endstelleneinrichtungen		×	×	×
Instandhalten der **eigenen** Endeinrichtung			×	×
Instandhalten von Endeinrichtung				×
Eigene Telekommunikationsanlagen (Nebenstellenanlagen) errichten, ändern und instandhalten			×	×
Telekommunikationsanlagen (Nebenstellenanlagen) errichten, ändern und instandhalten				×

Bild 112: Errichten, Ändern und Instandhalten von privaten Endeinrichtungen

TECHNIK

Bild 113: Gegenwärtig in Deutschland gültige und verwendete Zulassungszeichen

366 43.5 Zum Informationsaustausch in Form von Sprache oder definierten Signalen eignen sich in besonderem Maße **Lautsprecheranlagen.**

Neben festgelegten akustischen Signalen wie

- Räumungsalarm
- Feueralarm
- BKO-Alarm (s. Rn. 236)
- Entwarnung
- Pausensignal/Gong

lassen sich Durchsagen „live" oder vorbereitet von Tonband, Kassette oder digitalem Sprachspeicher übertragen.

Werden Beschallungsanlagen als Alarmanlagen benutzt, sind besondere Sicherungsmaßnahmen erforderlich:

- zwei Lautsprecher je Raum von getrennten Verstärkern
- Überwachung von Verstärker, Linien, Modulation, Lautsprecher usw.
- Notstromversorgung.

44. Kapitel: Funktionsweise und Anwendung von Funkgeräten

44.1 Kommunikation erfordert heute vielfach den möglichst raschen Informationsaustausch. 367

Beispiele:
- Polizei, Feuerwehr, Rettungsdienste, Werkschutz
- das Führen von Fahrzeugflotten (Streifenfahrzeuge, Fuhrpark)
- der Einsatz auf Baustellen, großen Werkanlagen
- die jederzeitige Erreichbarkeit.

Nachfolgend werden nur Funkanwendungen behandelt, die im Bereich des Werkschutzes und des Sicherheitsgewerbes Anwendung finden.

Funksysteme gestalten die Übermittlung von Informationen vom Sender zum Empfänger als Sprache, Zeichen oder Daten.

Beim Errichten und Betreiben von Fernmelde- bzw. Kommunikationssystemen sind **rechtliche Voraussetzungen** zu beachten:

- Art. 10 GG, der die Unverletzlichkeit des Fernmeldegeheimnisses garantiert (s. Rn. 70);
- Gesetz über Funkanlagen und Telekommunikationsendeinrichtungen (FTEG).

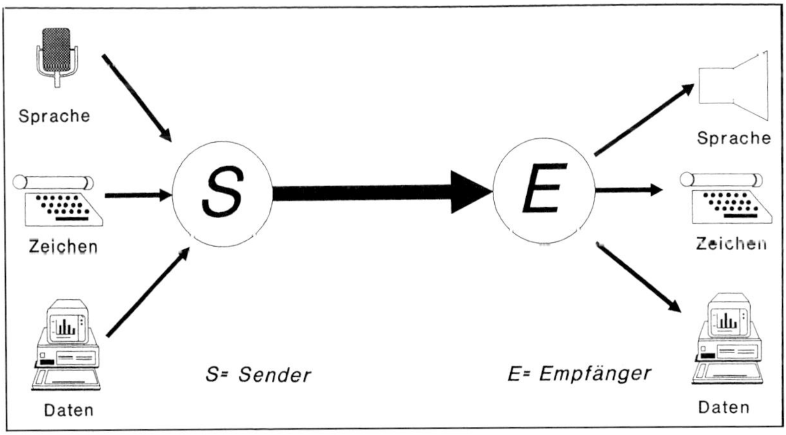

Bild 114: Informationsübermittlung

TECHNIK

368 Kommunikationsgeräte bzw. -anlagen mit Anschluss an das Netz der Telekom müssen zugelassen sein und seit 1. 1. 96 den EMV-Richtlinien entsprechen. Die Geräte sind durch entsprechende Aufkleber gekennzeichnet.

Bild 115: Beispiele für Kennzeichnung von Telekommunikationseinrichtungen

Funkdienstbetrieb ist in internationalen Vereinbarungen geregelt. Die Regulierungsbehörde für Telekommunikation und Post überwacht auch die Einhaltung der Vorschriften und die Benutzung der Frequenzen.

Die möglichen Funkanwendungen sind dem Bereich Mobilfunk (Bild 116) zugeordnet.

Zu den technischen und physikalischen Abläufen ist anzumerken:

Bei Funk werden hochfrequente elektromagnetische Wellen (HF) als Übertragungsmedium genutzt. Diese HF wird im Funkgerät erzeugt und über eine Antenne abgestrahlt.

Die zu übermittelnde Information, z. B. das niederfrequente Sprachsignal (NF), wird dazu auf den HF-Träger aufmoduliert.

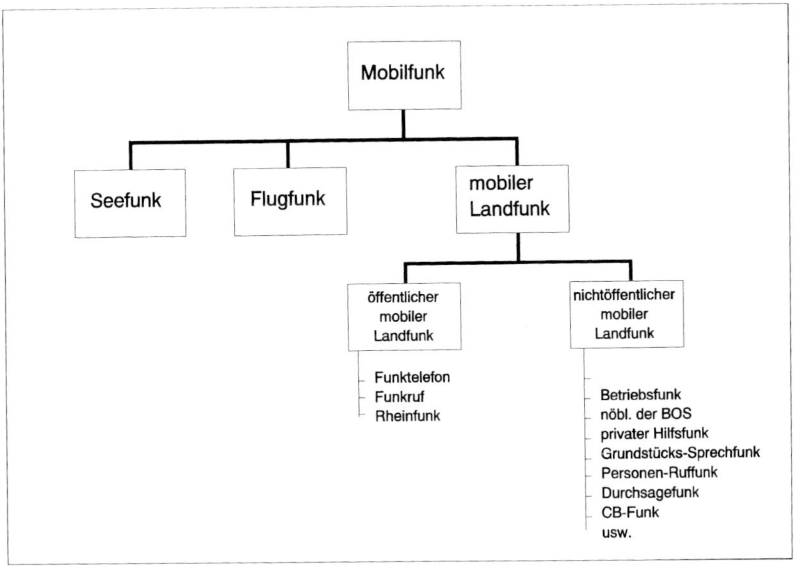

Bild 116: Funkdienste

Der Empfänger verstärkt die von einer Antenne aufgenommenen Signale, selektiert aus der Vielzahl der Eingangssignale die richtige Frequenz und trennt das NF-Signal von der HF, um es verstärkt über den Lautsprecher hörbar zu machen.

Funkwellen breiten sich im Normalfall kreisförmig, wie die Wellen eines Gewässers, in das ein Stein geworfen wurde, aus. Mit zunehmender Entfernung lässt die Energie nach, das Signal wird schwächer. Die Ausbreitungsgeschwindigkeit beträgt ca. 300 000 km/sec. Ein Funksignal könnte die Erde in einer Sekunde 7 ½ mal umrunden.

Die Häufigkeit der Schwingungen pro Sekunde wird als **Frequenz** bezeichnet, sie wird in Hertz (Hz) ausgedrückt.

Beispiel:

1	Schwingung pro sec	=	1 Hz
1 000	Schwingungen pro sec	=	1 000 Hz oder 1 KHz (Kilo)
1 000 000	Schwingungen pro sec	=	1 000 000 Hz oder 1 MHz (Mega)

Mit Zunahme der Frequenz wird zwangsläufig die Wellenlänge geringer, da die Ausbreitungsgeschwindigkeit gleich bleibt. Das Formelzeichen für die Wellenlänge ist Lambda (λ).

Beispiel:

$$\frac{\text{Ausbreitungsgeschwindigkeit}}{\text{Frequenz}} = \frac{300\,000\,000}{75\,000\,000} \left[\frac{\text{m} \cdot \text{sec}}{\text{sec}}\right] = 4\,\text{m}$$

TECHNIK

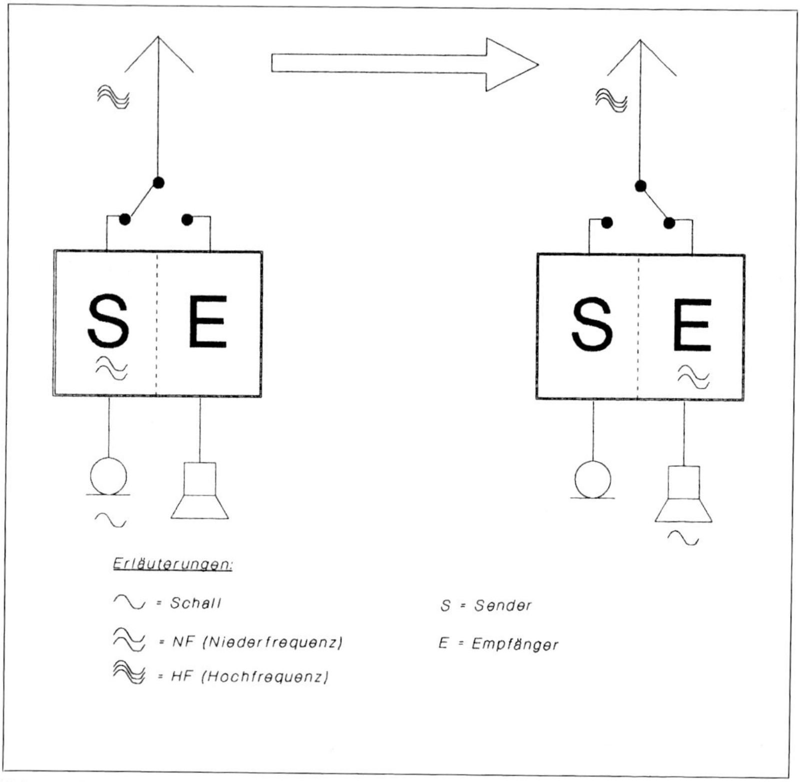

Bild 117: Funktionsprinzip Funkübertragung

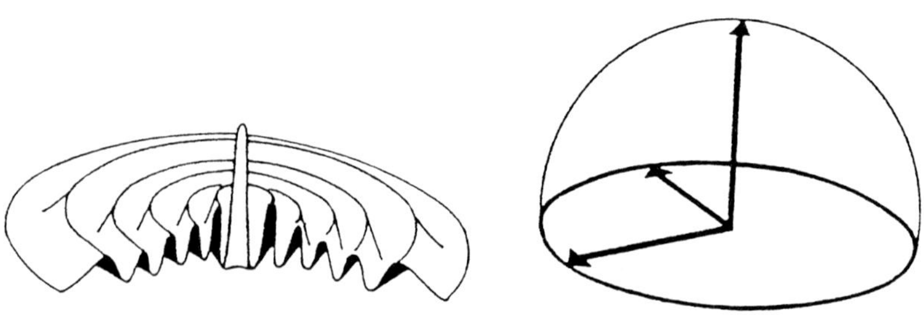

Bild 118: Ausbreitung von Funkwellen

Im genannten Beispiel hat die Funkwelle eine tatsächliche Länge von 4 m, daher werden Funkfrequenzen um ca. 75 MHz als 4-m-Band (ca. 150 MHz = 2-m-Band), bezeichnet.

Diese Unterscheidung ist z. B. für die richtige Anpassung der Antenne wichtig.

Funkwellen im 2- bzw. 4-m-Band breiten sich ähnlich wie Lichtstrahlen aus, d. h. sie passen sich der Erdkrümmung nicht mehr an (quasi optische Ausbreitungsbedingungen). Somit endet die theoretische Ausbreitung am Erdhorizont.

Die Ausleuchtung des Funkversorgungsgebietes ist von topographischen Gegebenheiten, Gebäuden, der Sendeleistung, dem Wetter und dem Antennenstandort abhängig. Da diese Umstände regelmäßig nicht beeeinflusst werden können, kommt dem Antennenstandort zur Vermeidung von Funkschatten eine große Bedeutung zu.

Die Regulierungsbehörde für Telekommunikation und Post (früher Bundesamt für **369**
Post und Telekommunikation [BAPT]) teilt die für die Funkanlage zu benutzende **Frequenz** zu. Da diese Funkfrequenz in einem räumlichen Abstand erneut zur Benutzung zur Verfügung steht (Gemeinschaftsfrequenzen), erfolgen auch Auflagen hinsichtlich der Reichweite. In der Regel wird das Versorgungsgebiet auf einen Radius von 10 bis 20 km um den Antennenstandort der Feststation begrenzt.

Für den beweglichen Betriebsfunk sind folgende Frequenzbereiche vorgesehen:

30 – 300 MHz (VHF) = Bereich 8
300 – 3 000 MHz (UHF) = Bereich 9

Innerhalb dieser Bereiche stehen jedoch nur schmale Frequenzbänder zur Verfügung, die wie folgt verteilt sind:

34,75 MHz – 34,95 MHz	146,00 MHz – 174,00 MHz
68,00 MHz – 87,50 MHz	410,00 MHz – 470,00 MHz

Aus Gründen der Frequenzökonomie erfolgt eine Zuteilung im Allgemeinen zur gemeinschaftlichen Nutzung der Frequenz mit anderen Genehmigungsinhabern.

Bedarfsträger für Betriebsfunk sind:
- Handel, Handwerks- und Gewerbebetriebe, Behörden, u. a.
- Kraftdroschken und Mietwagen
- Industrie- und Nahverkehrsbetriebe
- Energie-Versorgungsunternehmen
- Heilberufe
- Straßenunterhaltungs-, Kommunal-, Wasserregulierungs- und Pannenhilfsdienste
- Flughäfen
- private Krankentransporte, Rettungsdienste sowie Kranken-, Alten- und Behindertenpflege
- Kurierdienste

TECHNIK

370 44.2 Die gebräuchlichsten **Funkdienste** sind:

Personenrufanlagen bieten sich an für Industriebetriebe, Krankenhäuser oder Verwaltungsbetriebe, die eine Anzahl von Mitarbeitern innerhalb des eigengenutzten, wirtschaftlich zusammenhängenden Areals ständig erreichen müssen.

Das System besteht aus

- der Feststation, mit Überleitungseinrichtung zur Telefonnebenstellenanlage
- dezentralen Sendern mit Antennen zur ausreichenden Funkversorgung
- Rufempfängern mit akustischer und/oder optischer Signalanzeige.

Die Informationen können als Tonsignale, Daten oder Sprachdurchsage übermittelt werden. Angesteuert wird die Zentraleinheit durch

- ein Bediengerät, z. B. in der Werkschutzzentrale,
- einem Telefonapparat, der Telefonnebenstellenanlage, oder
- automatisch über Melder oder externe Kontaktgeber, z. B. Alarmanlage.

Für das Benutzen des Rufempfängers besteht keine Rücksprechmöglichkeit, sondern nur die Möglichkeit, Information zu empfangen. Einige Geräte besitzen eine Rückmeldeeinrichtung durch automatische Quittungszeichenabgabe.

Bild 119: Grundstücks-Sprechfunkgerät;
Foto: Tenovis

Grundstücks-Sprechfunkanlagen erlauben es, Informationen als 371

- Tonsignale
- numerische/alphanumerische Daten oder
- Sprache

an die ortsfeste Anlage oder an andere mobile Funkteilnehmer vom mobilen Funkgerät aus zu übermitteln. Die mobilen Funkteilnehmer können sowohl Handsprechfunkgeräte als auch Fahrzeugfunkgeräte benutzen. Zusätzlich können Rufempfänger (Rn. 370) innerhalb des Systems betrieben werden. So genannte Multifunktionsgeräte bieten u. a. folgende Leistungsmerkmale:

- **Individuelle Sprechverbindung von**
- Mobilgerät zu Mobilgerät
- Mobilgerät zu Telefon und umgekehrt
- Mobilgerät zur Zentrale

- **Übertragung von Ziffern und Informationen**
- Mobilgerät zu Mobilgerät
- Telefon zu Mobilgerät
- Zentrale zu Mobilgerät

- **Übertragung von alphanumerischen Mitteilungen**
- Bediengerät (Zentrale) an Mobilgerät
- Gespeicherte Direktmeldungen, ausgelöst über automatischen Notruf oder andere Meldekontakte
- Hausleittechnik, Produktleittechnik, Schwesternruf, Rechnersysteme

- **Abruf von gespeicherten alphanumerischen Texten**
- von der Zentrale
- vom Mobilgerät
- vom Telefon

Anlagen zum Personenruf und Grundstücks-Sprechfunk sind von den zuständigen Fernmeldestellen zu genehmigen. Die Genehmigungen werden nur mit der Auflage erteilt, dass ein Funkverkehr nicht über die Grenzen des jeweiligen Grundstükkes hinaus betrieben werden darf. Um die Möglichkeiten der modernen Kommunikation noch effektiver nutzen zu können, besteht bei einigen Herstellern die Kombinationsmöglichkeit mit der schnurlosen DECT-Kommunikation mit den Vorteilen aller Leistungskriterien bei erheblich niedrigeren Investitionskosten.

Betriebsfunkanlagen sind die am weitesten verbreiteten Anlagen zur Steuerung und Erreichbarkeit von Fahrzeugen und Personen über die Grundstücksgrenzen des Anwenders hinaus. 372

In Betriebsfunknetzen können Sprache und Daten abwechselnd in beide Richtungen der Funkverbindung übertragen werden (Simplex-Funkverkehr kann sowohl zwischen ortsfester Station und Mobilteilnehmer als auch nur zwischen Mobil-

TECHNIK

Betriebsfunknetze bestehen u. a. aus folgenden Komponenten:

Ortsfeste Funkanlage
- Sende-/Empfangsanlage
- Bediengerät, in größeren Anlagen auch Bedienplatz-Rechner
- Antenne
- Stromversorgungseinrichtung
- div. Verbindungskabel
- ggf. Überleiteinrichtung zur Telefonnebenstellenanlage, Geräte zur Texteingabe;

Mobile Funkgeräte (Hand- oder Fahrzeugfunkgeräte)
- Sende-/Empfangsanlage
- Antenne
- Stromversorgung (Akku oder Fahrzeugbatterie)
- besonderes Bedienteil bei Fahrzeugfunkanlagen.

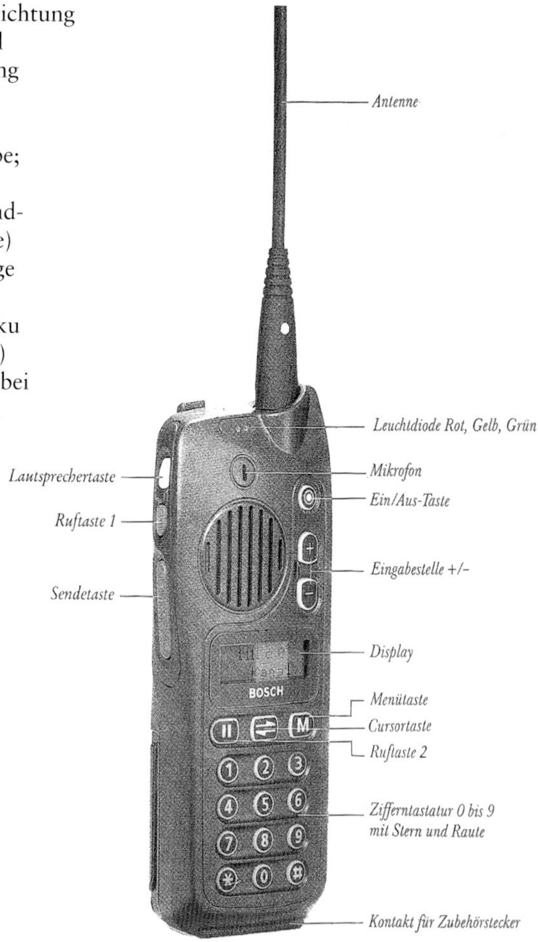

Bild 120: Handfunkgerät/Foto: BOSCH Telecom

teilnehmern stattfinden). Funkverbindungen sind nach den Zulassungsbestimmungen nicht erlaubt.

Ein wesentlicher Nachteil ist der Betrieb auf einer Gemeinschaftsfrequenz mit dem unerwünschten und ungewollten Mithören des Funkverkehrs anderer Benutzer.

Diesem Problem kann mit digitalen Funksystemen entgegengewirkt werden, welche auch im Dual-Mode-Betrieb in analoge bestehende Netze integriert und wahlweise umgeschaltet werden können. Bei dem Verfahren, welches den Betrieb sowohl im Simplex- als auch im Semiduplexbetrieb zulässt, wird die Sprache digitalisiert und mit einer Bruttobitrate von 4800 bit/s übertragen. Eine nachgeschaltete Verschlüsselungstechnik mit 10^{38} verschiedenen Schlüsseln macht die Übertragung absolut abhörsicher bei guter Sprachqualität.

Durch Selektivrufverfahren wie z. B. 5-Ton-Folge oder Digitalruf ist es möglich, Funkteilnehmer mit Einzel-, Gruppen- oder Sammelruf gezielt anzurufen, d. h. deren Lautsprecher aufzuschalten. Insbesondere lassen sich bei digitalen Funknetzen Routinemeldungen oder Gerätekennungen in Form von Statusmeldungen übermitteln und auf den Anzeigedisplays als Text darstellen, ohne den Funkkanal durch Sprachdurchsagen zu belasten.

Für Funknetze mit hohen Sicherheitsanforderungen ist es zweckmäßig, das Versorgungsgebiet über mehrere Feststationen abzudecken, sodass bei Ausfall eines Senders die Erreichbarkeit weiterhin sichergestellt ist.

Empfangs-Diversity-Anlagen werten das Empfangssignal aus und schalten auto- 373
matisch den Sender ein, in dessen Versorgungsbereich das stärkste Signal der Unterfunkstelle empfangen wurde.

Bei dieser Technik kann nur jeweils ein Sender getastet werden, weil es in den Überlappungszonen mehrerer Sender auf der gleichen Fequenz, bedingt durch Laufzeitunterschiede, zu Störungen (Interferenzen) kommt.

Gleichwellen-Funkanlagen verfügen ebenfalls über eine Empfangs-Diversity, 374
können jedoch durch ihre Frequenzgenauigkeit und quarzgesteuerte Laufzeitauswertung gleichzeitig alle Sender im Versorgungsgebiet ansteuern, ohne dass es zu Störungen in den Überlappungszonen kommt. Dieser Vorteil wird z. B. bei der Funkalarmierung (Gruppenruf) deutlich. Es müssen nicht mehr alle Sender nacheinander angesteuert werden.

Eine effektive Ausnutzung des Frequenzspektrums, die Möglichkeit einer vollständigen Versorgung eines ganzen Wirtschaftsraumes, der Zugang zum öffentlichen Telefonnetz und andere interessante Leistungsmerkmale machen den **öffentlichen Bündelfunk** für Mobilfunkanwender wie z. B. Bewachungs- und Geld-/Werttransportunternehmer zu einer interessanten Alternative, insbesondere zum herkömmlichen Betriebsfunk.

Den Teilnehmern am Bündelfunk wird ein Bündel von Funkkanälen zur Verfügung gestellt. Eine aufwendige Technik (Trunking) bei der Betreibergesellschaft steuert den Verbindungsaufbau innerhalb der Netzstruktur.

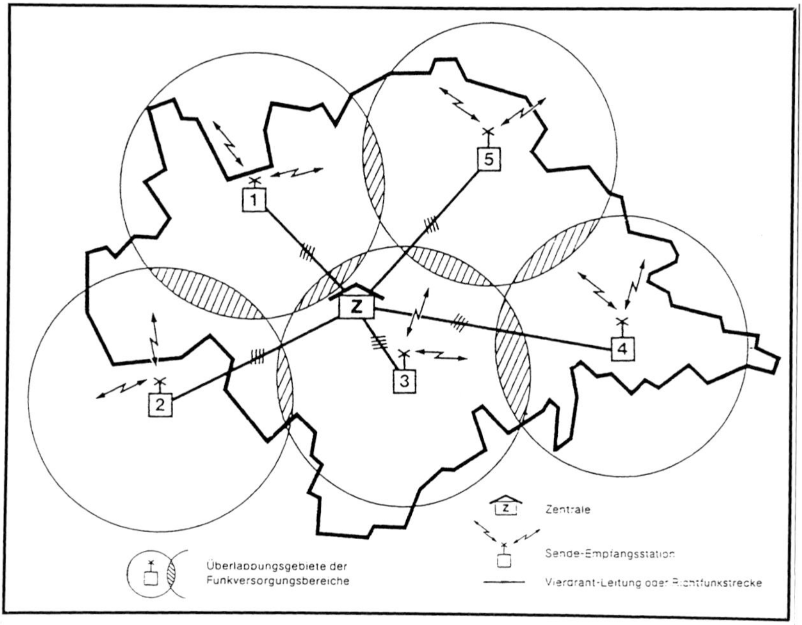

Bild 121: Gleichwellen-Funkanlage

Netzaufbau, Vorhaltung der Infrastruktur und Genehmigungsverfahren erfolgen durch den Lizenzinhaber (Betreibergesellschaft).

Bündelfunk wird in einem Frequenzspektrum von 410 bis 430 MHz betrieben. Zwischenzeitlich haben sich zum Teil private Netzbetreiber zusammengeschlossen, um durch gegenseitige Vermittlung auch regionalübergreifende Bündelfunkdienste anbieten zu können.

Der Benutzer benötigt lediglich bündelfunkfähige Endgeräte und die Zuteilung der entsprechenden Rufnummer. Ortsfeste Stationen beim Teilnehmer sind nicht erforderlich.

Im Bündelfunkbetrieb werden Informationen als Sprache oder Daten übertragen. Die mehrzelligen Mehrkanalnetze stellen eine hohe Übertragungsgüte sicher. Ein Funkkanal reicht für ca. 100 Teilnehmer. Weitere Leistungsmerkmale sind

- Verhinderung des ungewollten und unerwünschten Mithörens
- Selektiv- und Prioritätsruf
- Gruppenruf
- Rufumleitung und -weiterleitung
- Quittungsruf
- Notruf
- Überleitung in private Nebenstellenanlagen und in das öffentliche Telefonnetz
- Statusmeldung und Datenübertragung.

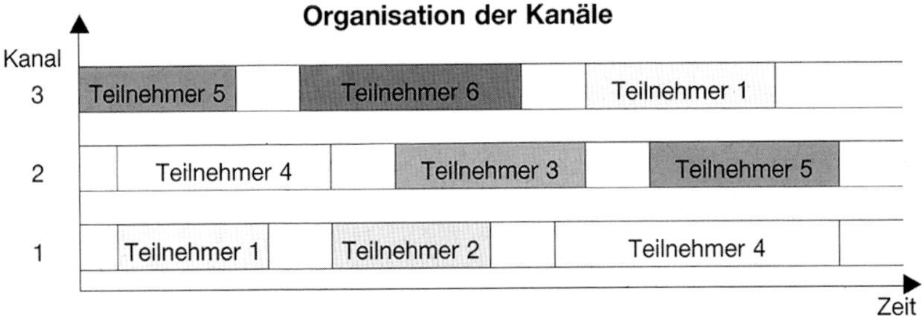

Durch die automatische Zuteilung werden die vorhandenen Frequenzen optimal genutzt.

Bild 122: Organisation der Kanäle im Bündelfunk/Grafik

Zukünftige Standards im Betriebsfunk

Die Homologisierungsarbeiten des European Technical Standardisation Institute (ETSI) für einen digitalen PMR-Standard (PMR = Professional Mobile Radio) sind weit fortgeschritten.

Wesentliche Teile des neuen Standards wurden von ETSI bereits verabschiedet. Mit Abschluss der letzten Abstimmungsprozesse ist TETRA (Trans European Trunked Radio) als existierender europäischer Standard anzusehen.

Unter dem „Dach" von TETRA sind sowohl die Funktionen des Bündelfunks wie die des Betriebsfunks voll abgedeckt. Durch die Verknüpfung von Telefon-, Daten- und Trägerdiensten und individuellen Servicediensten können mit TETRA äußerst flexibel anwenderspezifische Bedürfnisse befriedigt werden.

Zudem wird eine bessere Ausnutzung des Frequenzspektrums erreicht.

Um zukünftig eine kostengünstigere Kommunikationsplattform zu bieten, verfügt TETRA über

- modulare Technik/modularer Netzaufbau
- dezentrale Intelligenz
- flexible Systemhierarchie
- digital verschlüsselte Daten- und Sprachübertragung
- Schnittstelle zu anderen Kommunikationsnetzen.

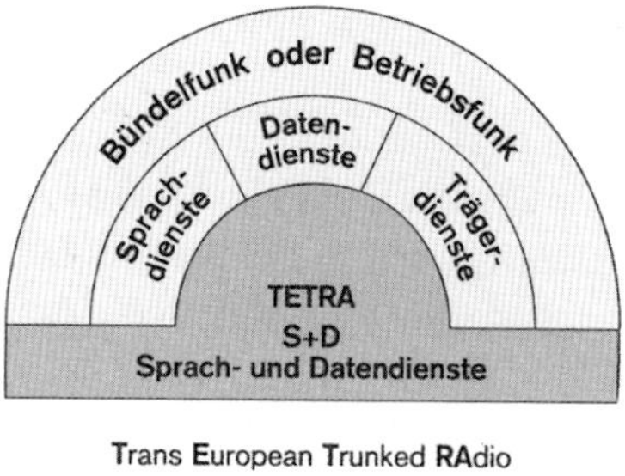

Bild 123: TETRA/Grafik: BOSCH Telecom

TETRA ist nicht zu verwechseln mit einem System TETRAPOL, welches ein französischer Hersteller zunächst als digitales Bündelfunksystem für die französischen Polizeien entwickelt hat.

376 **Elektronische Stechuhren** (s. Rn. 323 f.)

Zur Vereinfachung des Nachweises über durchgeführte Kontroll- und Streifengänge, der Verbesserung der Auswertung und der Erleichterung der Dokumentation gegenüber Kunden, Versicherung usw. finden **elektronische Stechuhren** immer weitere Verwendung.

In der Regel besteht das System aus
- der Kontrollstelle (z. B. Codestreifen oder passivem elektronischem Bauelement)
- dem Datensammler
- der Auslesestation oder Datenfernübertragung
- der Auswerteeinheit (z. B. PC mit Drucker).

Die Daten werden erfasst, indem der Datensammler über die Kontrollstelle geführt oder an diese angelegt wird. Gleichzeitig mit den an der Kontrollstelle vorhandenen Daten wird die aktuelle Uhrzeit im Datensammler abgespeichert. Der Einlesevorgang wird durch ein akustisches und/oder optisches Signal des Sammlers quittiert.

Zur Auswertung werden die im Datensammler gespeicherten Daten an die Auswerteeinheit übertragen und können durch entsprechende Programmvarianten nach verschiedenen Gesichtspunkten ausgewertet bzw. über Drucker als Protokoll ausgegeben werden.

Bei der **Funkstechuhr** können ähnliche Datensammler wie bei der elektronischen Stechuhr verwendet werden. Jedoch werden die erfassten Daten sofort über Funk an die zentrale Auswerteeinheit übermittelt. Da gleichzeitig die Funkgerätekennung mit dem Datentelegramm übertragen wird, kann der Standort direkt im Klartext oder auf einer graphischen Darstellung des Kontrollobjektes angezeigt werden.

Die Quittung erhält der Datensammler erst, wenn das Datentelegramm von der Zentrale ausgewertet und erkannt wurde. Ist die Funkverbindung nicht gewährleistet (Funkschatten, Störung), erfolgt keine Quittungsabgabe. Zur Vermeidung dieser Probleme werden Geräte mit Zwischenspeicher (Funkschattenüberbrückung) angeboten, die die erfassten Daten der Kontrollstelle zu einem späteren Zeitpunkt erneut übermitteln. Der Vorteil der Funkstechuhr liegt vorrangig in den sich aus dem System ergebenden Sicherheitseinrichtungen, wie

- aktuelle Auswertung des Standortes mit Klartextangabe
- Auswertung der vorgegebenen Route
- Auswertung ausgelassener Kontrollstellen
- Auswertung von Zeitüberschreitungen

und so genannter Totmannschaltungen, womit Handfunkgeräte oder Datensammler für Notfallsituationen analog der Funk-Personen-Sicherungsanlagen (s. Rn. 325) ausgestattet sein können.

Das bedeutet mehr Sicherheit für den eingesetzten Werkschutzmitarbeiter im Objekt.

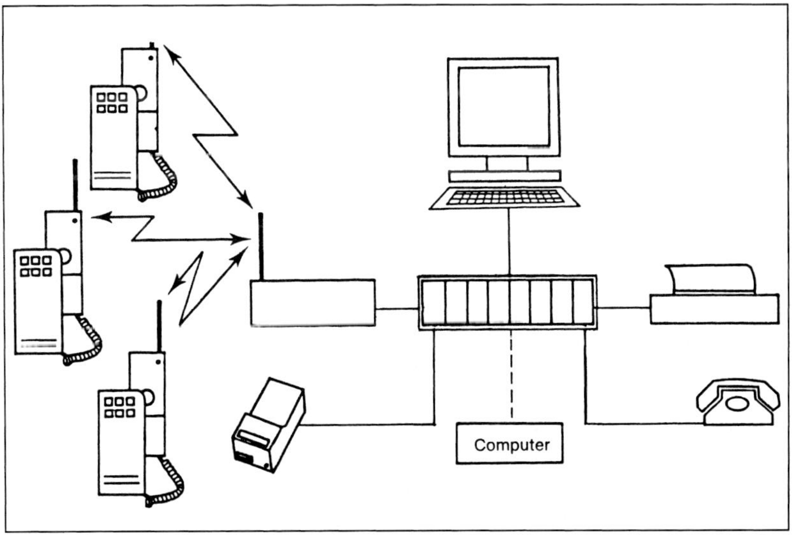

Bild 124: Funkstechuhr

TECHNIK

377 44.3 Sprechfunkbetrieb

Im Genehmigungsverfahren für den **Sprechfunkbetrieb** werden regelmäßig Auflagen erteilt.

Beispiele:
- nur die Frequenz zu benutzen, die mit der Genehmigung zugeteilt wurde,
- den mit der Genehmigung zugeteilten Funkrufnamen während des Senders wiederholt zu übermitteln,
- den Betrieb der Funkanlage durch geeignete Maßnahmen (z B. Sprechdisziplin, Beschränkung der Gesprächsdauer) so zu gestalten, dass anderen Funkanlagen, denen die gleiche Frequenz zugeteilt ist, ebenfalls eine reibungslose Betriebsabwicklung ermöglicht wird,
- das Bedienungspersonal auf die Verschwiegenheitspflicht und die strafbewehrte Verletzung des Fernmeldegeheimnisses hinzuweisen.

Für den Sprechfunkbetrieb im Werkschutz haben sich die folgenden Grundsätze, welche auch im Funkbetrieb der Sicherheitsbehörden (Polizei, Feuerwehr) angewendet werden, bewährt:

- Der Funkverkehr der Benutzer eines Funknetzes wird i. d. R. zwischen einer ortsfesten und einer/mehrerer beweglichen Funkstation abgewickelt. Die Art und Weise, in der die Informationen ausgetauscht werden, nennt man **Verkehrsarten.** Zu unterscheiden sind
  - Richtungsverkehr
  - Wechselverkehr
  - Gegenverkehr
  - Relaisverkehr.

Im beweglichen Betriebsfunk kommen normalerweise die Verkehrsarten „Richtungsverkehr“ und „Wechselverkehr“ zum Einsatz.

Beim **Richtungsverkehr** erfolgt die Informationsübermittlung immer nur in einer Richtung (z. B. Personenrufanlagen, Funkalarmierung, Durchsagefunkanlagen). Der Verkehr wird in Form von Anweisungen, Signalen und Daten abgewickelt.

Im **Wechselverkehr** wird auf **einer** Frequenz abwechselnd gesendet und empfangen. Dazu benötigen beide Stellen je einen Sender/Empfänger. Die sendende Stelle kann nicht durch die Gegenstelle unterbrochen werden.

Im öffentlich beweglichen Landfunk, bei Sicherheitsbehörden und teilweise von Energieversorgungsunternehmen wird **Gegenverkehr** angewendet. Es kann, wie beim Telefonieren, gleichzeitig gesendet und empfangen werden. Dazu sind jedoch zwei Frequenzen in entsprechendem Abstand (1 Kanalpaar) erforderlich. Ortsfeste Stationen senden meist im Oberband und empfangen im Unterband, bei mobilen Stationen ist es zwangsläufig umgekehrt. Aus diesem Grunde sind nur Funkverbindungen zwischen ortsfester und mobiler Funkstelle, nicht jedoch zwischen Mobilteilnehmern möglich.

Im **Relaisverkehr** erfolgt die Nachrichtenübertragung auf zwei Frequenzen **378**
(1 Kanalpaar) über eine zwischengeschaltete Relaisfunkstelle.
Relaisverkehr dient i. d. R. der Verbesserung der Reichweite und ist mit Geräten des beweglichen Betriebsfunks nicht möglich.

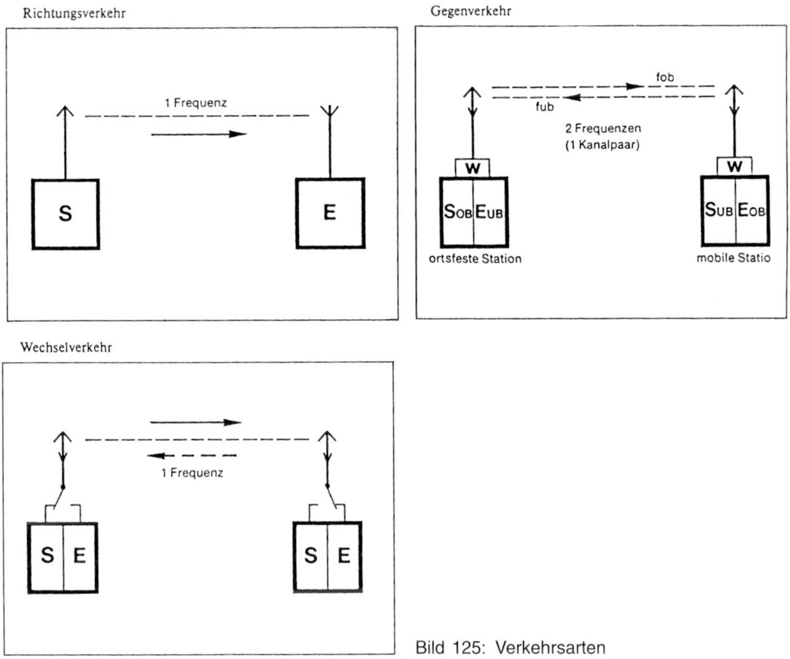

Bild 125: Verkehrsarten

- Die Organisation des betrieblichen Zusammenwirkens von Sprechfunkstellen wird als **Verkehrsform** bezeichnet.
  - Im **Linienverkehr** sind am Nachrichtenaustausch nur zwei Sprechfunkbetriebsstellen beteiligt.
  - Beim **Sternverkehr** tauschen mehrere Sprechfunkbetriebsstellen **über** eine gemeinsame Leitstelle (Sternkopf) oder **mit** dieser Nachrichten aus. Z. B. kommt diese Verkehrsform bei Funknetzen mit Selektivrufverfahren zum Tragen.

- Im **Kreisverkehr** können mehrere Sprechfunkbetriebsstellen gleichberechtigt innerhalb eines Funknetzes Nachrichten austauschen. Eine Sprechfunkbetriebsstelle ist mit der Leitung des Sprechfunkverkehrs beauftragt (Kreisleitstelle).
- Beim **Querverkehr** findet ein Nachrichtenaustausch zwischen mindestens zwei verschiedenen Sprechfunkverkehrskreisen statt. Diese Verkehrsform ist im beweglichen Betriebsfunk nicht gestattet.

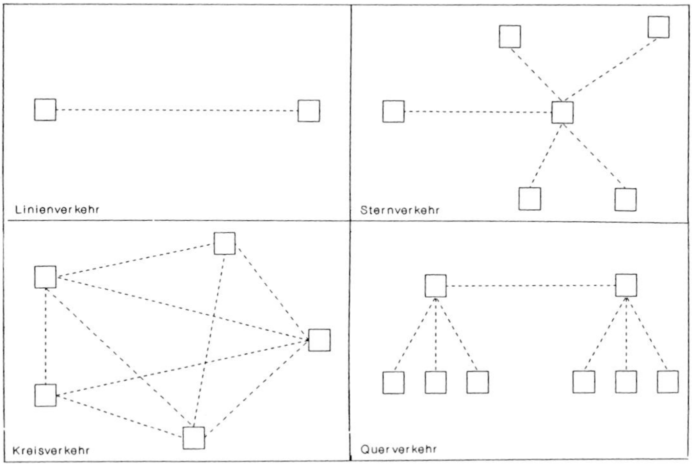

Bild 126: Verkehrsformen

- Wenn Funkverbindungen als Sicherheitsfunkkreise betrieben werden, ist es um so wichtiger, die Frequenzen durch strenge Funkdisziplin möglichst wenig zu belegen. Daher geht die Entwicklung in größeren Funknetzen weg vom Sprechfunk und hin zum Datenfunk. Trotzdem ist Sprechfunkverkehr so kurz wie möglich und so umfassend wie nötig abzuwickeln.

379 Folgende Regeln sind bei der **Verkehrsabwicklung** zu beachten:

- strenge Funkdisziplin halten (blockierte Frequenzen gefährden die Sicherheit)
- Höflichkeitsformeln unterlassen (Höflichkeit ist ohne Nachrichteninhalt)
- deutlich und nicht zu schnell sprechen (Rückfragen der Gegenstelle kosten Zeit)
- Abkürzungen vermeiden (Missverständnisse können gefährlich sein)
- Zahlen unverwechselbar (klar und betont) aussprechen (z. B. statt ZWEI ist ZWO zu sagen)

- Personennamen nur in begründeten Fällen nennen (Funkbezeichnung statt Name)
- Eigennamen und schwer verständliche Worte buchstabieren
- Teilnehmer mit „Sie“ ansprechen (auch zur Verbesserung der Funkdisziplin)

Der Sprechfunkverkehr wird durch den **Anruf** eröffnet; er besteht aus:

- dem Rufnamen der Gegenstelle
- dem Wort „von“
- dem eigenen Rufnamen
- ggf. der Ankündigung der Nachricht
- der Aufforderung „kommen“.

Der Anruf ist sofort durch die **Anrufantwort** zu bestätigen; sie besteht aus:

- dem Wort „hier“
- dem eigenen Rufnamen
- der Aufforderung „kommen“.

Beispiel:
„FLORA 635 von FLORA 11 kommen.“
„Hier FLORA 635 – kommen“.

Anrufe an alle oder mehrere Sprechfunkbetriebsstellen eines Sprechfunkverkehrskreises erfolgen mit dem eigenen Rufnamen und einem Sammelruf:

Beispiel:
- „FLORA 11 an alle“
- „FLORA 11 an alle außer FLORA 635“
- „FLORA 11 an alle im Bereich Forschung“.

Die angerufenen Sprechfunkbetriebsstellen werden einzeln zur Anrufantwort abgerufen.

Der erweiterte Anruf ist anzuwenden, wenn eine Verbindung nicht sofort zustande kommt. Dabei ist der Anruf bis zu dreimal zu wiederholen.

Beispiel:
„FLORA 635 von FLORA 11 –
FLORA 635 von FLORA 11 –
FLORA 635 von FLORA 11 kommen!“

Nach Empfang einer **Durchsage** bestätigt die aufnehmende Sprechfunkstelle mit „Verstanden“ und schließt den Verkehr mit dem Wort „Ende“ oder meldet ihrerseits weitere Nachrichten an.

TECHNIK

Muss bei der Durchsage einer Nachricht buchstabiert werden, ist dies mit „ich buchstabiere“ einzuleiten.

Beispiel:
„Hier FLORA 500, ich fahre in Richtung Calw – ich buchstabiere – Cäsar-Anton-Ludwig-Wilhelm–, kommen“.

Sprech- oder Durchgabefehler sind sofort mit der Ankündigung „ich berichtige“ zu korrigieren.

Die aufnehmende Stelle hält bei Unklarheiten Rückfrage mit den Worten „wiederholen Sie“

Beispiel:
„Wiederholen Sie alles nach …“
„Wiederholen Sie alles zwischen … und …“
„Wiederholen Sie alles vor …“

Die sendende Sprechfunkstelle beginnt die Wiederholung mit den Worten „ich wiederhole“

Jede Frage ist mit dem Wort „Frage“ einzuleiten.

Beispiel:
„Frage, Standort – kommen“
„Frage, Verständigung – kommen“.

Bei sicheren Sprechfunkverbindungen und eingespieltem Sprechfunkverkehr kann eine **verkürzte Verkehrsabwicklung** angewendet werden.

Beispiel:
„FLORA 48 von FLORA
– Verkehrsunfall Höhe Stoffeingang – kommen“
„Hier FLORA 48 – verstanden – Ende“.

Ruf- oder Funkmeldesysteme können Anruf, Anrufantwort, Identifizierung, Steuervorgänge und Zustandsmeldungen ersetzen oder verkürzen.

Funkalarmierung ist möglich als

- **Stiller Alarm** zur Alarmierung von Führungs- und Einsatzkräften
- **Lauter Alarm** zur Steuerung von Sirenen.

44.4 Mögliche **Fehlerquellen** an Handfunkgeräten und deren Beseitigung 380

Störungen	Fehlerquellen	Beseitigung
1. **Empfang** (schlechter Empfang)	– Akku zu schwach	– Akku gegen einen frisch geladenen austauschen
	– Antennenfehler, Antenne defekt, Antenne locker, falsche Antenne	– Antenne überprüfen, Antenne austauschen, Antenne festschrauben, Antenne austauschen
	– Gerät ist im Funkschatten	– Standort wechseln (Gelände/Bebauung beachten)
	– Umgebungsgeräusche z. B. von Maschinen	– Standort wechseln
	– Lautstärke zu gering	– Lautstärke anders einstellen
	– Empfang nur bruchstückhaft	– Rauschsperre abschalten
	– Empfang klar, jedoch Sprachsignal zu leise	– Gegenstelle auffordern, lauter zu sprechen bzw. Mikrofonabstand zu verbessern (5 – 10 cm)
	– Gesprächsbeginn wird nicht übertragen	– Gegenstelle auffordern, die Sendetaste rechtzeitig und bis zum Anschlag zu drücken
2. **Senden** (Ruf/Gespräch kommt bei der Gegenstelle nicht oder nur „abgehackt“ an)	– Ruftaste wird beim Sprechen nicht losgelassen bzw. noch weiterhin gedrückt	– Zum Rufen die Ruftaste nur kurz drücken, dadurch wird der im Gerät fest eingestellte Ruf ausgesendet (nur bei Geräten mit Tonruf-Geber-Auswerter)
	– Sprechtaste wird nicht richtig durchgedruckt	– Beim Drücken der Sprechtaste werden Sender und Empfänger umgeschaltet, daher Sendetaste gedrückt halten
	– Abstand zum Mikrofon wird nicht eingehalten oder es wird zu laut gesprochen	– Empfohlenen Abstand zum Mikrofon (5 – 10 cm) einhalten und mit normaler Lautstärke sprechen

TECHNIK

Störungen	Fehlerquellen	Beseitigung
	– Antenne bzw. Funkgerät werden beim Senden und Empfangen falsch gehalten	– Antenne bzw. Funkgerät beim Senden und Empfangen senkrecht halten
3. **Batteriepflege**	– Akkus, ist bereits nach kurzer Gebrauchsdauer leer (Memory-Effekt)	– Gerät nach Gebrauch immer ausschalten – Akkus entladen sich bei Lagerung selbst. Kapazitätsabnahme nach: 1 Wochen 10 % 2 Wochen 25 % 4 Wochen 40 % 8 Wochen 60 % – Akkus, die ständig in der Ladestation stehen (Erhaltungsladung), zeigen auch bei kurzer Belastung starke Kapazitätsabnahme. Maßnahme: Akkus regelmäßig (1 × pro Monat) entleeren

Bild 127: Handfunkgeräte; Störungen, Fehlerquellen und deren Beseitigung

45. Kapitel: Beobachtungsgeräte und Dokumentationsmittel

381 45.1 An **optischen Geräten** werden im Werkschutz im Rahmen des Streifendienstes, der Vorfeldüberwachung und der Observation u. a. **Ferngläser** eingesetzt.

Die wichtigsten Kenngrößen für ein Fernglas sind die Fernglasvergrößerung (**Vergrößerungszahl**) und der **Objektivdurchmesser** der vorderen Frontlinse, der die Lichtmenge bestimmt, die in das Fernglas eintreten kann.

Beide Kenngrößen sind auf einem Fernglas eingraviert z. B. 10 × 40 (Vergrößerungszahl: 10; Durchmesser der vorderen Frontlinse: 40 mm).

Die Vergrößerungszahl gibt an, um wieviel mal näher oder größer dem Betrachter das beobachtete Objekt erscheint.

Angegeben ist auch das **Sehfeld**, bezogen auf 1 000 m z. B. Sehfeld 114 m. (Ein Objekt, das 1 000 m entfernt ist, erscheint dem Betrachter durch das Fernglas, als wäre es nur 114 m entfernt.)

Weitere wichtige Kennzahlen sind die **Lichtstärke** und die **Dämmerungszahl.**

Die Lichtstärke ist eine Bezugsgröße, die die Leistung des Fernglases bei normalen Lichtverhältnissen ausdrückt. Die Dämmerungszahl gibt die Leistung des Fernglases bei Dämmerung oder allgemein schlechten Lichtverhältnissen an. Für beide Werte gilt: je höher der Wert, um so besser die Leistung bei den entsprechenden Lichtverhältnissen.

Beide Werte lassen sich durch die Kennzahlen Vergrößerungszahl und Durchmesser der vorderen Frontlinse errechnen.

Beispiele:

Lichtstärke = Durchmesser des Objektives in mm : Vergrößerungszahl im Quadrat

Rechenbeispiel: 40 : 10 = 4; 4 × 4 = 16

Das Fernglas hat eine Lichtstärke von 16.

Dämmerungszahl = Durchmesser des Objektives in mm × Vergrößerungszahl
Wurzel aus Ergebnis = Dämmerungszahl

Rechenbeispiel: 40 × 10 = 400; $\sqrt{400} = 20$
Das Fernglas hat eine Dämmerungszahl von 20.

Im praktischen Einsatz sollten Ferngläser mit hoher Lichtstärke und Dämmerungszahl verwendet werden, die eine Vergrößerungszahl von 10 nicht übersteigen (Verwacklungsgefahr).

Bei **Nachtsichtgeräten** ist zwischen Infrarot- (IR), Bildverstärker- und Wärme- 382
bildgeräten zu unterscheiden.

– **Infrarot (IR)-Geräte** sind geeignet, die von einem Objekt reflektierte IR-Strahlung, die mit normalem Auge nicht wahrnehmbar ist, mit Hilfe einer so genannten Bildwandlerröhre sichtbar zu machen. Das Objektiv bildet die Szene auf der Fotokathode des Infrarotbildwandlers ab. Der Betrachter erhält ein seitenrichtiges aufrechtstehendes Bild des beobachteten Objektes, ähnlich wie auf dem Bildschirm eines Schwarzweiß-Fernsehgerätes. Um die maximale Augenempfindlichkeit auszunutzen, ist der Bildschirm so aufgebaut, dass das abgegebene Licht etwa bei der Wellenlänge von 550 Nanometer (nm) liegt (maximale Augenempfindlichkeit), d. h. der Bildschirm erscheint hellgrün.

Voraussetzung zur Funktion dieses Systems ist, dass das zu beobachtende Objekt von einer IR-Lichtquelle (z. B. IR-Scheinwerfer im Gelände) angestrahlt wird.

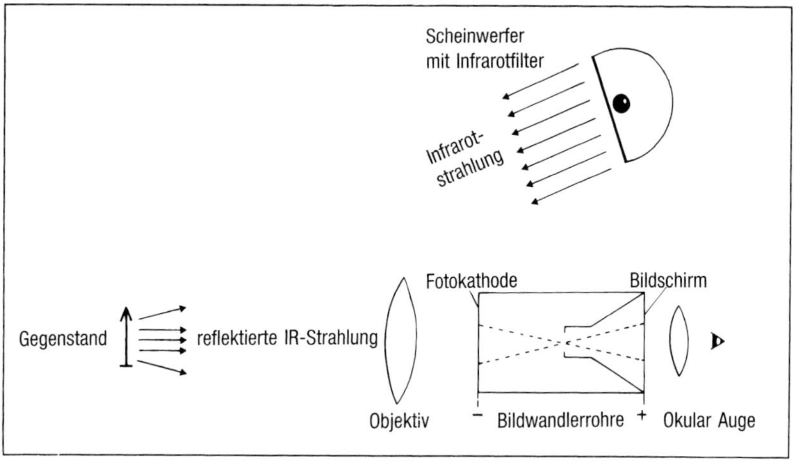

Bild 128: Funktionsprinzip der Infrarotbeleuchtung

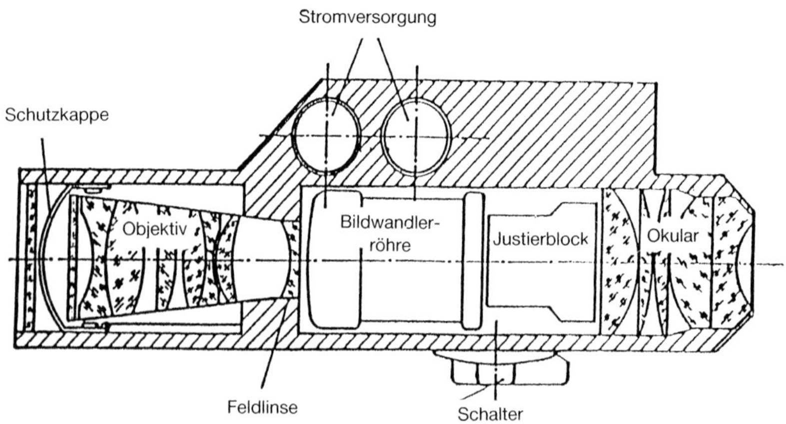

Bild 129: Längsschnitt durch ein IR-Nachtsichtgerät

- **Bildverstärkergeräte** werden auch als Restlichtgeräte, Restlichtverstärker oder als Restlichtaufheller bezeichnet. Bei ihrem Einsatz wird bei nächtlichen Beobachtungen keine künstliche Lichtquelle benötigt. **383**

Das vorhandene Restlicht kann je nach Aufbau des Bildverstärkerteils bis zu 100 000fach verstärkt werden. Auch bei plötzlichem Gegenlicht ist eine blendfreie Sicht möglich, da am Punkt der Lichtquelle automatisch eine Verstärkungsbegrenzung erfolgt, während das übrige Umfeld uneingeschränkt sichtbar bleibt.

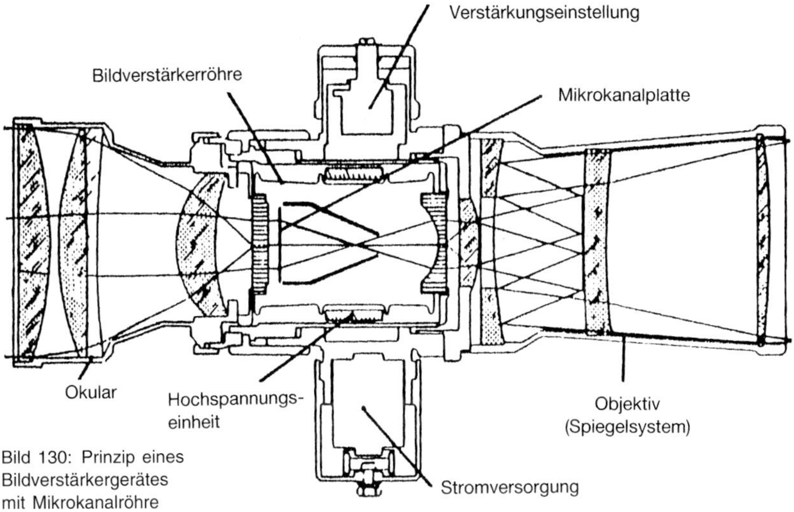

Bild 130: Prinzip eines Bildverstärkergerätes mit Mikrokanalröhre

Manche Geräte erlauben über Photoadapter den Anschluss einer Spiegelreflex-, Film- oder Videokamera. Durch die hohe Leuchtverstärkung des Gerätes können auch bewegte Vorgänge ohne zusätzliche Lichtquelle fotografiert bzw. gefilmt werden.

Wärmebildgeräte sind unabhängig von Lichtquellen und nutzen die thermische Eigenstrahlung von Objekten gegenüber der Umgebung zur Bilddarstellung aus. **384**

Sie besitzen als Bildaufnahmeröhre ein pyroelektrisches Vidicon, auf dessen strahlungsempfindlicher Schicht die Umwandlung des Wärmebildes in ein elektrisches Signal erfolgt, das über weitere Gerätebaustufen in ein sichtbares Bild umgesetzt wird.

Wärmebildkameras werden z. B. von Feuerwehren zum Erkennen verdeckter Glutbrände oder von Grenzschutz und Zoll zum Aufspüren von Personen eingesetzt.

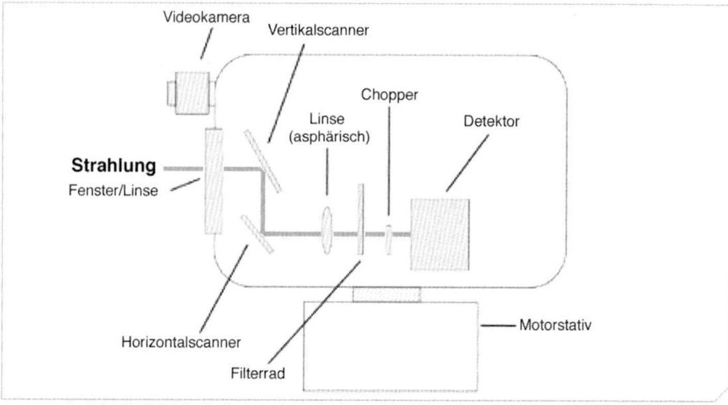

Bild 131: Prinzip eines Wärmebildgerätes

385 45.2 Aufgabe der **Videotechnik** ist es, mit Kameras Bilder aufzunehmen, diese in elektrische Informationen zu wandeln, ohne Zeitverzug über gegebene Entfernungen zu übertragen und auf dem Bildschirm eines Empfangsmonitors wiederzugeben.

Im Grundsatz setzt sich jede Videoanlage zusammen aus

- Videokamera (Aufnahmegerät)
- Bildübertragungssystem
- Videomonitor (Wiedergabegerät).

Diese Faktoren bestimmen die Bildqualität.

Die für die Videotechnik bedeutsame CCIR-Norm legt fest:

- 50 Halbbilder je Sekunde
- 312½ Zeilen im Zeilensprungverfahren.

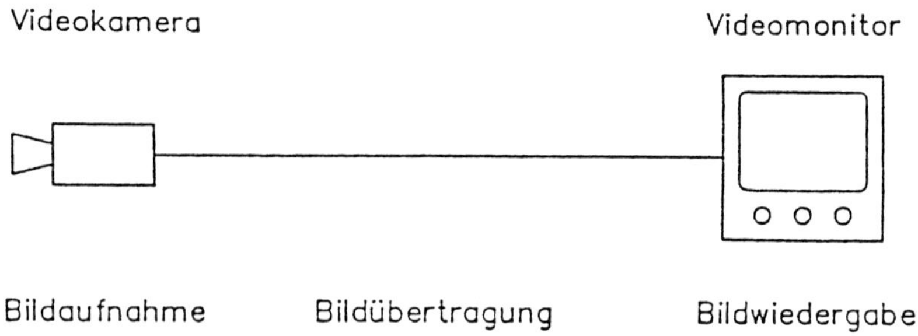

Bild 132: Aufbau einer einfachen Videoanlage

Weiterhin fordert sie von den Bauteilen der Übertragungstechnik eine Bandbreite von > 5 MHz. Die damit erreichbare Detailerkennbarkeit im Bild stellt neben der Grauwertabstufung (Gradation) und dem Signal/Störabstand (Rauschen) die wichtigsten Qualitätsmerkmale eines Fernsehbildes dar.

Wichtigster Teil der Videokamera ist die **Bildaufnahmeröhre** oder der **CCD-Bildsensor.** In den Halbleiterschichten dieser Bauelemente wird das über das Objektiv aufgenommene Bild in ein elektrisches Signal umgewandelt. Ein nachfolgender mehrstufiger Breitbandverstärker verstärkt die Signale auf einen bestimmten Normwert. Aus dem Ablenk-/Impulsteil der Kamera werden in speziellen Stufen des Verstärkers Austast- und Synchronimpulse für die horizontale und vertikale Steuerung des Elektronenstrahles in der Monitorbildröhre dem Bildsignal zugemischt. Das hierbei entstandene BAS-Signal (Bild-Austast-Synchronsignal) wird dem Kameraausgang mit 75 Ohm Normimpendanz zugeführt. **386**

Grundsätzlich ist zwischen farbtüchtigen und Schwarzweiß-Kameras zu unterscheiden. In der Objektsicherung ist der Einsatz der weniger aufwendigen Schwarzweiß-Kameras die Regel. Der Einsatz von Farbkameras mit dem Zusatznutzen der Farbinformation erfolgt derzeit meist in Innenbereichen.

Farbe ist ein zusätzliches Identifikationsmerkmal. Situationen können so schneller beurteilt werden, wodurch sich oft auch die Reaktionszeit verkürzt. Für das menschliche Auge ergeben sich beim Betrachten von Farbbildern eine bessere Akzeptanz und geringere Ermüdungserscheinungen. Die Lichtempfindlichkeit von Farbkameras ist um den Faktor 2 bis 5 geringer als bei Schwarzweiß-Kameras.

Durch die Markteinführung und Weiterentwicklung der CCD-Kameras haben Röhrenkameras mit Vidicon, Newicon und Silizium-Vidicon ihre Bedeutung verloren.

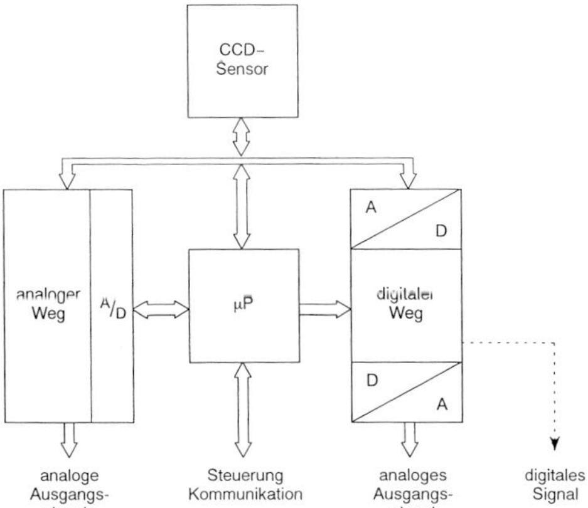

Bild 133: CCD-Kamera: Signalverarbeitung im digitalen Weg/Grafik: Grundig AG

TECHNIK

Als Weiterentwicklung der CCD-Kameras werden digitale Kameras auf dem Markt angeboten.

Die höhere Integrationsdichte aufgrund der digitalen Bausteine ermöglichen noch kleinere Kameras zu bauen und/oder bei gleichem Gerätevolumen mehr Funktionen zu integrieren.

So können neue Funktionen, die bisher teils nur in der Video-Zentrale untergebracht werden konnten, in der Kamera realisiert werden, so z. B. Bildspeicher, Security Code, Bildbewertungsmaske für Automatiken, Betriebsdaten und Statusmeldungen, Fernwirkinterface zur Video-Alarm-Zentrale.

Auch wird die Optimierung der Kamera auf ihre spezifischen Einsatzbedingungen mit immer der gleichen Hardware über softwareseitige Konfiguration ermöglicht (z. B. Tag-/Nachtabgleich).

Letztlich wird eine sehr hohe Betriebskonstanz erreicht, da alle relevanten Parameter ständig von Mikroprozessoren kontrolliert und ggf. korrigiert werden.

387 **Bildverstärkerröhren** bestehen aus einem Silizium-Vidicon mit einem integrierten Lichtverstärker. Die daraus resultierende extrem hohe Lichtempfindlichkeit prädestiniert Bildverstärkerkameras besonders für den Einsatz bei sehr schlechten Lichtverhältnissen.

Der Grenzwert der Beleuchtung liegt für normale Schwarzweiß-Kameras zwischen 0,1 und 1 Lux Beleuchtungsstärke. Nachtsichtkameras erreichen ihre Grenzempfindlichkeit erst bei 10-3 bis zu 10-4 Lux. Das entspricht einer Beleuchtung bei Vollmond oder Sternenlicht. Die Lichtausregelung wird über eine kombinierte Blenden-/Verstärkerautomatik vorgenommen. Weitere Vorteile sind geringe Trägheit und die Unempfindlichkeit gegen Spitzlichter. Bevorzugt werden Nachtsichtkameras mit Silizium-Target-Röhren (SIT) und Restlichtverstärkern eingesetzt. Auch kommen CCD-Kameras mit Restlichtverstärkung zum Einsatz.

Jede Videokamera ist mit einem **Objektiv** ausgerüstet. Aufgabe des Objektives ist es, die aufzunehmende Bildszene mit ausreichender Qualität auf der lichtempfindlichen Halbleiterschicht der Aufnahmeröhre oder des CCD-Sensors abzubilden.

Die Auswahl der **Brennweite** (f) richtet sich nach Größe und Entfernung der zu beobachtenden Objekte und dem Aufnahmeformat der Kamera.

Die **Lichtstärke** eines Objektives hängt von der größtmöglichen Öffnung der Blende ab. Sie kann manuell oder motorisch gesteuert bedient werden. Sie wird als Kehrwert der Blendenzahl angegeben (z. B. größte Blende = 1,4; Lichtstärke = 1 : 1,4). Objektive mit Werten 1 : 1 bis 1 : 2 werden als lichtstark bezeichnet.

Bild 134: Videokamera zur Außensicherung

Mit jedem neuen Blendenwert ist eine Änderung des Schärfetiefenbereiches verbunden, was besonders bei schlechten Lichtverhältnissen beachtet werden muss, da der Nahbereich dann unscharf abgebildet wird.

Kriterien zum **Einsatz** von Videoüberwachungskameras sind: 388

- Die Wahl der Kamera für den Einsatz in Objektschutzanlagen hängt von der jeweiligen Aufgabe und vom Kameratyp ab.
- Es ist auch zu entscheiden, ob Festkameras in entsprechender Zahl oder bewegliche Kameras mit Zoom-Objektiven auf Schwenkköpfen zum Einsatz kommen sollen. Festkameras sind starr ausgerichtete Kameras mit fester Blickrichtung und Objektiven fester Brennweite. Bei Schwenkkopf-Kameras besteht die Gefahr, dass im Alarmfall die Blickrichtung auf ein anderes Areal geschwenkt ist und somit der alarmauslösende Vorgang nicht erfasst werden kann.
- Um bei Röhrenkameras eine schnellere Betriebsbereitschaft herzustellen, können die Kameras in einer Bereitschaftsschaltung (stand-by) betrieben werden.

Bei der **Auswahl von Kamerastandorten** sollten folgende Rahmenbedingungen Beachtung finden:

- Auswahl eines günstigen Standortes ohne größere äußere Störeinflüsse (Spiegelung, Blenden, Sonneneinstrahlung, Fahrzeugscheinwerfer usw.).
- Gute mechanische Standfestigkeit der Kamerabefestigung und ggf. des Kameramastes.
- Richtige Auswahl des Objektives mit der Folge möglichst großer Bildänderungen durch die erwarteten Auslöseursachen.
- Richtige Auswahl der Aufnahmeröhren bzw. des CCD-Sensors in Zusammenhang mit den Beleuchtungsverhältnissen (insbesondere im Außeneinsatz sind hochwertige Kameras erforderlich).
- Ausreichendes Beleuchten insbesondere der zu detektierenden Szenerie.
- Möglichst kontrastreiches Abbilden der potenziellen Auslöseursachen, ggf. durch günstige Farbgebung des Hintergrundes.

Kameras sind aufgrund ihres Aufbaus und ihrer Funktionsweise verhältnismäßig leicht zu zerstören oder anderweitig außer Betrieb zu setzen.

Eine Verminderung des **Sabotagerisikos** kann durch die folgenden Maßnahmen erreicht werden:

- Einsatz stabiler Schutzgehäuse
- Anbringen der Kameras in ausreichender Höhe, sodass ohne Hilfsmittel kein Zugriff möglich ist
- Verlegen der Zuleitungen unter Putz, in Rohren oder innerhalb von Kameramasten
- Sichern der Verteilerkästen durch überwachte Deckelkontakte mit Anschluss an die Einbruchmeldeanlage
- Ständige Funktionsprüfung durch regelmäßiges Einschalten auch zeitweilig nicht benutzter Kameras oder durch selbsttätige Überwachungseinrichtung
- Bei örtlicher Stromversorgung sichern der Elektroverteilungen (Verschluss/Überwachung)
- Fester Anschluss der Videosteuer- und Versorgungskabel an der Kamera (nicht steckbar)
- Verändern der Kameralage und -befestigung nur mit Hilfe von Spezialwerkzeugen
- äußere Kontrolle durch Werkschutzstreifen
- elektronische Sicherung (z. B. Videostörmeldung).

Bestimmte Anwendungen erfordern die **fernbediente** Änderung von Beobachtungsbereichen einer Kamera. Standardmäßig können mit Hilfe von Zusatzgeräten folgende Funktionen ferngesteuert werden:

- horizontales Schwenken der Kamera
- vertikales Neigen der Kamera
- Brennweite ändern (Zoom)
- Entfernung einstellen (Schärfe)
- Blende einstellen (Schärfentiefe).

Mit Hilfe von frequenz- oder impulscodierten Fernsteuergeräten können die verschiedenen Fernsteuerbefehle parallel über eine einzige Leitung übertragen werden. Hierzu können z. B. auch die 2-Drahtleitungen für die Übertragung des Videosignals mitverwendet werden.

Insgesamt kann mithilfe von Zoom und Schwenk-/Neigeeinrichtung ein erheblicher Sichtbereich für eine Kamera erzielt werden. Vom Einsatz der Kamerafernbedienung sollte jedoch sparsam Gebrauch gemacht werden. Insbesondere ist eine gleichzeitige lückenlose Betrachtung des möglichen Gesamtsichtbereiches nicht gewährleistet. Weiterhin erfordert das Fernbedienen die volle Konzentration und Aufmerksamkeit des Wachpersonals, die im Alarmfall meist anderen Tätigkeiten zu widmen ist.

Wetterschutzgehäuse sind meist aus stranggepresstem Aluminium hergestellt und mit Sonnendach und Schwenkarm ausgerüstet. Ein integriertes Netzteil zur Stromversorgung der Kamera und thermostatgeregelte Scheibenheizung gehören mit zur Serienausstattung.

Für die **Stromversorgung** von Kameras sind grundsätzlich drei Möglichkeiten **389**
vorhanden:

- örtliche Versorgung aus dem 220-V-Netz (häufigster Fall)
- Gleichstromfernversorgung über Systemkabel (Kabel mit Koax-, Steuer- und Versorgungsleitungen)
- Gleichstromfernversorgung über das Koaxkabel selbst.

Für die **Übertragung** von Videosignalen bestehen folgende Möglichkeiten:

- Koaxial-Kabelverbindungen
- Zweidrahtverbindungen (Fernmeldekabel)
- Lichtwellenleiter-Verbindungen
- Funkstrecken
- Infrarotübertragungsstrecken.

Beim Übertragen kommt es darauf an, Signaldämpfungen und -verzerrungen in vertretbaren Grenzen zu halten. Dabei sind die Werte von Übertragungsverfahren, Art und Querschnitten der Kabel sowie der Länge der Verbindung abhängig. Die Güte der Übertragungsstrecke bestimmt im Wesentlichen den Umfang der Bildqualität.

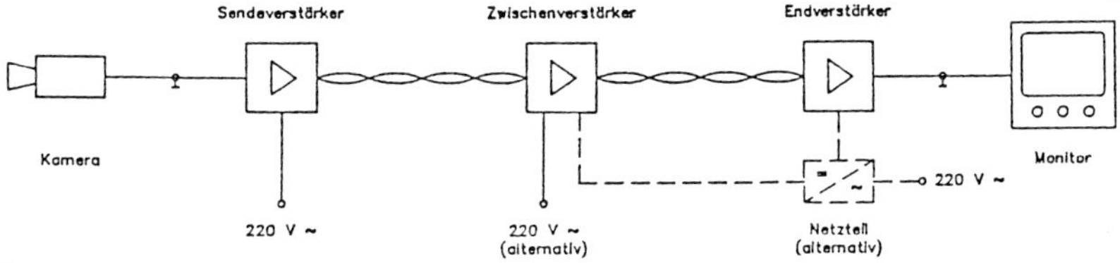

Bild 135: Prinzipieller Aufbau einer Zweidrahtübertragungsstrecke

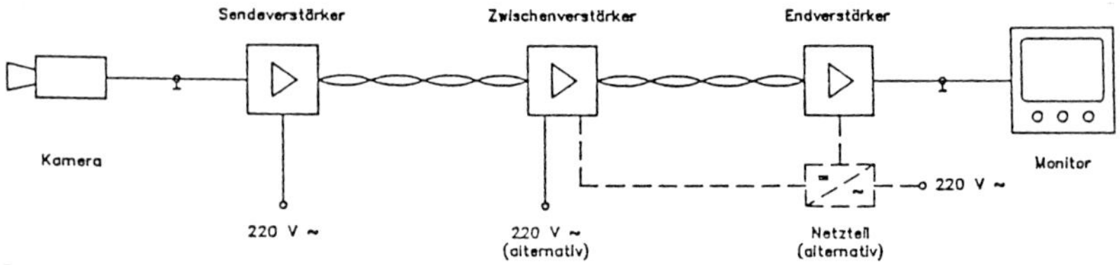

Bild 136: Übersichtsschaltbild einer Lichtwellenleitübertragungsstrecke

390 Videosignale können über ISDN-Leitungen über öffentliche Netze weltweit übertragen werden.

Neben der nahezu Echtzeit-Videoübertragung mittels Primärmultiplexanschluss (hohe Übertragungsrate durch Bündelung mehrerer ISDN-Kanäle) kommt noch der Fastscan-Videoübertragung mittels ISDN-Standardanschluss Bedeutung zu.

Um international produktunabhängige Verbindungen über ISDN herstellen zu können, sind bestimmte Konventionen einzuhalten, die die ITU (International Communication Union) früher CCITT (Comite Consultatif International Telephonique et Telegraphique), ein Gremium zur weltweiten Standardisierung der Telekommunikation, erarbeitet hat. Die Standards sind Empfehlungen, sie haben also keine bindende Wirkung. Systeme, die die Standards nicht einhalten, können in der Regel nur mit ihresgleichen kommunizieren und sind damit erheblich in ihrem Nutzungswert eingeschränkt.

Die wesentlichen Übertragungsstandards der ITU für Videosysteme sind nachfolgend aufgelistet:

H.320 CCITT-Standard zur Einbindung von Video, Audio und Daten in multiple 64 kbit/s-Kanäle, eine Rahmenempfehlung als Basis für alle Video-Codecs, der sog. „Umbrella-Standard“

H.221 CCITT-Standard einer Rahmenstruktur (Framing) für audiovisuelle Dienste in multiplen 64 kbit/s-Kanälen

H.230 CCITT-Standard für rahmensynchrone Steuerung

H.242 CCITT-Standard für Kommunikationsprotokolle zum Aufbau und Abbau der Verbindung (Konfigurations-Prozeduren)

H.261 CCITT-Standard für die digitale Kompression/Dekompression analoger Videosignale

(Fortsetzung Seite 508)

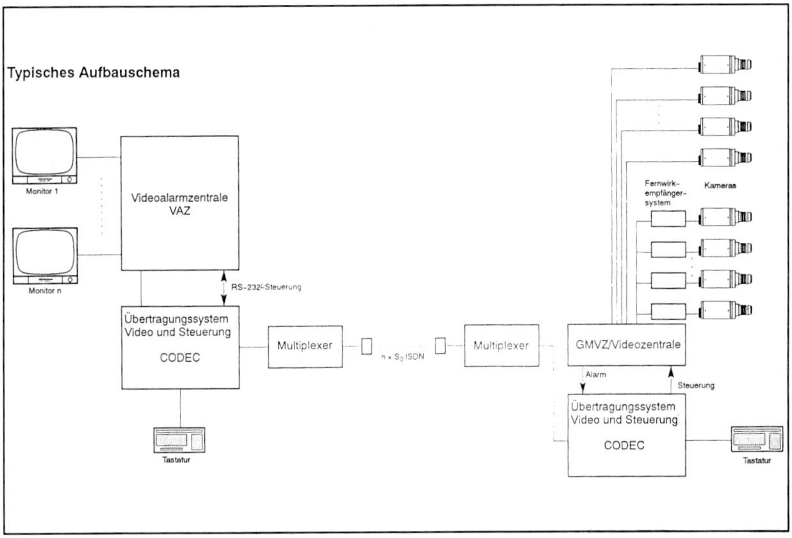

Bild 137: Typisches Aufbauschema einer Videobildübertragung per ISDN/Grafik: Plettac

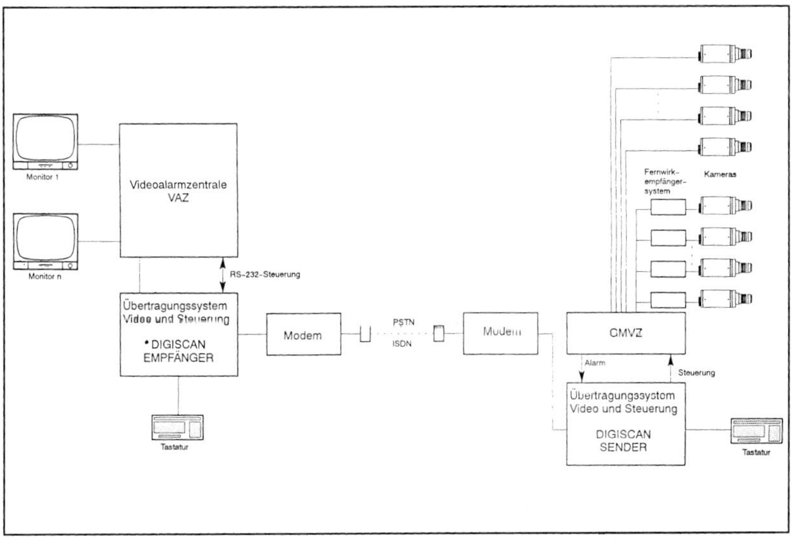

Bild 138: Typisches Aufbauschema einer Fastscan-Videoübertragung/Grafik: Plettac

G.711 CCITT-Standard für die Digitalisierung und Kompression eines analogen 3,1 kHz-Audio-Bandes in einen 56/64 kbit/s-Kanal

G.722 CCITT-Standard für die Digitalisierung und Kompression eines analogen 7 kHz-Audio-Bandes in einen 48/56/64 kbit/s-Kanal

G.728 CCITT-Standard für die Digitalisierung und Kompression eines analogen 3,1 kHz-Audio-Bandes in einen 16 kbit/s-Kanal

Eine Dauerüberwachung ist möglich. Hierbei wird die Funktionsfähigkeit und die Übertragungsqualität des ISDN-Anschlusses ständig überwacht.

Neben der Übertragung per ISDN oder Modems ist auch eine Videobildübertragung mittels Datennetzen wie z. B. X 25 möglich.

391 Herzstück der Anlagen ist die **Video-Zentrale** mit der so genannten Video-Kreuzschiene. Sie schaltet annähernd beliebig viele eingehende Videosignale von Kameras, Bildspeichern oder Langzeit-Recordern auf die gewünschte Anzahl von Ausgängen (Monitore).

Alarmaufschaltungen, die von Meldekontakten der einer Überwachungsanlage (z. B. Zaunsensoren der Freigeländeüberwachung) ausgelöst werden, schalten die den entsprechenden Abschnitten zugehörigen Kameras automatisch auf Monitorgruppen.

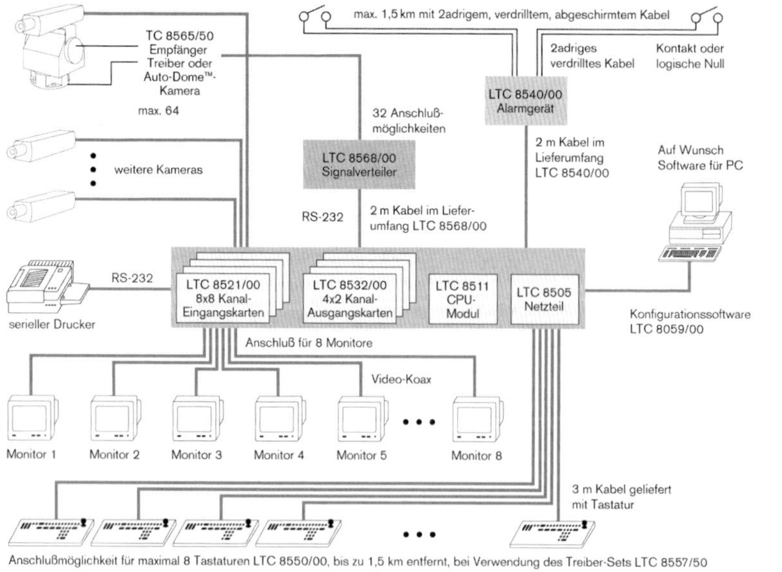

Bild 139: Videokreuzschiene/Grafik: BOSCH Sicherheitssysteme

Bild 140: Einsatzzentrale/Foto: Dornier

Mit einem Anwahlgerät können programmierte Bedienfunktionen der Video- 392
Zentrale abgerufen werden. Die Funktionen solcher Zentralen sind:

- Manuelle und prozessorgesteuerte sowie codierte Anwahl jeder gewünschten Kamera
- Integrierter, am Bedienteil programmierbarer Sequenzbetrieb (Automatischer optischer „Wachrundgang"; Reihenfolge, Zeit und Anzahl der Kameras lassen sich beliebig zusammenstellen)
- Steuerfunktionen für Schwenkkopf und Zoom-Objektiv von fernbedienbaren Kameras mit und ohne „Home-run-Funktion"
- Mehrere Bedienteile anschließbar
- Sperrung der Kameraanwahl für bestimmte Bedienerplätze
- Quittier- und Rücksetzfunktionen nach abgearbeiteten Alarmen sowie deren Protokollierung
- Steuerung von Lageplantableaus
- Bedienfunktionen zur Fernsteuerung von Langzeit-Recordern
- Ausgangsbezogene Schrifteinblendung mit Videoschriftmodul
- Alarmausgang potenzialfrei; Alarmsignalisierung optisch und akustisch am Bedienpult.

Videoüberwachung über Datennetzwerke

Immer mehr Einsatzbereiche erobern sich die Videoüberwachung. Von der videotechnischen Produktionsüberwachung, der Gebäude-, Personensicherheit bis hin zur Prävention gegen Kriminalität im öffentlichen Raum. Die Nachfrage nach effektiven Systemen, die sowohl wirtschaftlich als auch zuverlässig arbeiten, wächst.

Das Netzwerk als Verbund zwischen mehreren Rechnern in einem Unternehmen und das Internet als weltweites Medium des Informationsaustausches ist inzwischen Standard in vielen Unternehmen und nicht mehr aus dem Tagesgeschäft zu entbehren.

Das Prinzip der Videoüberwachung über das Netzwerk basiert auf der Übertragung von Bilddaten über die Standardprotokolle TCP/IP in Internet und Intranet. Durch einen in die Kameras integrierten Server(Mini-PC), dem eine eigene IP-Adresse zugeordnet werden kann, kann diese Kameratechnik in TCP/IP – Netze integriert werden. Überall dort, wo ein Daten-Netzwerk mit ausreichender Übertragungskapazität und ein Stromanschluss vorhanden sind, kann eine IP-Kamera direkt in das Netz angeschlossen werden und liefert sofort die Bilddaten an einen PC mit entsprechender Konfiguration.

Dies ist von der Wirtschaftlichkeit und der Flexibilität her überzeugend, so wie einige Beispiele es verdeutlichen:

- Kein Verlegen von Koaxialkabeln;
- Videokreuzschienen wie bei der klassischen analogen Videotechnik notwendig sind nicht mehr erforderlich;
- nach Vergabe einer IP-Adresse für den Kameraserver steht die Kamera zur Bildübertragung sofort zur Verfügung („Plug and Watch" Technologie);
- netzwerkweiter (Intranet oder Internet) Zugriff auf die Kameraeinstellungen über einen Standardbrowser;
- nicht genutzte Netzwerkressourcen können effizienter mitgenutzt werden;
- schrittweise Umstellung von analoger Technik auf Netzwerk-Kamerasysteme (Netzwerkkamera oder Videoserver in Verbindung mit CCTV- Kameras);
- flexibler Einsatz der Kameras bei wechselnden Standorten;
- digitale Bildspeicher archivieren kosteneffizient die Bilddaten, die durch neue Komprimierungsverfahren einen geringen Speicherplatzbedarf haben;
- in Sekundenschnelle werden die gewünschten Bilddaten aus einer Datenbank abgerufen (Suchfunktionen nach Datum, Zeit etc.);
- ereignisgesteuerte Bildaufnahme, die ein Archivieren von Bildern vor dem Alarm ermöglicht, etc.

393 Der **Monitor** ist das Bildwiedergabegerät. Auf dem Schirm seiner Bildröhre findet die Rückumwandlung des von der Kamera gesendeten elektrischen BAS-Signals in ein optisches Bild statt. Hochauflösende Kameras erfordern auch hochauflösende Monitore.

Für Überwachungszwecke werden Monitore mit Diagonalmaßen von 23 cm bis 60 cm eingesetzt.

Bei Dauerarbeitsplätzen in Videoüberwachungszentralen können nach dem heutigen Stand der Untersuchungen gesundheitliche Langzeitschäden, hervorgerufen durch elektrostatische und magnetische Felder, nicht ausgeschlossen werden.

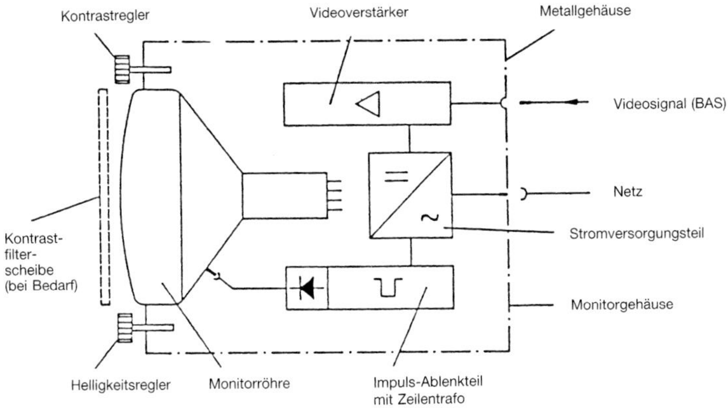

Bild 141: Bestandteile eines Video-Monitors

Deshalb ist zu empfehlen, Monitore nur dort einzusetzen wo diese Strahlung reduziert oder abgeschirmt ist. Monitore mit reduzierter Abstrahlung sind mit der Kennzeichnung „LOW RADIATION“ gekennzeichnet. Einen höheren Schutz bieten Monitore die der schwedischen MPR II-Richtlinie entsprechen.

Immer häufiger werden TFT-LCD-Monitore eingesetzt, die die vorgenannten Nachteile nicht mehr haben.

Mit steigender Anzahl gleichzeitig zu überwachender Monitore sinkt die Qualität der Überwachung. Es sollten daher nicht mehr als sechs bis sieben Monitore von einer Person überwacht werden. Gegebenenfalls sind zusätzliche Detektionsmittel oder selbsttätige Bildauswerteeinrichtungen einzusetzen, damit die Notwendigkeit einer ständigen Beobachtung entfällt und der Monitor nur im Ereignisfall aufgeschaltet wird.

Durch Bild-im-Bild- und Splitting-Verfahren können auf einem Monitor bzw. auf einer Videowand mehrere Kameras aufgeschaltet und deren Bildübertragung gleichzeitig dargestellt werden. Es sind je nach technischer Auslegung 2 bis 16 Aufschaltungen möglich. Ein höheres Aufsplitten erscheint aufgrund der mangelnden Detailerkennbarkeit nicht sinnvoll.

Videobilder können einer **Auswertung** unterzogen werden, die definierte Bildver- **394**
änderungen erkennt, meldet und daraus Schaltvorgänge ableitet. So können insbesondere Bewegungen im Aufnahmebereich einer Kamera – sei es von Personen oder beispielsweise von Kraftfahrzeugen – selbsttätig erkannt werden.

Im einfachsten Fall kann dadurch eine Aufmerksamkeitsschaltung verwirklicht werden, indem z. B. mit erkannten Bewegungen im Kamerasichtbereich ein akustisches Signal ertönt und ein zunächst dunkel getasteter Monitor eingeschaltet wird. Hierdurch wird einem Ermüden des Wachpersonals durch ständiges Beob-

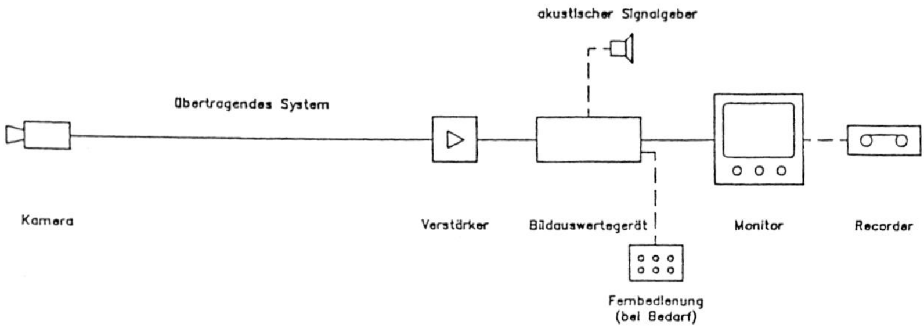

Bild 142: Einzelanlage mit Bildauswerteeinrichtung

achten von Bildschirmen vorgebeugt; die dadurch verbesserten Chancen zur unbemerkten Überwindung von kontrollierten Zonen werden verringert.

Unter bestimmten Voraussetzungen können Bildauswertesysteme auch direkt zur Detektion eingesetzt werden. Sie wirken dann ähnlich wie Bewegungsmelder aus dem Bereich der Gefahrenmeldetechnik mit dem zusätzlichen Vorteil der integrierten Bildaufschaltung.

Die Auswerteeinrichtung wird in die Videosignalkette eingeschleift. Die Auswerteeinrichtung speichert von der Kamera übermittelte Momentanbilder digital in einen Festkörperspeicher ein und vergleicht sie ständig mit zeitlich später einlaufenden Bildern.

Der gesamte Bildschirm kann systemabhängig in bis zu etwa 1 000 rechteckige Bildzonen aufgeteilt werden, die einzeln aktiviert und ausgewertet werden können.

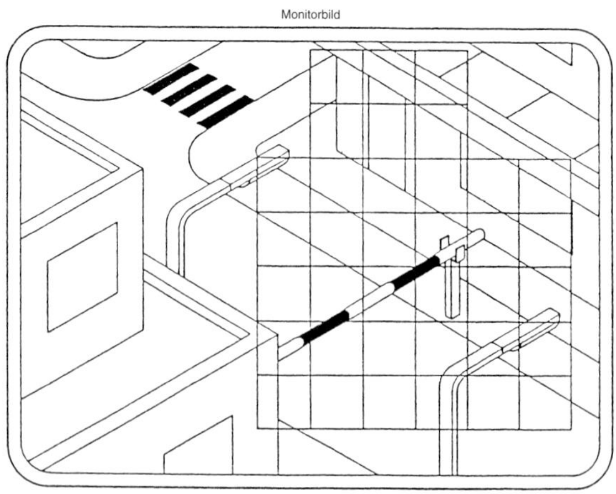

Bild 143: Videobild mit Auswerteraster

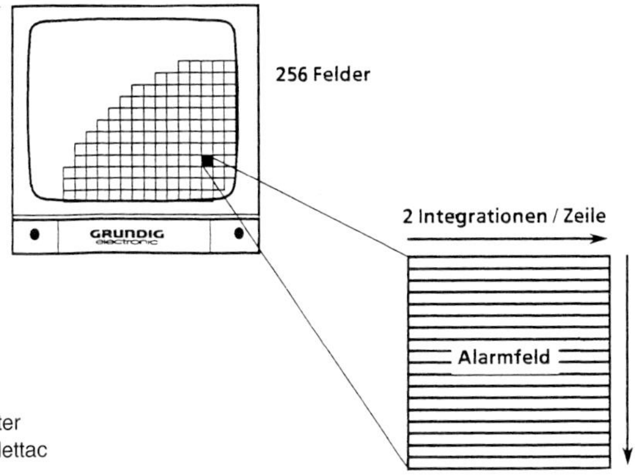

Bild 144: Überwachung bestimmter Bildausschnitte/Foto: Plettac

Somit ist ein Überwachen bestimmter Bildausschnitte möglich. Ergibt der Vergleich in einer oder mehreren Bildzonen eine größere Abweichung (Kontrast) als die zulässige Toleranz, wird Alarm ausgelöst. Die betreffenden Bildzonen werden registriert und als in Alarm befindlich abgespeichert.

Ein Problem bei der Auswertung stellen optische und andere Umwelteinflüsse dar, durch die Fehlalarme entstehen können.

Beispiele:
- sich änderndes Sonnenlicht
- Spiegelungen
- künstliche Lichtquellen
- Schneetreiben, starker Regen
- durch Wind bewegte Pflanzen.

Wirksame Gegenmaßnahmen können – neben dem Einhalten allgemeiner Randbedingungen – nur mit einer aufwendigen und ausgereiften Technik getroffen werden.

Beispiele:
- Einrichten besonderer Lichtmessfelder, um großflächige Lichtänderungen zu erkennen und als Alarm zu eliminieren
- für jede Zone separat programmierbare Toleranzeinstellung (Grauwerte, Alarmzahl)
- logisches Verknüpfen von Bildzonen, sodass z. B. eine Bewegung in einer Richtung als Alarm erkannt wird, in der Gegenrichtung jedoch nicht.

- Erkennen bestimmter Bildmuster und Eliminieren von Alarmauslösungen bei sich ständig wiederholenden, gleichen Bildveränderungen (z. B. Zugverkehr im Hintergrund, durch Wind bewegte Gegenstände).

TECHNIK

395 Zum Erfassen und logischen Verarbeiten der einzelnen Bildinformationen sowie zum Vereinfachen der Bedienung werden **Mikroprozessoren** eingesetzt.

Bedienung und Einstellen der Auswerteeinrichtung erfolgen meist direkt über den Monitorbildschirm. Hierbei können z. B. mit Hilfe von Lichtgriffeln einzelne Bildzonen aktiviert und eingestellt werden. Moderne Verfahren arbeiten menügesteuert mit Texten auf dem Bildschirm und Befehlseingaben über Tastaturen.

Da die in Alarm gehenden Bildzonen gespeichert werden, ist neben dem Alarmauslösen ein Aufhellen der betreffenden Zonen auf dem Bildschirm möglich. Dadurch wird auf die Ursache hingewiesen.

Video-Controller (Video-Bewegungsmelder) bewerten das Kamerabild nach Änderungen und vergleichen sie mit einstellbaren Alarmkriterien.

Heute können Umwelteinflüsse, die noch vor kurzem häufig zu Fehlalarmen führten, weitgehend ausgeblendet werden. Z. B. registriert der Video-Controller das Öffnen eines Gebäudefensters als Bildänderung; aber nur, wenn sich eine Person durch das Fenster in irgendeiner Richtung bewegt, wird Alarm ausgelöst.

396 **Bildaufzeichnungsgeräte** wie **Multi-Channel-Recorder** (MCR) ermöglichen die Speicherung von Bildern mehrerer Kameras fast zeitgleich auf einem Magnetband. Damit lassen sich Daueraufzeichnungen mehrerer Kameras kostengünstig und raumsparend archivieren.

Bei sämtlichen Multi-Channel-Recording-Systemen wird die Signalverarbeitung durch die Bildaufnahmefrequenz von 25 Vollbildern pro Sekunde begrenzt.

397 **Time-Lapse-Recorder** sind Magnetbandspeicher, die mit handelsüblichenVHS-Kassetten in zwei verschiedenen Betriebsarten arbeiten (Echtzeit-Aufzeichnung, Time-Lapse- bzw. Langzeitbetrieb). Als Aufnahmezeiten sind meist 24, 48, 72, 120, 240, 480, 720 und 900 Stunden vorwählbar.

Die Recorder sind mit einem Alarmeingang ausgestattet, der im Alarmfall ein Hochlaufen der Time-Lapse-Aufzeichnung in eine Echtzeit-Aufzeichnung bewirkt. Time-Lapse-Recorder ermöglichen so eine Dokumentation von Ereignissen über längere Zeit, ohne dass das Magnetband gewechselt werden muss.

Schnelle Halbleiter-Speicher überbrücken als Bildzwischenspeicher die Zeit, die ein Time-Lapse-Recorder benötigt um von Langzeit-Betrieb auf Echtzeit-Betrieb hochzulaufen.

Bildaufzeichnungssysteme auf Datenspeicher (PC-Festplattenlaufwerke, Wechselplatten u. a.) nutzen zur Dokumentation digitalisierte Videobilder. PC-gestützt, mit entsprechender Software ausgestattet ermöglichen diese Systeme das schnelle Auffinden von bestimmten Sequenzen und die Nachbearbeitung von Videobildern. Die Nachbearbeitungsmöglichkeit ist bezüglich der Qualitätsverbesserung von Aufnahmen sehr wertvoll, schränkt aber den Beweiswert so gewonnener Aufnahmen unter Umständen rechtlich ein, da Manipulationen an dem Bildmaterial nicht ausgeschlossen werden können.

Mit Hilfe von **Videohartkopiegeräten** (Videoprintern) können aus den Bildfolgen einer bewegten Szene Einzelbilder ausgewählt und als Momentaufnahme ausgedruckt werden.

Auch ist es möglich zu archivierende Videobilder zu digitalisieren und auf einem Massenspeicher (z. B. Personalcomputer) oder auf Diskette zu speichern. Solche Bilder können bei Bedarf mit geeigneter Software nachbearbeitet und ebenfalls ausgedruckt werden.

45.3 Die **Fotodokumentation** kann zum Sichern von Tatbeständen, Spuren **398**
(s. Rn. 267 f.) und anderen Beweismitteln angewendet werden und außerdem bei der Klärung von Schuldfragen hilfreich sein.

Der Einsatz der Fotografie empfiehlt sich

- bei Arbeitsunfällen (s. Rn. 152)
- bei Unfällen im innerbetrieblichen Straßenverkehr (s. Rn. 157)
- im Rahmen des Ermittlungsdienstes (s. Rn. 265)
- bei Observationen
- bei Schadensfällen aller Art.

Wenn eine Kamera für den Werkschutz angeschafft und von mehreren Mitarbeitern genutzt werden soll, ist eine leichte und sichere Bedienbarkeit unabdingbare Voraussetzung. Der Kameratyp ist immer nach den Erfordernissen des Einsatzzweckes zu wählen.

Der Vorteil von **Sofortbildkameras** liegt in der Möglichkeit, das Bild kurz nach der Aufnahme an Ort und Stelle zu prüfen und gegebenenfalls zu wiederholen. Reproduktionen der Aufnahmen sind möglich (Bild-vom-Bild-Verfahren).

Nachteilig ist, dass man immer nahe an das Motiv herangehen muss, um es formatfüllend abzubilden. Bei zu großem Aufnahmeabstand ist eine Detailerkennbarkeit nur bedingt gegeben.

Ausstattungsmerkmale sollten sein:

Eingebautes Elektronenblitzgerät mit Lichtmischsystem, um starke und störende Kontraste zu verhindern. Der Belichtungsregler steuert den Blitz und führt automatisch die richtige Menge Blitzlicht zu.
- Automatische Fokusierung mit Infrarot-Entfernungsmesser.

Kleinbildsucherkameras verfügen über ein vom Aufnahmeobjektiv getrenntes **399**
Suchersystem und mittels eingebauter Elektronik über eine Vielzahl sinnvoller Automatikfunktionen.

Bild 145: Sofortbildkamera/Foto: Polaroid

Ausstattungsmerkmale sollten sein:

- Selbsttätige Filmeinfädelung mit Filmempfindlichkeitserkennung (DX-Codierung)
- Eingebautes Elektronenblitzgerät
- Vollautomatischer Belichtungsmesser und Blendensteuerung
- Mischbild-Entfernungsmesser
- Fixfocus-Objektiv
- Belichtungskorrekturschalter für Gegenlichtaufnahmen.

Die Bedienung der Kleinbild-Sucherkameras ist relativ einfach.

Für den Ungeübten ist das getrennte Aufnahme- und Suchersystem eher nachteilig. Da Aufnahmeobjektiv und Sucher unterschiedliche Blickwinkel haben, „sieht" der Sucher etwas mehr als das Objektiv. Dadurch kann es geschehen, dass nicht alles, was man im Sucher sieht, auch auf dem Foto abgebildet ist. Dieser Mangel wird mit einem Leuchtrahmen im Sucher ausgeglichen.

Das Objektiv ist normalerweise nicht auswechselbar.

400 **Kleinbildspiegelreflexkameras** (SLR = Single Lens Reflex) lichten genau den Ausschnitt auf dem Film ab, der durch den Sucher gesehen wird.

Kleinbild-Spiegelreflexkameras bieten gegenüber Kleinbild-Sucherkameras erhebliche Vorteile. SLR-Kameras verfügen über die Möglichkeit, Wechselobjektive zu verwenden (Bajonettverschluss), eine exakte Lichtmessung durch das Objektiv, einen schnellen Verschluss, der bei einigen Modellen Verschlusszeiten von $^1/_{2000}$stel bis $^1/_{4000}$stel Sekunde realisiert.

In der beweiskräftigen Tatortfotografie wird für Übersichtsaufnahmen häufig ein Normalobjektiv von 50 mm Brennweite und Lichtstärken zwischen 1,2 und 2 benötigt.

Bild 146: Kleinbildsucherkamera/Foto: Canon

Zusätzlich bieten sich an:

- Weitwinkelobjektiv mit 24, 28 oder 35 mm für Aufnahmen großräumiger Motive oder bei kurzem Aufnahmeabstand wie z. B. in Räumen.
- Zoomobjektiv (Varioobjektiv) mit einer Brennweite von 50–300 mm mit Schiebeeinstellung (Schiebezoom).
- Makroobjektiv für Aufnahmen kleinster Objekte mit geringem Aufnahmeabstand.

Für Aufnahmen bei schlechten Lichtverhältnissen empfiehlt sich zur Ausleuchtung des Aufnahmeortes ein Computerblitzgerät.

Bild 147: Spiegelreflexkamera/Foto: Canon

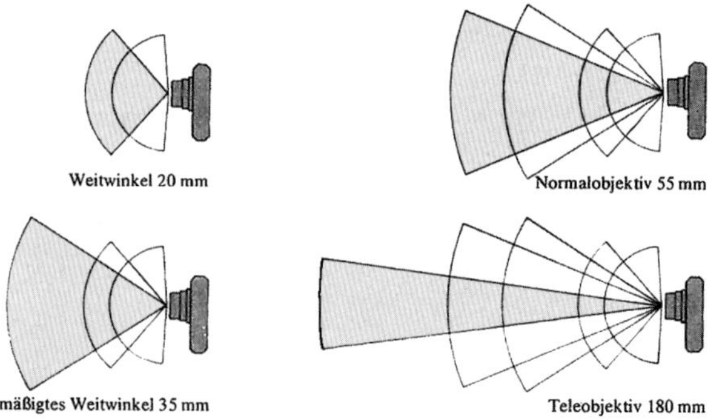

Bild 148: Weitwinkel 20 mm; Normalobjektiv 55 mm; gemäßigtes Weitwinkel 35 mm; Teleobjektiv 180 mm

Das Blitzgerät sollte für Normal-, Weitwinkel- und Teleobjektiv geeignet sein. Der Blitzkopf sollte für indirekte Beleuchtung schwenkbar sein und einen zweiten, schwächeren Blitz zur direkten Ausleuchtung besitzen.

Für den Werkschutz bietet sich unter den zahlreichen **Aufnahmematerialien** die Schwarzweiß-Fotografie an. Objektive (farbechte) Farbdarstellungen sollten dem Fachmann oder speziell ausgebildeten Werkschutzmitarbeiter vorbehalten bleiben.

Nur Filmmaterial mit einer feinen Körnung gewährleistet bei Vergrößerungen im großen Maßstab oder Ausschnittvergrößerungen einwandfreie Ergebnisse. Bewährt haben sich mittelempfindliche Filme mit 19–22 ISO. Man kann bei schlechten Lichtverhältnissen, wenn z. B. ein Einsatz von Blitzgeräten nicht möglich ist, auch empfindlichere Filme ab 27 ISO verwenden. Hierbei muss dann jedoch eine gröbere Körnung in Kauf genommen werden.

401 Als nützliches **Zubehör** ist zu nennen:

- **Filter** zur Korrektur der Farbtemperatur (Verhinderung von Farbstichen).
- Unterstützung durch ein **Stativ**, um Bilder nicht zu verwackeln, insbesondere bei Nachtaufnahmen, Innenaufnahmen bei schlechten Lichtverhältnissen, Nahaufnahmen und bei der Verwendung von langen Telebrennweiten.
- **Fernauslöser** (Drahtauslöser); elektronische Fernauslöser, die in Kombination mit einer Lichtschranke oder einem anderen Impulsgeber zur Fotofalle ausgebaut werden können.
- Kunstlichtquellen (Fotolampen, Videoleuchten).

402 Eine gute Fotodokumentation hängt wesentlich auch vom Können und der Erfahrung des Fotografen ab. Bei der fotografischen Tatortarbeit sollten folgende **Grundsätze** Beachtung finden:

- Aufnahmen, mit größtmöglicher Schärfentiefe (kleine Blende) fertigen. Dies wird in vielen Fällen zu langen Belichtungszeiten führen. Bei Verwacklungsgefahr ist ein Stativ zu verwenden. Im Zuge von Detailaufnahmen oder bei schlechten Lichtverhältnissen kann auch mit Blitzlicht oder Aufhellblitz gearbeitet werden. Oft lässt sich dieser Mangel auch durch Einsatz von hochempfindlichem Filmmaterial ausgleichen.
- Schwarzweiß-Filmmaterial wegen seines größeren Kontrast- und Objektumfanges Farbfilmen vorziehen. Farbaufnahmen sollten in wichtigen Fällen zusätzlich gefertigt werden, da auch die Farbinformation zur Sachverhaltsklärung wichtig sein kann.
- Eher einige Aufnahmen zuviel machen, als eine einzige wichtige zu wenig. Sehr oft kann man am Tatort nicht entscheiden, was später wichtig werden kann. Deshalb nicht mit Filmmaterial sparen und auch nebensächlich erscheinende Umstände fotografisch festhalten.
- Kamerastandpunkte der Übersichtsaufnahmen und erforderlichenfalls auch wichtiger Detailaufnahmen vermessen und auf einer Maßstabskizze des Tatortes eintragen. Wichtig ist auch die Brennweite des verwendeten Objektivs.
- Bildreihenfolge festlegen. Als Faustregeln gelten:
- Vom großen Ganzen (Übersichtsaufnahme) auf Details hinarbeiten.
- Übersichtsaufnahmen aus verschiedenen Blickwinkeln mit Normalobjektiv. Bei Verkehrsunfällen sind die Übersichtsaufnahmen aus der Fahrtrichtung der beteiligten Fahrzeuge von der Straßenmitte her zu machen.
- Einzelaufnahmen von Spuren.
- Aufnahme von der Lage der Spuren im Tatortzusammenhang.
- Aufnahmen von der Lage verunglückter Opfer.
- bei Verkehrsunfällen Aufnahmen vom Stand der Fahrzeuge, Beschädigungen an Fahrzeugen, Mängeln an Fahrzeugen, dem Zustand der Straße und einer möglichen Sichtbehinderung der Fahrzeuglenker.
- Aufnahmen vom Standplatz von Zeugen.
- Aufnahmen sonstiger mit der Tat zusammenhängender Spuren.
- Möglichst bei allen Aufnahmen feststehende Gegenstände (z. B. Masten, Kanaldeckel, Türen) mit einbeziehen, um den Standort des Aufnehmenden gegebenenfalls rekonstruieren zu können.
- Bei der fotografischen Sicherung von Spuren durch Großaufnahmen im Nahbereich wegen des Maßstabes ein Meterband mit fotografieren.
- Anlegen chronologischer Bildmappen mit Beschriftung unter den Bildern und Pfeilen für Hinweise.

Digitale Kameras erweitern die klassischen Möglichkeiten der Fotografie, indem 403
sie die Verbindung zwischen Fotografie, Video- und Datentechnik vollziehen. Die Bilder werden mittels eines empfindlichen Chips wie in der Videotechnik aufgenommen (ca. 4 000 000 Pixel) und in einem sog. Flashspeicher abgespeichert. Um

den begrenzten internen Speicher zu erweitern, können zusätzliche Flash-Cards mit einer Speicherkapazität bis 3 GB genutzt werden. Die digital gespeicherten Bilder können mittels spezieller Software, serieller bzw. USB-Schnittstelle sowie Twain-Treiber auf einen PC überspielt und dort, falls erforderlich, mit einem speziellen Softwareprogramm weiterverarbeitet werden.

Die Aufnahmen können jederzeit auf dem PC-Monitor betrachtet werden. Von den Aufnahmen können mit Videoprint oder Farbdrucker Papierabzüge bzw. Ausdrucke gefertigt und per E-Mail verschickt werden.

Bild 149: Digitale Kamera mit 5,3 M-Pixeln und 3 D Aufhellblitz/Foto: Nikon

Bild 150: Digitale Kompaktkamera mit 5,1 M-Pixeln/Foto: Nikon

Bild 151: Camcorder/Foto: Canon

Der Einsatz von **Camcordern** wird in letzter Zeit im Bereich der Fotodokumentation wegen des breiten Verwendungsspektrums immer beliebter. Camcorder bieten den Vorteil, einen Tatort immer wieder „lebendig" zu sehen.

Auch z. B. zur Überwachung von Diebesfallen sind sie vielseitig einsetzbar.

45.4 Die **Tondokumentation** verfolgt hauptsächlich den Zweck, Informatio- **404**
nen aus dem Inhalt von Anrufen (z. B. bei Bombendrohung, s. Rn. 281) zu gewinnen, um zuverlässige Grundlagen zur Bewertung des Anrufes mit dem Ziel einer angemessenen Reaktion zu schaffen (zu den Rechtsgrundlagen s. Rn. 55, 70).

Mehrkanaldokumentationsanlagen sind professionelle Aufzeichnungssysteme, **405**
die mit bis zu 256 Aufzeichnungskanälen ausgerüstet sein können.

Je nach Anzahl der Aufnahmekanäle dienen Tonbänder mit ¼ bis 1", VHS-Standardvideobänder oder Spezialbänder als Tonträger.

Bild 152: Mehrkanaldokumentationsanlage TR 9000/Foto: Kreutler

Bild 153: Mehrkanaldokumentationsanlage ASC 8000/Foto: ASC

TECHNIK

Anlagen dieser Größenordnung verfügen über integrierte Mastercomputer, mit der alle Systemfunktionen gesteuert und überwacht werden.

Wesentliche Funktionen sind:

- Zeitsynchronisierung und Zeitcodiersystem (Time-Code-System) für Beweiszwecke durch Zeitcodierung der Aufnahme parallel zur Sprachaufzeichnung. Suchfunktionen erleichtern das Auffinden einer bestimmten Bandstelle bzw. Ereignisses.
- Programmierbares Kopiercassettenwerk, das eine bestimmte Bandstelle bzw. ein bestimmtes Gespräch automatisch kopiert, wenn Kanalnummer und Zeit über den Mastercomputer eingegeben werden.
- Eine eingebaute oder angeschlossene unterbrechungsfreie Stromversorgung (USV) stellt den kontinuierlichen Betrieb bei einem kurzfristigen Netzausfall sicher. Die Überbrückungszeit sollte mindestens 10 Minuten betragen.
  Über eine Bedienerführung mit verschiedenen programmierbaren Zugriffsebenen oder mehrstufigem Schlüsselschalter kann verschiedenen Benutzergruppen Zugang zum System gegeben werden. Je nach zugeteilter Berechtigung kann das Bandwechseln, das Starten von neuen Aufnahmen, Servertierung etc. vorgegeben werden.
- Ruftonansteuerung und Sprachschalter ermöglichen ein selbsttätiges Auslösen der Aufnahmefunktion durch den Rufton oder durch die Sprache. Diese Auslöseart ist außerhalb der Arbeitszeit eine Möglichkeit Bandkosten einzusparen.
- Das Kanalüberwachungssystem kontrolliert ständig und simultan alle Aufnahmekanäle auf eventuelle Fehler. Fehler, durch die die Aufnahmemöglichkeit beeinträchtigt wird, führen zur Umschaltung auf ein Reserve-Aufzeichnungsmodul.

406 **Kassetten- oder Sprachaufzeichnungsrecorder** sind darauf ausgelegt, 2 bis 4 Kanäle aufzuzeichnen. Je nach Spieldauer der Kassette und Bandgeschwindigkeit können 4 bis 8 Stunden aufgezeichnet werden. Die Aufzeichnung kann rufton- oder sprachgesteuert erfolgen. Viele der Recorder verfügen über Funktionen wie größere Dokumentationssysteme, zumindest jedoch über Time-Code-System und Zeit-Suchsystem auf jedem Kanal.

Mehrere Recorder können in 19"-Einschüben oder -schränken mit einem übergeordneten Steuersystem zu größeren Einheiten zusammengefasst werden.

Mit Sprachaufzeichnungsrecordern mit VHS-Videocassetten als Tonträger ist es möglich, 4 bis 32 Kanäle 25 Stunden auf einer VHS-Standardcassette aufzuzeichnen.

Digitale Dokumentationssysteme sind speziell für die professionelle Sprachaufzeichnung in kleinen, mittleren und großen Dokumentationseinrichtungen konzipiert.

Bei digitalen Dokumentationssystemen wird das Audiosignal vom Telefonapparat, wie dies auch bei analogen Systemen üblich ist, über ein von der Telekom spezifiziertes Anschlussglied in das Aufzeichnungsgerät eingespeist. Die analogen Eingangssignale werden dabei nach der Filterung direkt in PCM (Puls-Code-Modulation)-Daten umgewandelt und ggf. nach speziellen Verfahren komprimiert, um möglichst viele Gespräche auf einem Datenträger speichern zu können.

Dort wo ISDN (Integrated Services Digital Network) zur Verfügung steht, kann ein direkter Anschluss mit PCM (Puls-Code-Modulation)/ISDN-Karten erfolgen.

Der **digitale Kurzsprachspeicher** ermöglicht eine verschleißfreie und wartungsfreie Endlosaufnahme. Die Aufzeichnung erfolgt in digitalen Halbleiterspeichern. Das Aufzeichnungsverfahren entspricht dem internationalen Poststandard in ADPCM-Technik (Adaptive-Difference-Puls-Code-Modulation) oder der deutschen Postzulassung. **407**

Der Kurzzeitsprachspeicher speichert – vergleichbar mit einem Schieberegister – die letzten Minuten eines Gespräches. Aufnahme und Wiedergabe erfolgen kontinuierlich. Die Wiedergabe ist um den Betrag der vorhandenen Speicherkapazität zeitlich versetzt, z. B. bei einer Speicherkapazität von vier Minuten wird ein jetzt aufgenommener Gesprächsteil in vier Minuten ausgegeben.

Bei wichtigen Gesprächen oder bei Drohanrufen kann sich die Frage der Gesprächsaufzeichnung erst während des Gesprächsverlaufes stellen. Bei herkömmlicher Technik wäre der Anfang des Gespräches verloren. Durch den Einsatz des Kurzzeitsprachspeichers ist eine „nachträgliche" Aufnahme möglich.

Um mehrere Telefonleitungen (z. B. mehrere Vermittlungsplätze) auf ein Aufzeichnungsmedium zusammenzufassen, werden entsprechend der Anzahl der Telefonleitungen Kurzzeitsprachspeicher über eine Steuerlogik auf ein Aufzeichnungsgerät (Tonband, Kassette) zusammengeführt. Bei Ereigniseintritt kann der Telefonnutzer durch Betätigen einer neben dem Telefon angebrachten Aufzeichnungs- oder Sicherungstaste den Aufzeichnungsvorgang auf dem zentralen Bandgerät starten. Der Gesprächsinhalt der letzten vier Minuten und des laufenden Gesprächs wird aufgezeichnet. Bei Rücklösung der Sicherungstaste bewirkt eine Steuerung die Fortführung der Aufnahme um weitere vier Minuten, um das Ende des Gespräches ebenfalls aufzuzeichnen.

Digitale Langzeitspeicher nutzen zur Archivierung überwiegend DAT (Digital Audio Tape)-Cassetten die über eine hohe Aufzeichnungsqualität und -dichte sowie kleine Abmessungen verfügen. **408**

Digitale Langzeitspeicher bieten im Wesentlichen folgende Vorteile:

- Kompakte Form und geringerer Platzbedarf bei Archivierung der DAT-Cassetten.
- Bei ISDN-Anschlüssen keine Digital/Analog-Umwandlung erforderlich.
- Durch optimale Aufrüstung höhere Sprachqualität (HQ[High Quality]-Eingangskarte mit 7 KHz-Bandbreite).
- Aufzeichnungskapazität zwischen 70 und 280 Kanalstunden je nach Kompression sogar bis zu 240 oder 480 Kanalstunden.
- Aufzeichnung von bis zu 32 analogen bzw. 30 digitalen Eingängen.
- Ankommende Gespräche werden in einem verschleißfreien RAM-Speicher abgelegt. Dieser kann auch als Kurzzeitdokumentation genutzt werden. Danach werden die Daten auf D-DAT-Laufwerke archiviert.
- Intelligente Datenverwaltung, die das gezielte Auffinden aufgezeichneter Gespräche nach Kanalnummer, Gesprächszeit oder Telefonnummer ermöglicht, ohne das gesamte Band abspielen zu müssen.
- VCS (variable speech control) zur Veränderung der Wiedergabegeschwindigkeit ohne Beeinträchtigung von Qualität und Verständlichkeit. Die Stimmlage bleibt unverändert.

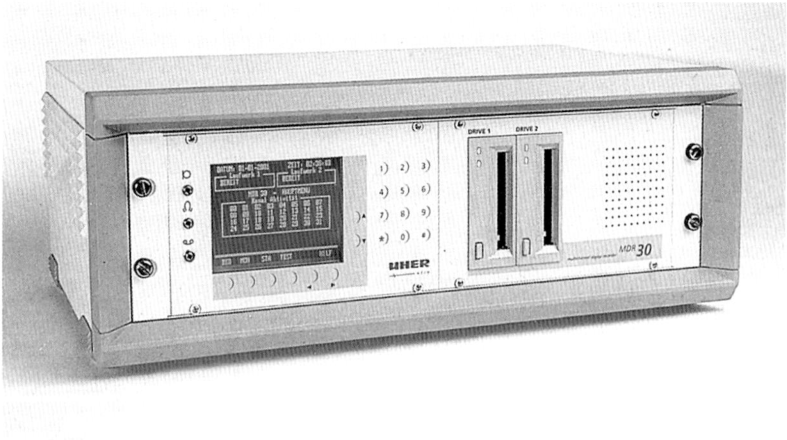

Bild 154: Digitaler Vielkanal-Langzeitrecorder/Foto: ATIS/Uher

409 Überall dort, wo Gespräche in größerem Umfang aufgezeichnet, archiviert und im Einzelfall auch ausgewertet werden müssen, können **Digital-Langzeitrecorder** in Kombination mit Industrie-PCs, entsprechender Software in modernen Netzwerken über Fernsteuereinheiten zusammengefasst werden. Durch diese Lösungen können über 70 000 Kanalstunden Gesamtkapazität erreicht werden.

Bild 156: Multi-Kanal-Kommunikationsrecorder
Foto: Kreutler

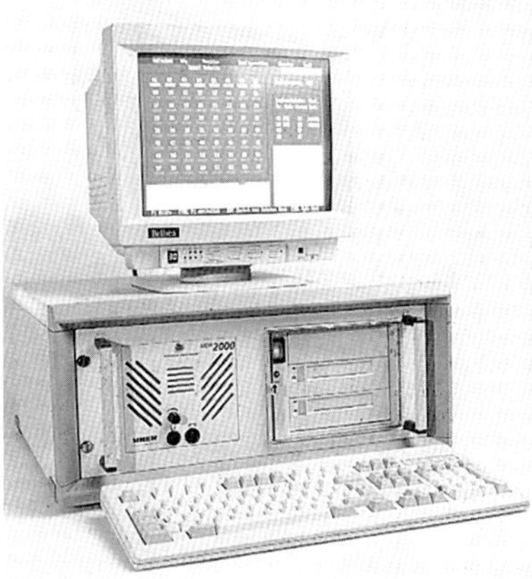

Bild 155: Digital-Langzeitrecorder als PC-Lösung/Foto: ATIS/Uher

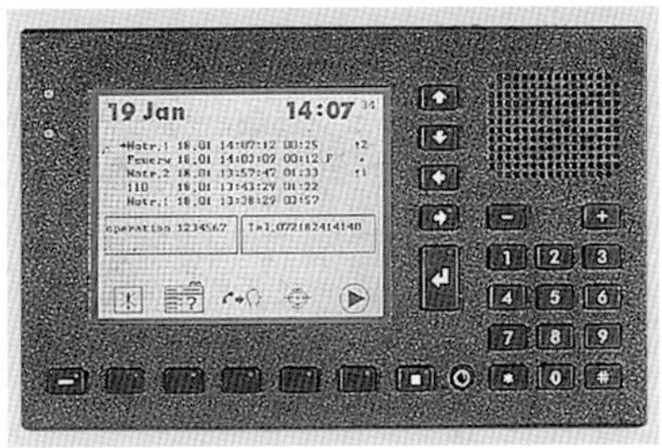

Bild 157: Control-Fernbedienteil für Multi-Kanal-Recorder/Foto: Kreutler

Der Konzeptaufbau einer Sprachaufzeichnungsanlage ist in Bild 158 dargestellt.

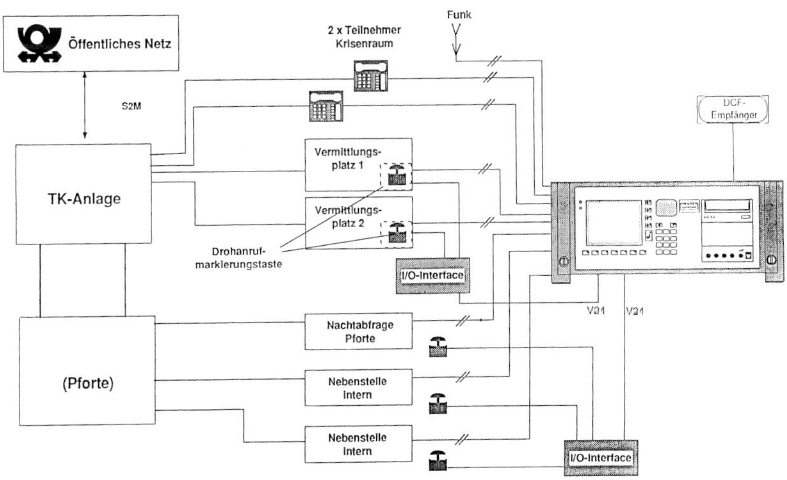

Bild 158: Konzept für Sprachaufzeichnung/Grafik: Kreutler

46. Kapitel: Sicherheitskennzeichnungen

410 46.1 Die BGV A 8 gilt für die Sicherheits- und Gesundheitsschutzkennzeichnung am Arbeitsplatz.

Sicherheits- und Gesundheitsschutzkennzeichnungen im Betrieb sollen bezogen auf einen bestimmten Gegenstand eine bestimmte Tätigkeit oder eine bestimmte Situation mittels eines Sicherheitszeichens, einer Farbe, eines Leucht- oder Schallzeichens, eines Sprechzeichens oder eines Handzeichens die Aufmerksamkeit der Beschäftigten auf sicherheitsrelevante Gegenstände sowie Sachverhalte lenken, auf Gefahren hinweisen und damit eine Sicherheits- und Gesundheitsschutzaussage ermöglichen.

Bedeutung der Sicherheitsfarben

Sicherheitsfarbe	Bedeutung	Hinweise – Angaben
Rot	Verbot	Gefährliches Verhalten
	Gefahr	Halt, Evakuierung
	Material und Einrichtungen zur Brandbekämpfung	Kennzeichnung und Standort
Gelb	Warnung	Achtung, Vorsicht, Überprüfung
Grün	Hilfe, Rettung	Türen, Ausgänge, Wege, Stationen, Räume
	Gefahrlosigkeit	Rückkehr zum Normalzustand
Blau	Gebot	Besonderes Verhalten oder Tätigkeit – Verpflichtung zum Tragen einer persönlichen Schutzausrüstung

Tabelle 1 BGV A 8: Bedeutung der Sicherheitsfarben

Sicherheitsfarben werden mit Kontrastfarben und andersfarbigen Bildzeichen eingesetzt:

411 **Kontrastfarben und Farben der Bildzeichen**

Sicherheitsfarbe	Kontrastfarbe	Farbe des Bildzeichens
Rot	Weiß	Schwarz
Gelb	Schwarz	Schwarz

Sicherheitsfarbe	Kontrastfarbe	Farbe des Bildzeichens
Grün	Weiß	Weiß
Blau	Weiß	Weiß

Tabelle 2 BGV A8: Kontrastfarben und Farben der Bildzeichen

Die geometrische Form der Sicherheitszeichen weist ebenfalls auf deren Bedeu- 412
tung hin:

Bedeutung der geometrischen Form von Sicherheitszeichen

Geometrische Form	Bedeutung
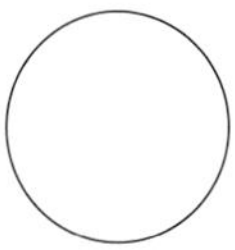	Gebots- oder Verbotszeichen
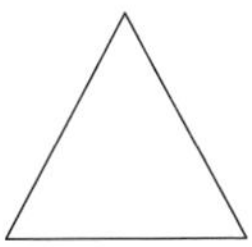	Warnzeichen
	Rettungs- oder Brandschutzzeichen
	Rettungs-, Hinweis- oder Zusatzzeichen

Tabelle 3 BGV A8: Kombination von geometrischer Form und Sicherheitsfarbe und ihre Bedeutung für Sicherheitszeichen

413 Beispiele für Verbots-, Warn-, Gebots- und Rettungszeichen

P 08

Berühren verboten
Do not touch

P 09

Nicht berühren, Gehäuse unter Spannung
Do not touch, housing under tension

P 13

Seilfahrt verboten (Personenbeförderung verboten)
Transport of persons forbidden

P 17

Mit Wasser spritzen verboten
Spraying forbidden

P 10

Nicht schalten
Do not operate

P 11

Verbot für Personen mit Herzschrittmacher
No access for persons with pacemakers

P 16

Verbot für Personen mit Implantaten aus Metall
No access for persons metalimplants

P 18

Mobilfunk verboten
Mobile transmitters forbidden

Bild 159: Verbotszeichen (s/w)

414 Warnzeichen

W 11

Warnung vor brandfördernden Stoffen
Oxidant material

W 12

Warnung vor elektromagnetischem Feld
Non-ionizing radiation

W 21

Warnung vor explosionsfähiger Atmosphäre
Explosive atmosphere

W 22

Warnung vor Fräswelle
Cutter

W 13

Warnung vor magnetischem Feld
Strong magnetic field

W 14

Warnung vor Stolpergefahr
Obstacles

W 23

Warnung vor Quetschgefahr
Danger of crushing

W 24

Warnung vor Kippgefahr beim Walzen
Danger of tipping

W 15

Warnung vor Absturzgefahr
Drop

W 16

Warnung vor Biogefährdung
Biological risk

W 25

Warnung vor automatischen Anlauf
Automatic start-up

W 26

Warnung vor heißer Oberfläche
Hot surface

W 17

Warnung vor Kälte
Low temperature

W 18

Warnung vor gesundheitsschädlichen oder reizenden Stoffen
Harmful or irritant material

W 27

Warnung vor Handverletzungen
Crushing of fingers

W 28

Warnung vor Rutschgefahr
Slippery surface

W 19

Warnung vor Gasflaschen
Pressurized bottles

W 20

Warnung vor Gefahren durch Batterien
Dangerous batteries

W 06

Warnung vor schwebender Last
Overhead load

Bild 160: Warnzeichen (s/w)

Gebotszeichen 415

M 07

Schutzkleidung benutzen
Safety overalls must be worn

M 08

Gesichtsschutzschild benutzen
Face protection must be worn

M 09

Auffanggurt anlegen
Safety harness must be worn

M 12

Übergang benutzen
Pedestrian must use overpass

M 13

Vor Öffnen Netzstecker ziehen
Pull plug before opening

M 14

Vor Arbeiten freischalten
Switch off before beginning work

Bild 161: Gebotszeichen (s/w)

Rettungszeichen 416

E 04

Rettungsweg
Escape route

E 05

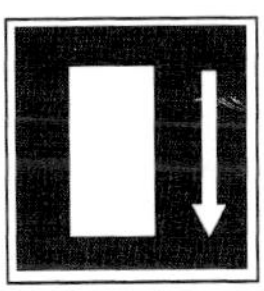

Notausgang
Emergency exit

E 10

Notruftelefon
Emergency telephone

Anmerkung: Aufsteigende und herabführende Rettungswege sind möglich.

Rettungsweg
Treppe runter rechts

Rettungsweg
Treppe rauf links

Bild 162: Rettungszeichen (s/w)

In der BGV A 8 sind Brandschutzzeichen enthalten, die insbesondere das bisher gültige „F" ersetzen.

Weitere Hinweisschilder für Brandschutzeinrichtungen enthält die DIN 4066 (Hinweisschilder für den Brandschutz).

Brandschutzzeichen

sind Sicherheitszeichen, die den Standort von Feuermelde- und Feuerlöscheinrichtungen und/oder den Weg zu diesen Einrichtungen kennzeichnen.

F 01

Richtungsangabe
(nur in Verbindung mit Brandschutzzeichen F 02 bis F 06)
This way
(to be accompanied by fire prevent signs F 02 to F 06)

F 02

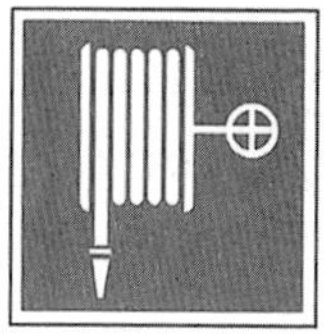

Löschschlauch
Fire hose

F 03

Leiter
Ladder

F 04

Feuerlöschgerät
Fire extinguisher

F 05

F 06

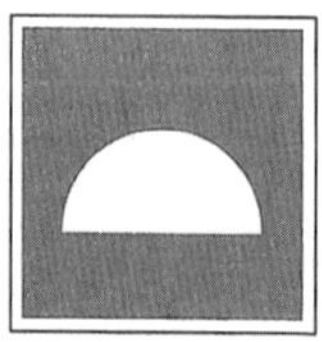

Einrichtungen zur Brandbekämpfung
(erforderlichenfalls in Verbindung mit Zusatzzeichen)
Fire fighting equipment
(to be accompanied where necessary by a supplementary sign)

Bild 163: Brandschutzzeichen (s/w)

Zur Erstellung von **Flucht- und Rettungsplänen** nach § 55 Arbeitsstättenverordnung sind in der BGV A 8 Ausgestaltungskriterien festgelegt. Neben Übersichtlichkeit und ausreichender Größe müssen die Pläne eindeutig verständlich gestaltet sein. Die Darstellung soll im Wesentlichen enthalten:

- Standort
- Fluchtweg
- Erste-Hilfe-Einrichtungen
- Brandschutz-Einrichtungen
- Sammelstelle

Außerdem sind die Verhaltensregeln im Notfall und Brandfall sowie eine Legende zu integrieren. Soweit der Plan nur einen Gebäudeteil darstellt, muss zusätzlich eine Übersichtsskizze die Lage im Gesamtkomplex verdeutlichen.

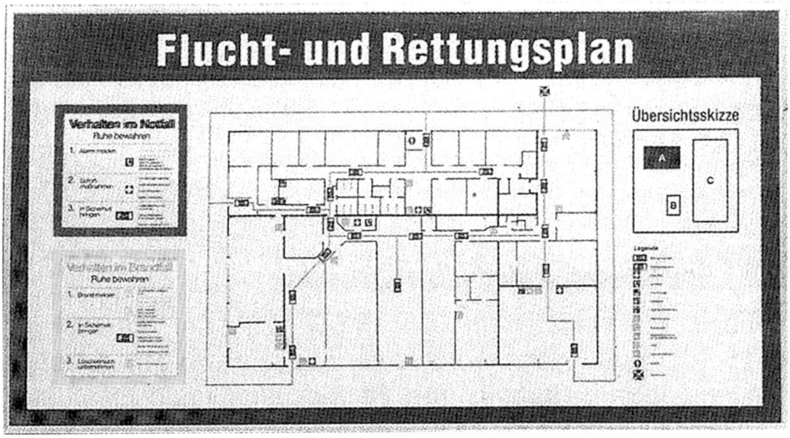

Bild 164: Muster Flucht- und Rettungsplan

417 46.2 Kennzeichnung von **Druckgasflaschen**

Im Beschluss 13 – 78 „Farbanstrich von Druckgasbehältern" des Deutschen Druckgasausschusses ist für den Farbanstrich von Druckflaschen folgendes festgelegt:

Farbanstrich	Druckgas	Anschlussgewinde des Druckgasbehälter
Gelb	für Acetylen**	Bügelverschluss
Rot	für alle brennbaren Gase, ausgenommen Acetylen	Linksgewinde außen
Blau	für Sauerstoff	Rechtsgewinde außen
Grün	für Stickstoff	Rechtsgewinde außen
Grau	für alle anderen nicht brennbaren Gase	Rechtsgewinde außen

** In der TRG 311 festgelegt

Es genügt ein mindestens 50 mm breiter Farbring auf der ansonsten andersfarbig gestrichenen Druckgasflasche. Campingflaschen für Propan, Butan und andere Gemische sowie Druckgaspackungen (Einwegbehälter) sind von der Farbkennzeichnung ausgenommen. Sie sind gegebenenfalls mit einem Flammensymbol gekennzeichnet.

Geänderte Farbkennzeichnung für Gasflaschen

Die neue Norm DIN EN 1089-3 „Farbkennzeichnung von Gasflaschen" wurde 1997 veröffentlicht und ist spätestens ab dem Jahre 2006 anzuwenden. Wegen der großen Anzahl der im Verkehr befindlichen Gasflaschen wird die Umstellung bereits jetzt beginnen. Um Verwechslungen zwischen alten und neuen Gasflaschen auszuschließen, sind die neu gekennzeichneten Flaschen auf der Gasflaschenschulter zusätzlich mit dem Großbuchstaben „N" gekennzeichnet. Ihre Farbkennzeichnung wird damit als „neu" markiert. Außerdem behalten die Gasflaschen weiterhin ihre unterschiedlichen Ventilanschlüsse nach DIN 477 für die verschiedenen Gasarten.

Die neue Norm gilt für den industriellen Einsatz von Gasen, aber auch für den medizinischen Gebrauch. Flüssiggasflaschen und Feuerlöscher sind ausgenommen. Die Farbkennzeichnung ist nur auf der Gasflaschenschulter zu sehen; die Farbe des übrigen Flaschenkörpers ist nicht festgelegt. Dennoch soll auch der Flaschenkörper möglichst eine einheitliche Kennzeichnung erhalten. Die deutsche Gas-Industrie hat sich je nach Gasart auf eine bis drei Wahlmöglichkeiten geeinigt: der zylindrische Flaschenkörper kann in der alten Kennfarbe erhalten bleiben, wird jedoch aus Zweckmäßigkeitsgründen im Laufe der Zeit vorwiegend auf die Farbe Grau oder neue Schulterfarbe umgestellt werden.

Der zusätzliche Großbuchstabe „N“ weist auf die Farbkennzeichnung nach der neuen Norm hin und wird zweimal, gegenüberliegend versetzt, auf der Flaschenschulter angebracht. Seine Farbe ist Weiß, Schwarz oder Blau, je nach Schulterfarbe und Kontrast. Bei Flaschen, deren Kennzeichnungsfarbe sich nicht ändert, z. B. Wasserstoff oder Kohlendioxyd, ist das „N“ nicht erforderlich.

Flaschen für medizinischen Gebrauch und zur Inhalation erhalten, zur deutlichen Unterscheidung von Gasflaschen für industriellen Einsatz, einen weißen zylindrischen Flaschenkörper.

Die einzig verbindliche Kennzeichnung des Flascheninhalts findet sich weiterhin auf dem Gefahrgutaufkleber.

46.3 Die in der DIN 2403 festgelegten Kennzeichnungen von **Rohrleitungen** 418
nach dem Durchflussstoff gelten für Betriebe aller Art. Sie sollen auf Gefahren hinweisen, um Unfälle und gesundheitliche Schäden zu vermeiden.

Rohrleitungen werden nach dem Durchflussstoff eindeutig durch Schilder gekennzeichnet. Wenn eine Farbkennzeichnung angewandt wird, sind

- Schilder oder Aufkleber in der Gruppenfarbe nach Tabelle anzuwenden oder
- Farbringe in der Gruppenfarbe anzubringen oder
- die Rohrleitung in ihrer ganzen Länge in der Gruppenfarbe anzustreichen oder
- Schilder, Aufkleber oder Farbringe an betriebswichtigen Punkten, z. B. Anfang, Ende, Abzweige, Wanddurchführung, Armatur, anzubringen.

Die Lage des spitzen Schildendes gibt die Durchflussrichtung des beförderten Stoffes an. Bei wechselnder Durchflussrichtung werden Schilder mit beiderseitigem spitzen Ende verwendet. Die Schilder müssen dauerhaft und genügend fest sein.

46.4 Richtiges Reagieren bei Unfällen mit **gefährlichen Stoffen oder Gütern** 419
(s. Rn. 251) setzt voraus, dass möglichst frühzeitig Informationen über den Gefahrstoff vorliegen. Kenntnisse über die Kennzeichnung von Gefahrstoffen und -gütern sind deshalb unerlässlich.

Die GGVSE (s. Rn. 248) einschließlich ADR, Europäisches Übereinkommen über die internationale Beförderung gefährlicher Güter auf der Straße, teilt Gefahrstoffe in Gefahrklassen ein und und ordnet ihnen einzelne Gefahrensymbole zu.

Die Gefahrensymbole sind im Anhang 1 abgebildet. Bei der Beförderung gefährlicher Güter auf Straße und Schiene besteht nach den Gefahrgut-Beförderungsvorschriften eine Kennzeichnungspflicht durch **orangefarbene Warntafeln** mit bzw. ohne Kennzeichnungsnummern. Warntafeln haben auf besondere Gefahren hinzuweisen. Sie müssen entfernt werden, wenn keine Gefahrgüter geladen sind.

Durchflussstoff	Gruppe	Farbname	Nächstliegendes Farbmuster im RAL-Farbregister RAL 840 HR
Wasser	1	Grün	RAL 6018
Wasserdampf	2	Rot	RAL 3000
Luft	3	Grau	RAL 7001
Brennbare Gase	4	Gelb oder Gelb mit Zusatzfarbe Rot	RAL 1021 RAL 1021 RAL 3000
Nichtbrennbare Gase	5	Gelb mit Zusatzfarbe Schwarz oder Schwarz	RAL 1021 RAL 9005 RAL 9005
Säuren	6	Orange	RAL 2003
Laugen	7	Violett	RAL 8001
Brennbare Flüssigkeiten	8	Braun oder Braun mit Zusatzfarbe Rot	RAL 8001 RAL 8001 RAL 3000
Nichtbrennbare Flüssigkeiten	9	Braun mit Zusatzfarbe Schwarz oder Schwarz	RAL 8001 RAL 9005 RAL 9005
Sauerstoff	0	Blau	RAL 5015

Mit Warntafeln ohne Kennzeichnungsnummer werden nur Fahrzeuge im Straßenverkehr gekennzeichnet. Für Lastkraftwagen, Sattelfahrzeuge und Lastzüge sind an den Vorder- und Rückseiten senkrecht angebrachte, rechteckige, rückstrahlende, orangefarbene Warntafeln von 40 cm Grundlinie und mindestens 30 cm Höhe sowie einem schwarzen Rand von höchstens 15 mm Breite vorgeschrieben.

Warntafeln sind anzubringen, wenn die höchstzulässige Gesamtmenge der freigestellten Güter je Beförderungseinheit überschritten wird. Diese Menge richtet sich nach den Eigenschaften der einzelnen Gefahrgüter und kann zwischen 5 kg und 1000 kg betragen.

Gefahrzettel nach GGVS I ADR I GGVE I RID I GGV See I IMDG I IATA	Gefahren-Symbole nach Gef.Stoff V/ ZDV 34/240	Gefahr-Klasse nach GGVS	Gefährl. Stoffe und Güter
		1a 1b 1c	Explosionsgefährliche Stoffe
		2	Verdichtete, verflüssigte oder unter Druck gelöste Gase
	F* Hoch-endzündl.  F Leicht-entzündlich	3	Entzündbare flüssige Stoffe
		4.1	Entzündbare feste Stoffe
		4.2	Selbstentzündliche Stoffe
		4.3	Stoffe, die in Berührung mit Wasser entzündliche Gase entwickeln
	O  Brandfördernd	5.1	Entzündend (oxidierend) wirkende Stoffe
		5.2	Organische Peroxide
	T T Xn 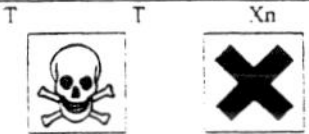 Sehr giftig Giftig Mindergiftig	6.1	Giftige Stoffe
		6.2	Ekelerregende oder ansteckungsgefährliche Stoffe
		7	Radioaktive Stoffe
	C Xi 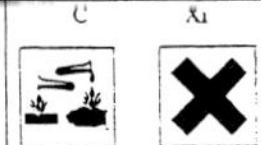 Ätzend Reizend	8	Ätzende Stoffe
ohne Kennzeichen		9	Sonst. gefährl. Stoffe

Bild 165: Gefahrenklassen und Symbole

Bild 166: Warntafel hier mit Kennziffern für den Stoff Natrium

Im oberen Teil der Warntafeln mit Kennzeichnungsnummern befindet sich die **Gefahrnummer** zur Kennzeichnung der Gefahr und im unteren Teil die **Stoffnummer** zur Kennzeichnung des Stoffes.

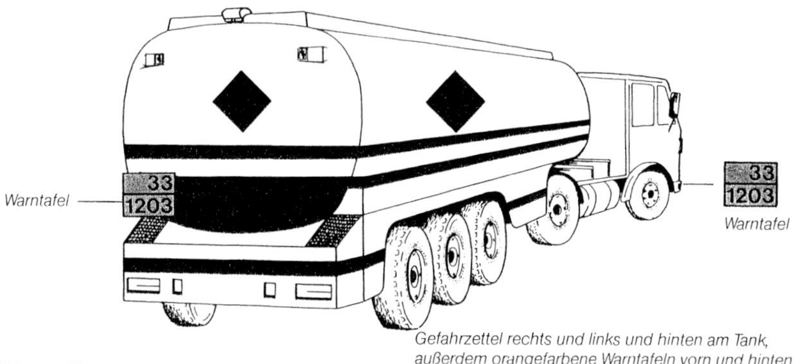

Bild 167: Mehrkammer-Tankfahrzeug

Tankzüge mit mehreren Kammern und unterschiedlicher Ladung haben vorne und hinten eine Warntafel ohne Kennzeichnungsnummer und links und rechts auf der Seite jeder Kammer eine dem Gefahrgut entsprechende Warntafel mit Kennzeichnungsnummer anzubringen.

Bei Fahrzeugen mit Anhänger ist dieser gesondert wie das Zugfahrzeug, jedoch entsprechend seiner Ladung zu kennzeichnen.

Wird nur ein Gefahrgut befördert, sind seitliche Kennzeichnungen nicht erforderlich, wenn die Warntafeln mit Kennzeichnungsnummern vorne und hinten am Fahrzeug angebracht sind.

420 Die Nummer zur Kennzeichnung der Gefahr (**Gefahrnummer;** auch: Kemmler-Zahl) besteht aus zwei oder drei Ziffern, die im Allgemeinen auf folgende Gefahren hinweisen:

Tankcontainer in einem ISO-Rahmengestell zur Beförderung gefährlicher Güter, gekennzeichnet mit Gefahrzetteln und orangefarbener Warntafel mit Kennzeichnungsnummern seitlich. Das Fahrzeug selbst führt vorne und hinten neutrale Warntafeln

Bild 168: (Lkw mit Hänger) Bildbeschreibung

2 Entweichen von Gas durch Druck oder chemische Reaktion
3 Entzündbarkeit von Flüssigkeiten (Dämpfen) und Gasen oder selbsterhitzungsfähiger, flüssiger Stoff
4 Entzündbarkeit fester Stoffe oder selbsterhitzungsfähiger, fester Stoffe
5 Oxidierende (brandfördernde) Wirkung
6 Giftigkeit oder Ansteckungsgefahr
7 Radioaktivität
8 Ätzwirkung
9 Gefahr einer spontanen heftigen Reaktion.
Die Verdoppelung einer Ziffer weist auf die Zunahme der entsprechenden Gefahr hin.

Beispiel: 33 = leicht entzündbare Flüssigkeit

Wenn die Gefahr eines Stoffes ausreichend von einer einzigen Ziffer angegeben werden kann, wird dieser Ziffer eine Null angefügt.

Ist der Gefahrnummer der Buchstabe „X" vorangestellt, reagiert der Stoff in gefährlicher Weise mit Wasser.

Folgende Ziffern/Kombinationen haben eine besondere Bedeutung

- 22 tiefgekühltes Gas
- 323 entzündbarer flüssiger Stoff, der mit Wasser gefährlich reagiert und entzündbare Gase bildet
- X 333 entzündbarer flüssiger Stoff, der mit Wasser gefährlich reagiert und entzündbare Gase bildet

TECHNIK

- 362 entzündbarer flüssiger Stoff, giftig, der mit Wasser reagiert und entzündbare Gase bildet
- X 423 entzündbarer fester Stoff, der mit Wasser gefährlich reagiert und entzündbare Gase bildet
- 44 entzündbarer fester Stoff, der sich bei erhöhter Temperatur in geschmolzenem Zustand befindet
- 482 fester Stoff, ätzend, der mit Wasser reagiert und entzündbare Gase bildet
- 539 entzündbares organisches Peroxid
- 90 umweltgefährdende, verschiedene gefährliche Stoffe

Die **Stoffnummer** (UN-Nummer) besteht aus einer vierstelligen Zahl. Sie dient im allgemeinen der Kennzeichnung eines Stoffes. Über die Stoffnummer ist es möglich, aus einer international verbindlichen Stoffliste den betreffenden Stoff zu ermitteln. Nachdem der Stoff bekannt ist, können seine stoffspezifischen Eigenschaften und die zu treffenden Schutzmaßnahmen geeigneten Merkblättern und Nachschlagewerken entnommen werden.

Beispiele:
- 1202: Kohlenwasserstoffe (Dieselöl, Gasöl usw.)
- 1104: Benzol
- 1428: Natrium
- 1547: Anilin.

Nicht jedem Stoff ist eine Stoffnummer zugeordnet. So kann eine Stoffnummer eine ganze Stoffgruppe mit ähnlichen Eigenschaften erfassen.

Die GGVSE, einschließlich ADR schreibt außer der Kennzeichnung der Transportfahrzeuge mit orangefarbenen Warntafeln auch die Kennzeichnung der Transportgefäße mit entsprechenden **Gefahrzetteln** vor. Auf diesen Gefahrzetteln sind die von den gefährlichen Gütern ausgehenden Gefahren symbolisch und farblich dargestellt.

Die Gefahrzettel sind in unterschiedlicher Größe ggf. an den Versandstücken, an mit Fahrzeugen fest verbundenen Tanks, an Aufsetztanks und an den Containern aufgeklebt oder in anderer Weise befestigt.

Der Gefahrzettel kann in der unteren Ecke die Gefahrnummer enthalten.

421 Für das Verhalten bei Unfällen/Zwischenfällen, die sich während der Beförderung ereignen können, sind schriftliche Weisungen (**Unfallmerkblätter**) mitzuführen. In knapper Form werden angegeben:

- Bezeichnung und Eigenschaft der Güter
- Angaben zur Ersten Hilfe

Bild 169: Gefahrensymbole und Gefahrenbezeichnungen

- Maßnahmen bei Brandausbruch
- Maßnahmen bei Ausbreitung infolge Leckage
- Maßnahmen bei Gewässergefährdung
- Zusätzliche Hinweise und Rückfragemöglichkeit.

Im Straßenverkehr werden Unfallmerkblätter (vgl. Anhang 2) im Führerhaus mitgeführt.

Wassergefährdungsklassen sind eingeteilt in

- WGK 3: stark wassergefährdende Stoffe
- WGK 2: wassergefährdende Stoffe
- WGK 1: schwach wassergefährdende Stoffe
- WGK 0: im Allgemeinen nicht wassergefährdende Stoffe.

S. näher Rn. 247 ff.

Während bei den Kennzeichnungen für den Transport Wert auf plakative Schnellinformation gelegt wird, müssen Kennzeichnungen für den Arbeitsschutz, insbesondere Kennzeichnungen von Verpackungen, detaillierter und umfassender sein.

Die Gefahrstoffkennzeichnung muss folgende Informationen enthalten:

- die chemische Bezeichnung des Stoffes bzw. den Handelsnamen der Zubereitung
- die Gefahrensymbole und die dazu gehörenden Gefahrenbezeichnungen
- Name und vollständige Anschrift des Herstellers oder Lieferanten
- Hinweise auf besondere Gefahren (R-Sätze)
- Hinweise auf Sicherheitsratschläge (S-Sätze)

Alle Aussagen der Gefahrstoffkennzeichnung werden mehrsprachig in den offiziellen EG-Sprachen gemacht, wobei in der Regel die Sprache des Hersteller-(Lieferanten-)Landes in der Mitte aufgedruckt wird.

Die R- und S-Sätze[1] geben sehr detailliert Auskunft über gefährliche Eigenschaften eines Stoffes (R-Satz) und über die Art der Sicherheitsvorkehrungen, mit denen eine Gefährdung vermieden werden kann (S-Satz). Momentan sind 48 R-Sätze und 53 S-Sätze definiert.

422 **Anhang I, Nr. 1.3 der GefStoffV**

Hinweise auf die besonderen Gefahren (R-Sätze)

R 1 In trockenem Zustand explosionsgefährlich
R 2 Durch Schlag, Reibung, Feuer oder andere Zündquellen explosionsgefährlich
R 3 Durch Schlag, Reibung, Feuer oder andere Zündquellen besonders explosionsgefährlich
R 4 Bildet hochempfindliche explosionsgefährliche Metallverbindungen
R 5 Beim Erwärmen explosionsfähig
R 6 Mit und ohne Luft explosionsfähig
R 7 Kann Brand verursachen
R 8 Feuergefahr bei Berührung mit brennbaren Stoffen
R 9 Explosionsgefahr bei Mischung mit brennbaren Stoffen
R 10 Entzündlich
R 11 Leichtentzündlich
R 12 Hochentzündlich
R 13 Hochentzündliches Flüssiggas

1 Es handelt sich hierbei um die Nrn. 1.3 (Hinweise auf besondere Gefahren – „R-Sätze" – Rn. 422) und 1.4 (Sicherheitsratschläge – „S-Sätze" Rn. 423) des Anhangs I (Einstufung und Kennzeichnung gefährlicher Stoffe und Zubereitungen zur Gefahrstoffverordnung vom 5. Juni 1991, BGBl. I S. 1932, i. d. F. d. Bek. vom 15. November 1999 [BGBl. I S. 2233] mit spät. Änd.).

R 14 Reagiert heftig mit Wasser
R 15 Reagiert mit Wasser unter Bildung hochentzündlicher Gase
R 16 Explosionsgefährlich in Mischung mit brandfördernden Stoffen
R 17 Selbstentzündlich an der Luft
R 18 Bei Gebrauch Bildung explosionsfähiger/leichtentzündlicher Dampf-Luftgemische möglich
R 19 Kann explosionsfähige Peroxide bilden
R 20 Gesundheitsschädlich beim Einatmen
R 21 Gesundheitsschädlich bei Berührung mit der Haut
R 22 Gesundheitsschädlich beim Verschlucken
R 23 Giftig beim Einatmen
R 24 Giftig bei Berührung mit der Haut
R 25 Giftig beim Verschlucken
R 26 Sehr giftig beim Einatmen
R 27 Sehr giftig bei Berührung mit der Haut
R 28 Sehr giftig beim Verschlucken
R 29 Entwickelt bei Berührung mit Wasser giftige Gase
R 30 Kann bei Gebrauch leicht entzündlich werden
R 31 Entwickelt bei Berührung mit Säure giftige Gase
R 32 Entwickelt bei Berührung mit Säure sehr giftige Gase
R 33 Gefahr kumulativer Wirkungen
R 34 Verursacht Verätzungen
R 35 Verursacht schwere Verätzungen
R 36 Reizt die Augen
R 37 Reizt die Atmungsorgane
R 38 Reizt die Haut
R 39 Ernste Gefahr irreversiblen Schadens
R 40 Irreversibler Schaden möglich
R 41 Gefahr ernster Augenschäden
R 42 Sensibilisierung durch Einatmen möglich
R 43 Sensibilisierung durch Hautkontakt möglich
R 44 Explosionsgefahr bei Erhitzen unter Einschluss
R 45 Kann Krebs erzeugen
R 46 Kann vererbbare Schäden verursachen
R 47 Kann Missbildungen verursachen
R 48 Gefahr ernster Gesundheitsschäden bei längerer Exposition
R 49 Kann Krebs erzeugen beim Einatmen
R 50 Sehr giftig für Wasserorganismen
R 51 Giftig für Wasserorganismen
R 52 Schädlich für Wasserorganismen
R 53 Kann in Gewässern langfristig unerwünschte Wirkung haben
R 54 Giftig für Pflanzen
R 55 Giftig für Tiere

R 56 Giftig für Bodenorganismen
R 57 Giftig für Bienen
R 58 Kann langfristig unerwünschte Auswirkungen auf die Umwelt haben
R 59 Gefährlich für die Ozonschicht
R 60 Kann die Fortpflanzungsfähigkeit beeinträchtigen
R 61 Kann das Kind im Mutterleib schädigen
R 62 Kann möglicherweise die Fortpflanzungsmöglichkeit beeinträchtigen
R 63 Kann das Kind im Mutterleib schädigen
R 64 Kann Säuglinge über die Muttermilch schädigen
R 65 Gesungheitsschädlich: kann beim Verschlucken Lungenschäden verursachen
R 66 Widerholter Kontakt kann zu spröder oder rissiger Haut führen
R 67 Dämpfe können Schläfrigkeit und Benommenheit verursachen

423 **Anhang I, Nr. 1.4 der GefStoffV**

Sicherheitsratschläge (S-Sätze)

S 1 Unter Verschluss aufbewahren
S 2 Darf nicht in die Hände von Kindern gelangen
S 3 Kühl aufbewahren
S 4 Von Wohnplätzen fernhalten
S 5 Unter ... aufbewahren (geeignete Flüssigkeit vom Hersteller anzugeben)
S 6 Unter ... aufbewahren (inertes Gas vom Hersteller anzugeben)
S 7 Behälter dicht geschlossen halten
S 8 Behälter trocken halten
S 9 Behälter an einem gut gelüfteten Ort aufbewahren
S 12 Behälter nicht gasdicht verschließen
S 13 Von Nahrungsmitteln, Getränken und Futtermitteln fernhalten
S 14 Von ... fernhalten (inkompatible Substanzen vom Hersteller anzugeben)
S 15 Vor Hitze schützen
S 16 Von Zündquellen fernhalten – Nicht rauchen
S 17 Von brennbaren Stoffen fernhalten
S 18 Behälter mit Vorsicht öffnen und handhaben
S 20 Bei der Arbeit nicht essen und trinken
S 21 Bei der Arbeit nicht rauchen
S 22 Staub nicht einatmen
S 23 Gas/Rauch/Dampf/Aerosol nicht einatmen (geeignete Bezeichnung[en] vom Hersteller anzugeben)
S 24 Berührung mit der Haut vermeiden
S 25 Berührung mit den Augen vermeiden
S 26 Bei Berührung mit den Augen gründlich mit Wasser abspülen und Arzt konsultieren
S 27 Beschmutzte, getränkte Kleidung sofort ausziehen
S 28 Bei Berührung mit der Haut sofort abwaschen mit viel ... (vom Hersteller anzugeben)

S 29 Nicht in die Kanalisation gelangen lassen
S 30 Niemals Wasser hinzugießen
S 33 Maßnahmen gegen elektrostatische Aufladungen treffen
S 34 Schlag und Reibung vermeiden
S 35 Abfälle und Behälter müssen in gesicherter Weise beseitigt werden
S 36 Bei der Arbeit geeignete Schutzkleidung tragen
S 37 Geeignete Schutzhandschuhe tragen
S 38 Bei unzureichender Belüftung Atemschutzgerät anlegen
S 39 Schutzbrille/Gesichtsschutz tragen
S 40 Fußboden und verunreinigte Gegenstände mit ... reinigen (vom Hersteller anzugeben)
S 41 Explosions- und Brandgase nicht einatmen
S 42 Beim Räuchern/Versprühen geeignetes Atemschutzgerät anlegen (geeignete Bezeichnung[en] vom Hersteller anzugeben)
S 43 Zum Löschen ... (vom Hersteller anzugeben) verwenden (wenn Wasser die Gefahr erhöht, anfügen: Kein Wasser verwenden)
S 44 Bei Unwohlsein ärztlichen Rat einholen (wenn möglich, dieses Etikett vorzeigen)
S 45 Bei Unfall oder Unwohlsein sofort Arzt zuziehen (wenn möglich, dieses Etikett vorzeigen)
S 46 Bei Verschlucken sofort ärztlichen Rat einholen und Verpackung oder Etikett vorzeigen
S 47 Nicht bei Temperaturen über ... ° C aufbewahren (vom Hersteller anzugeben)
S 48 Feucht halten mit ... (geeignetes Mittel vom Hersteller anzugeben)
S 49 Nur im Originalbehälter aufbewahren
S 50 Nicht mischen mit ... (vom Hersteller anzugeben)
S 51 Nur in gut gelüfteten Bereichen verwenden
S 52 Nicht großflächig für Wohn- und Aufenthaltsräume zu verwenden
S 53 Exposition vermeiden – vor Gebrauch besondere Anweisungen einholen
S 56 Diesen Stoff und seine Behälter der Problemabfallentsorgung zuführen
S 57 Zur Vermeidung einer Kontamination der Umwelt geeigneten Behälter verweden
S 59 Information zur Widerverwendung/Wiederverwertung beim Hersteller/Lieferanten erfragen
S 60 Dieser Stoff und sein Behälter sind als gefährlicher Abfall zu entsorgen
S 61 Freisetzung in die Umwelt vermeiden. Besondere Anweisungen einholen/Sicherheitsdatenblatt zu Rate ziehen
S 62 Bei Verschlucken kein Erbrechen herbeiführen. Sofort ärztlichen Rat einholen und Verpackung oder dieses Etikett vorzeigen
S 63 Bei Unfall durch Einatmen: Verunfallten an die frische Luft bringen und ruhig stellen
S 64 Bei Verschlucken Mund mit Wasser ausspülen (nur wenn Verunfallter bei Bewusstsein ist)

TECHNIK

Gefahrenzettel
(Siehe Rn. 3902)

Verkleinerte Darstellung

Explosionsgefährlich
Unterklasse 1.1, 1.2 oder 1.3

Explosionsgefährlich
Unterklasse 1.4

Explosionsgefährlich
Unterklasse 1.5

Explosionsgefährlich
Unterklasse 1.6

Explosionsgefährlich

Nichtbrennbare Gase

Feuergefährlich
(Entzündbare flüssige Stoffe)

Feuergefährlich
(Entzündbare feste Stoffe)

Selbstentzündlich

Entzündliche Gase bei
Berührung mit Wasser

Entzündend
wirkender Stoff

Entzündend
wirkende Stoffe

Organische Peroxide
Feuergefahr

Giftig

Infektiös

Radioaktiv

Radioaktiv
Kategorie I

Radioaktiv
Kategorie II

Radioaktiv
Kategorie III

Ätzend

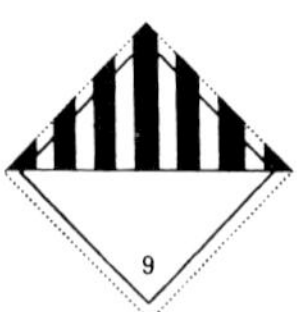

Verschiedene
gefährliche Stoffe

Oben

Stoffe in
erwärmtem Zustand

* ggf. Angabe der Gefahrklasse
** Unterklasse und Verträglichkeitsgruppe
*** Verträglichkeitsgruppe
**** Farbe des Symbols weiss oder schwarz

Bild 170: Gefahrenzettel (siehe RN. 3902)

2 Angabe des Buchstabens der Verträglichkeitsgruppe

UNFALLMERKBLATT: SAMMELLADUNG GEFÄHRLICHER GÜTER IN VERSANDSTÜCKEN

...hrzettel	Klasse	Güterarten und ihre gefährlichen Eigenschaften	Bei Unfällen oder Zwischenfällen direkt zu ergreifende Maßnahmen	Schutzausrüstung für Hilfskräfte Hinweise für andere
1	2	3	4	5
	2	**Verdichtete, verflüssigte oder unter Druck gelöste Gase.** Explosions-, Zerknall-, Brand- und/ oder Vergiftungsgefahr. Reagieren auf Hitze, z.T. auch auf Stoß und Schlag. Wassergefährdend, wenn wasserlöslich.	Personen möglichst gegen den Wind aus dem Gefahrenbereich bringen. Bei Brand Gasflaschen und Behälter kühlen und möglichst aus dem Gefahrenbereich bringen. Bei Brand Behälter kühlen. Gas ausbrennen lassen, wenn Gasaustritt nicht zu stoppen ist. Leckstellen nicht direkt anspritzen. Auf sichere Dekkung achten. Zündquellen fernhalten. Absperren im Bereich wahrnehmbarer Wolke. Betroffene warnen.	Schutzausrüstung für den Fall der **Produktberührung:** Chemikalienschutzanzug nach VfDB-Richtlinie 0801.
	3	**Entzündbare flüssige Stoffe** Brandgefahr, Explosionsgefahr bei Dampfwolkenbildung. Entzündbar durch Hitzeeinwirkung. Flug- und Schlagfunken. Gefahr für Wasser, Kanalisation und Kläranlagen.	Bei Brand mit Pulver, Schaum oder Sprühstrahl löschen. Vom Brand nicht erfaßte Behälter kühlen. Zündquellen fernhalten. Schaumlöschmittel sind wassergefährdend. Auslaufende Stoffe nicht in Gewässer oder Kanalisation fließen lassen.	**Ansonsten** Feuerwehrdienstanzug nach Dienstvorschrift, geeigneter Atemschutz (wenn erforderlich). Augenspülflasche mit reinem Wasser. Erste-Hilfe-Ausrüstung mit ärztlicher Weisung für Spezialbehandlung.
	4.1	**Entzündbare feste Stoffe** Brandgefahr Entzündbar durch Hitzeeinwirkung.	Bei Brand mit Wassersprühstrahl, Schaum oder Pulver löschen. Rauchgase niederschlagen. Zündquellen fernhalten. Gewässer schützen.	
	4.2	**Selbstentzündliche Stoffe** Selbstentzündungsgefahr bei beschädigten Versandstücken und verschüttetem Inhalt. Reagieren teilweise heftig in Verbindung mit Wasser.	Wenn möglich, Behälter aus dem Gefahrenbereich bringen. Vorsicht: Metallalkyle und Metall-Stäube (und -Pulver) reagieren explosionsartig mit Wasser, daher wasserfreie Sonderlöschmittel einsetzen, z.B. Pulver, Zement. Bei anderen Produkten dieser Klasse Brand mit Pulver oder viel Wasser löschen. Gewässer schützen.	**Hinweise geben an** Polizei bzw. Feuerwehr, Sanitätsdienste, Umweltschutzbehörde, Wasserbehörden
	4.3	**Stoffe, die in Berührung mit Wasser entzündliche Gase entwickeln** Explosions- und Entzündungsgefahr bei beschädigten Versandstücken oder verschüttetem Inhalt. Reagieren z.T. sehr heftig mit Wasser.	Wenn möglich, Behälter aus dem Gefahrenbereich bringen. Bei Brand nur mit Pulver oder trockenen bzw. gasförmigen Mitteln löschen. Wassergabe verursacht Brandausweitung und kann Explosionsgefahr auslösen.	**Informieren über** Ladungsinhalt, Produkte, die ausgelaufen sind oder mit denen Personen in Kontakt gekommen sind.
	5.1	**Entzündend (oxydierend) wirkende Stoffe** Explosions-, Entzündungs- und Gesundheitsgefahr bei beschädigten Versandstücken und verschüttetem Inhalt. Reagieren sehr heftig in Verbindung mit anderen brennbaren Stoffen.	Wenn möglich, Behälter aus dem Gefahrenbereich bringen. Vermischen mit brennbaren Stoffen vermeiden. Bei Brand sehr viel Wasser einsetzen. Deckung halten. Gewässerschutz beachten.	
	6.1	**Giftige Stoffe** Vergiftungs- und zum Teil Brandgefahr. Einatmen, Verschlucken, Hautkontakt vermeiden. Gefahr für Gewässer und Kläranlagen.	Bei Meldung auf Wassergefährdung hinweisen. Nicht in Gewässer oder Kanalisation fließen lassen. Bei Brand mit Pulver, Schaum oder Sprühstrahl löschen. Vom Brand nicht erfaßte Behälter kühlen. Absperren im Bereich wahrnehmbarer Wolke. Betroffene warnen. Produktberührte Ausrüstung sammeln und nach Rücksprache mit Fachleuten behandeln.	
	8	**Ätzende Stoffe** Verätzungs-, Brand- und Explosionsgefahr bei beschädigten oder kontaminierten Versandstücken und verschüttetem Inhalt. Reagieren z.T. sehr heftig untereinander, mit Wasser und mit anderen gefährlichen Stoffen. Gefahr für Gewässer, Kanalisation und Kläranlagen.	Bei Meldung auf Wassergefährdung hinweisen. Bei Brand mit Pulver oder Wasser bekämpfen. Auslaufende Stoffe nicht in Gewässer oder Kanalisation fließen lassen. Absperren im Bereich wahrnehmbarer Wolke. Betroffene warnen. Jede Produktbenetzung mit Wasser abspülen, ggf. Mannschutz mit Wassersprühstrahl. Leckstellen nicht direkt anspritzen.	

...ttel werden nur im See- und Luftverkehr sowie im Vor- und Nachlauf zu Häfen verwendet.

Unfallmerkblatt für den Straßen- und Schienentransport

UNFALLMERKBLATT: SAMMELLADUNG GEFÄHRLICHER GÜTER IN VERSANDSTÜCKEN FÜR DIE KLASSEN 2, 3, 4.1, 4.2, 4.3, 5.1, 6.1 und 8

Eigenschaften des Ladegutes: Die Substanzen können Flüssigkeiten, feste Stoffe oder Gase sein. Ihre Eigenschaften sind aus Spalte 3, ihre Kennzeichnung (Gefahrzettel) aus Spalte 1 der Rückseite zu ersehen.

Gefahren: Stoffe können explosionsgefährlich entzündbar, selbstentzündlich, giftig oder ätzend sein oder die Verbrennung fördern oder sich zersetzen. Sie können explosionsfähige Gemische mit Luft bilden, sie können miteinander oder mit Wasser reagieren.

Erhitzen kann zum Behälterzerknall, zur Explosion, Zersetzung und/oder Bildung von giftigen Gasen/Dämpfen führen.

Mögliche Gefahr für Gewässer und Kläranlagen. (Vgl. Gefahrenangaben zu den einzelnen Gefahrklassen bzw. Gefahrzetteln auf der Rückseite in Spalte 3.)

Schutzausrüstung:

Für Hilfskräfte: Erstmaßnahme: Vollschutz nach VFDB-Richtlinie 0801. Nach Klärung des Ladungsinhalts klassenspezifische Schutzausrüstung und Maßnahmen (siehe Rückseite Spalte 4 und 5)

Für Fahrzeugführer: Geeigneter Atemschutz
Schutzkleidung
Handschuhe aus Kunststoff oder Gummi
Augenspülflasche mit reinem Wasser.

NOTMASSNAHMEN

Sofort Feuerwehr und Polizei benachrichtige

- Motor abstellen.
- Schutzausrüstung anlegen.
- Zündquellen fernhalten (z. B. kein offenes Feuer) – Rauchverbot.
- Straße sichern und andere Straßenbenutzer warnen.
- Unbefugte fernhalten.
- Auf windzugewandter Seite bleiben.
- Nur explosionsgeschützte Leuchten und Elektrogeräte benutzen.
- Transportdokumente aus dem Führerhaus bergen und Feuerwehr oder Polizei be Eintreffen übergeben.

Leck

- Ausgelaufene Flüssigkeit mit Erde, Sand oder anderem geeigneten Material eindämmen.
- Verschütteten Feststoff mit trockenem Sand oder anderem geeigneten Material zudecken.
- Verschüttetes Ladegut nur in geeignete Gefäße füllen.
- Falls Produkt in Gewässer oder Kanalisation gelangt ist oder Erdboden oder Pflanzen verunreinigt hat, Feuerwehr und Polizei darauf hinweisen.

Fachmann hinzuziehen

Feuer

- Entstehungsbrände mit Feuerlöscher bekämpfen, für die weitere Brandbekämpfu siehe Rückseite Spalte 4.

Erste Hilfe

- Unter Beachtung des Selbstschutzes Verletzte retten.
- Mit Produkt verunreinigte Haut sofort mit viel Wasser gründlich spülen.
- Falls Produkt in Augen gelangt, unverzüglich mit viel Wasser mindestens 15 Minu spülen.
- Verunreinigte Kleidungsstücke sofort ausziehen.
- Ärztliche Hilfe grundsätzlich anfordern, insbesondere aber erforderlich bei Symptomen, die offensichtlich auf Einatmen, Verschlucken, Einwirkung auf Haut Augen oder Einatmen u. a. von Verbrennungsgasen zurückzuführen sind.

Telefon-Nummer und Anschrift des Beförderers (bei Verwendung einfügen):

Für den Inhalt verantwortlich:

(Name und Anschrift der natürlichen oder juristischen Person)

Unfallmerkblatt für den Straßen- und Schienentransport

Bild 171: Unfallmerkblatt

47. Kapitel: Brandschutz

47.1 Für den Werkschutz ergeben sich im Zusammenhang mit seiner Aufgabenstellung eine Reihe von Möglichkeiten, durch vorbeugenden und abwehrenden Brandschutz das Schadensaufkommen zu begrenzen. In arbeitsfreien Zeiten sind Brandschäden durchschnittlich viermal so hoch wie tagsüber. **424**

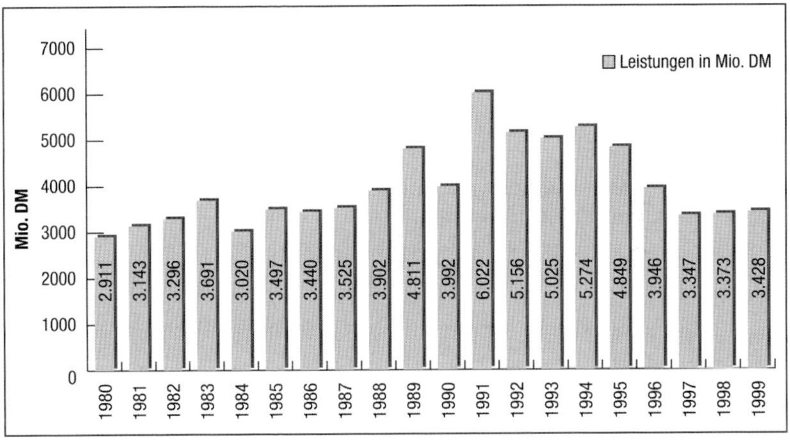

Bild 172: Leistungen der industriellen Feuerversicherung Quelle: GVD

Analog zur allgemeinen Kriminalitätsentwicklung nimmt die Brandstiftung (s. Rn. 103) mit steigender Tendenz einen Spitzenplatz bei den Brandursachen ein.

Brandschutzmaßnahmen erstrecken sich auf den

- **Vorbeugenden Brandschutz** (die Entstehung und Ausbreitung von Bränden zu verhindern)
- **Abwehrenden Brandschutz** (Brände möglichst schon im Entstehen erkennen und bekämpfen und Gefahren für Menschen und Sachwerte abwenden).

Der Unternehmer trägt die Verantwortung für den Brandschutz im Betrieb. Seine Verpflichtung ergibt sich aus

- §§ 3 und 4 Arbeitsschutzgesetz (s. Rn. 142)
- dem Bauordnungsrecht (z. B. Landesbauordnung)
- Vorschriften, Richtlinien und DIN-Normen (z. B. DIN 4102, VDE 0100)
- Unfallverhütungsvorschriften (insbesondere § 22 BGV A 1 sowie § 55 Arbeitsstättenverordnung)

TECHNIK

- Vorschriften der Sachversicherer (z. B. Allgemeine Sicherheitsvorschriften der Feuerversicherer für Fabriken und gewerbliche Anlagen – ASF)
- Brandverhütungsvorschrift.

Von besonderer Bedeutung für den vorbeugenden Brandschutz sind die Bestimmungen der DIN 4102, in der brandschutztechnische Begriffe, Anforderungen und Prüfungen für Bauteile festgelegt werden. Das Brandverhalten von Bauteilen wird durch die Feuerwiderstandsdauer gekennzeichnet und in entsprechende Feuerwiderstandsklassen, z. B. F 90, eingeteilt (siehe Tabelle Feuerwiderstandsklassen):

Baustoffe werden nach ihrem Brandverhalten in folgende Klassen eingeteilt (siehe Tabelle Baustoffklassen):

Bauteile mit brandschutztechnischen Sonderanforderungen wie

- Brandwände
- nicht tragende Außenwände
- Feuerschutzabschlüsse (Türen, Klappen, Rolläden usw.)
- Abschlüsse in Fahrschachtwänden
- Verglasungen der Feuerwiderstandsklasse G
- Lüftungsleitungen
- Bedachungen

werden hier hinsichtlich Anforderungen und Prüfungsbedingungen definiert. So sind z. B. F 90-Wände oder T 30-Türen gängige Begriffe der betrieblichen Praxis.

Für die Durchführung von Brandschutzmaßnahmen sollte für jeden Betrieb

- ein Brandschutzbeauftragter ernannt sowie
- eine Brandschutzordnung aufgestellt worden sein.

Jeder Arbeitnehmer ist aufgrund seines Arbeitsvertrages (s. Rn. 37) für die Einhaltung der Brandschutzvorschriften im Betrieb verantwortlich. Eine ausreichende Anzahl von Mitarbeitern ist in der Handhabung von Feuerlöscheinrichtungen zu unterweisen (BGV A 1 § 22). Fremdfirmen müssen die Brandschutzordnung des Betriebes einhalten und ihre Mitarbeiter in den notwendigen Brandschutzmaßnahmen unterweisen.

425 Neben den baulich-technischen Maßnahmen umfasst der vorbeugende Brandschutz im Betrieb folgende **organisatorische Maßnahmen:**

- Aufstellen einer Brandschutzordnung, Alarm-, Einsatz- und Räumungspläne (DIN 14 096)
- Organisation und Überwachung der Brandschutzkontrollen
- Überwachung und Beseitigung von brandschutztechnischen Mängeln und Gefahren

Brandverhütungsvorschriften für Fabriken und gewerbliche Anlagen

Feuerschutzabschlüsse

Selbstschließende Feuerschutzabschlüsse dürfen nicht (z.B. durch Verkeilen oder Festbinden) blockiert werden.

Elektrische Anlagen

Elektrische Anlagen sind nach den anerkannten Regeln der Elektrotechnik (Bestimmungen des Verbandes Deutscher Elektrotechniker - VDE -) nur von Fachkräften oder unterwiesenen Personen zu errichten und zu betreiben.

Rauchen und offenes Feuer

In feuer- und/oder explosionsgefährdeten Räumen und Bereichen ist Rauchen und Umgang mit Feuer oder offenem Licht verboten. In explosionsgefährdeten Räumen und Bereichen dürfen außerdem funkenbildende Geräte, Werkzeuge und nicht-explosionsgeschützte Elektrogeräte nicht verwendet werden.

Feuerarbeiten

Außerhalb ständiger, hierfür vorgesehener Arbeitsplätze sind Schweiß-, Schneid-, Schleif- und Aufheizarbeiten nur mit schriftlicher Genehmigung (Schweißerlaubnisschein) der Betriebsleitung zulässig. Dieser Schein muß genaue Angaben über die zu treffenden Schutzmaßnahmen enthalten.

Feuerstätten, Heizeinrichtungen

Feuerstätten (einschließlich Schornsteinen und Ofenrohren) und Heizeinrichtungen müssen im Umkreis von mindestens 2 m von brennbaren Stoffen freigehalten werden. Benzin, Petroleum, Spiritus, Lackreste oder ähnliches dürfen nicht als Feuerungsmaterial verwendet werden ● Heiße Schlacke und Asche müssen in dafür vorgesehene feuerbeständig abgetrennten Gruben oder Räumen oder im Freien mit sicherem Abstand gelagert werden ● Behelfsmäßige Feuerstätten, elektrische Heiz- und Kochgeräte sowie Tauchsieder dürfen nur mit Zustimmung der Betriebsleitung benutzt werden.

Brennbare Flüssigkeiten und Gase

Beim Umgang mit brennbaren Flüssigkeiten und Gasen ist besondere Vorsicht geboten ● In den Betriebsräumen dürfen höchstens die für den Fortgang der Arbeit nötigen Mengen (jedoch nicht mehr als der Tagesbedarf) aufbewahrt werden ● Brennbare Flüssigkeiten sind in sicheren Gefäßen aufzubewahren. Sie dürfen nicht in Ausgüsse oder Abwässerkanäle geschüttet werden.

Verpackungsmaterial

In den Packräumen darf leicht entflammbares Verpackungsmaterial (Holzwolle, Stroh, Papier, Faserstoffe, Kunststoffolien, Schaumstoffe und dgl.) höchstens in der Menge eines Tagesbedarfs vorhanden sein. Zerkleinertes Material dieser Art (Füllstoffe) ist in nichtbrennbaren Behältern mit dicht schließendem Deckel aufzubewahren. Packräume und Lagerräume für Verpackungsmaterial dürfen nicht direkt (z.B. durch Öfen, Strahler, ölbefeuerte Lufterhitzer) beheizt werden.

Abfälle

Brennbare Abfälle sind täglich aus den Arbeitsräumen zu entfernen. Sie sind im Freien mit sicherem Abstand oder in feuerbeständig abgetrennten Räumen (Lagerplatz ....) zu lagern. Ölige, fettige oder mit brennbaren Flüssigkeiten getränkte Putzwolle, Lappen und dergleichen dürfen nur in nichtbrennbaren Behältern mit dicht schließendem Deckel – keinesfalls in der Arbeitskleidung – aufbewahrt werden ● Zigarettenasche und Abfälle, die noch Glut enthalten können, sind in geeigneten Aschenbehältern aufzubewahren.

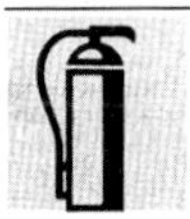

Feuerlöscheinrichtungen

Feuerlöscheinrichtungen müssen gut erkennbar und leicht zugänglich sein ● Jede Benutzung ist der Betriebsleitung sofort zu melden. Die Feuerlöscheinrichtungen sind nach der Benutzung unverzüglich wieder betriebsbereit zu machen. Mißbräuchliche Benutzung ist verboten.

Kontrolle nach Arbeitsschluss

Nach Arbeitsschluss hat eine der Betriebsleitung verantwortliche Person die Betriebsräume auf gefahrdrohende Umstände zu kontrollieren.

Es ist besonders zu prüfen, daß ● alle Feuerschutzabschlüsse geschlossen, ● alle nicht benötigten elektrischen Anlagen ausgeschaltet, ● an Stellen, an denen Reparaturarbeiten vorgenommen wurden, keine Brandgefahr vorhanden, ● die Abfälle ordnungsgemäß beseitigt und ● die Feuerstätten und Heizeinrichtungen gegen Brandausbruch gesichert sind.

* VdS 2039 1/80 (01) (bisher Form 1001)

Herausgegeben vom Verband der Schadensversicherer e. V. gemeinsam mit dem Bundesverband der Deutschen Industrie e. V.

- Kontrollen stationärer Löscheinrichtungen und Feuerlöscher
- Beratung in Fragen des Brandschutzes
- Ausbildung und Unterweisung der Belegschaft.

Feuer-widerstandsklasse	Feuerwiderstandsdauer in Minuten	Bauaufsichtliche Benennung
F 30	$\geqq$ 30	feuerhemmend
F 60	$\geqq$ 60	–
F 90	$\geqq$ 90	feuerbeständig
F 120	$\geqq$ 120	–
F 180	$\geqq$ 180	–

Feuerwiderstandsklassen

Baustoff-klasse	Bauaufsichtliche Benennung	Baustoffe
A		
A 1 A 2	nichtbrennbare Baustoffe	z. B. Stein, Beton, Asbestzementplatten, Gusseisen, Stahl und andere Metalle
B		
B 1	brennbare Baustoffe schwerentflammbare Baustoffe (brennen nach Entzünden nur mittels Fremdwärme und einer dauernden Zündquelle weiter)	z. B. mineralisierte Holzwerkstoff-platten nach DIN 1101, mit Feuerschutzmitteln behandelte Baustoffe, Kunststoff-Platten aus PVC (Nachweis durch bes. Prüfung)
B 2	normalentflammbare Baustoffe (brennen nach Entzünden und Fortnahme der Zündquelle von selbst weiter)	z. B. Holz und Holzwerkstoffe (von mehr als 2 mm Dicke), genormte Dachpappen)
B 3	Leichtentflammbare Baustoffe[1] (brennen nach Entzünden mit hoher Ausbreitungsgeschwindigkeit von selbst weiter)	z. B. Holz und Holzwerkstoffe (bis zu 2 mm Dicke), Papier sowie Baum- und Zellwollfasern

[1] Gebäudeteile, die nach ihrem Einbau noch leichtentflammbar im Sinne von DIN 4102 „Brandverhalten von Baustoffen und Bauteilen“ (Ausgabe Mai 1998) sind, dürfen nach den Bauordnungen der Bundesländer für Bauteile nicht verwendet werden.

Baustoffklassen

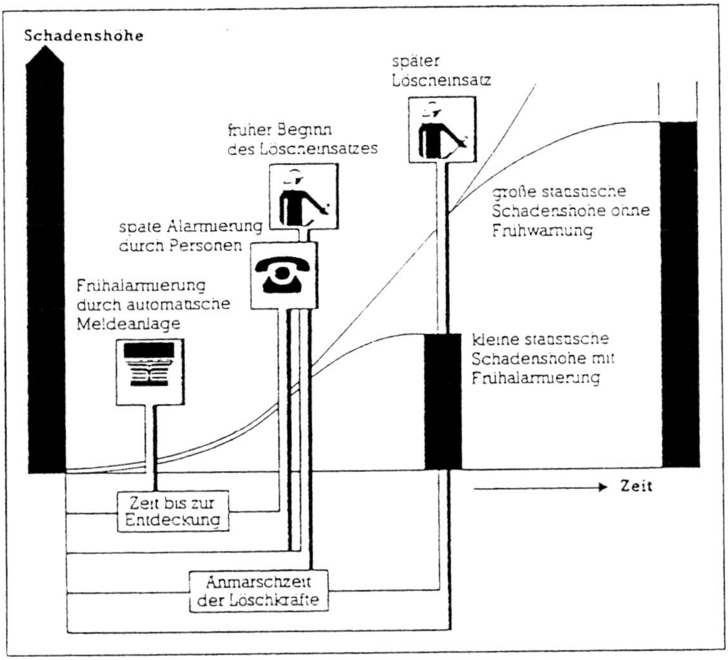

Bild 173: Funktionaler Zusammenhang von Schaden und Zeit

Die zu treffenden Maßnahmen ergeben sich aus den örtlichen, produktionstechnischen und materiellen Gegebenheiten des Betriebes. **Ziel** sollte sein

- entstehende Brandgefahren zu erkennen
- feuergefährliche Arbeitsabläufe durch weniger gefährliche zu ersetzen
- brennbare Stoffe nicht mit möglichen Zündquellen zu lagern
- brennbare Stoffe in Fertigungsbereichen nicht anzuhäufen (Brennbare Flüssigkeiten und Gase nicht mehr als Tagesbedarf).

Im Rahmen der Mitwirkung des Werkschutzes bei der Verhütung von Bränden ist Voraussetzung die Kenntnis

- der Brandschutzordnung sowie der Einsatz-, Alarm-, Flucht- und Rettungspläne
- der Bedienung vorhandener Brandmeldeanlagen
- der Alarmierungs- und Meldeverfahren
- der Standorte und Einsatzmöglichkeiten vorhandener Feuerlöschgeräte (stationär, beweglich) wie Löschwasserversorgung, Wandhydranten, Löschanlagen, Handfeuerlöscher

- der betrieblichen Gefahrenpunkte wie Lagerorte brennbarer Flüssigkeiten oder Gase, Chemikalien sowie anderer brandfördernder Stoffe
- der Bedeutung von Sicherheitskennzeichnungen für Löscheinrichtungen nach DIN 4066 und von Rohrleitungen nach Durchflussstoff gemäß DIN 2403 (s. Rn. 418)
- der Kennzeichnung von Fahrzeugen nach der Gefahrgutverordnung, Straße (s. Rn. 419)

Zur Verminderung von Brandgefahren werden im Rahmen der Werkschutzstreifengänge Kontrollen im Hinblick auf die häufigsten Brandursachen durchgeführt. Festgestellte Mängel müssen abgestellt bzw. gemeldet werden.

Hauptursachen	**Kontrollobjekte**
Licht- und Wärmequellen	– Einhaltung von Rauchverbot – Heizgeräte, Kaffeemaschinen – Arbeiten mit offener Flamme und Trennschleifgeräten (Erlaubnisschein für Schweiß-, Schneid-, Löt-, Auftau und Trennschleifarbeiten
Elektrische Anlagen	– Funkenbildende Maschinen – Erhitzung schadhafter oder überlasteter Anlagenteile – Entwicklung von Lichtbögen
Feuerungs- und Erhitzungsanlagen	– Wärmestrahlung, -leitung – Überhitzung – offene Flammen – Funkenflug
Brennbare Stoffe, Flüssigkeiten, Gase, Stäube	– Lagerorte, Lagermengen – Einhaltung der Verordnung über brennbare Flüssigkeiten – Ordnung und Sauberkeit – Rauchverbote
Maschinelle Einrichtungen	– stark erhitzte Oberflächen, Lager, Rollen – Austritt brennbarer Stoffe (Öle, Kraftstoffe)
Selbstentzündung	– Lagerung gebrauchter Putzlappen, verschmutzten Sägemehls
Verpuffung, Explosionen	– Einhaltung der Sicherheitsvorschriften wie Verbot von Schweißen, Schleifen oder anderer Arbeiten, die Funken verursachen
Brandstiftungen	– abgelegte Zünd- und Brandvorrichtungen – Manipulation an techn. Einrichtungen

Checkliste für Brandschutz-Kontrollen

Betrieb Betriebsteil Gebäude	Datum kontrolliert durch:

Kontrollen nach Betriebsschluss	Beanstandungen	in Ordnung
Alle Feuerschutzabschlüsse (Türen, Tore) geschlossen, nicht blockiert, nicht beschädigt		
Sind Verkehrswege, Fluchtwege, Notausgänge freigehalten?		
Sind Feuerlöscheinrichtungen, Brandmelder frei zugänglich?		
Werden elektrische Anlagen – soweit betrieblich möglich – abgeschaltet?		
Werden brennbare Abfälle vorschriftsmäßig aufbewahrt?		
Sind brennbare Flüssigkeiten vorschriftsmäßig gelagert?		
Befinden sich Druckgasflaschen an den vorgeschriebenen Orten?		
Sind Kerzen, brennbare Dekorationen, private Tauchsieder oder Heizgeräte vorhanden?		
Wird in Raucherzonen darauf geachtet, dass Zigaretten- und Zigarrenreste nicht in Abfalltonnen, Papierkörbe oder aus dem Fenster geworfen werden?		
Werden Zufahrt, Aufstell- und Bewegungsflächen für die Feuerwehr freigehalten?		
Wird Lagergut und Abfall an den vorgeschriebenen Stellen und mit ausreichendem Abstand zu Gebäuden aufbewahrt?		
Sind die ausgehängten Brandschutzordnungen noch vorhanden und auf aktuellem Stand?		

Beanstandungen besprochen mit:	gemeldet an:

Je früher ein Brand **entdeckt** wird, um so leichter kann er bekämpft werden und um so geringer ist der Schaden.

426 An vorbeugenden Maßnahmen zur Brandbekämpfung sind zu nennen:

- In jedem Betrieb müssen im Hinblick auf die Brandgefahr entsprechende **Feuerlöscher** vorhanden sein. Die Vorgaben richten sich nach der ArbeitsstättenVO, BGV A 1 § 22 und den Sicherheitsregeln für die Ausrüstung von Arbeitsstätten mit Feuerlöschern BGR 133. Bei der Ausstattung von Arbeitsstätten mit Feuerlöschern ist auf die Brandklassen (s. Rn. 430) zu achten. Alle Feuerlöscher müssen gut sichtbar und leicht zugänglich sein (s. näher Rn. 433).
- Am sichersten und schnellsten wird Löschwasser aus **Rohrleitungen** mit angeschlossenen **Hydranten** entnommen. Zu unterscheiden sind
  - Unterflurhydranten gemäß DIN 3221
  - Überflurhydranten gemäß DIN 3222
  - Wandhydranten in Gebäuden gemäß DIN 14 461
  - trockene Steigleitungen gemäß DIN 14 462.

Die Standorte aller Hydranten sind durch weithin sichtbare Hinweisschilder gemäß DIN 4066 zu kennzeichnen.

- Bei erhöhtem Schadensrisiko werden oft stationäre **Feuerlöschanlagen** eingerichtet. Die Schutzeinrichtungen haben für ausgewählte Einsatzbereiche (Kaufhäuser, Hochregallager, EDV-Anlagen, Tankanlagen usw.) eine besondere Bedeutung.

Jede Arbeitsstätte und jeder Aufenthaltsraum eines Gebäudes müssen im Brandfall auf zwei voneinander unabhängigen Wegen verlassen werden können. Diese Wege dienen i. d. R. auch als Angriffswege für die Feuerwehr (s. auch die Vorschriften der Arbeitsstättenverordnung der BGV A 1 und der BGV A 8).

Flucht- und **Rettungswege** sowie **Notausgänge** müssen als solche gut sichtbar gekennzeichnet und jederzeit in ihrer vorgeschriebenen Breite freigehalten werden. Türen im Verlauf von Rettungswegen dürfen während der betrieblichen Arbeitszeit nicht verschlossen sein.

Daraus ergibt sich ein weiterer Kontrollauftrag für den Werkschutz.

427 47.2 **Unter abwehrendem Brandschutz** (**Brandbekämpfung**) sind alle Maßnahmen zu verstehen, die geeignet sind, einer drohenden oder vorhandenen Brandgefahr unverzüglich und wirksam zu begegnen.

Die vom Werkschutz an der Einsatzstelle zu leistenden Sofortmaßnahmen lauten:

Melden – Retten – Bekämpfen

Der Ausbruch eines – auch unscheinbaren – Brandes ist sofort unter genauer Angabe von

- Brandort (Gebäude, Geschoss oder Abteilung)
- Brandobjekt, -art und -umfang

an die zuständige Stelle (Werkschutzzentrale, Feuerwehr, Brandmeldezentrale s. Rn. 329 f.) zu melden. Bis zum Eintreffen der Feuerwehr sind folgende Maßnahmen zu treffen:

- beim Eintreffen an der Brandstelle zuerst prüfen, ob Menschen in Gefahr sind (Menschenrettung vor Brandbekämpfung)
- gefährdete Personen verständigen und aus dem Gefahrenbereich bringen
- den Brand mit allen verfügbaren Mitteln (Feuerlöscher/Wandhydranten) taktisch richtig bekämpfen
- bei drohender Gefahr (rasche Brandausbreitung, Explosionen) Gebäude sofort verlassen. Fenster und Türen schließen (Brandausbreitung verhindern)
- Energiequellen abschalten.

Die **Zusammenarbeit mit Feuerwehr und Rettungsdienst** richtet sich nach folgen- **428**
den Grundsätzen:

- Einweisung bei der Alarmierung durch die Zentrale
- Anfahrten und Zugänge für die Feuerwehr freihalten
- Einweiser einteilen, Schlüssel bereithalten
- Ausgabe der Brandschutzpläne vorbereiten.
- Beim Eintreffen der Feuerwehr an der Einsatzstelle dem Einsatzleiter kurz und sachlich Auskunft geben über
  - Lage der Brandstelle
  - Ausdehnung des Brandes
  - Aufteilung und Konstruktion des Gebäudes (Zugänge, Treppen, Art der Nutzung)
  - Lagerorte gefährlicher Stoffe (Gase, Gifte, radioaktive Strahler)
  - Hinweise auf gefährdete Personen
  - vorhandene ortsfeste Löscheinrichtungen
- Den Anordnungen des Einsatzleiters der Feuerwehr ist Folge zu leisten.

Maßnahmen zur Sicherung der Einsatzstelle:

- Nicht beteiligte Personen von der Einsatzstelle fernhalten
- Verkehrsführung sicherstellen bzw. Absperrungen vornehmen

Bei Räumung:
Vollzähligkeit am Sammelplatz feststellen lassen

- Wichtige Unterlagen sicherstellen lassen
- Veranlassen, dass techn. Anlagen abgeschaltet werden.

Um die mögliche **Brandursache** zu **ermitteln,** darf am Schadensort nichts verändert werden, bis die Ermittlungen abgeschlossen sind. Hierzu sind

- Brandstellen zu sichern
- Unbefugte am Betreten zu hindern
- Spuren zu sichern.

429 47.3 Zur erfolgreichen Brandbekämpfung und Wahl des geeigneten Löschmittels gehören physikalisch-chemische Grundkenntnisse über den **Verbrennungsvorgang.**

Die Verbrennung – das Feuer – ist ein, in mehreren einzelnen Stufen ablaufender chemischer Prozess, bei dem sich ein brennbarer Stoff mit Sauerstoff verbindet. Dieser Vorgang wird **Oxidation** genannt.

Die Erscheinungsformen des Feuers als Flamme und/oder Glut sind physikalische Vorgänge, die für den Löscherfolg von nachgeordneter Bedeutung sind.

Es wird unterschieden nach

- langsam verlaufenden Oxidationen (Rosten, Gären, Verwesen)
- schnell verlaufenden Oxidationen (Verbrennen, Explodieren, Detonieren).

Die **Voraussetzungen** für eine Verbrennung sind:

- Vorhandensein eines Brennstoffes
- ungehinderter Zutritt von Sauerstoff zum brennbaren Stoff
- das richtige Mengenverhältnis (Konzentration) von brennbarem Stoff und Sauerstoff
- ausreichende Zündenergie (z. B. durch Wärmeübertragung, Wärmeleitung bis zum Erreichen der Zündtemperatur eines brennbaren Stoffes oder des Flammpunktes bei einer brennbaren Flüssigkeit).

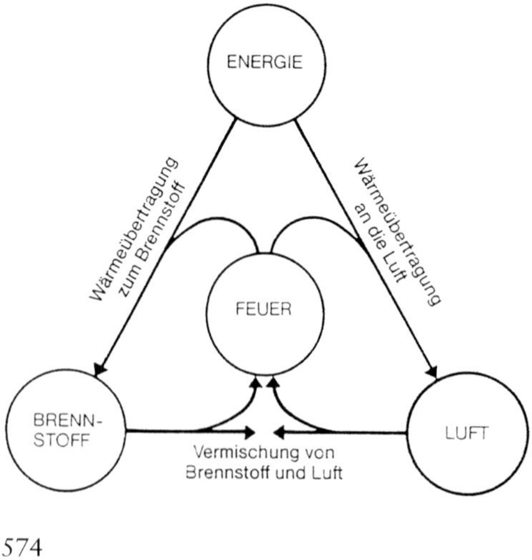

Bild 174: Feuerdreieck

Wird eine dieser Voraussetzungen nachhaltig gestört, kommt es zur Unterbrechung des Oxidationsvorganges. Das Feuer ist gelöscht.

47.4 Die Merkmale der brennbaren Stoffe sind in der **Brandklassen**einteilung 430
nach DIN EN 2 festgelegt.

Brände fester Stoffe, hauptsächlich organischer Natur, die normalerweise unter Glutbildung verbrennen; zum Beispiel Holz, Papier, Stroh, Kohle, Textilien, Autoreifen	**Brände von flüssigen oder flüssig werdenden Stoffen;** zum Beispiel Benzin, Öle, Fette, Lacke, Harze, Wachse, Teer, Äther, Alkohole	**Brände von Gasen:** zum Beispiel Methan, Propan, Wasserstoff, Acethylen, Stadtgas	**Brände von Metallen:** zum Beispiel Aluminium, Magnesium, Lithium, Natrium, Kalium und deren Legierungen

Bild 175: Brandklassen nach DIN EN 2

47.5 Das Fehlen einer der Voraussetzungen des Verbrennens führt zu Störung 431
des Oxidationsvorganges und damit zum Abbruch der Verbrennung. Verfahren, die eine Störung des richtigen Mengenverhältnisses zwischen brennbarem Stoff und Sauerstoff bewirken, gelten allgemein als **Ersticken** (bei Flammen). Verfahren, die eine Abkühlung des brennbaren Stoffes unter die Mindestverbrennungstemperatur bewirken, werden als **Abkühlen** bezeichnet (bei Glut).

Flammen = Ersticken
Glut = Abkühlen

Die wichtigsten **Löschmittel** sind: 432

Wasser; die Hauptlöschwirkung von Wasser entsteht wegen des großen Wärmebindungsvermögens durch Abkühlung. 1 Liter Wasser bindet bei seiner Erwärmung von 10 °C bis zur restlosen Verdampfung ca. 2 630 KJoule Wärmeenergie. Wasser ist das wirksamste Löschmittel für Brände der Brandklasse A.

Die abkühlende Wirkung kann durch die mechanische Wirkung des Wasserstrahls unterstützt werden,
- die Auftreffwucht (bei Vollstrahl)
- die Tiefenwirkung (Einpressen in tiefere Glutschichten)
- die Netzfähigkeit (selbstständiges Eindringen in poröses Material).

Nachteile des Wassers als Löschmittel sind
- evtl. Wasserschäden im Objekt
- Umweltbeeinträchtigungen durch abfließendes Löschwasser
- das Entstehen chemischer Reaktionen bei bestimmten Stoffen
- Gefahren bei Bränden in elektrischen Anlagen (Sicherheitsabstände nach VDE-Vorschrift 08332 beachten)

Light Water ist ein filmbildendes synthetisches Schaumlöschmittel, ein Gemisch aus Wasser mit Netzmitteln auf Fluorcarbonbasis. Es ist für den Einsatz in den Brandklassen A und B geeignet.

Als Wasserzusatz verbessern Netzmittel die Eindringfähigkeit des Löschmittels in die Brandzone, als Schaum aufgetragen, bildet Light Water infolge seiner großen Oberflächenaktivität einen gasdichten Film.

Luftschaum; er besteht aus drei Komponenten:
- Wasser
- Luft
- Schaummittel (z. B. Waschmittelzusätze wie Tenside).

Entsprechend der Art der Erzeugung werden Schäume nach der Verschäumungszahl (VZ) unterteilt in
- Schwerschaum (VZ 1 – 20)
- Mittelschaum (VZ 20 – 200)
- Leichtschaum (VZ 200 – 1 000).

Beispiel: Mittelschaum (VZ 150): Aus 1 Liter Wasser-/Schaummittelgemisch (ca. 4 %) entstehen 150 Liter Luftschaum.

Die Löschwirkung beruht in allen Anwendungsformen auf dem Stick-Effekt, bei Schwerschaum durch den hohen Wasseranteil zusätzlich noch auf dem Kühl-Effekt. Anwendungsbereiche sind die Brandklassen A und B.

Trockenlöschpulver ist ein Gemisch aus staubförmig gemahlenen Salzen, ursprünglich nur Natriumhydrogencarbonat. Man unterscheidet entsprechend der bevorzugten Löschwirkung in den Brandklassen
- BC-Pulver (Normallöschpulver)
- ABC-Pulver (Glutbrandlöschpulver)
- D-Pulver (Metallbrandlöschpulver).

Die Löschwirkung des Trockenlöschpulvers entsteht bei BC- und ABC-Pulver durch den Stick-Effekt (Störung des Mischungsverhältnisses Sauerstoff/Brennstoff) und aufgrund einer antikatalytischen Wirkung (Inhibitions-Effekt). Dabei wird der Reaktionsverlauf des Brandes durch Abbrechen der Reaktionsketten gehemmt. Bei Glut- und Metallbrandpulver entsteht durch Schmelzen des Löschpulvers und der damit verbundenen Imprägnierung der Oberfläche des Brandgutes ein zusätzlicher Dämm- und Stick-Effekt. Metallbrandlöschpulver darf nur drucklos mit Pulverbrause aufgebracht werden.

Kohlendioxid (CO_2) ist ein geruch- und farbloses Gas, das bei der vollständigen Verbrennung von Kohlenstoff entsteht. Die Löschwirkung beruht auf Ersticken durch „Verdünnen" (Herabsetzen des Sauerstoffgehaltes der Luft). Eine nennenswerte abkühlende Wirkung kommt selbst dem – 78 °C kalten CO_2-Schnee nicht zu, da dieser nur ein geringes Wärmebindungsvermögen besitzt. CO_2 ist nur gegen reine Flammenbrände (Brandklassen B und C) wirksam. Da das Kohlendioxid sich rasch verflüchtigt, ist die Löschwirkung im Freien relativ gering.

Die Löschwirkung ist bei sachgerechter Anwendung fast schlagartig. Da CO_2 ohne jeden Rückstand oder chemische Einwirkung löscht, ist es besonders geeignet für Güter, die nicht verunreinigt werden sollen (z. B. Lebensmittel, Chemikalien, elektronische Geräte und DV-Anlagen).

Inergen hat sich, neben **Argon**, zwischenzeitlich als Ersatz für das seit 1993 nicht mehr zugelassene hochwirksame Löschmittel Halon etabliert. Inergen ist eine Gasmischung, die sich aus 40 % des Edelgases Argon, 52 % Stickstoff und 8 % Kohlendioxyd zusammensetzt. Als Löschmittel wird Inergen ausschließlich bei stationären Löschanlagen verwendet.

Beim Löschvorgang in geschlossenen Räumen ergeben sich etwa 71 % Stickstoff, 14 % Argon, 11 % Sauerstoff und 4 % Kohlendioxyd als Raumluftzusammensetzung. Somit beruht die Löschwirkung auf der Verdrängung des Sauerstoffes unter einen Wert von 15 Vol%. Die in der Raumluft vorhandenen 4 % Kohlendioxyd sind für den menschlichen Organismus als ungefährlich anzusehen. Sie regen die unwillkürliche Atmungsvertiefung an und gewährleisten damit eine ausreichende Sauerstoffversorgung der im Raum befindlichen Menschen.

Das Löschmittel Inergen ist als absolut umweltfreundlich anzusehen, da seine Bestandteile natürliche Elemente der Atmosphäre sind. Inergen löscht sauber, rückstands- und korrosionsfrei. Der Verband der Schadenversicherer hat Inergen-Löschanlagen Zulassungen erteilt. Teilweise sind solche Anlagen noch im Versuchsbetrieb.

Graugussspäne, Sand, Erde und Salz sind zum Abdecken von Glut- und Metallbränden ebenfalls geeignet, sollten jedoch zum Löschen von Metallbränden nur eingesetzt werden, wenn sie völlig trocken sind (Knallgas-Reaktion). Die Löschwirkung beruht auf dem Trenn-/Stick-Effekt.

TECHNIK

Löschdecken bestehen aus schwer entflammbarem Gewebe und sind vor allem für das Ersticken in Brand geratener Bekleidung eines Menschen vorgesehen. Die Löschwirkung beruht auf dem Stick-Effekt.

Brandklassen nach DIN EN2	A Brände fester Stoffe	B Brände flüssiger Stoffe	C Brände von Gasen	D Brände von Metallen
Feuer-erscheinungen	Glut und Flamme oder nur Glut oder nur Flamme	nur Flamme	nur Flamme	nur Glut
Löschmittel	**Löscheffekte**			
Wasser	Kühleffekt	nur Kühlen der Behälter	nur Kühlen der Konstruktion	
Schwerschaum	Kühleffekt	Trenneffekt Dämmeffekt Kühleffekt		
Mittelschaum	Kühleffekt	Trenneffekt Dämmeffekt Stickeffekt		
Leichtschaum	Stickeffekt	Stickeffekt		
BC-Löschpulver (Normallöschpulver)		heterogene Inhibition	heterogene Inhibition	
ABC-Löschpulver (Speziallöschpulver)	heterogene Inhibition	heterogene Inhibition	heterogene Inhibition	(Kühleffekt) (Stickeffekt)
D-Löschpulver (Sonderlöschpulver)				Kühleffekt Stickeffekt
CO_2 -Gas -Nebel -Schnee		Stickeffekt Stickeffekt Stickeffekt	Stickeffekt	

Bild 176: Übersicht der Löschmittelwirkung

433 47.6 **Feuerlöscher** sind besonders zur sofortigen Bekämpfung von Entstehungs- und Kleinbränden geeignet. Dies sind betriebsfertige tragbare oder ohne eigenen Kraftantrieb fahrbare Löschgeräte, bei denen das Löschmittel durch gespeicherten (Dauerdrucklöscher) oder bei der Inbetriebnahme erzeugten Druck (Auflade-

löscher) selbstständig ausgestoßen wird. Aufladelöscher werden sowohl mit innenliegender als auch mit außenliegender Druckgasflasche hergestellt.

Seit dem 1. 1. 1993 werden tragbare Feuerlöscher EG-einheitlich zugelassen. Die Anforderungen sind in der Euronorm DIN EN 3 festgelegt. Geräte nach der bisher gültigen DIN 14 406 bleiben weiterhin zugelassen und dürfen in Deutschland uneingeschränkt verkauft werden.

Eine wesentliche Änderung gegenüber der bisher gültigen DIN 14 406 betrifft die Leistungsbewertung der Löschgeräte/-mittel. Daraus ergibt sich eine neue Löscherkennzeichnung. Die Kennzeichnung der Löscher mit der entsprechenden Leistungsklasse gibt Aufschluss über das Mindestlöschvermögen.

Die Leistungsklasse wird bei der amtlichen Zulassungsprüfung eines Feuerlöschers **434**
an einem gemäß DIN EN 3 festgelegten Prüfobjekt für die jeweilige Brandklasse ermittelt. Damit lässt sich die unterschiedliche Löschwirkung verschiedener Löschmittel bei gleichen Löschergrößen vergleichbarer machen. Gegenüber der bisherigen Regelung ist also nicht mehr die Löschmittelmenge, sondern das Löschvermögen das entscheidende Kriterium für die Klassifizierung eines Feuerlöschers.

Löschvermögen ist die Fähigkeit eines Feuerlöschers ein genormtes Brandobjekt mit einer Mindestlöschmittelmenge (unter definierten Bedingungen) zu löschen.

Löschmittel-einheiten	Feuerlöscher				
	nach DIN EN 3		nach DIN 14 406		
LE	A	B	A	B	A und B
1	5 A	21 B		K 2	
2	8 A	34 B	P2, W 6	P 2	PG 2
3		55 B		K 6, S 10	S 10
4	13 A	70 B	W 10, S 10		
5		89 B			
6	21 A	113 B	PG 6	P 6	PG 6
9	27 A	144 B			
10	34 A		PG 10		PG 10
12	43 A	183 B	PG 12	P 12	PG 12
15	55 A	233 B			

Werden Feuerlöscher für die Brandklassen A und B eingesetzt und haben sie für die Brandklassen unterschiedliche Löschmitteleinheiten LE, ist der niedrigere Wert anzusetzen.	Feuerlöscher nach DIN 14 406 können allein oder mit EN-Feuerlöscher zusammen verwendet werden, wenn die Zuordnung der DIN-Löscher nach dieser Tabelle erfolgt.

Bild 177: Gegenüberstellung Feuerlöscher nach DIN EN 3 bzw. DIN 14 406

Löschmitteleinheit ist eine eingeführte Hilfsgröße, die es ermöglicht, die Leistungsfähigkeit unterschiedlicher Feuerlöscherbauarten zu vergleichen und das Löschvermögen der Feuerlöscher zu addieren.

Feuerlöscher müssen amtlich geprüft und zugelassen sein. Die Eignung von Feuerlöschern bei zu löschenden Stoffen gemäß Brandklasseneinteilung nach DIN EN 2, zeigt die nachfolgende Tabelle.

Die Anzahl bereitzuhaltender Feuerlöscher richtet sich nach der Brandgefährdung und der Größe der Arbeitsstätte. Das Merkblatt der Berufsgenossenschaft ZH 1/201 „Sicherheitsregeln für die Ausrüstung von Arbeitsstätten mit Feuerlöschern" gibt in Form von Tabellen die Möglichkeit

- entsprechend der Brandgefährdung die benötigten Löschmitteleinheiten sowie
- das erforderliche Löschvermögen in der Brandklasse zu ermitteln

und damit Anzahl und Größe der Feuerlöscher zu bestimmen.

435 Die Ausbildung einer ausreichenden Anzahl von Personen in der Handhabung von Feuerlöschern (Inbetriebsetzung und Löschtaktik) zur schnellen Bekämpfung von Entstehungsbränden wird z. B. in § 10 ArbSchG vom Unternehmer verlangt. Es ist zweckmäßig, so genannte „Feuerlöscher-Stützpunkte" einzurichten, um dort eine ausreichende Anzahl von Feuerlöschern bereitzuhalten. Ihre Vorteile liegen in einer

- ausreichenden Verfügbarkeit von Feuerlöschern
- Bereitstellung geeigneter Löscher für verschiedene Brandklassen
- Erleichterung bei Kontrolle und Überwachung.

Da die Anordnung und Ausführung der Bedienungselemente bei Feuerlöschern nicht einheitlich vorgeschrieben ist, sollten Werkschutzmitarbeiter in die Bedienung der im Betrieb vorhandenen Feuerlöscher eingewiesen werden. Grundlegende Voraussetzungen für die richtige Benutzung sind Kenntnisse über

- Eignung der Löschmittel für die Brandklassen
- Bedienung der Feuerlöscher, ggf. mittels aufgedruckter Piktogramme
- Hinweise für den richtigen Einsatz von Feuerlöschgeräten
- Warnhinweise für Brandbekämpfung an elektrischen Anlagen (bis 1 000 Volt, Mindestabstand z. B. Wasser/Schaum 3 m, Pulver 1 m)
- Gesundheitshinweise beim Einsatz von Gaslöschern (Vorsicht bei Verwendung in engen, schlecht belüfteten Räumen wegen gesundheitsschädlicher Gase).

436 Bei **Kontrolle der Funktionsbereitschaft** ist darauf zu achten, ob

- sich der Feuerlöscher an dem vorgesehenen Standort befindet
- der Löscher gut sichtbar (nicht zugestellt) und leicht zugänglich angebracht ist
- der Löscher äußerlich unbeschädigt ist (Plomben, Druckbehälter, Manometer)
- die anhand der Prüfplakette ersichtlichen Prüffristen (i. d. R. alle zwei Jahre) eingehalten sind

- benutzte Löscher nicht wieder aufgehängt, sondern sofort ausgetauscht bzw. durch sachkundiges Personal wieder aufgefüllt worden sind
- die vorhandenen Feuerlöschmittel für die mögliche Verwendung geeignet sind (keine Pulverlöscher in Rechnerräumen!).

Brandgefährdung (nach Merkblatt BGR 133) 437

Geringe Brandgefährdung liegt vor, wenn Stoffe mit geringer Enzündbarkeit vorliegen und die örtlichen und betrieblichen Verhältnisse nur geringe Möglichkeiten für eine Brandentstehung bieten und wenn im Falle eines Brandes nur mit geringer Brandausbreitung zu rechnen ist.
Mittlere Brandgefährdung liegt vor, wenn Stoffe mit hoher Entzündbarkeit vorhanden sind und die örtlichen und betrieblichen Verhältnisse für die Brandentstehung günstig sind, jedoch keine große Brandausbreitung in der Anfangsphase zu erwarten ist.
Große Brandgefährdung liegt vor, wenn durch Stoffe mit hoher Entzündbarkeit und durch die örtlichen und betrieblichen Verhältnisse große Möglichkeiten für eine Brandentstehung gegeben sind und wenn in der Anfangsphase mit großer Brandausbreitung zu rechnen ist; oder wenn eine Zuordnung in mittlere oder geringe Brandgefährdung nicht möglich ist.

47.7 Bei erhöhtem Schadensrisiko werden häufig **ortsfeste automatische Feuerlöschanlagen** eingerichtet. Sie sollen Brände in der Entstehungsphase selbsttätig erkennen, melden und löschen. In Feuerlöschanlagen werden entsprechend dem erwarteten Brandrisiko und der vorhandenen Brandklassen alle gebräuchlichen Löschmittel eingesetzt. Je nach der erwünschten Schutzwirkung können Raumschutz- oder Objektschutzanlagen eingerichtet werden. 438

Sprinkleranlagen sind ortsfeste Sprühwasseranlagen mit Löschdüsen, die sich unter Wärmeeinwirkung selbsttätig öffnen. Der Sprinklerkopf ist mit einem Glasröhrchen (oder Schmelzlot) geschlossen, welcher bei einer zunehmenden Brandwärme durch Ausdehnung der Flüssigkeit zerplatzt. Die definierten Sprengtemperaturen der Glasröhrchen liegen in fünf Abstufungen zwischen 57 und 260 °C.

Die Löschdüsen sind in einem Rohrnetz verschraubt, das unter den Decken oder Dächern der geschützten Räume verlegt ist. Wird ein Sprinkler geöffnet, strömt das in einem Druckbehälter unter hohem Druck stehende Wasser aus und wird über den Sprinklerteller verteilt. In frostgefährdeten Bereichen wird das Rohrleitungsnetz der Sprinkleranlage als Trockensystem ausgeführt und mit Luft gefüllt. Durch Druckabfall bei geöffnetem Sprinkler strömt das Wasser bis zu den Sprink-

Bild 178: Hinweise zur richtigen Benutzung von Handfeuerlöschern

lern nach. Art und Umfang der Wasserversorgung hängen von der Risikoklasse und den örtlichen Gegebenheiten ab. Im Normalfall verfügt die Anlage über

- Druckluftwasserkessel
- Zwischenbehälter mit Sprinklerpumpe
- Stadtwasseranschluss
- ggf. Einspeisepunkte für die Feuerwehr.

Sprühflutanlagen sind Wasser-Löschanlagen mit einem Rohrnetz und offenen Löschköpfen, die von Hand oder automatisch durch ein Brandmeldesystem angesteuert und mit Löschwasser versorgt werden. Es können immer nur ganze Sektionen (einem Ventil zugeordnete Düsengruppen) geöffnet werden.

Kohlendioxid-(CO_2)Anlagen werden nach Größe des Raumes oder den zu schützenden Objekten als **Hochdruck- oder Niederdruckanlagen** ausgeführt.

Bei Hochdruckanlagen wird das Löschmittel (verflüssigtes CO_2) in Stahlflaschen und bei Niederdruck-Anlagen – auch TIKKO-Anlagen – in Tanks bevorratet. Zur Lagerung in Tanks wird das CO_2 konstant auf etwa –20 °C gekühlt. Die Verteilung erfolgt über ein Rohrleitungssystem, das Ausbringen über Löschdüsen.

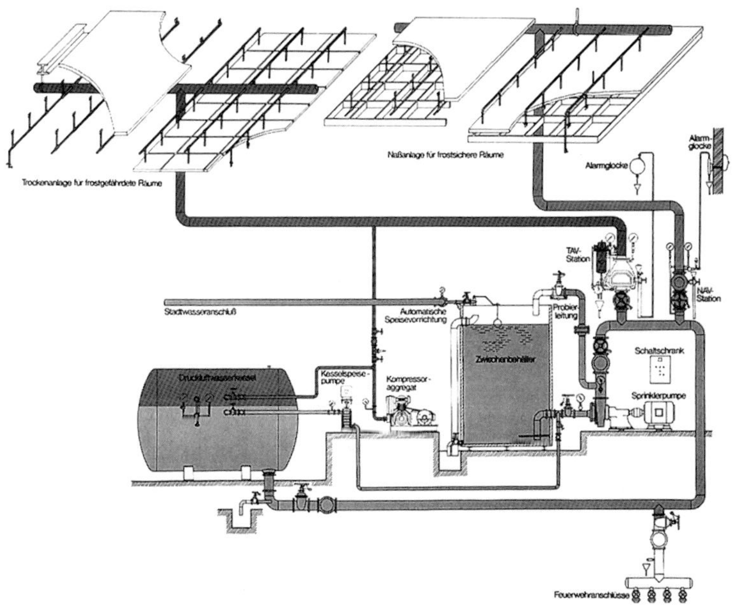

Bild 179: Schema Sprinkleranlage/Foto: Minimax

TECHNIK

Einsatzbeispiele für Objektschutzanlagen

Sprühwasser-Löschanlagen
- Freilufttrafos
- Walzengerüste
- Bühnen
- Spänentrockner, -förderer
- Filteranlagen
- Müllbunker
- Kabelkanäle
- Förderbänder
- oberirdischer Behälter zur Lagerung brennbarer Flüssikgeiten

Pulver-Löschanlagen
- Farblackieranlagen
- Lacktrockner
- Spritzkabinen
- Füllstationen
- Übernahmestationen für Öl und brennbare Flüssigkeiten
- Verdichterstationen
- Gasübergabestation
- Ölkeller
- Hydraulikanlagen
- Behältergruben

Funken-Löschanlagen mit den Löschmitteln Wasser, Pulver oder CO_2
- pneumatische Absaug- und Fördereinrichtungen
- Mühlenanlagen
- Schnitzeltrockner
- Schleifmaschinen
- Zerhackereinrichtungen

Schaum-Löschanlagen
- Produktions- und Lagerhallen
- Lagertanks mit brennbaren Flüssigkeiten
- Abfüllstationen
- Hochregallager
- Frachtschiffe

CO_2-Löschanlagen
- Friteusen
- Rechner
- Spritzstände
- Ölbäder
- Tauchbecken
- Motorprüfstände
- Hydraulikanlagen
- Härteöfen
- Druckmaschinen
- Schaltschränke

CO_2-Feuerlöschanlagen können automatisch oder von Hand ausgelöst werden. In jedem Fall kündigen akustische Löschalarme die bevorstehende Flutung an und geben Zeit zur Evakuierung des Brandabschnitts. Die Vorwarnzeit beträgt je nach örtlichen Gegebenheiten bis zu 45 sec. Danach setzt der eigentliche Löschvorgang ein. CO_2 strömt aus den Löschdüsen, offenstehende Türen und Klappen werden *verriegelt und geschlossen.* Die erforderliche Löschmittelkonzentration bei Flutung muss über 30 Volumen-% liegen.

Geflutete Räume dürfen nur mit umluftunabhängigem Atemschutz betreten werden!

Für spezielle Anwendungsbereiche können auch **Schaumlöschanlagen** zur Erzeugung und Flutung mit Luftschaum oder **Pulverlöschanlagen,** die mittels eines Verteilernetzes Löschpulver an das zu schützende Objekt bringen, eingesetzt werden.

47.8 Neben Gefahren durch herabfallende Gegenstände, abtropfende Flammenbrände, elektrischen Strom oder radioaktive Strahlung ist im Brandfall immer von einer Beeinträchtigung der Atemluft auszugehen. Ursachen können sein **439**

- Sauerstoffmangel
- austretende toxische Gase oder Dämpfe
- austretende brennbare Gase oder Dämpfe.

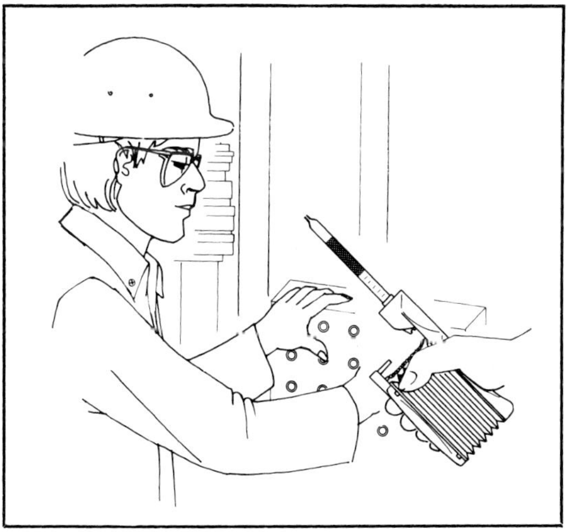

Bild 180: Luftuntersuchung im Einatembereich/Zeichnung: Dräger-Werke

TECHNIK

Zur Überwachung der Atemluft und zum Messen gesundheitsschädlicher Gase oder Dämpfe werden verschiedene **Messverfahren** angewendet:

- Handspürpumpe mit Prüfröhrchen
- elektronische Messgeräte
- stationäre Gasmeldegeräte.

Werden dabei Atemgifte oder eine zu niedrige Sauerstoffkonzentration festgestellt, ist der Einsatz von Atemschutzgeräten erforderlich. **Atemgifte** werden wie folgt eingeteilt:

- feste Atemgifte (Stäube)
- flüssige Atemgifte (Nebel, Aerosole)
- gasförmige Atemgifte mit erstickender Wirkung, Ätz- und Reizwirkung und als Blut- oder Nervengifte.

440 Die Benutzung von **Atemschutzgeräten** für Arbeit oder Rettung stellt an den Träger besondere Anforderungen wie z. B. arbeitsmedizinische Vorsorgeuntersuchung sowie theoretische und praktische Unterweisung gemäß den Regeln für den Einsatz von Atemschutzgeräten BGR 190.

Atemschutzgeräte sollen den Träger auch bei schwerer körperlicher Arbeit mit genügend Atemluft versorgen.

Nach ihrer Wirkungsweise unterscheidet man

- Filtergeräte (wirken abhängig von der Umgebungsatmosphäre)
- Isoliergeräte (wirken unabhängig von der Umgebungsatmosphäre)

Filtergeräte werden als umluftabhängig bezeichnet, weil sie durch den entsprechenden Filter (Partikel-, Gas-, Kombi-Filter) die jeweiligen Schadstoffe ausfiltern. Voraussetzung ist, dass die Umgebungsatmosphäre mindestens 17 % Sauerstoff enthält. Daher kommen Filtergeräte im Brandeinsatz fast ausschließlich im Freien oder als Fluchtfilter zum Einsatz. Wichtig ist außerdem, dass für den vorhandenen Schadstoff geeignete Filter verwendet werden. Bereits benutzte oder überlagerte Filter dürfen zur eigenen Sicherheit nicht mehr verwendet werden.

Als umluftunabhängige, frei tragbare Atemschutzgeräte werden Behältergeräte mit Druckluft (Pressluftatmer) oder Regenerationsgeräte mit Sauerstoff-Vorrat verwendet. Dem Geräteträger wird über einen Lungenautomaten atembare Luft zugeführt. Bei einem Pressluftatmer mit z. B. 1 600 l Atemluftvorrat reicht die Gebrauchsdauer je nach Belastung des Trägers zwischen 20 und 50 Minuten. Für die Benutzung der Geräte ist ein besonderer Eignungsnachweis erforderlich.

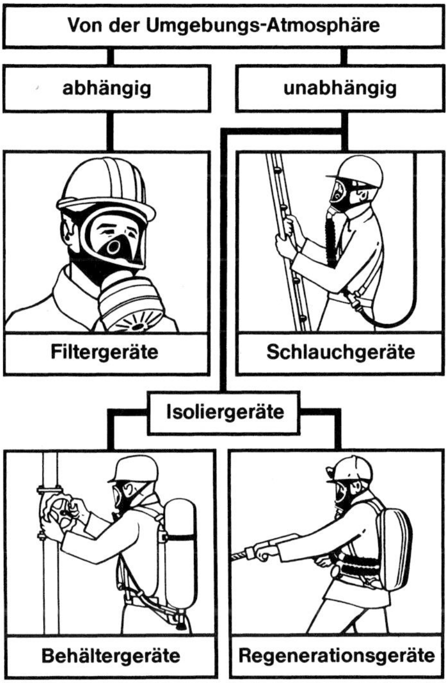

Bild 181: Einteilung der Atemschutzgeräte/Zeichnung: Dräger-Werke

48. Kapitel: Verkehrstechnische Geräte

441 48.1 Die betriebliche **Verkehrsregelung** (s. Rn. 153, 156) erfolgt durch die Aufstellung von Gefahr-, Vorschrift- und Richtzeichen sowie durch Handsignale und andere Anordnungen.

Gefahrzeichen sind dreieckig (Spitze nach oben) und stehen im Allgemeinen kurz vor der Gefahrenstelle.

Verengte Fahrbahn

Einseitig (rechts) verengte Fahrbahn

Bauarbeiten

Fußgängerüberweg

Gegenverkehr

Radfahrer kreuzen

Schleudergefahr bei Nässe oder Schmutz

Unbeschrankter Bahnübergang

Gefahrstelle

Kreuzung oder Einmündeweg mit Vorfahrt von rechts

Bild 182: Gefahrzeichen 442

Vorschriftzeichen oder weiße Markierungen auf der Straßenoberfläche enthalten Gebote und Verbote.

Halt! Vorfahrt gewähren

Vorfahrt gewähren

Gegenverkehr Vorrang einräumen

Andreaskreuz Schienenverkehr hat Vorrang

Andreaskreuz mit Blinklichtanlage

Abknickende Vorfahrt

Verbot für Kraftfahrzeuge

Verbot für Kraftfahrzeuge aller Art

Verbot für Fahrzeuge aller Art über ein bestimmtes (tatsächliches) Gewicht.

Verbot für Fahrzeuge aller Art

Geradeaus

Geradeaus und rechts

Hier rechts

Einbahnstraße

Eingeschränktes Halteverbot

Halteverbot

Fußgängerüberweg

Parkflächenmarkierung

Pfeile auf der Fahrbahn

Haltlinie

Beispiele:

443 Bild 183: Vorschriftzeichen

Zur Erleichterung des Verkehrsablaufes geben **Richtzeichen** besondere Hinweise.

Beispiele:

Vorfahrtstraße

Vorfahrt an dieser Einmündung oder Kreuzung

Abknickende Vorfahrt

Erste Hilfe

Sackgasse

Fußgänger-Unter- oder -Überführung

Wartelinie

Fußgängerüberweg

Bild 184: Richtzeichen

444 **Zusatzschilder** sind ebenfalls Verkehrszeichen, die oft zur Ergänzung von Gefahr-, Vorschrift- und Richtzeichen Verwendung finden. Sie sind rechteckig und zeigen auf weißem Grund mit schwarzem Rand schwarze Bildzeichen oder Aufschriften.

Beispiele:

Entfernungsangabe

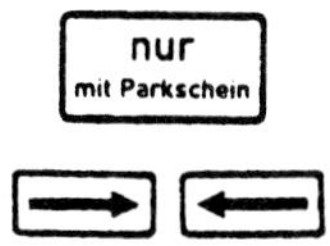

Bild 185: Zusatzschilder

Andere Anordnungen werden durch Richt- bzw. Vorschriftzeichen oder durch Lichtzeichen ausgedrückt. Ist der Verkehr an unfallträchtigen Einmündungen, Kreuzungen oder Gleisübergängen besonders regelungsbedürftig, so sollte vorzugsweise die Lichtzeichenregelung angewendet werden.

Weisungen sind alle nicht durch Zeichen, sondern auf andere Weise gegebenen Anordnungen wie Winken oder Zuruf, die Werkschutzmitarbeiter im Rahmen verkehrslenkender Maßnahmen, Absperrungen und der Absicherung von Unfallstellen anwenden können (s. Rn. 156 Fn. 1).

Als **Hilfsmittel** dazu können Anhaltestäbe mit und ohne Lichtsignal, Taschenleuchten mit Orangefilter, Blinklichtstäbe oder Warnfackeln dienen. Werkschutzmitarbeiter, die mit solchen Hilfsmitteln den Verkehr regeln, sollten eine Warnweste tragen.

48.2 Zur Absicherung von Arbeitsstellen im betrieblichen Verkehrsbereich und **445**
zur vorübergehenden Sperrung von Verkehrsflächen werden **Verkehrseinrichtungen** verwendet. Sie haben einen wichtigen Unfallverhütungs-Effekt und dienen zusammen mit roten Absperr- oder gelben Warnleuchten der optischen Verkehrsführung und Verkehrsregelung.

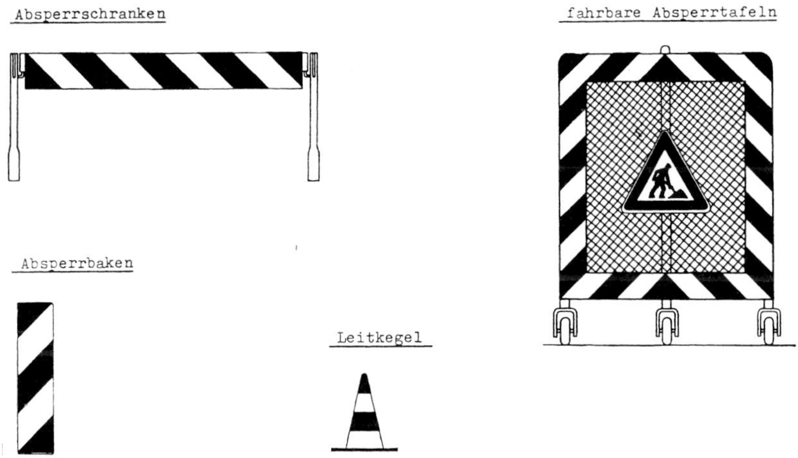

Bild 186: Verkehrseinrichtungen (s/w)

Absperrungen von Arbeitsstellen sollen durch Warnleuchten ergänzt werden.

Dauert die Absperrung mehr als 48 Stunden, so sollten Absperrschranken, Absperrbaken oder fahrbare Absperrtafeln verwendet werden; im Übrigen genügen Leitkegel.

Warnleuchten an Absperrgeräten zeigen rotes Licht, wenn die ganze Fahrbahn gesperrt ist. In allen Fällen sind mindestens fünf rote Warnleuchten anzubringen.

Bild 187: Querabsperrung einer gesamten Fahrbahn

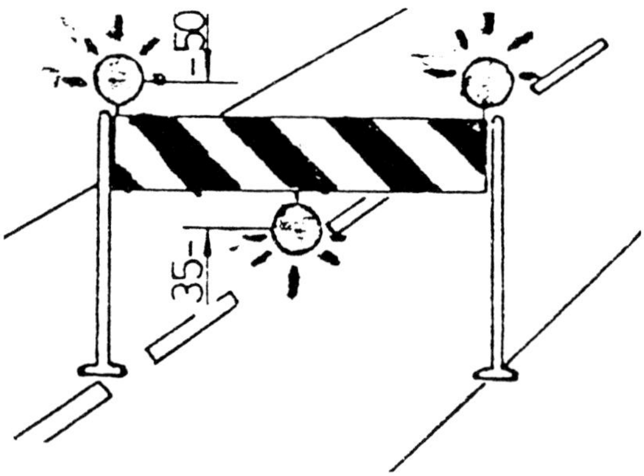

Bild 188: Teilabsperrung

Die Absperrung eines Teiles der Fahrbahn sollte nach Möglichkeit sowohl in der Querrichtung als auch längs der Fahrbahnachse erfolgen. Die Querabsperrung sollte durch Absperrschranken, fahrbare Absperrtafeln oder Leitkegel erfolgen.

Für jeden gesperrten Fahrstreifen sind mindestens drei gelbe Warnleuchten aufzustellen.

Zur schnellen und vorübergehenden Absperrung können Flächen auch mit rotweißem Trassierband abtrassiert werden.

Um **Unfallstellen** abzusichern, werden besonders bei Dunkelheit eingesetzt:

- Warnblinklichter
- Warndreiecke
- rückstrahlende Warntafeln
- Warnleuchten oder
- Lampen und Scheinwerfer.

48.3 An Hilfsmitteln zur **Unfallaufnahme** sollten zur Verfügung stehen: **446**

- Unfallaufnahmekoffer mit Inhalt
- Fotoausrüstung
- Zeichengerät.

Der **Unfallaufnahmekoffer** sollte über folgenden Inhalt verfügen:

- Reifenprofilmesser
- Handlupe
- Bezeichnungseinrichtung
- Ölkreide, gelb (10 St.)
- Zollstock (2 m)
- Stahlbandmaß (2 m)
- Glasfaserbandmaß (20 m)
- Klarsichtdosen, diverse Größen mit Etiketten
- Spurenkarten
- Schreib- und Zeichenmappe mit Klemmplatte, Unfallaufnahmeblock und diversen Bleistiften/Kugelschreibern
- Kombizange
- Schraubenziehersatz
- Universaltaschenmesser
- Spurenstreugerät

An **Fotoausrüstung** (s. Rn. 398 ff.) sollte eine Spiegelreflexkamera mit Normal-, Weitwinkel-, Tele- und Makroobjektiv und ggf. anderem Nahaufnahmezubehör zur Verfügung stehen. Ohne entsprechend hochwertige Fotoausrüstung kann die fotografische Unfallaufnahme nur lückenhaft erfolgen. Im Notfall können auch Kleinbildsucher-Kameras zum Einsatz kommen.

An **Zeichengerät** sollte vorhanden sein:

- Lineal (30 cm lang)
- Winkel
- Kurvenlineal
- Zirkelsatz
- Verkehrsunfallskizzenschablone oder Stempelsatz mit entsprechenden Signaturen

TECHNIK

Zur Darstellung in Handskizze und Planzeichnung verwendet man für die Darstellung der Unfallörtlichkeit und der Objekte nachfolgende Signaturen:

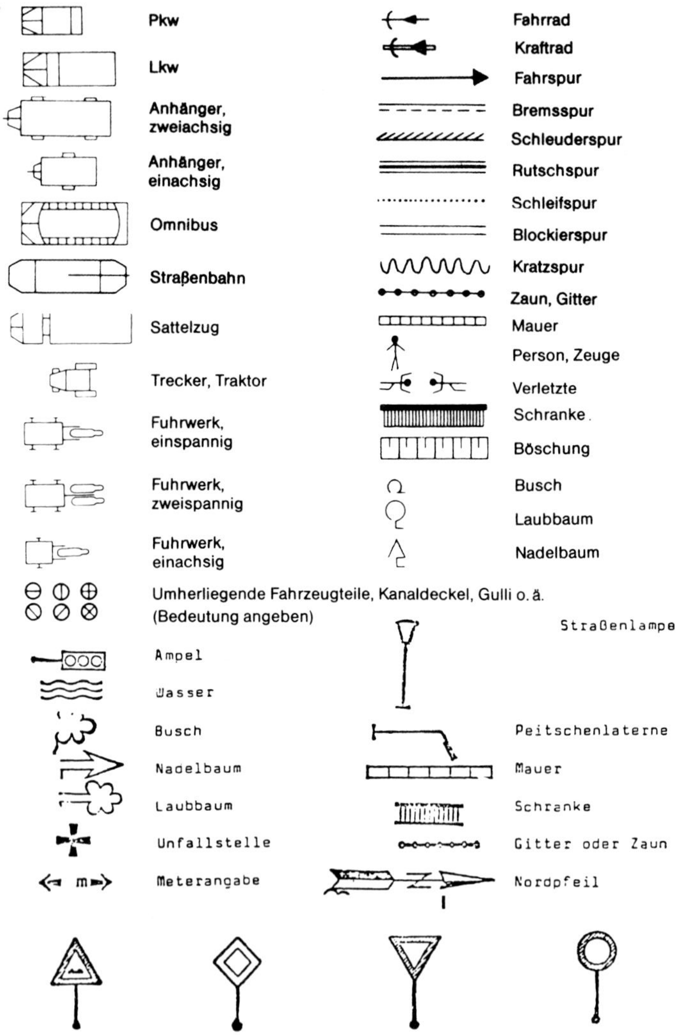

Bild 189: Signaturen

49. Kapitel: Notwehrgeräte und Notwehrmittel

49.1 **Waffenlose Notwehr** umfasst alle Verteidigungshandlungen, die in be- 447
rechtigter Notwehr und ohne Waffen erfolgen. Der Grundsatz der Verhältnismäßigkeit (s. Rn. 22) ist zu beachten.

Waffenlose Verteidigungstechniken lassen sich aus den Kampfsportarten wie Judo, Karate, Jiu-Jitsu, Judo u. a. erlernen und sollten durch erfahrene Ausbilder vermittelt werden.

Für den Werkschutz können Grundkenntnisse über die Anwendung dieser Techniken von Bedeutung sein, um sich unmittelbarer körperlicher Angriffe zu erwehren. Ein Karatekämpfer als Angreifer ist jedoch auch ohne Waffen so gefährlich wie eine bewaffnete Person, sodass nur gute Ausbildung und ständiges Training zum Erfolg führen.

Dies dürfte jedoch für eine Vielzahl der Werkschutztätigkeiten nicht angemessen und zumutbar sein.

49.2 **Notwehrgeräte** sind nach Beschaffenheit und Zweck dazu bestimmt, un- 448
mittelbare Angriffe auf geschützte Rechtsgüter, wie Leben, körperliche Unversehrtheit, Freiheit, Eigentum usw. abzuwehren. Für den Einsatz beim Werkschutz geeignet sind:

- chemische Abwehrmittel
- elektrische Waffen
- Hiebwaffen
- Faustfeuerwaffen

Revolver und Pistolen für Tränengas können in jedem Waffengeschäft gekauft werden und dürfen jedoch gemäß den Vorschriften der BGV C 7, Wach- und Sicherungsdienste, § 19 (4) bei der Durchführung von Wach- und Sicherungsaufgaben nicht geführt werden.

Jeder, der sog. Schreckschuss, Reizstoff (Gas)- oder Signalwaffen außerhalb seiner Wohnung, seiner Geschäftsräume oder seines befriedeten Besitztums bei sich tragen will (führen) benötigt seit dem 1. 4. 2003 einen sogenannten „Kleinen Waffenschein".

Jedoch ist der Einsatz dieser Waffen relativ wirkungslos, da der Angreifer nicht nachhaltig abgewehrt, sondern nur gereizt wird. Selbst 9-mm-Patronen bringen aufgrund der geringen Tränengasladung keine ausreichende Wirkung. Eine zusätzliche Gefährdung entsteht dadurch, dass der Angreifer die Waffe für eine echte Schusswaffe halten und seinerseits entsprechend massiv reagieren kann.

Beim Einsatz auf kurze Distanz kann es durch den Ausstoß von Projektilteilen zu Verletzungen, insbesondere der Augen, kommen.

Bei **chemischen Sprays** reicht die Auswahl von Pfeffer über CN bis CS. Es kommt jedoch nicht nur darauf an, was versprüht wird, sondern wie man den Sprühstoff an den Angreifer bringt, ohne sich selbst zu schaden. Es ist daher wichtig, eine Reichweite von ca. 4 m zu erzielen. Die Gase CN und CS wirken über die Schleimhäute in Mund und Rachen, bis hin zum Erbrechen sowie über die Augen. Chemische Sprays werden vorwiegend in Sprühgasdosen, aber auch in Kombination mit Sprühstock oder -taschenlampe im Handel angeboten.

Elektrowaffen, wie Elektroschocker bzw. Elektroschock-Stab, die dem Gegner Hochspannungsschläge versetzen, können auch als Abwehrmittel verwendet werden. Der Elektroschocker versetzt demjenigen, der mit ihm in Berührung kommt, durch die Bekleidung hindurch einen elektrischen Schlag. Da dieser auf eine Stromstärke von max. 10 mA begrenzt ist, wirkt er nicht lebensgefährlich. Ein von 9 Volt integrierter Hochspannungsgenerator entwickelt aus der Batteriespannung eine Hochspannung von 75 000 – 200 000 Volt. Die Hochspannung wird über außen am Stock liegenden Drähten übertragen bzw. steht zwischen zwei Elektroden an der Spitze des Gerätes an. Neuerdings erscheinen im Handel auch Kombinationen von Schocker und Abwehrspray.

Nach den Vorschriften des neuen Waffenrechts (WaffRNeuRegG) vom 1. 4. 2003 zählen Elektroschockgeräte zu den verbotenen Waffen, sofern sie nicht mit einem amtlichen Prüfzeichen versehen sind.

Hiebwaffen, wie ein Stock, sind – richtig benutzt – auch gute Verteidigungswaffen. Der Stock eignet sich gut zur Abwehr von Schlägen – er ist eine Art von verlängertem Arm, der den Angreifer auf Distanz hält. Da bereits Schläge oder Stöße mit einem nur kleinen und schwachen Stock (ca. 2,5 cm dick und 40 – 50 cm lang) einen Angreifer sofort außer Gefecht setzen und schwer verletzen können, gilt es auch hier die Grundsätze der Verhältnismäßigkeit zu beachten.

Die Verwendung von **Faustfeuerwaffen zur Selbstverteidigung** für Mitarbeiter im Werkschutz und Bewachungsgewerbe ergibt sich aus den Bestimmungen der Berufsgenossenschaft, BGV C 7 Wach- und Sicherheitsdienste hinsichtlich Besitz, Führen und Ausbildung sowie den Vorschriften des Waffengesetzes und den entsprechenden Verordnungen zum Erwerb von Waffen und Munition und zum Führen der Waffe (s. Rn. 199 ff.).

Die Selbstverteidigung mit Faustfeuerwaffe ist nur dann erfolgreich, wenn eine Reihe von Bedingungen erfüllt sind:

- Der Waffenträger muss an seiner Waffe gut ausgebildet sein, damit er sie im Ernstfall sicher beherrscht.
- Die Waffe sollte, durch entsprechendes Kaliber (mind. 9 mm), über eine gute Mannstopwirkung verfügen.
- Die Waffe darf nicht zu groß oder zu schwer sein, damit sie leicht mitgeführt und sicher gehandhabt werden kann.
- Für jede Waffe muss die geeignete und richtige Munition verwendet werden.

Es wird grundsätzlich unterschieden zwischen **Revolver** und **Selbstladepistole.** Beim Revolver stecken die Patronen (5 – 6 Schuss) in einer Trommel, die sich bei jedem Schuss dreht und damit eine neue Patrone vor den Hammer bringt. Das Drehen der Trommel wird durch das Spannen des Hammers oder beim Durchziehen des Abzuges bewirkt. Bei der Selbstladepistole stecken die Patronen in einem Magazin. Die nach hinten auf den Verschluss wirkenden Pulvergase bewirken das Nachladen und das erneute Spannen der Waffe.

49.3 **Notwehrmittel** sind geeignete Vorkehrungen und Maßnahmen (z. B. Absperr- **449**
einrichtungen/-schranken, Wegnahme von Kfz-Zündschlüsseln) die eine unmittelbare Gefahr abwenden können, ohne dass in jedem Fall körperliche Gewalt ausgeübt werden muss.

50. Kapitel: Technische Hilfsmittel für den Ermittlungsdienst

50.1 Die aufgabenbezogene technische **Grundausstattung** des Ermittlungs- **450**
dienstes muss

- dem neuesten Stand der Technik entsprechen
- bei Bedarf ergänzt oder erweitert werden können.

Der Umfang der Grundausstattung richtet sich nach der Aufgabenstellung des Ermittlungsdienstes im jeweiligen Betrieb. Der Einsatz der verschiedenen technischen Hilfsmittel ergibt sich aus der aktuellen Situation. Die technische Grundausstattung könnte wie folgt aussehen:

- Fotodokumentationsmittel mit Zubehör
- Funkgeräte
- Spurensicherungsgerät
- Werkzeugkoffer
- chemische Präparate mit Zubehör
- Zeichengerät
- Lampen
- optische Geräte
- Dokumentationseinrichtungen
- bewegliche Klein-Alarmgeräte.

Dem Ermittlungsdienst sollte ein eigenes Fahrzeug zur Verfügung stehen. Ansonsten muss der Zugriff auf den Firmenfahrzeugpark gewährleistet sein.

451 50.2 **Fotofallen** zählen zu den **mechanischen Fangmitteln.** Mit ihrer Hilfe ist es möglich, die Anwesenheit des Täters am Tatort nachzuweisen, ihn bei der Tatausführung im Bild festzuhalten oder ihn bei seiner Arbeit zu überraschen.

Die Anbringung der Fotofalle erfordert etwas technisches Verständnis und handwerkliches Geschick, doch sie ist im Erfolgsfall ein überzeugendes Dokument der Beweissicherung.

Die getarnte Kamera sollte, um kein Blitzgerät benützen zu müssen, mit einem hochempfindlichen Film geladen sein. Zur besseren Tarnung können Fotofallen z. B. in Aktentaschen, Transistorradios, Autoantennen mit Glasfaseroptik und Kameras im Kofferraum vormontiert werden.

Die Auslösung kann z. B. von einem Reedkontakt über Fernauslöser gesteuert werden. Zu beachten ist, dass die Kamera vor einer Zerstörung durch den Täter geschützt ist. Auch sollte sie – wie auch andere Diebesfallen (s. Rn. 96, 270) – häufig kontrolliert werden.

Es empfiehlt sich, eine parallele Alarmschaltung anzubringen, besonders dann, wenn auf ein Blitzgerät nicht verzichtet werden kann. Diese löst Alarm bei den Interventionskräften aus.

Die **Videoüberwachung** mit Langzeitrecorder entspricht der Fotofalle. Abweichend davon erfolgt die Aufnahme mit einem geeigneten Video-Camcorder (s. Rn. 385) auf Videoband. Das Verfahren ist sehr effektiv, da über einen langen Zeitraum (bis 480 Stunden) alle Vorgänge im Überwachungsbereich aufgezeichnet werden können. Damit kann auf die Bereitstellung von Interventionskräften für einen umgehenden Zugriff fast völlig verzichtet werden.

Der Einsatz von Foto- und Videofallen unterliegt der Mitbestimmung des Betriebsrates (s. Rn. 56).

Passive **Akustikfallen** bestehen aus einem hochempfindlichen Mikrofon und einer Übertragungseinrichtung (Draht oder Funk), die eventuell kombiniert mit optischen Diebesfallen zum Einsatz kommen. Die Geräusche, die ein Täter bei der Tatausführung verursacht, werden zu in der Nähe postierten Interventionskräften übertragen, die dann den Zugriff vornehmen.

Aktive Akustikfallen lösen einen akustischen Alarm (z. B. Innensirene, Summer) aus. Ihr Einsatz wäre z. B. bei einer Fotofalle angebracht, um den Täter nach Auslösen der Kamera zur Flucht zu veranlassen, damit er nicht die Gelegenheit erhält, nach der getarnten Kamera zu suchen.

Einbruchmelder (s. Rn. 336) werden sehr häufig kombiniert oder einzeln als Auslöser für Diebesfallen oder im Rahmen von Türüberwachungen verwendet.

Elektronische Plomben werden zur Überwachung und Eingrenzung von Tatzeiträumen eingesetzt. Das Funktionsprinzip ist:

Die elektronische Plombe erzeugt beim Schließen automatisch eine Plombiernummer. Datum und Uhrzeit werden dieser Nummer zugeordnet. Wird das System wieder geöffnet, werden auch diese Daten der Plombiernummer zugeordnet.

Solche Geräte können eine Vielzahl (z. B. die letzten fünfzig) Plombiernummern speichern. Somit lassen sich nicht nur Manipulationen (auf Grund einer veränderten Plombiernummer) auf Tastendruck sofort erkennen, sondern auch wann manipuliert wurde.

50.3 Außer den beschriebenen mechanischen Mitteln und optischen, akustischen Alarmanlagen, gibt es **chemische Präparate** (Mittel, Farbstoffe), die sich für eine Diebesfalle (s. Rn. 96, 270) eignen. **452**

Zweck solcher **Diebesfallen** ist die Kennzeichnung des Täters durch Fangstoffe, die an einem bestimmten Fangobjekt angebracht werden. Der Täter nimmt diese Fangmittel – oft nur in kleinsten Spuren – unbewusst mit, sodass er dann durch den Nachweis des anhaftenden Fangmittels überführt werden kann.

Nachstehende **Fangstoffe** haben sich in der Vergangenheit gut bewährt (meist als Kombination):

- Silbernitratpulver
- Silbernitratpaste
- Fluoreszierende Pulver (Flu-Pulver)
- Phenolphtalein.

Die Fangmittel werden meist in gepulverter Form geliefert. Zweckmäßigerweise werden Fangstoffe mit einem weichen Feh-Haarpinsel auf das trockene Fangobjekt (z. B. Geldscheine, Geldbeutel, Verpackungsmaterial) aufgetragen. Durch Mischen mit einem neutralen Pulver (z. B. Talkum, Kreide) lassen sich Tönungen, die sich vom Untergrund nicht abheben, nach Belieben herstellen.

Silbernitrat ist das in der Praxis am häufigsten verwendete Fangmittel. Bei der **453**
Anwendung ist jedoch Vorsicht geboten (nicht in die Augen bringen, Höllensteinpräparat!). In gepulvertem Zustand ist es fast weiß. Kommt es mit der Haut in Berührung, so bildet sich eine zunächst unsichtbare Verbindung, die erst nach einiger Zeit in Form von schwarzbraunen Pünktchen oder Flecken sichtbar wird. Deshalb eignet sich dieses Fangmittel besonders dann, wenn der verdächtige Personenkreis nicht laufend überwacht werden kann. Diese Flecken lassen sich mit keinem bekannten Lösungsmittel entfernen und verschwinden erst nach längerer Zeit, wenn sich die obere Hautschicht wieder erneuert hat. Das Erscheinen der Flecken kann durch Eintauchen oder Benetzen der entsprechenden Stellen mit einer Lösung von fotografischen Entwicklern beschleunigt werden. Während man beim Präparieren trockener Objekte (z. B. Briefumschläge) Silbernitratpulver verwendet, benutzt man beim Präparieren feucht lagernder Gegenstände (z. B. Konservendosen, Geldkassetten) Silbernitrat in Pastenform; die Wirkung wird durch Feuchtigkeit nicht beeinträchtigt.

Allerdings senken sich nach langer Lagerung die Kristalle in der Paste allmählich. Deshalb sollte vor Gebrauch die Silbernitratpaste gut mit einem Holzspachtel umgerührt werden.

Um Silbernitratpaste in hauchdünner Form aufzutragen, verwendet man am besten Gummihandschuhe. Silbernitrat ist lichtempfindlich und dunkelt deshalb unter Einwirkung von Sonnenlicht nach. Auf Metallen, besonders auf Silber, ruft es rostartige Veränderungen hervor. Wenn man Metallgegenstände präparieren möchte, überzieht man diese vorher mit einem farblosen, säurefreien, schnelltrocknenden Lack (z. B. Zapon oder Schellack).

454 **Phenolphtalein** ist ein sehr feines, weißes Pulver, das in der Regel als Kombination mit Silbernitratpulver Verwendung findet. Ein mit einer zweiprozentigen Kalilaugelösung angefeuchteter Wattebausch, mit dem man verdächtige Objekte (z. B. Geldmünzen, Kleider, Taschen) betupft, wird sofort rot, wenn dieses Objekt vom Täter berührt wurde. Die gleiche Reaktion kommt übrigens zustande, wenn sich der Täter mit kalihaltiger Seife wäscht.

455 **Fluoreszierende Pulver** (Flu-Pulver) sind unter einer UV-Lampe auch nach Reinigung der Hände gut wahrnehmbar, besonders am Fingernagelbett. Da allerdings geschälte Mandarinen unter der UV-Lampe ähnliche Fluoreszenzerscheinungen zeigen, wie z. B. grün-gelbes Flu und sich auch einige Waschmittel ähnlich verhalten, ist bei Anwendung dieses Fangmittels Vorsicht geboten.

Man sollte auch hier möglichst kombinieren (z. B. rotes Flu- und grün-gelbes Flu-Pulver miteinander vermischen und anwenden).

Es ist auch möglich, mit einem Flu-Stift oder Flüssigkeit auf Gegenstände Vermerke (z. B. Name, Nummern, Unterschrift) zur späteren Identifikation aufzubringen.

Nicht mehr benötigte präparierte Gegenstände sollten nachweisbar vernichtet werden, um späteren Missverständnissen vorzubeugen. Mit Nitrat oder Farbstoffen gekennzeichnete Münzen oder Geldscheine sind unter entsprechendem Hinweis bei einer Bank umzutauschen. Sie dürfen also keinesfalls mehr in den Verkehr gebracht werden.

Allgemeine Voraussetzung zum erfolgreichen Einsetzen von Diebesfallen ist, dass

- möglichst wenige und nur absolut vertrauenswürdige Personen von den geplanten Maßnahmen in Kenntnis gesetzt werden
- der Tatort durch das Legen der Falle keinesfalls verändert wird, damit der potenzielle Täter keinen Verdacht schöpft
- gewährleistet ist, dass die Diebesfalle nicht im täglichen Ablauf unwissentlich von anderen als einem potenziellen Täter angelaufen oder benutzt wird.

Literatur

Albingia Versicherungsgruppe (Hrsg.): Einbruchdiebstahl – Sicherungstechnik.

Arbeitsgemeinschaft Eisen- und Metallberufsgenossenschaft (Hrsg.): Arbeitssicherheit durch vorbeugenden Brandschutz ZH 1/112, 1990.

Beck, Walter/Obergfell, Heinz: Mechanische Sicherungstechnik, Stuttgart 1990.

Ehses, Herbert/Most, Willi: Verkehrsdienst – innerbetrieblicher Fahrzeugverkehr, Schriftenreihe Sicherheit in der Wirtschaft, Heft 1, Stuttgart 1985.

Ehses, Herbert/Most, Willi: Verkehrsdienst-Unfallaufnahme, Schriftenreihe Sicherheit in der Wirtschaft, Heft 2, Stuttgart 1985.

Ehses, Herbert: Marktübersicht Aufzeichnungsgeräte, Zeitschrift für Wirtschaft, Kriminalität und Sicherheit (WIK), 3/91, S. 136 ff.

Friede, Wolfgang/Matouschek, Mechanischer Einbruchschutz, 2. Auflage, Stuttgart 2004.

Haas, Ernst: Nachtsichtgeräte einer Grenzschutzabteilung, Polizei, Verkehr, Technik, 1987, S. 54 ff.

Pfeiffer, Werner/Sailer, Bartholomäus/Stubbe, Susanne/Stüllenberg, Klaus: Effizienzsteigerung Unternehmenssicherheit, Leitfaden für die Fremdvergabe von Werk- und Objektschutzaufgaben, Stuttgart 1993.

Siemens Aktiengesellschaft (Hrsg.): Alarm Nr. 12 Sept. 1986.

Verband der Schadensversicherer e.V.: Sicherheitsregeln für die Ausrüstung von Arbeitsstätten mit Feuerlöschern.

Wenk, Englmar: Objektschutzplanung für Führungskräfte im Sicherheitsbereich, Stuttgart, 2. Auflage, 1999.

Zeißler, Helmut: Per Kamera überwacht, Funkschau Spezial, S. 20 ff.

4. Teil

ANGEWANDTE PSYCHOLOGIE

GRUNDSÄTZE ÜBER DEN UMGANG MIT MENSCHEN

von Dipl.-Psych. Wolfgang Foerster
vormals Leiter eines Wissenschaftlichen Dienstes an einer Polizeischule

51. Kapitel: Menschenkenntnis – Psychologie

456 Umfang der Tätigkeit eines Werkschutzangehörigen (WSA)

Der WSA hat es während seiner Tätigkeit sehr häufig mit Menschen zu tun, so z. B.

- beim Kontrollieren
- beim Überwachen
- beim Sichern
- beim Ermitteln.

Hierbei sind die **Menschen** und die **Situationen,** in denen die Menschen handeln, sehr unterschiedlich.

Menschen können sein

- beherrscht – unbeherrscht
- vorsichtig – leichtsinnig
- einsichtig – uneinsichtig
- offen – verschlossen.

Jeder Mensch ist einzigartig (individuell)

Das Verhalten der Menschen wird auch bestimmt durch äußere Bedingungen (die Situation), in der ein Mensch oder mehrere Menschen handeln. Hierzu zählt u. a.

- Jahreszeit
- Tageszeit
- Licht- und Lärmverhältnisse
- Wetter
- Temperatur
- Örtlichkeit.

Jede Situation ist andersartig

Ferner hängt der Verlauf und das Ergebnis eines Tätigwerdens ab

- vom **Anlass der Begegnung**

  Beispiel: So ist das Erteilen einer Auskunft spannungsfreier als die Ermahnung einer Person.

- von den Beweggründen (**Motiven**) der am Geschehen Beteiligten

  Beispiel: Deshalb können die Motive und die daraus entstehenden Verhaltensweisen eines Beschuldigten sich grundsätzlich unterscheiden von denen eines Geschädigten.

- von der **Anzahl der Umstehenden**

  Beispiel: Ein Gespräch zwischen zwei Menschen ist oftmals einfacher als die **Verhaltensbeeinflussung** eines Menschen, der von Mitarbeiterinnen und Mitarbeitern seiner Abteilung begleitet wird.

51.1 Menschenkenntnis 457

Zur Erfüllung seines Auftrags verfügt jeder WSA über ein mehr oder weniger ausgeprägtes Maß an Menschenkenntnis.

Was ist Menschenkenntnis?

Menschenkenntnis ist die Fähigkeit, andere Menschen einschätzen und mit ihnen geschickt umgehen zu können.

Worauf beruht Menschenkenntnis?

Menschenkenntnis beruht auf

- Beobachtung
- Lebenserfahrung
- Intuition (Erkennen/Beurteilen eines Vorgangs, ohne überlegen zu müssen).

Typische Merkmale der Menschenkenntnis

Menschenkenntnis ist

- subjektiv
- lückenhaft
- nicht klar begründet
- nicht begrifflich
- nicht geordnet
- nicht überprüft
- nicht ergänzt.

Menschenkenntnis ist häufig

- eine Ansammlung von Alltagsweisheiten
- eine unzulässige Verallgemeinerung
- mit Erklärungen versehen, die einleuchtend und stichhaltig sind
- stabil gegenüber Änderungen.

Funktion der Menschenkenntnis

Menschenkenntnis

- dient der schnellen Beurteilung von Personen
- hilft bei schneller Orientierung in neuen Situationen
- ermöglicht schnelles Reagieren
- trägt zur eigenen Sicherheit bei
- rechtfertigt Handlungen.

Somit ist Menschenkenntnis für das tägliche Handeln grundsätzlich notwendig und hat einen hohen Stellenwert.

458 *51.2 Psychologie*

Psychologie[1] wird definiert als die Wissenschaft vom Erleben und Verhalten, sowie deren Ursachen, Bedingungen und Folgen.

Erleben bezeichnet nicht unmittelbar beobachtbare Vorgänge, die hauptsächlich im Gehirn und im Zentralnervensystem (ZNS) stattfinden, wie z. B. Wahrnehmen, Denken, Gefühle, Triebe. Erleben kann nur aus dem Verhalten erschlossen werden.

Verhalten bezeichnet die Gesamtheit aller beobachtbaren und messbaren Muskel- und Drüsenaktivitäten, wie Gestik (Hand-, Kopf-, Fußbewegungen), Mimik (Lächeln, Stirnrunzeln), Sprechen, Weinen und Schwitzen.

Wie kann Verhalten entstehen?

- Die Umwelt kann Verhalten auslösen.
- Das Erleben kann auch ohne äußeren Anstoß Verhalten auslösen.
- Der Organismus kann Verhalten auslösen.

Ziel der Psychologie

Die Psychologie hat allgemein zum Ziel, das Erleben und Verhalten von Menschen zu erforschen.

1 griech.: Lehre/Wissenschaft von der Seele

Teilziele können sein

- menschliches Erleben und Verhalten in bestimmten Situationen zu beobachten und zu beschreiben
- menschliches Erleben und Verhalten zu erklären, z. B. die Frage zu beantworten, warum eine bestimmte Person in einer bestimmten Situation ein bestimmtes Verhalten gezeigt hat und welche inneren Vorgänge dabei abgelaufen sind
- menschliches Verhalten zu fördern oder zu verhindern; hierfür ist allerdings die Klärung der Beweggründe des zu verändernden Verhaltens Voraussetzung.

Somit können die Forschungsergebnisse der Psychologie die Menschenkenntnis auf ihre Richtigkeit überprüfen, ergänzen und korrigieren, indem sie z. B.

- psychische Abläufe im Menschen, das Erleben, aufklärt
- aufzeigt, welche Prozesse bei der erstmaligen Begegnung zweier Menschen ablaufen
- den Einfluss von Bedingungen einer Situation auf Verhalten verdeutlicht.

Ziel dieses Teils des Lehrbuchs ist es, dem WSA das notwendige Wissen zu vermitteln, damit er

- wesentliche Merkmale und Verhaltensweisen von Menschen beobachten kann, ohne sich dabei zu **Fehlurteilen** verleiten zu lassen
- den Einfluss von unterschiedlichen Situationen auf Erleben und Verhalten erfasst
- seine Beobachtungen mit der notwendigen Vorsicht psychologisch abgesichert beurteilt.

Das Verhältnis von Menschenkenntnis zu Psychologie ist in etwa dem vergleichbar, das zwischen dem Rechtsempfinden eines Laien und dem Rechtswissen eines ausgebildeten Juristen besteht.

52. Kapitel: Aufbau der Person

Wovon hängt Verhalten ab? 459

Um menschliches Verhalten verstehen zu können, muss beachtet werden

- die Person(en), die sich verhält (verhalten)
- die Situation, in der Verhalten gezeigt wird.

Verhalten ist abhängig von der Person und der Situation

460 *Wie kann man sich den Aufbau der Person vorstellen?*

Ein Modell über den Aufbau der Person stammt von den griechischen Philosophen Plato (427 bis 347 v. Chr.) und Aristoteles (384 bis 322 v. Chr.) und wurde für diese Darstellung sehr stark vereinfacht. Es soll dazu beitragen, in diesem Kapitel behandelte Erlebens- und Verhaltensweisen zu erklären und beansprucht nicht, eine Persönlichkeitstheorie zu sein.

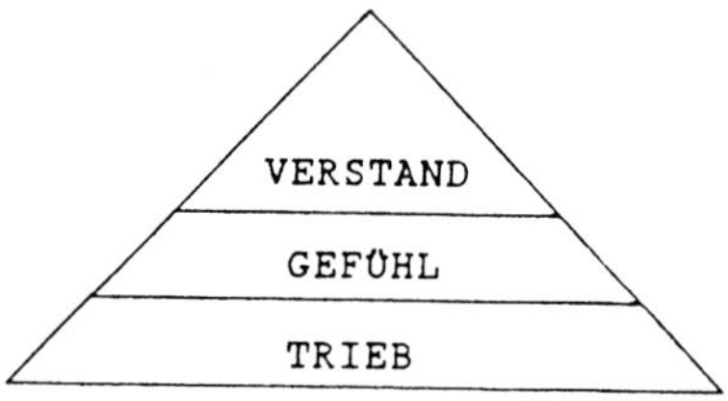

Verstandesschicht

Gefühlsschicht

Triebschicht

Dritte Schicht: **Verstand**	denken, planen, überprüfen, Folgen bedenken, begründen, beweisen
Zweite Schicht: **Gefühl**	Bewertung des Wahrgenommenen nach Zuneigung (Sympathie) und Abneigung (Antipathie). Angenehme bzw. unangenehme Gefühle wie Liebe, Freude, Hass, Ekel, Trauer, Wut, Angst, Verzweiflung, Überraschung
Erste Schicht: **Trieb**	Selbsterhaltung (Hunger, Durst), Arterhaltung (Sexualtrieb)

Zum Verständnis dieses Modells muss angemerkt werden:

- alle drei Schichten beeinflussen sich gegenseitig
- nur in Extremsituationen resultiert Verhalten aus einer Schicht
- der Verstand ist eher verhaltensverzögernd
- das Gefühl ist eher verhaltensbeschleunigend.

Die Forderung an den WSA, seine Tätigkeit objektiv und selbstbeherrscht auszuführen, bedeutet für ihn ein tägliches „Ringen mit seinen Schichten".

Dabei ist zu bedenken:

Verstand ohne Gefühl ist unmenschlich
Gefühl ohne Verstand ist Dummheit
Jeder Mensch muss als Ganzes betrachtet werden

53. Kapitel: Konflikt – Frustration – Aggression

Spannungen, Reibereien, Interessengegensätze, kurz: soziale Konflikte in verschiedenster Form sind fester Bestandteil unseres Alltags. Dies trifft auf den privaten Lebensbereich in gleichem Maße zu wie auf den Arbeitsplatz. **461**

Was sind Konflikte?

Unter einem Konflikt wird das Aufeinandertreffen gegensätzlicher, sich ausschließender Interessen, Motive, Verhaltenstendenzen mit gleicher Wertigkeit in einer Entscheidungssituation verstanden. Jeder Konflikt ist ein Prozess wechselseitiger bewusster und unbewusster Beeinflussung.

53.1 Wo können Konflikte auftreten?

Wenn ein Konflikt das Aufeinandertreffen gegensätzlicher, sich ausschließender Interessen ist, dann sind im Rahmen der Tätigkeit eines WSA folgende Konfliktsituationen zu unterscheiden:

– Konflikte, zu denen der Werkschutzangehörige (WSA) gerufen wird.

> **Beispiel:** Auseinandersetzung zweier oder mehrerer Werksangehöriger.

– Konflikte, die durch die Tätigkeit des WSA entstehen.

> **Beispiel:** Situation während einer Ausweiskontrolle, wenn der WSA kontrollieren will und die andere Person sich dieser Maßnahme zu widersetzen versucht.

– Konflikte im Innenverhältnis.

> **Beispiel:** Auseinandersetzung zwischen einer Werkschutzfachkraft und einem Werkschutzmeister.

So wie es Konflikte zwischen Menschen gibt, so gibt es auch Konflikte innerhalb eines Menschen.

Welche Konfliktgegenstände gibt es?

Konfliktgegenstand (Streitsache) können u. a. sein

– Personen
– Sachen (bewegliche oder unbewegliche, z. B. Grenzen, Räume, Plätze)
– Normen (Recht, Brauch, Sitte).

Konflikte können über einen Sachverhalt sowie über dessen Bewertung entstehen.

Welche Konfliktursachen gibt es?

Konfliktursachen können sehr vielfältig und von unterschiedlichem Gewicht, offenkundig oder verdeckt sein. Konfliktursachen können z. B. begründet sein in

- unterschiedlichen Interessen
- unterschiedlichen Motiven (s. Rn. 503)
- unterschiedlichem sozialen Status
- unterschiedlichem Wissensstand

Eine wichtige Konfliktursache ist das angegriffene Selbstwertgefühl (s. Rn. 466), die Nichtachtung oder Missachtung einer Person.

Was kann passieren, wenn jemand sein Ziel nicht erreicht?

Wenn bei einem Konflikt jeder Beteiligte auf seinem Standpunkt beharrt, kann zumindest ein Beteiligter sein Ziel nicht erreichen.

Wenn eine Person daran gehindert wird, ihr angestrebtes Ziel zu erreichen, kann bei ihr **Frustration**[1] entstehen. Bei Behinderung, Beleidigung, Enttäuschung (Misserfolg), Ungerechtigkeit und/oder dem Gefühl des Zu-kurz-Kommens kann Frustration entstehen.

462 *53.2 Was ist Frustration?*

Frustration ist ein negatives Gefühl, das im Menschen entsteht, wenn er daran gehindert wird, ein angestrebtes Ziel zu erreichen.

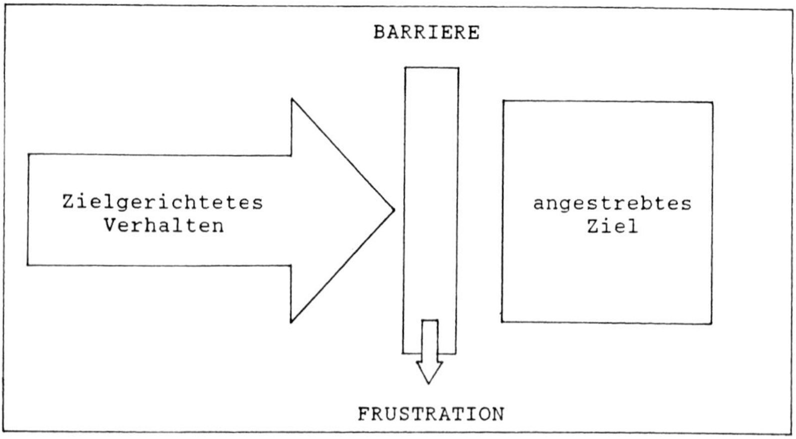

1 lat.: Vereiteln, Nichterfüllen

Das Ziel kann sein: Liebe, Anerkennung, Geltung, Berufserfolg, Geld. Wesentlich dabei ist, dass die Behinderung (Barriere)

- in der Realität oder
- in der Einbildung vorhanden sein muss und auch
- subjektiv als Barriere empfunden wird.

Wovon ist die Höhe der Frustration abhängig?

Die Frustration und eine darauf folgende mögliche Reaktion sind umso stärker,

- je bedeutender/wichtiger das Ziel ist
- je näher/greifbarer das Ziel ist
- je mehr Energie bisher zur Zielerreichung eingesetzt wurde
- je unvorbereiteter das Hindernis auftaucht
- je weniger eine Ausweichmöglichkeit besteht
- je länger das Hindernis besteht und damit das Ziel blockiert wird
- je häufiger (innerhalb kurzer Zeit) frustriert wird.

Das WSA stellt häufig ein Hindernis dar

Welche Reaktionen folgen häufig auf Frustrationen?

Schwache Frustrationen werden üblicherweise geduldet (**Frustrationstoleranz**). Frustrierende Erlebnisse können auch angesammelt werden. Dann entsteht allmählich ein **Frustrationsstau.** Ab einer bestimmten Stärke wird sich dieser Stau entladen. Je stärker die Frustration ist, umso eher zwingt sie zur **Reaktion.**

Solche Reaktionen können sich natürlich, je nach Persönlichkeit, in sehr unterschiedlichem Verhalten ausdrücken. Dennoch ist es möglich, die Vielzahl der Reaktionen, zu denen Menschen fähig sind, auf drei typische Verhaltensmuster zurückzuführen. Ungeachtet individueller Nuancierungen gibt es Menschen,

- die zornig und voller Wut Frustrationsverursacher angreifen; solche Menschen lassen ihrem Ärger freien Lauf, wenn sie einen tatsächlichen oder auch nur vermeintlichen Grund dafür sehen. Sie stürmen dann ebenso los wie der Stier, der das rote Tuch sieht.
- die resigniert nachgeben, weil sie Enttäuschung und Trauer empfinden; auch solche Menschen ärgern sich sehr. Der Ärger richtet sich jedoch gegen die eigene Person und ist daher mit Selbstvorwürfen verbunden, zu ungeschickt zu sein, nicht genügend getan zu haben, sich zu dumm angestellt zu haben o. ä.
- die nüchtern und sachlich nachdenken, sich also bewusst rational verhalten; solche Menschen sind seltener als die Angehörigen der beiden zuvor genannten Gruppen. Sie besitzen ein hohes Abstraktionsvermögen und bedienen sich bei der Lösung von Problemen ihres Verstandes.

Grundsätzlich ist die Art und Weise, wie Menschen auf Frustrationen reagieren, von ihrer individuellen Entwicklung und von ihren Erfahrungen sowie von ihrem personalen und situativen Umfeld abhängig.

Menschen, die in ihrem Leben viele Erfolgserlebnisse gehabt haben und aus ihrem privaten und beruflichen Umfeld viel Bestätigung bekommen, sich also „gut aufgehoben“ fühlen können, solche Menschen sind durch ein Hindernis, eine Frustration also, kaum aus der Fassung zu bringen. Sie zeichnen sich dadurch aus, dass sie intensiv über Möglichkeiten der Problem- und Konfliktbewältigung nachdenken und gefundene Lösungen konstruktiv umzusetzen versuchen.

Der unsichere Menschentypus, der immer und sogleich sein Selbstwertgefühl bedroht sieht, hat auf Grund massiver Selbstzweifel große Schwierigkeiten, mit Frustrationen umzugehen. Wird dann, eben wegen vorhandener Unsicherheiten, ein Problem nicht bewältigt, verstärken sich die negativen Gefühle, was wiederum zu Ärger und Wut führt. Menschen, denen während ihrer Kindheit im Rahmen des Erziehungsprozesses das Äußern von Ärger und Wut immer wieder verboten wurde, neigen dazu, solche Gefühle gegen sich selber zu wenden. Dies äußert sich sehr häufig in Depressionen.

Die hier beschriebenen Zusammenhänge machen deutlich, warum es Menschen gibt, die Konflikte gleichsam anzuziehen scheinen, während andere Menschen Konfliktsituationen eher zu vermeiden suchen, sich schüchtern verhalten und zum Resignieren neigen und wieder andere mit frustrierenden Konfliktsituationen konstruktiv umgehen.

463 *53.3 Was bedeutet Aggression?*

Aggression[2] bedeutet das bewusste, absichtsvolle Schädigen, Beschädigen, Verletzen, Zerstören, Vernichten, Beleidigen einer Person oder einer Sache.

Welche Arten von Aggressionen gibt es?

Aggressionen können

- offen (körperlich, verbal)
- direkt
- aktiv
- positiv (von der Gesellschaft gebilligt)

oder

- verdeckt (in der Phantasie)
- indirekt (z. B. gegen das Auto eines Gehassten treten)

2 lat.: Angriff

- passiv
- negativ (missbilligt)

sein.

Aggressionen entstehen häufig erst dann, wenn auf die Frustration das Gefühl des Ärgers, der Wut folgt.

Frustration – Ärger/Wut – Aggression

Richten sich die Aggressionen immer gegen den Verursacher?

Zwar richten sich die Aggressionen häufig gegen Personen, die die Frustration bewirkt haben, wenn aber die frustrierenden Personen zu stark sind (mit starken Vergeltungsmaßnahmen reagieren können), richtet sich die Aggression eher gegen Schwache („Sündenböcke") oder Sachen. Man spricht dann von **Aggressionsverschiebung.**

53.4 Aggression – Gegenaggression 464

In Anlehnung an Trum (1980) und Eggers (1989) ergibt sich folgendes **Kreislauf-Modell der Konflikteskalation** (siehe folgende Seite).

Sicherlich ist die Beurteilung der Verhaltensweise (z. B. einer Äußerung) des Gegenüber von eigenen Persönlichkeitsmerkmalen, Erwartungen und Berufserfahrungen sowie von situativen Merkmalen (z. B. Anzahl der umstehenden Personen) abhängig. Dies trifft auch für die Umsetzung der Gefühle in Handlungen zu.

In derartigen Situationen, die willentlich steuerbar sind, hat der WSA die Handlungsalternative, Gefühlsreaktionen eines anderen persönlich zu nehmen und sich dann anstecken zu lassen oder die Rollendistanz anzuerkennen und ruhig zu bleiben.

Der WSA soll aufschaukelnde Verhaltensweisen (**Eskalatoren) des Gegenüber erkennen und selbst nicht aggressionsprovozierend reagieren.**

Überlegenheit setzt Überlegung voraus

53.5 Möglichkeiten der Konflikthandhabung 465

So vielfältig wie Konfliktursachen sind, so mannigfaltig sind auch die Möglichkeiten, mit denen Konflikte gehandhabt und gesteuert werden können.

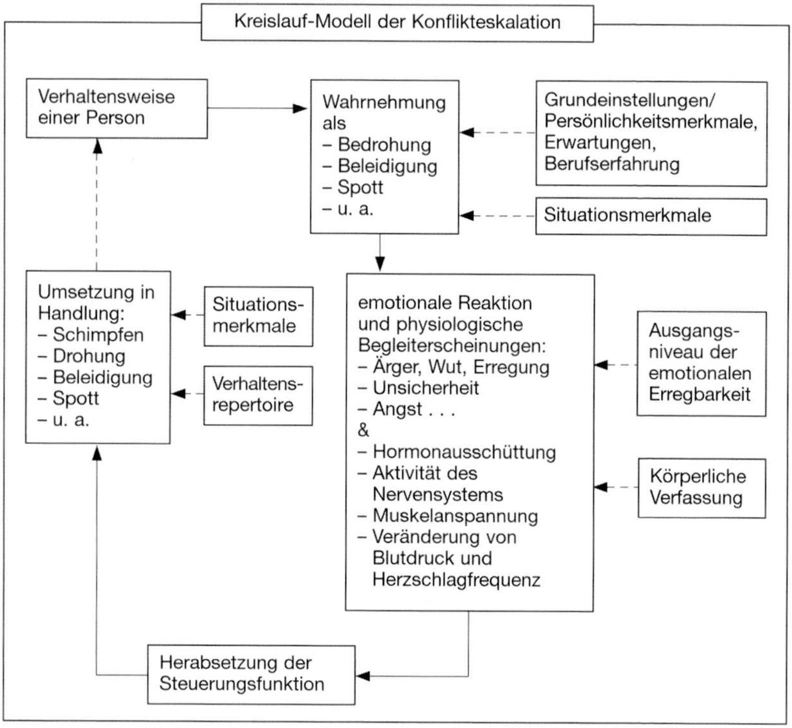

Je nach Situation kann es vorteilhaft sein,

- Konflikte zu vermeiden; z. B. können zwei Mitarbeiter, die sich nicht verstehen, verschiedenen Schichten zugeordnet werden
- Konflikte zu unterdrücken; z. B. kann ein Mittel der Konfliktunterdrückung der Rückgriff auf die Autorität sein. Mit einem Machtwort werden andere in ihre Schranken verwiesen und bei weiterem Verstoß mit Sanktionen bedroht
- Konflikte zu lösen; hierzu bedarf es viel Zeit, einer genauen Planung und kooperativ eingestellter Gesprächspartner
- Konflikte zu überbrücken; in dieser Situation sucht ein Dritter Möglichkeiten zu finden, die Gegensätze zu „überbrücken“ und unterbreitet Kompromissvorschläge.

Oberster Grundsatz für den WSA ist es, eine Verschärfung der Intensität oder eine Ausweitung des Konflikts zu verhindern (Deeskalation). Dies kann von gezielter Beeinflussung durch Sprache bis zum Einsatz körperlicher Gewalt reichen

(s. Rn. 94). Verschiedene situative und personale Bedingungen erschweren häufig die Konflikthandhabung durch uniformiertes Werkschutzpersonal:

- die Tätigkeit des Werkschutzes ist an sich schon konfliktträchtig
- während die Konfliktparteien erregt sind, überwiegend auf der Gefühlsebene (s. Rn. 460) handeln und verstandesmäßig kaum ansprechbar sind, ist der WSA geneigt, sofort die Situation zu klären, indem er mit Vernunftsargumenten eine Lösung herbeizuführen versucht.
- mindestens ein Konfliktbeteiligter
  - fordert, dass sich der WSA aus dem Streit heraushält und entfernt
  - befürchtet, dass der WSA gegen ihn entscheidet und Maßnahmen durchsetzt
  - befürchtet Nachteile, Einbußen seines Ansehens („Gesichtsverlust")
  - wird aus Angst oder Furcht gefühlsmäßig gegen den WSA reagieren
- die streitenden Parteien verbünden sich gegen den WSA

Eine Auseinandersetzung zu beginnen ist leicht
Schwer ist es, sie zu beenden

54. Kapitel: Selbstwertgefühl

Menschen, die wenig selbstsicher sind, fühlen sich schneller beleidigt, angegriffen oder provoziert und reagieren oftmals schneller mit Aggressionen.

Was ist das Selbstwertgefühl? 466

Das Selbstwertgefühl ist die Einstellung zu sich selbst, und zwar im Hinblick auf den vermeintlichen (häufig positiven) Wert der eigenen Person; das Selbstwertgefühl ist das Ergebnis einer **Selbstbewertung,** das in der Auseinandersetzung mit sich selbst und der Umwelt erfolgt.

54.1 Wodurch kann das Selbstwertgefühl entstehen? 467

Ein gesundes Selbstwertgefühl kann im Laufe eines Lebens entstehen, u. a. durch Erfolgserlebnisse im Berufs- und Privatleben.

Beispiele:
- Anerkennung,
- Geld,
- Besitz,
- gesellschaftliche Position und Zufriedenheit können Ausdruck von Erfolgserlebnissen sein

PSYCHOLOGIE

468 *54.2 Wie kann ein Minderwertigkeitsgefühl entstehen?*

Aus (zu) wenig Erfolgserlebnissen/Anerkennung im Laufe des Lebens (wegen tatsächlicher oder vermeintlicher geringer Leistung, körperlicher Mängel o. ä.) kann ein Minderwertigkeitsgefühl entstehen. Ein Minderwertigkeitsgefühl stört die Menschenkenntnis, da sich Minderwertige immer unterschätzen und andere überschätzen.

> Mangelndes Selbstwertgefühl ist die Ursache
> vieler psychischer und sozialer Probleme

469 *54.3 Was ist ein Überwertigkeitsgefühl?*

Ein Minderwertigkeitsgefühl kann der Mensch durch überstarke Anstrengungen auf einem neuen Gebiet ausgleichen. Häufig übersteigt dieser Ausgleich (**Kompensation**) jedoch das normale Maß; es entsteht ein Überausgleich (**Überkompensation**). Man kann hier auch von einer **Geltungssucht** sprechen. Der vorher vermeintlich Schwache, Hässliche, Dumme, Faule baut die Überzeugung auf, nun stärker, schöner, gescheiter und tüchtiger zu sein als alle anderen. Auch dies schadet seiner Menschenkenntnis, denn nun tritt das Gegenteil vom Minderwertigkeitsgefühl auf. Alle anderen sind nichts, er selbst ist alles. Er fühlt sich allen überlegen, behandelt sie von oben herab, glaubt mehr Rechte zu haben und kontrolliert aus Machtansprüchen, aber nicht um der Sache willen. Er achtet andere Personen nicht und reagiert selbst auf Nicht-Achtung mit Aggressionen.

> Wer andere erniedrigt, hat oftmals Angst vor ihnen

55. Kapitel: Beobachten und Beurteilen

470 Wesentliche Tätigkeiten des Werkschutzes

Zu den wesentlichen Tätigkeiten im Bereich privater Sicherheitseinrichtungen zählen das **Beobachten** und das **Beurteilen,** z. B.

- am Tor
- in der Eingangshalle
- auf Streifengängen
- auf Streifenfahrten.

55.1 *Was bedeutet Beobachten?* 471

Beobachten bedeutet, wichtige Merkmale (Verhaltensweisen) von Personen und Situationen zu erfassen.

55.2 *Was bedeutet Beurteilen?* 472

Beurteilen meint, die Beobachtungen zu verarbeiten und zu interpretieren, möglichst ohne subjektive Fehler in den Prozess der **Urteilsbildung** einfließen zu lassen.

55.3 *Vorgang der Beobachtung und Beurteilung* 473

Informationen werden von den Sinnesorganen aufgenommen (Informationsaufnahme), von den Nerven zum Gehirn weitergeleitet (Informationsweiterleitung) und anschließend im Gehirn verarbeitet (Informationsverarbeitung). Über Muskeln und Drüsen kann das Ergebnis der Verarbeitung der Umwelt mitgeteilt werden (Informationsabgabe).

Der Vorgang der Informationsaufnahme selbst wie auch die anschließende Weiterleitung und Verarbeitung sind kein bei allen Menschen gleich verlaufender, passiver Vorgang, sondern ein individuell geprägter, aktiver und vielschichtiger Prozess. Dies zeigt sich u. a. darin, dass – individuell nach Art und Menge unterschiedlich – nur ein kleiner Teil der aufgenommenen Informationen im Gehirn auch bewusst verarbeitet wird. Der größere Teil der Informationen wird „ausgeblendet“ oder zu „Automatismus-Zentren“ geleitet, d. h. auf einen bestimmten Auslöser-Reiz erfolgt eine gleichsam „automatische“ Reaktion.

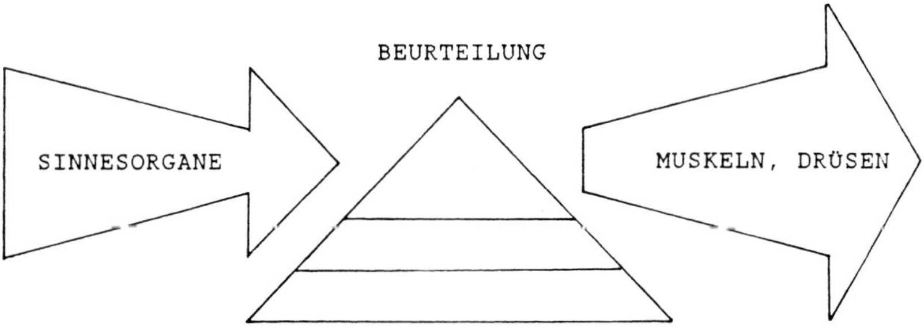

Zum Vorgang der Urteilsbildung gehört, dass die neuen Informationen mit den alten (vorhandenen) Informationen verglichen werden. Ob und gegebenenfalls welche neuen Informationen zur Verarbeitung herangezogen werden, ist u. a. abhängig

– von der **Art der Situation**

– **Veränderung und Kontrast**
Veränderungen (z. B. Bewegungen, Geräusch-, Geruchs- oder Licht-Intensitätsunterschiede) werden eher wahrgenommen, als gleichbleibende Reize über längere Zeit.
Je weniger sich ein Reiz verändert, desto mehr adaptiert das entsprechende Sinnesorgan, wodurch er immer schwächer wahrgenommen wird.[1]

Beispiele:
- Gewöhnung an (Maschinen-)Lärm
- Gewöhnung an Gasgeruch
- Gewöhnung an hohe Temperaturen
- Gewöhnung an ein Dauerlicht.

Zur Vermeidung des Gewöhnungseffekts werden häufig Blinkleuchten mit einer/mehreren einfarbigen/verschiedenfarbigen Lichtquellen als Warnleuchten eingesetzt.

– **Neuheit**
Die **Wahrnehmungswahrscheinlichkeit** für neue Reize ist umso größer, je kontrastreicher sie sind.

Beispiel: An einem an vielen Stellen notdürftig reparierten Zaun fällt eine weitere schadhafte Stelle weniger auf als an einem unbeschädigten Zaun.

– von der **wahrnehmenden Person**

– **Wachheit des Gehirns**

Beispiel: Nur dann, wenn eine Person aufmerksam ist, kann sie auch bewusst wahrnehmen.

Interesse

Beispiel: Was für eine Person wichtig ist (sie interessiert), nimmt sie eher wahr.

– **Verständnis**

Beispiel: Was eine Person versteht, nimmt sie eher wahr.

– **Motivation**

Beispiel: Was eine Person bewegt (z. B. starke Bedürfnisse, Gefühlslagen), nimmt sie eher wahr; ein starkes Bedürfnis lenkt die Wahrnehmung auf Reize, die zur Bedürfnisbefriedigung beitragen können.

---

1 In diesem Zusammenhang muss beachtet werden, dass die Anpassung des Sehvermögens an die Dunkelheit erst nach ungefähr einer Stunde vollkommen ist, während die Hellanpassung des Auges sehr viel schneller erfolgt.

Weitere Faktoren sind bei Rn. 499 beschrieben.

Da Qualität und Quantität der Beobachtungs- und Beurteilungsleistung von der Art der Situation und der wahrnehmenden Person abhängen, können Beobachtungen nie absolut objektiv sein.

> Das Beobachten und Beurteilen ist ein individuell geprägter, aktiver Prozess und kein passiver Vorgang

56. Kapitel: Fehler bei der Urteilsbildung

Der erste Eindruck 474

Zu einer fehlerhaften **Urteilsbildung** kann der erste Eindruck führen.

Als erster Eindruck wird das Gesamtbild bezeichnet, das ein Beobachter von einem ihm unbekannten Menschen, einer neuen Situation oder einem unbekannten Objekt (z. B. Unternehmen) erhält.

56.1 Wie entsteht der erste Eindruck? 475

Der erste Eindruck entsteht eher unbewusst als bewusst innerhalb von 10 bis 30 Sekunden

- durch **Beobachtung** eines oder mehrerer Merkmale. Die unbekannte Person wird zunächst taxiert. Als **Taxierungsfelder** dienen häufig Körperbau, Geschlecht, Typus (Nationaltyp), Gesichtsausdruck oder äußere Erscheinung (Kleidung, Schmuck).
- durch **Vergleich** dieser Merkmale mit vorhandenen Erfahrungen. In diesem Prozess werden im Gehirn gespeicherte Merkmale von Personen und Situationen mit der unbekannten Person/Situation verglichen. Dieser Vergleich weckt Erinnerungen an den positiven oder negativen Verlauf und Ausgang vergangener Begegnungen. Ein solcher Vergleichsprozess kann auch entstehen, bevor die unbekannte Person sich über das Merkmal **Sprache** ausdrückt.

> Für den ersten Eindruck gibt es keine zweite Chance

Folgen des ersten Eindrucks

Mit der Bildung des ersten Eindrucks und den dadurch hervorgerufenen Erinnerungen/Gefühlen werden häufig die Weichen für den weiteren Gesprächsverlauf gestellt:

Ist mir die unbekannte Person sympathisch (erster Eindruck), spreche ich sie eher freundlich an (erster Ausdruck), ist sie mir unsympathisch, spreche ich sie eher unfreundlich an.

Erster Eindruck ruft ersten Ausdruck hervor

Reagiert die unbekannte Person auf den ersten Ausdruck ebenfalls freundlich/unfreundlich, finde ich meinen ersten Eindruck bestätigt.

Häufig vermittelt der WSA dem Werksfremden den ersten Eindruck vom Unternehmen, durch eines oder mehrere Merkmale, wie Dienstkleidung, Mimik, Gestik, Körperhaltung, Auftreten, Blickbewegung, Frisur, Sauberkeit oder Umgangsformen.

Nach vielen Untersuchungen beeinflusst der nicht-sprachliche Ausdruck stärker als die Sprache.

Der erste Eindruck ist wichtig, aber nicht immer richtig, weil er nur einen Aspekt des Menschen betrifft

Neben dem ersten Eindruck beeinflusst auch das Vorurteil das Verhalten.

476 *56.2 Was ist ein Vorurteil?*

Allgemein wird Vorurteil definiert als die Übernahme von Meinungen über Personen oder Sachen ohne ausreichende eigene Erfahrungsbasis. Speziell ist das Vorurteil die nicht sachlich begründete, meist negative Einstellung gegenüber anderen Personen und Objekten; häufig sind Vorurteile mit Feindseligkeit (Diskriminierung) verbunden; Vorurteile sind dauerhaft.

Weshalb haben wir Vorurteile?

Wir haben Vorurteile u. a.

- zur Orientierung: „Wer ist wie?"
- zur Erlangung sozialer Anerkennung: „Wer die gleiche Meinung vertritt, wird von den anderen gelobt."

Wodurch können Vorurteile entstehen?

Vorurteile können entstehen durch

- Erziehungseinflüsse
- Überlieferung
- Hass/Neid
- Propaganda
- Verallgemeinerung.

Gegen welche Gruppen können Vorurteile bestehen?

Grundsätzlich können gegen alle Gruppen Vorurteile bestehen, so z. B.

- „die vom Werk III"
- „die von der Verwaltung"
- „die vom Werkschutz".

Vorurteile sind ein gesamtgesellschaftliches Problem und können sich richten gegen

- religiöse Gruppen
- ethnische Gruppen
- politische Parteien
- Institutionen
- Berufsgruppen
- Geschlechter.

Zu welchen Folgen können Vorurteile führen?

Vorurteile führen häufig zu **Fehlurteilen,** die sich zeigen können in

- Benutzung eines falschen Tons
- Verfolgung einer falschen Spur
- unzutreffenden Beschuldigungen
- Fehleinschätzung des Gegenüber.

Wie kann man versuchen, Übernahme und Weitergabe von Vorurteilen zu vermeiden?

Versuchen Sie

- sachlich (objektiv) zu bleiben, durch Trennung von Tatsachen und eigenen Schlussfolgerungen
- vor der Bildung einer eigenen Meinung möglichst viele Informationen zu dem betreffenden Fragenkomplex zu sammeln
- auch positive Meinungen über für Sie unsympathische Personen und Situationen zu speichern.

Bedenken Sie, dass

- sich der Bedarf an zu erfragender Information mit zunehmender Stärke der Erwartung (im Sinne von Vorurteil) verringert

- Vorurteile nicht nur dauerhaft, sondern auch gegenüber neuen, den Vorurteilen widersprechenden, Informationen sehr widerstandsfähig sind
- Aussagen wie „ich wusste gleich, dass…" oder „mir war von vornherein klar, dass…" das eigene Vorurteil eher bestätigen, als dass sie es in Frage stellen.

> Es ist ein Vorurteil anzunehmen, der Mensch könne
> ohne Vorurteile leben
> Vorurteile sind eine unerschöpfliche Quelle für Konflikte

57. Kapitel: Verschiedene Personengruppen im Betrieb

477 Verschiedene Personengruppen im Betrieb

Obgleich jeder Mensch ein einzigartiges Individuum ist, so können doch die Mitarbeiter eines Betriebes nach bestimmten „Merkmalen" unterschieden werden. Merkmale können sein

- das Alter
- das Geschlecht
- die Staatsangehörigkeit.

Nach diesen Merkmalen können folgende **Personengruppen** in einem Betrieb unterschieden werden.

478 *57.1 Jugendliche Mitarbeiter*

Rechtliche Stellung

Die rechtliche Stellung des jugendlichen Mitarbeiters gliedert sich nach seinem Alter (s. Rn. 79, 85).

- Kinder: Personen unter 14 Jahren
- Jugendliche: Personen, die bereits 14 aber noch keine 18 Jahre alt sind
- Heranwachsende: Personen, die 18 aber noch nicht 21 Jahre alt sind
- Erwachsene: Personen über 21 Jahren.

Entwicklungspsychologischer Verlauf

Nach einer Zeit körperlicher Gesundheit und psychischer Stabilität beginnt die

- Zeit der Vorpubertät
  bei Mädchen zwischen dem 10. und 13. Lebensjahr
  bei Jungen zwischen dem 13. und 15. Lebensjahr
  - Beginn des Wachstums der Keimdrüsen (Ovarien bzw. Hoden)
  - Beginn eines starken Längenwachstums (bei Jungen bis zu 10 cm/Jahr) mit der Folge eines „schlaksigen“ und ungeschickten Auftretens
  - psychische Folgen der körperlichen Veränderung sind oftmals Reizbarkeit, Unsicherheit, Empfindlichkeit, Trotz, Distanz zur Umwelt.

- Zeit der Pubertät[1]
  bei Mädchen zwischen dem 13. und 16. Lebensjahr
  bei Jungen zwischen dem 15. und 18. Lebensjahr
  - körperliche Aspekte:
    - Reife der Geschlechtsorgane
    - Höhepunkt des Wachstums
  - psychische Aspekte:
    - die oben genannten psychischen Folgen der körperlichen Veränderungen können sich steigern bis zur Aggressivität und zum Fanatismus
    - auf der Suche nach der „Wahrheit“ kann der Pubertierende von einem Extrem (Härte) schnell ins andere Extrem (Weichheit) verfallen – rasch wechselnde Gefühlslage
    - Zeit der Selbstfindung im Sinne von Suche nach eigenständiger und selbstverantwortlicher Persönlichkeit – Abgrenzung durch Kleidung, Frisur, Sprache, Hobbies
    - Entwicklung eines Lebensplans – Überlegungen zu beruflichen und familiären Aspekten
    - Aufbau eines eigenen Systems von Wertnormen, dadurch
      - Konflikte mit Familie
      - Ablösungsprozess
      - Konflikte mit Arbeitgeber
      - Fragen nach dem „Warum?“

- Adoleszenz[2]
  Diese Zeit bedeutet den Abschluss der körperlichen Reifung. Sie ist auch gekennzeichnet durch Festigung im Denken und im Gefühlsleben. Interesse an der Umwelt und Anerkennung der Realität verbunden mit Toleranz beginnen sich durchzusetzen.

1 lat.: Geschlechtsreife
2 lat.: Lebensabschnitt nach beendeter Pubertät

479 *57.2 Frauen und Männer im Betrieb*

Frauen und Männer früher

Frauen und Männer arbeiteten schon immer – wenn auch an verschiedenen Arbeitsplätzen – zusammen und trugen damit zur Sicherung der eigenen Familie und zur Entwicklung der Wirtschaft bei.

Diese Formen der Arbeitsteilung, die zunächst aus den unterschiedlichen körperlichen Fähigkeiten von Frau und Mann resultierten, begannen wohl damit, dass der Mann Werkzeuge herstellte, jagte und die Gruppe (Großfamilie) verteidigte, während die Frau den Kindern Sprache und andere Kulturformen vermittelte.

Im Laufe der Jahrtausende verschoben sich – den technischen, wirtschaftlichen und sozialen Bedingungen folgend – die Akzente der Tätigkeit der Frau aus dem häuslichen Bereich in den industriellen Sektor, den Dienstleistungs- und Verwaltungssektor.

Frauen und Männer heute

Nach Art. 3 Abs. 2 GG sind Männer und Frauen gleichberechtigt. Nach Abs. 3 darf niemand wegen seines Geschlechts benachteiligt oder bevorzugt werden (s. Rn. 55).

Ebenso deutlich ist es nach § 611 a BGB (korrespondierend mit § 75 BetrVG) einem Arbeitgeber ausdrücklich verboten, einen Arbeitnehmer wegen seines Geschlechts rechtlich oder tatsächlich zu benachteiligen. Ausnahmen gibt es nur, wenn für die Ausübung der Tätigkeit ein bestimmtes Geschlecht unverzichtbare Voraussetzung ist (z. B. Frau als Miederwarenverkäuferin oder als Mannequin; Mann als Tenor-Sänger).

Zur Beseitigung bestehender oder Verhinderung neuer Benachteiligungen von Frauen sind heute häufig Frauen- bzw. Gleichstellungsbeauftragte eingesetzt.

Nach Angaben des Statistischen Jahrbuchs waren 1993 von den ca. 40 Millionen der 15–65-jährigen Erwerbspersonen ungefähr 17 Millionen weiblichen Geschlechts.

Arbeitswissenschaftliche Aspekte von Frauen- und Männerarbeit

Die hier aufgeführten (Leistungs-)Unterschiede zwischen Frauen und Männern bedeuten, dass sich beide nur graduell (gradmäßig) unterscheiden.

Frauen sind in vielen Sinnesbereichen (z. B. Tastsinn, Dunkeladaptation, Dunkel-Sehen, Feinmotorik, Geschicklichkeit) Männern überlegen. Männer haben eine bessere Helladaptation, Grobmotorik, einen feineren Geruchssinn und sind lärmresistenter.

Frauen sind durchschnittlich kleiner als Männer, haben eine geringere Muskelentwicklung, ein leichteres Herz und ein um ungefähr 33 % kleineres Atemvolumen.

Die geringere Anzahl von roten Blutkörperchen, die für die Sauerstoffversorgung des Körpers notwendig sind, bewirkt eine schnellere Ermüdung der Frau.

Biologische Vorgänge wie Menstruation, Schwangerschaft und Klimakterium können zu einer vorübergehenden Veränderung der Leistungsfähigkeit führen. Hinzu kommt bei vielen Frauen die konfliktträchtige Stellung zwischen beruflichen und häuslichen Anforderungen.

Die Leistungsunterschiede zwischen Frauen und Männern können durch z. B. zweckmäßige Gestaltung von Arbeitsplätzen (Arbeitstische, -sitze) und Arbeitsorganisation (Arbeitsablauf, Pausengestaltung) ausgeglichen werden.

57.3 Ältere Mitarbeiter 480

Was sind ältere Mitarbeiter?

Als ältere Mitarbeiter werden Personen bezeichnet, die in der zweiten Hälfte ihres Berufslebens stehen.

Die Zahl älterer Mitarbeiter steigt seit einigen Jahren sowohl absolut als auch relativ.

Physische und psychische Veränderungen im Alter

Das Altern des Menschen beginnt nicht erst im Alter, sondern ist als natürlicher, kontinuierlicher Vorgang zu betrachten, der je nach Funktionsbereich häufig zwischen dem 20. und 30. Lebensjahr beginnt. So hat z. B. das Zusammenspiel von Muskeln, Bändern, Sehnen und Sinnen schon nach dem 30. Lebensjahr bei den meisten Menschen seinen Höhepunkt überschritten.

Um das 45. Lebensjahr beginnt auch die Knochenmasse immer weniger zu werden und nimmt dann in jedem Jahr um etwa ein Prozent ab.

Bei älteren Menschen ist ein Nachlassen ihrer körperlichen **Belastbarkeit** festzustellen. Hiervon sind besonders Herz- und Kreislauffunktionen (Durchblutung), Muskelentwicklung und Knochenbau betroffen.

Damit ist auch ein Abbau der psychischen Belastbarkeit verbunden. Seh- und Hörfähigkeit, Reaktionsgeschwindigkeit, Umstellungsfähigkeit, Risikobereitschaft sowie die Fähigkeit, komplexe Situationen zu bewältigen – in Verbindung mit einer allgemeinen Reduzierung der geistigen Leistungsfähigkeit – können beeinträchtigt sein und damit den älteren Mitarbeiter selbst und seine Umgebung belasten. Angst vor dem Verlust seines Arbeitsplatzes und der Konkurrenz durch jüngere Mitarbeiter können zu einer erhöhten Unsicherheit des älteren Mitarbeiters beitragen. Nicht zuletzt wirken sich Arbeitsbedingungen, die in einem früheren Lebensabschnitt problemlos ertragen wurden, wie Zeitdruck, Hitze, Feuchtigkeit oder Lärm, im Alter nachteilig auf das Erleben und Verhalten aus.

Die Diskrepanz zwischen objektiv fassbaren und subjektiv empfundenen Beschwerden ist beim alten Menschen oft sehr groß. Manche älteren Menschen nehmen größere Beschwerden klaglos hin, andere leiden unter der nur mäßig eingeschränkten Leistungsfähigkeit einer Körperfunktion sehr.

Die nachlassende Belastungsfähigkeit wird häufig zunächst durch die umfangreiche Erfahrung des Mitarbeiters kompensiert, ehe sie sich zeigt.

Insgesamt muss festgestellt werden, dass die oben genannten Alterungsprozesse bei jedem Menschen früher oder später deutlich werden. Wie schnell und wie stark diese Prozesse ablaufen, hängt bei jedem Menschen individuell von den Erbanlagen und zahlreichen Umwelteinflüssen ab.

Andererseits ist aber auch zu berücksichtigen, dass gerade ältere Mitarbeiterinnen und Mitarbeiter wegen ihres Erfahrungswissens, ihrer Arbeitsmoral/Arbeitsdisziplin, ihrer Loyalität und ihres Qualitätsbewußtseins eine wichtige Stütze jedes Unternehmens sind.

481 *57.4 Ausländische Mitarbeiter*

Was sind ausländische Arbeitnehmer?

Als ausländische Arbeitnehmer werden in Deutschland beschäftigte Ausländer bezeichnet.

Zur geschichtlichen Entwicklung

Mit der wirtschaftlichen Aufwärtsentwicklung in der Bundesrepublik Deutschland, der Verlängerung der schulischen und beruflichen Ausbildung und der einsetzenden Arbeitszeitverkürzung stieg die Zahl der ausländischen Arbeitnehmer.

Während 1956 unter 100 000 ausländische Arbeitnehmer in der Bundesrepublik arbeiteten, wuchs die Zahl bis 1973 auf 2,6 Millionen[3] und sank anschließend auf 1,6 Millionen (1986). Somit fiel der Prozentsatz an der Gesamtbeschäftigtenzahl von 11,9 % (1973) auf 8 % (1986).

Von den 2,1 Millionen ausländischer Arbeitnehmer (1994) waren 700 000 weiblichen Geschlechts.

Im Jahre 2002 waren von den insgesamt 27,5 Millionen versicherungspflichtig Beschäftigten 25,6 Millionen Deutsche (13,9 Millionen Männer; 11,7 Millionen Frauen) und 1,9 Millionen Ausländer (1,2 Millionen Männer; 0,7 Millionen Frauen).

Die stärkste Gruppe der ausländisch versicherungspflichtig Beschäftigten stellten die „übrigen europäischen Länder“ (vor Erweiterung der EU) mit 1,0 Millionen vor den EU-Ländern (0,6 Millionen).

3 1973: Anwerbestop für Arbeitnehmer aus Nicht-EG-Staaten; erste Ölkrise

Rechtliche Stellung

Nach dem Grundsatz der Gleichbehandlung sind alle ausländischen Arbeitnehmer deutschen Arbeitnehmern gleichgestellt (s. Rn. 55). Dies betrifft u. a. Bezahlung, Vermögensbildung, Urlaub, Kündigungsschutz, Mutterschutz, aktives und passives Wahlrecht bei betrieblichen Wahlen, Sozialversicherungen.

Anpassungsprobleme

Mit dem Wohnsitzwechsel und der Arbeitsaufnahme entstehen für ausländische Mitarbeiter häufig Probleme. Sie können bedingt sein durch

- Sprachbarrieren
- Klima – Landschaft
- Herkunftsort (wenig industriell entwickelt)
- Religion
- Wertnormen – Recht – Gesetz
- Arbeitsrhythmus – Arbeitsauffassung
- Ernährung
- schulische und berufliche Ausbildung.

Psychische Folgen der Anpassungsprobleme

Folgen der Probleme können sich zeigen in

- Schwankungen der Leistungsfähigkeit
- Ermüdung
- Krankheit.

Damit kann eine Erhöhung der Unfallgefahr verbunden sein.

58. Kapitel: Gesprächsführung

Der Ablauf des Gesprächs 482

Der WSA überwacht die Einhaltung der betrieblichen Sicherheits- und Ordnungsbestimmungen. Hierbei kommt neben der Beobachtung und Urteilsbildung der Gesprächsführung eine wichtige Bedeutung zu.

Generell ist zu beachten, dass der WSA während des gesamten Gesprächsablaufs korrekt, höflich aber bestimmt auftritt.

483 *58.1 Das Grundschema des Gesprächsablaufs*

Gesprächseröffnung

- Gespräch mit Gruß einleiten
- sich selbst vorstellen
- Namen des Mitarbeiters erfragen
- Mitarbeiter mit Namen ansprechen.

Gesprächsführung

- Grund des Gesprächs angeben
- evtl. Begründung der Vorschrift geben, gegen die verstoßen wurde
- Mitarbeiter ausreichend Gelegenheit zur Gegenäußerung geben
- ohne Unterbrechung und Widerspruch zuhören
- Unterschiede im Alter, Temperament etc. berücksichtigen
- keine uferlose Diskussion zulassen
- muss Meldung geschrieben werden, Mitarbeiter darauf hinweisen.

Gesprächsabschluss

- mit Gruß beenden

484 *58.2 Häufige Fehler während des Gesprächsablaufs*

- übertrieben forsches Auftreten
- unbeherrscht laute Sprache
- unsachliche, provozierende Äußerungen
- drohende Gestik
- verletzende Mimik
- vielsagende Blickwechsel mit nebenstehendem WSA
- schulmeisterliche Fragen
- Mitarbeiter nicht ausreden lassen
- Mitarbeiter vor dessen Kollegen situationsunangepasst kritisieren
- beleidigende Äußerungen in gleicher Weise beantworten
- keine Entschuldigung bei Irrtum.

In diesem Zusammenhang muss vor vertrauensseligem Verhalten gewarnt werden, das sehr schnell von bestimmten Personen erkannt und zum Schaden des Unternehmens ausgenutzt werden kann.

485 *58.3 Ziel des Gesprächs*

Bei der Gesprächsführung muss auch das Ziel des Gesprächs berücksichtigt werden. So sind Wortwahl und Akzentuierung der Sprache bei folgenden Zielen unterschiedlich

- eine Auskunft geben
- einen Hinweis geben
- eine Erinnerung aussprechen
- eine Ermahnung vornehmen
- ein Verbot durchsetzen.

58.4 Wie wirkt sich die Anzahl der Gesprächsteilnehmer auf den Verlauf aus? **486**

Im Folgenden werden unterschiedliche Möglichkeiten des Gesprächsverlaufs erläutert, die davon abhängig sind, ob der Mitarbeiter alleine, mit einem Kollegen oder innerhalb einer Gruppe vom WSA angesprochen wird.

Ansprechen eines einzelnen Mitarbeiters

Grundsätzlich ist beim Ansprechen eines einzelnen Mitarbeiters die Grundstruktur des Gesprächsablaufs (s. Rn. 483) empfehlenswert. Eine Einmischung Dritter ist zu vermeiden.

Ansprechen eines einzelnen Mitarbeiters in Begleitung Dritter

Bei dieser **Gesprächskonstellation** empfiehlt sich dringend, den anzusprechenden Mitarbeiter höflich aber bestimmt von den anderen zu trennen und das Gespräch stark zielgerichtet außer Hörweite der Dritten (in leisem Ton) zu führen. Auch hierbei ist eine Einmischung Dritter zu unterbinden, um das Ziel des Gesprächs nicht zu gefährden.

Ansprechen eines Mitarbeiters, der Mitglied einer Gruppe ist

Unter einer Gruppe[1] versteht man eine begrenzte Anzahl von Personen, die

- gemeinsame Ziele haben
- räumlich und zeitlich zusammenarbeiten
- unterschiedliche Aufgaben (Funktionen) auf gleicher oder verschiedener Ebene wahrnehmen
- ein größeres Gemeinschaftsgefühl untereinander als zu anderen Abteilungen besitzen und
- hinsichtlich bestimmter Gruppennormen (Verhaltensregeln) übereinstimmen.

1 Hier ist nur die formelle Gruppe beschrieben, eine aus technischen, wirtschaftlichen oder ähnlichen Erfordernissen von der Unternehmensleitung bewusst geschaffene Organisationsform, in der für jedes Betriebsmitglied sowohl die Rechte und Pflichten als auch die Art der Zusammenarbeit mit anderen Betriebsangehörigen (z. B. Mitarbeitern, Vorgesetzten) festgelegt sind. Eine andere Art des Zusammenschlusses zwischen Personen liegt dann vor, wenn sich die Gruppenmitglieder aufgrund freiwilliger, persönlicher und emotional gefärbter Beziehung treffen (**informelle Gruppe**). Beide Arten schließen sich nicht aus, sondern ergänzen sich.

Zum Ansprechen sind die obengenannten Empfehlungen zu beachten. In besonderen Fällen ist auch eine Einflussnahme über den Gruppenleiter (zum Gruppenleiter) möglich.

An dieser Stelle muss nachdrücklich betont werden, dass diese Art der zielgerichteten Gespräche nur dann erfolgreich sein kann, wenn der Auftrag des WSA – ebenso wie der Auftrag eines jeden anderen Mitarbeiters – von der Unternehmensführung und allen Mitarbeitern getragen wird.

Betriebliche Sicherheit beginnt im Kopf jedes einzelnen Betriebsangehörigen

59. Kapitel: Beeinflussungsmöglichkeiten von Menschenansammlungen

487 Worin können sich Menschenansammlungen unterscheiden?

Menschenansammlungen können aufgrund der Art der Beziehungen, die zwischen Menschen innerhalb einer Ansammlung bestehen, unterschieden werden.

Eine Art der Beziehung zwischen Mitarbeitern, die sich aus der Beschäftigung im gleichen Unternehmen ergibt, wurde unter Rn. 486 unter dem Begriff **Gruppe** dargestellt.

488 *59.1 Was ist eine Menschenmenge?*

Bei einer sehr lockeren Art der Zusammengehörigkeit von Personen, die einen solchen räumlichen Zusammenhang haben, dass bei Beobachtern die Vorstellung eines räumlich verbundenen Ganzen entsteht, spricht man von einer Menge.[1]

1 Ähnlich interpretiert das AG Berlin-Tiergarten, NJW 1988, 3218, den Begriff Menschenmenge: Von einer Menschenmenge im Sinne von § 125 StGB kann nur dann gesprochen werden, wenn eine räumlich vereinigte und der Zahl nach nicht sofort überschaubare Personenvielfalt vorliegt. Der Aufenthalt einer bloßen Vielzahl von nicht zusammengehörenden Personen auf öffentlicher Straße erfüllt noch nicht den Tatbestand der Menschenmenge, weil anderenfalls in jeder belebten Straße mit vielfältigem Fußgängerverkehr von einer Menschenmenge ausgegangen werden müsste.
Bei einer Menschenmenge kommt es für den äußeren Eindruck auf das Hinzukommen oder Hinweggehen einer Einzelperson nicht mehr an. Die Untergrenze liegt bei 15 bis 20 Personen. Als zusätzliche Kriterien zur Begriffsbestimmung der Menschenmenge werden u. a. auch das Fehlen einer unmittelbaren Kommunikationsmöglichkeit aller Mengen-Mitglieder untereinander genannt oder das Entstehen von massenpsychologischen Phänomenen, die in ihren Auswirkungen weder kontrolliert noch kontrollierbar sind (vgl. NStZ 1990, 339 und NStZ 1993, 538).

59.2 Was ist eine Masse?

Wird die Aufmerksamkeit dieser Personen durch ein Ereignis (z. B. Störung im Lichtnetz) in gleicher Richtung gelenkt, spricht man von einer „Masse".

Eine Masse kann

- sich ruhig verhalten
- sich gruppieren (in informelle Gruppen)
- durch gemeinsame Gefühle wie Angst oder Hass in Bewegung geraten (sog. **„akute Vermassung"**).

Anlass für das Entstehen einer akuten Vermassung

Die Gefahr einer akuten Vermassung kann bei Menschenansammlungen entstehen, insbesondere bei

- Stauungen am Ausgang eines Unternehmens
- innerbetrieblichen Verkehrsunfällen
- persönlichen Auseinandersetzungen
- technisch bedingten Schadensfällen
- Betriebsversammlungen
- Demonstrationen
- (Sonder-)Verkäufen
- Sport- und anderen Großveranstaltungen.

Auslöser für Vermassungserscheinungen

Auslöser für die Vermassung kann sein z. B.

- ein unüberlegtes Wort
- ein überraschender Knall.

Verhaltensweisen bei akuter Vermassung

Unterliegt die Menschenansammlung der Vermassung, sind folgende Reaktionen möglich

- herabgesetzte Beobachtungs- und Urteilsfähigkeit
- vermindertes individuelles Verantwortungsbewusstsein
- starke Gefühlserregbarkeit
- unkontrollierte Reaktionen.

Der WSA muss in solchen Situationen durch sein Verhalten Spannungen abbauen, u. a. durch beherrschtes und konsequentes Handeln. In keinem Fall darf sich der WSA von den Gefühlsreaktionen der Umstehenden anstecken lassen oder gar Umstehende provozieren.

Folgende **Verhaltensgrundsätze** sind **bei körperlichen Auseinandersetzungen** zu beachten

- erst beobachten (Lagefeststellung), dann überlegen (Beurteilung) und schließlich handeln (Entschluss)
- nur mit überlegtem Kraft- und überlegenem Kräfteeinsatz einschreiten
- eher den Einsatz überlegt beginnen und Verstärkung anfordern als Alleingänge – unter Vernachlässigung der Eigensicherung – durchführen
- während des Einsatzes nicht nur die Streitenden, sondern auch die Umstehenden im Auge behalten
- sofortige Trennung der Beteiligten, die nach Möglichkeit außer Blick- und Hörweite zu bringen sind
- keine Stellungnahme zu den Gründen, dem Ablauf und den möglichen Folgen der Auseinandersetzung abgeben
- nach Einleitung von Erste-Hilfe-Maßnahmen und Zeugensuche möglichst schnell für Normalität am Ort der Auseinandersetzung sorgen.

Bei einer Menschenansammlung besteht auch unter bestimmten Bedingungen die Gefahr, dass die betroffenen Menschen in Panik geraten. Vom Begriff der Panik (Rn. 491) muss der Begriff der Katastrophe unterschieden werden.

490 *59.3 Was ist eine Katastrophe?*

Eine Katastrophe[2] ist – stark verkürzt dargestellt – ein plötzlich hereinbrechendes Ereignis mit schweren Folgen für Menschen und/oder Sachen (s. auch Rn. 236).

Im Jahrbuch 1988 der Versicherungswirtschaft steht: „Jeden zweiten Tag gibt es irgendwo auf der Welt ein Schadensereignis zu vermelden, dessen Ausmaß die Bezeichnung ‚Katastrophe' verdient." Als Gründe für die sowohl der Zahl als auch dem Schadenspotenzial nach zunehmenden Groß- und Größtschäden werden angeführt

- Wachstum der Erdbevölkerung
- zunehmende Konzentration hochwertiger Industrieanlagen
- hohe Versicherungsdichte.

2 Im Sinne des Hessischen Katastrophenschutzgesetzes (HKatSG), § 1 Abs. 2, ist eine Katastrophe „ein insbesondere durch Naturereignisse oder Unglücksfälle hervorgerufener Gefahrenzustand, der Leben, Gesundheit oder die lebensnotwendige Versorgung der Bevölkerung oder erhebliche Sachwerte in so ungewöhnlichem Maße gefährdet oder beeinträchtigt, dass zur Beseitigung die einheitliche Lenkung aller Katastrophenschutzmaßnahmen und der Einsatz von Einheiten und Einrichtungen des Katastrophenschutzes erforderlich sind."
In den Katastrophenschutzgesetzen anderer Länder finden sich entsprechende Definitionen.

Welche Folgen können Katastrophen haben?

Im Einzelnen können die Folgen nach dem Ereignis sein

- hohe Anzahl von Verletzten/Toten
- hoher Verlust von Sachwerten
- besondere Verhaltensweisen der Betroffenen
- magische Anziehungskraft auf Nichtbeteiligte.

Im Jahr 1996 kamen bei Naturkatastrophen weltweit mehr als 11 000 Menschen ums Leben, und es entstanden Schäden von rund 93 Milliarden DM. Es wurden allein 200 schwere Stürme, 170 Überschwemmungen, 50 Erdbeben, 30 Vulkanausbrüche sowie 150 andere Ereignisse wie Waldbrände, Dürren, Hitze- und Kältewellen, Erdrutsche und Lawinen registriert.

Im Vergleich zu den 60er Jahren ereigneten sich in den 90er Jahren rund fünfmal so viele Naturkatastrophen.

Wie sieht der Reaktionsablauf der Menschen während des Ereignisses/ nach dem Ereignis aus?

Nach dem plötzlichen und überstarken Sinnesreiz laufen im Menschen unter dem Signal „Lebensgefahr" ganz bestimmte Reaktionen ab

- reflektorisches Zusammenzucken („Schrecksekunde")
- Energetisierung des Körpers, um Höchstleistungen zu erbringen
- Drang zu „kopfloser" Flucht (auch Verhaltensmöglichkeit des Angriffs oder der Schreckstarre gegeben)
- Fluchtverhalten (Panikverhalten) bei beeinträchtigten Großhirnfunktionen (Verstandesschicht) oder – seltener – Schrecklähmung
- Übertragung des Fluchtverhaltens weniger Menschen auf viele Menschen (ansteckend wie gefühlsmäßiges Verhalten)
- durch Versuche Einzelner, die panisch flüchtenden Menschen aufzuhalten (z. B. durch Kanalisierungsversuche), wird der Bewegungssturm von neuem entfacht, sodass die Fluchtreaktionen länger anhalten.

Weniger die Katastrophe, als vielmehr das darauffolgende Verhalten ist katastrophal

Nach Abflauen des Panikverhaltens

- Entstehung von Gemeinschaftsbewusstsein und Hilfsbereitschaft bis zur Selbstaufopferung
- Entstehung gegenseitiger Aggressionen ist möglich
- Wiederherstellung der Urteilskraft und Einsichtsfähigkeit.

Auf viele Katastrophen folgen nur Schrecksekunden und Fluchtdrang Auf Katastrophen folgt nur selten Panikverhalten

Beispiel: Im November 1982 wurden die Bewohner einer – allerdings katastrophenerprobten – Kleinstadt (18 000 Einwohner) der USA nach einer Explosion
- innerhalb eines Gebietes von etwa 8 km Radius
- innerhalb von zwei Stunden (von 5 bis 7 Uhr)
- im Dunkeln und bei Dauerregen
- bei Temperaturen von 5° Celsius
- ohne Verkehrsunfälle und Stauungen evakuiert.

Nach Katastrophen kommt es selten zur Panik Eine Panik ist immer eine Katastrophe

491 *59.4 Was ist eine Panik?*

Panik[3] bedeutet, dass sich eine Person(engruppe) in einer lebensbedrohlichen Situation befindet/zu befinden glaubt, in der nur durch sofortige Flucht die Rettung des eigenen Lebens möglich sei.

Eine typische Situation, in der Panik entstehen kann, ist ein brennender Raum (Halle, Saal), dessen Ausgänge verstopft sind. Unter diesen Bedingungen zeigen Personen, die den Brand als unmittelbare Bedrohung für das eigene Leben empfinden, starke Tendenzen zu individualistischem und ichbezogenem Verhalten, bei dem die Folgen nicht beachtet werden. Das Panikverhalten i. e. S., eine wellenartig sich ausbreitende Ketten-Fluchtreaktion, dauert nicht länger als ungefähr drei Minuten. Näheres zum Ablauf ist unter Rn. 490 beschrieben.

Beispiel:
Im Foyer einer überfüllten Sporthalle war es zu einem Ansturm von mehreren tausend jungen Leuten gekommen, die keine Eintrittskarten hatten und versuchten, in die voll besetzte Halle zu drängen. Hierbei wurden zahlreiche Menschen gegen Wände und Türen gedrückt, drei Menschen starben.
Über die Lautsprecheranlage der Halle wurde mitgeteilt, dass die Veranstaltung abgesagt sei, weil bei dem Gedränge im Foyer drei Menschen ums Leben gekommen seien. Daraufhin begannen Zuschauer aus dem Inneren der Halle nach draußen zu drängen, was die Lage noch verschlimmerte.

---

3 Der Begriff Panik stammt vom griechischen Hirtengott Pan, einem halb tierisch, halb menschlich aussehenden Wesen, das durch unerwartetes, plötzliches Erscheinen und Ausstoßen furchterregender Laute Menschen in Angst und Schrecken versetzte.

> Nach Zeugenaussagen sei das Foyer zu einem „Flaschenhals" geworden, aus dem es kein Entrinnen gegeben habe. Viele Besucher hätten in ihrer Panik nicht einmal bemerkt, dass sie über am Boden liegende Menschen geflohen seien.

Die erhöhte Unfallgefahr während des Panikverhaltens, in dem die Menschen häufig auch ihr Zeitschätzungsvermögen verlieren, besteht u. a. im **Staudruck- und Stolperrisiko.** Besonders bei wenigen und schmalen (Not-)Ausgängen (**Flaschenhals-Effekt**) ist dieses Risiko sehr groß.

Welche Bedingungen können Panikverhalten auslösen?

Nach Beobachtungen von Panikabläufen kommt neben den äußeren Bedingungen, die Auslöser von Panikreaktionen sind, der psychischen Befindlichkeit der Personen ebenfalls große Bedeutung zu.

Personen, die dauerndem Lärm oder einem erzwungenen Beschäftigungsmangel ausgesetzt sind, scheinen aufgrund ihrer verminderten psychischen Widerstandskraft für Panikverhalten ebenso anfällig zu sein wie Personen, die unter psychischer und/oder physischer Erschöpfung leiden. Unwissenheit über Verhaltensmöglichkeiten in lebensbedrohlichen Situationen fördert im Vorfeld der Entstehungsphase der Panik wie auch in der konkreten Situation Angst- und Hilflosigkeitsgefühle und trägt damit zur schnelleren Steigerung des Erregungszustandes bei.

Grundsätzlich können alle vom Menschen als lebensbedrohlich empfundenen Bedingungen zu Panikverhalten führen.

Zu den eher äußeren Bedingungen, die zu Panikverhalten führen können, zählen

- in der **Realität** vorhandene Bedrohungen wie
  - Explosion
  - greller Blitz
  - starke Druckwelle
  - Ausbruch eines Feuers
  - Einsturz(gefahr) einer Decke(nverkleidung)
  - Schmerz-/Angst-Schreie aus verschiedensten Gründen.

  in der **Vorstellung** der Menschen existierende Bedrohungen wie
  - Gerüchte über ...
  - Angst vor ...

Vorbeugende Maßnahmen zur Verhinderung einer Panik

Zu den umfangreichen organisatorischen, technischen und personellen Maßnahmen zur Verhütung des Ausbruchs einer Panik in einem geschlossenen Raum zählen u. a.

- Information des Sicherheitspersonals über Verhalten bei Notfällen
- Zustandskontrollen der Notausgänge, Notbeleuchtung, Fluchtwege, Staudruckbremsen („Wellenbrecher"), Beschilderung, Feuerlöscheinrichtungen, Sitze, Geländer, Auslaufflächen
- Einlasskontrollen mit Suche nach Feuerwerkskörpern, Wurf- und Schlaggegenständen („Bewaffnungsrisiko"),
- Kontrolle, dass Gänge zwischen Blocks freigehalten werden.

Routinemäßiges Verhalten senkt die Aufmerksamkeit

Weitere Aspekte im Zusammenhang mit Panik

- Warnungen dürfen keinesfalls Panikverhalten auslösen oder verstärken, sondern müssen **Angst** (Enge) abbauen; deshalb muss jede Warnung mit einer „Handlungsanweisung" verbunden sein, die nur in Form eines Gebotes, aber nicht in Form eines Verbotes formuliert sein soll.
- Menschen, die einer **Gefahr** entronnen sind, drängen häufig auf Rückkehr zum Gefahrenherd, wodurch sie sich selbst wieder in Gefahr begeben und die Arbeit der Rettungsdienste behindern.
- Anfahrtswege für Rettungsdienste freihalten.
- Vom WSA wird Hilfe erwartet. Er soll
  - Ruhe (gerade in hektischen Situationen) ausstrahlen
  - seine ihm zugewiesenen Aufgaben korrekt erfüllen
  - seine Leistungsgrenzen respektieren
  - nicht zur **Gerüchtebildung** beitragen
  - Betroffenen Hoffnung machen und Trost spenden.

Verschiedene Untersuchungen jüngeren Datums zeigen, dass ein Drittel aller Erwachsenen Panikattacken hat oder jemanden kennt, den manchmal „die Panik packt". Als beunruhigendste Situationen werden genannt:

- Aufenthalt in der Menge (34 %)
- Zeit vor öffentlichen Auftritten (20 %)
- Aufenthalt im Flugzeug (11 %).

492 *59.5 Verhalten bei demonstrativen Aktionen*

Immer wieder wird der Versuch unternommen, betriebliche Abläufe oder Veranstaltungen durch demonstrative Aktionen zu stören. Ein derartiger Störungsversuch kann von einer Einzelperson, vereinzelten Personen oder einer Gruppe ausgehen.

Im Folgenden ist die Taktik einer Störer-Gruppe dargestellt, die bereit ist, vorsätzlich strafbare Handlungen zu begehen.

Taktik „Provokation – Eskalation"

- **Ausgangslage**

  Um die Gruppe der (aktiven) Störer stehen kreisförmig Sympathisierende. Die Sympathisierenden wiederum werden von neutralen, zunächst unbeteiligten Personen kreisförmig umschlossen.

- **Ablauf**

  Die Störer-Gruppe wird aktiv, indem sie etwa
  - Dritte beleidigt
  - mit Sprechchören stört
  - rhythmisch klatscht
  - Transparente ausrollt
  - Gegenstände auf Umstehende schleudert.

  Die Störer steigern im Laufe der Zeit ihre Aktivitäten und sorgen damit für eine Zunahme an Spannung und Erregung bei den Umstehenden. Dies gelingt ihnen umso besser, je deutlicher sie ein **Freund-Feind-Schema** aufbauen und verdeutlichen können, wobei „Freund" für „gute Menschen"/„gute Sache" und „Feind" für „schlechte Menschen"/„schlechte Sache" steht.

  Durch ihr aufsehenerregendes Verhalten provozieren die Störer den Einsatz von Ordnungskräften, die, um zu den Störern vordringen zu können, zunächst den Ring der umstehenden, nun neugierigen Personen und dann den Ring der Sympathisierenden aufbrechen müssen.

  Von der Art des Vorgehens der Ordnungskräfte und dem Erregungszustand der Umstehenden hängt der weitere Verlauf der Auseinandersetzung ab.

  Gehen die Sicherheitskräfte mit unverhältnismässigen Mitteln vor, kann sich die Stimmung der zunächst neutralen und neugierigen Personen plötzlich gegen die Ordnungskräfte richten. Damit vergrößert sich der Kreis der Sympathisierenden um einen Teil der Neugierigen, wodurch die Arbeit der Einsatzkräfte zusätzlich erschwert wird. Anhaltende körperliche Auseinandersetzungen können den **Solidarisierungseffekt** verstärken und die Eskalation vorantreiben.

  Währenddessen beobachtet die „geschützte" Gruppe der Störer die ablaufenden Maßnahmen und trägt durch immer neue Aktionen zur Steigerung der **Konfrontation** bei. Dabei versuchen die Störer den Zuschauern das Verhalten der Ordnungskräfte als Bestätigung ihrer Thesen (**Freund-Feind-Schema**) lautstark zu verdeutlichen.

- **Abschluss**
  Auch wenn die Ordnungskräfte am Ende ihren Auftrag erfüllt haben, bleibt
  - die Kette: **Demonstration – Provokation – Eskalation**

  und
  - eine Verbreitung der Vorkommnisse – je nach Öffentlichkeitsgrad.

Taktik „Trojanisches Pferd“[4]

Neben der oben erwähnten Art von gewalttätigen demonstrativen Aktionen gewinnt seit einiger Zeit eine „neue“ Art an Bedeutung.

Nach dieser Methode gelangen die Demonstrationsteilnehmer verdeckt auf z. B. ein Firmengelände, wobei sie zur Tarnung ihrer Anfahrt Pkw, Lkw, Kraftomnibusse, selbstfahrende Arbeitsmaschinen, schienengebundene Fahrzeuge oder Wasserfahrzeuge benutzen. Auf dem Firmengelände besetzen sie innerhalb weniger Minuten die für ihre Demonstrationsziele bedeutsamen Objekte wie z. B. Ladekräne, Lagerhallen, Schornsteine, Strommasten, Produktionsanlagen oder Waggons, an denen sie anschließend vorbereitete Transparente befestigen.

Nach medienwirksamer Darstellung ihrer Forderungen verlassen die Demonstrationsteilnehmer in der Regel das Firmengelände.

Grundsätze für das Verhalten bei demonstrativen Aktionen

Für den Einsatz bei demonstrativen Aktionen lassen sich folgende zehn **Verhaltensgrundsätze**[5] anführen:

- Lassen Sie sich nicht provozieren
- Keine Hektik
- Differenzieren Sie
- Unterlassen Sie ungehörige Bemerkungen
- Wahren Sie Funkdisziplin
- Denken Sie an das Übermaßverbot
- Sichern Sie „Beweise“
- Beachten Sie die Grundsätze der Eigensicherung
- Üben Sie Kameradschaft, aber keine Kameraderie
- Vertrauen Sie sich Ihrem Vorgesetzten an.

4 Diese Art der Taktik ist auf eine griechische Sage zurückzuführen, nach der die tapfersten Helden der Griechen (und Gegner Trojas) im Bauch eines hölzernen Pferdes („Trojanisches Pferd“) von den (unwissenden) Trojanern selbst in ihre von den Griechen belagerte Stadt Troja gezogen wurden. Durch diese List wurde Troja erobert.

5 aus: „Der Tagesspiegel“ vom 11. Januar 1981

60. Kapitel: Befragung

Die Befragung 493

Zur Aufrechterhaltung der betrieblichen Sicherheit und Ordnung können nach den für jedermann gültigen Gesetzen Befragungen durchgeführt werden (vgl. dazu Schubert, 1983).

Die Befragung kann nur auf freiwilliger Grundlage erfolgen. Zur Auskunftsverpflichtung vgl. Rn. 67.

60.1 Was ist eine Befragung? 494

Eine Befragung ist ein zur Gewinnung der erforderlichen Personen- und Sachkenntnisse geführtes Gespräch, mit dem Ziel, zu prüfen oder prüfen zu lassen,

- ob eine Straftat vorliegt und
- wer als Geschädigter,
- wer als Zeuge und
- wer als Verdächtiger in Betracht kommt.

Ob die Ermittlungsperson ihr Ziel erreicht, nämlich

- von allen Befragten (**Auskunftspersonen**)
- umfassende, wahrheitsgetreue Angaben zu erhalten, die
- inhaltlich beweiserheblich und/oder
- ermittlungsweiterführend sind,

hängt von vielen Bedingungen ab, von denen hier nur wenige aufgeführt werden können.

Auch wenn die Befragung von Geschädigten, Zeugen und Verdächtigen variabel durchgeführt werden muss, so ergeben sich doch bestimmte **Befragungsgrundsätze.**

Die Befragung als Kommunikationsgeschehen[1] 495

Während der Befragung beeinflussen sich beabsichtigt und unbeabsichtigt der Ermittler und der Befragte wechselseitig durch

- die Sprache
- den nicht-sprachlichen Ausdruck.

Die **Sprache** wird im Gegensatz zum nicht-sprachlichen Ausdruck vorrangig zur bewussten Informationsübermittlung benutzt. Mit der Sprache können differenzierte Aussagen über konkrete und abstrakte Sachverhalte und Begriffe klar und eindeutig ausgedrückt werden.

---

1 zur Kommunikationstechnik s. Rn. 362 ff.

Unabhängig davon, ob Sachverhalte oder Empfindungen wie z. B. Freude oder Angst übermittelt werden, in jedem Fall werden die Inhalte der Mitteilungen von mehr oder weniger deutlichem nicht-sprachlichem Verhalten begleitet. Diese nicht-sprachlichen Signale drücken aus, wie die Mitteilungen zu werten sein sollen: ob sie dem Sprecher eher angenehm oder eher unangenehm sind.

Im Gegensatz zum mehr gezielten Einsatz der Sprache unterliegt das nichtsprachliche Ausdrucksverhalten in der Regel weit weniger der bewussten Steuerung und ist gerade deshalb bei der Befragung von besonderer Bedeutung.

Auch wenn nicht-sprachlicher Ausdruck meist mehrdeutig und durchaus unterschiedlich interpretierbar ist, so ändert dies nichts an der Bedeutsamkeit, die spätestens beim vollständigen oder teilweisen Ausbleiben der nicht-sprachlichen Signale auffällig wird.

Beispiele:
- Jemand sitzt einer anderen Person mit einem „Pokerface“ gegenüber.
- Ein ähnlich unvollkommener Informationsaustausch liegt beim Telefonieren vor. Obwohl der Sprecher seine sprachlichen Aussagen durch stimmliche Signale wie z. B. Tonfall oder Sprechgeschwindigkeit unterstreichen oder abmildern kann, so fehlt doch dem Gesprächspartner zur vollständigen Interpretation der Aussage das optische Ausdrucksverhalten des Sprechers.

Auch bei der Prüfung der Frage, ob eine Auskunftsperson die Unwahrheit sagt, zeigt sich die Wichtigkeit des nicht-sprachlichen Ausdrucks.

Widerspricht der sprachliche Inhalt der gleichzeitig übermittelten nicht-sprachlichen Information, so ist die Befragung unbedingt in beide Richtungen zu lenken.

Nach Eggers (1989) lassen sich nicht-sprachliche Signale in drei Kategorien einteilen, in Signale der äußeren Erscheinung, in Körpersignale und in stimmliche Signale.

Bei den **Signalen der äußeren Erscheinung** handelt es sich um das Aussehen einer Person, um Merkmale wie Frisur, Kleidung und Schmuck. Hierzu kann aber auch die Möblierung eines Raumes oder die Ausstattung eines Schrankes gezählt werden.

Als **Körpersignale** werden relativ veränderliche Ausdrucksmerkmale, wie z. B. Mimik, Blickkontakt, Gestik, Kopfhaltung, Körperhaltung und persönliche Distanz bezeichnet. In diese Kategorie fallen aber auch relativ unveränderliche Merkmale, wie z. B. Körperbau, Kopfform und Augenfarbe.

Zu den **stimmlichen Signalen,** die dem Gesprächspartner häufig einen Eindruck von den Gefühlen des Sprechers vermitteln, zählen Tonfall, Tonhöhe, Sprechgeschwindigkeit, Lautstärke und Sprechstörungen.

Schon vor dem Beginn der Befragung findet eine gegenseitige Taxierung statt, die zur Bildung des ersten Eindrucks (s. Rn. 475) führt.

Während der Befragung muss der Ermittler bemüht sein, ein gesprächsförderndes Verhalten zu zeigen, damit beim Befragten Gesprächsbereitschaft besteht, ohne die Erreichung des Befragungsziels in Frage zu stellen.

Hierzu kann hilfreich sein
- freundliche Begrüßung
- hilfsbereites Entgegenkommen (Sitzgelegenheit anbieten)
- häufiger Blickkontakt
- zustimmendes Nicken
- Gesprächseröffnung mit nicht-befragungsbezogenen Themen.

Gesprächshemmend wirken sich häufig aus
- gereiztes Verhalten
- zynische Bemerkungen
- verdeckte Drohungen.

Der Ermittler **496**

Ein erfolgreicher Ermittler
- hat gute Menschen-, Milieu-, Rechts- und Sachkenntnisse
- kennt seinen persönlichen Gesprächsstil (partnerschaftlich/autoritär)
- kann in jeder Situation selbstbeherrscht auftreten
- kennt seine Vorurteile (s. Rn. 476) und ist sich über deren Auswirkungen bewusst
- kann den Befragten richtig einschätzen; dies setzt umfangreiche Menschenkenntnis (s. Rn. 457) voraus.

Vorbereitung der Befragung **497**

- **Zeitpunkt und Zeitdauer der Befragung**
  Die Befragung ist sobald wie möglich nach dem Ereignis durchzuführen. Ein Verdächtiger ist unter Umständen erst nach Sicherung der Beweismittel zu befragen.
  Eine Befragung unter Zeitdruck ist wenig sinnvoll.
- **Kenntnisse über den Sachverhalt und den Befragten**
  Während wesentliche Kenntnisse über den Sachverhalt notwendig sind, trägt Wissen über den Befragten auch zu taktischen Überlegungen bei.
- **Anwesenheit dritter Personen bei Befragungen**
  Eine Anwesenheit weiterer Personen außer dem Ermittler und dem Befragten (und evtl. Protokollant) ist grundsätzlich nicht empfehlenswert. Auch der Vorgesetzte eines Befragten sollte während der Durchführung der Befragung nicht anwesend sein. Befragungen von Frauen sollten durch Ermittlerinnen durchgeführt werden. Ist dies nicht möglich, empfiehlt sich die Hinzuziehung einer Zeugin.

In vielen Unternehmen ist es den Befragten gestattet, eine Person ihres Vertrauens hinzuzuziehen.

- **Ort der Befragung**
  Der Ort der Befragung kann sich gesprächsbeeinflussend auswirken. Fördernde Wirkung haben Räume, in denen die Befragung
  - störungsfrei (ohne Publikumsverkehr, Maschinenlärm, Telefonanrufe) verläuft
  - abhörgeschützt ist
  - nicht von außerhalb des Raums verfolgt werden kann.
- **Platzierung**
  Der Befragte soll im Blickfeld des Ermittlers sitzen.

498 *60.2 Befragung einer Auskunftsperson*

Da Geschädigte oftmals auch Zeugen sind, haben die folgenden Aussagen für beide Gruppen von Auskunftspersonen Gültigkeit.

Was ist ein Zeuge?

Zeugen sind Personen, die mittels ihrer Sinnesorgane wahrgenommene Tatsachen offenbaren – in einer nicht gegen sie gerichteten Ermittlung[2]. Bei dieser Art von Auskunftspersonen ist neben den in Rn. 494 aufgeführten Grundsätzen zu achten auf

- die Glaubwürdigkeit der Person
- die Glaubhaftigkeit der Aussage
- Aussagefähigkeit oder Aussagetüchtigkeit
- Aussageehrlichkeit.

Was bedeutet Glaubwürdigkeit der Person?

Bei der Glaubwürdigkeit einer Person kann zwischen der allgemeinen und der speziellen Glaubwürdigkeit unterschieden werden.

Die allgemeine Glaubwürdigkeit betrifft die Frage, ob man der Person hinsichtlich sonstiger Angelegenheiten außerhalb des Verfahrens grundsätzlich Glauben schenken kann.

Die spezielle Glaubwürdigkeit betrifft die Frage, ob man der Person im Hinblick auf die Aussage zum jeweiligen Verfahrensgegenstand Glauben schenken kann.

Die Klärung der allgemeinen Glaubwürdigkeit lässt noch nicht ohne weiteres generelle Schlüsse auf die spezielle Glaubwürdigkeit zu.

---

2 Vgl. näher Rn. 114 ff.

Was bedeutet Glaubhaftigkeit der Aussage?

Die Glaubhaftigkeit der Aussage bezieht sich auf die Qualität und Quantität der Aufnahme, Verarbeitung und Wiedergabe der Ereignisse.

Glaubwürdigkeit der Person und Glaubhaftigkeit der Aussage sind getrennt zu prüfen

Was ist Aussagefähigkeit? 499

Die Aussagefähigkeit bezieht sich auf Fragen, ob die Person überhaupt die Wahrheit sagen kann.

Wovon hängt die Aussagefähigkeit ab?

Die Aussagefähigkeit ergibt sich u. a. aus

- der **Wahrnehmungsfähigkeit und -bereitschaft** (s. Rn. 473)
  - Konnte die Person überhaupt die fragliche Person/Situation sehen?
    - Wo war der Standort/Bewegungsraum der Person?
    - Wie war die Sehfähigkeit, Hörfähigkeit der Person?
  - Wie war die Konstitution der Auskunftsperson zur fraglichen Zeit?
    - War die Person zum Zeitpunkt des Ereignisses müde?
    - War die Person zum Zeitpunkt des Ereignisses alkoholisiert?
  - War die **Aufmerksamkeit** der Auskunftsperson einzig auf diese Situation gerichtet?
    - Hat sich die Person auf sich selbst konzentriert?
    - Hat sich die Person auf andere Personen/Situationen, die mit dem Ereignis nicht in Verbindung standen, konzentriert?
    - Wurde die Aufmerksamkeit der Person erst durch Geräusche oder Lichtreize auf das Ereignis gelenkt? („Knallzeuge“)[3]
  - Hat die Auskunftsperson den Sachverhalt richtig beurteilt?
    - Wie genau kann und konnte die Person unter den fraglichen Umständen Zeitintervalle und Entfernungen schätzen?

3 Als „Knallzeugen“ werden Personen bezeichnet, deren Aufmerksamkeit erst durch ein akustisches Signal („Knall“) auf den Unfallort gelenkt wird (s. Rn. 269). Für die Schalllaufzeit, Reaktionszeit (z. B. Drehen des Kopfes) und die Zeit bis zur Verarbeitung des Wahrgenommenen sind ungefähr 0,5 Sekunden anzusetzen. Bis dahin ist allerdings der wichtigste Teil, der Unfallhergang, schon abgelaufen. Der „Knallzeuge“ sieht gerade noch die Unfallfahrzeuge in die Endstellung rollen. Wie die Unfallforschung zeigt, ist das Alter der Zeugen für die Genauigkeit der Aussage nicht der entscheidende Faktor. Ältere Zeugen sind weder bessere noch schlechtere Beobachter. Vielmehr ist der Grad der Vertrautheit mit dem Straßenverkehr bedeutsam. Deshalb sind Aussagen von Vielfahrern in der Regel zuverlässiger.

Wichtige Fragen, die Anhaltspunkte zur Wahrnehmungsfähigkeit und -bereitschaft geben können, lauten:
- Woher kamen Sie?
- Wohin gingen Sie?
- Wo, an welcher Stelle, waren Sie in dem Augenblick, als das Ereignis stattfand?
- Was taten Sie in dem fraglichen Augenblick, womit waren Sie beschäftigt?
- Gab es etwas, was Ihre Aufmerksamkeit zu dem fraglichen Augenblick abgelenkt haben könnte?

- der **Gedächtnisleistung**
  - Wie lange war die Zeitspanne zwischen Wahrnehmung und Protokollierung?
    Mit zunehmendem Zeitablauf zwischen Wahrnehmung und Protokollierung können zwei gegensätzliche Tendenzen auftreten. Zum einen können die Gedächtnisinhalte verblassen (**Verblassungstendenz**), zum anderen besteht die Wahrscheinlichkeit, dass die blasser werdenden Erinnerungsstücke nachträglich ausgeschmückt werden (**Anreicherungstendenz**).
  - Hat die Auskunftsperson zwischenzeitlich mit anderen Personen über den fraglichen Sachverhalt gesprochen (**Beurteilungsänderung**)?
  - Besteht eine Verwechselungsgefahr mit ähnlichen Sachverhalten (**Verschmelzung**)?

- der **Wiedergabeleistung**
  - Wie viele ihrer **Erinnerungen** hat die Auskunftsperson wiedergegeben?
    Eine zu einem späteren Zeitpunkt erweiterte Aussage spricht im Allgemeinen eher für eine realitätsbezogene Aussage als für eine Lüge.
  - Hat die Auskunftsperson (sprachliche) Darstellungsschwierigkeiten?
    Graphische Darstellungen von z. B. Gebäuden, Räumen oder Apparaturen sorgen für eine Verdeutlichung der Aussage.
  - Verfälscht die Auskunftsperson ihre Aussage durch Auslassungen und Hinzufügungen?
    Aufgrund falscher Einschätzung der Wichtigkeit von Details und/oder aufgrund von zu geringer Anstrengung während der Wiedergabe kann die Auskunftsperson bestimmte Teile ihrer Aussage akzentuieren und andere abschwächen, wodurch weitere zielgerichtete Ermittlungen erschwert werden können.
  - Steht die Auskunftsperson unter Schockeinwirkung?
  - Sind Zeitdruck oder Angst, Ekel oder andere Gefühle Ursache für eine verkürzte oder falsche Wiedergabe?

Falschaussagen aufgrund fehlerhafter Wahrnehmungs-, Gedächtnis- und Wiedergabeleistungen, also ohne wissentliche Täuschungsabsicht, werden als Irrtum bezeichnet

Was ist Aussageehrlichkeit? **500**

Aussageehrlichkeit beantwortet die Frage, ob eine Person überhaupt die Wahrheit sagen will.

Wovon hängt die Aussageehrlichkeit ab?

Die Aussageehrlichkeit wird maßgeblich von den Motiven (s. Rn. 503) der Auskunftsperson beeinflusst.

Mögliche **Motive** sind

- Hilfe bei der Aufklärung von Straftaten
- Furcht (gegenüber Ehefrau, Kollegen) vor Enthüllungen
- Geltungssucht (s. Rn. 469), die sich in Form falscher Anschuldigungen äußern kann, um im „Mittelpunkt" zu stehen
- Furcht vor Verlust des Arbeitsplatzes
- Mitleid, um andere vor der möglichen Strafverfolgung zu schützen
- Hass- und Rachegefühle („Revanche"), um andere durch falsche Aussagen zu belasten, wobei völlig frei erfundene Beschuldigungen seltener sind als Übertreibungen weit zurückliegender Vorkommnisse
- Schutz anderer Personen, z. B. Familienangehörige (Komplott)
- Angst vor Rache.

Falschaussagen aufgrund bewußter Täuschung, um die Wahrheit zu verdecken, werden als Lügen bezeichnet
Lügen erfordert eine hohe intellektuelle Leistung

Ein Teil der hier angeführten Motive, wie z. B. Angst vor Rache, können sowohl bei Auskunftspersonen im Sinne von Zeugen als auch bei Personen im Sinne von Verdächtigen die Aussageehrlichkeit beeinflussen.

501 *Was ist ein Verdächtiger?*

Verdächtige sind Personen, gegen die Verdachtsgründe im Sinne von möglicher Erfüllung bestimmter Tatbestandsmerkmale vorliegen (vgl. Rn. 76).

> Verdächtige sind nicht zwangsläufig schuldig

Das Aussageverhalten von Verdächtigen darf keinesfalls missbilligend oder abschätzig beurteilt werden. Auch sind alle Arten von Versprechungen zu unterlassen.

502 *60.3 Protokollierung*

Zur Erstellung eines Protokolls wird heute häufig ein Formblatt als Vorlage benutzt (chronologische Sachverhaltsdarstellung von „vor dem Ereignis" bis „nach dem Ereignis").

Aus dem Protokoll sollten hervorgehen

- Ort, Zeit, Dauer und die Namen der an der Befragung beteiligten Personen
- Tateinzelheiten wie Tatmittel, die besonders detailreich zu protokollieren sind
- wortgetreue Wiedergabe der Formulierungen der Auskunftspersonen
- genaue Angaben über Örtlichkeiten (eventuell in Form von Skizzen)
- Unterschriften aller Beteiligten – auch auf jeder Seite des Protokolls.

Insgesamt sollte am Ende jedes Ermittlungsverfahrens feststehen,

- Wer (Person)
- Wo (Ort)
- Wann (Zeitpunkt)
- Was (Ereignis)
- Warum (Motivation)
- Womit (Hilfsmittel)
- Wie (Tatablauf)

etwas begangen oder unterlassen hat.

> Da sich während der Befragung Ermittler und Auskunftsperson
> gegenseitig beeinflussen, ist demzufolge das Ergebnis
> der Befragung immer von beiden Personen mitbestimmt

61. Kapitel: Motiv und Motivation

In Rn. 500 wurden Motive wissentlich falscher Aussagen aufgezählt.

61.1 Was ist ein Motiv[1]? 503

Als Motiv bezeichnet man allgemein eine zeitlich relativ überdauernde psychische Disposition.

> Die Frage nach den Motiven ist die Frage
> nach dem Warum des Verhaltens

Menschliches Verhalten wird nur in seltenen Fällen von einem einzigen Motiv gesteuert. Häufig beeinflussen verschiedene Motive das Verhalten.

Was bedeutet Motivation?

Motivation entsteht aus dem Zusammenspiel einer Person, die durch spezifische Motive gekennzeichnet ist, mit einer Situation, in der bestimmte Bestandteile so wahrgenommen werden, dass sie zu Anreizen werden, die die Motive in der Person aktivieren und dadurch das Verhalten bestimmen (vgl. v. Rosenstiel, 1987).

> Motivation bedeutet die Verknüpfung
> von Person und Situation

Es können zwei Motivgruppen unterschieden werden

- primäre oder angeborene Motive und
- sekundäre oder erworbene Motive.

61.2 Was sind primäre Motive? 504

Zu den primären Motiven gehören

- biologisch-physiologische Motive
  Selbsterhaltung (Hunger, Durst, Sauerstoff) und Arterhaltung (Geschlechtstrieb)
- nicht-physiologische Motive
  Streben nach Anerkennung, Information, Geltung, Bedürfnis nach Zuneigung.

1 lat.: Beweggrund

505 *61.3 Was sind sekundäre Motive?*

Sekundäre Motive werden im Laufe des Lebens erlernt. Hierzu gehören u. a.

- Bedürfnis nach Geldbesitz
- Bedürfnis nach einem bestimmten Getränk.

506 *61.4 Kann aus dem Verhalten auf das Motiv geschlossen werden?*

Jeder Verhaltensmöglichkeit können unterschiedliche Motive zugrunde liegen.

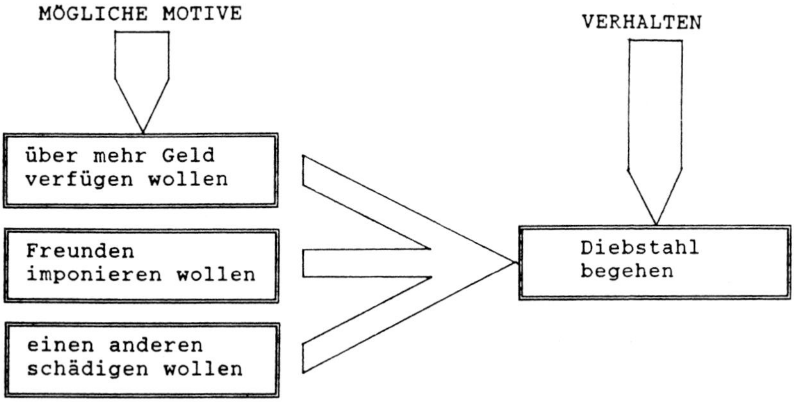

507 *61.5 Kann vom Motiv auf das Verhalten geschlossen werden?*

Jedes Motiv kann sich in verschiedenen Verhaltensmöglichkeiten zeigen.

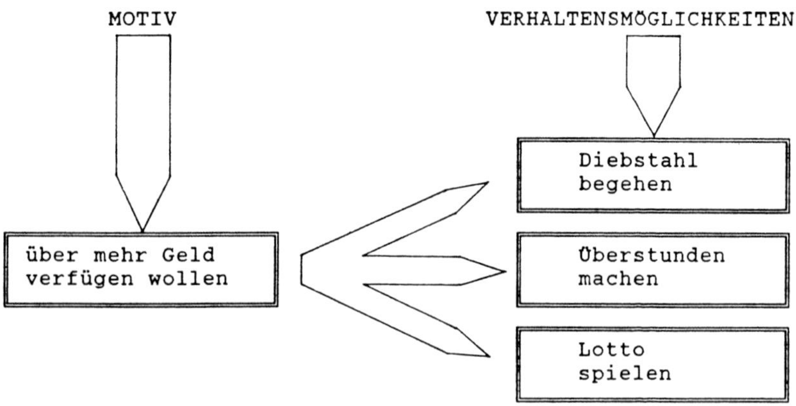

61.6 Ordnung der Motive 508

Die Vielzahl der Motive hat ein Amerikaner namens Maslow zusammengestellt und geordnet. Nach seinem Modell gibt es fünf Stufen von Grundbedürfnissen, die hierarchisch (nach einer pyramidenförmigen Rangordnung) gegliedert sind.

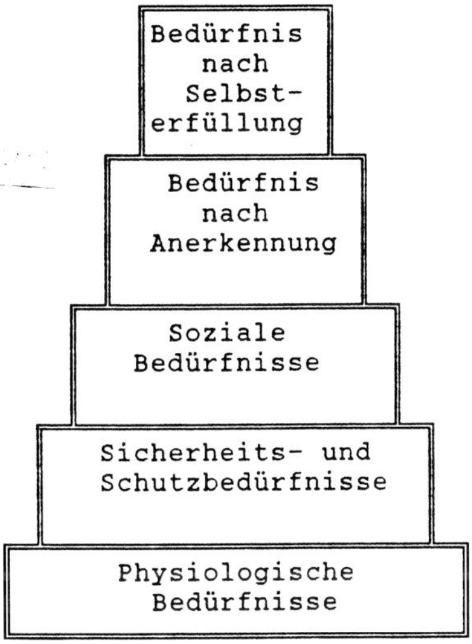

Bedürfnis nach Selbstverwirklichung, Selbstentfaltung, eigenverantwortlicher Tätigkeit

Selbstwertschätzung:
Selbstvertrauen
Fremdwertschätzung
Anerkennung

Bedürfnis nach Anschluss, Gruppenzugehörigkeit

Bedürfnis nach Geborgenheit, wirtschaftlichem Status

Bedürfnisse nach Selbsterhaltung

Nach Maslow drängt eine neue Stufe der Bedürfnispyramide dann auf Erfüllung, wenn die darunterliegende(n) befriedigt ist (sind). So wird ein Mensch, der Hunger hat, weniger nach Anerkennung streben, sondern zunächst bemüht sein, dieses Bedürfnis nach Selbsterhaltung zu befriedigen.

62. Kapitel: Normales Verhalten – abweichendes Verhalten

Normbegriffe

Ob Verhalten als „normal“ oder aber „nicht normal“ bewertet wird, hängt sehr stark von dem zugrundegelegten Normbegriff ab.

509 *62.1 Welche Normbegriffe gibt es?*

Es gibt die

- **Wertnorm**
  Jede Gesellschaft, jede Gruppe, jedes Unternehmen hat bestimmte (Wert-)Normen. Diese Normen sind Verhaltensregeln (Werte oder Auffassungen von Wünschenswertem mit Sollens-Charakter), in denen das Tun und Unterlassen der Mitglieder festgelegt ist, um ein geordnetes Zusammenleben zu ermöglichen.
  Normen haben einen unterschiedlichen Verpflichtungsgrad. So sind Sitten und Gebräuche weniger verpflichtend als andere Gebote und Verbote, die in verbindlichen Gesetzen schriftlich formuliert sind. Wer diese Gesetzesnormen übertritt und wem diese Übertretung nachgewiesen werden kann, kann mit Sanktionen belegt werden, wie z. B. Strafe, Buße oder Schadensersatz.
  Wichtig hierbei ist, dass diese Wertnormen nur für die Mitglieder dieser bestimmten Gruppe Gültigkeit besitzen und damit keine absolute Gültigkeit haben und außerdem im Laufe der Zeit wandelbar sind.
- **statistische Norm**
  Nach diesem Normbegriff ist solches Verhalten „normal“, das die Mehrzahl dieser Gruppenmitglieder zeigt.
- **medizinische Norm**
  Hier ist zwischen „gesund“ und „krank“ bzw. „normal“ und „nicht normal“ zu unterscheiden.
  „Gesund“ bedeutet nach der Satzung der Weltgesundheitsorganisation einen Zustand völligen körperlichen, seelischen und sozialen Wohlbefindens. Geht man davon aus, dass die psychischen Prozesse in einem Menschen ebenso geordnet ablaufen wie die körperlichen, so ist „normal“ mit „gesund“ gleichzusetzen.
  Andererseits kann eine körperliche Erkrankung eine psychische auslösen und damit verhaltensbeeinflussend wirken.
  Insgesamt ist der Begriff des „nicht normalen“, „abnormen“ oder „krankhaften“ Verhaltens sehr vorsichtig anzuwenden, da er sehr stark mit einer wertenden Bedeutung unterlegt ist.
  Sollten Sie „abweichendes Verhalten“ feststellen, geben Sie dabei immer die Situation an, in der Sie dieses Verhalten beobachtet haben (s. Rn. 502).

62.2 *Drogen und Alkohol* 510

Bei zahlreichen Mitteln, die das Erleben, die Stimmung und das Bewusstsein beeinflussen, besteht die Gefahr des Missbrauchs und der Abhängigkeit.

Welche dieser die Gehirnfunktion und das Erleben verändernden Mittel missbräuchlich verwendet werden, ist stark von kulturellen Einflüssen bestimmt und unterliegt dem Wandel.

Was bedeutet Drogenabhängigkeit? 511

Zur Drogenabhängigkeit zählt

- **psychische Abhängigkeit**
  unbezwingbares Verlangen, die Einnahme der Droge fortzusetzen und das Bedürfnis, die Droge sich um jeden Preis zu beschaffen.
- **physische Abhängigkeit**
  Toleranzsteigerung, Dosiserhöhung und Entzugserscheinungen beim Absetzen oder Reduzieren der Dosis.

Der Begriff der Abhängigkeit wird häufig mit dem der Sucht (im Unterschied zu dem der Gewöhnung) gleichbedeutend verwendet.

Auswirkungen der Drogenabhängigkeit

Die physischen und psychischen Auswirkungen der Abhängigkeit können allgemein beschrieben werden mit

- Interessenverlust und Unaufrichtigkeit
- Schädigung innerer Organe (Leber, Niere) und des Gehirns
- Gewichtsverlust
- erhöhte Anfälligkeit für Krankheiten
- soziale Schwierigkeiten (soziales Niveau, Arbeitsplatz, Familienleben).

Bei Drogenabhängigkeit wird je nach Art des Mittels, das die Abhängigkeit bedingt, zwischen verschiedenen Typen unterschieden.

Hier sollen nur beschrieben werden

- **Alkoholabhängigkeit** und
- **Rauschgiftabhängigkeit** (z. B. Heroin).

Alkohol im Betrieb

Alkohol ist neben Nikotin das am weitesten verbreitete Genussmittel. Für über 70 Prozent der erwachsenen Bevölkerung gehört Alkohol einfach zum Leben. Alkohol ist in unser tägliches Leben integriert und als Genussmittel akzeptiert.

Doch gerade darin liegt eine große Gefahr. Denn einerseits, maßvoll genossen, kann Alkohol auch positive Auswirkungen auf die Gesundheit haben. Andererseits kann eine Grenze sehr leicht überschritten werden, und das Trinken von Alkohol wirkt sich schädigend aus.

Aufnahme des Alkohols vom Körper

Ein relativ kleiner Teil des Alkohols wird von der Mundschleimhaut und der Speiseröhre aufgenommen. Der größere Teil des Alkohols geht vom Magen und vom Darm in den Körper (die Blutbahn) über. Nur eine geringe Menge wird nicht vom Körper aufgenommen, also ausgeschieden. Das Blut transportiert den aufgenommenen Alkohol zu den einzelnen Organen, zum Gehirn und schließlich zur Leber, wo er abgebaut und ausgeschieden wird.

Die Übergänge des Alkohols in die Körperflüssigkeit – auch Resorption genannt – beginnen unmittelbar mit dem ersten Schluck. Nach ungefähr 15 Minuten ist ungefähr die Hälfte des Alkohols aufgenommen. Zwei Drittel der Alkoholmenge sind bereits nach 30 Minuten im Blut. Bei leerem Magen und/oder bei gereizter Magenschleimhaut (stärkere Durchblutung) erfolgt dies wesentlich schneller.

Auswirkungen des Alkoholkonsums

Alkohol kann ein Rauschmittel sein, das den Körper schädigt und das Verhalten beeinflusst.

Alkoholkonsum kann zu kurzfristigen und langfristigen physischen und psychischen **Ausfallerscheinungen** und Veränderungen führen.

Auch wenn die Art der Wirkung des Alkoholkonsums beim Einzelnen unterschiedlich ist, so sind doch bei allen mit steigendem Grad der Alkoholisierung folgende psychische Bereiche beeinträchtigt:

- **Wahrnehmung**
  Verschlechterung der Sehschärfe, Verzögerung des räumlichen Sehens (Tiefensehschärfe), Störung der Blickfolgebewegung, Störung der Hell-Dunkel-Anpassung, erhöhte Blendempfindlichkeit, Einschränkung des Gesichtsfeldes (ruhendes Auge, norm. Winkel: 180 Grad) und des Blickfeldes (bewegtes Auge, norm. Winkel: 220 Grad), „Tunnelblick“ „Röhrenblick“, Störung des Gleichgewichts

- **Gedächtnis**
  Störung der Merkfähigkeit, u. U. Erinnerungslücken

- **Motorik**
  Verlangsamung des Reaktionsvermögens, Beeinträchtigung der Körperbewegungen (gehen, greifen) und der Koordinationsfähigkeit, Sprechstörungen

- **Stimmung** (Gefühlslage)
  Zunächst stimmungssteigernd mit subjektivem Gefühl erhöhter Kraft und Leistungsfähigkeit ausgedrückt in großem Mitteilungsdrang, Risikofreudigkeit (Leichtsinn), Kritiklosigkeit, Abbau von Hemmungen

- **Bewusstsein**
  Unschärfe in der Auffassung, Nachlassen der Konzentrationsfähigkeit, Orientierungsstörungen, u. U. Bewusstlosigkeit.

Eine Vielzahl von Untersuchungen zeigt, dass bei sehr geringen Promille-Werten zunächst Stimmung und Befindlichkeit beeinflusst werden. Ab ungefähr 0,15 Promille folgen Wirkungen im Bereich des Sozialverhaltens. Viele Studien belegen ein vermehrtes Sprechen unter Alkoholeinfluss. Dies wirkt sich allerdings nur auf die Quantität und nicht auf die Qualität des Gesprochenen aus. Schon ab 0,3 Promille treten Verschlechterungen in der Leistung auf, wobei zunächst die „kontrollierenden Handlungen" und erst über 0,5 Promille die „automatisierten Handlungen" (s. Rn. 473) betroffen sind. Das bedeutet, dass Standardaufgaben, die ohne kontrollierendes Bewusstsein, also automatisch, zu bewältigen sind, selbst bei höheren Promille-Werten nahezu fehlerfrei erledigt werden können. Muss jedoch auf unvorhergesehene, ständig wechselnde Situationen reagiert werden, sind schon ab ungefähr 0,3 Promille deutliche Ausfälle nachzuweisen.

Zwar gibt es kein detailliertes Zahlenmaterial darüber, bei wievielen Arbeitsunfällen Alkohol im Spiel war, dennoch ist davon auszugehen, dass bei 25 % aller Arbeitsunfälle (einschl. Wegeunfälle) Alkohol zumindest Mitverursacher war.

Zusammenhang zwischen der Menge konsumierten Alkohols, der Blutalkoholkonzentration (Person: 75 kg Körpergewicht, gesund, keine Medikamenteneinnahme) und dem **Unfallrisiko** im Straßenverkehr:

Menge	Blutalkoholkonzentration innerhalb von 2 Stunden	Unfallrisiko im Straßenverkehr
3 Gläser Bier (0,6 l)	0,3 ‰	erhöhtes Unfallrisiko
5 Gläser Bier (1,0 l)	0,6 ‰	2faches Unfallrisiko
	0,8 ‰	4faches Unfallrisiko
	1,3 ‰	12faches Unfallrisiko
	1,5 ‰	16faches Unfallrisiko

Nach einer Sonderuntersuchung des Statistischen Bundesamtes in Wiesbaden waren im Jahr 1987 19 % aller Todesfälle (= 1543 getötete Personen) im Straßenverkehr der Bundesrepublik auf „Alkoholunfälle" zurückzuführen. Alkoholunfälle sind nach der Definition des Amtes Unfälle, bei denen mindestens ein Beteiligter alkoholisiert war. Fast 60 % aller Alkoholunfälle ereigneten sich zwischen 18:00 und 02:00 Uhr, obwohl in dieser Zeit nur etwa 30 % aller Unfälle mit Personenschaden vorkommen.

Der Zusammenhang zwischen Blutalkoholkonzentration und Unfallrisiko im Straßenverkehr lässt sich auch auf die Gefährdung durch Alkohol im Betrieb übertragen.

Abbau des Alkohols

Zwar wird Alkohol vom Körper schnell resorbiert und über die Blutbahn zu fast allen Organen transportiert, aber es dauert sehr viel länger, bis der Alkohol durch die Leber wieder abgebaut ist.

Ein gesunder Körper baut pro Stunde durchschnittlich nur 0,15 ‰ ab, was etwa einem Viertel Liter Bier entspricht. Für eine Person mit einer Blutalkoholkonzentration (BAK) von 1,3‰ bedeutet dieser Abbauwert, dass sie frühestens nach 8 Stunden wieder völlig nüchtern ist.

Da die Leber zum Abbau des Alkohols ein bestimmtes Enzym benötigt und in einer gesunden Leber nur eine bestimmte Menge dieses Enzyms vorhanden ist, kann auch nur eine begrenzte Menge Alkohol abgebaut werden. Somit lässt sich der Abbau durch nichts beschleunigen; auch nicht durch kaltes Duschen, durch Kaffee oder Medikamente.

Was ist Alkoholmissbrauch?

Unter Alkoholmissbrauch wird verstanden

- Alkoholgenuss in bestimmten Situationen, in denen der Konsum verboten ist und/oder
- gelegentlich übermäßiger Alkoholkonsum.

Je länger ein Alkoholmissbrauch besteht, desto größer ist die Gefahr der Entwicklung einer Alkoholabhängigkeit (Alkoholismus). Die physische und psychische Abhängigkeit zeigt sich vor allem im Kontrollverlust und in der Unfähigkeit zum Verzicht auf Alkohol.

Ursachen und Verbreitung der Alkoholabhängigkeit

Die Ursachen der Alkoholabhängigkeit sind vielschichtig und hängen meist mit der persönlichen Entwicklung und dem Schicksal des Einzelnen zusammen. Es lässt sich deshalb nur schwer einschätzen, ob die so genannten „normalen Trinkgewohnheiten" nicht eines Tages zur Abhängigkeit führen oder vielleicht schon geführt haben.

Nach Schätzungen gelten durchschnittlich 5–10 % aller Beschäftigten in Unternehmen und Verwaltungen als alkoholabhängig.

Laut amerikanischen und Schweizer Studien sind Alkoholabhängige 3,5mal häufiger in Betriebsunfälle verwickelt als nicht-alkoholgefährdete Mitarbeiter.

Alkoholabhängige haben im Vergleich zu Nichtabhängigen 16mal häufigere Fehlzeiten und sind 2,5mal so oft krankgeschrieben. Jede 6. Kündigung ist alkoholbedingt.

Alkoholverbot im Betrieb

In vielen Unternehmen ist die Mitnahme von Alkohol in das Unternehmen und der Genuss von Alkohol im Unternehmen verboten.

Das totale oder eingeschränkte Alkoholverbot ergibt sich aus einer Vielzahl von Fürsorge- und Schutzpflichten des Unternehmens gegenüber seinen Arbeitnehmern. Dies ist u. a. festgelegt in § 618 BGB, § 62 HGB, § 120 a GewO, § 38 BGV A 1 (s. Rn. 37, 149).

§ 38 BGV A 1:

Genuss von Alkohol

(1) Versicherte dürfen sich durch Alkoholgenuss nicht in einen Zustand versetzen, durch den sie sich selbst oder andere gefährden können.

(2) Versicherte, die infolge Alkoholgenusses oder anderer berauschender Mittel nicht mehr in der Lage sind, ihre Arbeit ohne Gefahr für sich oder andere auszuführen, dürfen mit Arbeiten nicht beschäftigt werden.

In der Kommentierung der Berufsgenossenschaften hierzu steht:

„Ein Vorgesetzter darf nicht dulden, dass ein Mitarbeiter, der infolge Alkoholgenusses nicht mehr in der Lage ist, seine Arbeit ohne Gefahr für sich selbst oder andere durchzuführen, weiterhin am Arbeitsplatz bleibt. Er muss ihm dann untersagen weiterzuarbeiten und muss ihn aus dem betrieblichen Gefahrenbereich herausnehmen."

§ 5 BGV C 7

Verbot berauschender Mittel

Der Genuss von alkoholischen Getränken und die Einnahme anderer berauschender Mittel sind während der Dienstzeit verboten. Dies gilt auch für einen angemessenen Zeitraum vor dem Einsatz. Bei Dienstantritt muss Nüchternheit gegeben sein.

Die Gründe für die Warnung vor dem Alkoholmissbrauch oder für ein allgemeines Alkoholverbot liegen

- in Eigengefährdung
- in der Gefährdung anderer
- in der Störung betrieblicher Abläufe (z. B. durch Verspätungen oder durch fehlerhafte Bedienung von Geräten) mit der Folge von beträchtlichen Schäden an Maschinen, Anlagen und Einrichtungen
- in der Verminderung der eigenen Leistungsfähigkeit.

Wie die vielfältigen Auswirkungen des Alkoholkonsums auf das Erleben und Verhalten zeigen, kann schon der erste Schluck Alkohol – ob als Genussmittel oder als Bestandteil eines Heilmittels – zu einer Leistungsverschlechterung und damit zu einer erhöhten Unfallgefahr führen.

Wer zum Alkoholkonsum einlädt, ist für die Folgen der Auswirkungen des Alkohols bei seinen Gästen mitverantwortlich (Straßenverkehrsteilnahme)

Zum Umgang mit Alkoholisierten (s. auch Rn. 223)

Da bei Angetrunkenen oder Betrunkenen das Erleben und Verhalten beeinträchtigt ist, verkennen sie die Situation. Zusätzlich führt der Abbau von Hemmungen häufig zu einer erhöhten **Aggressionsbereitschaft** (gegen andere oder sich selbst). Ferner muss der WSA in solchen Situationen mit der unerwünschten Einmischung (alkoholisierter) Dritter rechnen. Deshalb erfordert der Umgang mit Alkoholisierten große Flexibilität.

Zum Ansprechen und zur Durchführung weiterer Maßnahmen sind u. U. zivilgekleidete WSA geeigneter.

Zunächst sollte der WSA dem Alkoholisierten zuhören und ihn ernst nehmen. Hierbei ist ein Höchstmaß an Geduld erforderlich. Ein Provozieren des Betrunkenen ist in jedem Fall zu unterlassen. Ebenso darf sich der WSA durch die – häufig unbedachten – Äußerungen des Alkoholisierten nicht provozieren lassen. Beleidigungen und Pöbeleien darf der WSA nicht persönlich nehmen.

Sollte der Alkoholisierte den Hinweisen des WSA nicht zugänglich sein, was bei der eingeschränkten Einsichtsfähigkeit möglich ist, muss klar und eindeutig gesagt werden, welche Folgen im Falle der Weigerung eintreten werden. Hierbei ist deutlich zu machen, dass ein Widerstand des Betrunkenen zwecklos sei.

Werden Personen angegriffen, kann gegenüber Alkoholisierten einfache körperliche Gewalt angewendet werden (s. aber Rn. 131). Der Einsatz sollte überraschend und eindeutig überlegen erfolgen. Zum Wegbringen des Alkoholisierten sollte ein Weg gewählt werden, der von Umstehenden nicht einsehbar ist.

Beim Transport im Fahrzeug muss u. a. die Reihenfolge des Zustiegs in das Fahrzeug und die Sitzordnung (1. WSA hinten links, Alkoholisierter hinten rechts, 2. WSA als Fahrer) beachtet werden.

Es ist zu bedenken, dass der Betrunkene nach Ausnüchterung sein Fehlverhalten, dessen Ablauf er im Einzelnen häufig nicht vollständig erinnern kann, bedauert.

Nicht selten kommt es vor, dass ausgenüchterte Personen dankbar sind, dass sie aus Situationen herausgenommen wurden, die für sie – rückblickend betrachtet – unangenehm waren.

Andere Drogen im Betrieb **512**

Drogenabhängigkeit bedeutet nicht nur Abhängigkeit von der „legalen" Droge Alkohol, sondern auch von „illegalen" Drogen.

Nach § 29 BtMG wird bestraft, wer Betäubungsmittel (Kriterium: Abhängigkeit) u. a. (ohne Erlaubnis) anbaut, herstellt, einführt, ausführt, veräußert, erwirbt, überlässt, besitzt, mit ihnen Handel treibt.

Die Möglichkeit des Handels mit Rauschgiften wird häufig vor allem nach Rückkehr von Auslandsreisen, in Unterkünften und in Arbeitspausen genutzt.

Erkennungsraster eines Heroinabhängigen

Um die Gefährdungen aufzuzeigen, die von einem Betäubungsmittelabhängigen ausgehen können, ist hier beispielhaft das Erkennungsraster eines Heroin-Konsumenten aufgeführt.

Heroin zählt zu der Gruppe der Opiate (Opium, Morphium), den so genannten klassischen Rauschgiften, und wird durch chemische Umwandlung des Rohopiums – dem getrockneten Mohnsaft der Pflanze „Schlafmohn" – gewonnen.

In der Medizin werden Opium und Morphium als schmerzbetäubende Mittel verwendet.

In der Rauschgiftszene wird Heroin geschnupft, geraucht, subcutan[1] oder intravenös[2] gespritzt.

Die physische und psychische Abhängigkeit tritt schon nach wenigen Verabreichungen geringer Mengen ein. Rasche Toleranzsteigerungen und quälende Abstinenzerscheinungen sind die Folgen.

Es ist schwer, **Drogenmissbrauch** oder **-abhängigkeit** zu erkennen. Alle für den Laien erkennbaren Symptome können auch andere Gründe haben.

Anhaltspunkte für einen **Verdacht auf Heroinabhängigkeit** können sein:

- **allgemein**
  - Wechsel des Bekanntenkreises
  - Leistungsabfall ohne erkennbaren Grund

1 unter die Haut
2 in die Vene hinein

- **äußeres Erscheinungsbild**
  - wenig gepflegte Erscheinung
  - nachlässige Kleidung
  - langärmelige Bekleidung selbst bei hohen Temperaturen (Einstichstellen)
  - häufig starker Raucher von selbstgedrehten Zigaretten
- **körperliche Auffälligkeiten**
  - blass-ungesundes Aussehen
  - Untergewicht
  - Verfärbungen der Haut
  - Einstichstellen an Arm, Hand, Bein, Fuß
  - Narben im Bereich von Armbeuge, Handrücken, Hand- und Fußgelenken
  - Geschwüre
- **Verhaltensauffälligkeiten**
  - mangelnde Ansprechbarkeit
  - während der Drogeneinwirkung: Schläfrigkeit, Apathie, „ins Leere blikkend", extrem erweiterte oder verengte Pupillen
  - während der Entzugsphase: Nervosität, Reizbarkeit, Schüttelfrost, Muskelkrämpfe, Schweißausbrüche
- **mitgeführte Gegenstände**
  - Injektionsspritze
  - Schnur o. ä. zum Abbinden
  - Streichhölzer
  - Faltbriefchen (mit Heroinpulver)
  - Medikamente.

Folgen der Heroinabhängigkeit sind:

- **direkte Beschaffungskriminalität**
  wie Herstellung der Droge und Handel damit, Diebstahl, Rezeptfälschung
- **indirekte Beschaffungskriminalität**
  Es kann davon ausgegangen werden, dass fast jeder zweite Pkw-Aufbruch, jeder dritte Wohnungseinbruch und jeder fünfte Raub der Beschaffungskriminalität Rauschgiftabhängiger zuzurechnen ist. Die Palette der Beschaffungskriminalität reicht bis zu Erpressung und Mord.
- **Folgekriminalität**
  wie Sachbeschädigungen und Gewaltdelikte.

In derartigen wie auch in allen anderen konfliktträchtigen Situationen sind unbedingt die allgemeinen und speziellen Grundsätze der Eigensicherung zu beachten.

Literatur

Althoff, Klaus/Thielepape, Michael: Psychologie in der Verwaltung, 5. Auflage, Hamburg 1985.

Bender, Rolf u. a.: Tatsachenfeststellung vor Gericht, 2 Bände, München 1981.

Bieler, Ernst: Der Polizeibeamte in der Auseinandersetzung mit der Aggression, Kriminalistik Heft 4, 1984.

Eggers, Reimer: Transaktionsanalyse für Polizeibeamte, Hamburg 1989.

Foerster, Wolfgang: Die Bedeutung der Wahrnehmung und Wahrnehmungsfehler, Bericht über die 13. Geisenheimer Tagung der Qualitätskontrolleure des Bundes und der Länder, 1987.

Foerster, Wolfgang/von Wedel, Burkhart: Theorie und Praxis der Gesprächsführung, Wiesbaden 1983.

Foerster, Wolfgang u. a.: Möglichkeiten zur Erweiterung der sozialen Kompetenz, Wiesbaden 1990.

Fritz, Albert: Polizei und Konflikt, Wiesbaden 1984.

Füllgrabe, Uwe: Menschenkenntnis, 3. Auflage, Stuttgart 1987.

Füllgrabe, Uwe: Psychologie der Eigensicherung: Überleben ist kein Zufall, Stuttgart 2002.

Hunold, Wolf: Der Schluck zuviel, Management Wissen Heft 7/1987.

Jochmann, Ulrich: Verhaltenstips für den Empfangsdienst, Psychologischer Leitfaden, 2. Auflage, Stuttgart 2003.

Krauthan, Günter: Psychologisches Grundwissen für Polizeibeamte, München 1990.

Leibold, Gerhard: Prüfe Deine Menschenkenntnis, München 1986.

Müller, Kurt: Kinder- und Jugendpsychologie für Erzieher, 6. Auflage, München 1980.

Novak, Felix u. a.: Psychologie, 2 Bände, 2. Auflage, München 1985.

Rosenstiel, Lutz von: Grundlagen der Organisationspsychologie, 2. Auflage, Stuttgart 1987.

Schubert, Oskar: Die Vernehmung im Ermittlungsverfahren, München 1983.

Snyder, Mark: Warum Vorurteile sich immer bestätigen, Psychologie heute Heft 7/1983.

Statistisches Bundesamt (Hrsg.): Statistisches Jahrbuch, Stuttgart 2003.

Stiebitz, Fritz u. a.: Angewandte Psychologie für Polizeivollzugsbeamte, 7. Auflage, Selm 1981.

Taschenmacher, Richard: Polizeidienstkunde, 5. Auflage, Hilden 1988.

Trum, Hansjörg: Was den professionellen Ordnungshüter von den meisten Menschen unterscheiden sollte, Polizeinachrichten Heft 5/1980.

Trum, Hansjörg/Schuh, Horst: Menschliches Verhalten in Katastrophensituationen, Polizeinachrichten, 1977.

Vorschriftensammlung für den Werkschutz und private Sicherheitsdienste, 8. Auflage, Stuttgart 2003.

Sachverzeichnis

Die angegebenen Zahlen verweisen auf die **Randnummern.**

Die angegebenen Zahlen verweisen auf die **Randnummern.**

Die angegebenen Zahlen verweisen auf die **Randnummern.**

Die angegebenen Zahlen verweisen auf die **Randnummern.**

Die angegebenen Zahlen verweisen auf die **Randnummern.**

Die angegebenen Zahlen verweisen auf die **Randnummern.**

Die angegebenen Zahlen verweisen auf die **Randnummern.**

Die angegebenen Zahlen verweisen auf die **Randnummern.**

Die angegebenen Zahlen verweisen auf die **Randnummern.**

Die angegebenen Zahlen verweisen auf die **Randnummern.**

Die angegebenen Zahlen verweisen auf die **Randnummern.**

Die angegebenen Zahlen verweisen auf die **Randnummern.**

Die angegebenen Zahlen verweisen auf die **Randnummern.**

Die angegebenen Zahlen verweisen auf die **Randnummern.**

Die angegebenen Zahlen verweisen auf die **Randnummern.**

Die angegebenen Zahlen verweisen auf die **Randnummern.**

Die angegebenen Zahlen verweisen auf die **Randnummern.**

Die angegebenen Zahlen verweisen auf die **Randnummern.**